经济学核心课系列教材

现代财政学原理

（第五版）

张志超 倪志良 编著

南开大学出版社
天　津

图书在版编目(CIP)数据

现代财政学原理 / 张志超，倪志良编著. —5 版.
—天津：南开大学出版社，2015.10（2019.3重印）
经济学核心课系列教材
ISBN 978-7-310-04935-6

Ⅰ.①现… Ⅱ.①张… ②倪… Ⅲ.①财政学－高等学校－教材 Ⅳ.①F810

中国版本图书馆 CIP 数据核字(2015)第 213482 号

版权所有　侵权必究

南开大学出版社出版发行
出版人：刘运峰
地址：天津市南开区卫津路 94 号　　邮政编码：300071
营销部电话：(022)23508339　23500755
营销部传真：(022)23508542　邮购部电话：(022)23502200

*

昌黎县佳印印刷有限责任公司印刷
全国各地新华书店经销

*

2015 年 10 月第 5 版　　2019 年 3 月第 4 次印刷
230×170 毫米　16 开本　29.5 印张　510 千字
定价：48.00 元

如遇图书印装质量问题，请与本社营销部联系调换，电话：(022)23507125

前　言

财政，又称公共财政（Public Finance），一般是指政府所从事的，具有公共性质的经济性收支活动。作为社会经济的一个重要组成部分，财政活动也受一般经济规律支配，但它又不同于普通的私人经济活动，具有其特殊性质。那么，辨别经济活动的公共性质与私人性质，有一简单标准，就是看特定的经济交易事件是记录于政府会计账户，还是记录于其他经济单位的会计账户。也就是说，凡进入政府会计账户的经济活动都属于公共财政范畴，凡进入非政府会计账户的经济活动都属于私人财务范畴。

在经济学说史上，人们普遍认为，作为一种知识体系，财政理论的产生早于政治经济学、经济学理论。16世纪的重商主义者率先建立了最初的政府理财学说，其理论要素涉及经济、政治、法律以及管理等诸多领域的知识。但是，现代财政学的发展则呈现如下特点，即以普通经济学理论、方法论为基础，结合其他相关学科（金融学、投资学、政治学、社会学、公共行政管理学等）的研究成果，不断丰富自己的理论体系与分析技术。因此，在此意义上财政学已经成为现代经济学的一个重要分支。[①] 在现实社会生活中，政府对国民经济的干预、管理与调控活动，要通过特定财政政策的具体实施予以完成，而财政政策的制定则须以科学的经济理论为指导。发达国家的经验表明，在（相对私人经济活动领域而言的）公共经济领域，经济理论、财政理论、财政政策、财政实践（财政活动）之间有着密切联系，其中财政理论，即财政学，起到了连结经济理论与财政实践的作用。作为一门学问，财政学主要研究人类社会对市场经济活动实行公共控制与私人控制的比较优势问题；具体研究对象则涉及公共决策、政府行为、预算管理、政策制定与实现路径、政策工具的作用机理以及理财技术等。广泛深入开展这些研究活动，

[①] 关于现代财政理论的沿革和发展方向的讨论，参见 Jurgen G. Backhaus 与 Richard E. Wagner 合编的《公共财政手册》(Handbook of Public Finance, published by Kluwer Academic Publishers)第一章"社会、国家与公共财政：建立分析平台"(Society, State, and Public Finance: Setting the Analytical Stage)。

既有助于政府不断改善其财政政策的有效性，也有助于提高其财政活动的质量。

20世纪80年代初期，我国开始推行经济改革和对外开放政策，此后国内经济发生了天翻地覆的变化：国民经济高速增长，国民福利不断改善，国家实力空前提高。同时，经济发展进程也在客观上表明：日趋完善、和谐的市场条件仅仅是发展的必要条件，而非充分条件；其充分条件在于政府能够长期推行符合市场经济规律要求的宏观经济政策，而在这些政策中，财政政策、货币政策最为重要。因此，我国政府不仅在经济改革中特别关注对国家预算、税收、金融、货币制度的改革和相关政策的调整，而且特别注重培养财政、金融管理人才。当然，无论是为了提高政府未来财政政策的合理性、有效性，还是为了改善政府财政、金融管理干部的素质，都有赖于我国财政科学的研究、教学体制的不断完善与发展，以及教学、科研工作质量的持续提高。对此，我们认为，从改革大学的财政、税收科研与教学入手，按国际标准完善高等学校的财政、税收及相关学科的教学、研究体制，合理化该学科的大学课程体系，改编专业课教材，规范该学科教学方法，具有重要的现实与长远意义。

20世纪90年代末，我们编写了这部名为《现代财政学原理》的教科书，供大学本科学生、财税干部使用以了解、掌握现代财政学的基础理论。该书第一版于1999年11月正式发行，随后被南开大学经济学院列入经济学核心系列教材。几年来该书除用作本校与外校经济学科财政学课程教材外，还成为本科生报考财政学专业和税务专业的考研参考书。

在此后的十多年里，为了适应国内外财税实践的变化，及时介绍财政学理论研究的重大成果，以及不断提高专业教学质量，相继三次对本书第一版的教学内容进行了完善，并分别于2002年、2006年、2010年发行了第二版、第三版、第四版《现代财政学原理》。十多年来，该书被诸多兄弟院校财经专业选作教材或教学参考书，发行量达到数万册。

财政改革历来是国家制度变革的关键所在。十八届三中全会关于全面深化改革的系统部署中，财政被赋予了前所未有的功能定位。《中共中央关于全面深化改革若干重大问题的决定》明确指出，财政是国家治理的基础和重要支柱，科学的财税体制是优化资源配置、维护市场统一、促进社会公平、实现国家长治久安的制度保障。必须完善立法、明确事权、改革税制、稳定税负、透明预算、提高效率，建立现代财政制度，发挥中央和地方两个积极性。要改进预算管理制度，完善税收制度，建立事权和支出责任相适应的制度。

进入新世纪后，我国的财政收入规模已经由2000年的1.3万多亿增长到2014

年的14万多亿，公共收支规模今非昔比，国家治理责任日趋重大。在此背景下，教材编写组决定推出《现代财政学原理》第五版。

与前四版相比，第五版教材在现代财税理论与中国财税实践的有机融合方面做了以下几方面的尝试：第一，有关财政收入结构与财政支出结构的章节充分反映了中国的改革实践。从2007年开始，我国各地区、各部门开始用新的公共收支分类科目编制预决算，这是建国以来我国财政收支分类体系最为重大的调整，也是我国政府预算管理制度的一次深刻创新。此次改革全面构建了政府收入体系、支出功能分类体系和支出经济分类体系三项主要内容，新的公共收支分类体系有效地克服了原分类体系不能清晰反映公共收支全貌和职能活动情况的弊端，使国际通行做法与国内实际有机结合起来，体现了市场经济条件下建立健全我国公共财政体系的总体要求，这方面的内容集中在本书的第四章和第九章。第二，我国的政治体制、所有制机构、预算体制、税制结构、政府间财政关系与西方发达国家存在着明显差异，并且我国政府在部门预算、国库集中支付、政府采购、税收制度、政府间财政关系等诸多方面一直在进行着艰辛的改革探索。本版教材尽量反映我国的相关改革实践，这方面的内容集中在本书的第八章、第十二章和第十三章。第三，美国经济学家阿特金森和斯蒂格利茨在其《公共经济学》一书中曾经写道："财政经济分析得出的最有价值的见解之一，乃是实际纳税者不一定是被征税者。确定一种税收或公共项目的真实归宿是公共经济学最困难也是最重要的任务之一。"[①] 有鉴于此，本书第五版，在"税收理论"方面加强了对"税收归宿"问题的探讨，具体内容详见第七章。此外，考虑到我国政府债务规模的不断扩大和政府债务风险问题的日益凸显，本次修订的教科书特别就"债务收入与政府债务风险"问题，单独设立章节，进行了较为深入的探讨，具体内容详见第九章。

近代著名学者梁启超先生曾经讲过，"财政者，天下之事也"。就是说，国家各项财税经济活动均为事关国计民生之大事。因此，在编写、修订（用于经济学类专业核心课程的）《现代财政学原理》教材的时候，编写者们惶恐之心常伴，唯恐偏旨漏要，唯有本着至诚至敬之心，尽力而为。即便如此，本教科书中肯定还会存在着一些不足之处，甚至错误之处。对此，还恳请各位读者不吝赐教。

[①] Anthony B. Atkinson, Joseph E. Stiglitz：《Lectures on Public Economics》, McGraw-Hill Book Company, New York. 1987.

目 录

第一篇　公共财政及其职能 1
第一章　政府、市场与公共财政 1
　　第一节　公共需求、公共财政与政府职能 1
　　第二节　政府与市场的关系 6
　　第三节　公共财政的本质和基本特征 16
　　第四节　公共财政的研究方法 20
第二章　公共财政的基本职能 28
　　第一节　私人产品、公共产品与政府资源再配置职能 29
　　第二节　公共财政的收入再分配职能 34
　　第三节　公共财政的经济稳定职能 44
　　第四节　中国政府履行财政职能的实践效果 49

第二篇　财政支出 67
第三章　公共支出的基本理论 67
　　第一节　引入公共产品后资源最优配置理论 67
　　第二节　公共支出的决定与归宿理论 76
第四章　中国现行的财政支出结构 106
　　第一节　2007年中国政府收支分类改革 106
　　第二节　财政支出功能分类 109
　　第三节　财政支出经济分类 124
第五章　公共投资项目评估 144
　　第一节　公共投资项目评估概述 144
　　第二节　项目评估中的成本与收益 147
　　第三节　成本—收益分析法（CBA） 153

第三篇 财政收入

第六章 税收理论 169
- 第一节 税收、税制要素和税收分类 170
- 第二节 税收原则 174
- 第三节 税收的福利损失与超额税负担 182
- 第四节 税收对国民收入、政府财政收入的影响 188
- 第五节 税收对劳动供给的影响 195

第七章 税收归宿 204
- 第一节 税收归宿的局部均衡分析 204
- 第二节 税收归宿的一般均衡分析 214
- 第三节 税收归宿一般均衡分析的另一表述 222

第八章 税收制度 227
- 第一节 现代国家税制基本情况与变化趋势 227
- 第二节 个人所得税 236
- 第三节 公司所得税 251
- 第四节 货物税 257

第九章 中国现行财政收入结构 268
- 第一节 政府收入分类科目 268
- 第二节 中国现行政府收入结构 270

第十章 债务收入与政府债务风险 288
- 第一节 财政赤字与公债收入 288
- 第二节 公债理论 296
- 第三节 政府债务风险管理 314

第四篇 财政政策与中国财政改革 326

第十一章 财政政策及其效果分析 326
- 第一节 财政政策的基本性质 327
- 第二节 财政政策 331
- 第三节 财政政策效果分析 338

第十二章 预算理论与中国政府预算改革 360
- 第一节 现代政府预算的基本理论与制度框架 360
- 第二节 中国政府预算改革的典型特征 380
- 第三节 部门预算改革 385
- 第四节 国库管理改革 389

第五节　中国政府预算的法治化进程..................399
第十三章　政府间财政关系..................408
　　第一节　政府间职责的分工..................408
　　第二节　政府间收入权限的划分..................418
　　第三节　政府间转移支付..................429
参考文献..................452

第一篇　公共财政及其职能

第一章　政府、市场与公共财政

本章首先基于"公共需求""公共产品"概念，梗概地介绍现代政府的主要职能。其次，按照历史阶段顺序较为深入地说明政府与市场关系的发展变化情况，并就经济社会如何处理好这种关系进行理论探讨。再次，根据现代国家政府财政活动的实践经验，阐释公共财政的本质和一般特征。最后，简要阐释财政学的主要研究方法。把握上述内容及其重要知识点，将有助于理解本书接下去所要研究的一些重要问题。

第一节　公共需求、公共财政与政府职能

政府（Government）是由被授权制定公共政策与处理国家事务的个人和机构组成的政治组织，其重要作用在于妥善安排、协调国家的内政、外交关系，这些关系往往涉及政治、社会、经济、文化等各个领域。从经济学角度看，搞好这些关系之所以重要，是因为它们集中地体现了社会经济生活中（为实现社会成员集体要求的某种共同目的而产生的）公共需求。[①]

本节首先从人类生活的两类经济需求之一的公共需求出发，阐释公共财政概念。其次，结合英国古典经济学家亚当·斯密关于政府基本经济职能的论述，进一步说明公共财政在社会经济中的重要地位。不过，应该注意，尽管政府在提供公共产品和管理社会生活方面能够发挥市场不可替代的作用，但是政府的权力同样应该受到限制。

---

① 本书第二章将对公共需求和用于满足这一需求的公共产品进行比较详细的讨论。

一、公共需求与公共财政

人们无论是为了满足自己的私人需求，抑或为了满足整个社会的公共需求，都面临着同样的经济选择问题，即如何按照"效用最大化"或"成本最小化"原则而不断优化有限资源的配置。但是，满足这两类需求的基本方式则有所不同：为满足私人需求的"私人产品"的生产与消费均可以通过市场过程，经由厂商和消费者自愿交易活动得以实现；而为满足公共需求的"公共产品"的生产与消费则必须通过公共选择过程，并经由政府组织安排供给活动得以实现。这也是人们借以区分"私人需求"（"私人产品"）与"公共需求"（"公共产品"）之一般标准。当然，在物理形态上，"私人产品"一般为可分割性产品或劳务，普遍适用于个人消费，以满足"私人需求"；而"公共产品"一般为不可分割性产品或劳务，通常只能用于集体消费，以满足"公共需求"。[①]

可以这样认为，政府的产生，或者它的存在就是为了满足经济社会的各种公共需求。为此，政府就要从事特定形式的经济收支活动，以提供一定数量与质量的公共产品与劳务。这些活动统称为财政或公共财政。于是"公共财政"可以定义为：政府为了满足国民的公共需求，在提供公共产品与劳务的过程中所从事的经济性收入、支出活动。这一定义概括了"公共财政"的基本内容，即协调政府与市场的关系，提供公共产品，控制财政收支，以及制定财政政策。此外，该定义还说明，财政既是一种经济现象，受一般性经济原则的支配，同时又是政府专门从事的经济活动，具有其特殊的性质。

二、现代政府的基本职能

著名英国古典经济学家亚当·斯密较早地对政府职能做了系统而完整的论述。不过，当初亚当·斯密是通过界定君主义务的方式来阐述政府的主要职能。按照他的理解，政府一般要在社会经济生活里发挥三种重要职能，即保障国家安全职能、维持社会经济秩序职能以及提供必要基础设施职能。[②]

[①] 关于这种问题的详细讨论，可参见厄休拉·K.希克斯（Ursula K. Hicks）所著《公共财政》一书。(Public Finance, James Nisbet and Company Limited, 1968。)

[②] 对此，我国近代国学大师梁启超先生在其《论政府与人民之权限》一书中也有类似的表述：然则政府之正鹄何在乎？曰：在公益。公益之道不一，要以能发达于内界而竞争于外界为归。故事有一人之力所不能为者，则政府任之；有一人之举动妨及他人者，则政府弹压之。政府之义务虽千端万绪，要可括以两言：一曰助人民自营力所不逮，二曰防人民自由权之被侵而已。

第一,"君主的义务,首先保护本国社会的安全,使之不受其他独立社会的暴行与侵略。……这种义务的实行,势必随着社会文明的进步,而逐渐需要越来越大的费用。"①这就是政府的对外职能,即保护自己的社会免遭其他独立社会的侵犯。要行使这种职能,政府就必须建立并维持一定数量的军队,就要为此支付一定规模的国防开支。当然,斯密也指出一国的军队不能太大,他认为军队人数不超过全体居民的1%为好,"如此,则可以避免负担太重,危及国家经济"。②

第二,"君主的第二个义务,为保护人民不使社会中任何人受其他人的欺侮或压迫,换言之,就是设立一个严正的司法行政机构。"③这就是政府的对内职能,即保护本国社会内部各成员生命及财产免遭其他社会成员的侵害。在斯密看来,只有在一个没有什么财产的社会里,民政政府才可能没有存在的必要。而在具有大宗财产获得的经济社会里,必须建立某种民政政府,以便通过司法官员的作用不断惩治一切侵害他人财产的非法行为。当然,有人认为打官司的费用可以由当事人负责支付,不一定非要政府负担,但是斯密指出,仅仅由当事人负担的司法费用通常是不稳定的,那么,"以不安定的财源,充当一种应当永远维持的机构费用,似乎不大妥当"。④

第三,"君主或国家的第三种义务就是建立并维持某些公共机关和公共工程。这类机关和工程,对于一个大社会当然是有很大利益的,但就其性质说,是由个人或少数人办理,那所得利润决不能偿其所费。所以这种事业,不能期望个人或少数人出来创办或维持。"这是政府的基本经济职能,该职能的充分发挥有助于便利社会商业的发展——"一国商业的发达,全赖有良好的道路、桥梁、运河、港湾等公共工程。"⑤值得注意的是,亚当·斯密将发展公共教育、公共卫生等,也视为政府须承担的重要义务,被纳入政府的该职能。现代国家社会经济发展实践活动说明,斯密主张通过政府活动提供(除公共安全外的)某些重要的公共服务内容,实在具有先见之明。例如,关于发展公共教育之深远的社会价值,即其合理性、经济性与必要性,斯密均给予了极好的阐释。对于发展公共教育的合理性,他说:"……为防止这些人民

---

① 亚当·斯密:《国富论》(郭大力、王亚南译,下同),北京:商务印书馆,1996年,下卷,第254-270页。

② 同上,下卷,第259页。
③ 同上,下卷,第272页。
④ 同上,下卷,第283页。
⑤ 同上,下卷,第284页。

几乎完全堕落或退化起见，政府就有（对教育）加以若干注意的必要。"这是因为现代工业社会，劳动分工的确立，使得一般人民仅只获得了特定职业所要求的技巧，而同时牺牲了个人的智能、交际能力、尚武品德等等，因此"……在一切改良、文明的社会，政府如不费点力量加以防止，劳动贫民，即大多数人民，就必然会陷入这种状态"。至于发展公共教育的经济性，斯密解释说，"……，无论在哪种文明社会，普通人虽不能受到有身份有财产者那样好的教育，但教育中最重要的几部分如阅读、书写及算术，他们却是能够在早年习得的……。因此，国家只要以极少的费用，就几乎能够便利全体人民，鼓励全体人民，强制全体人民使其获得这种最基本的教育。"在谈到发展公共教育的必要性时，他补充道，人民受教育越多，越容易理解政府的行为，越不会受狂热与迷信的蛊惑。"在自由国家中，政府的安全，大大依赖于人民对政府行为所持的友好意见，人民倾向于不轻率地、不任性地判断政府的行为，对政府的确是一件非常重要的事。"所以，"在文明的商业社会，普通人民的教育，恐怕比有身份有财产者的教育，更需要国家的注意。"①

从斯密关于政府职能的上述论述中，不难看出现代社会中，政府实际上是充当着"有用的公共产品提供者"和"私人经济行为调节者"的角色。当然，要使政府充分发挥好以上两大角色作用，即有效履行它的各种职能，就要把一定的社会权利交给政府，形成政府的事权。不过，要政府行使好事权，就要给它相应的足够的财权，即让政府利用公共财政收支活动科学地支配、配置社会资源的权力。虽然在不同政治体制、经济体制的国家，政府事权、财权的规模，以及制衡方式、程度均有很大差别，但是人们普遍认识到，无论何种国家、何种条件下，政府的权限越大，市场的权限、国民的自由权等就越小；反之，结果亦相反。于是，长期以来，政治学、经济学、财政学研究中，对诸如经济社会应该赋予政府何等权力，如何有效限制政府的权力等问题始终存在着争议。

三、政府权力应该受到限制

历史经验表明，不恰当的政府职能（权力）安排往往直接地、间接地导致社会经济运行质量的下降，甚至导致社会经济无法正常运行。这并非危言耸听，各国经济生活中能够反映这种现实的例子不胜枚举。例如，就观察到

---

① 亚当·斯密：《国富论》（郭大力、王亚南译，下同），北京：商务印书馆，1996年，下卷，第285、339、341、345页。

的现象看，各国经济生活中不同程度上都存在着政府职能"越位"与"缺位"问题，前者造成私人经济活动受到不应有的限制，使微观经济在一定程度上缺乏活力[①]；后者或是导致社会经济秩序陷入混乱状态而不可收拾，或是造成"市场游戏规则"形同虚置而无法被严格地贯彻执行。

又如，进一步观察还可以发现，政府及其各部门（行政管理机构）只有通过特定的经济政策、法规、条例等来履行其经济职能。但是，如果不适当的职能安排导致政府作用范围过大，或者如果安排过多的政府部门来行使大体相同的职能，就必然造成各类政策、法规、条例间的矛盾。这不仅会降低政府的工作效率，影响它的信誉，而且还会增加经济生活中的不同社会群体之间的利益冲突。

再如，虽然从理论上讲，政府政策通常会对经济生活产生导向作用、协调作用和控制作用，但是源于政府官员的认识能力限制和贯彻政策的工具限制，许多经济政策的效果具有很大的不确定性。成功的经济政策固然可以推动社会经济的发展，而失败的政策则会产生相反的结果。加之政府通常是以"错了再试"的方式进行有关的政策调整工作[②]，也导致公众产生错误预期，使得他们或是在实际有利的经济活动上裹足不前，或是在实际不利的经济活动上投入过多，结果给社会经济活动带来了额外的成本。

此外，特别是在政府规模膨胀、政府官员权力不断扩大的情况下，社会上体现权钱交易的寻租活动必然盛行。寻租本身使有限的经济资源被用于非生产活动，竞争性寻租则进一步导致社会资源的浪费，而长期的寻租活动造成经济体制、政治体制僵化。加之社会限制寻租活动也要支付高额成本，那么寻租与限制寻租最终导致社会资源的空耗，导致经济活动的低效率，影响整体经济发展。

可见，在市场经济环境基本形成，私人经济活动基本纳入有序状态后，

---

① 政治学中有一重要命题，"政府活动妨碍个人自由"。所谓个人自由有两重含义，一是免于限制的自由，二是活动自由，其关系是个人只有获得了第一种自由，才能有效地行使第二种自由。而第二种自由又是个人在社会生活中可能充分发挥自己潜能的前提条件。

② 对于政府政策调整应该是斟酌多变还是固定不变也存在争论，货币学派的代表米尔顿·弗里德曼认为："我们需要的不是不断地转动经济之车的方向盘和对不可预期的无规则之路进行调整的高超的货币司机，而是需要一些手段，避免作为稳定物坐在后座上的货币乘客不时俯过身来猛拉方向盘，使汽车面临翻下公路的危险。"而另一位是美联储前主席威廉·麦克切尼·马丁认为："联储的工作就是在宴会正在进行时拿走盛满酒的大酒杯。"像马丁这样的一些经济学家把经济看作是内在不稳定的，他们认为经济频繁经历总需求和总供给的冲击，宏观政策应该逆风而上；而像弗里德曼这样的经济学家认为经济天生是稳定的，经济的波动归罪于错误的经济政策，经济决策者应该承认他们的能力有限，只要不伤害经济，他们就应该满足了。

人们也要对政府的权力及其权力结构做出恰当的安排，并使之成为规范政府职能作用范围与作用方式的基础。据此，人们普遍认识到，政府的权力应该受到必要的限制，具体理由可以大致归纳为如下三点：第一，政府权力过大，相应地破坏了个人的"经济自由"。经济自由包括个人自由地决定如何使用他的收入，自由地选择个人的职业，自由地安排和处理个人的财产。当然，这些个人的"自由"与政府代表社会行使必要的"治理"既是一对矛盾的关系，也是一种相辅相成的关系。自古以来，人们一直在努力协调二者之间的关系，于是，不同的国家实际上都处于不同程度的"自治"状态。

第二，政府也是由普通社会成员组成的，政府的权力来自被统治者的认可，一个完美的社会是为人民的"公共意志"（公意）所控制的。[①]但不可能保证它们所做出的各种决策总是正确的，因此经济社会没有充分的理由让政府完全替代市场而拥有全部的经济权力。因此，从决策或管理能力上看，政府内部成员并不是万能的，存在失误在所难免。政府作为一个强权组织，其活动影响范围带有明显的普遍性，一旦出错，后果不见得比市场调节好到哪里，甚至会更为严重，"好多所谓的市场失灵，本身是因为政府干预造成的，然后倒过来说是市场的失败"。[②]

第三，从政治学的角度考虑，人类社会中任何权力都是危险的，因为如果控制不当，任何权力都有被滥用的可能。特别是在公共财政领域里，政府官员往往可以借助公众给予的权力，为个人或集团牟取私利。对此，英国政治家、经济学家洛克称之为"暴政"。因此，尽管政府存在的目的是为了有效地增进全体国民的利益，但政府中的组成人员总是会在实现公共利益的过程中掺入私人利益或部门利益。这样，政府干预总会受到强势利益集团的影响，在公平和效率方面有所缺失。所以，人类长期政治生活经验说明，唯一公道的政府只能是权力应该受到限制的政府。

第二节 政府与市场的关系

本节继续上一节的讨论，重点在于说明政府与市场的关系。首先按照历

[①] 正如卢梭所言：公共力量就必须有一个适当的代理人来把它结合在一起，并使它按照公意的指示而活动；他可以充当国家与主权者之间的联系……这就是国家之中所要有政府的理由……其实政府只不过是主权者的执行人。（见卢梭：《社会契约论》（何兆武译），北京：商务印书馆，2005年，第72页。）

[②] 张维迎：《政府干预是万恶之源》，《南风窗》（广州），2011-05-24。

史发展阶段的顺序，简要介绍有关政府干预经济的理论沿革。在此基础上，阐释经济社会中政府与市场各自的比较优势及其关系性质。最后，说明不断优化的政府与市场关系的一般特征。

一、政府干预经济的理论沿革

政府要发挥它的基本职能，就必须介入并干预社会经济生活，对此，几乎所有的经济学家都无疑义。然而，在政府干预社会经济生活的深度、广度、方式、方法等问题上，经济学家之间却存在着长期的争议。不过，从古至今，特别是英国工业革命以来，人们对政府经济职能的认识，对政府如何履行其职能的认识，对政府能否有效履行其职能的认识等等，则表现为一个不断深化的过程。

自古希腊—罗马时期开始，至少欧洲国家政府相继在交通通信、货币发行以及食物供给三个方面实行了不同程度的商业政策，这是国家干预社会经济的最初表现。当时政府的经济干预活动，其主要目的在于保障本国基本经济秩序的稳定，以便利本国的军事行动与外交努力。就当时的经济发展基本状况和发展水平看，可以判定这一时期的国家干预对人们自发的经济活动没有产生明显的阻碍作用，甚至可以认为在某种程度上推动了市场经济的发展。

进入中世纪后，教会的政治影响不断扩大。教会甚至比政府更清楚处理好经济问题是保持世界秩序稳定的基础，于是，教会与政府都从各自利益出发要对世俗经济活动进行控制。基督教神学理论的广泛传播，基督教伦理道德原则逐步在中世纪的意识形态领域占据了统治地位，并成为对人们经济行为的全面的支配力量。基督教教义不仅一般地要求限制世俗活动，而且要求按照自己的伦理道德标准规定人们可以或不可以从事的经济活动[①]，最终使社会的经济权力屈从于政治权力。教会（实际上取代政府）对世俗经济生活的广泛干预，严重地压抑了人们从事经济活动的积极性、创造性，进而破坏了社会经济发展的基础。所以，中世纪不仅是人类政治上最黑暗的时期，而且也是经济进步最缓慢的时期。

15世纪到16世纪的宗教改革极大地削弱了教会对世俗社会的统治，使欧洲各国经济得到了恢复与发展。但是，中世纪遗留下来的"经济服从于政

---

① 例如，早期基督教教义认为上帝允许的唯一生存方式是要人们以苦行的禁欲主义超越世俗道德，于是当时修道院式的苦行和禁欲成为时尚，并对人们从事那些涉及财富创造、财富取得、财富积累等经济活动持轻蔑、反对态度。至于某些现在看来属于天经地义的经济行为，如放贷取息，在当时则被认为是违背教义并须严格禁止的。

治"的国家干预哲学却成为重新获得政治权利的各国世俗政府推行各自经济政策的理论依据,最终形成重商主义的经济政策体系。在重商主义时期,许多欧洲国家政府推行的经济政策普遍带有"国家利益至上"的色彩,甚至为实现所谓的"国家利益"而不惜牺牲国民个人的经济福利。例如,英国政府判断国民所从事的经济活动之合理性与否的唯一标准,就是看其能否增加"国王口袋里的黄金",即政府唯一地依据这一标准来鼓励或限制国民的经济行为。尽管与中世纪教会的经济政策相比,重商主义经济政策在一定程度上减轻了对国民自发的经济活动的压抑,但是这种政策毕竟隐含着这样的一种理念——国家有权力以任何方式干预社会经济中任何部门的任何经济活动。另外,应该看到,重商主义政策在强化国家干预力量的同时,也往往引发国家间的国际贸易战、世界市场争夺战、原材料基地争夺战,以及殖民地争夺战,最终结果是少数国家成为经济强国,而大多数国家日益陷入贫困和不发展的状态。

少数得益于重商主义国家干预政策而率先发展起来的国家,如英国,其国内工商业组织的经济活动能力不断提高,日益成为足以与国家政治力量相抗衡的经济力量。后来,在主要代表现代工商业经营者利益的古典经济学理论的影响下,这支力量最终迫使政府不得不改变原先的经济干预政策。在古典经济学里,亚当·斯密主张政府应该推行"自由放任"的经济政策,并通过"看不见的手"的经济理论论证了限制政府权力,减少政府干预的社会经济意义。斯密认为,"……寻求自身利益的增长的个人将把资源投向能给他带来最大收益的地方,并且作为一个法则,资源也将给社会带来最大的收益"。[①]在这方面,政府并不比常人高明,即政府并不比私人更懂得如何管理企业和日常经济活动。此外,在一定意义上,政府是有组织的、联络起来的、自我服务集团的产物,即掌握政府权力的人往往要利用这种权力来达到自己的目的。有鉴于此,亚当·斯密提出经济社会应该建立一种"廉价政府"或"小政府"的主张,尽量减少对私人经济活动的干预。与此同时,他指出,政府的作用或职能,就是为社会提供公共物品与劳务,具体而言,这些公共物品与劳务集中在国防、司法、国家管理、公共工程等有限的方面。由政府提供公共物品与劳务的基本理由有二:一是私人无力提供这些东西,因其投资太大;二是私人不能保证公共物品供给的稳定性,因其不能像国家那样,可以

[①] 转引自 G. J. 施蒂格勒的《经济学家与说教者》一书(上海:上海三联书店,1990年),第173页。

通过税收建立持久的资金来源。①可以说，在英国工业革命前后，以斯密经济思想为核心的古典经济学理论在推动政府职能转变和限制政府职能作用两个方面均做出了积极的贡献。

新古典经济学在国家干预问题上进一步坚持了古典经济学的主张，认为经济社会之所以要求政府发挥职能作用，是因为经济生活中客观上存在着市场失灵的问题。即使在自由竞争的条件下，市场运行机制本身也会产生一种无效率的结果，表现为公共物品短缺、社会收入分配有失公平，以及自发地产生商业垄断力量。由于这种市场无效率状况不符合公众利益，政府就要对市场经济进行必要的干预。至于何种原因引发市场失灵问题，新古典经济学没有进行过深入探讨，认为这是市场本身特点决定的。从工业革命到20世纪初，西欧、北美国家市场经济得到长足的发展，与这些国家的政府职能转变有直接的关系。在政府职能转变过程里，由于古典经济学、新古典经济学理论的广泛传播，极大地削弱了中世纪遗留下来的"经济服从于政治"的国家干预哲学对政府经济政策的影响。

凯恩斯革命以来，人们开始强调宏观经济中有效需求管理的重要性，为此要求政府在稳定商业周期方面发挥其职能、作用。凯恩斯认为，"因为要使消费倾向与投资引诱二者互相适应，故政府机能不能不扩大，"②这在凯恩斯时代，不乏侵犯现代私人企业制度之嫌，"然而我为之辩护，认为这是唯一切实办法，可以避免现行经济形态之全部毁灭；又是必要条件，可以让私人策动力有适当运用。"③至于政府采取何种手段干预经济，如实现充分就业目标，凯恩斯指出：政府不妨增加资本数量使资本不再缺乏，同时建立直接税体系，调控社会经济个体的行为使之符合社会目标，"至于在何种范围内，国家（公共意志之代表人）应当设法增加并补充投资引诱；在何种范围以内，应当鼓励一般人之消费倾向，……，那只能由经验来决定"。④就是说，这要由国家经济的实际情况来灵活确定。尽管凯恩斯多次强调通过财政政策发挥政府投资的作用——"……要达到离充分就业不远之境，其唯一办法乃是把投资这件事情，由社会来综揽"⑤；但他没有主张政府投资取代私人投资的意图，

---

① 现代经济学则在分析公共物品外在性特点和由此产生的免费搭车者行为基础上，进一步强调了由政府负责公共物品提供的重要性。
② 凯恩斯：《就业利息和货币通论》，北京：商务印书馆，1996，第328页。
③ 同上，第328页。
④ 同上，第325页。
⑤ 同上，第326页。

亦即没有政府取代市场的意图。虽然在凯恩斯经济学说影响下，为确保充分就业所必须有的政府统制，经济社会已把"自由放任"时期的政府职能扩充了许多，但这并不表明"经济服从于政治"的国家干预哲学的复苏，而是更多地强调政府力量与私人力量的有机结合对市场经济健康发展的重要性。当然，为了保证政府经济职能的履行，各国政府不再强调传统的预算平衡原则，于是预算不平衡和财政赤字就成为经济生活中的常态。

二、逐渐优化的政府与市场关系

英国经济学家约翰·斯图加特·穆勒在其1848年出版的《政治经济学原理》一书中写道："在此特定时期于政治科学与实践国务活动中最有争议的问题之一，就是关于如何对政府职能与作用范围加以适当限制。"虽然在当今市场经济发展水平较高的发达国家，上述问题也尚未得到圆满解决，但是长期实践使得人们逐渐认识到上述问题的实质，并且逐步学会如何优化政府与市场的关系，即在社会经济范围里如何动态地划分公共部门与私人部门的作用、责任和活动边界。

经济生活中之所以难以明确划分政府活动与私人活动的界限，主要原因在于：一国经济生活里在政府活动与私人活动紧密交织情况下，二者活动范围的划分具有复杂性、动态性并难以把握。复杂性源于社会经济活动的效率是政府活动与私人活动相互影响决定的，具体性质反映为二者相互作用的效率，而非二者可分离作用的效率；动态性源于政府活动范围原则上由公众选择决定，而这种选择既受公众偏好变化的影响，也受公众支付能力变化的影响。因此，明确二者经济活动的界限并协调好二者的经济关系，也是非常困难的。[①]不难理解，在市场经济条件下，人们既不能回避这个问题，也不能指望一蹴而就地解决这个问题。正确的态度应该是，按照市场经济运行的内在规律与社会经济发展的客观要求，循序渐进地协调政府活动与私人活动的关系。而于此过程中，关键在于合理地规定政府的职能（权力）及其履行特定职能的方式、路径。

20世纪80年代以来，鉴于长期推行非平衡预算财政政策给某些发达国家社会经济所带来的消极影响，以及这些国家政府为纠正财政预算不平衡问题时所遇到的种种困难，为人们重新思考、重新检验政府的职能与作用问题

---

① 参见 Maunel Guitian 的论文 *Scope of Government and Limits of Economic Policy*，原文载 Macroeconomic Dimensions of Public Finance（论文集，M.I.Blejer、Teresa Ter-Minassian 主编，Routledge 出版公司出版，1997年）。

提出了警示。人们对政府干预经济的认识，对政府职能、作用的认识开始出现了新的变化：(1) 强调政府应该对基本社会经济目标——充分就业、物价稳定、经济增长、国际收支平衡等——负主要责任的观点是偏颇的，唯一地依靠政府政策行为来实现这些目标也是不可靠的，因为这些目标的具体实现反映为政府行为与私人行为相互作用的复杂结果。(2) 过分强调政府经济责任，不仅忽视了在政府、市场与私人经济部门之间确定长期平衡关系的重要意义，而且也对政府财政开支与财政赤字的长期增长所给经济社会带来的问题之严重性估计不足。(3) 政府制定的经济政策可能有助于防止社会经济偏离有效运行的轨道，但它不能保证永远发挥这种作用。换言之，"好"的经济政策充其量在最好的情况下也仅仅可以作为社会经济正常运行的必要条件，而非充分条件。

上述对政府干预经济以及政府职能、作用认识的改变，不仅要求政府注意其职能转变问题，而且对政府职能转变赋予了新的含义。人们最终意识到，经济过程中发挥政府作用不在于给它更多的经济权力，而应该更加注意合理地对政府行为加以限制。20世纪80年代以来，英国、美国等发达国家政府率先推行了私有化政策，放松管制政策，而后引起许多发展中国家相继效仿，这一方面是出于各国巨额财政赤字的压力，另一方面则表现为政府本身在其干预经济、职能界定等问题上发生了观念转变。①

20世纪90年代，人们最终确认，社会经济活动与发展的核心问题是市场与政府的相互作用。正如世界银行在其《1990年世界发展报告》中所明确指出的那样："竞争性市场是人类迄今为止发现的有效进行生产和产品分配的最佳方式，但是，市场不能在真空里运转，它们需要只有政府才能提供的法律与规章制度体系。所以，二者都有巨大的、不可替代的作用。经验表明，二者协调一致地运行时，经济社会就会取得惊人的成就；而二者相互对立时，就会给经济社会带来灾难性的后果。经济发展的一般过程已经说明，政府干预不是越多越好，过多的干预取代的市场的作用，使经济发展反而变得缓慢。正确的态度是：要求政府在某些方面减少干预，而在其他方面则要多些干预，

---

① 世界银行在其《1991年世界发展报告——发展面临的挑战》中援引了一篇14世纪阿拉伯人写的论文，其中讲道："统治者进行的商业活动有害于其目标的实现，并且会耗竭税收收入……排挤竞争者；对原材料和产品实行指令性价格会导致许多实业家破产。当统治者侵占财产过多和过于普遍时，就会影响人们的各种谋生之道，商业活动的不景气也就会成为普遍现象。"从20世纪80年代开始，世界范围内以私有化为主题展开的政府职能调整运动，被世界银行专家称为"80年代最引人瞩目的遗产之一……就是这些古代真理的重新发现"。

即让市场在它们可以运行的方面运行，并立即有效地介入市场力所难及的方面。历史经验表明：这是一条尽快提高生产力、增加收入和持续发展经济的最可靠的途径。明智的看法是，将政府干预看作为一种特别稀缺的资源，必须谨慎地、节约地、适时地使用这种资源。"①

至少目前在经济学家中形成共识的是，政府能够在控制垄断、解决穷人住房问题、处理贫困问题等方面发挥其潜在的积极作用。另外，有关经济学理论分析还表明，在通行市场原则的经济社会里，政府在如下几个方面实施有选择性的市场干预具有明显的合理性，或者能够发挥重要的纠偏作用：第一，公共产品与私人产品具有完全不同的消费特征，即个人对公共产品的消费实际上并不影响他人同时消费此产品，因此导致市场不能保证对公共产品的有效供给问题，而在经济社会不能缺少公共产品的情况下，政府就必然要承担集中地提供公共产品的任务。

第二，市场经济的竞争过程不可避免地导致社会成员之间出现收入（财富）分配极化问题，这与广为接受的公平概念相违背，政府干预有可能在不损害经济效率的同时，改善收入分配不合理的状况。②

第三，市场不完全、信息不完备和其他原因导致市场在引导资源有效配置上出现阶段性失灵，产生诸如资源非充分利用、劳动失业、经济结构失衡等问题，政府有选择地进行干预通常有助于在较短时期内使市场经济恢复正常运行状态。③

第四，经济过程中某些情况下对个人或企业而言的经济效率，对整个社会而言则是"效率损失"（如生产导致的环境污染，生态质量下降），一些特定的政府干预就是针对这种经济过程产生的"外部效应"实施的，其目的在

---

① 世界银行：《1990年世界发展报告》，北京：中国财政经济出版社，1990年。
② 收入差距并不仅仅是人们得到货币收入多少的差异，实际上在收入差距的背后是不同群体的利益博弈过程，发展中国家的许多不平等不是由人的天赋与勤劳造成的，更多的是由制度因素和不合理的公共政策造成的，因此，需要政府的审慎政策和干预来制衡不同群体的利益分配。
③ 新的市场失灵是以不完全信息、信息有偿性及不完备的市场为基础的；而原始的市场失灵是与诸如公共物品、污染的外部性等因素相联系的。这两种市场失灵之间主要有两点差别：原始的市场失灵在很大程度上是容易确定的，其范围也容易控制，它需要明确的政府干预。由于现实中所有的市场都是不完备的，信息总是不完全的，道德风险和逆向选择问题对于所有市场来说是各有特点的，因此经济中的市场失灵问题是普遍存在的。（见约瑟夫·E. 斯蒂格利茨：《社会主义向何处去——经济型的理论与证据》，长春：吉林大学出版社，1998年，第48-49页。）

于协调个人利益与社会利益。①

上述政府对经济生活的干预直接体现为政府职能的具体化，即政府活动对社会经济生活产生的影响作用。由于这种干预往往要通过特定的财政活动来实现，所以政府财政活动的性质、质量就在很大程度上决定着政府经济干预的实际效果。正因为如此，有关财政问题的研究才历来受到社会各界的特别重视，而财政学也发展成为经济学的一个重要分支。

三、明智的、强而有力的政府之基本特征

现代经济社会一直存在着两个特别棘手的经济社会问题：一是市场经济本身的运行与调节机制不能保证提供充分就业，二是市场经济本身决定的社会收入与财富的分配有欠公平合理。②除此之外，今天的人类经济社会还面临着一些新问题，诸如人口爆炸。飞速发展的科学技术给经济生活带来的各种难以预测的复杂影响，国家间、国内各利益集团间在争夺市场与稀缺资源方面的残酷竞争，工业化对世界生态环境造成的广泛污染，以及核威胁等等。因此，在人类社会经济生活发展到今天的复杂程度情况下，各国都需要一个强而有力的政府（而非弱势政府）来担负管理国家、管理社会、管理人性③的任务。

何谓强而有力的政府？强而有力的政府并不是一个经常广泛干预市场经济的政府，而是一个与市场经济协调共处的政府，并且它能够保护那些有助于本国社会经济增长与发展的基本条件④免于遭受无谓的破坏。这种政府在性质上应该是稳定的政府，民主的政府，按照公众知道的规则运作的政

---

① 正如阿玛蒂亚·森所言，发展要求消除那些限制人们自由的主要因素，即：贫困以及暴政，经济机会的缺乏以及系统化的社会剥夺，忽视公共设施以及压迫性政权的不宽容和过度干预。（见阿玛蒂亚·森：《以自由看待发展》（任赜，于真译），北京：中国人民大学出版社，2012年，第1-2页。）
② 参见 M. 凯恩斯的《就业、利息和货币通论》（北京：商务印书馆，1996年），第24章。
③ 针对市场经济本身决定的社会收入与财富的分配有欠公平合理的问题，凯恩斯认为这既有社会的原因，也有人们心理的原因。在后一种原因上，人类自身存在的许多危险性格在不能正常宣泄情况下可能会导致残暴行为的产生，如不顾一切、唯个人权势是图等等。对此，凯恩斯认为，政府应该负起管理人性的责任，但是改造人性是可以依靠教育来进行的。这里，所谓管理人性，就是要求政府既要承认"发财的动机"与"私有财产制度"是人类有价值活动产生的基础，又要使人们的"发财游戏"能够在一定的规则与框架中得以进行。凯恩斯并没有提出废除私有制度的政策主张。
④ 美国历史与经济学家大卫·兰德斯在其《各国的财富与贫困》一书中总结了一个社会经济增长与发展的基本条件，主要包括：人们知道如何建造、操作、管理生产工具，热衷于创造、适应和掌握新技术，按照才能和功绩使用人才，提供机会给个人、企业并鼓励首创、竞争和模仿，允许人们享受和使用自己的劳动成果。

府。①

　　明智的、强而有力的政府应该具有如下基本特征。第一，政府应该在其具有比较优势的地方集中它的活动，其余活动应该主要地通过市场力量和市场过程来激励私人部门承担。按照比较优势概念，最适合政府从事的活动是向经济社会提供公共物品与劳务，通过建立市场经济的游戏规则来管理国家、管理社会和管理人性。为此，政府必须尽可能明确划分公共部门与私人部门的界限，最大限度地允许市场充分发挥它对私人部门经济活动的各种影响与各种约束。

　　第二，为了最大限度地减少政府失灵的可能性，政府必须放弃那些实际上是无力承担的义务。公共选择理论认为，所谓"政府失灵"，是指政府干预经济过程中，如果政府做了它本不该做的事情，它就没有能力做好这些事情，结果出现了政府干预下市场运行反而更不理想的情况。至于为什么在现代国家经常会发生政府做它本不该做的事情的问题，主要原因在于战后凯恩斯宏观经济理论指导下形成的现代财政政策的确在相当程度上刺激了公共部门（政府）规模的不断扩大，过度膨胀的政府部门及公共开支，通常给政府官员以过度的权力和过多的个人自由，甚至导致政府官员对权力的恣意运用。这就是凯恩斯主义的经济政策理论在解决宏观经济问题时所产生的新问题。"的确，凯恩斯的主要目的，是增大赤字财政从而增加公共支出来保证私人消费的增长。凯恩斯处方中的不足之处是缺少某种反击力，即把公共消费保持在限度以内的控制机制或控制者。"②

　　第三，政府的各项经济政策与其所从事的经济活动不应该产生这样的结果，即可能直接地、间接地保护私人经济部门免于承担其应该承担的各种市场责任。在市场力量自行发挥作用的情况下，它会对任何经济活动者强行推行它的纪律，迫使私人在经济活动过程中谨慎地估价收益取得与风险承担的关系，通过奖励效率，惩罚浪费方式提高整个经济社会活动的效率。但是，如果政府活动在客观上不能让市场过程对所有私人部门的经济活动发挥它的全部影响，市场对私人活动的约束力就要削弱。其结果，就是在私人经济活动层面上产生大量道德风险。普遍认为，道德风险源于政府行动导致私人非

---

① 大卫·兰德斯在其《各国的财富与贫困》一书中还就高效率政府做了如下描述：该政府不仅能够听进不同的声音，具有较强的反应能力，而且是诚实的（尽量避免提供寻租机会的），高效的、温和的、不贪婪的政府。

② 布坎南、瓦格纳：《赤字中的民主》，北京：北京经济学院出版社，1989年，第142-145页。

正常的行为产生[①]。就本质看，经济生活中的道德风险就是在市场约束力被削弱的情况下私人部门把原本应该自己承担的风险通过各种渠道转移给社会承担。为了最大限度地减少经济生活中的道德风险，就要适当限制政府的行动，使之减少对市场的干预。就是说，健康的社会经济环境的建立最终要以政府与私人都必须遵循市场规律为基础条件。

第四，即使现代政府干预市场经济没有根本性的错误，但是从事市场干预的政府必须能够有效地避免陷入政策困境。合理预期理论为可望有助于社会经济活动发展的政府经济政策制定了这样的标准：政府经济政策应该被视为对精心设计游戏规则的选择。由于稳定的游戏规则表现为政策性质与私人经济活动者行为相互适应，进一步要求政策还须具有可信性、科学性的特点。于是，这里出现了政策困境：就政策制定的动态性质而言，政府政策应该是可以修订的，这可能会给政策制定者提供某种刺激，即利用经济政策修订过程达到其他目的。政府如果这样做，纵然可能取得一时的效果，但由于违背了政策的可信性原则，政府难免要为其行为付出代价。不过，如果不允许政府按照变化了的经济环境及时修订政策，也同样会损害政策的科学性。

第五，政府应该在各种因素影响下（政治压力、制度约束、经济理论、变化着的经济环境）尽量制定出有利的经济政策，这不仅能够改善本国的国民福利，而且会有益于其他国家。这就要求政府必须能够有效地建立中、长期政策环境并以稳定的、信任度高的政策取代诸多的带有浓厚权宜之计色彩的短期政策与政府行动。因此，好的政策是帮助大家形成一个相对稳定的预期，只有在相对稳定的预期下，企业家才能正确计算并进行决策，否则，政策不稳定，大家都去揣摩政策，或者通过游说的方式来影响政策，这都是不太健康的表现。[②]

总之，由于各国国情、经济条件、发展水平不同，各国政府所要承担的责任与义务必然也不同，无法按照统一标准界定、规范各国政府的经济职能与作用范围。此外，即使比较原则性地界定、规范了各国政府的经济职能与作用范围，各国政府也还要根据具体的国情变化和国内外经济环境的变化，

---

① 现实生活中，产生道德风险的机会更多。例如，在对外债务管理方面，如果政府对企业进行了不适当的债务偿还担保，往往会导致企业在特殊情况下借助被混淆的责任界限来摆脱债务责任。又如，对国有企业和政府机关的财务软约束、税收漏洞与税基侵蚀、财政赤字货币化等，也都是道德风险的根源。

② 对此，阎锡山在其《阎锡山日记》中也做过类似的表述：戊戌立宪，万世帝王，丙午立宪，国破家亡。立国不敢失时，适时放火亦理长，落后点灯亦理短，为政不敢违时。（见：阎锡山：《阎锡山日记》，北京：九州出版社，2011年。）

动态地予以调整。无论如何，政府职能转变与作用范围调整的目标是确定的，即建立一个有助于不断推动本国经济发展，具有上述基本特征的"强而有力的政府"。

第三节 公共财政的本质和基本特征

理论上讲，政府就可以通过财政手段来调节社会经济过程，以实现多种社会、经济目标。这是因为精心设计、合理安排的公共财政活动，通常能够对经济社会的资源配置、收入分配、社会稳定、经济增长，以及国际收支平衡等产生各种有益的影响。不过，也应该注意，政府的财政活动也在诸多方面根本不同于私人的经济活动，这是公共财政的本质及其基本特征所决定的。

一、关于公共财政本质的表述

人类社会的经济需求可以划分为两类：个人需求和公共需求。前一类需求，一般情况下，通过个人、家庭、厂商等分散的私营经济过程便大体上可以满足；而后一类需求，则常须通过（本质上不同于私营经济的）公共经济过程才能予以满足。正是从这个意义上讲，公共需求的客观存在性决定了公共财政产生的客观必然性。马克思曾经指出："在任何社会生产（例如，自然形成的印度公社，或秘鲁人的较多是人为发展的共产主义）中，总是能够区分出劳动的两个部分，一个部分产品直接由生产者个人及其家属用于个人的消费，另一部分即始终是剩余劳动那个部分的产品，总是用来满足一般的社会需求，而不问这种剩余产品怎样分配，也不问谁执行这种社会需求的代表职能……。"[①]在现代社会，满足公共需求的任务主要是由政府组织承担的，可以说，这也是一种客观必然性。那么，公共财政的本质就是（政府组织）集中地提供经济社会不可或缺的公共产品以满足经济社会不断增长的、变化的公共需求。在财政理论中，把这种观点，或类似的观点，统称为"公共需

---

① 《马克思恩格斯全集》，第 25 卷，第 992 页。

求论"①。

关于公共财政本质问题的研究并不像某些人所理解的那样毫无实际意义，或者无关紧要。明确（以上表述的）公共财政的本质，其重要性至少体现在以下几点：（1）经济社会必须按照满足经济社会公共需求的范围来大体限定政府发挥其基本职能作用的合理范围，使之既不能过于宽泛（即财政越位），也不能过于狭窄（即财政缺位）。（2）经济社会原则上规定了政府财政活动的主要目标，即要求政府选择有效的途径，采取合适的方式、方法，按照公众合意的标准来提供足够的公共产品与公共劳务。（3）即使从动态角度看，政府也不能任意地、随意地变动其财政活动内容，而只能按照不同经济发展时期公众对公共需求内容与数量的改变，来调整它的财政活动内容。（4）无论在现代经济过程里积极的财政政策具有何等重要性，政府也只有在使构成公共财政的所有不同要素（国家税收、政府采购、转移支付、公共债务等）圆满完成其基本任务的情况下，才能使积极财政政策共同被用于实现其他各种国民经济与社会发展目标。这就是说，过分强调政府主持的公共财政活动的政策含义而忽略其基本作用是错误的。②

总之，人们对于公共财政本质做上述理解，实际上在强调市场经济的重要性的前提下，要求政府（充当社会的代表）对有限财政资源实行高效运作与管理，以充分发挥其各项经济职能。

二、关于公共财政基本特征的表述

研究政府财政活动基本特征的主要目的有二：一是有助于人们较好地把握经济社会中私人经济活动与公共经济活动的差异性，以便有效协调两类经济活动的关系，更好地发挥两类经济活动各自的优势和克服它们各自的劣势；

---

① 当然，关于政府财政的本质研究，经济界还提出"国家分配论"、"国家意志论"、"剩余产品决定论"，以及"再生产决定论"等观点。虽然这些观点的支持者从不同角度（起因、主体、目的或者模式）分析了政府财政的本质，但是，不难发现这些观点都无法回避这样的事实："任何性质的国家充当社会正式代表，成为财政关系的承担者，除了对付外族侵略，对内治安，也要维护社会再生产的外部条件；除了临近灭绝的阶级和国家外，都会执行某种社会和经济职能，提供满足社会公共需求的产品和劳务……"（王骐骥：《财政学》，武汉：武汉大学出版社，1994年，第5页。）

② 正确的认识是，现代政府在不同时期研究、设计、制定、推行不同财政政策的基本意图是为了实现国家既定的社会经济发展目标，或者为了适应国家社会经济发展的要求，更好地协调政府有关的财政经济活动以充分发挥现代公共财政的重要职能。在这里，政府的财政活动与财政政策不同。所谓"政策"，按照美国经济政策学家 K. E. 包尔丁的定义，就是支配为既定目标而采取行动的各项原则。政策总是意味着"行动的计划或方针"（参见郭庆旺等编著：《现代西方财政政策概论》，北京：中国财政经济出版社，1993年，第1页）。

二是有助于人们准确界定政府财政的性质,以便合理规范政府财政活动的方式、方法、规模和范围,以及增强政府财政政策的针对性。

前面提及的(本质上不同于私营经济的)公共经济过程,即公共财政活动本身,通常具有如下一些基本特征:第一,非直接生产性特征。虽然经济社会赋予政府以满足公共需求的任务,但是这并不要求政府一定要像私人那样亲自从事各种物质生产、经营活动以及收入分配活动。例如,政府一般不需要通过建立国有企业,并直接从事产品生产、工资分配以及就业保障等活动来满足公共需求。事实上,政府可以通过预算支出——私人生产——集体消费的方式,在不同程度上满足不断增长、不断变化的各类公共需求。换言之,政府主持的财政活动的基本价值不在于直接创造物质产品,而是为了创造并维持一种符合国情、民情,有利于国家安定、经济发展、政治民主、文化发达的社会环境。

第二,理财原则多样性特征。由于国家将会长期存在下去,这就决定了政府财政活动的不间断性。另外,与私人和私人企业不同,政府通常不会遇到所谓的"破产"、"倒闭"问题。[①]因此,政府理财可以在长期过程中交替使用"量入为出"与"量出为入"原则。一般情况下,一定规模的财政收入(税收收入)往往只能满足(相对比较确定的)用于维持国家机器正常运转的支出要求,而那些直接用于刺激经济增长、实现充分就业等宏观经济目标的财政支出,则在时间上、数量上具有很大的不确定性,往往无法及时调整税收政策予以满足。那么,在这种情况下,如果依靠政府的财政信用,向其公众或者外国政府、国际组织借钱来满足追加的财政开支需要,即采取"量出为入"原则,其短期的"入不敷出"问题便可以得到解决。虽然这在政府财政预算方面会出现赤字,但是只要这些依靠政府信用聚集的社会资金被合理地用于生产性投资,不仅能够有效促进国民经济的增长,而且未来还本付息也不会遇到什么困难。这就是在一定条件下政府可以实行赤字预算的基本依据。[②]此外,"量出为入"的理财原则意味着政府可以按照预计的支出规模,相应增减其收入规模,这也有助于政府按照国民意愿,国家经济形势的要求,

---

① 虽然也有特殊情况,如冰岛于 2008 年以及迪拜于 2009 年遭遇的"破产"危机,但并未中断其政府财政活动。

② 希克斯在其《公共财政》一书中对此提出过类似的看法:用于战争筹款的政府债务是社会的一种负担,必然要靠增加税收的办法来弥补。而政府借款(包括对外借入)投资于高效率的生产性部门(出口部门),资金回收一般不成问题,并且不需要增加税收。此外,世界银行经济学家也指出:少量的、能长久维持的赤字可以促进经济增长,同时保护穷人在紧缩财政时免于承受沉重的负担。

主动调节国民的税收负担。

　　第三，规制约束性特征。在有效竞争的市场经济制度中，私人经济活动的典型特点是：各当事人在明确的法律结构中所进行的独立决策、生产与交易活动，都是以实现其利润最大化为目标。但是，在公共经济中代表公众进行决策的政府官员在偏好上未必总是与公众的偏好相一致，在贯彻经济政策上表现出来的某些主观随意性也可能给公众利益带来这样或那样的经济损失。此外，如果对政府的权力、政府的规模失去有效控制，不仅难以保证（大部分来源于对私人及其厂商课税而形成的）财政资源在使用中避免无谓的浪费，而且实际上会刺激政府官员（在形成自我服务的利益集团情况下）集体地盗窃财政资源以牟取私利。[①]因此，为了尽可能避免这些问题的发生，经济社会就要建立和不断改革规范政府财政活动的法律框架、规章制度，以及公众监督体系。尽管这样做，经济社会要付出相当的额外费用，也可能在处理新情况时减少了政府决策所需要的灵活性，但是无论如何，制度改革总可以在确保有限财政资源的使用效率、限制政府官员迎合利益集团要求等方面产生积极影响。所以，政府财政活动必须根据法律、法规的要求，在一套严格的制度约束（如预算、决算程序）和规范监督下有序地进行。

　　第四，政治参与性特征。历史上每一种政治与经济制度下，都不同程度地存在着"金钱决定政策形成"的问题，这种问题通常只能借助政治行为予以解决。具体到公共财政领域，经济社会借助特定的政治过程或政治行为方式，影响政府的各类涉及公共利益的经济财政决策活动，有助于（通过政府组织、行政官员）较好地平衡社会整体与各社会阶层，或各种利益集团之间的利益关系。这是政治行为广泛参与财政过程对社会经济发展产生的正面影响。当然，政治行为广泛参与财政过程也会对社会经济发展产生负面影响，如在公共监督薄弱、"政府治理"普遍缺失的情况下，必然存在政府权力被滥用的可能性。人们很容易发现，在一些国家里，大量的财政资源被疏导到某

---

① 亚当·斯密对政府就持有一种不信任态度，他主要是对政府的意图，而不是对政府的能力，表现出不信任。他认为，在一定意义上，政府是有组织的、联络起来的、自我服务的集团的产物，即掌握政府权利的人总是利用这种权利来达到自己的目的。当然，也有一些经济学家认为，斯密的这种认识未免过于武断。

些滥用权力的政治家所代表的利益集团手中。① 尽管经济社会能够在一定范围内、一定程度上可以解决政府财政活动过程中的过度政治参与的问题,但是正如美国人米勒里克所说:"以为国会或行政机构会按纯经济理由据以分配财政资金是一种十足天真的假定。"② 所以,不管人们愿意与否,财政活动既然属于政府行为,它就必然成为社会生活中政治现象经济化的一种反映。这是政府财政活动不同于私人经济活动的又一基本特征。换言之,政府财政活动是一种结合政治行为的特殊经济活动,可以被视为"……政治与经济的连接点,或者被称为政治与经济的中间项"。③

第四节 公共财政的研究方法

作为一门社会科学的"公共财政",无论在理论层面,还是在政策层面,其研究工作都具有专业化特征,通常几乎成为少数经济学家才能理解的研究、分析对象。不过,最近几十年,经过经济学家的努力,公共财政基本理论知识已经得到了较为广泛的普及,这不仅有助于普通国民愈益关注政府的公共财政活动,而且也有助于他们能够对政府的有关财政政策做出更为合理的判断。

关于公共财政的一般研究方法,普通学生应该重点探究下属两类问题:一是特定的哲学体系(意识形态体系)对一国公共财政基本取向的影响,二是如何评判政府的具体公共财政行为的有效性。

一、不同哲学思想体系对公共财政基本取向的影响

比较分析发现,不同国家、不同时期的财政思想理念、公共财政规模、运作方法,重大财政政策基本取向等,存在着明显的差异。这主要与不同国家、不同时期的公众与公共政策决策者们的哲学观念有关。斯蒂芬·贝利

---

① 这种表现为非个人化的滥用权力一方面极大地扩张着政府开支的规模,另一方面又使因此造成的愈加严重的财政赤字问题变得更加难以解决。正如梅金和奥恩斯坦所指出的那样:"如果这些非个人化的力量(政府哲学、经济危机、经济思想、政治学等)都对财政政策发生影响,那么就会出现一种缓慢发生但稳定变动的趋势,可能就是走向大政府、更多的财政开支、更沉重的税负和税收的增长大大地落后于支出的增长。"(参见梅金、奥恩斯坦的《债务与税收》,英文版,1994年,第9页。)

② 参见米乐里克的《美国预算政策——从1980年代到1990年代》,英文版,Sharp Inc. 出版社,1990年,第11页。

③ 郭庆旺等编著:《现代西方财政政策概论》,北京:中国财政经济出版社,1993年,第6页。

（Stephen J. Bailey）在其《战略财政》（Strategic Public Finance）一书中对此进行了较为深入的研究。按照他的理解，三种典型的哲学观念——古典自由主义、新自由主义、集体主义——对一国公众，特别是对该国公共政策决策者的基本政治信仰产生了重要的影响，进而使他们倾向于实践不同的公共财政运作方法。

古典自由主义，作为一种哲学观念体系，在政治上强调个人对自己负责，高度自治，强调个人财产权神圣不可侵犯，国家的任务就是保护个人免于强制、干预、歧视的自由。在经济上则坚信自由的市场经济体系是完善的，个人的生活状况是市场结果决定的，不存在着所谓的社会正义问题。据此认为，除了司法、秩序、救荒救灾需求外，没有其他的公共财政需求。而政府干预必定会压抑个人创造力，扭曲市场机制，创造"依赖"文化并产生道德风险问题。此外，人们也并不能保证政府的行为都是准确的，对公众充分负责任的。那么，在此哲学观念影响下，人们往往会提出如下的公共财政一般主张：（1）小政府，实行"放任自由"政策。（2）尽量减少政府干预，因为干预创造继续干预的恶性循环。（3）加强个人责任，相应减少对政府的依赖，这是减少公共物品规模，削减政府规模，降低个人税负的最佳途径。（4）不需要福利国家，也不需要社会保障事业，社会保障应该以私人保险为主，公共救济为辅。（5）政府债务应该受到严格限制。

虽然新自由主义同古典自由主义一样，强调个人对自己负责，高度自治，强调个人财产权神圣不可侵犯方面。但是它认为市场是不完善的，不能保证任何社会成员在谋生方面获得同等的经济机会。因此，政府就要承担"保护机会均等"的社会责任而有选择地对社会经济生活进行有限干预。这种干预是必要的，有助于使所有社会成员获得基本人权保障。信奉这一哲学观念的人们往往会提出这样的公共财政主张：（1）政府存在有其客观必要性，即使因此个人权利要受到限制。政府有能力实现个人无法使现的许多目标。但是，人们需要能限制政府的权利、活动范围，尽量塑造一个具有能动性的政府。（2）通过实行混合经济将政府的能动性与个人创造性、积极性有机地结合，有助于社会发展和社会福利的提高。（3）按照实用主义原则规定政府权力、活动范围，追求公共支出的效率，减少税收的扭曲效应等等。

集体主义，作为某种哲学理念，基本上不接受个人自治概念，强调个人是社会成员之一，只有在相互依赖的社会才能发生作用。它过多地强调个人作为公民的社会的、经济的权利，而一般不考虑市场条件下作为独立消费者的权利。集体主义还认为，政府是善意的，能够有效地提供公共物品。市场也必须由政府直接控制,即要求政府积极地管理市场,而非补充、修缮、修正市场。只有这样,才能最终实现社会的全面平等,这种平等通常以结果均等为特点。集体主义提出的公共财政主张主要包括如下内容:(1)强调社会管理,政府应该足够庞大且无所不能。(2)实行高额累进税,提供尽量多的公共产品和公共福利。(3)认为市场不能保证公民福利,国家替代社会慈善事业,向所有国民提供同等的社会福利。(4)实行计划经济,财政规模就必须不断扩大,持续扩大的公共财政是必要的,其将最终替代私人财务。

以上三种哲学观念或意识形态及其对公共财政活动的基本主张,显然具有极大的差距和分歧。但是,经济学家们对目前世界主要类型国家推行的公共财政制度经过深入的比较研究后发现:在大多数国家,越来越多的国民已经意识到,仅仅按照古典自由主义原则建立、维持最小化的政府,不能保证社会经济的发展;但是,按照集体主义的设想、原则建立无所不包的公共财政,以此发展社会经济也是不现实的。因此,人们日益倾向于选择那种适应于混合经济体系①的公共财政制度。混合经济体系的形成,反映了人们在大多数场合不会坚持走极端主义道路;相反,人们更愿意采取实用主义方式解决现实问题——优先考虑哪种公共财政制度最有利于社会经济、个人福利、社会福利的长期发展,而不是短期或周期发展,即可能给他们带来最大的经济利益。

二、"4E"分析框架:政府财政行为之有效性与否的判断标准

研究公共财政问题最好采用经济学家们建立的"4E"分析框架,该框架通常被视为判断政府财政行为有效性与否的一般标准。所谓"4E"是指"公平"(Equity)、"经济"(Economy)、"效率"(Efficiency)和"社会效果"(Effectiveness),它们既是公众对政府财政活动本身提出的政治要求,也自然成为政府从事财政管理活动所追求的基本目标。因此,研究公共财政的所有具体问题,包括相关财政政策的制定,采取"4E"分析框架具有重要意义。

但是,正如贝利所阐释的那样,受不同哲学理念影响而形成的公共财政

---

① 混合经济,是指"公共部门"和"私人部门"共存的经济体系;不过,二者的"平衡"具有动态变化的特点。也有人认为,处于一端是资本主义而另一端是社会主义的中间状态的经济形态,就是"混合经济"。如果抛开意识形态之争,"混合经济"状态能够更好地兼顾"社会公平"与"经济效率",即在政府有限干预市场的情况下,"经济利润"与"公共利益"均为社会追求的目标,前者更有助于使公共教育、公共援助、医疗保险等社会服务项目得以公平实施并惠及所有国民,而后者则可以使市场经济变得更有活力、更有效率并在更大程度上满足个人利益。

主张，人们对"4E"的理解也不尽相同。关于"公平"，自由主义认为，"公平"就是按照市场结果使经济活动者得到应该得到的足够报酬，政府保护社会公平，就是保障社会成员应该得到本来属于他们的市场结果。而集体主义则不相信市场会给社会成员带来公平的结果，指出社会公平要按照社会成员普遍可以接受的社会结果予以确定。新自由主义一方面承认按照市场结果分配社会福利的公平性，另一方面也承认市场不能保障每个社会成员都能够处于机会均等状态。因此，政府应该（通过公共财政过程）努力创造一种使人们可以平等地获得参与社会经济活动的机会。

关于"效率"，自由主义的"效率"概念比较狭义，仅指市场能力，即市场按照消费者主权原则生产成品并使产品成本最小化的能力。这种市场效率保证了从事经济活动的个人福利最大化。然而，集体主义的"效率"概念则比较宽泛，一般包括"社会效率"，认为只要社会上存在着大量失业、供求长期失衡等（市场失灵）现象，就不能认为市场经济是有效率的。"社会效率"强调的是集体福利最大化，而非个人福利最大化。不过，新自由主义则认为市场失灵问题是客观存在，即使取消市场经济，让政府直接从事经济活动，也未必一定能够保持个人福利、社会福利的持续改善。反之，通过政府对市场的纠偏性干预活动，却有可能使市场免于失灵状态；退一步讲，减少市场失灵就等于提高了它的效率。

所谓"经济"，是指为达到既定产出目标而使投入（成本）最小化。鉴于公共财政活动也是有成本的，因此在公共经济层面上提出"经济"概念，就是要求公共财政活动的成本最小化，或最大限度地减少对公共资源的浪费。对此，自由主义认为只有尽量减少政府规模、减少政府权力，才能最终实现上述目标。而集体主义则认为公共财政活动没有标准的规模限制，取决于公共需要和保护公共利益的需要。不过，新自由主义认为，公共财政追求成本最小化目标，既不在于对政府实行全面控制，也不在于尽力削减政府规模。只要按照政府修正市场机制的要求来确定公共财政的规模，事实上并不存在公共资源浪费问题。

至于"社会效果"，自由主义认为，公共财政的社会效果要以"市场结果"予以判断，如果私人企业利润增加和社会经济增长同步进行，便意味着产生了良好的"社会效果"。这种以"市场结果"作为判断政府公共财政社会效果的认识，本质上否认了政府对市场实行规范性干预的有效性。集体主义认为，市场本身就是低效率的，因此，只能按照"公共利益"要求来判断政府公共财政的社会效果。新自由主义的观点颇为折衷，认为在市场失灵情况下，按照"市场结果"判断公共财政之"社会效果"肯定是不适宜的。因为政府干预市场的目的在于纠正市场失灵，提高企业利润和促进经济增长。不过，政府的过度干预则无必要，因其也存在"政府失灵"现象，而且有些时候"政府失灵"问题与"市场失灵"问题一样严重。事实上，应该这样理解"社会效果"、"公平"、"效率"和"经济"三者之间具有明显的交替换位性质，强调"社会效果"，就是要求公共财政活动要最大限度地协调上述三者之间的关系，使之共同地、协调地作用于国民福利的持续提高。

练习题

一、名词解释

1. 公共财政
2. 财政政策
3. 市场失灵
4. 公共需求

二、判断题

1. 财政既是一种经济现象，受一般经济原则支配，但又不同于普通的私人经济，属于政府专门的经济活动，具有特殊的性质。（   ）

2. 在经济社会中，满足公共需求，作为一种社会性的既定目标，一般很少涉及到如何最优化地使用经济资源的问题。（   ）

3. "公共财政"可以定义为：政府为了满足其国民的公共需求，在提供公共产品与劳务过程中所从事的经济性收入、支出活动。（   ）

4. 政府职能的有效履行，需要明确政府事权，并配之以相应的足够的财权。（   ）

5. 从政治学角度考虑，人类社会中任何权力都是危险的，因此任何权力都要受到限制。所以，唯一公道的政府只能是权力受到限制的政府。（   ）

6. 政府依靠其财政信用，向其公众或者外国政府、国际组织借钱来满足追加的财政开支需要，即采取"量出为入"原则，可以用来解决其短期的"入不敷出"问题。（   ）

7. 经济社会赋予政府以满足公共需求的任务，客观上要求政府一定要像私人那样亲自从事各种物质生产与经营活动，如建立国有企业从事直接生产性活动等。（   ）

8. 政府财政活动必须根据法律、法规的要求,在一套严格的制度约束(如预算、决算程序)和规范监督下有序地进行。(　　)

9. 政治行为广泛参与财政过程,有助于使政府官员较好地平衡社会整体利益与各种局部利益的关系。当然,政治行为广泛参与财政过程也会对社会经济发展产生负面影响,如政府财政开支被疏导到某些滥用权力的政治家所代表的利益集团手中。(　　)

10. 政府财政的本质就是集中提供经济社会不可或缺的公共产品以满足经济社会不断增长、变化的公共需求。(　　)

三、选择题

1. 现代政府一般要在社会经济生活里发挥(　　)职能。
   A. 保卫国家安全
   B. 维护国内经济秩序
   C. 提供基础设施
   D. 提供社会保障

2. 政府的财政活动在诸多方面不同于私人经济活动,政府财政活动具有如下的一些基本特征,即(　　)。
   A. 不以直接提供满足私人消费的物质产品为目的
   B. 受国际惯例制约
   C. 可以长期使用比较灵活的理财原则
   D. 要在特定的法规框架下进行
   E. 通常受政府主管官员的个人风格影响
   F. 与特定政治过程相结合

3. 虽然在不同政治体制、经济体制的国家,政府事权、财权的规模,以及制衡方式、程度均有很大差别,但是人们普遍认识到,无论何种国家、何种条件下,政府的权限越大,(　　)。
   A. 市场的权限越大
   B. 市场的权限越小
   C. 国民的自由权越大
   D. 国民的自由权越小

4. 人们普遍认为政府的权力应该受到必要的限制,理由是(　　)。
   A. 政府权力过大会相应地破坏个人的"经济自由"
   B. 无法保证政府官员所做的各种决策总是正确的
   C. 人类社会中任何权力都是危险的

D. 政府官员不会借助公众权力牟取私利

5. 下列属于公共需求的有：（   ）。
   A. 国防安全
   B. 司法行政
   C. 社会救济
   D. 城市空气净化
   E. 瘟疫等重大传染病防疫
   F. 新东方英语培训课程
   G. 个人商业人身保险

6. 明确政府财政本质，有助于从（   ）方面规范政府财政活动。
   A. 限定政府基本职能作用范围
   B. 选举合适的政府行政官员
   C. 合理规定政府财政活动主要目标
   D. 防止政府随意变动财政活动内容
   E. 强调各财政要素基本任务
   F. 强调政府制定灵活的财政政策之重要意义

7. 政府及其各部门（行政管理机构）只有通过特定的（   ）等来履行其经济职能。
   A. 经济政策
   B. 法规
   C. 法律条例
   D. 领导个人意志及口头指令

8. 20 世纪 80 年代以来，在政府职能、作用方面，人们逐渐形成了某种共识，关于这些共识，下列说法不恰当的是：（   ）。
   A. 只能依靠政府来实现充分就业、物价稳定、经济增长、国际收支平衡等基本社会经济目标，与私人行为无关
   B. 不应过分强调政府的经济责任却忽视私人经济部门的作用
   C. 政府制定的经济政策能够保证防止社会经济偏离有效运行的轨道
   D. 竞争性市场是人类迄今为止发现的有效进行生产和产品分配的最佳方式

四、思考题

1. 何谓"公共财政"?
2. 现代政府的主要职能是什么?
3. 请简述市场经济条件下的财政职能。
4. 为什么说政府的权力应该受到限制?
5. 如何正确认识(处理)政府与市场的关系?

第二章 公共财政的基本职能

市场通过其价格机制，在经济生活中一直发挥着资源配置、收入分配以及经济稳定等职能作用。但是，在某些情况下，市场自发形成的上述职能作用并不能保证市场经济的运行效果（即市场结果），是令人满意的。市场运行效果不佳，如果属于短期性质，对国民生活可能并不产生明显的不良影响；如果属于长期性质，则会给社会经济发展带来阻碍作用，严重时甚至会阻碍市场经济本身的正常运行。这就是所谓的"市场失灵"（Market Failure），即市场机制失灵。

针对市场失灵问题，人们往往借助公共财政手段予以解决，即要求政府通过财政活动，利用特定的政策工具，对市场经济实行必要的干预，以期尽快地恢复市场机制。实践中，人们看到，在政府干预市场失灵过程中，公共财政实际上发挥了多种经济职能作用。后来，美国经济学家、财政学家理查德·A.马斯格雷夫在其著名的《公共财政》一书中把市场经济条件下的公共财政基本职能归结为三类：资源再配置职能（the Function of Resources Rre-allocation）、收入再分配职能（the Function of Income Re-distribution），以及经济稳定职能（the Function of Economic Stability）。应该指出的是，各国实践表明，尽管公共财政无法完全解决市场失灵问题，但合适的财政活动至少可以在相当程度上降低它的危害性。这就是近代各国政府无一例外地注重发挥公共财政基本职能作用的基本原因。

本章前三节依次阐释公共财政的基本职能，具体分析其发挥社会经济作用的机制、原理、一般特点、作用范围以及作用效果等。不过，研究重点则放在前两种职能上，至于公共财政的第三种职能，本书将在（后面的）有关财政政策研究内容的章节里加以更为详细的论述。在本章的最后一节，还将简要分析我国履行公共财政职能的实践效果。

第一节　私人产品、公共产品与政府资源再配置职能

鉴于用于满足公共需求的公共产品（劳务）之特殊性质，决定了单纯市场条件下私人经济活动无法保证对大部分公共产品的有效供给；而在私人产品和公共产品不能形成合理搭配的情况下，社会经济通常也不能正常运行。于是，经济社会客观上要求政府按一定的标准把社会资源在私人经济部门和公共经济部门之间做合理分配，以便满足人们对公共产品和劳务的需求。

一、私人产品与自由市场经济

与个人日常生活中衣食住行直接相关的产品被称为私人产品（Private Goods），其在消费上具有两个最重要的特征：一是"竞争性消费"特征，二是"排他性消费"特征。"竞争性消费"（Rival Consumption），是指打算消费某种私人产品的个人必须支付既定的（不受单个消费者影响的）价格，或者他愿意按照现行市场价格进行支付以取得对该产品的所有权（消费权）。那么，无法或者不愿意按照现行市场价格进行支付的个人便被排斥在外，不得不放弃对该产品的消费要求。"排他性消费"（Exclusive Consumption），是指获得某种私人产品消费权的个人，便拥有了对该产品的唯一处置权（享受权），而其他人则不能再消费这一产品。

私人产品的"竞争性消费"和"排他性消费"特征，源于这类产品所体现的经济利益（效用）的可分割性和其所有权的确定性。私人产品经济利益的可分割性，使生产者（卖者）能够把其产品分割为若干单位同时出售给不同的消费者（买者）；也使生产者能够根据成本核算与市场供求状况对其产品定价，方便地进行成本回收并取得相应的利润。私人产品所有权的确定性，既保证了经济社会中任何人都不能无偿地获得这些产品，也迫使人们不得不在市场上以讨价还价的方式来显示偏好，成为市场经济中价格机制正常发挥资源配置作用的基础条件。鉴于私人产品的交易要严格按照"谁受益谁支付"的原则进行，因此私人产品的生产、消费等日常经济活动，通常无须政府进行干预。也就是说，社会资源在私人经济部门内的合理配置，可以通过自由的市场经济过程予以实现。

关于自由的市场经济过程如何有效提供私人产品并满足私人消费需求，以及如何促进社会福利的普遍提高，普通经济学原理对此已经做了充分的说

明。第一，自由市场经济制度下，个人自发地追求个人利益，即在任何约束条件下个人决策都能够自发地遵循"成本最小化、利益最大化"原则。但这并不是坏事，正如亚当·斯密所讲：个人从事经济活动目的在于使其生产物的价值最大化，个人只盘算他自己的利益，"在这种场合，像在其他场合一样，他受着一只看不见的手的指导，去尽力达到一个并非他本意想要达到的目的。这并不因为是非出于本意，就对社会有害。他追求自己的利益，往往使他能比他真正出于本意的情况下更有效地促进社会的利益"。[1]

第二，自由市场经济有效运行的基础条件是私有财产所有权的确定性（产权明晰化），而所有权的确定性保障了个人对其财产拥有唯一的占有权、使用权、处置权。在实行私人占有财产制度，且国家保护私人财产不受侵犯的市场经济条件下，财产所有者不仅能够精明地管理、经营个人的财产，而且也能够在别人的行为、活动影响到个人利益时，及时地做出必要的反应，从而有效地维护了社会财产（无数个人财产之总和）的完整性与增值性。

第三，市场经济通行自由竞争原则，而经济竞争本身提供了某种刺激，使个人为实现与自己"不相干的目标"做出贡献，即自愿地尽其努力为其所不了解的他人的需要做出贡献。市场通过竞争，不仅对个人行为进行社会性检验，而且也使不能接受的个人行为得到及时纠正。因此，在市场经济制度中，每个人都努力预测他的能力和资源的不同使用所可能产生的相对收益，并且他知道其能力与资源的使用越是与给其他人带来的相对效用相一致，他得到的相对收益也就越大。至少理论证明，市场经济条件下的有序化竞争从两个方面推动着人类社会经济福利的改善：通过竞争，个人（厂商）不断发现降低生产成本的方法，从而使经济社会能够持续地提高其资源的使用效率；通过竞争，个人（厂商）动态地适应消费者偏好的变化，从而使经济社会能够经常地获得其资源的再配置效率。

第四，由于市场对个人行为进行双重检验——个人的成就取决于个人的选择，也取决于他人的选择，因此个人所得到的报酬，肯定不取决于其目的的好与坏，而仅仅取决于其结果对他人的价值。这种报酬原则，即"按贡献计报酬"的原则有效地保护个人的劳动积极性和主动创新精神，推动社会生产力的不断发展。产权、竞争与该报酬原则的关系是：产权明晰化为有效竞争创造基础条件，而竞争成为实现个人利益最大化的手段；二者决定了市场经济条件下的物质分配原则只能是按照贡献分配，而只有按照贡献分配，才

---

[1] 亚当·斯密：《国富论》（郭大力、王亚南译），北京：商务印书馆，1996年。

能使产权明晰化得以充分体现,经济竞争才有实际意义。

第五,由于自由市场经济制度使人们自发地、自愿地、广泛地进行互利的产品(劳务)交易,于是政府不必为此种交易实行细致监督和管理。所以,市场经济条件下,政府的职责仅是制定"游戏规则"而已,即在一般情况下,政府不能、也没有必要具体地向其公民分配任务,只要通过法规形式告诉人们什么是他们的责任范围就足够了。换言之,政府在经济过程中的权力,仅限于使其国民普遍地知道并接受这样的一种认识——个人可以做,或者不可以做的事情,希望别人去做,或者希望别人不去做的事情,不取决于个人活动的结果,而取决于一种一开始便已经为大多数人所遵守的市场活动规则。

逻辑上讲,在上述市场经济条件下,私人产品消费者与供给者可以达到均衡状态,即单位货币在消费领域购买任何产品都可以得到相同的边际效用,而单位货币在生产领域购买任何资源进行生产,也都可以得到相同的边际收益。这种均衡状态大体上反映了社会资源的最优配置,即最有效利用。

二、公共产品、市场失灵与政府提供

然而,在现实经济生活中,人们不但需要众多的能够满足衣食住行要求的私人产品,而且还需要能够满足诸如集体安全、社会公正、保持合理经济秩序等要求的公共产品。人们对公共产品的需求是一种客观存在,只是对公共产品的需求范围和需求程度随社会经济的发展而有所变化。一般情况下,用于满足公共需求的公共产品(劳务)涉及以下各类:(1)最基本、也是最典型的公共产品(劳务),如国防、公安、外交、司法,以及维持政治经济生活秩序所不可缺少的各种公共行政管理。(2)用于保障社会生活、社会再生产正常进行,兼有调节经济社会总供求关系的公共产品(劳务),如基础设施、公共工程,以及部分投资风险巨大的基础产业、战略产业的发展。(3)有助于改善人口素质,提高国内人力资本存量,以及增加社会福利的公共产品(劳务),如教育、基础科学研究、卫生保健事业、社会保障等。(4)适合于政府实行垄断经营、管理的经济部门,如电力、电讯、供水行业等,以及只有政府参与才能有效完成的涉及公共福利改善的事业,如社区发展、环境改造、生态保护等。

不难看出,上述各类公共产品(劳务)产生的利益具有社会成员共享性,即具有技术上不可分割性的特征,对公共产品的使用,只能是集体消费、集体受益。于是,公共产品在消费上便呈现出与私人产品完全不同的两种特征:一是"非竞争性消费"特征(Non-rival Consumption),二是"非排他性消费"

特征（Non-exclusive Consumption）。"非竞争性消费"，是指社会成员在消费公共产品时，可以不像其消费私人产品那样必须支付既定的价格，即对公共产品消费利益的取得与个人是否出钱（支付其价格）没有关系。"非排他性消费"，是指任何社会成员对某种公共产品的消费，并不妨碍其他社会成员同时消费此公共产品，即在公共产品消费上没有任何社会成员因具有对该产品的所有权而获得唯一享受权。不言而喻，和对私人产品消费不会产生外在利益的情况相比，公共产品的消费则对所有人产生外在利益（外部性）。在这方面，最简单的例子，就是港口导航的灯塔或城市的街道照明。对于任何一艘过往的船只（或任何一位过往的行人）来说，对灯光（路灯）的利用程度，既与其货币支付与否无关，也与其（在政府通过税收形式进行强行征收情况下）支付多少无关，并且在其享受灯光效用的同时，也不减少他人的效用。

由于公共产品在消费过程中对所有人产生外在利益，私人消费者就不会主动购买这种消费利益无法充分内在化的产品。既然无人购买，生产者也就不会生产这种产品，因其无法回收产品成本，更不要指望得到利润。也可以这样认为，凡是在消费过程中发生外部性的产品，通常是所有权实际上不能确定的产品，如公共产品；而在所有权不能确定的情况下，对公共产品的消费就不能有效地排除人们的"搭便车"行为（Free Rider）——不付等价地而取得消费利益的行为。公共经济领域中严重"外部性"的产生和随后出现的"搭便车"行为，是市场失灵的重要表现：市场经济本身不能有效地动员足够的经济资源配置到公共消费领域，导致用于公共消费的产品供给不足，或者经常处于短缺状态；进而导致大量的社会经济活动难以正常地进行下去，最终会给社会经济秩序造成混乱。

鉴于这一简单事实，即经济社会正常运行须以私人产品（劳务）与公共产品（劳务）形成合理比例为条件，而市场经济又不能自动地满足这一条件，经济社会就要借助公共部门——政府及其行政管理部门，利用公共财政方式提供必要的公共产品（劳务）以满足社会成员的公共需要。通过公共财政提供公共产品（劳务）来满足社会成员对公共消费的需求，通常要经过财政收入和财政支出两个过程来予以完成。首先，经济社会赋予政府强制性地向其成员课税的权力，政府利用税收把特定数量的经济资源从私人那里转移到政府名下，形成政府的（以实物形态或以货币形态表示的）财政资源，即财政收入。然后，政府再经过财政支出过程，以特定方式把这些财政资源（财政收入）具体转化为特定的公共产品（劳务），并提供给全体社会成员使用。通过税收占有私人生产的剩余产品，再按照一定的支出原则把此剩余产品转化为公共产品，这一过程中，公共财政实际上履行了资源再配置职能。

这里，应该注意的是，通过公共财政提供公共产品并不等于政府要亲自生产这些产品（劳务）。实际上，大多数情况下，政府是通过预算，以对私人或者私人厂商进行产品、劳务采购方式，来完成向经济社会提供必要公共产品（劳务）的任务。例如，政府可以聘用各种专业人才，作为政府官员、公务人员，向公众提供诸如公共安全、司法行政、外交内务等公共服务，或者委托私人、私人团体向社会提供某些特殊的公共劳务，如教育、卫生保健等。政府也可以向私人厂商下达产品定单，要求它们生产特定规格的产品，作为公共产品（如武器装备、交通工具、通信设备等）供公众消费。政府还可以通过合同方式，让私人或私人厂商承包公共工程、公共设施的建设项目。事实上，通过预算支出—私人生产—公众消费的路径，政府可以在任何程度上满足不断增长、不断变化的公共需求。

同样，应该注意的是，在某些情况下，政府可能必须通过经营国有企业的方式来满足公共需求，如直接经营、管理能源、供电、供水企业，控制银行、保险公司、重要的进出口部门，以及公共宣传、大众媒体等。政府主持以满足公共需求为重要目的的上述公共经济活动，往往是出于经济合理性方面的考虑，或是为了更好地解决某些社会问题。例如，供电、供水、供气等行业通常具有成本递减性质，即在其尚未达到超负荷运转时，增加额外消费者的边际成本为零。如果这些行业完全由私人厂商经营，而这些厂商按照边际收入等于边际成本定价，就能够在相对较低产出水平上向消费者收取正的非零价格。其结果是，这些厂商的利润增加了，但消费者利益相应受到侵害。另外，较高的利润会吸引更多的资源流入这些行业，导致该行业中任何一个企业都不能做到生产设备的充分有效利用，使社会资源处于非优化配置状态。这些行业如果改为政府经营，不仅可以避免经济资源在这些行业中的低效率使用，而且可以使其产品保持低价格，相应增加消费者福利。[①]不过，不能因此而把政府经营管理的国有企业生产的所有产品都视为公共产品。因为一些国家，特别是社会主义国家，政府往往代表全体国民占有经济社会的大部分生产资料，通过建立国有企业直接参与经济社会的大部分物质生产活动，并且这些（政府经营管理的）国有企业实际生产的大部分不是公共产品，而

---

① 当然，这里假设国有企业的经营活动都是高效率的，并且不存在谋求集团私利的动机。但是，现实生活中，国有企业只要垄断地经营这些行业，在公众监督不力的情况下，就不可能做到高效经营，而且对其产品也会制定较高的垄断价格。这就是在许多国家，无论是私人厂商还是国有企业经营这些行业，其产品价格均要直接地、间接地受到政府控制的根本原因。

是私人产品。在市场经济条件下，政府经营管理国有企业并向经济社会提供私人产品，不能被视为典型的政府财政活动。有关实践表明，政府广泛地参与经济社会的物质生产活动，不仅容易扭曲市场经济运行机制，而且由于种种原因，在大多数情况下，不能使社会资源达到优化配置状态。[①]因此，严格意义上的公共财政活动，只能是在不扭曲市场经济运行机制的前提下来履行其资源再配置职能。

第二节 公共财政的收入再分配职能

市场经济的一个典型特点，是自由竞争。自由竞争对所有经济活动主体（个人、家庭、厂商）都发挥着鼓励冒险和宽容失败的作用。这有助于人们在各自的经济活动领域不断改善决策质量，优化资源配置并提高效率，即有助于使市场经济持续地处于"帕累托效率"状态。不过，应该注意的是，虽然"竞争性市场是人类迄今为止发现的有效进行生产和产品分配的最佳方式"，但是（正如一些经济学家所指出）"帕累托效率不保证竞争过程导致的分配与广为接受的公平概念相一致，而不管公平概念是什么内容"。[②]就是说，自由市场经济在追求效率的同时，也在滋生着社会收入（财富）分配的不平等，造成社会成员贫富不均、贫富悬殊问题。该问题就其现象及成因来看，纯属"经济问题"，但就其后果严重性而言，则实属不能忽视的社会问题。

鉴于市场经济本身无法实现人们长期追求的社会收入与财产分配平等化目标，于是，出于维持社会和谐的考虑而必须进行社会收入与财产的再分配，就自然而然地成为公共财政所要履行的另一项重要的经济职能。

一、市场经济条件下的收入决定与收入分配

在市场经济中，生产资料所有权的分配和个人向社会提供产品与劳务时所得到的报酬，决定了个人所拥有的生产性资源（包括实物资源和人力资源）的规模与性质，而后者直接影响着经济社会的个人收入分配状况。然而，进

---

① 对于这个问题的分析超出了本书的研究范围。不过，近年来国内外关于政府与市场关系问题、国有企业改革问题的研究专著、论文是很多的，建议读者有选择地阅读这些文献，或许可以从中获得许多重要启示。

② 安东尼·B. 阿特金森、约瑟夫·E. 斯蒂格里茨：《公共经济学》（中文版）上海：上海三联书店、上海人民出版社，1998年，第7页。

一步分析说明，在机会均等条件下，个人生产性资源的动态变化，通常决定于偶然性、个人选择与社会选择这三个重要因素。

在偶然性方面，主要包括：个人的遗传状况，它客观上决定了个人的体力与智力的性质；个人从前辈那里继承的资源状况，它在一定程度上决定了个人经济竞争的能力；个人所处的文化环境，它在相当的程度上决定了发展个人体力与智力的机会；此外，其他使人突然变富或变穷的偶然事件，如投机得手、套汇成功使人一夜暴富，而天灾人祸、股价暴跌又会使人顷刻陷入困境。

在个人选择方面，主要包括：学习勤奋与否，决定了个人未来的就业选择能力和就业选择范围；工作努力与否，直接决定了个人的收入水平和收入增长速度；生活简朴与否，决定了个人及其家庭收入的使用状况和结果——消费的数量与可能的积蓄。

在社会选择方面，社会其他成员的偏好，即市场需求状况，即个人所提供的产品与劳务是否可以满足他人的需要，在怎样程度上满足他人的需要，对个人、家庭收入性质和数量产生了重要的影响。

上述这些因素，客观上造成了人们在市场经济中就业机会、择业能力上的差别，进而导致个人之间在劳动收入、财产收入分配上的差异。特别是对于那些先前没有积累，没有遗产的穷人、失业人员、丧失劳动能力的老年人、残疾人来说，他们通常在没有社会帮助的情况下几乎无法取得维持基本生活开销的收入，也无法维持一种符合人的尊严的体面生活。以美国家庭收入分配状况为例，就足以说明该国贫富差异的惊人程度。如表2-1所示，把美国全部家庭按家庭收入的大小排列，划分为5组，1997年最高收入的20%家庭的合计收入占全部社会收入的46.4%，而这一组中最前面的50%家庭，即表2-1中最右一栏显示的10%家庭，其合计收入则超过全部社会收入的30%。相比之下，最低收入的20%家庭的合计收入仅占全部社会收入的5.2%。最高收入与最低收入家庭之间的另外三个（按收入水平从高向低排列）的20%家庭组别，其合计收入占全部社会收入的比重分别为22.4%、15.6%和10.5%。在其他发达国家，也都存在着类似美国这样的社会收入分配状况，而许多相对落后的发展中国家，其社会收入分配状况甚至比发达国家更不平等。

表 2-1 主要西方发达国家不同时期的社会收入分配状况
（不同家庭组别占全国收入的百分比份额）

国家	时期	基尼系数	最低收入的20%家庭	次低收入的20%家庭	中等收入的20%家庭	次高收入的20%家庭	最高收入的20%家庭	最高收入的10%家庭
美国	1985		4.7	11.0	17.4	25.0	41.9	25.0
	1997	0.408	5.2	10.5	15.6	22.4	46.4	30.5
英国	1988		4.6	10.0	16.8	24.3	44.3	27.8
	1991	0.361	6.6	11.5	16.3	22.7	43.0	27.3
法国	1989		5.6	11.8	17.2	23.5	41.9	26.1
	1995	0.327	7.2	12.6	17.2	22.8	40.2	25.1
加拿大	1987		5.7	11.8	17.7	24.6	40.2	24.1
	1994	0.315	7.5	12.9	17.2	23.0	39.3	23.8
荷兰	1988		8.2	13.1	18.1	23.7	36.9	21.9
	1994	0.326	7.3	12.7	17.2	22.8	40.1	25.1
意大利	1986		6.8	12.0	16.7	23.5	41.0	25.3
	1995	0.273	8.7	14.0	18.1	22.9	36.3	21.8

资料来源：(1)世界银行，《1995年世界发展报告》，统计资料，表30；

(2)朱之鑫，《国际统计年鉴》，北京：中国统计出版社，2001年。

社会收入分配上的巨大差异如果长期得不到改善，往往会造成一些严重的经济问题与社会问题。首先，社会成员收入与财产分配长期处于不合理状态，对国民经济发展不利。这是因为大量的低收入者通常无法提高对自身的教育投入，进而无法通过个人的努力来提高个人的劳动素质，改善就业机会，该社会也就不可能有效地提高其整体的劳动生产率和它的国际经济竞争力。其次，尽管是市场经济本身导致的社会收入与财产分配不合理，但是这种状况持续发展下去就会使社会生活发生动乱，它本身既破坏着经济稳定发展的过程，也威胁着现行社会制度的存在。正是出于防止社会矛盾激化和稳定经济发展的考虑，经济社会就要求政府借助其财政活动的分配功能，对市场经济运行自发形成的收入分配，在社会成员之间进行一定的调整，以减轻社会成员之间收入分配不公的程度。

二、关于社会收入不平等程度的测定

如何测定不同国家，或同一国家不同阶段的社会收入不平等程度，以及如何判断政府为履行其收入分配职能而推行的社会收入再分配政策的基本效果，主要方法是描绘洛伦茨曲线（Lorenz Curve）和计算基尼系数（Gini Coefficient）。

洛伦茨曲线是美国统计学家马克斯·奥托·洛伦茨于1905年提出的,用于比较、分析一个国家不同时期,或者同一时期不同国家的收入、财富分配状况的统计方法。该统计方法通过比较两类比例,即收入单位的累积比例和这些单位获得收入的累积比例,说明特定时期一个国家,或一个地区的社会收入分配、社会财富分配的平等化程度(或不平等化程度)。绘制洛伦茨曲线以反映收入分配状况的一般办法是:首先,在坐标图的横轴,按家庭收入水平的高低把全国家庭划分为5组,即最低收入的20%家庭、次低收入的20%家庭、中等收入的20%家庭、高收入的20%家庭和最高收入的20%家庭;然后,在坐标图的纵轴,累计标示各类家庭合计收入占全国总收入的百分比,据此绘制出的曲线即为洛伦茨曲线。如果每个家庭组别的合计收入均占全国总收入的20%,则据此绘制的洛伦茨曲线恰好与横轴、纵轴之间的45度线(45°线)重叠,由于该线上各点达到横轴与纵轴的距离均相等,表明该国该时期社会收入分配状况绝对平等。如果实际绘制的洛伦茨曲线偏离这一45°线,人们通常可以根据偏离程度,大致地判断各种收入分配状况的平等(不平等)程度。一般规则是,绘制的洛伦茨曲线越是偏离45°线,收入分配状况的平等程度越低(或不平等程度越高);反之,绘制的洛伦茨曲线越是接近45°线,收入分配状况的平等程度越高(或不平等程度越低)。

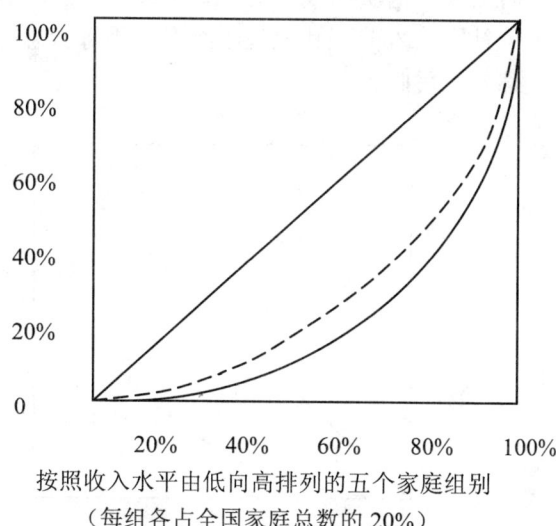

图2-1 反映意大利不同时期社会收入分配状况的洛伦茨曲线

图 2-1 描绘的反映该国 20 世纪 70 年代与 80 年代社会收入分配状况发生变化的洛伦茨曲线。图 2-1 表示，在意大利 20 世纪 80 年代的洛伦茨曲线（虚线）比 70 年代的更接近图中的 45°线，反映该国的社会收入分配不平等状况在 80 年代有所改善，即社会收入分配相对来说更加趋于平等。按照同样方法，也很容易地描绘出表 2-1 中其他发达国家两个不同时期的社会收入分配状况的变动。在所有例选国家的社会收入分配中都存在着惊人的贫富悬殊现象，说明这些发达国家政府长期推行的收入平等化政策并未取得积极效果，至多只是在个别时期部分地减轻了一些社会收入分配不均的程度。

意大利经济学家科拉多·基尼（1884—1965）长期致力于国民收入分配、社会财富分配的理论研究与应用研究。他在 20 世纪初提出了一种用于对不同国家，或同一国家不同阶段的社会收入、财富分配平等（不平等）程度，以及对政府推行的社会收入再分配政策之基本效果进行量度的方法，被称为"基尼系数"。利用"基尼系数"测度社会收入、财富分配平等（不平等）程度的最简单的其方法是：如图 2-2 所示，先计算洛伦茨曲线与 45°线围成的图形面积，设定为 A 面积；然后，计算洛伦茨曲线与两条直角边围成图形面积，设定为 B 面积。"基尼系数"即为 A/（A+B）的值。如果洛伦茨曲线与 45°线重合，即 A 面积为零，则基尼系数为 0，表示社会收入分配状况达到了绝对平等化状态；而如果洛伦茨曲线与两条直角边重合，即 B 面积为零，则基尼系数为 1，表示社会收入分配状况处于绝对不平等状态——最高收入的唯一家庭占有了全部的国民收入。

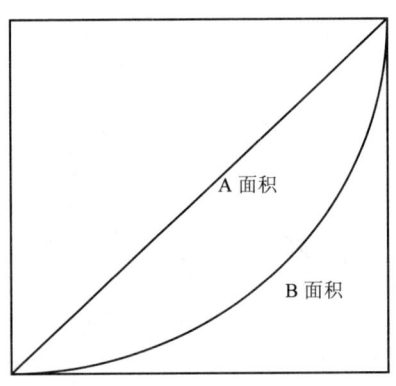

图 2-2 利用洛伦茨曲线计算基尼系数

不过，这两种极端情况一般不会出现，所以各国反映社会收入分配状况的基尼系数通常是在 0~1 之间变动：基尼系数越接近于 0，表示该国社会收入分配状况越趋于平等化，而基尼系数越接近于 1，表示该国社会收入分配状况越趋于不平等。表 2-2 提供了一些国家的基尼系数数据。国际上，一般以 0.36 为临界点，如果一国的基尼系数维持在 0.36 以下，表示该国国民收入分配状态比较合理；而如果一国的基尼系数超过 0.36，则表示该国国民收入分配状态趋于恶化，不平等程度加深，政府需要采取适当政策予以纠正。

表 2-2 例选国家的不同时期的基尼系数

国家	时间	基尼系数	2000 年基尼系数
美国	1997 年	0.408	0.357
英国	1991 年	0.361	0.326
法国	1995 年	0.327	0.261
加拿大	1994 年	0.315	0.301
荷兰	1994 年	0.326	0.337

资料来源：朱之鑫：《国际统计年鉴》，北京：中国统计出版社，2001 年，http://www.oecd.org/dataoecd/12/4/35445297.xls。

总之，描绘洛伦茨曲线和计算基尼系数，既可以作为政府制定社会收入调节政策的辅助参考依据，也可以用来分析政府所推行的社会收入调节政策的基本效果。

三、社会福利函数与政府收入再分配政策

不同社会收入分配状态，作为一般社会状态的集中表现，既对社会成员间的经济福利分配产生不同的影响，也对社会福利总量产生不同影响；因此，政府通过经济政策调整社会收入分配状态，或许可以实现改善国民福利分配格局、提高国民福利总体水平的目标。如果将不同的社会状态与社会福利联系起来，就会形成一种函数关系，即所谓的"社会福利函数"（Social Welfare Function, SWF）。"社会福利函数"的概念比较复杂，也十分地抽象。对于一般读者而言，可以把"社会福利函数"简单地理解为各消费者个人效用函数的函数。理论上，政府在制定包括收入分配在内的公共政策时，往往以特定的社会福利函数为依据。换言之，政府公共政策的具体取向，往往取决于政府决策时观念上接受的特定的"社会福利函数"。就收入分配问题而言，至少有两种"社会福利函数"影响了政府相关政策的选择。

古典功利主义的创始人边沁认为，国家的福利（幸福）就是每个公民的满意程度之和，因此最简单的功利主义社会福利函数为"加式福利函数"，表达式为：

$$W(x) = \sum_{i=1}^{H} u_i(x)$$

假定个人效用为 u_i，如果可比，且 H 人配以相同权数，那么社会状态（x）的社会效用 $W(x)$ 就可以表示为个人状态（x）的效用之和。图 2-3 为功利主义社会福利函数的一般图形。

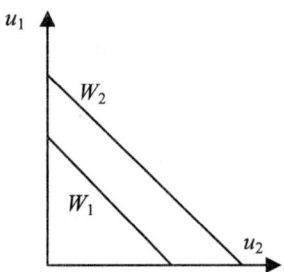

W 代表不同社会状态下的社会经济福利；W_1、W_2 分别代表假设由两个社会成员组成的社会的社会福利函数，或社会无差异曲线。

图 2-3 功利主义社会福利函数

由于功利主义的社会福利函数是加式福利函数，对社会收入平等化问题没有严格要求，因此，在古典功利主义的社会收入分配状态下，随着国民收入的增长，即使某些社会成员的实际收入下降，社会总福利也可以提高。因此，政府有可能认为，"提高国民收入总是国家根本利益之所在"；那么，较高的社会无差异曲线所代表的社会状态自然比较低的社会无差异曲线所代表的社会状态更为可取。如果这种观念一旦成为政府经济政策的基本取向，社会收入分配平等化问题就会在相当程度上被忽视。

与功利主义的社会福利函数，即与"加式社会福利函数"不同，贝尔努力—纳什社会福利函数采取的是联乘法，亦称为"乘式社会福利函数"，其表达式为：

$$W = \prod_{i=1}^{H} u_i$$

贝尔努力—纳什社会福利函数的一般图形如图 2-4 所示。

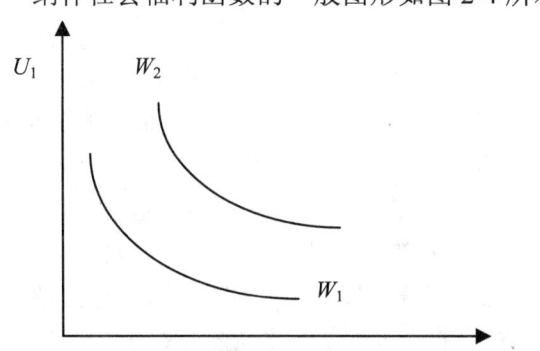

W 代表不同社会状态下的社会经济福利；W_1、W_2 分别代表假设由两个社会成员组成的社会的社会福利函数，或社会无差异曲线。

图 2-4　贝尔努力—纳什社会福利函数

加式社会福利函数与乘式社会福利函数的差异，在于后者突出了社会福利函数加总规则的平等性质。在加式函数中，社会成员间收入分配方面存在巨大差异并不会影响社会福利总量；在乘式函数中，社会成员间收入分配状况越是趋于平等化，社会福利总量就越大；而一旦达到绝对平等化程度，则社会福利总量达到最大。例如，单位货币的个人效用评价为 20，社会共有收入 10 元，两个社会成员平均分配，每个人得到 5 元，效用均为 100，在加式函数情况下，社会福利总量为 200，在乘式函数情况下，社会福利总量为 10000。假设，让某一社会成员得 7 元，另一位得 3 元，在加式函数情况下，社会福利总和仍为 200（20×7+20×3）；但在乘式函数情况下，社会福利总和会低于 10000，为 140×60=8400。

另外，在加式福利函数情况下，社会收入分配允许在个人效用方面出现负数或零，即使出现负数或零，社会福利总和也可以保持为正值。但是，在乘式福利函数情况下，社会收入分配不允许在个人效用方面出现负数或零，因为一旦出现负数或零，社会福利总和也就变成负值或零。

乘式福利函数表明，"社会收入分配状况越平等，社会福利总和就越大"。如果政府以此作为其制定收入分配政策的指导依据，则必然优先考虑如何解决社会收入分配平等化问题，而不是如功利主义社会福利函数所表现的那样，优先考虑收入增长问题。那么，在图 2-4 中的较高的社会无差异曲线所代表的"社会福利总和"，与在图 2-3 中的较高的社会无差异曲线所代表的"国民收入总和",就不具有可比性。

以上分析表明:(1)在对不同社会收入分配状态进行优劣排序时,人们就其排序标准的讨论,总是围绕着效率与公平关系展开的。实践说明,只要经济社会能够在社会收入增长与社会收入分配之间找到某种平衡,或能够及时调整它们之间的关系,大部分社会、经济问题都是容易解决的。(2)一国涉及收入分配的财政政策,其目标选择——无论是强调效率优先,还是强调平等优先——没有固定的标准,取决于该国的社会收入状态与一般国民福利的关系性质,后者取决于多种因素,如基本国情、经济发展水平、国民传统等。(3)政府在评估社会收入分配状态之优劣标准上,确立一些基本原则(如效率原则、平等原则、基本权利分配原则等等)是必要的,但是这些原则的确立,必须经过一个有效的、由广大社会成员参与的社会偏好显示过程,即现代公共财政理论所强调的各种财政政策形成的公共过程。

四、公共财政履行收入再分配职能的主要方式方法

在公共财政框架下,政府通常采取以下一些方法来履行其收入再分配职能,对国民收入分配格局的改变施加必要影响,以实现各种政策目标。

目前,大多数国家一般是采取了累进制所得税与政府转移支付相结合的方式,把高收入社会成员的部分收入转移给低收入社会成员使用,达到直接改变社会收入分配格局的目的。这种做法在相当程度上抵消了市场经济本身带来的社会收入分配不均的消极影响,往往成为政府调节社会收入分配的最基本办法。

福利经济学理论解释了上述政府调节社会收入办法的合理性。福利经济学认为,鉴于"边际效用递减原理",富人增加\$1(减少\$1)造成的边际效用增加(减少)微不足道,而穷人增加\$1(减少\$1)造成的边际效用增加(减少)则会很大。那么,把富人的部分收入转移给穷人,即使部分购买力从富人手中转移到穷人那里,不仅不会减少国民净产品[①],而且会提高(以效用单位衡量的)总体社会福利。进而得出结论:任何能够增加穷人收入绝对份额的措施,只要不减少国民净产品总量,一般来说,就会增加社会福利总量。另外,福利经济学理论注意到,任何人在任何时期享受的经济福利,都取决于他消费的收入,而不取决于他获得的收入。一个人相对越贫困,其所消费

[①] 在阿瑟·S. 庇古的《福利经济学》(1920)里,国民净产品被定义为经济社会中人们用货币收入购买的所有东西。

的收入占其所获得的收入的比例就相对越大，即边际消费倾向越大；而一个人相对越富有，其所消费的收入占其所获得的收入的比例就相对越小，即边际消费倾向越小。例如，穷人获得的收入为$100，其消费开支为$90，后者为前者的90%，即边际消费倾向为0.9；富人获得的收入为$2000（是穷人的20倍），其消费开支可能仅为$450（是穷人的5倍），后者为前者的22.5%，即边际消费倾向为0.225。那么，很显然，如果政府通过社会收入再分配手段把相对富裕者的部分收入转移给相对贫困者，则经济社会不仅增加了穷人的福利，其大于因此给富人带来的损失，而且实际上有利于提高经济社会的平均边际消费倾向，有助于刺激社会总需求，推动经济增长。

政府还可以采取对特定收入来源的纳税人予以纳税优惠，或者对不同类型的企业实行差异税收政策等方法，间接地影响社会收入分配并达到调节社会收入分配状态的目的。例如，美国联邦个人所得税法规定，允许（符合基本条件）低收入纳税人在规定的限度内按照其劳动所得获得一定比例的税收抵免额，该抵免额可以从应纳税额中扣除；同时还规定，在纳税人应税所得达不到起征点而不需要纳税时，则允许把该税收抵免额作为政府的一种财政补助，发给这些低收入纳税人。显而易见，美国税法规定的劳动所得抵免在税收上是对低收入纳税人的一种照顾，目的就是减少这些纳税人的实际税收负担，以改善社会收入分配状况。再如，有些国家政府为了鼓励中小企业扩大投资，增加劳动就业，常在征收企业所得税时会对中、小企业实行较低的适用税率，或者规定对这些企业的新设备投资予以纳税减扣。这样做的目的在于，通过生产扩张提高社会就业水平，进而整体地改善劳动者收入状况，缩小社会收入差距。

政府通过财政支出方式，也可以对社会收入分配发挥调节作用。例如，各国政府普遍对农产品实行价格支持政策，主要目的是为了减轻农产品市场价格波动给从事农业生产活动的社会成员的劳动收入造成的不良影响。又如，政府扩大财政支出、增加市场采购，就会引起某些产品的需求扩大，进而扩大某些企业的生产与收入规模，同时也增加了这些企业工人的劳动收入。再如，政府增加公共福利开支，尤其是持续扩大公共教育、公共医疗卫生的开支，同时积极推行以失业补贴、医疗保险、伤残保险、养老保险为主要内容的社会保障政策，既可以有力地改善低收入者的生活环境，提高他们的就业选择能力与收入创造能力，也有利于维持社会经济生活长期稳定的局面。

所有这些财政税收措施，本质上都是通过纳税负担或产品价格的改变来间接影响收入分配，这些措施明显矫正了社会收入在个人之间分配上的不公平，同时也对某些经济活动和生产部门给予了相当的支持。

尽管政府主持的国民收入再分配有许多积极作用，但是某些经济学家认为，政府的社会收入再分配政策在减少社会成员之间收入、财产分配上的不平等程度的同时，也带来了社会经济的效率损失问题。其理论根据是：个人收入与财产分配上出现的差异是市场经济机制自发作用的结果，是经济社会对个人劳动效率的客观评价。人为地改变社会收入分配状况，不仅会促使低效率或无效率的社会成员坐待政府救济而不积极努力工作，而且也会挫伤高效率社会成员的工作热情，降低他们的劳动欲望，结果造成整个社会的经济效率下降。这种经济效率下降带来的福利损失，最终成为社会为换取收入平等而支付的一种高昂代价。由此，他们得出平等与效率不能兼得，或平等与效率交替换位的结论。

不过，上述观点也有一定的片面性。政府推行的有关社会收入调节政策，如对于低收入者进行的转移支付、税收优惠等等，其积极作用在于可以明显地改善占社会成员大多数的中、低收入者的生存与生活环境，提高他们的就业选择能力与劳动素质，从而有助于推动社会整体经济效率的普遍提高。即使退一步讲，只要这种收入调节政策使发生在低收入者方面的经济效率改善程度，大于由此发生在高收入者方面的经济效率损失程度，就可以认为经济社会同时获得了收入平等程度与经济效率双重提高的好处。

然而，源于政府履行收入分配职能所引发的公平与效率问题，提醒政府在采取有关财政活动过程里，必须注意对社会公平与经济效率进行必要的权衡。最理想的结果是，政府所使用的旨在实现社会收入公平分配的各种手段，尽可能地不损害经济效率。

第三节　公共财政的经济稳定职能

经验说明，不可消除的商业循环及其纠正成本过高，也是市场失灵的一个重要标志。为此，在适当的情况下，政府介入，通过发挥政府特定的财政职能作用，可以在相当程度上对市场的自我矫正能力不足做出补偿，并且起到稳定宏观经济的效果。虽然有些经济学家认为，市场经济过程中政府干预条件下形成的宏观经济稳定，通常只具有短期意义，但即便如此，宏观经济稳定的重要意义也是不能忽视的。因为以经济效率改善和经济福利提高为核心内容的经济增长、经济发展、经济改革，以及国民经济结构调整等等，作为国民经济长期目标,皆有赖于宏观经济的稳定才可望实现。

一、商业周期与政府干预

市场经济条件下,各类经济活动(消费、储蓄、投资、生产等)及其决策都是成千上万社会成员分散进行的。这就不能保证宏观经济各总量水平总会处于大体均衡状态,即经济社会的总需求未必一定总会与经济社会的总供给相吻合。而经常发生的情况是:一些时候经济社会总需求上升以至超过充分就业条件下的实际生产能力,另外一些时候总需求下降以至大幅度低于充分就业条件下的生产能力。于是,在经济生活中出现所谓的商业循环运动(Business Cyclical Movement)。市场经济固有的商业循环运动破坏了其稳定运行的基本条件,间断了经济增长过程。虽然市场经济体系自身有矫正商业循环的机制,但是,其自身矫正时间过长,或者矫枉过正,往往会引起社会关系的紧张并给经济生活带来不良的连锁反应。例如,长期就业不足导致经济衰退,经济衰退减少国民的收入,减少了对产品与劳务的有效需求;经济社会有效需求的下降,不仅造成厂商生产停滞、存货积压,而且殃及厂商的利润增长;由于利润既是投资增加的刺激因素,又是投资增加的重要来源,利润下降必然压抑投资者的投资热情和企业家的创新精神,进而导致市场竞争、市场交易萎靡不振;长此以往,经济社会就会发生市场心理不健康,即普遍发生信任心下降问题。[①]经济衰退、收入减少、利润下降、投资萎缩,加之长期难以恢复的经济信心,新一轮经济增长过程便迟迟不能启动,经济社会也就难以短期内打破经济衰退的恶性循环。当然,如果经济社会的总需求过旺,动辄会引发通货膨胀,虽然轻微的通货膨胀可能有利于商业繁荣,刺激就业,但是严重的通货膨胀则起到相反作用,同样产生使市场经济长期不能正常运行的恶性循环。

那么,如何能够使经济社会在较长时期内大体处于"高就业、低通胀"的准繁荣状态,较为可行的方法就是减少商业周期波动的频率,缩小商业周期波动的幅度。理论上讲,只要对市场体系加入一个逆商业周期变动的外部力量,上述宏观经济目标应该是能够实现的。于是,现代公共财政,作为这一外部力量的发动机,责无旁贷地承担了逆商业周期而动的市场干预任务。

[①] J. M. 凯恩斯:《就业、利息和货币通论》(中文版),北京:商务印书馆,1996 年,第 274 页。

二、政府调节宏观经济运行的基本原理与主要手段

现代公共财政履行经济稳定职能是通过政府实行积极的财政活动进行的。按照凯恩斯的宏观经济理论，经济社会的总需求变动，是宏观经济不稳定的一个主要原因，为此，依据市场经济发展变化趋势，及时地、逆向地调节包括政府财政支出在内的经济社会的总需求，自然有助于使国民经济尽快从供求失衡状态转为供求均衡状态，并实现国民经济的稳定运行。[①]以下利用凯恩斯主义经济学的短期、静态需求管理模型，简要说明政府财政活动对宏观经济（主要是对总需求）的一般影响。

在没有政府参与经济的纯市场经济条件下，经济社会的总需求（AD）由私人消费（C）和私人投资（I）两部分构成，即

$$AD = C + I 。 \tag{2-1}$$

经济社会私人消费的行为函数如方程式（2-2）所示，表示私人消费由不受个人收入状况影响的自发性消费部分（a），与受国民收入状况（Y）和边际消费倾向（c）影响的引致性消费部分组成，即

$$C = a + cY \quad (0<c<1) 。 \tag{2-2}$$

把（2-2）代入（2-1），则有，

$$AD = a + cY + I 。 \tag{2-3}$$

因为国民经济均衡在总供给（以国民收入表示）等于总需求状态，即

$$Y = AD = a + cY + I, \tag{2-4}$$

整理后得到

$$Y = \frac{a + I}{1 - c} \tag{2-5}$$

这里，$1/(1-c)$ 就是乘数，其值大于1，表示私人自发性消费、投资变动对国民收入的变动关系。

在政府介入的情况下，居民的可支配收入变为 $Y + TR - TA$，即国民收入（Y）加上来自于政府的转移支付（TR），再减去应该缴纳的税收（TA），于是，新的消费行为函数就改变为

$$C = a + c(Y + TR - TA) \tag{2-6}$$

这里：$TA = tY$，代表政府得到的税收收入；t（$0<t<1$），为政府规定的税率；Y，表示税前的国民收入。

[①] 本书最后几章将对政府经济稳定政策及其原理进行更为详细的分析。

假定政府支出（G）与转移支付（TR）等于政府的税收收入，那么，包括政府支出在内的经济社会的总需求就可以表示为

$$AD = A + c(1-t)Y \tag{2-7}$$

这里，A 表示政府参与下的经济社会中不与国民收入变动而变动的总需求构成部分，$A=a+cTR+I+G$。

因为均衡条件下，经济社会的总供给总是等于总需求，所以，$AD=Y$。那么，政府参与下的总供给与总需求的均衡为

$$Y = \frac{A}{1-c(1-t)} \tag{2-8}$$

方程（2-8）中 $1/[1-c(1-t)]$ 为包含政府税收经济社会的乘数，其值大于1，但小于没有政府税收的乘数。

比较方程（2-5）与方程（2-8），可以发现在其他条件不变的情况下，政府只要调整它的政府支出（G）、转移支付（TR）和税率（t），通过乘数作用就会直接影响经济社会的总需求，进而改变国民收入（Y）。

具体而言，政府根据国民经济变化趋势，逆向变化其现行的开支政策和税收政策，就能够改变国民经济的运行方向，减轻商业周期的波动，使国民经济沿着理想路径发展，最后实现低通胀的充分就业状态。例如，在经济衰退情况下，政府增加公共采购、加大转移支付，或者（同时）降低税率，就能够带动、刺激经济社会总需求的提高，抑制经济衰退趋势；而在经济过热情况下，政府削减公共采购、转移支付，或者（同时）提高税率，就能够减少总需求，抑制经济社会总需求的过快增长，防止通货膨胀的发生。

为了加大政府双向调节经济社会总需求的力度，现代政府一般不再恪守"财政预算年度收支平衡"这一传统理财原则，而是代之以"财政预算周期平衡"原则。虽然周期性平衡政府预算是可能的，但是从各国长期实践情况来看，政府财政赤字大多呈周期性上升态势，以致在许多国家出现财政赤字多年居高不下的现象。因此，公共财政在履行其经济稳定职能而允许政府采取上述财政活动时，还须要求政府对财政赤字管理予以高度重视，即须把财政赤字经常地控制在合理的范围内。

三、经济稳定过程中的目标协调问题

在开放的市场经济条件下，公共财政履行其经济稳定职能所要达到的宏观经济目标主要有四个：物价稳定、充分就业、经济增长与国际收支平衡。不过，经验表明，这些目标之间存在着某种交替换位关系（Trade-off）。因此，

在对宏观经济进行调控的过程中，政府的财政活动要在各个方面同时取得令人满意的效果，尽管不是不可能的，但的确是非常困难的。

理论上讲，经济社会能够达到无通货膨胀的充分就业状态，可是描述劳动就业与物价总水平变动之间存在某种稳定关系的菲利普斯曲线（Phillips Curve）却说明，失业率下降（或就业率提高）到一定程度后，就会导致物价（工资变化的函数）上涨，即发生通货膨胀。另外，一些经济学家还证明，在通货膨胀预期作用下，长期的菲利普斯曲线比短期的菲利普斯曲线更陡直，甚至会变成一条垂直线，即经济社会进入"自然失业"状态。此后，无论政府采取怎样的扩张性财政政策，就业率不再发生变化，而通货膨胀率无限上升。据此，经济学家对政府旨在稳定宏观经济的财政活动，提出了明确的政策建议：(1)大幅度降低失业率通常要以物价上涨为代价，而维持一种经济社会可以接受的较低失业率（如 4%左右）也有助于维持物价稳定。(2)政府主动推行通货膨胀政策短期内可以促进劳动就业，但作为长期政策不仅无效，而且可能会导致形成"滞胀"。(3)政府提高劳动就业的长期政策，只能是控制人口增长和保持经济增长。

虽然任何情况下，劳动就业增加肯定会促进经济增长，但是，经济增长对增加抑或减少劳动就业却没有必然影响。一般来说，由增加劳动就业带动的总需求扩大，或是使经济社会现有的生产能力得到更为充分的利用，这属于非严格意义上的经济增长；或是促进经济社会增加资本投资，提高现有生产能力，这属于严格意义上的经济增长。事实上，只有严格意义上的经济增长，才能持续提高劳动就业，而且同时不会造成产品价格的上涨，有助于经济社会进入无通货膨胀的充分就业状态。不过，也应该看到，即使是严格意义上的经济增长，其具体增长方式不同，对劳动就业的影响也不同。例如，和投资于资本密集型产业、技术密集型产业相比，投资于劳动密集型产业实际上能够更有效地刺激劳动就业。再如，无论投资于何种类型的产业，只要注意开拓海外市场，都会对劳动就业产生积极的影响。因此，对于政府来说，公共财政履行其经济稳定职能，不能仅仅强调调节经济社会的总需求而置总供给问题于不顾。尽管宏观经济不稳定，持续的经济增长难以形成，但是没有严格意义上的经济增长，宏观经济稳定也只是暂时的。

在开放经济条件下，对外贸易与国际收支平衡问题在诸多方面影响宏观经济稳定。在固定汇率条件下，如果本国通货膨胀率高于外国通货膨胀率，本国产品在国际市场上的竞争力便大为削弱，出口变得愈加困难，进而增加国内的就业压力。而在浮动汇率条件下，即使可以通过本币贬值方法抵消国内通货膨胀对出口产生的不利影响,但是这种做很可能迫使贸易伙伴国相继进行竞争性贬值,引发贸易战,同时诱发外汇投机活动。其结果也使出口变得困难或无利可图,同样增加国内的就业压力。国际收支平衡问题除了影响国内就业外,也对国内经济增长产生影响:例如,在其他条件不变的情况下,降低利率刺激国内投资的效果,可能为低利率诱发的资本外流所抵消,一方面增加了国际收支逆差,另一方面造成经济增长乏力;虽然提高利率有助于引诱外部资本流入,加强国际收支,但是高利率可能会在相当程度上抑制国内投资并延缓经济增长过程,至少短期内如此。所有这些说明,开放的市场经济给公共财政履行经济稳定职能带来了更多的挑战,此时宏观经济的稳定,必然意味着经济社会同时处于内部均衡与外部均衡状态。

从以上分析不难看出,物价稳定、充分就业、经济增长、国际收支平衡,作为宏观经济稳定的各个具体目标,它们之间存在着一种相互制约、相互促进的关系。由于在某些情况下,市场经济机制不能使之处于自然协调状态,政府进行积极的市场干预就是必要的。很多经济学家怀疑公共财政履行经济稳定职能的有效性,对此,美国耶鲁大学经济学教授,Henry C. Wallich 曾经讲过:"一个理性的社会在协调这些目标时不会遇到永久的困难,尽管学会如何协调它们的过程可能是痛苦的。"①

第四节 中国政府履行财政职能的实践效果

在市场经济条件下,国家以社会和经济管理者的身份参与社会分配,并将收入用于政府的公共活动支出,为社会提供公共产品和公共服务,以充分保证国家机器的正常运转,保障国家安全,维护社会秩序,实现经济社会的协调发展。而我国已从计划经济体制向市场经济体制转型,财政也从包打天下的国家建设型财政转变为主要负责为社会提供公共产品,弥补市场缺陷,充分发挥公共财政的职能作用,这有利于我国转型期社会政治、经济、文化协调发展。这期间政府财政政策发挥的效果如何,就需要对财政职能的实践效果进行考察。

---

① Henry C. Wallich:《就业法案目标——20 年之后》(The Employment Act Objectives—After 20 Years)。原文载 John A. Delehanty 主编的《人力资源问题与政策:充分就业和机会均等》(Manpower Problems and Policies: Full Employment and Opportunity for All), International Textbook Company 出版,1969 年。

一、资源再配置职能的实践效果

由前文可知，政府利用税收把特定数量的经济资源从私人那里转移到政府名下，形成政府财政收入。然后再经过财政支出过程，以特定方式把财政收入具体转化为特定的公共产品（劳务），并提供给全体社会成员使用。因此，此处主要研究城乡资源配置情况，考查城乡居民所费（税收和其他财政负担等）与所得（公共产品）是否对等。另外，由于财政收支对城乡居民的对等关系，因此本书只考查农村居民的对称性，如果财政对农村居民是逆向的，则对城市居民就是正向的，存在城乡资源的非对称性配置。

（一）公共财政预算中农村居民的财政负担

（1）农村居民间接负担的增值税。由于无法获得农村居民间接承担的增值税的数据，但农村居民间接负担的增值税与其消费行为相关，因此利用农民人均生活消费支出，农村人口总数以及增值税基本税率进行估算，即：农村居民负担增值税=农村人均生活消费支出×农村人口总数×(1-1/(1+17%))。

表2-3 农村居民所负担的增值税核算数额

年份	农村居民人口数（万人）	人均消费支出（元）	消费总额（亿元）	所负担的增值税（亿元）
2002	78241	1834.31	14351.82	2085.31
2003	76851	1943.30	14934.45	2169.96
2004	75705	2184.65	16538.89	2403.09
2005	74544	2555.40	19048.97	2767.80
2006	73160	2829.02	20697.11	3007.27
2007	71496	3223.85	23049.24	3349.03
2008	70399	3660.68	25770.82	3744.48
2009	68938	3993.45	27530.05	4000.09
2010	67113	4381.82	29407.71	4272.91
2011	65656	5221.13	34279.85	4980.83

资料来源：国家统计局. 中国统计年鉴（2002—2012）[M]. 北京：中国统计出版社，2002—2012.

（2）农村居民负担的增值税进项税额。我国农村居民基本不属于增值税征收范畴，其不能将进项税额转嫁给农产品采购商或消费者承担，这实际上成为农村居民的税收负担。但并不是所有农业投入品都属于增值税的征收范畴，需要计算征收增值税的农业投入品价值占农业增加值的比例。[①]用增值额与该比例相乘可得征收增值税的农产品价值。另外还应该刨除自用部分农产品的进项税额。根据测算，我国农产品平均商品率大致为 60%。[②]因此，最终农村居民核算的不得抵扣的增值税进项税额公式为：

农业增加值×征收增值税的农业投入品价值占农业增加值的比例×农产品商品化比例×（税率/（1+税率）），其中，农产品税率适用 13%。

表 2-4 农村居民所负担的农业投入品增值税进项税额　　　　单位：亿元

年份	农业增加值	征收增值税农业投入品价值占农业增加值的比例	征收增值税的农业投入品价值	商品化的农产品价值	所负增值税进项税额
2002	16537.0	41.79	6910.81	4146.49	477.03
2003	17381.7	41.79	7263.81	4358.29	501.40
2004	21412.7	41.79	8948.37	5369.02	617.68
2005	22420.0	44.80	10044.16	6026.50	693.31
2006	24040.0	44.80	10769.92	6461.95	743.41
2007	28627.0	50.56	14473.81	8684.29	999.08
2008	33702.0	50.56	17039.73	10223.84	1176.19
2009	35226.0	50.56	17810.27	10686.16	1229.38
2010	40533.6	50.56	20493.79	12296.27	1414.62
2011	47486.2	50.56	24009.02	14405.41	1657.26

资料来源：国家统计局. 中国统计年鉴（2002—2012）[M]. 北京：中国统计出版社，2002—2012.

（3）农村居民间接负担的流转税（除增值税）。农民购买商品和劳务就要承担相应的流转税，这里主要包括：消费税、营业税、关税、进口增值税和消费税、城市维护建设税以及出口退税。由于没有专门统计农村居民流转

[①] 该比例可以根据 2002—2012 年《中国统计年鉴》中《投入产出直接消耗系数表》大致计算得出，其思路是先计算农业所耗中间投入品中来自增值税征收范围以外的部分（如免征增值税的农业、建筑业、运输邮电业、金融保险业、公共事业与居民服务业、商业饮食业、其他服务业等）所占中间投入品的比例，再用 1 减去该比例就得农业增值税征收范围以内部分的比例（参见张军. 城乡统一税制设计[D]. 厦门大学博士论文，2005.）。

[②] 有文章指出：国家制定相应政策推动农产品流通，农产品商品化率不断提高，目前，我国蔬菜、水果商品化率达 80%以上，水产品、畜产品商品化率达 70%以上，粮食达 45%以上。（参见陈万卷. 中美农产品流通渠道之比较[J]. 对外经贸实务，2011（5）.）

税的负担情况,这里主要采用如下算法:①

农村居民所负流转税=流转税总额×农村居民消费系数

其中:农村居民消费系数=农村居民消费总额/(农村居民消费总额+城镇居民消费总额)

表2-5 农村居民所负流转税核算数额　　　　　　　　单位:亿元

年份	税收合计	农村居民消费总额	城镇居民消费总额	农村居民消费系数	流转税
2002	5407.39	14351.82	30277.84	32.16	1739.02
2003	6299.85	14934.45	34102.01	30.46	1918.93
2004	7018.04	16538.89	38986.05	29.79	2090.67
2005	7890.96	19048.97	44649.19	29.91	2360.19
2006	9181.39	20697.11	50693.07	28.99	2661.68
2007	11896.37	23049.24	60614.81	27.55	3277.45
2008	14833.90	25770.82	70159.69	26.86	3984.39
2009	18046.30	27530.05	79123.97	25.81	4657.75
2010	24307.73	29407.71	90226.06	24.58	5974.84
2011	30309.29	34279.85	104730.67	24.66	7474.27

资料来源:国家统计局.中国统计年鉴(2002—2012)[M].北京:中国统计出版社,2002—2012.

(4)农村居民负担的直接税收和各项杂税。农村居民承担的公共预算中的直接税费负担主要有:农业各税,个人所得税,农村个体工商户承包和承租经营所得税,各种杂费负担(社会罚款、收费等)以及储蓄存款的利息税(2008年暂免征收)等。

对于直接税的计算,主要是通过全部税额减去间接税,再加上杂税的数值。而对于利息税的计算,主要通过城乡居民的定期和活期存款余额,当年利息率以及利息税率计算城乡居民所负担的利息税,再利用城镇居民存款余额和农户储蓄存款余额之比来分离出农村居民负担的利息税。相应公式:

定(活)期存款利息税=定(活)期存款余额×利率×利息税率×(农户储蓄存款余额/(农户储蓄存款余额+城镇居民存款余额))。

---

① 税收主体所负担的税收数量与其消费结构有关,此处忽略城镇居民与农村居民在消费结构上的差别。

表 2-6　农村居民所负利息税　　　　　　　　单位：亿元

年份	城乡定期	城乡活期	活期利息税	定期利息税	所负利息税
2002	58788.9	28121.7	74.07	88.42	162.49
2003	68498.7	35119.0	84.66	111.36	196.02
2004	78138.9	41416.5	98.64	158.04	256.68
2005	92263.5	48787.5	112.52	186.37	298.89
2006	103011.4	58575.9	132.86	245.89	378.75
2007	104934.5	67599.7	148.34	485.01	633.35

资料来源：国家统计局. 中国统计年鉴（2002—2012）[M]. 北京：中国统计出版社，2002—2012.

表 2-7　农村居民负担的直接税收和各项杂税　　　　单位：亿元

年份	缴纳全部税金	扣除流转税后税额	杂税	所负直接税
2002	2536	796.98	293	1089.98
2003	2896	977.07	350	1327.07
2004	3185	1094.33	391	1485.33
2005	3633	1272.81	378	1650.81
2006	4242	1580.32	452	2032.32
2007	5402	2124.55	536	2660.55
2008	6131	2146.61	640	2786.61
2009	6389	1731.25	708	2439.25
2010	7290	1315.16	803	2118.16
2011	8319	844.73	911	1755.73

资料来源：中华人民共和国农业部. 中国农业发展报告（2002—2010）[M]. 北京：中国农业出版社，2002—2010. 其中 2010 年和 2011 年数据根据平均增长率推算。

根据以上计算结果，本书计算出 10 年农村居民从公共预算中出负担的情况。

表 2-8　公共预算中农村居民的财政负担　　　　单位：亿元

年份	所负增值税	增值税进项税	所负流转税	所负利息税	所负直接税	负担总计
2002	2085.31	477.03	1739.02	162.49	1089.98	5553.83
2003	2169.96	501.40	1918.93	196.02	1327.07	6113.38
2004	2403.09	617.68	2090.67	256.68	1485.33	6853.45
2005	2767.80	693.31	2360.19	298.89	1650.81	7771.00
2006	3007.27	743.41	2661.68	378.75	2032.32	8823.43
2007	3349.03	999.08	3277.45	633.35	2660.55	10919.46
2008	3744.48	1176.19	3984.39	—	2786.61	11691.67
2009	4000.09	1229.38	4657.75	—	2439.25	12326.47
2010	4272.91	1414.62	5974.84	—	2118.16	13780.53
2011	4980.83	1657.26	7474.27	—	1755.73	15868.09
合计	32780.77	9509.36	36139.19	1926.18	19345.81	99701.31

(二)基金预算中农村居民的财政负担

在政府性基金预算中采取不完全考虑,只核算农村居民在土地出让中所负的财政负担。这主要是因为我国土地所有权制度的不完善,不合理的土地征用和补偿制度,加上农村居民的弱势地位,使得农村土地收益只有一小部分为农村居民所获得,这就是土地制度所导致的土地财富的重新分配。[①]

对于农村居民在土地出让中所导致的损失,通过土地的出让收入乘以损失率得到。而对于损失率的计算,可以从财政部公布的全国土地出让收支情况中的收支结构[②]来估算,先计算土地出让总收入减去征地拆迁补偿以及补助征地农民支出、土地支出和耕地保护支出等的余额,再将该余额除以土地出让收入,该比例即为土地出让损失率。从表中可以看出,土地出让收入呈现增大趋势,但2011年的损失率下降比较大,导致出让损失下降了,这主要是政府对征地补偿力度加大的缘故。

表2-9 基金预算中农村居民的财政负担   单位:亿元

年份	土地出让收入	损失率	出让损失
2002	2416.79	47.62	1150.88
2003	5421.00	47.62	2581.48
2004	5894.14	47.62	2806.79
2005	5505.15	47.62	2621.55
2006	7676.89	47.62	3655.74
2007	11947.95	47.62	5689.61
2008	9943.92	47.62	4735.29
2009	14239.70	50.98	7259.40
2010	29397.98	43.08	12664.65
2011	33477.00	28.15	9423.78

资料来源:根据相关年份《中国国土资源年鉴》和《中国国土资源公报》相关资料整理。

(三)公共财政预算角度核算农村居民的财政收益

农村居民的财政收益主要体现在国家对农村居民的财政支出和投资上,如公共产品等。因此,本书对于农村居民的财政收益主要从国家财政预算支出上来核算。这里我们把政府对农村居民预算支出分为直接支出和间接支出

[①] 这实际上是在城市化进程中由于土地征用而补偿不足,对农村居民征收的"暗税"(见杨斌. 将农民缴纳的"钱"还给农民——逐步建立解决"三农"问题的财政机制[J]. 涉外税务,2004(3).)。

[②] 该收支结构从2008年开始才有,纵观近几年的损失率具有下降的趋势,因此2008年以前使用2008年的损失率估计出让损失是保守估计,不会出现高估的情况。

（主要为公共产品支出）。

表 2-10 公共财政预算支出中农村居民财政收益　　　　单位：亿元

年份	直接收益	公共预算总支出	城镇居民可支配收入	农村居民纯收入	份额系数	农村居民的收益	全部财政收益
2002	1580.72	3979.08	38678.30	19372.47	33.37	1327.88	2908.60
2003	1754.45	4505.51	44372.95	20150.33	31.23	1407.05	3161.50
2004	2337.63	5143.65	51145.44	22226.99	30.29	1558.19	3895.82
2005	2450.31	6104.18	58983.25	24264.07	29.15	1779.18	4229.49
2006	3172.97	7425.98	68540.86	26242.49	27.69	2056.02	5228.99
2007	3404.70	11793.96	83588.65	29599.34	26.15	3084.19	6488.89
2008	4544.01	14992.20	98478.17	33516.96	25.39	3806.91	8350.92
2009	6720.41	18569.32	110799.36	35523.75	24.28	4508.19	11228.60
2010	8129.58	22147.08	127988.26	39724.18	23.69	5245.73	13375.31
2011	9937.55	28648.22	150661.30	45808.19	23.32	6679.53	16617.08
总计	44032.33	123309.18	833236.54	296428.77	—	31452.87	75485.20

资料来源：国家统计局．中国统计年鉴（2002—2012）[M]．北京：中国统计出版社，2002—2012．

直接支出是政府对农村、农民、农业的直接预算开支（三农开支），主要反映在公共预算科目中的农林水事务支出。间接支出是农村居民从公共物品（如一般公共服务、国防、公共安全等）的投资、教育、科技等所获得的收益。但是由于公共物品的非竞争性和非排他性，同时也是基本通过税收来实现的，因此对于公共物品的收益核算不能按照受益原则，而应该按照量能负担原则来确定税收负担水平的原则，此处选取城乡居民可支配收入比来衡量。

（四）资源配置的非对称性核算

表 2-11 预算角度核算资源非对称性配置　　　　单位：亿元

年份	公共预算负担	基金预算负担	公共预算收益	公共预算逆向绝对值	公共财政预算逆向相对值（%）	全部预算逆向绝对值	全部预算逆向相对值（%）
2002	5553.83	1150.88	2908.60	2645.23	47.63	3796.11	56.62
2003	6113.38	2581.48	3161.50	2951.88	48.29	5533.36	63.64
2004	6853.45	2806.79	3895.82	2957.63	43.16	5764.42	59.67
2005	7771.00	2621.55	4229.49	3541.51	45.57	6163.06	59.30
2006	8823.43	3655.74	5228.99	3594.44	40.74	7250.18	58.10
2007	10919.46	5689.61	6488.89	4430.57	40.57	10120.18	60.93
2008	11691.67	4735.29	8350.92	3340.75	28.57	8076.04	49.16
2009	12326.47	7259.40	11228.60	1097.87	8.91	8357.27	42.67
2010	13780.53	12664.65	13375.31	405.22	2.94	13069.87	49.42
2011	15868.09	9423.78	16617.08	-748.99	-4.72	8674.79	34.30
合计	99701.31	52589.17	75485.20	24216.11	24.29	76805.28	50.43

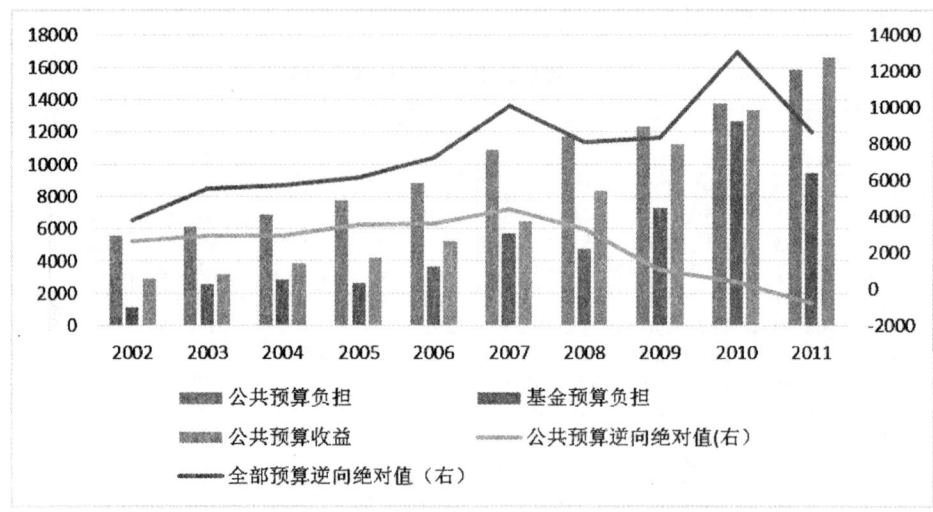

图 2-5　历年财政资源的非对称性配置（单位：亿元）

利用公共预算中农村居民财政负担和财政收益，以及基金预算中农村居民的负担，核算资源的非对称性。计算公式为：1-财政收益/财政负担，从表中可以看出，公共财政 10 年间非对称性配置程度平均为 24.29%，绝对数额说明从农村居民索取的财富达到 24216.11 亿元；另一方面，10 年间非对称性配置呈现倒 U 型特征，其值到 2011 年甚至出现了负值，这说明了政府近几年不断加强对三农的支出，且有不断增长的趋势，造成逆向转正向的现象。这说明了公共财政预算劫富济贫的效果有所显现，政府的惠农利农政策的有效性加强，因此从公共预算角度看非对称性呈收敛逆转趋势。但是，仅从公共预算角度考虑资源配置是不完整的，如果加上基金预算中土地转让损失和社保预算损失这两项可能导致逆向程度更大，土地出让收入导致资源配置非对称性严重，无形中抵消了惠农利农政策的实际效果。

因此，为了资源的非对称性配置，就需要进一步提高政府预算支出中的三农支出比例，另一方面，从税收角度消除对农村居民的额外税收负担，这两者的有机结合，将农村居民承担的额外税收负担通过提供公共物品或转移支付的方式，整体返还给他们。

二、收入再分配职能的实践效果

在我国社会收入初次分配领域，由于财产所有制结构的特殊性，加之经济发展方式和经济结构不合理等多种因素的影响，长期以来存在着"资本—

劳动"收入分配严重失衡的现象。通过分析我国劳动要素对资本要素之收入分配比例的变化（图 2-6），不难发现，在 1998—2007 年期间，这一比例基本呈下降趋势，直到 2009 年才略有回升，这也说明在 2009 年政府收入分配政策的效果开始显现出来。该现象大体说明我国社会收入分配中资本所有者的收入增长较快，而劳动者的收入增长则相对缓慢。加之"马太效应"的作用，两者之间的收入差距就越来越大。

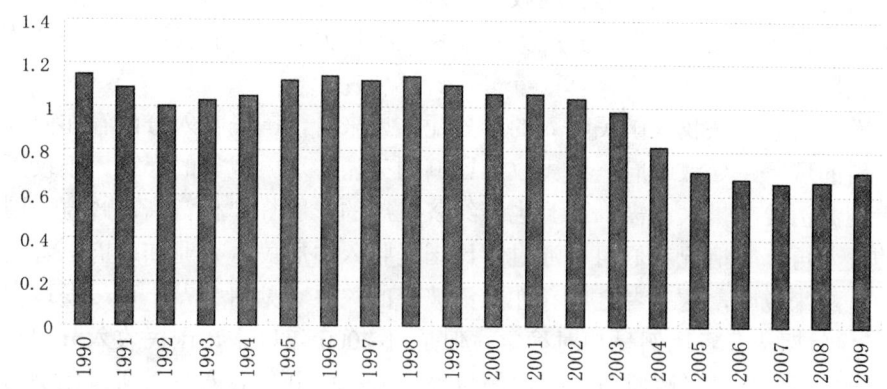

注：劳动要素收入指劳动者报酬，资本要素收入包括固定资产折旧、生产税净额和营业盈余。
资料来源：根据 2012 年《中国统计年鉴》中资金流量表计算而得。

图 2-6　1990—2009 年我国劳动要素与资本要素收入分配比例

另外，不同所有制行业，劳动者的收入差距也在扩大。如国家统计局最新数据显示，最近十几年里，城镇非私营单位在岗职工年平均工资实际增长 8.5%，城镇私营单位就业人员年平均工资实际增长率为 12.3%，但是城镇私营单位就业人员年均工资仅为城镇非私营单位职工年均工资的 57.8%，最具典型的就是城镇私营单位"公共管理和社会组织"行业就业人员的年平均工资为 11738 元，而非私营单位"金融行业"就业者的年平均工资则高达 91364 元，二者相差 8 倍之多。究其原因，不外是后者垄断了国家金融资产这一最重要的资本要素，而使该行业就业人员在其劳动所得之外普遍地获得了数量不等的资本所得。

现代经济社会的"资本—劳动"收入分配比例不合理现象，主要是源于社会财产分配的不合理。特别是在像我国这样的所有制结构国家里，行政垄断性企业、行业，无论在政治上，还是在经济上，都处于强势地位，自然能在国民收入分配过程中对政府施加较大的影响，而制定有利于它们的"游戏规则"。对此，经济学家华生先生在接受《冰点周刊》记者采访时讲道："现在的各类富豪榜上，地产商独占最大份额。在自然资源丰富的省份，则是坐山吃山的老板最风光。社会不可再生的土地、矿藏这些垄断性资源成为少数人暴富的资本，这就是我们这些年制度安排的最大失衡。"[①]正是因为资本所有者（资源占有者）能够凭借政治地位和经济实力攫取生产成果及其增长的收益，才会出现分配领域中的社会收入向资本倾斜，劳动者收入与贡献逆向偏离的情况。尤其是在当前各级政府介入不力，各类工会组织维权乏力的情况下，这种"资强劳弱"的分配关系现象正在极大地影响着我国社会经济的和谐发展。

而近年来，从我国国民收入的再分配结果来看，国民收入分配存在向政府倾斜的现象，导致政府—国民收入比例的失调。这一现象的存在，不仅不利于刺激消费与扩大内需，而且也与经济发展的一般规律相背离。政府—国民的收入再分配情况我们可以通过对比国民收入中居民、企业和政府三者之间的分配来说明，这三者之间存在此消彼长的关系（见图2-7）。可以发现在90年代后期，三者比例呈相对稳定；但是自2000年以来，国民收入分配有向政府倾斜的态势，政府所占的比例越来越大：2000年政府收入所占比例为19.5%，居民占67.5%，企业占13%；到2009年政府收入所占比例为21.2%，居民占60.5%，企业占18.3%。而参照国际上通常的发展经验，特别是当人均GDP超过1000美元之后，国民收入分配占政府部门的比例应该是逐步缩小才对，但在我国却背离这个趋势。对于这种有背于一般发展规律的现象及其可能对社会经济发展产生的潜在危害，我们需要予以高度重视。因为这可能从两个层面直接削弱了居民消费增长的动力。一方面，政府财政收入的快速增长挤压了居民收入增长的空间；另一方面，政府转移支付和社会保障支出的滞后，居民获得的社会补助等转移支付要少于交纳收入税和社会保险付款的支出，这又导致居民消费倾向下降，为养老、教育等支出的储蓄倾向上升，压抑居民消费的欲望，进而阻碍了居民消费水平的进一步提升。

[①] 华生在《收入分配改革：改谁，保谁》中谈到韩国政府关于"土地公有"概念的立法："人家是私有土地，但增值部分都要拿出来分享，我们恰好相反，名义上还是国有集体土地，增值却被少数人装了腰包。这好像说不通吧，明明是土地公有，怎么好处全归少数私人了呢？"（参见华生. 收入分配改革：改谁，保谁[EB/OL]. http://news.ifeng.com/mainland/detail_2013_01/16/21230857_0.shtml，2013-01-16.）

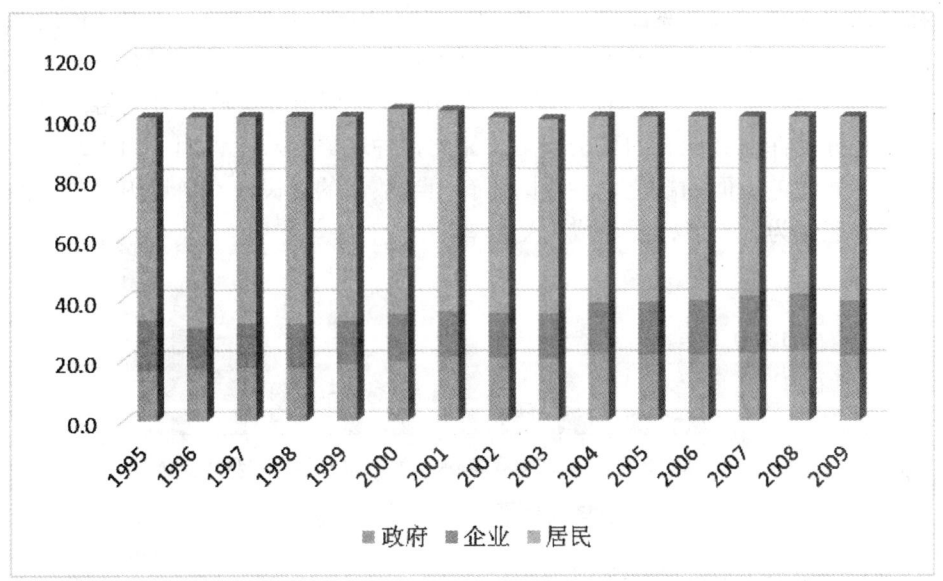

资料来源：根据国家统计局历年《中国统计年鉴》资金流量表整理。

图 2-7 政府、企业、居民占国民可支配收入比例

在我国，造成政府—国民收入比例失衡问题最重要的原因有三：一是政府财政收入的高速增长，导致在国民收入分配中居民收入比重的不断下降。2011 年全国税收收入达到 110740 亿元，比上年增长 11.2%。税收收入的高速增长，使得政府财政收入占 GDP 的比重，也已经从 1995 年最低的 10.7% 上升到 2011 年的 21.9%。二是我国"间接税密集型"的税制结构呈"累退"状况。以 2011 年为例，其中，增值税、营业税、消费税、进口商品消费税和增值税，占总税收收入的比例分别为 27%、15.2%、7.7% 和 15.1%，加总起来占总税收收入的比例高达 65%。由于这些税会被转移到物价里，消费者不论其个人收入的高低，同样的购买支出要支付同样的税款。因此，整体税制便呈现明显的"累退性"特征。尽管个人所得税属于累进税，但其所占总税收收入的比例极小（2011 年仅为 6.75%），故而在尚未开征个人财产税、遗产税、赠与税等直接税情况下，单靠个人所得税根本无法抵消整体税制的"累退性"程度。由此可见，现行税制能够较好地发挥增加政府收入，强化社会储蓄（政府投资）以刺激经济增长的作用，而难以发挥社会财富（收入）之存量调整、增量调整的作用。三是政府以公共福利等形式返还给国民的某些财政支出项目增长相对缓慢，如果比较（居民的）社会保障缴款和（政府的）

社会保险支付状况（见图 2-8），就会发现自 2000 年以来，政府对居民所做的社保福利支出，一直低于居民的社会保险缴款，且二者差距尚有不断扩大的趋势[①]，这至少说明政府的转移支付手段，在调节社会收入分配格局方面尚未充分发挥出其应有的积极作用。如此种种现象客观上说明，由于政府在社会公共服务方面的缺位，在我国还有相当数量的居民没有通过国民收入的二次分配成为获益者，反而成为受损者。

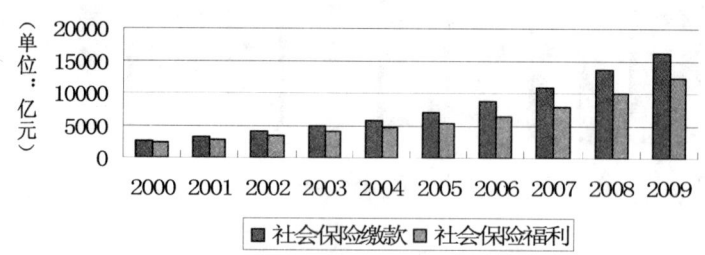

资料来源：根据 2012 年《中国统计年鉴》资金流量表整理。

图 2-8　居民社保缴款和社保福利

三、经济稳定职能的实践效果

由前文可知，财政政策对经济产生的效应通过财政政策乘数而扩大，财政政策乘数越大，说明实施财政政策对经济影响的效果越明显。本部分先估算财政政策的乘数，在此基础上估计财政政策对经济的贡献。

本书选取的相关数据是我国 1978 年到 2011 年的年度数据，计算出我国的财政政策支出乘数、税收乘数和转移支付乘数有关的系数。估计相关税收乘数的模型是：

$$C = C_{11} + C_{12}Y + \mu_1$$
$$I = C_{21} - C_{22}r + \mu_2$$
$$NX = C_{31} - C_{32}Y - C_{33}r + \mu_3$$
$$r = C_{41} + C_{42}Y + C_{33}(M/P) + \mu_4$$
$$Y = C + I + G + NX$$

其中，C 是居民消费数据，Y 是支出法计算的 GDP 数据，r 采用一年期银行存款利率，I 通过资本形成总额扣除固定资产投资中的预算资金投资计

[①] 根据 2012 年《中国统计年鉴》资金流量表计算得出：2000 年两者差距为 259.3 亿元，到 2009 年两者差距达到 3813 亿元。

算得来。模型估算结果是：

消费函数：$C = 7014.380 + 0.494Y$

投资函数：$I = -4509.273 - 541.3609r + 1.223I(-1) + 0.923G$

净出口函数：$NX = -4326.914 - 0.078Y - 406.394r$

利率函数：$r = -1693.675 + 1.614Y - 969.918(M/P)$

由以上分析出的消费函数、投资函数、净出口函数和利率函数可以推算出我国的 IS—LM 方程如下：

IS 曲线：$Y = -3114.2 - 1620.087r + 1.709G$

LM 曲线：$r = -1693.675 + 1.614Y - 969.918(M/P)$

结合以上分析和实证估算，我们可知边际消费倾向 $b = 0.494$，平均税率值采用税收占 GDP 的比率按年分别计算，由此可得出从 1978 年至 2011 年间政府支出乘数在 1.75 左右波动。这说明政府购买性支出每增加 1 元钱，对 GDP 的拉动在 1.75 元左右；税收乘数在-0.7 至-0.8 之间波动，说明国家每增加 1 元钱的税收，对 GDP 的削弱作用大概在 0.7 至 0.8 元之间；政府转移性支出乘数比较稳定的在 0.6 至 0.8 之间波动。这说明政府转移性支出每增加 1 元钱，对 GDP 的拉动大概在 0.6 至 0.8 元之间。

以 2011 年经济发展态势为例，我国 GDP 在大幅波动中有所增长，从 2010 年的 402816.5 亿元增加为 2011 年的 465731.3 亿元，增加 62914.8 亿元。我国 2011 年实施的财政政策拉动 GDP 增长了 31475.67 亿元，占 GDP 增长总额约 50.02%。其中购买性支出的增加带动 GDP 的增长值最大，占当年 GDP 增长额的 86.09%；转移性支付带动 GDP 增长额占当年 GDP 增长的 20.83%；由于政府采用了减税的政策，2011 年税收收入增加额极大的缩减，仅为 16527.6 亿元，对 GDP 产生的负效应也较大。综合财政政策三种主要乘数的数值，2011 年我国实施积极财政政策拉动 GDP 增长占 GDP 总增长额的 50.02%。

从以上实证分析可以得出以下结论：（1）我国实施的财政政策总体上是有效的，所选择的政策工具对经济波动的熨平作用明显。这也为我国继续实施相机抉择的财政政策调控宏观经济提供了实践基础。（2）对 1978 年至今的财政政策的各种乘数的估算结果表明，我国政府购买性支出作用最明显，保持在 1.75 左右的水平；政府转移支付乘数较小，保持在 0.6 至 0.8 之间；税收乘数正常，说明我国税收政策具有一定的有效性。（3）从本书对 2011 年政策实施效果看，积极的财政政策有效地遏制了经济下滑，其中政府购买性支出对经济的拉动作用仍占主要部分，转移性支付乘数效应提升，这主要是因为国家加大了对"三农"的支持力度,以及各种政策补贴措施的实施。但是,税收的大幅增加也一定程度地削弱了此次政策的整体效应。

但是,我国财政政策在反经济周期中也存在如下问题:

第一,消费需求启而不动。

我国在实施反经济周期财政政策的过程中,为了刺激社会的总需求,采取了一系列措施,比如说增加发行国债,对基础设施的建设加大资金投入等。但是其结果只是对投资需求方面有了较好的促进作用,而对于消费需求方面的促进作用却十分有限。通过对国家统计局相关数据的研究,我们可以了解到,在 2007 年到 2011 年的时间里,我国的全社会固定资产平均每年增长 19.64%左右,全社会的消费品的零售总额平均每年增长 12%左右,后者比前者低了将近 7 个百分点。2011 年中国居民消费率大概是 35%左右,处于世界偏低水平,而全世界这方面的数据约为 61.5%,也就是说,世界的平均水平要比我国的平均水平高出将近 30 个百分点,[1]以上情况都说明了我国的消费需求需要进一步的扩大。

第二,治理通货膨胀不足。

自 2007 年以来,虽然我国的经济保持了较快的增长势头,但是我国的通货膨胀十分严重,食品类商品的价格和居住类商品的价格上涨最为明显。以 2011 年为例,该年我国食品类商品的价格上涨幅度为 14.9%,而该年我国居民消费价格指数的上涨幅度为 4.2%,食品类商品的价格上涨对总体价格上涨的贡献值达到将近 30%。值得注意的是,食品类商品对普通居民,尤其是低收入人群的影响是最大的,其对高收入人群的影响较小,因为食品在高收入人群的消费支出比重较小,所以,治理通货膨胀不足还会继续加大贫富差距,这不利于我国社会和谐稳定和经济的平稳较快发展。

第三,财政收入与 GDP 增长不相适应。

GDP 与财政收入同步增长是财政收入增长的最理想情况,可是根据统计年鉴,2002 年到 2011 年我国国内生产总值(GDP)的平均增长率大约是 9.9%,而财政收入的平均增长率大约为 20.8%,前者仅相当于后者的一半。在一定的时间内,国家所创造出的财富总数是一定的,在分配的过程中,如果政府所分得的利益过大,势必会大量挤占国家居民所应获得的财富。近些年来,

---

[1] 《社会蓝皮书》副主编、社会学研究所副所长陈光金研究员在 2011 年《社会蓝皮书》发布会上表示:"按照世界银行的统计资料,目前低收入国家居民消费率平均达到 75%,高收入国家达到 62%,中等收入国家平均为 57.5%,全球平均为 61.5%,中国大概是 35%左右。应该说,是一个偏低的水平。"(中国新闻网. 中国居民消费率处于世界偏低水平. http://www.chinanews.com/cj/2010/12-15/2723505.shtml.)

我国居民最终实际可支配收入占 GDP 的比例快速下降，1999 年为 63%，而 2005 年只有 49%，在这 7 年之中，下降的幅度大约为 14 个百分点，而 2011 年，我国城镇居民人均可支配收入比上年名义增长 14.1%，扣除价格因素，实际增长 8.4%，低于 GDP 增长率 0.8 个百分点。[①]一方面，居民收入占国内生产总值（GDP）的比重下降，另一方面，财政收入占 GDP 比重上升，这些都会使得国民的负担不断加重。

综上所述，市场经济中的价格机制、供求机制和竞争机制推动经济部门各主体做出自己的决策，引导资源向最有效率的方向配置，确保经济按照市场规律运行。而当市场自身无法有效地引导经济政策发展时，就需要国家制定各种经济政策来进行调控，但是采用财政政策干预经济应该有个限度，在对市场产生好的影响的同时，也会对市场带来一些风险。因此应将两者有机地结合起来，在实施相机抉择的财政政策调控经济剧烈波动的同时，使其在资源配置、收入分配和稳定经济过程中发挥基础性作用。

练习题

一、名词解释
1. 公共产品
2. 洛伦兹曲线
3. 基尼系数
4. 商业周期

二、判断题
1. 实践说明，通过公共财政，各国政府不仅降低了"市场失灵"给社会经济生活带来的危害性，而且最终可望完全解决市场失灵问题。（   ）

2. 公共财政所要履行的资源再配置职能，是指政府为了满足人们对公共产品和劳务的需求，按一定经济标准把社会资源在私人经济部门和公共经济部门之间做合理分配。（   ）

3. 私人产品具有两个最重要的特征：竞争性消费和排他性消费。所谓竞争性消费，是指消费者首先要支付既定的价格，才能取得对私人产品的所有

---

① 21 世纪经济报道. 2011 中国薪酬报告：居民收入占 GDP 比重不升反降. http://news.jxgdw.com/cj/1885719.html.

权,进而才能消费此产品;所谓排他性消费,是指未获得该产品消费权的其他人,不能同时消费这一私人产品。(　　)

4. 发生在公共产品消费上的"免费搭车者"行为,在市场经济环境中属于个人非理性选择。所以,在市场经济条件下,私人也有可能主动购买和生产公共产品。(　　)

5. 按照经济学原理,只要公共产品增加给社会成员带来的边际正效用大于相应减少的私人产品给社会成员带来的边际负效用,政府就应该增加公共产品的供给。(　　)

6. 自由市场经济中产生的社会收入分配不公平现象纯属"经济问题",即使政府对此不进行任何干预,也不会导致发生严重的社会问题。(　　)

7. 只要政府推行的收入调节政策使发生在低收入者方面的经济效率改善程度,大于由此发生在高收入者方面的经济效率损失程度,就可以认为经济社会同时获得了提高收入平等化程度与改善经济效率的双重好处。(　　)

8. 市场经济本身固有的商业循环运动,不仅造成市场经济运行不稳定,而且中断正常的经济增长过程,给社会经济生活带来种种负面影响。(　　)

9. 物价稳定、充分就业、经济增长、国际收支平衡,作为宏观经济稳定的各个具体目标,它们之间存在着一种相互制约、相互促进的关系。(　　)

10. 政府根据国民经济变化趋势,逆向改变其现行的开支政策和税收政策,就能够在一定程度上抵御商业周期波动对国民经济的不良影响,以维护宏观经济运行经常地处于低通胀的充分就业状态。(　　)

三、选择题

1. 典型的市场失灵表现为(　　)。
   A. 可以用于公共消费的物品严重短缺
   B. 社会收入、财产分配状况持续恶化
   C. 社会经济处于封闭状态
   D. 政府财政赤字规模巨大
   E. 经济社会供求关系发生周期性不平衡

2. 市场经济条件下,公共财政可以发挥以下各种经济职能(　　)。
   A. 资源再配置职能
   B. 收入再分配职能
   C. 物价管制职能
   D. 外汇管制职能
   E. 宏观经济稳定职能

F. 对外开放职能

3. 在机会均等条件下，个人所拥有的生产性资源的动态变化，通常决定于以下重要因素（　　）。

A. 偶然性

B. 个人选择

C. 社会选择

D. 别人或其他人的选择

E. 机遇

4. 一般情况下，用于满足公共需求的公共产品（或公共劳务）涉及以下各类（　　）。

A. 如国防、公安、外交、司法等经济生活中不可缺少的公共行政管理

B. 用于保障社会生活、社会再生产正常进行的基础设施、公共工程等

C. 如教育、基础科学研究、卫生保健事业、社会保障等有助于改善人口素质，提高国内人力资本存量的公共产品（劳务）

D. 适合于政府实行垄断经营、管理的经济部门，如电力、电讯、供水行业等

E. 涉及公共福利改善的事业，如社区发展、环境改造、生态保护等

5. 公共产品的基本特征是（　　）。

A. 竞争性消费和非排他性消费

B. 非竞争性消费和排他性消费

C. 非竞争性消费和非排他性消费

D. 竞争性消费和排他性消费

6. 市场经济条件下，政府通常采取（　　）方法来履行其收入再分配职能，影响经济社会的收入分配格局，实现各种政策目标。

A. 增加政府部门劳动就业

B. 实行累进制所得税并与转移支付相结合

C. 推行国民收入平均分配政策

D. 对不同纳税人实行差别税收政策或实行某些纳税优惠政策

E. 通过改变财政支出结构的方式对社会收入分配发挥间接调节作用

7. 反映社会收入分配平等化程度的基尼系数，通常是在0~1之间变动，基尼系数（　　）。

A. 越接近于 0，表示一国收入分配状况越趋于不平等
B. 越接近于 1，表示一国收入分配状况越趋于不平等
C. 越接近于 0，表示一国收入分配状况越趋于平等
D. 越接近于 1，表示一国收入分配状况越趋于平等

8. 某国 1996 年的国民收入分配状况为：最低收入的 20%家庭占有国民收入的份额为 6.8%，次低收入的 20%家庭占有国民收入的份额为 12.0%，中等收入的 20%家庭占有国民收入的份额为 16.7%，次高收入的 20%家庭占有国民收入的份额为 23.5%，最高收入的 20%家庭占有国民收入的份额为 41.0%。据此计算该国的基尼系数为（   ）。

  A. 0.319　　　　　　　　B. 0.457
  C. 0.346　　　　　　　　D. 0.245

9. A、B、C 三国的基尼系数分别为 0.29、0.36、0.42，比较而言，哪个国家的收入分配平等化程度最高（   ）？

  A. A 国
  B. C 国
  C. B 国

10. 政府追求的宏观经济稳定政策，在具体目标上主要包括（   ）。

  A. 物价稳定
  B. 充分就业
  C. 持续经济增长
  D. 外汇储备增加
  E. 出口持续扩大
  F. 国际收支平衡
  G. 资本市场发展

四、思考题

1. 举例说明，私人产品的"竞争性消费"、"排他性消费"特征。
2. 举例说明，公共产品的"非竞争性消费"、"非排他性消费"特征。
3. 为什么自由市场经济能够有效地提供私人产品？
4. 政府经营诸如供电、供水、供气等公共事业的经济合理性是什么？
5. 当公共产品由政府来提供时，是否意味着该产品就一定要由政府的公共部门来组织生产，为什么？
6. "加式社会福利函数"与"乘式社会福利函数"的主要区别是什么？对政府制定社会收入再分配政策各自有何政策导向意义？

第二篇 财政支出

第三章 公共支出的基本理论

政府为了履行人民（选民）赋予它的职责，需要以恰当的方式在国民经济运行过程中采集足够的资源，并以"有效"的方式对资源进行分配和运用，这是公共财政运行中的核心问题——公共资源的有效配置问题，或者说是公共支出的"有效性问题"。本章主要介绍公共产品最优配置理论和公共选择理论中的相关内容。

第一节 引入公共产品后资源最优配置理论

在单纯考虑私人产品的条件下，资源有效配置条件是 $MRS_{x,y}^A = MRS_{x,y}^B = MRT_{x,y}$。而引入公共产品后，资源的有效配置条件是：$MRS_{G,x}^A + MRS_{G,x}^B = MRT_{G,x}$。可见，引入公共产品以后，经济学最核心的问题——资源有效配置条件发生了变化。换言之，引入公共产品以后，居民的有效消费选择和社会生产的"有效"安排都将做出相应的改变。

一、私人产品与公共产品的数学界定

私人产品是指在均衡状态下，设 X_i 是第 i 种商品的总供给，X_i^h 是消费者 h 对该种商品的消费，如果有 $\sum_h X_i^h = X_i$，[1]也就是说，某人消费增加一个单位，必然会使他人的消费减少一个单位，则该种商品属于私人产品。私人产

---

[1] Anthony B. Atkinson, Joseph E. Stiglitz:《Lectures On Public Economics》, McGraw-Hill Book Company, New York.1987. P484.

品有下列两个特征。第一，竞争性消费。所谓竞争性消费，是指消费某种私人产品的个人必须支付既定的（不受单个消费者影响的）价格，或者他愿意按照现行市场价格进行支付以取得对该产品的消费权。那么，无法或者不愿意按照现行市场价格进行支付的个人就被排斥在外，不得不放弃对该产品的消费。第二，排他性消费。所谓排他性消费，是指获得某种私人产品消费权的个人，便拥有了对该产品的唯一享受权，即其他人不能同时再消费这一产品。

公共产品是指在均衡状态下，如果 X_i 是第 i 种商品的总供给，X_i^h 是消费者 h 对该种商品的消费，如果有 $X_i^h = X_i$，即每个人对该种商品的消费并不会导致任何其他人对该种商品消费的减少，则称该种商品为公共产品。

和私人产品不同，公共产品不具有消费的竞争性和排他性，如最典型的公共产品电视节目，电视台提供多少电视节目，在信号可接收范围内的每个消费者就能接收多少电视节目。一个人的消费完全不影响另一个人的消费。

也有不少介于两者之间的例子，比如加密的电视节目。这是非竞争性的——因为一个人的消费的增加并不会导致另外一个人消费的减少；但它又是排他性的，因为只有那些有权使用解密装置的人，才能观看该电视节目。这类物品有时被称为俱乐部物品。在后面的章节将会详细探讨，对于这类公共物品如果不考虑政治安全等因素，私人资本有提供该产品的利益诱因和机制保证。[①]

另一类例子是非排他性但具有竞争性的物品。一条容量有限的高速公路就是一个很好的例子：任何人都可以使用这条公路，一个人的使用会减少另外某个人的可用空间，但是一个人消费的增加和他人消费的减少并不存在数量上的等值关系。即有 $X_i^h \leqslant X_i$。

二、单纯私人产品条件下的资源有效配置

设经济社会提供的两种产品 x, y 都是私人产品，只有两个消费者 A，B。资源有效配置条件是：$MRS_{x,y}^A = MRS_{x,y}^B = MRT_{x,y}$。下面给出数学证明。

在生产领域：

[①] 萨缪尔森（1954，P386）：能把个人排除在享受公共物品之列的程度，会随着情况而变化。一个人的房子难免受外国入侵的损害，除非其他人的房子也得到保护；但是，一座房子可能会在不危及另一座房子的条件下被烧毁。戈登·塔洛克（1971）已经说明，排他性公共物品的自愿支付方案可能会导致类似于后一种情形的出现。

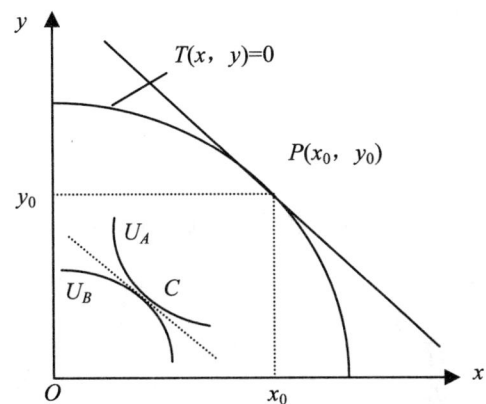

图 3-1 私人产品情况下生产和消费的有效选择

如图 3-1 所示：

$T(x, y) = 0$ 表示生产可能性曲线

则 $dT = \dfrac{\partial T(x,y)}{\partial x} dx + \dfrac{\partial T(x,y)}{\partial y} dy = 0$

$$\dfrac{dy}{dx} = -\dfrac{\partial T/\partial x}{\partial T/\partial y} \qquad (3\text{-}1)$$

$$MRT_{x,y} = -\dfrac{dy}{dx} = \dfrac{\partial T/\partial x}{\partial T/\partial y}$$

在消费领域：

帕累托有效配置问题实质是在 B 的效用给定时，使 A 的效用最大化问题。

$$\underset{x_A, y_A, x_B, y_B}{\text{Max}} \ U_A(x_A, y_A)$$

s.t. $\quad U_B(x_B, y_B) = \bar{U}$
$\quad\quad T(x, y) = 0$

用拉格朗日函数求解效用最大化问题。

$$L = U_A(x_A, y_A) - \lambda\left[U_B(x_B, y_B) - \bar{U}\right] - \mu \cdot T(x, y)$$

求一阶偏导并令其为零。

$$\dfrac{\partial L}{\partial x_A} = \dfrac{\partial U_A}{\partial x_A} - \mu \dfrac{\partial T}{\partial x} = 0 \qquad (3\text{-}2)$$

$$\frac{\partial L}{\partial y_A} = \frac{\partial U_A}{\partial y_A} - \mu \frac{\partial T}{\partial y} = 0 \qquad (3\text{-}3)$$

$$\frac{\partial L}{\partial x_B} = -\lambda \frac{\partial U_B}{\partial x_B} - \mu \frac{\partial T}{\partial x} = 0 \qquad (3\text{-}4)$$

$$\frac{\partial L}{\partial y_B} = -\lambda \frac{\partial U_B}{\partial y_B} - \mu \frac{\partial T}{\partial y} = 0 \qquad (3\text{-}5)$$

以上四式利用了私人产品的定义：$x = x_A + x_B$，$y = y_A + y_B$，所以

$$\frac{\partial T}{\partial x_A} = \frac{\partial T}{\partial x} \cdot \frac{\partial x}{\partial x_A} = \frac{\partial T}{\partial x}$$

$$\frac{\partial T}{\partial y_A} = \frac{\partial T}{\partial y} \cdot \frac{\partial y}{\partial y_A} = \frac{\partial T}{\partial y}$$

（3-2）、（3-3）联立得：$\dfrac{\partial U_A / \partial x_A}{\partial U_A / \partial y_A} = \dfrac{\partial T / \partial x}{\partial T / \partial y}$

（3-4）、（3-5）联立得：$\dfrac{\partial U_B / \partial x_B}{\partial U_B / \partial y_B} = \dfrac{\partial T / \partial x}{\partial T / \partial y}$

又因为：$\dfrac{\partial U_A / \partial x_A}{\partial U_A / \partial y_A} = MRS_{x,y}^A \qquad \dfrac{\partial U_B / \partial x_B}{\partial U_B / \partial y_B} = MRS_{x,y}^B$

所以，$MRS_{x,y}^A = MRS_{x,y}^B = MRT_{x,y}$

在没有引入公共产品之前，最有效的消费安排是点 C，相应的生产安排是点 P。

三、引入公共产品条件下资源的有效配置

（一）资源有效配置条件

引入公共产品以后，资源的有效配置条件是：$MRS_{G,x}^A + MRS_{G,x}^B = MRT_{G,x}$。

设经济社会中只有一种私人产品 x，一种公共产品（纯公共）G，只有两个消费者 A，B。

则有：$x_A + x_B = x \qquad G_A = G_B = G$，

A 的个人效用函数为 $U^A(x_A, G)$，B 的个人效用函数为 $U^B(x_B, G)$，社会福利函数可以写作 $\psi(U^A, U^B)$。

经济社会在资源的限制下，x 与 G 的提供量应满足一定的依赖关系。

第三章 公共支出的基本理论

设 $F(x, G)=0$

在 $F(x, G)$ 的限制下，求 $\psi(U^A, U^B)$ 的最大化问题。

由此构造拉格朗日函数

$$L = \psi - \lambda F(x, G)$$

求 L 对 x_A, x_B, G 的偏导，并令其为 0。

$$\frac{\partial L}{\partial x_A} = \frac{\partial \psi}{\partial x_A} - \lambda \frac{\partial F}{\partial x_A} = \frac{\partial \psi}{\partial U^A} \frac{\partial U^A}{\partial x_A} - \lambda \frac{\partial F}{\partial x} \cdot \frac{\partial x}{\partial x_A} = 0$$

因为 x 是私人产品，所以 $x = x_A + x_B$，所以 $\frac{\partial x}{\partial x_A} = 1$

记 $\psi_A = \frac{\partial \psi}{\partial U^A}$，$U^A_{x_A} = \frac{\partial U^A}{\partial x_A}$，$F_x = \frac{\partial F}{\partial x}$

则 $\frac{\partial L}{\partial x_A} = \psi_A \cdot U^A_{x_A} - \lambda F_x = 0$

$$\psi_A \cdot U^A_{x_A} = \lambda F_x \tag{3-6}$$

同理，记 $\psi_B = \frac{\partial \psi}{\partial U^B}$，$U^B_{x_B} = \frac{\partial U^B}{\partial x_B}$，$F_x = \frac{\partial F}{\partial x}$

可得： $\psi_B \cdot U^B_{x_B} = \lambda F_x \tag{3-7}$

又因为 $\frac{\partial L}{\partial G} = \frac{\partial \psi}{\partial G} - \lambda \frac{\partial F}{\partial G} = 0$

$$\frac{\partial \psi}{\partial G} = \frac{\partial \psi}{\partial U^A} \cdot \frac{\partial U^A}{\partial G} + \frac{\partial \psi}{\partial U^B} \cdot \frac{\partial U^B}{\partial G}$$

$$= \psi_A \cdot U^A_G + \psi_B \cdot U^B_G = \sum_h \psi_h \cdot U^h_G$$

所以 $\frac{\partial L}{\partial G} = \sum_h \psi_h \cdot U^h_G - \lambda F_G = 0$

$$\sum_h \psi_h \cdot U^h_G = \lambda F_G \quad (h=A, B) \tag{3-8}$$

由（3-6）、（3-7）可知 $\psi_A U^A_{x_A} = \psi_B U^B_{x_B} = \lambda F_x$

（3-8）式中的三项对应除以 $\psi_A U^A_{x_A}, \psi_B U^B_{x_B}, \lambda F_x$

得： $U^A_G / U^A_{x_A} + U^B_G / U^B_{x_B} = F_G / F_x$

因为 $U_G^A / U_{x_A}^A = \dfrac{\partial U^A}{\partial G} / \dfrac{\partial U^A}{\partial x_A} = MRS_{G,x_A}^A$

$U_G^B / U_{x_B}^B = \dfrac{\partial U^B}{\partial G} / \dfrac{\partial U^B}{\partial x_B} = MRS_{G,x_B}^B$

$F_G / F_x = \dfrac{\partial F / \partial G}{\partial F / \partial x} = \dfrac{\partial x}{\partial G} = MRT_{G,x}$

则：$MRS_{G,x}^A + MRT_{G,x}^B = MRT_{G,x}$ (3-9)

（二）引入公共产品以后资源有效配置条件的几何意义

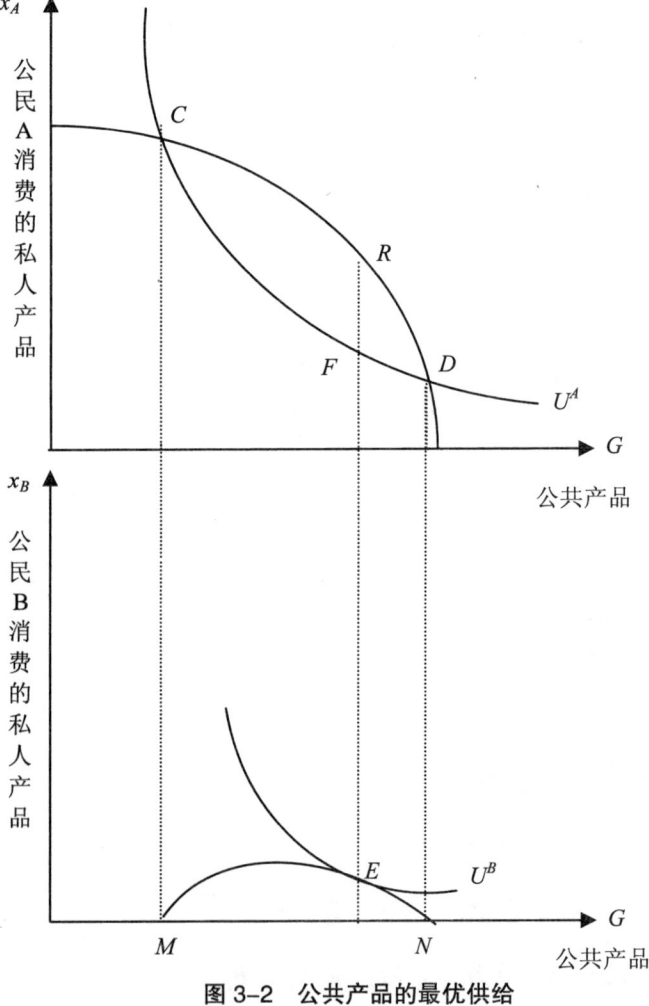

图 3-2 公共产品的最优供给

图 3-2 的上半部分表示生产约束条件 CD 和公民 A 的无差异曲线 U^A，假

定消费者 A 的消费固定在无差异曲线 U^A 上。下半部分 MN（CD 与 U^A 之差）表示消费者 B 的消费可能性曲线。U^B 表示与 MN 相切的消费者 B 的无差异曲线。切点 E 是消费者 B 的"有效"消费点。对应地，F 表示消费者 A 的"有效"消费点，R 表示社会的均衡生产选择点。由曲线 MN 与曲线 CD 和 U^A 的关系可知：曲线 MN 在 E 点的斜率等于曲线 CD 在 R 点的斜率与 U^A 在 F 点的斜率之差。所以，$MRT_{G,x} = MRS^A_{G,x} + MRS^B_{G,x}$。

为了更好地理解为什么这是正确的效率条件，我们看一下如果违反了这一条件情况会是怎样？假设 $MRS^A_{G,x} = 1/4$，$MRS^B_{G,x} = 1/2$，$MRT_{G,x} = 1$，这时 $MRT_{G,x} > MRS^A_{G,x} + MRS^B_{G,x}$，此时容易证明，减少公共产品的供给会产生帕累托效率改进。$MRT_{G,x} = 1$ 意味少生产 1 单位的公共产品会增加 1 个单位的私人产品的供给，而 $MRS^A_{G,x} = 1/4$ 表示消费者 A 少消费 1 个单位的公共产品只需要多消费 1/4 个单位的私人产品就可以补偿，$MRS^B_{G,x} = 1/2$ 表示消费者 B 少消费 1 个单位的公共产品只需要多消费 1/2 个单位的私人产品就可以补偿。这样，如果我们少生产 1 个单位的公共产品而多生产 1 个单位的私人产品，1/4 用于补偿消费者 A，1/2 用于补偿消费者 B，还余下 1/4 的私人产品。余下 1/4 的私人产品在两个消费者中均分，两个人的境况都会得以改善。同样，我们容易证明，当 $MRT_{G,x} < MRS^A_{G,x} + MRS^B_{G,x}$，如 $MRS^A_{G,x} = 2/3$，$MRS^B_{G,x} = 1/2$，$MRT_{G,x} = 1$ 时，增加公共产品的供给会使两个人的境况都会得以改善。因此，只有当 $MRT_{G,x} = MRS^A_{G,x} + MRS^B_{G,x}$，生产和消费才达到帕累托最优选择。

四、免费搭乘与政府提供公共产品

（一）免费搭乘行为与囚犯难题

免费搭乘的存在会导致"囚犯难题"的出现，从而对政府提供公共产品给予了理论支持。下面通过例子加以说明。

假定同一房间有两个人，以 A 和 B 代表。

$\omega_1 = \omega_2 = 500$ 美元，ω_1、ω_2 分别代表 A、B 两人最初的财富占有。

$r_1 = r_2 = 300$ 美元，r_1、r_2 代表 A，B 为购买公共产品电视机而愿意支付的保留价格，则：

$$u_1(\omega_1 - r_1, 1) = u_1(\omega_1, 0)$$
$$u_2(\omega_2 - r_2, 1) = u_2(\omega_2, 0)$$

A 的保留价格是 300 美元的含义是：添置一件公共产品电视机给 A 所增加的效用此时恰好与私人产品消费下降 300 美元所减少的效用相等。如果让

A 的支付大于 300 美元，添置公共产品电视机对于 A 就会得不偿失。换句话讲，300 美元是 A 从效用角度考虑而愿意支付的最高价格。如果电视机的成本 $c=400$ 美元，因为 $r_1+r_2>400$ 美元，所以购买公共产品会产生帕累托效用改进。

假定同室两人将根据下列程序决定是否购买电视机：每人把是否应该购买电视机的想法写在一张字条上，如果两人都认为应该购买（写"是"），那么他们就平均分担购买电视机的费用；如果两人都写"否"，那么就不购买电视机；如果一人写"是"，另一人写"否"，写"是"的人就有义务独自购买电视机。这一对策对应的矩阵如下。

表 3-1　免费搭乘与囚犯难题

		局中人 B	
		是	否
局中人 A	是	600，600	400，800
	否	800，400	500，500

表 3-1 中的数字代表 A、B 的效用值。左上：两个"是"。每人为购买公共产品实际支付 200 美元，记 $g_1=g_2=200$ 美元。每个人留 300 美元用于私人消费。即 $x_1=x_2=300$ 美元。此时两个人的效用值 $u_1=u_2=600$ 美元。左下：A"否"，B"是"。此时：$g_1=0$，$g_2=400$ 美元；$x_1=500$ 美元，$x_2=100$ 美元；$u_1=800$ 美元，$u_2=400$ 美元。右上：A"是"，B"否"。此时：$g_1=400$ 美元，$g_2=0$ 美元；$x_1=100$ 美元，$x_2=500$ 美元；$u_1=400$ 美元，$u_2=800$ 美元。右下：A"否"，B"否"。此时：$g_1=g_2=0$ 美元；$x_1=x_2=500$ 美元；$u_1=u_2=500$ 美元。

这是囚犯难题中的一个简单例子，两个人选择右下是一种"优超均衡"。每个人都希望对方购买电视机，自己可以"免费搭乘"。①

---

① 马威尔（Maxwel）和埃姆斯（Ames，1991 年）曾经在实验室里做试验，来调查免费乘客行为的重要性。他们给试验对象一些代币，让他们把这些代币投资于"个人交易"或"群体交易"中去。通过特殊的收益机制设计，使"个人交易"和"群体交易"分别具有私人产品和公共产品的特点。结果如何呢？平均说来，每个人自愿把 40%～60% 的资源投资于群体交易中。一方面，人们没有把大部分的资源投入群体交易中，说明免费搭车的存在。另一方面，这个结果也否定了免费搭车会造成公共品数量为零或极少的观念。公平和责任的观念可能使人们不单纯追逐狭隘的个人利益。

然而艾萨克（Isaac）、麦丘（McCue）和普洛特（Plott）1985 年批评了该研究的结构。他们提出，在马威尔—埃姆斯实验中，对实验对象只进行了一次实验。或许，当重复这个实验时，参与者们就会发现免费搭车的好处，从而开始表现出这种行为。艾萨克、麦丘和普洛特做了一个允许参与者重复参加几次的实验。他们发现，随着重复次数的增加，公共品的供应水平降低了。

（二）免费搭乘行为对政府提供公共产品的理论支持

通过以上对免费搭乘的分析，可以得出如下结论：第一，个人出于"自利"的决策所达到的"优超均衡"（500，500）却不是帕累托有效的（600，600），这时如果外因介入，每人收取 200 美元，提供公共产品，会产生帕累托改进。第二，当房间里住的人大于 2 时。每个人的免费搭乘心理会更加突出，提供公共产品更需外因的介入。否则，公共产品的供给将严重不足。第三，什么时候提供公共产品取决于人们的支付意愿和公共产品的总成本。第四，提供公共产品是否是帕累托有效，一般取决于初始的财富分配(ω_1，ω_2)。因为保留价格 r_1、r_2 一般是由初始财富决定的。由此可见，"公共产品"的提供需要有外因的介入，在现实经济社会中，就是需要有"政府"的介入。随着经济的发展和个人可支配收入的提高，私人产品的边际效用会递减，人们对公共产品的需求增加，这时政府通过税收等手段减少个人可支配收入，同时增加公共产品的供给（如加大环境保护投入），会产生帕累托效用改进。

引入公共产品以后，帕累托有效配置条件的转变和免费搭乘的存在不但对政府提供公共产品给予了理论支持，有时对微观经济主体的决策也有积极的借鉴意义。在我国，当人们对财政应该提供公共产品这一理念还处于理解和接受的初期，很多私营企业主却在"局部公共产品"上作足了文章。比如某县房地产开发公司，准备开发 10 万平方米的住宅小区。如果开发公司继续采用传统的开发方式，不注重对花园绿地等公共产品（小范围的公共产品）的投入，该公司将平均每平方米的售价定在 3000 元，这时销售很可能受到冷落。但是如果该公司增加 1000 万的投入，用于小区内的花园绿地和游乐设施（局部公共设施）的建设。然后将该成本分摊在 10 万平方米的销售面积上，平均每平方米的成本仅仅增加 100 元，公司将每平方米售价上调到 3100 元（甚至可以高于 3100 元），销售可能会大大改观。因为这时一位 100 平方米住房的业主虽然增加了 1 万元的私人成本，却增加了 1000 万元公共产品的消费。我们仔细观察一下会发现，目前我国销售业绩较好的开发商没有一个不注重公共产品的提供。不管他们的这种行为是自觉的还是不自觉的，研究公共产品的效用改进问题实在不敢忽视这些现实的例子。

（三）偏好显示与克拉克税

通过上述分析可以看出："公共物品"的提供需要有外因的介入，在现实经济社会中，就是需要有"政府"的介入，政府根据民众对公共产品的偏好程度分别收取不同的费用，借此提供公共产品，可以产生效用改进。但在现实经济社会中，可能存在民众隐瞒其真实偏好的行为激励，克拉克税为此提供了解决问题的一种机制。

以邻里合作安装一盏路灯为例,假定路灯的成本已知为 100 美元,V_i 表示第 i 个人对路灯的效用评价。

如果 $\sum_{i=1}^{m} V_i \geqslant 100$ 美元,说明此时安灯"有效"。

如果让每个人负担的成本与他对安灯的效用评价成正比,这时人们会隐瞒自己的真实评价。如果我们采取另一种方法,事先固定每个人所要分担的成本 C_i,则第 i 个人的效用净值:$n_i = V_i - C_i$。

当 $\sum_i n_i > 0$ 时,安灯有效。

但这一决策机制可能导致的问题是:它包含着一种夸大真实评价的刺激,如果你对"安灯"的评价略高于你负担的成本,你为了保证"结果是安灯",可能故意夸大你的效用评价。这样既可以保证安灯,又不会增加你的成本。

解决的办法是对"关键人物"课税,为此首先定义"关键人物"。

如果有 $\sum_{i \neq j}^{m} n_i > 0$(或 <0),且 $\sum_{i=1}^{m} n_i < 0$(或 >0),($1 \leqslant j \leqslant m$),则称 j 为关键人物。

此时,j 给其他人施加的总损害为:$H_j = \sum_{i \neq j} n_i$(当 $\sum_{i \neq j} n_i > 0$ 时)

或 $H_j = -\sum_{i \neq j} n_i$(当 $\sum_{i \neq j} n_i < 0$ 时)

为了鼓励每个人的"讲真话",必须让他面对他的决策的"真实社会成本",对关键人物课税:

$\sum_{i \neq j} S_i$(S_i 可以是也可以不是 i 的真实效用净值 n_i)。

克拉克税的机制在于:分析每个人提高或压低效用评价可能产生的结果,人们可以得出这样的结论——真实显示自己的偏好是上策。

第二节 公共支出的决定与归宿理论

本节分析公共支出决定和利益归宿。在公共支出决定理论中,多数通过规则、宿命论投票模型、或然论投票模型和利益集团模型等一般是基于美国政治特征建立的，但该理论对于我国的很多公共支出现象却具有相当强的解释能力。公共支出归宿是分析政府公共支出对社会福利分配的影响，即研究政府公共支出的利益分别由哪些社会阶层获得。研究这一问题的重要意义在于指导政府财政更好地履行其收入分配职能。

一、直接民主制中公共支出决定

（一）一致通过规则与林达尔（E.Lindahl）均衡

公共经济学理论证明一致性规则是唯一能确定地导出满足帕累托条件的公共物品数量的规则。因此，尽管一致通过规则难以实现，但该规则在公共支出决定理论中仍然占有重要地位。威克塞尔（K.K.Wicksell）是第一个把所有人从集体行动中受益的可能性与全体一致通过规则联系起来的学者。后来的布坎南（J.M.Buchanan）和塔洛克（G.Tullock）都对此给予认可。[①]

由于提供公共产品需要通过税收来筹资，人们对一定规模的公共产品进行投票时，不仅会考虑到该公共产品导致的效用增加，还会考虑到他将承担税负而导致的效用减少（私人消费减少），是否投赞成票是两种考虑综合作用的结果。首先考察有两个消费者 A、B 和一种公共物品的情形。A、B 的初始收入为 Y_A 和 Y_B，其效用函数分别为 $U_A(X_A, G)$ 和 $U_B(X_B, G)$，其中 X 是私人物品，G 是公共物品。假设每件公共物品通过一项独立的税收来筹资。公共物品 G 是由个人 A 交纳的税收 t 和个人 B 交纳的税收（1-t）筹资。

早在 20 世纪初，林达尔（Lindahl，1919／1958 年）就设计"可产生一致通过结果"选举程序，提出了自己的建议。将上面的纳税份额 t 和（1-t）理解为林达尔（Lindahl）模型中的价格，则

$X_A = Y_A - tG$

$X_B = Y_B - (1-t)G$ （3-10）

在初始收入给定的情况下，效用函数可以由（X，G）的函数变换为（t，G）的函数：

$U_A = U_A(Y_A - tG, G)$

$U_B = U_B(Y_B - (1-t)G, G)$ （3-11）

图 3-3 是两个二维坐标系的合成图，横轴表示公共产品数量，纵轴表示消费者 A 和 B 承担的税收份额。A 的纳税份额起点为 O（0%）到终点 O'

---

① J. M. Buchanan, G.Tullock: The Calculus of Consent. Ann Arbor:University of Michigan Press, 1962.

（100%），B 的纳税份额起点为 O'（0%）到终点 O（100%）。A_1、A_2、……A_5 和 B_1、B_2、……B_5 分别表示把 A 和 B 的公共物品——私人物品空间映射到公共物品——税收空间后的效用无差异曲线。对于 A 更低的曲线（对于 B 为更高的曲线）表示更高的效用。

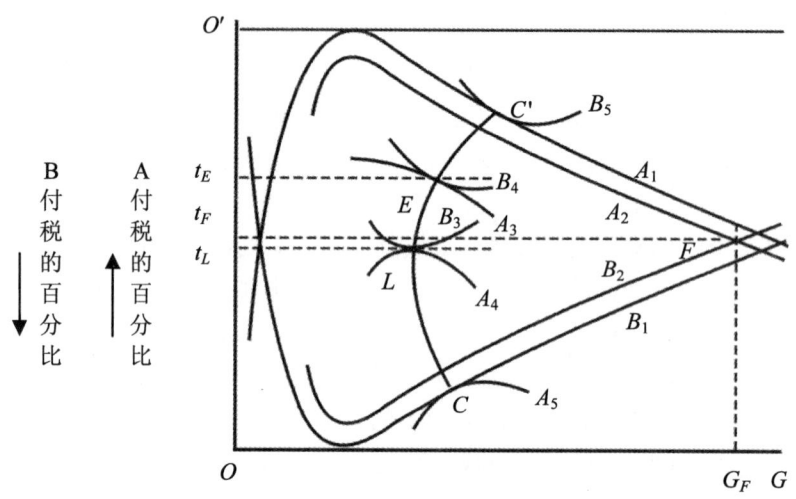

图 3-3 公共产品——税收组合中的契约线

图 3-3 中的每一点都表示一组能充分支付在该点的公共物品数量的所有成本的税收份额。A 和 B 的无差异曲线的切点集 CC' 表示将帕累托可能性边界映射到公共物品——税收份额空间的一条契约曲线。

可以证明 CC' 上的每一点都是一个帕累托有效配置。对 U_A、U_B 分别求关于 t 和 G 的全微分，并考虑到（Y_A、Y_B）为常量的假定，则有：

$$AU_A = \frac{\partial U_A}{\partial X}(-t)dG + \frac{\partial U_A}{\partial G}(-dG) + \frac{\partial U_A}{\partial X}(-G)dt$$

$$AU_B = \frac{\partial U_B}{\partial X}(-1-t)dG + \frac{\partial U_B}{\partial G} \cdot dG + \frac{\partial U_B}{\partial X}(G)dt \quad (3\text{-}12)$$

令全微分为零，求解出每个人的无差异曲线的斜率：

$$\left(\frac{dt}{dG}\right)^A = \frac{\partial U_A/\partial G - t\partial U_A/\partial X}{G(\partial U_A/\partial X)}$$

$$\left(\frac{dt}{dG}\right)^B = \frac{\partial U_B/\partial G - (1-t)(\partial U_B/\partial X)}{G(\partial U_B/\partial X)} \quad (3\text{-}13)$$

令两条无差异曲线的斜率相等，我们就得到帕累托效率的萨缪尔森条件：

$$\frac{\partial U_A/\partial G}{\partial U_A/\partial X} + \frac{\partial U_B/\partial G}{\partial U_B/\partial X} = 1 \tag{3-14}$$

公共产品的均衡供应量和均衡税收份额所对应的均衡点可以通过两个不同的过程求得。方法之一是"公正观察者"或"拍卖人"从投票者那里搜集信息，并根据这些信息提出多种税收份额——公共物品数量组合对（要求组合对落入 A_1 和 B_1 形成的眼形区域内）。投票者对不同的组合对持续进行选择，直到达到 CC' 上的一点，如 E 点。一旦达到这样的点，就不会有新的提议得到一致性的赞同，也就是没有能使两者都获益的提议，这样也就形成了全体一致同意的社会选择。均衡点 E 优于 CC' 外的组合对 F，从任何方向对 E 点的偏离至少会使一个人的处境变得更糟。

寻找均衡点的第二种方法是对于初始选定的税收份额集 t 和 $(1-t)$，投票人必须比较所有的公共物品的数量对，并且只有当人们一致地更偏好一个给定的数量而非其他数量时，该数量才被选中。考虑在一组 Lindahl 价格下，每个人为同一数量的公共品而投票。当两个人的无差异曲线相切于 t 的税收线的同一点时，A 和 B 都对公共物品的同一数量投赞同票。在图 3-3 中，这样的情形发生在 L 点，此时税收份额为 t_L 和 $(1-t_L)$。L 是林达尔均衡。

比较均衡点 E 和 E.Lindahl 均衡点 L，均衡点 E 的确定不仅依赖于初始禀赋、个人效用函数，而且依赖于选择"路径"——即选择过程中提出的税收份额、公共产品数量组合对的序列。而 E.Lindahl 均衡点 L 则只依赖初始禀赋和个人偏好。在 L 点，每个人的公共物品对私人物品的边际替代率都等于他的税收份额：

$$\frac{\partial U_A/\partial G}{\partial U_A/\partial X} = t \qquad\qquad \frac{\partial U_B/\partial G}{\partial U_B/\partial X} = 1-t \tag{3-15}$$

（二）弗农·史密斯的拍卖机制

公共选择理论中，很多文献专门探讨了达到帕累托有效契约线 CC' 投票程序中的过程设计，一些较有价值的文献描述了公共产品存在时，达到帕累托有效契约线 CC' 的瓦尔拉斯摸索（Tatonnement）过程。"摸索过程"有一个共同特点：要么"拍卖人"喊出税收承担份额，要求投票人说出愿意接受的公共产品数量；要么"拍卖人"喊出公共产品数量，要求投票人说出愿意支付的税收份额。鉴于此，弗农·史密斯（1977，1979，1980）给出一种新的机制设计：需要投票者同时说出税收价格和数量。假设有 n 位投票人，投

票人 i 给出一个喊价 b_i 和公共物品数量 G_i，其中 b_i 是 i 愿意承担的公共物品的成本份额，G_i 是 i 需要的公共物品数量（考虑到 b_i 份额的成本）。实际上，i 承担的税收价格是公共物品的总成本 c 和其他 $n-1$ 位投票人的总出价 B_i 之差，即

$$t_i G=(c-B_i)G \tag{3-16}$$

其中 $B_i = \sum_{i \neq j} b_j$，且 $G = \sum_{k=1}^{n} G_k / n$。

如果对所有 i，有 $b_i = t_i$，且 $G_i = G$ （3-17）

即只有当每个投票者愿意承担并诚实地喊出的价格与他的税收价格相匹配，以及每个投票者提出的公共物品数量趋于一致时，该过程才选择一个公共物品数量。在每次重复这一过程之后，投票者都被告知他们的税收价格和公共物品数量应是多少，方可达到（3-17）式。如果对于投票者 i，有 $b_i < t_i$，即他愿意承担并诚实地喊出的价格达不到他的税收价格，他或者提高他的喊价，或者调整需要的公共物品数量，以达到一个均衡。只有当所有投票者一致地同意他们的税收价格和公共物品数量，过程才停止。

在均衡点处，（3-17）式得到满足，此时 i 的效用可写成：

$$V_i = U_i(G) - t_i G \tag{3-18}$$

求 V_i 对 G 的偏导数并令其等于 0，可以得到最优公共产品数量，此时以货币表示的投票人的净效用达到最大。

$dV_i/dG_i = U_i'/n - t_i/n = 0$

$$U_i' = t_i \tag{3-19}$$

每个投票者使他的公共物品的边际效用等于他的税收价格。把（3-19）对所有投票者求和，我们得到：

$$\sum_{i=1}^{n} U'_i = \sum_{i=1}^{n} t_i = \sum_{i=1}^{n} (c - B_i) = c$$

在弗农·史密斯拍卖机制中，每个投票者承担的税收价格不取决于投票者个人对公共物品的偏好（喊价），而是取决于其他投票者对公共物品偏好（喊价）的总和。通过这样的方式，拍卖机制诱使每个投票者显示他们的公共物品偏好。该机制存在使每个人诚实地表明自己偏好的正向激励，因为该机制要求除非所有人一致地同意一个数量和一组税收价格，否则将无法提供公共物品。

（三）对一致通过规则的评析

由于一致通过规则是唯一能确定地导出满足帕累托条件的公共物品数量

的规则。任何议案只要不是在全体一致同意的情况下通过，纳税份额与公共品的提供数量就不是同时为全体成员所接受的。该议案的实施对于投反对票的人往往意味着福利损失，如果投票人的判断正确，非一致通过规则就存在着从反对者流向支持者的福利再分配，配置效率和再分配的区别变得模糊了。正因为如此，一致通过规则在公共支出决定理论中占有重要的地位。

对于一致通过规则的批评主要来自以下两方面：第一，摸索式地寻找契约曲线上的均衡解可能需要相当长的时间，投票人能否接受寻找一致同意的均衡解所导致的时间浪费。在所讨论的这一例子里，只有两个参与者，在大多数决策中，通常会有许多偏好不相同的成员参与，为使每个人都赞同某一种纳税份额和公共产品数量的方案，往往会产生非常高的决策成本。一些人在寻找一组帕累托最优赋税额和最优公共产品数量时所造成的时间损失会超过他们的所得。如果一个人无法确定在不一致规则下他是否受到"剥削"，那么他就很可能更愿意选择非一致通过规则，而不愿花费过多的时间去要求一致性通过。

第二，该程序本身不能避免一致通过规则产生策略性行为的激励。作为提供公共品的一种可实践的方法，Lindahl 程序假定人们能够笃实地进行投票。但在上面的例子中，如果 A 知道 B 为享受公共物品而愿意承担的最大税收额，A 就会迫使 B 去承受那个额度的支出。A 通过对所有超过 t_c 的税收额投否决票，A 能迫使 B 达到契约曲线的 C 点。这样，得自公共物品的全部利益均由 A 所得。事实上，B 也会有同样的采取谋略的激励。如果 A、B 都采取谋略行为，林达尔（Lindahl）均衡将很难达成，最终结果取决于双方讨价还价的能力。由于每位参与者不得不"试探"对方有无让步的意愿，因此讨价还价会进一步延迟协议的达成。尽管一致规则确保无人会被"排除"在决策过程之外，但这一规则往往带来没有决议的结果。

二、多数通过规则中公共支出的决定

由于一致通过规则往往会产生非常高的决策成本，特别是当决策成员把节约时间看得很重时，他们可能并不要求一致性的通过，这时多数通过规则就会受到青睐。现代民主社会在相当大的程度上都是利用多数通过规则进行集体决策的，多数通过规则的运用常常被认为是一个民主政府的标志。但是当人们的偏好不满足单峰假定时，多数通过规则容易导致议案循环而最终找不到均衡解的情况。

(一) 多数通过规则中的循环与中位数定理

二百多年前,马尔基·德·孔多塞(1785)就认识到多数通过规则会导致议案循环的可能性。近一百年以后,C.L.Dodgson(1876)又重新分析了这个问题,D.Black(1948 b)和 K.J.Arrow(1951,1963 再版)都对循环问题给予了特殊关注。在一些学者看来,多数通过规则所导致的循环即使不是公共选择文献的唯一命题,至少也是最重要的命题之一。

多数通过规则在什么条件下能避开循环,最后能找到均衡解?D.Black(1948 a)最早证明:当投票人的偏好为单峰时,多数规则会产生一个均衡结果。如果投票人的偏好可在一维上描绘,那么该均衡就位于中位数投票人的单峰偏好点。J.M.Enelow 和 M.J.Hinich 在 1984 年对中位数投票者定理给出了一种更巧妙的证明。

假设:(1) 议案可以用一维向量表示[①],记为 x。

(2) 每位投票者的偏好是单峰的。

投票者 i 的偏好由效用函数 $U_i(x)$ 表示,当且仅当对所有的 $x \neq x_i^*$ 有 $U_i(x_i^*) > U_i(x)$,则 x_i^* 是 i 的最理想点,是投票者 i 在一维向量 x 上的最偏好点。

令 y 和 z 是 x 维度上的两点,使得 $y, z \geq x_i^*$ 或者 $y, z \leq x_i^*$。那么投标者 i 的偏好是单峰的,当且仅当 $[U_i(y) > U_i(z)] \leftrightarrow [|y-x_i^*| < |z-x_i^*|]$。

单峰偏好的几何意义在于:如果 y 和 z 都在 x_i^* 的同一边,那么与 z 相比,i 更偏爱 y,当且仅当 y 比 z 更靠近 x_i^*。如果所有偏好都是单峰的,循环就能避免。

设 $\{x_1^*, x_2^* \cdots\cdots, x_n^*\}$ 为 n 人组成的一个委员会成员的几个理想点。设 N_r 为 $x_i^* \geq x_m$ 的个数,N_L 为 $x_i^* \leq x_m$ 的个数,则 x_m 为中位置,当且仅当 $N_r \geq n/2$,且 $N_L \geq n/2$。

有了这些严格的数学定义,容易证明:如果 x 是单维的议案,且所有投票者的偏好在 x 上是单峰的,那么中位置 x_m 所代表的公共产品数量就是多数通过规则下的均衡解。

[①] 一个议案是否是单维的有时并不是十分明确的。例如在越南战争期间,如果美国国会将有关战争支出的议案设计为 A(低规模开支)、B(中等规模开支)和 C(大规模开支)。此时的议案仅仅涉及支出规模,理应属于单维议案。但实际上每种支出规模的背后可能有很多其他方面——政治、伦理等方面的考虑。如果我们将对应三种支出规模的议案分别表述为 A(考虑到国际反战呼声和海外美军的反战情绪,立即撤军)、B(继续战争,但要择机撤军)和 C(追加预算,减少美军的死亡人数和增加人道主义援助)。这时议案更像是多维议案。这是一个看似简单其实很值得注意的问题——任何议案在怎样的程度上才可视为是单维的。

考虑任意的 $z \neq x_m$，如 $z < x_m$，令 R_m 为 x_m 右边的理想点的个数。由单峰偏好的定义有，所有理想点在 x_m 右边的 R_m 个投票者更偏爱 x_m 而非 z。由中位置的定义，$R_m \geq n/2$。因此，与 z 相比更偏爱 x_m 的投票者人数至少为 $R_m \geq n/2$，在多数通过规则下，x_m 不失利于 z。同理，可以证明 x_m 亦不会失利于任何的 $z > x_m$。

（二）多维议案与极值限制

如果议案是单维的，选民偏好类型为多峰的可能性极小，因此，循环不是一个太大的问题。然而，在一个多维的世界中，选民具有多峰偏好的可能性极大。多峰偏好又会成为一种严重的可能①。假定一个社区正在为如何使用一幢空房而进行决策。方案 A 是用做京剧票友活动室，方案 B 是建一个社区幼儿园，方案 C 是用做成人书店。这里，不同的方案之间的差别并非是一种量纲上的大小多少的差别，多峰偏好很容易发生。在对方案进行两两表决时，就会出现循环。

在议案是多维的情况下，关于均衡解的存在问题可以表述如下：在多数通过规则下，E 为一个优超均衡点，当且仅当对过 E 点的所有直线，有 $N_R \geq n/2$ 和 $N_L \geq n/2$。

考虑 x_1 和 x_2 两个议案（或一个议案的两个维度）构成的二维空间，如果将个人 A 的效用设想为垂直于二维平面的第三根轴线，这时 A 的效用函数 $U_A(x_1, x_2)$ 在几何上是浮在平面（x_1，x_2）上的一个曲面。$U_A(x_1, x_2)$ 的最大值点在平面（x_1，x_2）上的投影 A 点称为个人 A 的理想点，也就是个人 A 在平面（x_1，x_2）中最偏爱的点。

设 E 点是平面（x_1，x_2）中的一个理想点，N_R 是过 E 点的任意一条直线之右下方的理想点的数目，N_L 是该线之左上方的理想点数目。假定个人的效用无差异曲线在平面（x_1，x_2）的投影为圆形。

如果对过 E 点的所有直线有 $N_R \geq n/2$ 和 $N_L \geq n/2$，可以证明，E 为一个优超均衡点。在平面（x_1，x_2）上任一点 $Z \neq E$。作直线 ZE，过 E 点作垂直于 ZE 的直线 WW。由于假定个人的效用无差异曲线在平面（x_1，x_2）的投影为圆形，E 比 Z 到 WW 的右下方的任何理想点更近。N_R 个投票者更偏爱 E 而不是 Z。根据假设 $N_R \geq n/2$，因此 E 不可能被 Z 所击败。

反之，可以证明，如果 E 为一个优超均衡点，则对过 E 点的所有直线，

---

① Anthony B. Atkinson, Joseph E. Stiglitz:《Lectures On Public Economics》, McGraw-Hill Book Company, New York .1987.P306.

有 $N_R \geq n/2$ 和 $N_L \geq n/2$。我们证明其逆否命题：如果 Z 对于过它的某条直线 WW 不满足 $N_R \geq n/2$ 和 $N_L \geq n/2$，那么它不可能是一个优超点。假设 WW 是平面（x_1, x_2）中过 Z 的一条直线，使得 $N_R < n/2$ 的，那么 $N_L > n/2$。现在我们把 WW 向左上平行移动到直线 WW'，过点 Z 垂直于 WW 的直线与 WW' 相交于 Z'，对于 Z' 和过它之直线 WW' 刚好满足 $N_L \leq n/2$。在线段 ZZ' 上可以找到点 Z''，记由过 Z'' 点且平行于直线 WW 的直线为 $W''W''$，对于点 Z'' 和直线 $W''W''$，满足 $N_L'' > n/2$。但是其理想点在 $W''W''$ 左方的 N_L'' 个投票者，必然都更偏好 Z'' 而非 Z。因此，Z 不可能是一个优超点。

如果假定个人偏好满足反身性、完备性以及传递性三个理性公理，那么所有关于消费者行为的主要结论可以不必借助几何学或微积分就能推导出来，个人理想点的概念可直接用公理的方式进行表述。记 xRy 表示"x 至少一样好于 y"，记 xPy 表示"x 严格优于 y"，记 xIy 表示"x 与 y 无差异"。xRy 等价于 xPy 或 xIy。这样，公理可表述为：

反身性：给定集合 S，对于任意的 $x \in S$，有 xRx。

完备性：给定集合 S，对于任意的 $x \in S$、$y \in S$，$x \neq y$，两个命题 xRy 和 yRx 至少有一个成立，或者两个命题同时成立。

传递性：给定集合 S，对于任意的 $x \in S$、$y \in S$、$z \in S$，如果 xRy 和 yRz 成立，命题（xRz）一定成立。

极值限制：给定集合 S，对于任意的 $x \in S$、$y \in S$、$z \in S$，有个人 i 具有这样的偏好次序 xP_iy 和 yP_iz，那么每个更偏爱 z 而非 x（zP_jx）的个人 j，一定有：zP_jy、yP_jx。

如果个人偏好满足反身性、完备性和传递性，并且满足极值限制公理，那么多数通过规则就会给可选择对象集 S 定义出一个序。理想点是排序最高的可供选择对象，多数通过规则下是否存在均衡问题的问题，就转化为多数通过规则能否定义序的问题。

极值限制表明：第一，个人对选择对象的排序不是任意的。个人必须把议案排成 $xPyPz$ 或 $zPyPx$，他不能把议案排成 $yPxPz$。第二，该公理的条件不是要求所有个人的偏好只在 $xPyPz$ 和 $zPyPx$ 两种选择中任选其一，条件的第二部分强调的前提是当某些个人偏好满足 zPx 时，才做如此要求。但事实上可能没有个人的偏好满足 zPx。所有人的偏爱有可能是 xPz 或 xIz。如果这些条件成立，那么就不会出现多数通过规则下的循环。第三，$xPyPz$ 类似于单峰性，但并不等价于单峰性。特别地，当偏好 $xPyPz$ 出现时，该条件允许偏

好为 $xIzPy$。如果 y 是中间议案，那么偏好次序 $xIzPy$ 意味着在 x 和 z 处有双峰，此时在 x 和 z 处的两个峰是等高的。

（三）互投赞成票与循环

1. 互投赞成票

假定一个社区使用多数通过规则投票决定以下三个项目：建立戏剧票友活动室，建一个社区幼儿园，建立社区图书阅览室。该社区有三个投票人，京剧爱好者王先生、有一个三岁孙子的李太太、退休在家的张老师。表 3-2 显示了每个投票人对于每个项目的不同偏好（基数效用）。因为每个项目都需要大家"缴纳税负"来完成，负号表示一种效用净损失，即成本超过了其效用。

表 3-2 投票人对不同项目的净效用评价

项目	投票人			净效用之和
	王先生	李太太	张老师	
票友活动室	260	−80	−60	120
社区幼儿园	−120	280	−80	80
图书阅览室	−100	−70	300	130

如果每一次投票只对一个方案进行表决，由于每个项目都只有一个支持者，两个反对者，根据多数通过规则，每个项目都不会获得通过。每个项目的净效用之和都为正，方案都被否决意味着福利净损失。

假设允许进行投票交易，问题就可以得到解决。假定如果李太太同意投票友活动室的赞成票的话，王先生就同意投社区幼儿园的赞成票。通过这种交易，票友活动室的方案以 2∶1 的多数胜出，王先生福利净增 140（260-120）；社区幼儿园的方案也同样能够以 2∶1 的多数胜出，李太太的福利净增 200（280-80）。从而，他们两人会决定采取这一笔交易，使票友活动室方案与社区幼儿园方案都通过。同理，王先生与张老师也可以进行交易，在此交易中，王先生支持图书阅览室方案以换取张老师对票友活动室方案的支持。从而，互投赞成票会使所有这三个方案都得以通过，社区的福利得以改善。

2. 循环与偏好的可传递性

投票交易过程也存在循环的问题。在表 3-2 的例子中，假设三位投票人只就建立票友活动室和社区幼儿园两个方案进行投票。不同的交易结果对于三位投票人的净效用如表 3-3 所示。利益最大化的驱使使得任何联盟都难以稳定,出现循环现象。

表3-3 不同投票交易对投票人的净效用影响

投票者交易对	方案取胜对	净效用		
		王先生	李太太	张老师
王先生、李太太	建票友活动室(x),建社区幼儿园(y)	140	200	-140
王先生、张老师	建票友活动室(x),不建社区幼儿园($\sim y$)	260	-80	-60
李太太、张老师	不建票友活动室($\sim x$),不建社区幼儿园($\sim y$)	0	0	0

如果不进行投票交易,投票结果是($\sim x$, $\sim y$)胜出,三个投票人的净效用向量为(0, 0, 0)。假设王先生和李太太首先进行投票交易,结成取胜联盟,这时方案对(x, y)胜出。三个投票人的净效用向量为(140, 200, -140),相比方案对($\sim x$, $\sim y$),王先生和李太太净效用增加,张老师却成为承担净成本的少数派。张老师不会善罢甘休,他通过分析会发现,如果和王先生结盟,可以使方案对(x, $\sim y$)胜出,相比方案对(x, y),方案对(x, $\sim y$)使得王先生和张老师的效用都得以改善,此时三个投票人的净效用向量为(260, -80, -60)。这时李太太有报复行为的激励,她可以联合张老师选择没有效用损失的方案对,他们俩人都诚实地投票以重建($\sim x$, $\sim y$)的胜局。由此又开始了新一轮交易的循环。

互投赞成票与偏好可传递性关系定理:互投赞成票的存在意味着社会偏好的不可传递性;而可传递性社会偏好次序的存在又意味着不存在互投赞成票的情形。

两个假设:

(1)每个投票人的偏好满足独立性,即如果 $xP\sim x$,那么(xy)P($\sim xy$)。

(2)所有投票者在每个关键时刻都真诚地进行投票。

首先考察命题:互投赞成票的存在意味着社会偏好的不可传递性。

如果有 $\sim xRx$ ($\sim x$ 击败 x) (3-20)

$\sim yRy$ ($\sim y$ 击败 y) (3-21)

$xyP\sim x\sim y$ (xy 可能击败 $\sim x\sim y$) (3-22)

说明存在互投赞成票的情况。假定存在一种互投赞成票的情形,则存在取胜联盟 h,有:

$\sim xR_hx$ (3-23)

$\sim y R_h y$ (3-24)

$xyP\sim x\sim y$ (3-25)

根据独立性假设,由(3-23)式和(3-24)式可得:

$\sim x\sim y\ R_h x\sim y$ (3-26)

  $x\sim y\ R_h xy$ (3-27)

由于每个 h 本身就是一个取胜联盟

  $\sim x\sim y\ Rx\sim y$ (3-28)

  $x\sim y\ Rxy$ (3-29)

把(3-22),(3-28)和(3-29)联立有:

$\sim x\sim y\ Rx\sim y\ RxyP\sim x\sim y$

循环出现说明偏好的不可传递性。

继而考察命题:而可传递性社会偏好次序的存在又意味着不存在互投赞成票的情形。

假设 $\sim xRx$ ($\sim x$ 击败 x)

$\sim yRy$ ($\sim y$ 击败 y)

成立。这又意味着

$xR_h x$ (3-30)

$\sim y R_h y$ (3-31)

由独立性假设:

  $\sim xy\ R_h xy$ (3-32)

  $\sim x\sim y\ R_h\sim xy$ (3-33)

由于每个 h 均为一个取胜联盟,有

  $\sim xy\ Rxy$ (3-32)

  $\sim x\sim y\ R\sim xy$ (3-33)

因此

  $\sim x\sim y\ R\sim xy\ Rxy$ (3-34)

(3-34)与(3-22)不符,说明可传递性社会偏好次序的存在意味着不存在互投赞成票的情形。

3. 对互投赞成票的评价

在民主国家,选民个人买卖选票是违法的行为,投票的交易行为在议员投票时也同样受到禁止,但是对于"你投我一票,我也投你所爱议案一票"幕后的、非正规的交易,即使民主程度最高的国家也很难做出政策性限制。实际上,这种非法但又普遍存在的交易在于它有时确实能提高社会福利,甚至产生帕累托效用改进。如上面的例子中，通过投票交易，三个人都有净效用增加。

在简单多数通过规则下，每个选民在对某方案 x 进行投票时，只能在 x（同意该方案）和 $\sim x$（否决该方案）两种可能中进行简单选择。两位都同意方案 x 的选民甲和乙，甲偏好 x 而不是 $\sim x$ 的，但是偏好的程度不高（51%）；乙对 x 的偏好程度极高（98%）。但是在简单多数通过规则下，这种明显不同的偏好程度对投票结果没有丝毫的影响。如果存在投票交易，强烈偏好 x 的选民通过交易就会改善福利状况。

在私人产品条件下，个人可以通过交换显示对不同商品的偏好程度，最后导致私人产品的有效供给。同样，选民根据对不同公共物品的偏好进行投票交易，可以使公共产品的供给产生效用改进，公共产品供给的帕累托最优条件需要有关选民偏好相对强度这一关键信号。投票交易显示了不同选民的偏好，从而建立一种稳定的均衡。而且，隐蔽在投票交易中的妥协对于一种民主体制的运作来说，是必不可少的。正如英国政治家埃德蒙·伯克（Edmund Burke）指出的那样，"所有的政府——实际上，人类的每一种利益与享受，每一种美德与每一种深思熟虑的行动——都是建立在妥协与交易之上的。"

互投赞成票，从简单多数投票规则来看会产生效用改进，但这并不是一种必然的结果。在表 3-2 的例子中，投票交易之所以改善福利，是因为每个方案中少数派成员潜在正效用变化大于多数派成员潜在负效用变化之和，即每个方案的净效用之和是正值。如果某方案的净效用之和为负，见表 3-4，通过投票交易，可以使得每个无效方案都获得通过，只能导致社区的福利下降。

表 3-4　净效用之和为负情况投票人对不同项目的偏好显示

项目	投票人			净效用之和
	王先生	李太太	张老师	
票友活动室	260	-180	-160	-80
社区幼儿园	-120	280	-180	-20
图书阅览室	-200	-170	300	-70

对于有关国防、教育和环保这类公共产品的议案，互投赞成票是个人显示他对公共物品偏好强度的最佳方式。投票交易一般能改进公共产品的供给。但是如果出于再分配的目的，将私人或地区的公共产品附带着提上公共议事

议程，互投赞成票往往让特殊利益集团获利，而这种获利不足以抵消普遍的损失。这就会出现大量的浪费。①

投票交易对于选民存在着采取谋略的激励，使得投票交易过程在改善公共物品配置方面的潜力可能难以实现。一个能从议案 X 中获得利益的投票人会假装反对 X，并以他对 X 的支持票来"换取"其他投票人对他喜爱的其他议案的支持。如果成功，他将赢得 X 和其他的议案。但是，其他"交易者"也可能采取谋略手法，这样最终可能难以达成均衡协议。

三、代议民主制中公共支出的决定

直接民主制中关于公共决策的讨论使人们得到了许多直观而富有启迪性的结论，但这种讨论是以一种非常不现实的关于政府的观点为基础的。在直接民主制的讨论中，政府好比一台没有任何私利、不折不扣显示公民偏好的巨型计算机，汇总全体公民偏好的信息，然后运用这种信息去生产出公共决策。在选民人数和议案数目都很多的情况下，直接民主制是不现实的，其结果只能是没有决策。当政治组织大到不可能让所有成员集会在一起时，就必须以某种方式选举出代理人。让他们代表这个政治组织的绝大多数成员可能持有的各种主张。因此，有必要讨论代议民主制中公共支出的决定。现实中的政府都是由人具体掌管的，政治家、议员和执行政策的公务员的效用函数各不相同，选民的偏好虽然是他们效用函数中的一个变量，但各自效用最大化的选择却不能一定必然与选民的偏好一致。

（一）中位数定理的再现与中位数选民假说

在直接民主中，中间投票人定理保证了均衡结果的存在性、唯一性。当所有个人偏好都是单峰型时，并且可以沿着单一的维度来表示，则多数投票规则的结果会反映中间投票人的偏好，多数通过规则所产生的结果是稳定的、唯一的。Anthony Downs 模型认为：在严格假设下，代议民主制中中间投票人的偏好仍然具有决定意义。

1. Hotelling-Downs 模型及其评价

Hotelling-Downs 模型假定：在两党竞争情况下，理性经济人"范示"所

---

① 哈维·罗森在他的《财政学》一书中举了这样一个例子：1992 年，美国在讨论降低政府开支与财政赤字的过程中，国会却通过了一项议案，批准拨出数百万美元在西弗吉尼亚州的一个闭塞地区修建一条四车道的高速公路，"去消除交通拥挤"。为什么？一个重要的原因是，西弗吉尼亚是参议员罗伯特·伯德（Robert Byrd）的家乡，而伯德又是参议院拨款委员会主席；对于为许多别的参议员所宠爱的项目来说，他那一票将是至关重要的。

塑造的候选人的目标是赢得尽可能多的选票数——"各党派为赢得选举而制定政策，而不是为了制定政策而赢得选举"（Anthony Downs，1957，P28）；选民的偏好可以用单一维度表示，选民偏好的分布是单峰的、对称的；不存在弃权——所有人都投票支持最接近于自己偏好位置的候选人。这样，每个候选人为了赢得尽可能多的选票数，必然走向中位数选民所偏爱的位置。说明直接民主制下的中间投票人定理在这里仍然成立，用一种代表制来代替一种直接全民选举将不会对结果产生任何影响，两者都只是反映中间投票人的偏好。从某个方面来说，这是对美国政治生活的一个很好的写照。比如，那些被视为是偏离中间路线太远的总统候选人（在 1964 年的巴里·戈德华特（Barry Gold-water），与 1972 年的乔治·麦戈文（George McGovern））都没有在选举中获得成功。在 1992 年的选举中，候选人乔治·布什（George Bush）与比尔·克林顿（Bill Clinton）的行为看上去都与中间投票人模型相一致。①

由 Hotelling-Downs 模型可以得出有关公共支出规模重要的、乐观的结论：代议民主制中的政治家不会做出公共支出的"超额"安排，争夺领导权的政治竞争会使公共支出水平恰好反映中间投票人的偏好。

这一结论确实有过于乐观之嫌。实际上，候选人的政治纲领涉及面很广，仅仅就公共支出领域，也会涉及国防预算安排、社会保障支出改革、教育投入的规模与方向等诸多方面。国防支出的中间投票人可能根本不同于教育支出的中间投票人，如果选民的政治信念无法在一维空间进行排序，则中间投票人定理就会破裂。这时，一个对若干议案持极端观点的候选人，反倒可以赢得足够数目的少数派的支持，最后击败了对所有议案都持中间立场的另一个候选人，因为一些选民特别关注候选人对某一关键议案（和自己关系密切的议案）所采取的立场而不关心候选人对其他议案的立场。在多维的情况下，循环问题会再次出现。在一届选举中，由于候选人不可能在几种政纲之中轮换，循环问题似乎难以验证，但从历史角度观察，循环表现为政治代理制的周期性轮换——两党竞争中执政党的不断落选。

如果选民偏好的分布是不对称的或者是多峰的，那么，中位数选民结果将让位给众数。在选民的分布是不对称的但是单峰的情况下，若候选人远离他们时选民就会异化的话，每个候选人的最佳位置就会从中位数走向众数，如果选民的分布是双峰的，异化的存在将导致候选人偏离中位数，走向两个

---

① Harvey S.Rosen 著，平新乔等译：《财政学》，2000 年 6 月第一版，120 页。

众数。

  Hotelling-Downs 模型关于"不存在弃权"的假设也过于苛刻。如果候选人之间的政纲过于接近，部分选民就会对投票表示冷漠；对于异化份子，即使最接近的候选人的政纲也可能远离自己的偏好，而放弃投票；选民对候选人的政纲的合适性加以确定、判断候选人能够并愿意信守其对选民所做出的承诺的概率都需要足够的信息和时间投入，一个理性的投票者考虑到这些成本并意识到单独一票微不足道的影响，也可能放弃投票，而宁愿免费搭乘。在 1992 年的美国总统选举中，只有 55%的选民投了票。由于有关候选人的信息不完备，选举有时更像随机事件。正如 J.M.Buchanan（1984）所说：像在一场体育运动博弈中的欢呼一样，投票行为是一种表达性的行动，而非一种工具性的行动。当一个人决定把他的美元选票投给一辆福特车而不是丰田车时，这一决策是工具性的，会带来最终的结果。他将驾驶一辆福特车。但是，给候选人福特而不是候选人卡特投一票，并不会对选举的结果产生什么影响。单独一票的无效果性质使这个人可以自由地做出其他考虑，干扰他对诸位候选人的选择。同类公民的压力，某一条留在记忆中挥之不去的竞选口号，走向某一投票站时在一幅招贴上所看到的画面——所有这一切都会对这个人的投票产生决定性的影响。

  最后，候选人不只是被动地对选民的偏好做出反应，候选人可以通过舆论对选民的偏好施加影响，尤其是执政党在操纵舆论方面占有优势。这也是在两党竞争中，循环并没有导致执政党必然落选的一个重要原因。

  2. 中位数选民模型与传统公共支出决定理论的比较

  中位数选民对公共产品的需求不仅考虑到公共产品给他带来的效用，还同时会考虑到提供公共产品他将承担的成本（赋税价格），如果将后者同时作为预算约束条件，从中位数选民效用最大化角度考虑，公共产品的需求方程为：

$\ln G = c + \alpha \ln t_m + \beta \ln Y_m + \gamma \ln Z + \mu$

  其中 G 是公共支出，t_m 和 Y_m 分别是中位数选民的赋税价格和收入，Z 是偏好参数向量。大量的实证研究发现，t_m 和 Y_m 在统计上都有显著的相关系数，从而对中位数选民模型给予了支持。A.Denzau 和 K.Grier 把 12 个"制约"偏好参数 Z 的变量纳入利用纽约校区资料建立的方程时，这些相关系数会在一个狭小的值域上变动，从而进一步提供了支持中位数选民模型。

  比较公共选择思路下公共支出的决定与传统的公共支出决定理论可以发现，传统理论中的公共支出决定因素——都市化、人口规模和密度、社区的平均收入等变量可以纳入中位数选民模型的偏好变量 Z 向量中，因而传统理论中决定公共支出的重要变量再次出现在公共选择研究中。两者不同之处主要在于：公共选择思路下的中位数选民模型认为，决定公共产品需求的是中位数选民的收入而不是选民的平均收入，并考虑到了中位数选民的赋税价格这一关键变量。它表明公共物品的决定是集体选择的结果。在选择过程中，选民从公共产品消费中获得的效用和他必须承担的公共物品成本同样重要。

一个社会平均收入和中位数收入越是不一致，以中位数收入为基础公共选择思路下的需求方程和传统的公共需求方程之间的差别就越是显著。允许公共选择思路也就会产生出不同于其他模型的预测。这里的关键前提是中位数收入与平均收入的不同，也就是说，各个社会之间存在着不同的非对称程度，而且这些非对称程度的差异在决定对公共物品的需求中是重要的。W.W.Pommerehne 和 B.S.Frey 验证了这一前提性假设。他们发现，中位数收入变量，比之于平均收入变量能够更好地解释地方公共支出。W.W.Pommerehne 随后的研究中获得了更令人信服地支持中位数收入优于平均收入的证据。他利用了瑞士 111 个城市的资料来验证这一假说。结果发现，中位数收入在解释实行直接民主（直接的城镇会议）的城市中的公共支出时，显然要比平均收入好得多。

但是在民主决策程序中引入代理制，会引入大量的"white noise"。"white noise"是计量经济学中一种基本的随机过程：对于随机过程 $\{x_t, t \in T\}$，如果 $E(x_t) = 0$，$\text{Var}(x_t) = \sigma^2 < \infty$，$t \in T$；$\text{Cov}(x_t, x_{t+k}) = 0$，$t + k \in T$，$k \neq 0$，则称 $\{x_t, t \in T\}$ 为"white noise"。"white noise"是平稳的随机过程，因为其数学期望为 0，方差恒定不变，随机变量之间非相关。大量"white noise"的存在足以掩盖或几乎掩盖住中位数选民偏好和最终结果之间的关系。W.W.Pommerehne 发现，在实施代议民主程序的城市中，中位数收入得出了"有点优势的结果"，但它的"解释力在任何一类公共支出上都没有明显的优势"。

T.C.Bergstrom 和 R.P.Goodman 研究了 $\ln G = c + \alpha \ln t_m + \beta \ln Y_m + \gamma \ln Z + \mu$ 中关键参数的变动范围，他们估计收入弹性在 0.16 到 1.73 的范围变动。T.Romer 和 H.Rosenthal 估计赋税价格弹性的变动幅度在-0.01 到-0.50 之间。过于宽泛的弹性变动幅度给中位数选民模型的预测能力蒙上一层疑云。

E.M.Gramlick 和 D.L.Rubinfeld 研究发现"一个社会之内，收入较高的人群并没有对公共支出显示出比收入较低的人群更强的嗜好"。当在各个社区内部对公共支出的需求的收入弹性进行计量时，这些弹性"非常接近于 0"。公共选择思路下,中位数选民收入的解释能力可能是对被用于检验假说的横截面资料做出虚假汇总的结果(表现为先有结论,后汇总数据)。横截面分析中所估计出的正值弹性完全是由于社区收入和支出之间的某种正向关系,这恰好是"传统思路"所估计的关系,也是公共选择思路力图突破的关键所在。

(二)从不稳定到稳定——或然投票论均衡

如果放松上面"议案可以综合定义在单一维度"的假设,单峰偏好就不能保证稳定均衡解的存在。如图 3-4 所示:在二维议案空间 x—y 内,A、B、C 是效用函数独立的三位选民的理想点,每位选民的等效用组合点在 x—y 内的投影是同心圆,假设两位候选人的目标仍然是赢得尽可能多的选票,选民投票支持政纲离自己理想点最近的候选人。如果候选人 1 提出位于帕累托集合——三角形 ABC 内的一种政纲,这应该是一种理性选择,因为三角形 ABC 内的点提供给三位选民的效用和一般大于三角形外面的点。但是无论是直觉还是数学定理告诉我们:候选人 1 的任何一种选择都有可能被击败,即使候选人受"赢得尽可能多数选票"的驱使而选择三角形的外心点 M,候选人 2 可以通过选择 U_A 和 U_B、U_B 和 U_C、U_C 和 U_A 所形成的三棱镜内的任何一种政纲击败候选人 1,甚至包括三角形之外的点 N。每位候选人都找不到稳定的不会被他人击败稳定的均衡点。

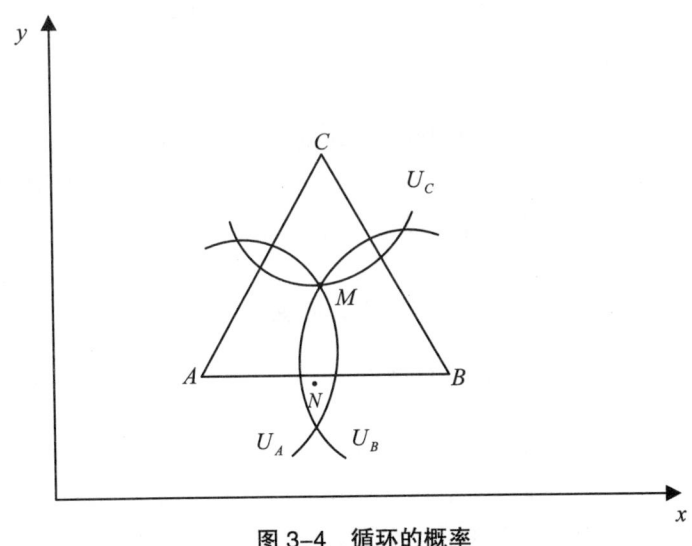

图 3-4 循环的概率

假定候选人 1 的政纲首先确定在 $\odot(A, U_A)$ 上的某一点,选民投票支持政纲离自己理想点最近的候选人,候选人 2 获得以点 A 为理想点的选民支持的概率分布函数为广义的"两点"分布。当候选人 2 的政纲位于 $\odot(A, U_A)$ 外,他获得以点 A 为理想点的选民支持的概率为 0,而当候选人 2 的政纲只要稍做移动而跨入 $\odot(A, U_A)$ 内部,他获得该选民的支持的概率就突然变为 1。这一结果可能和实际情况相差太远。事实上,选民不可能获得关于候选人的全部信息,他们无法准确地判断每位候选人离自己的理想点的距离;候选人也不会确切知道每位选民的理想点的位置。候选人 2 获得选民 A(以点 A 为理想点的选民,以下同)的选票的概率可能是他偏离 A 的距离的一个连续函数。概率随距离的缩小而递增。考虑到这种更现实的变更后,定义 π_{1i}、π_{2i} 为选民 i 投票支持候选人 1、2 的概率,E_{V1}、E_{V2} 为候选人 1 预期获得的选票数。则候选人 1 有:

$$E_{v1} = \sum_{i=1}^{n} \pi_{1i} \tag{3-35}$$

他的目标使 E_{V1} 最大化。按照宿命论的观点,π_{1i}、π_{2i} 函数值是非连续的。

$$(\pi_{1i} = 1) \leftrightarrow U_{1i} > U_{2i}$$
$$(\pi_{1i} = 1) \leftrightarrow U_{1i} \leqslant U_{2i} \tag{3-36}$$
$$(\pi_{2i} = 1) \leftrightarrow U_{1i} \leqslant U_{2i}$$

其中,U_{1i} 和 U_{2i} 是选民 i 可能从候选人 1、2 的政纲中获得的效用,或然论投票模型假定 π_{1i}、π_{2i} 是关于 U_{1i} 和 U_{2i} 的连续增函数。

$$\pi_{1i} = f_i(U_{1i}, U_{2i}), \qquad \frac{\partial f_i}{\partial U_{1i}} > 0, \qquad \frac{\partial f_i}{\partial U_{2i}} < 0$$

如果 π_{1i} 是连续的、光滑的凹函数,寻找稳定均衡解的问题将转化为求 π_{1i} 的极值问题。宿命投票模型中的不稳定问题在或然论投票中得到解决。

假设不存在弃权,每个选民投票支持两位候选人的概率之和等于 1,即
$$\pi_{2i} = 1 - \pi_{1i}$$

考虑 π_{1i} 与变量 $U_{1i} - U_{2i}$ 的依赖关系,定义:

$$\pi_{1i} = f_i(U_{1i} - U_{2i}), \qquad \pi_{2i} = 1 - \pi_{1i}$$

假定 $f_i(U_{1i} - U_{2i})$ 是关于 $U_{1i} \sim U_{2i}$ 的连续凹函数,函数值域满足 $0 \leqslant f_i(U_{1i} - U_{2i}) \leqslant 1$。现在考虑两位候选人就一项分配议案进行竞争:在 n 个选民中进行总额固定为 Y 美元的分配,选民的效用函数为 $U_i = U_i(y_i)$,y_i 是选民 i 所获得的收入额,U_i 是 y_i 的递增凹函数($U_i' > 0$,$U_i'' < 0$),候选人 1 的理性选择是最大化 EV_1。

$$EV_1 = \sum_i \pi_{1i} = \sum_i f\left(U_i(y_{1i}) - U_i(y_{2i})\right) + \lambda\left(Y - \sum_i y_{1i}\right) \quad (3\text{-}37)$$

限制条件是：$Y = \sum_i y_{1i}$

y_{1i} 是候选人 1 分配给选民 i 的收入额。

构造拉格朗日函数：$L = \sum_i f\left(U_i(y_{1i}) - U_i(y_{2i})\right) + \lambda\left(Y - \sum_i y_{1i}\right)$

求得一阶条件为：$f_i' U_i' = \lambda = f_j' U_j' \quad i,j = 1,\cdots,n$

候选人的最优分配方案是使每位选民的加权边际效用相等，此时候选人赢得的选票数最多，使每位选民权数的大小与该选民对不同候选人所允诺的效用差额的敏感程度正相关。$d\pi_{1i}/d(U_{1i} - U_{2i})$ 越大，候选人承诺给 i 的收入越高。如果所有的选民对效用差额的反应是相同的，即

$$d\pi_{1i}/d(U_{1i} - U_{2i}) = d\pi_{1j}/d(U_{1j} - U_{2j}) \quad i,j = 1,\cdots,n \quad (3\text{-}38)$$

则有 $U_i' = U_j'$ 对所有 $i,j = 1,\cdots,n$

这意味着：如果所有的选民对预期效用差额的反应是相同的，候选人为了赢得选票，会选择使边沁福利函数最大化的政纲；如果选民对效用差额的反应是不同的，候选人会选择使加权的边沁福利函数最大化的政纲。

（三）利益集团模型与美国公共支出中的"铁三角"现象

此前的讨论一直假定选民是单独行动的，事实上具有共同利益的个人可以通过联合行动对政府公共支出决策施加更有力的影响。1988 年，D. C. Mueller 和 P. Murrell 考虑到利益集团对均衡结果的影响，对或然论投票模型进行了扩展，给出了利益集团模型。

1. 利益集团模型

利益集团建立的基础是广泛的。从收入来源划分，选民可以分为以资本要素收益为主的资本家和以劳动要素收益为主的工人；从收入规模划分，富人与穷人会偏好不同的支出方案，富人会支持对于自有住房所实行的补贴，而穷人则喜欢那些关于出租的房屋的特殊待遇。选民从事产业、居住的地区和年龄与宗教等都可能成为利益集团形成的基础。

定义 U_{ij} 是利益集团 i 中选民 j 的效用函数，假设同一个利益集团中所有成员具有相同的效用函数，即 $U_{ij} = U_i$，对于所有的 $j = 1, 2, \cdots, n_i$ 成立。其中，n_i 是第 i 个利益集团的成员人数。每个选民都属于某个利益集团。

定义概率函数：

$$(\pi_{1ij}=1) \leftrightarrow (U_{1j} > U_{2i} - b_{ij})$$
$$(\pi_{1ij}=0) \leftrightarrow (U_{1j} \leqslant U_{2i} - b_{ij}) \quad (3-39)$$
$$(\pi_{2ij}=1) \leftrightarrow (U_{1j} < U_{2i} - b_{ij})$$

b_{ij}是"倾向性"项，b_{ij}的存在意味着不同利益集团对某一候选人或党派抱有成见，这一假设符合已观察到的投票行为模式。在美国，南方的白人和各地的黑人倾向于投民主党的票，新英格兰农场主倾向于投共和党的票。

如果每个利益集团的倾向性项分布服从均匀分布，利益集团 i 的"倾向性"项 b_{ij} 取值范围满足：$l_i \leqslant b_{ij} \leqslant r_i$。候选人为了赢得选票，使下列福利函数最大化：

$$W = a_1 n_1 U_1 + a_2 n_2 U_2 + \ldots + a_i n_i U_i + \ldots + a_m n_m U_m$$

其中 $a_i = 1/(r_i - l_i)$，这说明一个利益集团的倾向性项取值范围越宽，即 $r_i - l_i$ 越大，候选人分配给该利益集团的权数越小。

2. 美国公共支出中的"铁三角"现象

美国公共支出中的"铁三角"现象是现代美国政治生活中最重要的一个方面。批准公共支出项目的国会议员、管理公共支出项目的公务员（或官僚）和从该项目中获得收益的利益集团总是能很好地联合起来。

一个公共支出方案究竟按什么方式得以运行，这是掌握在官僚手中的。官僚在政府中长期工作所积累的知识和技能为政府工作的效率和连续性提供了保证。但如果认为官僚只能被动地理解和履行选民（或选民选出的代表）的偏好，那就未免和实际相差太远了。W.A.Jr.Niskanen 认为权力、地位等等都与官僚的预算规模大小正相关，假设官僚的目标是追求自己的"帝国"预算规模最大化是切合实际的。如图 3-5 所示。横轴表示某官僚机构负责的公共产出量 Q，纵轴表示成本或效用的货币度量（美元）。总成本线为 CC，曲线 VV 代表由控制预算的立法上的资助者对于产出 Q 的效用评价。假定官僚知道资助者会接受任何一个总效率会超过总成本的项目。这样，该任官僚（bc）就会建议提供产量 Q_{bc}。而这一水平远远超过边际成本与边际效益相等所决定的有效产量 Q^{*}。W.A.Jr.Niskanen 模型解释了为什么每个官僚机构总是喜欢强调本部门的重要性，国防部的官员们会强调安全面临的威胁，健康与人类服务部的官员们会努力使公众知道贫困问题，目的就是提高效用评价线 VV，进一步扩大预算规模。

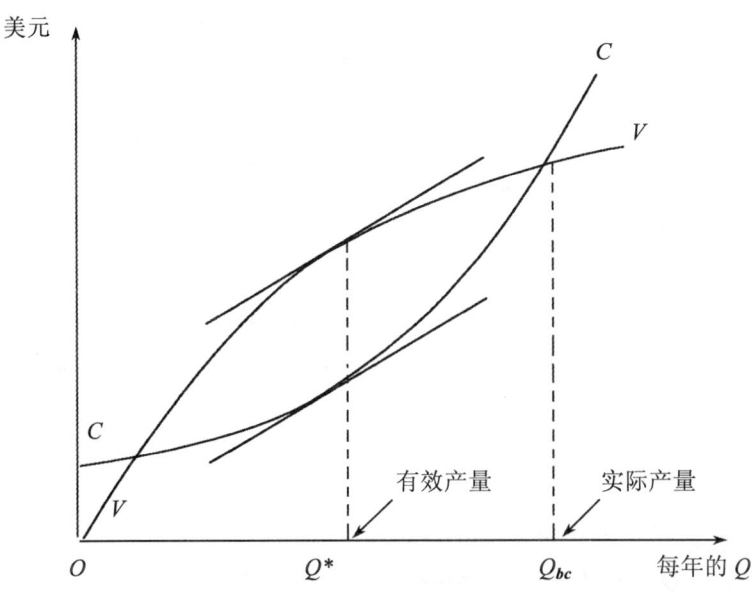

图 3-5　官僚预算的有效产量和实际产量

既然是无效的预算，为什么在议会获得多数通过呢？一方面可能是由于公共产品生产过程的复杂性，如电子控制导弹系统的生产，议员们缺少这方面的专门知识，在效用评价上往往受官僚部门宣传的影响。另一方面可能是"投票交易"的缘故，议员们愿意进行投票交易，去获得别人对自己所宠爱的那些项目的支持。正如美国的一位众议院议员所描述，该体制是这样运作的：每一个议员都把他或她所宠爱的项目带到相关委员会的主席那里，那位主席将此协调成一个巨大的合适的议案。"但是，这里有一个简单规则……对于该议案中所有别的项目，你得闭紧嘴巴。"（《国会是如何发牌的》P18）。更为重要的是，利益集团与官僚们可能组织得好，并且拥有信息，而那些承担成本的人们则可能组织得不好，而且会全然不知道实际状况究竟如何。即使那些要承担成本的公民对此具有足够的信息，他们也犯不着就为此去抗争。这是由于项目的成本是会被分摊到全体人口头上的，而对任何公民来说，这个份额不会高，即使总成本超过了总效益，也不值得花时间与精力去组织一个反对派。相反，利益则是相对集中的，这使政治组织值得为潜在利益而努力。①

---

① 尽管利益集团模型和"铁三角"是基于美国政治特征建立的，但是它对于我国的很多特殊的公共支出现象也能给出很好的解释，在后面的第四章和第五章，我们会经常提到这一模型。

四、公共支出归宿分析——跨代分配模型

公共支出归宿是分析政府公共支出对分配的影响,即研究政府公共支出的利益分别由社会的哪些阶层获得。由于公共支出的资金来源于税收,在分析公共支出的分配效应时,应该时时注意到相应税收对公共支出分配效应的抵消或强化。跨代分配模型是研究公共支出归宿的经典模型。

(一)基本分析框架

假设生命期 u 这代人中个人 i 的生命期资本收入(指的是得到的馈赠和遗产,而不是指投资收益)的贴现值为 I_u^i,生命期的劳动能力为 N_u^i,工资率 w 作为外生变量固定不变。则 i 的生命期收入为:

$$\chi_u^i = I_u^i + wN_u^i \tag{3-40}$$

χ_u^i 的数学期望值 $\overline{X}_u = \overline{I}_u + w\overline{N}_u$

表示这一代人收入的平均值,χ_u^i 的方差为:

$$\mathrm{var}[\chi_u] = \mathrm{var}[I_u] + w^2 \mathrm{var}[N_u] + 2w\mathrm{cov}[I_u, N_u] \tag{3-41}$$

$\mathrm{cov}[I_u, N_u]$ 表示变量 I_u 和 N_u 的协方差,χ_u 的变化系数 V_{χ_u} 等于 χ_u 的标准差与其期望值之比,即 $V_{\chi_u} = \sqrt{\mathrm{var}(\chi_u)}/\overline{\chi}_u$,

则:$$V_{\chi_u}^2 = (1-\alpha)^2 V_{I_u}^2 + \alpha^2 V_{N_u}^2 + 2\alpha(1-\alpha)V_{I_u}V_{N_u}\mathrm{corr}[I_u, N_u] \tag{3-42}$$

其中 $\alpha = w\overline{N}_u / \overline{\chi}_u$ 表示这一代人的平均劳动收入占平均总收入的比例,$\mathrm{corr}[I_u, N_u]$ 表示变量 I_u 和 N_u 之间的相关系数。变化系数作为度量收入不平等的一个变量。$V_{\chi_u}^2$ 等式的重要性在于它明确地显示:生命期收入的分布取决于不同个体之间禀赋的差异、人力禀赋和继承财富禀赋之间的相关系数以及不同收入占总收入中的比例。

下面考虑对个人给予一次转移支付 G 的分配效应,并假设转移支付的资金来源于工薪所得税(税率为 t_l)和财富继承税(税率为 t_w)。这时,生命期的净收入为:

$$Y_i \equiv (1-t_l)I^i + w(1-t_w)N^i + G \tag{3-43}$$

净收入的数学期望值和方差分别为:

$$\overline{Y} = (1-t_i)\overline{I} + w(1-t_w)\overline{N} + G$$

$$\text{var}[Y] = (1-t_i)^2 \left\{ \text{var}[I] + w^2 \left(\frac{1-t_w}{1-t_i}\right)^2 \text{var}[N] + 2w\left(\frac{1-t_w}{1-t_i}\right)\text{cov}[I,N] \right\}$$

对应新的均值和方差，可求得新的变化系数的平方：

$$V_Y^2 = (1-t_i)^2 \left(\overline{\chi}/\overline{Y}\right)^2 \left[(1-\alpha)^2 V_I^2 + \alpha^2 \left(\frac{1-t_w}{1-t_i}\right)^2 V_N^2 + 2\alpha(1-\alpha)\left(\frac{1-t_w}{1-t_i}\right) V_I V_N \text{corr}[I,N] \right]$$

（3-44）

其中，α 表示税前收入，$\overline{\chi}$ 表示税前收入的期望值。

借助公式，考察 t_i、t_w 和 G 取不同的值时的分配效应——对不平等程度的影响。

当对劳动收入和财富收入征收相同的比例税并且没有转移支付，即：$t_i=t_w=t$，$G=0$，这时，没产生分配效应——分配不平等的状况没有改善。

当对劳动收入和财富收入征收相同的比例税，即：$t_i=t_w=t$，并且进行适当的转移支付，使得调整后的收入期望值与调整前相等，这时分配不平等程度下降。

当对劳动收入和财富收入征收不同的比例税，即：$t_i \neq t_w$，分配效应取决于不同要素的相对贡献。假设收益能力禀赋和财富禀赋之间的相关系数为零，政府对非劳动获得的财富征税并用于补贴工资，使得 $\overline{Y} = \overline{\chi}$，$dt_i/dt_w = \alpha/(1-\alpha)$，如果，

$$V_I^2 < V_N^2 > \frac{\alpha}{1-\alpha}$$

则认为这种公共收支安排缩小了不平等程度。

（二）跨代模型

在公共收支归宿分析中，收益能力和继承的财富两个因素特别重要，下面分析这两个关键因素在跨代模型中的决定。

财富的传递包括死后留下的遗产和生前馈赠，这里用广义的遗产将两者统一涵盖，考虑到决定遗产的各种主要因素，有下列公式：

$$B_u^i = s_1(r)\left(I_u^i + wN_u^i\right) + s_2(r)\left(\overline{N}_{u+1} - N_{u+1}^i\right) + s_3(r)\beta_u^i$$

（3-45）

B_u^i 表示 u 这代中的个人 i 留给后代的遗产，一个人死后留下的遗产多少与其生命期财富 $(I_u^i + wN_u^i)$ 有关，一般将遗产视为决定生命期效用函数的一个变量，这种考虑在等式右边的第一项得到反映。一个人留下遗产的多寡与对下一代的收入预期有关，如果预期自己后代的收入大于下一代收入的均值，即 $\overline{N}_{u+1} - N_{u+1}^i < 0$，他可能少留些遗产；反之，如果他预期 $\overline{N}_{u+1} - N_{u+1}^i > 0$，遗产规模可能扩大。遗产的决定还可能有随机的因素，即使一个人丝毫没有利他（后代）的考虑，也可能留下一笔可观的遗产。在社会保障制度不健全的情况下，个人出于退休后福利的考虑，需要积累一定的财富，但他（她）不可能恰好在去世的那一刻耗尽所有的财富，尤其是房产这类不可分割的财产。将决定遗产的所有随机因素归并到等式右边的第三项 $s_3(r)\beta_u^i$。下一代每个人获得遗产的多少取决于遗产的分配方式，在平均分配的情况下，每个子女所获得的遗产为：$I_{u+1}^i = \frac{1}{1+n} B_u^i$。

同样，决定收益能力的因素也是多方面的，概括起来，可以通过下式给予表示：

$$N_u^i = \alpha_1 N_{u-1}^i + \alpha_2 (B_{u-1}^i - \overline{B}_{u-1}) + v_u^i \tag{3-46}$$

个人的收益能力由于遗产与前一代的收益能力一般呈现正相关关系，尽管收益能力有向均值回归的倾向，这种考虑在等式右边的第一项给出。个人的收益能力受到多方面因素的影响：私人教育决策、职业选择和父母的社会关系网络，这些在很大程度上与上一代的财富状况 $(B_{u-1}^i - \overline{B}_{u-1})$ 有关，这些统一归并到第二项。决定个人的收益能力也有许多随机因素，所有随机因素归并到随机项 v_u^i。[①]

综合以上分析，决定 u 代人中个体 i 的生命期财富的两个关键变量——可继承财富和自己的收益能力分别如下：

$$B_u^i = \frac{s_1}{1+n} B_{u-1}^i + s_1 w N_u^i + s_2 w (\overline{N}_{u+1} - N_{u+1}^i) + s_3 \beta_u^i \tag{3-47}$$

$$N_u^i = \alpha_1 N_{u-1}^i + \alpha_2 (B_{u-1}^i - \overline{B}_{u-1}) + v_u^i \tag{3-48}$$

B_u^i、N_u^i 的数学期望分别是：

[①] 在我国，由于制度性因素导致收益决定中的随机因素更为突出：一个人是农村户口还是城市户口；是在高收入的电力行业还是在低收入的纺织行业工作；是出生在经济发达的上海还是出生在经济落后的贵州，……

$$\overline{B}_u = \frac{s_1}{(1+n)}\overline{B}_{u-1} + s_1 w \overline{N}_u + s_3 \overline{\beta} \tag{3-49}$$

$$\overline{N}_u = \alpha_1 \overline{N}_{u-1} + \overline{v} \tag{3-50}$$

由于假定 $0 < a_1 < 1$，如果 $s_1 < 1+n$，则收益能力和可继承财富分别收敛于：

$$\overline{N} = \overline{v}/(1-a_1)$$

$$\overline{B} = \frac{s_1 w \overline{N} + s_3 \overline{\beta}}{1 - s_1/(1+n)}$$

生命期收入中，继承的财富与劳动收益之比为：

$$\frac{\overline{B}/(1+n)}{w\overline{N}} = \frac{s_1 + s_3 \overline{\beta}(1-\alpha_1)/w\overline{v}}{1+n-s_1} \tag{3-51}$$

这一比率由资本的内在增长率、人口增长率和两个关键变量中的随机项的相对均值所决定。

继承的财富与劳动收益这两个关键变量的差分方程分别是：

$$\left(B_u^i - \overline{B}_u\right) = \alpha_3 \left(B_{u-1}^i - \overline{B}_{u-1}\right) + \alpha_1 \alpha_4 \left(N_{u-1}^i - \overline{N}_{u-1}\right) + \alpha_4 \left(v_u^i - \overline{v}\right) + s_3 \left(\beta_u^i - \overline{\beta}\right)$$

$$\left(N_u^i - \overline{N}_u\right) = \alpha_1 \left(N_{u-1}^i - \overline{N}_{u-1}\right) + \left(v_u^i - \overline{v}\right)$$

两变量的方差分别是：

$$\text{var}[B_u] = \alpha_3^2 \text{var}[B_{u-1}] + \alpha_1^2 \alpha_4^2 \text{var}[N_{u-1}] + \alpha_4^2 \text{var}[v] + s_3^2 \text{var}[\beta] + 2\alpha_1 \alpha_4 \text{cov}[B_{u-1}, N_{u-1}]$$

$$\text{var}[N_u] = \alpha_1^2 \text{var}[N_{u-1}] + \text{var}[v]$$

两个变量之间的协方差是：

$$\text{cov}[B_u, N_u] = \alpha_1 \alpha_3 \text{cov}[B_{u-1}, N_{u-1}] + \alpha_1^2 \alpha_4 \text{var}[N_{u-1}] + \alpha_4 \text{var}[v]$$

$0 < a_1 < 1$ 保证 N_u 的方差收敛于 $\text{var}[N] = \dfrac{\text{var}[v]}{1-\alpha_1^2}$

同样，$s_1 < 1+n$ 保证 B_u, N_u 之间的协方差收敛于 $\text{cov}[B,N] = \dfrac{\alpha_4 \text{var}[N]}{1-\alpha_1 \alpha_3}$

如果上述条件满足，还有 $\text{var}[B] = \dfrac{1}{1-\alpha_3^2}\left[s_3^2 \text{var}[\beta] + \left(\dfrac{1+\alpha_1 \alpha_3}{1-\alpha_1 \alpha_3}\right)\alpha_4^2 \text{var}[N]\right]$

由 B_u, N_u 的期望值、方差和协方差，可以由变化系数测度生命期消费的差别程度。定义 u 代人中个体 i 生命期消费 C_u^i 为：

$$C_u^i = wN_u^i + \frac{1}{1+n}B_{u-1}^i + \beta_u^i - \frac{B_u^i}{1+r} \tag{3-52}$$

其中 r 代表以生命期为跨度的利率，将 B_u^i，N_u^i 代入上式有：

$$C_u^i = w\left(1 - \frac{s_1}{1+r}\right)(\alpha_1 N_{u-1}^i + v_u^i) + \frac{1}{1+n}\left(1 - \frac{s_1}{1+r}\right)B_{u-1}^i + \left(1 - \frac{s_3}{1+r}\right)\beta_u^i \tag{3-53}$$

C_u^i 的期望值和方差分别为：$\overline{C} = \left(1 - \frac{s_1}{1+r}\right)\left(w\overline{N} + \frac{\overline{B}}{1+n} + \alpha_5 \overline{\beta}\right)$

其中，$\alpha_5 = \dfrac{1 - s_3/(1+r)}{1 - s_1/(1+r)}$

$$\mathrm{var}[C] = \left(1 - \frac{s_1}{1+r}\right)^2 \left[w^2 \mathrm{var}[N] + \left(\frac{1}{1+n}\right)^2 \mathrm{var}[B] + \alpha_5^2 \mathrm{var}[\beta] + \frac{2w\alpha_1}{1+n}\mathrm{cov}[B,N]\right]$$

记 C_u 的变化系数为 V_c，则

$$V_c^2 = \frac{w^2 \left(\dfrac{1+\alpha_1\alpha_3}{1-\alpha_1\alpha_3}\right)\mathrm{var}[N] + \alpha_5^2 \mathrm{var}[\beta] + \left(\dfrac{1}{1+n}\right)^2 \mathrm{var}[B]}{\left\{[w\overline{N} + s_3\beta/(1+n)]/(1-\alpha_3) + \alpha_5\beta\right\}^2} \tag{3-54}$$

作为特例，如果 $\overline{\beta} = 0$，$a_5 = 1$，则：

$$V_c^2 = V_N^2 \frac{(1+a_1 a_3)(1-a_3)}{(1-a_1 a_3)(1+a_3)} + \frac{\mathrm{var}[\beta](1-a_3)}{(w\overline{N})^2(1+a_3)} \tag{3-55}$$

V_N^2 是收益的变化系数。该等式说明，由于生命期内继承的财富与个体间收益能力的差异，导致个体之间生命期消费出现不平等。后者的差异取决于 N 和 β 的变化系数。

（三）公共支出利益归宿的不确定性

跨代分配模型对公共支出的不确定性问题仍然没有给予很好的解决。鉴定公共支出的受益人是复杂的。对于公共支出的归宿，我们通常采取以下一些做法：对于公共教育的支出可以将支出收益划归到有学生的家庭；对于补贴等社会福利支出可以将支出收益全部划归给"补贴领取人"。但这些看似合

理的方法忽略了一个根本问题——价格的连锁变动。价格的连锁变动使利益的归宿难以测度。利益归宿看似最直接的"对穷人的补贴"其最终归宿也有许多说不清楚的地方。如果补贴使穷人对房子产生更多的需求，则补贴的实施使房子的价格上升。这样，补贴获得者便没有获得全部的补贴；房子的主人却分得了部分由补贴所提供的好处。房子补贴方案又会影响那些为房屋建筑提供投入品的人的收入。从而，建房工人的工资会提高，建房用的原材料的价格也会上升。这些投入品的所有者可能属于中产阶级或高收入阶层。

更为一般地，政府的任何一个公共支出方案都会导致价格的连锁变动，而这些变动都会对物品的消费者与投入品的供给者的收入产生影响。如果其他因素不变，当一个支出方案使你所消费的物品的相对价格上升了，则你就会深受其害。同理，如果一个项目使你所供给的一种要素的相对价格上升，则你就会受益。问题在于，要追踪这些由一项特定支出方案所引起的全部价格变动，是非常困难的。

对于国防等公共支出的收益的划归往往取决于所做的假设。门奇克（Menchik）运用两个不同的假定，对于诸如国防开支那样的公共支出的分配含义做了一番考察，这两个假定是：（a）一个家庭从公共支出中获得的收益份额是与其收入成比例的；（b）这个收益份额是与其家庭成员的个数成比例的。在假定（a）之下，人口中收入最低的那 20%的家庭获得相当于国防开支3.8%的收益，而按假定（b），那 20%的家庭获得相当于国防开支 14.6%的收益。我们在使用跨代分配模型分析我国的公共支出归宿，或借此设计公共收支政策时，对于这种差异只能给予定性的关注。

练习题

一、名词解释
1. 私人产品
2. 公共产品
3. 免费搭乘
4. Hotelling-Downs 模型

二、判断题
1. 在单纯考虑私人产品的条件下，资源有效配置条件是 $MRS_{G,x}^A + MRS_{G,x}^B =$

$MRT_{G,x}$。而引入公共产品后，资源的有效配置条件是：$MRS_{x,y}^A = MRS_{x,y}^B = MRT_{x,y}$。（　　）

2. 公共产品是指在均衡状态下，如果 X_i 是第 i 种商品的总供给，X_i^h 是消费者 h 对该种商品的消费，如果有 $X_i^h = X_i$，即每个人对该种商品的消费并不会导致任何其他人对该种商品消费的减少。则称该种商品为公共产品。（　　）

3. 假设 $MRS_{G,x}^A = 1/4$，$MRS_{G,x}^B = 1/2$，$MRT_{G,x} = 1$，这时 $MRT_{G,x} > MRS_{G,x}^A + MRS_{G,x}^B$，此时容易证明，增加公共产品的供给会产生帕累托效率改进。（　　）

4. 在弗农·史密斯拍卖机制中，每个投票者承担的税收价格不取决于其他投票者对公共物品偏好（喊价）的总和，而是取决于投票者个人对公共物品的偏好（喊价）。（　　）

5. 当人们的偏好不满足单峰假定时，多数通过规则容易导致议案循环而最终找不到均衡解的情况。（　　）

6. 一个社会平均收入和中位数收入越是不一致，以中位数收入为基础公共选择思路下的需求方程和传统的公共需求方程之间的差别就越是显著。（　　）

7. 在跨代分配模型中，公共支出的利益归宿是确定的。（　　）

8. 如果其他因素不变，当一个支出方案使你所消费的物品的相对价格上升了，则你就会深受其害。同理，如果一个项目使你所供给的一种要素的相对价格上升，则你就会受益。（　　）

三、不定项选择题

1. 私人产品具有的特征（　　）。
   A. 竞争性　　B. 流通性　　C. 排他性　　D. 非竞争性

2. 引入公共产品后，资源的有效配置条件是（　　）。
   A. $MRS_{x,y}^A = MRS_{x,y}^B = MRT_{x,y}$
   B. $MRS_{G,x}^A + MRS_{G,x}^B = MRT_{G,x}$
   C. $MRS_{G,x}^A - MRS_{G,x}^B = MRT_{G,x}$
   D. $MRS_{G,x}^A = MRS_{G,x}^B = MRT_{G,x}$

3. 在公共支出决定理论中，（　　）等一般是基于美国政治特征建立的。
   A. 多数通过规则　　　　B. 宿命论投票模型
   C. 或然论投票模型　　　D. 利益集团模型

4. 对于一致通过规则的批评主要来自（　　）。
   A. 摸索式地寻找契约曲线上的均衡解可能需要相当长的时间，投票人能否接受寻找一致同意的均衡解所导致的时间浪费
   B. 利益最大化的驱使使得任何联盟都难以稳定，出现循环现象
   C. 容易产生互投赞成票的非法交易
   D. 该程序本身不能避免一致通过规则产生策略性行为的激励
5. 在直接民主中，中间投票人定理保证了均衡结果的（　　）。
   A. 存在性　　　B. 唯一性　　　C. 多样性　　　D. 循环性
6. 美国公共支出中的"铁三角"现象是现代美国政治生活中最重要的一个方面。（　　）总是能很好地联合起来。
   A. 批准公共支出项目的国会议员
   B. 管理公共支出项目的公务员（或官僚）
   C. 从该项目中获得收益的利益集团
   D. 进行纳税的中产阶级

四、思考题

1. 假设 $MRS_{G,x}^A = 1/4$，$MRS_{G,x}^B = 1/2$，$MRT_{G,x} = 1$，简要说明此时减少公共产品的供给会产生帕累托效率改进。
2. 举例说明"克拉克税"理论。
3. 简要阐释"林达尔均衡"理论。
4. 简要阐释弗农·史密斯的拍卖机制。
5. 请评析一致通过规则。

五、计算题

1. 推导单纯私人产品条件下资源有效配置的条件。
2. 推导引入公共产品条件下资源有效配置的条件。
3. 假定同一房间有两个人，以 A 和 B 代表。$\omega_1 = \omega_2 = 500$ 美元，ω_1、ω_2 分别代表 A、B 两人最初的财富占有。$r_1 = r_2 = 300$ 美元，r_1、r_2 代表 A、B 为购买公共产品电视机而愿意支付的保留价格，如果电视机的成本 $c = 400$ 美元，那么最终 A 和 B 是否会购买电视机？

第四章 中国现行的财政支出结构

财政支出是政府为履行公共财政的经济职能,对从私人部门集中起来的、以货币形式表示的(实际上已转化为财政资源的)经济资源的支配和运用。由于政府财政支出的性质(总量、结构及变化趋势)决定着政府能否恰当、妥善地履行其财政职能,因此,政府根据社会经济环境的变化,科学地制定、认真地规划、谨慎地推行财政支出方案,自然成为其财政活动过程中的重要环节。在实际操作中,对财政支出的内容进行合理归纳,其基本目标在于更加全面、准确反映政府的各项支出活动,以便科学分析支出活动的性质、结构、规模以及支出的效益。财政支出的功能分类和经济分类是支持财政分析、绩效评估的量化工具,是对政府公共产品供给状况进行财务分析的基础,在制定和监测经济政策、政府职能执行方面发挥至关重要的作用。

在前面的章节中,我们已详细介绍了财政支出的基本理论,本章将关注我国财政支出管理体系的现实做法,介绍 2007 年政府收支分类改革及在此背景下形成的财政支出功能分类和经济分类方法。

第一节 2007 年中国政府收支分类改革

政府预算收支分类科目改革是加强公共收支管理的一项基础性工作。预算收支分类,就是对政府收支[①]进行类别和层次划分,以全面、准确、清晰地反映公共收支活动。预算收支分类科目是编制政府预决算,组织预算执行以及预算单位进行会计明细核算的重要依据。进行预算收支分类改革,对全面促进部门预算、收支两条线、国库集中支付、政府采购等其他方面的改革,

---

① 在我国,政府收支与财政收支的口径并非完全一致,主要区别在于社会保险资金收支的归属上,伴随预算体制改革的深化,两者的口径会日趋重合。在本章中,没有刻意区分政府收支与财政收支。

进一步提高财政资金管理水平和财政资金使用效益,都具有十分重要的意义。

经国务院批准,我国预算收支分类改革自 2007 年全面实施。从 2006 年 6 月起,各地区、各部门即开始用新的预算收支分类科目编制 2007 年预算。此次改革全面构建了政府收入体系、支出功能分类体系和支出经济分类体系三项主要内容,是新中国成立以来我国财政收支分类统计体系最为重大的调整,也是我国政府预算管理制度又一次深刻创新。新的预算收支分类体系有效地克服了原分类体系不能清晰反映公共收支全貌和职能活动情况的弊端,充分体现了国际通行做法与国内实际的有机结合,体现了市场经济条件下建立健全我国公共财政体系的总体要求,执行新的预算收支分类体系有利于进一步提高政府预算的透明度,强化公共收支管理与监督,从源头上治理腐败,促进社会主义民主政治建设。

一、实施预算收支分类改革的必要性

随着公共财政体制的逐步建立和各项财政改革的深入,我国原政府预算科目体系的不适应性和弊端日益突出,主要表现在以下五个方面。

一是与市场经济体制下的政府职能转变不相适应。目前我国社会主义市场经济体制已基本建立,政府公共管理和公共服务的职能日益加强,财政收支结构也发生了很大变化。但作为反映政府职能活动需要的预算收支科目,如基本建设支出、企业挖潜改造支出、科技三项费用、流动资金等仍然是按照过去政府代替市场配置资源的思路设计的。这既不能体现目前政府职能转变和公共财政的实际,也带来了一些不必要的误解,影响各方面对我国市场经济体制的认识。

二是不能清晰地反映政府职能活动。在市场经济条件下,政府的重要职能,就是要弥补市场缺陷,满足社会公共需要,讲求公开、透明。政府预算必须反映公共需求,强化公共监督。但我国原预算支出类、款、项科目主要是按经费性质进行分类的,把各项支出划分为行政费、事业费等。这种分类方法使政府究竟办了什么事在科目上看不出来,很多政府的重点工作支出如农业、教育、科技等都分散在各类科目中,形不成一个完整的概念。由于科目不透明、不清晰,导致政府预算"外行看不懂,内行说不清"。

三是财政管理的科学化和信息化受到制约。按照国际通行的做法,政府支出分类体系包括功能分类和经济分类。我国原有支出目级科目属于支出经济分类性质,但它涵盖的范围偏窄,财政预算中大多数资本性项目支出,以及用于转移支付和债务等方面的支出都没有经济分类科目反映。另外,原有目级科目也不够明细、规范和完整。这些对细化预算编制，加强预算单位财务会计核算，以及提高财政信息化水平都带来一些负面影响。

四是财政预算管理和监督职能弱化。原《政府预算收支科目》只反映财政预算内收支，不包括应纳入公共收支范围的预算外收支和社会保险基金收支等，给财政预算全面反映政府各项收支活动，加强收支管理带来较大的困难，尤其是不利于综合预算体系的建立，也不利于从制度上、源头上预防腐败。

五是与国民经济核算体系和国际通行做法不相适应，既不利于财政经济分析与决策，也不利于国际比较与交流。我国货币信贷统计核算体系以及国民经济核算体系均按国际通行标准做了调整，而政府预算收支科目体系与国际通行分类方法一直存在较大差别。尽管财政部门和国家统计部门每年都要做大量的口径调整和数据转换工作，但还是难以保证数据的准确性以及与其他国家之间的可比性。

二、2007年我国预算收支分类改革的内容概要

2007年开始实施的政府收支分类改革以建立包括收入分类、支出功能分类和支出经济分类在内的预算收支分类体系为目标，改革主要从三个方面展开。

第一，对政府收入进行统一分类，全面、规范、细致地反映政府各项收入。收入分类全面反映政府收入的来源和性质，不仅包括预算内收入，还包括预算外收入、社会保险基金收入等应属于政府收入范畴的各项收入。从分类方法上看，原收入分类只是各种收入的简单罗列，如各项税收、行政事业性收费、罚没收入等。新的收入分类按照科学标准和国际通行做法将政府收入划分为税收收入、社会保险基金收入、非税收入、贷款转贷回收本金收入、债务收入以及转移性收入等，这为进一步加强收入管理和数据统计分析创造了有利条件。从分类结构上看，原收入分类分设类、款、项三级，改革后分设类、款、项、目四级，多了一个层次。四级科目逐级细化，以满足不同层次的管理需求。

第二，建立支出功能分类体系，更加清晰地反映政府各项职能活动。支出功能分类不再按基本建设费、行政费、事业费等经费性质设置科目，而是根据政府管理和部门预算的要求，统一按支出功能设置类、款、项三级科目，分别为17类、170多款、800多项。类级科目综合反映政府职能活动，如国防、外交、教育、科学技术、社会保障和就业、环境保护等；款级科目反映

为完成某项政府职能所进行的某一方面的工作，如"教育"类下的"普通教育"；项级科目反映为完成某一方面的工作所发生的具体支出事项，如"水利"款下的"抗旱"、"水土保持"等。新的支出功能科目能够清楚地反映政府支出的内容和方向，可有效解决原支出预算"外行看不懂、内行说不清"的问题。

第三，建立支出经济分类体系，全面、规范、明晰地反映政府各项支出的具体用途。按照简便、实用的原则，支出经济分类科目设类、款两级，分别为12类和90多款。类级科目具体包括：工资福利支出、商品和服务支出、对个人和家庭的补助、转移性支出、基本建设支出等。款级科目是对类级科目的细化，主要体现部门预算编制和预算单位财务管理等有关方面的具体要求，如基本建设支出进一步细分为房屋建筑物购建、专用设备购置、大型修缮等。全面、明细的支出经济分类是进行政府预算管理、部门财务管理以及政府统计分析的重要手段。

第二节　财政支出功能分类

一、国际货币基金组织对财政支出的功能分类

按国际货币基金组织最新政府财政统计标准，政府财政支出功能分类主要包括：（1）一般公共服务。包括行政和立法机关、金融和财政事务、对外事务、对外经济援助、一般服务、基础研究、一般公共服务"研究和发展"、未另分类的一般公共服务、公共债务操作、各级政府间的一般公共服务等。（2）国防。包括军事防御、民防、对外军事援助、国防"研究和发展"、未另分类的国防等。（3）公共秩序和安全。包括警察服务、消防服务、法庭、监狱、公共秩序和安全"研究和发展"、未另分类的公共秩序和安全等。（4）经济事务。包括一般经济、商业和劳工事务、农业、林业、渔业和狩猎业、燃料和能源、采矿业、制造业和建筑业、运输、通信、其他行业、经济事务"研究和发展"、未另分类的经济事务等。（5）环境保护。包括废物管理、废水管理、减轻污染、保护生物多样性和自然景观、环境保护"研究和发展"、未另分类的环境保护等。（6）住房和社会福利设施。包括住房开发、社区发展、供水、街道照明、住房和社会福利设施"研究和发展"、未另分类的住房和社会福利设施等。（7）医疗保障。包括医疗产品、器械和设备、门诊服务、医

院服务、公共医疗保障服务、医疗保障"研究和发展"、未另分类的医疗保障等。(8)娱乐、文化和宗教。包括娱乐和体育服务、文化服务、广播和出版服务、宗教和其他社区服务、娱乐、文化和宗教"研究和发展"、未另分类的娱乐、文化和宗教等。(9)教育。包括学前和初等教育、中等教育、中等教育后的非高等教育、高等教育、无法定级的教育、教育的辅助服务、教育"研究和发展"、未另分类的教育等。(10)社会保护。包括伤病和残疾、老龄、遗属、家庭和儿童、失业、住房、未另分类的社会排斥、社会保护"研究和发展"、未另分类的社会保护等。

二、我国现行的财政支出功能分类

支出功能分类主要反映政府各项职能活动及其政策目标。根据社会主义市场经济条件下政府职能活动情况及国际通行做法，将财政支出分为类、款、项三级。下面就根据《2013年政府收支分类科目》的规定，对主要的财政支出功能分类科目进行介绍。

（一）一般公共服务

一般公共服务类下分设37款：人大事务、政协事务、政府办公厅（室）及相关机构事务、发展与改革事务、统计信息事务、财政事务、税收事务、审计事务、海关事务、人力资源事务、纪检监察事务、人口与计划生育事务、商贸事务、知识产权事务、工商行政管理事务、质量技术监督与检验检疫事务、民族事务、宗教事务、港澳台侨事务、档案事务、民主党派及工商联事务、群众团体事务、党委办公厅（室）及相关机构事务、组织事务、宣传事务、统战事务、对外联络事务、其他共产党事务支出、其他一般公共服务支出。由于一般公共服务涉及款项较多，我们在此仅列出人大事务、发展与改革事务、审计事务、人口与计划生育事务、质量技术监督与检验检疫事务五款，详见表4-1、表4-2、表4-3、表4-4、表4-5。

表4-1　一般公共服务中人大事务款下相关支出科目（单位：亿元）

项　　目	预算数	决算数	决算数为预算数的%	决算数为上年决算数的%
人大事务	263.70	258.54	98.0	100.4
其中：　　　行政运行		151.61		103.0
一般行政管理事务		40.55		111.4
机关服务		2.21		118.8
人大会议		24.45		85.3
人大立法		2.05		107.9

续表

项目	预算数	决算数	决算数为预算数的%	决算数为上年决算数的%
人大监督		3.04		116.0
代表培训		2.16		100.0
代表工作		7.82		96.5
人大信访工作		0.42		97.7
事业运行		1.53		111.7
其他人大事务支出		22.70		84.4

资料来源：根据中华人民共和国财政部制定的《2013年政府收支分类科目》及《2013年全国公共财政支出决算表》整理。

表4-2　一般公共服务中发展与改革事务款下相关支出科目（单位：亿元）

项目	预算数	决算数	决算数为预算数的%	决算数为上年决算数的%
发展与改革事务	366.15	395.56	108.0	111.7
其中：行政运行		141.98		106.6
一般行政管理事务		40.11		113.1
机关服务		1.55		152.0
战略规划与实施		16.62		111.0
日常经济运行调节		2.28		160.6
社会事业发展规划		10.72		108.5
经济体制改革研究		1.03		91.2
物价管理		45.80		120.9
事业运行		16.06		119.9
其他发展与改革事务支出		119.41		112.8

资料来源：根据中华人民共和国财政部制定的《2013年政府收支分类科目》及《2013年全国公共财政支出决算表》整理。

表4-3　一般公共服务中审计事务款下相关支出科目（单位：亿元）

项目	预算数	决算数	决算数为预算数的%	决算数为上年决算数的%
审计事务	151.72	163.48	107.8	108.8
其中：行政运行		85.83		106.4
一般行政管理事务		17.44		107.7
机关服务		1.13		161.4
审计业务		34.08		114.2
审计管理		2.19		108.4
信息化建设		2.77		103.7
事业运行		5.27		126.4
其他审计事务支出		14.77		106.3

资料来源：根据中华人民共和国财政部制定的《2013年政府收支分类科目》及《2013年全国公共财政支出决算表》整理。

表 4-4 一般公共服务中人口与计划生育事务款下相关支出科目（单位：亿元）

项　目	预算数	决算数	决算数为预算数的%	决算数为上年决算数的%
人口与计划生育事务	843.74	907.53	107.6	111.6
其中：行政运行		169.37		105.1
一般行政管理事务		34.33		102.8
机关服务		8.36		92.9
人口规划与发展战略研究		2.16		128.6
计划生育家庭奖励		174.47		116.6
人口和计划生育统计及抽样调查		2.91		99.3
人口和计划生育信息系统建设		6.65		86.0
计划生育、生殖健康促进工程		29.30		129.6
计划生育免费基本技术服务		34.74		101.9
人口出生性别比综合治理		2.56		103.2
人口和计划生育服务网络建设		43.57		103.8
计划生育避孕药具经费		8.90		102.2
人口和计划生育宣传教育经费		28.08		103.8
流动人口计划生育管理和服务		16.38		107.1
人口和计划生育目标责任制考核		18.61		114.9
其他人口与计划生育事务支出		327.14		117.3

资料来源：根据中华人民共和国财政部制定的《2013 年政府收支分类科目》及《2013 年全国公共财政支出决算表》整理。

表 4-5 一般公共服务中质量技术监督与检验检疫事务款下相关支出科目（单位：亿元）

项　目	预算数	决算数	决算数为预算数的%	决算数为上年决算数的%
质量技术监督与检验检疫事务	423.79	446.73	105.4	104.0
其中：行政运行		96.65		105.2
一般行政管理事务		12.71		103.8
机关服务		2.17		103.3
出入境检验检疫行政执法和业务管理		34.52		102.4
出入境检验检疫技术支持		2.53		115.5
质量技术监督行政执法及业务管理		86.89		105.6
质量技术监督技术支持		30.40		98.8
认证认可监督管理		2.55		160.4
标准化管理		5.39		108.5
信息化建设		2.77		104.5
事业运行		85.56		108.9
其他质量技术监督与检验检疫事务支出		84.59		97.8

资料来源：根据中华人民共和国财政部制定的《2013 年政府收支分类科目》及《2013 年全国公共财政支出决算表》整理。

（二）外交

外交类下分设 8 款：外交管理事务、驻外机构、对外援助、国际组织、对外合作与交流、对外宣传、边界勘界联检、其他外交支出。详见表 4-6。

表 4-6 外交类下相关支出科目（单位：亿元）

项　目	预算数	决算数	决算数为预算数的%	决算数为上年决算数的%
二、外交	358.87	355.76	99.1	106.6
其中：外交管理事务	6.76	38.20	565.1	428.3
驻外机构	68.66	66.02	96.2	105.5
对外援助	198.66	170.52	85.8	102.1
国际组织	57.28	56.32	98.3	77.9
对外合作与交流		19.14		107.4

资料来源：根据中华人民共和国财政部制定的《2013 年政府收支分类科目》及《2013 年全国公共财政支出决算表》整理。

（三）国防

国防类下分设 7 款：现役部队、预备役部队、民兵、国防科研事业、专项工程、国防动员、其他国防支出。详见表 4-7。

表 4-7 国防类下相关支出科目（单位：亿元）

项　目	预算数	决算数	决算数为预算数的%	决算数为上年决算数的%
三、国防	7406.22	7410.62	100.1	110.7

资料来源：根据中华人民共和国财政部制定的《2013 年政府收支分类科目》及《2013 年全国公共财政支出决算表》整理。

（四）公共安全

公共安全类下分设 11 款：武装警察、公安、国家安全、检察、法院、司法、监狱、劳教、国家保密、缉私警察、其他公共安全支出。详见表 4-8。

表 4-8 公共安全类下相关支出科目（单位：亿元）

项　目	预算数	决算数	决算数为预算数的%	决算数为上年决算数的%
四、公共安全	7690.80	7786.78	101.2	109.5
其中：武装警察	1361.73	1393.60	102.3	111.8
公安	3969.98	3938.72	99.2	109.1

续表

项　　目	预算数	决算数	决算数为预算数的%	决算数为上年决算数的%
检察	494.95	513.57	103.8	110.6
法院	720.90	741.45	102.9	111.1
司法	224.74	229.16	102.0	108.2
缉私警察	22.28	17.19	77.2	97.8
其他公共安全支出	159.12	163.95	103.0	113.6

资料来源：根据中华人民共和国财政部制定的《2013年政府收支分类科目》及《2013年全国公共财政支出决算表》整理。

（五）教育

教育类下分设12款：教育管理事务、普通教育、职业教育、成人教育、广播电视教育、留学教育、特殊教育、教师进修及干部继续教育、教育附加安排的支出、国有资本经营预算支出、其他教育支出，详见表4-9。

表4-9　教育类下相关支出科目（单位：亿元）

项　　目	预算数	决算数	决算数为预算数的%	决算数为上年决算数的%
五、教育	23034.74	22001.76	95.5	103.6
其中：教育管理事务	502.99	409.69	81.5	105.6
其中：行政运行		177.89		108.8
一般行政管理事务		41.27		86.5
机关服务		5.97		101.2
其他教育管理事务支出		184.56		108.0
普通教育	17492.65	16579.70	94.8	102.4
其中：学前教育		659.88		104.3
小学教育		5593.67		106.4
初中教育		3678.59		104.0
高中教育		1802.23		106.1
高等教育		3249.13		93.9
化解农村义务教育债务支出		21.83		56.9
其他普通教育支出		1574.37		100.2
职业教育	1851.79	1841.58	99.4	108.1
其中：初等职业教育		12.35		84.1
中专教育		561.72		114.6
技校教育		173.10		105.6
职业高中教育		345.02		105.2
高等职业教育		550.95		101.4
其他职业教育支出		198.44		121.3
成人教育	43.65	43.07	98.7	107.2

续表

项　　目	预算数	决算数	决算数为预算数的%	决算数为上年决算数的%
其中：成人初等教育		1.80		96.8
成人中等教育		7.41		111.3
成人高等教育		17.91		120.9
成人广播电视教育		6.65		99.0
其他成人教育支出		9.30		92.1
广播电视教育	38.72	38.40	99.2	123.8
其中：广播电视学校		30.54		113.3
教育电视台		4.58		366.4
其他广播电视教育支出		3.28		115.9
留学教育	52.25	52.17	99.8	192.2
其中：出国留学教育		34.02		295.3
来华留学教育		18.13		116.1
其他留学教育支出		0.02		100.0
特殊教育	75.78	71.15	93.9	103.3
其中：特殊学校教育		58.24		104.0
工读学校教育		4.31		91.7
其他特殊教育支出		8.60		105.1
教师进修及干部继续教育	304.85	284.26	93.2	103.7
其中：教师进修		85.42		104.9
干部教育		173.72		106.3
其他教师进修及干部继续教育支出		25.12		86.0
教育费附加安排的支出	1528.82	1443.10	94.4	106.4
其中：农村中小学校舍建设		149.23		89.0
农村中小学教学设施		39.37		89.1
城市中小学校舍建设		133.87		101.3
城市中小学教学设施		42.19		100.5
中等职业学校教学设施		70.70		107.1
其他教育费附加安排的支出		1007.74		111.4
其他教育支出(款)	1143.25	1238.64	108.3	107.3
其中：其他教育支出(项)		1238.64		107.3

资料来源：根据中华人民共和国财政部制定的《2013年政府收支分类科目》及《2013年全国公共财政支出决算表》整理。

（六）科学技术

科学技术类下分设12款：科学技术管理事务、基础研究、应用研究、技术研究与开发、科技条件与服务、社会科学、科学技术普及、科技交流与合作、科技重大专项、核电站燃料处理处置基金支出、国有资本经营预算支出、其他科学技术支出，详见表4-10。

表 4-10 科学技术类下相关支出科目（单位：亿元）

项　　目	预算数	决算数	决算数为预算数的%	决算数为上年决算数的%
六、科学技术	4906.53	5084.30	103.6	114.2
其中：科学技术管理事务		111.49		116.6
其中：行政运行		56.82		108.0
一般行政管理事务		14.03		113.1
机关服务		1.14		108.6
其他科学技术管理事务支出		39.50		133.6
基础研究	402.94	406.66	100.9	112.4
其中：机构运行		50.45		107.3
重点基础研究规划		40.82		100.9
自然科学基金		171.29		108.6
重点实验室及相关设施		44.35		127.7
重大科学工程		7.40		95.1
专项基础科研		27.49		118.1
专项技术基础		0.84		68.9
其他基础研究支出		64.02		129.4
应用研究	1513.17	1463.93	96.7	113.0
技术研究与开发		1220.02		112.0
其中：机构运行		10.07		113.5
应用技术研究与开发		407.88		107.2
产业技术研究与开发		226.25		115.8
科技成果转化与扩散		170.41		111.0
其他技术研究与开发支出		405.41		115.4
科技条件与服务	174.10	183.68	105.5	113.5
其中：机构运行		11.90		103.7
技术创新服务体系		13.92		105.0
科技条件专项		72.01		109.1
其他科技条件与服务支出		85.85		120.7
社会科学	65.45	68.10	104.0	117.8
其中：社会科学研究机构		15.40		103.3
社会科学研究		22.85		105.3
社科基金支出		11.81		95.0
其他社会科学支出		18.04		205.5
科学技术普及	90.02	98.47	109.4	120.1
其中：机构运行		18.39		106.1
科普活动		22.75		112.5
青少年科技活动		4.51		262.2
学术交流活动		4.17		130.3
科技馆站		23.28		148.6
其他科学技术普及支出		25.37		106.2
科技交流与合作	26.96	25.48	94.5	85.4
其中：国际交流与合作		13.32		102.8
重大科技合作项目		7.41		57.9
其他科技交流与合作支出		4.75		115.9

资料来源：根据中华人民共和国财政部制定的《2013年政府收支分类科目》及《2013年全国公共财政支出决算表》整理。

（七）文化体育与传媒

文化体育与传媒类下分设 9 款：文化、文物、体育、广播影视、新闻出版、文化事业建设费安排的支出、国家电影事业发展专项资金支出、国有资本经营预算支出、其他文化体育与传媒支出，详见表 4-11。

表 4-11 文化体育与传媒类下相关支出科目（单位：亿元）

项　　目	预算数	决算数	决算数为预算数的%	决算数为上年决算数的%
七、文化体育与传媒	2504.43	2544.39	101.6	112.2
其中：文化	819.29	858.59	104.8	113.4
其中：行政运行		91.38		111.0
一般行政管理事务		19.89		112.6
机关服务		2.88		101.1
图书馆		93.48		112.0
文化展示及纪念机构		25.43		118.4
艺术表演场所		25.17		134.6
艺术表演团体		76.52		102.9
文化活动		33.31		97.2
群众文化		123.52		117.0
文化交流与合作		6.98		74.8
文化创作与保护		27.29		129.7
文化市场管理		13.94		116.1
其他文化支出		318.80		116.3
文物	258.54	314.14	121.5	121.0
其中：行政运行		6.57		97.6
一般行政管理事务		1.94		142.6
机关服务		0.48		106.7
文物保护		114.09		140.8
博物馆		138.65		114.7
历史名城与古迹		29.54		113.5
其他文物支出		22.87		99.6
体育	292.26	299.08	102.3	109.8
其中：行政运行		22.00		106.0
一般行政管理事务		3.63		85.4
机关服务		1.19		115.5
运动项目管理		30.23		109.4
体育竞赛		26.52		108.0
体育训练		34.73		106.2
体育场馆		89.68		111.2
群众体育		27.65		110.1
体育交流与合作		2.41		81.4
其他体育支出		61.04		115.5
广播影视	598.78	549.87	91.8	102.3

续表

项　　目	预算数	决算数	决算数为预算数的%	决算数为上年决算数的%
其中：行政运行		47.70		103.3
一般行政管理事务		10.61		111.8
机关服务		3.66		110.6
广播		98.07		107.9
电视		221.91		105.9
电影		13.27		79.8
其他广播影视支出		154.65		95.9
新闻出版	134.02	112.27	83.8	88.8
其中：行政运行		7.12		109.5
一般行政管理事务		7.43		163.3
机关服务		0.43		126.5
新闻通信		23.80		100.6
出版发行		49.17		100.9
版权管理		0.86		78.2
出版市场管理		1.49		78.8
其他新闻出版支出		21.97		55.4
其他文化体育与传媒支出	401.55	410.44	102.2	130.1
其中：宣传文化发展专项支出		41.00		90.3
其他文化体育与传媒支出（项）		369.44		136.8

资料来源：根据中华人民共和国财政部制定的《2013 年政府收支分类科目》及《2013 年全国公共财政支出决算表》整理。

（八）社会保障和就业

社会保障和就业类下分设 23 款：社会保障和就业管理事务、民政管理事务、财政对社会保险基金的补助、补充全国社会保障基金、行政事业单位离退休、企业改革补助、就业补助、抚恤、退役安置、社会福利、残疾人事业、城市居民最低生活保障、其他城市生活救助、自然灾害生活救助、红十字事业、农村最低生活保障、其他农村生活救助、大中型水库移民后期扶持基金支出、小型水库移民扶助基金支出、补充道路交通事故社会救助基金、残疾人就业保障金支出、其他社会保障和就业支出。

（九）社会保险基金支出

社会保险基金支出类下分设 10 款：基本养老保险基金支出、失业保险基金支出、基本医疗保险基金支出、工伤保险基金支出、生育保险基金支出、新型农村合作医疗基金支出、城镇居民基本医疗保险基金支出、新型农村社会养老保险基金支出、城镇居民养老保险基金支出、其他社会保险基金支出。

（十）医疗卫生

医疗卫生类下分设 11 款：医疗卫生管理事务、公立医院、基层医疗卫生机构、公共卫生、医疗保障、中医药、食品和药品监督管理事务、其他医疗卫生支出等，详见表 4-12。

表 4-12 医疗卫生类下相关支出科目（单位：亿元）

项　目	预算数	决算数	决算数为预算数的%	决算数为上年决算数的%
十、医疗卫生	8145.73	8279.90	101.6	114.3
其中：医疗卫生管理事务	198.96	195.58	98.3	112.6
其中：行政运行		102.44		107.2
一般行政管理事务		22.88		99.3
机关服务		1.95		119.6
其他医疗卫生管理事务支出		68.31		127.9
公立医院	1131.17	1156.84	102.3	114.1
其中：综合医院		726.76		114.1
中医(民族)医院		168.68		118.3
传染病医院		32.15		112.2
职业病防治医院		3.62		100.0
精神病医院		33.76		106.3
妇产医院		22.04		115.8
儿童医院		31.45		127.0
其他专科医院		37.87		99.5
福利医院		0.92		107.0
行业医院		6.95		118.0
处理医疗欠费		0.87		87.9
其他公立医院支出		91.77		114.6
基层医疗卫生机构	969.34	918.13	94.7	106.4
其中：城市社区卫生机构		132.40		111.0
乡镇卫生院		495.32		108.2
其他基层医疗卫生机构支出		290.41		101.5
公共卫生	1260.13	1205.74	95.7	109.4
其中：疾病预防控制机构		227.08		113.7
卫生监督机构		68.20		91.6
妇幼保健机构		102.23		117.3
精神卫生机构		6.80		60.9
应急救治机构		27.37		103.2
采供血机构		43.57		106.4
其他专业公共卫生机构		8.03		131.9
基本公共卫生服务		404.20		118.5
重大公共卫生专项		238.14		97.9
突发公共卫生事件应急处理		8.91		152.0

续表

项　　目	预算数	决算数	决算数为预算数的%	决算数为上年决算数的%
其他公共卫生支出		71.21		109.4
医疗保障	4022.08	4294.11	106.8	117.4
其中：事业单位医疗		318.27		114.1
公务员医疗补助		97.75		124.2
优抚对象医疗补助		34.18		118.6
城市医疗救助		72.95		112.1
新型农村合作医疗		2428.70		119.3
农村医疗救助		113.89		107.3
城镇居民基本医疗保险		578.24		123.3
其他医疗保障支出		650.13		109.2
中医药	18.19	23.06	126.8	144.4
其中：中医(民族医)药专项		11.82		106.6
其他中医药支出		11.24		230.3
食品和药品监督管理事务	170.32	170.05	99.8	112.0
其中：行政运行		60.12		120.5
一般行政管理事务		11.61		133.9
机关服务		0.46		164.3
药品事务		18.88		
保健食品事务		1.17		
化妆品事务		0.60		
医疗器械事务		2.72		
食品安全事务		18.97		
事业运行		20.85		122.9
其他食品和药品监督管理事务支出		34.67		158.4
其他医疗卫生支出(款)	375.55	316.39	84.2	118.1
其中：其他医疗卫生支出(项)		316.39		118.1

资料来源：根据中华人民共和国财政部制定的《2013年政府收支分类科目》及《2013年全国公共财政支出决算表》整理。

（十一）节能环保

节能环保类下分设18款：环境保护管理事务、环境监测与监察、污染防治、自然生态保护、天然林保护、退耕还林、风沙荒漠治理、退牧还草、已垦草原退耕还草、能源节约利用、污染减排、可再生能源、资源综合利用、能源管理事务、国有资本经营预算支出、可再生能源电价附加收入安排的支出、废弃电器电子产品处理基金支出、其他节能环保支出，详见表4-13。

表 4-13 节能环保类下相关支出科目（单位：亿元）

项　　目	预算数	决算数	决算数为预算数的%	决算数为上年决算数的%
十一、节能环保	3286.47	3435.15	104.5	115.9
环境保护管理事务	152.50	165.96	108.8	115.1
其中：行政运行		94.03		113.8
一般行政管理事务		15.85		107.2
机关服务		2.49		141.5
环境保护宣传		3.30		113.8
环境保护法规、规划及标准		2.32		103.1
环境国际合作及履约		0.83		95.4
环境保护行政许可		0.43		113.2
其他环境保护管理事务支出		46.71		121.1
环境监测与监察	41.24	43.85	106.3	118.2
其中：建设项目环评审查与监督		3.69		118.3
核与辐射安全监督		5.82		115.9
其他环境监测与监察支出		34.34		118.6
污染防治	895.34	904.79	101.1	110.2
其中：大气		69.14		237.0
水体		420.77		103.1
噪声		0.14		9.3
固体废弃物与化学品		75.70		93.8
放射源和放射性废物监管		0.73		114.1
辐射		0.06		28.6
排污费安排的支出		197.66		100.5
其他污染防治支出		140.59		135.7
自然生态保护	186.29	224.63	120.6	132.1
其中：生态保护		65.54		157.1
农村环境保护		112.65		105.4
自然保护区		8.67		151.6
生物及物种资源保护		0.80		533.3
湖泊生态环境保护		14.92		
其他自然生态保护支出		22.05		141.3
天然林保护	182.45	175.22	96.0	109.4
其中：森林管护		60.38		96.3
社会保险补助		70.70		156.9
政策性社会性支出补助		29.82		82.6
天然林保护工程建设		11.61		86.0
其他天然林保护支出		2.71		96.1
退耕还林	332.62	284.53	85.5	97.8
其中：粮食折现挂账贴息		0.17		70.8
退耕现金		123.41		113.3
退耕还林粮食折现补贴		16.02		37.3

续表

项　目	预算数	决算数	决算数为预算数的%	决算数为上年决算数的%
退耕还林粮食费用补贴		4.03		130.8
退耕还林工程建设		14.03		105.7
其他退耕还林支出		126.87		103.7
风沙荒漠治理	43.01	38.99	90.7	96.7
其中：京津风沙源治理工程建设		17.01		84.4
其他风沙荒漠治理支出		21.98		109.1
退牧还草	25.00	24.37	97.5	120.3
退牧还草工程建设		23.99		123.8
其他退牧还草支出		0.38		46.9
已垦草原退耕还草(款)		0.04		400.0
其中：已垦草原退耕还草(项)		0.04		400.0
能源节约利用(款)	590.43	682.04	115.5	126.6
其中：能源节约利用(项)		682.04		126.6
污染减排	379.81	327.41	86.2	91.8
其中：环境监测与信息		36.10		111.7
环境执法监察		15.43		98.9
减排专项支出		237.63		84.8
清洁生产专项支出		8.40		142.1
其他污染减排支出		29.85		133.3
可再生能源(款)	161.97	197.06	121.7	133.6
其中：可再生能源(项)		197.06		133.6
资源综合利用(款)	93.36	87.82	94.1	99.7
其中：资源综合利用(项)		87.82		99.7
能源管理事务	6.98	6.72	96.3	103.7
其中：行政运行		0.81		109.5
一般行政管理事务		0.31		91.2
机关服务		0.02		33.3
能源预测预警		0.01		33.3
能源战略规划与实施		0.13		92.9
能源行业管理		1.87		113.3
能源管理		0.11		137.5
石油储备发展管理		0.03		4.3
信息化建设		0.06		50.0
事业运行		0.34		109.7
其他能源管理事务支出		3.03		140.9
其他节能环保支出(款)	195.47	271.72	139.0	190.6
其中：其他节能环保支出(项)		271.72		190.6

资料来源：根据中华人民共和国财政部制定的《2013年政府收支分类科目》及《2013年全国公共财政支出决算表》整理。

（十二）城乡社区事务

城乡社区事务类下分设 14 款：城乡社区管理事务、城乡社区规划与管理、城乡社区公共设施、城乡社区环境卫生、建设市场管理与监督、政府住房基金支出、国有土地使用权出让收入安排的支出、城市公用事业附加安排的支出、国有土地收益基金支出、农业土地开发资金支出、新增建设用地土地有偿使用费安排的支出、城市基础设施配套费安排的支出、国有资本经营预算支出、其他城乡社区事务支出。

（十三）农林水事务

农林水事务类下分设 18 款：农业、林业、水利、南水北调、扶贫、农业综合开发、农村综合改革、国有资本经营预算支出、新菜地开发建设基金支出、育林基金支出、森林植被恢复费安排的支出、中央水利建设基金支出、地方水利建设基金支出、大中型水库库区基金支出、三峡水库库区基金支出、南水北调工程基金支出、国家重大水利工程建设基金支出、其他农林水事务支出。

（十四）交通运输

交通运输类下分设 15 款：公路水路运输、铁路运输、民用航空运输、石油价格改革对交通运输的补贴、邮政业支出、车辆购置税支出、国有资本经营预算支出、海南省高等级公路车辆通行附加费安排的支出、转让政府还贷道路收费权收入安排的支出、车辆通行费安排的支出、港口建设费安排的支出、铁路建设基金支出、船舶油污损害赔偿基金支出、民航发展基金支出、其他交通运输支出。

（十五）商业服务业等事务

商业服务业等事务类下分设 6 款：商业流通事务、旅游业管理与服务支出、涉外发展服务支出、国有资本经营预算支出、旅游发展基金支出、其他商业服务业等事务支出。

（十六）其他支出

其他支出类下分设 7 款：年初预留、其他政府性基金支出、汶川地震捐赠支出、彩票发行销售机构业务费安排的支出、国有资本经营预算支出、彩票公益金安排的支出、其他支出。

（十七）转移性支出

转移性支出类下分设 11 款：返还性支出、一般性转移支付、专项转移支付、政府性基金转移支付、地震灾后恢复重建补助支出、调出资金、年终结余、债券转贷支出、援助其他地区支出等。

在《2013年政府收支分类科目》中，类级科目还包括：资源勘探电力信息事务、金融监管等事务、地震灾后恢复重建支出、援助其他地区支出、国土资源气象等事务、住房保障支出、粮油物资储备事务、预备费、国债还本付息支出等，因篇幅所限，在此不逐一介绍，具体的类、款两级科目设置及2013年预决算数详见附表4.1。

第三节 财政支出经济分类

支出经济分类是按支出的经济性质和具体用途所做的一种分类。在支出功能分类明确反映政府职能活动的基础上，支出经济分类明确反映政府的钱究竟是怎么花出去的，对其占用资源类别以及最终资产形成等进行细分，是对功能分类的细化和补充。本节主要根据国际货币基金组织2001年发布的《政府财政统计手册》[①]（简称 GSF），来介绍财政支出经济分类的国际通行的统计分类与方法，以此为参照，认识中国现行财政支出经济分类及其应用。

一、财政支出经济分类的内涵

一国政府由公共当局及其机构构成，是通过政治程序设立的实体，在领土范围内行使立法、司法和行政权力。政府有两大经济责任：一是以非市场基础向社会提供部分商品和服务；二是通过转移支付对收入和财富进行再分配。[②]这些责任主要通过政府的开支交易来完成。而支出的经济分类，是对这些开支交易进行分类的一种方法。

（一）支出经济分类的含义

支出功能分类是按照政府提供公共物品与服务的产出性质进行的分类，反映政府的职能活动，即政府的钱到底被拿来做了什么事。支出的经济分类是按照政府生产公共物品的成本投入进行分类，反映政府支出的经济性质和

[①] 《政府财政统计手册》（Government Finance Statistics Manual）是国际货币基金组织（International Monetary Fund）出版的有关统计方法的一系列国际指导准则中的一份，其主要宗旨是提供一个全面完整的、适于财政政策分析和评估的综合概念和会计框架；旨在提高全球政府财政、操作和监督的责任感和透明度。1986年，《手册》第一版出版。随着联合国国民账户体系（SNA）1993年版的发布，国际货币基金组织在征求各国意见后，于2001年正式发行了新版的《政府财政统计手册》，使得国际货币基金组织的财政统计核算体系与联合国国民账户体系的新标准保持一致。我国2007年实施的政府收支分类改革，努力实现预算收支的分类和科目体系与国际通行标准接轨，《政府财政统计手册》是改革方案的重要依据。

[②] 参见国际货币基金组织发布的《2001年政府财政统计手册》（Chinese），第二章。

具体用途，说明政府的钱是怎样花出去的。

支出经济分类是对政府支出活动更为明晰的反映。当向社会提供非市场基础的商品和服务时，政府单位可能：
- 自己生产商品和服务并予以分配；
- 从第三方购买商品和服务并予以分配；
- 或将资金转移给住户以便他们直接购买商品和服务。

经济分类是对如上活动产生的开支的类型进行识别。可见，支出经济分类是按生产公共产品的生产要素的类型即经济性质所进行的分类。

（二）支出经济分类和功能分类的关系

由于政府资金的流出导致最终的经济影响不同，有的资金购买劳务和商品，属于等价交换；而有的资金用于转移支付，并没有得到报酬，因此，具体而言，支出的经济分类主要是为了了解财政资金的付出是支付了工资还是购买了商品或者是无偿转移等。而支出功能分类则主要提供关于某项开支的目的的信息。

经济和功能分类可以交叉划分，以显示执行某一给定职能的交易的类型。以小学教育为例，从功能分类上看，教育是类级科目，普通教育是款级科目，普通教育下的小学教育就是项级科目，这种分类反映了政府提供的小学教育公共服务；但这一公共服务究竟是怎样提供的，其支出究竟是盖了校舍、买了设备，还是发了工资，可通过支出的经济分类得到信息的细化和补充。

二、国际货币基金组织对财政支出的经济分类

根据国际货币基金组织给出的分类标准，开支的主要经济类别有：雇员报酬、商品和服务的使用、固定资本消耗、利息、补贴、赠与、社会福利和其他开支。

雇员报酬：是作为对所做工作的回报而支付给雇员的现金或实物报酬。除了工资和薪金，雇员报酬还包括广义政府单位代表其雇员进行的社会保险缴款。

商品和服务的使用：是广义政府部门为用于生产过程或再出售而购买的商品和服务的总额减去这些商品和服务存货后的净变化。为用于向住户进行实物转移或赠与而购置、却没有在生产过程中使用的商品和服务不包括在内。

固定资本消耗：是会计期内因物理损耗、正常淘汰和正常意外损坏而造成的固定资产存量价值下降。它总是非现金开支。

利息：是债务人因使用另一单位的资金而产生的开支。

补贴：是政府单位根据企业生产活动的规模或企业生产、出售或进口的商品或服务的数量或价值，向企业支付的经常性转移。

赠与：是非强制性的，支付给另一广义政府单位或国际组织的现金或实物转移。

社会福利：是对住户的经常性转移，以便满足由疾病、失业、退休、住房或家庭环境等事件带来的需要。福利可以现金或实物的形式支付。

其他开支：包括没有划入其他类别的所有开支。主要有：除利息以外的所有财产性支出；一个政府对另一个政府征收的税收、罚金和罚款；对为住户服务的非营利机构的经常性转移；除资本赠与外的其他资本性转移以及非寿险的保险费和索赔。

雇员补偿、商品和服务的使用以及固定资本消耗都与政府自身所从事的生产的成本有关。补贴、赠与、社会福利以及其他杂项开支则与现金或实物形式的转移以及从第三方购买商品和服务以交付给其他单位有关。

表 4-14 概要显示了 GSF 推荐的政府支出的经济分类。

表 4-14 支出的经济分类

2	开支		262	向国际组织提供的
21	雇员补偿		2621	经常性
211	工资和薪金		2622	资本性
2111	现金形式的工资和薪金		263	向其他广义政府单位提供的
2112	实物形式的工资和薪金		2631	经常性
212	社会缴款		2632	资本性
2121	实际的社会缴款		27	社会福利
2122	估算的社会缴款		271	社会保障福利
22	商品和服务的使用		2711	现金形式的社会保障福利
23	固定资本消耗		2712	实物形式的社会保障福利
24	利息		272	社会救济福利
241	向非居民支付的		2721	现金形式的社会救济福利
242	向除广义政府外的居民支付的		2722	实物形式的社会救济福利
243	向其他广义政府单位支付的		273	雇主社会福利
25	补贴		2731	现金形式的雇主社会福利
251	向公共公司提供的		2732	实物形式的雇主社会福利
2511	向非金融公共公司提供的		28	其他开支
2512	向金融公共公司提供的		281	除利息外的财产开支
252	向私人企业提供的		2811	股息（仅包括公共公司）
2521	向非金融私人企业提供的		2812	准公司收入提取（仅包括公共公司）
2522	向金融私人企业提供的		2813	归保单持有者的财产开支
26	赠与		2814	租金
261	向外国政府提供的		282	其他杂项开支
2611	经常性		2821	经常性
2612	资本性		2822	资本性

三、我国现行的财政支出经济分类

（一）我国现行支出经济分类的主要内容

政府收支分类是政府收支科目的总括和抽象，是设置政府收支科目的基本依据，而政府收支科目则是政府收支分类的一种具体表现，是对政府收支分类的进一步分类。

我国现行支出经济分类科目设类、款两级。类级科目包括：工资福利支出（301）[①]、商品和服务支出（302）、对个人和家庭的补助（303）、对企事业单位的补贴（304）、转移性支出（305）、赠与（306）、债务利息支出（307）、债务还本支出（308）、基本建设支出（309）、其他资本性支出（310）、贷款转贷及产权参股（311）、其他支出（399），共计12类。

款级科目是对类级科目的细化，主要体现部门预算编制和单位财务管理等有关方面的要求，如将工资福利支出细分为基本工资（01）、津贴补贴（02）、社会保障缴费（04）等。

政府收支分类改革实施以来，结合预算管理工作的实际需要，每年的政府收支分类科目都在不断细化调整。最新的支出经济分类的类、款两级科目代码、名称及具体说明，参见财政部发布的2013年《政府收支分类科目》，见表4-15。

表4-15 财政部发布的2013年《政府收支分类科目》中的支出经济分类科目

科目编码		科目名称	说　　明
类	款		
301		工资福利支出	反映单位开支的在职职工和编制外长期聘用人员的各类劳动报酬，以及为上述人员缴纳的各项社会保险费等。
	01	基本工资	反映按规定发放的基本工资，包括公务员的职务工资、级别工资；机关工人的岗位工资、技术等级工资；事业单位工作人员的岗位工资、薪级工资；各类学校毕业生试用期（见习期）工资、新参加工作工人学徒期、熟练期工资；军队（武警）军官、文职干部的职务（专业技术等级）工资、军衔（级别）工资、基础工资和军龄工资；军队士官的军衔等级工资、基础工资和军龄工资等。
	02	津贴补贴	反映经国家批准建立的机关事业单位艰苦边远地区津贴、机关工作人员地区附加津贴、机关工作人员岗位津贴、事业单位工作人员特殊岗位津贴补贴。
	03	奖金	反映机关工作人员年终一次性奖金。

[①] 每一分类类别后括号中的数字是我国政府收支分类科目中的分类代码。

续表

科目编码 类	款	科目名称	说　　明
	04	社会保障缴费	反映单位为职工缴纳的基本养老、基本医疗、失业、工伤、生育等社会保险费，残疾人就业保障金，军队（含武警）为军人缴纳的伤亡、退役医疗等社会保险费。
	05	伙食费	反映军队、武警义务兵、供给制学员伙食费和干部、士官灶差补助等支出。
	06	伙食补助费	反映单位发给职工的伙食补助费，如误餐补助等。
	07	绩效工资	反映事业单位工作人员的绩效工资。
	99	其他工资福利支出	反映上述项目未包括的人员支出，如各种加班工资、病假两个月以上期间的人员工资、编制外长期聘用人员，公务员及参照和依照公务员制度管理的单位工作人员转入企业工作并按规定参加企业职工基本养老保险后给予的一次性补贴等。
302		商品和服务支出	反映单位购买商品和服务的支出（不包括用于购置固定资产的支出、战略性和应急储备支出，但军事方面的耐用消费品和设备的购置费、军事性建设费以及军事建筑物的购置费等在本科目中反映。）
	01	办公费	反映单位购买按财务会计制度规定不符合固定资产确认标准的日常办公用品、书报杂志等支出。
	02	印刷费	反映单位的印刷费支出。
	03	咨询费	反映单位咨询方面的支出。
	04	手续费	反映单位支付的各类手续费支出。
	05	水费	反映单位支付的水费、污水处理费等支出。
	06	电费	反映单位的电费支出。
	07	邮电费	反映单位开支的信函、包裹、货物等物品的邮寄费及电话费、电报费、传真费、网络通信费等。
	08	取暖费	反映单位取暖用燃料费、热力费、炉具购置费、锅炉临时工的工资、节煤奖以及由单位支付的在职职工和离退休人员宿舍取暖费等。
	09	物业管理费	反映单位开支的办公用房、职工及离退休人员宿舍等的物业管理费，包括综合治理、绿化、卫生等方面的支出。
	11	差旅费	反映单位工作人员出差的住宿费、旅费、伙食补助费、杂费，干部及大中专学生调遣费，调干家属旅费补助等。
	12	因公出国（境）费用	反映单位工作人员公务出国（境）的住宿费、旅费、伙食补助费、杂费、培训费等支出。
	13	维修（护）费	反映单位日常开支的固定资产（不包括车船等交通工具）修理和维护费用，网络信息系统运行与维护费用，以及按规定提取的修购基金。
	14	租赁费	反映租赁办公用房、宿舍、专用通信网以及其他设备等方面的费用。
	15	会议费	反映会议中按规定开支的房租费、伙食补助费以及文件资料的印刷费、会议场地租用费等。

续表

科目编码		科目名称	说 明
类	款		
	16	培训费	反映各类培训支出。按标准提取的"职工教育经费"也在本科目中反映。
	17	公务接待费	反映单位按规定开支的各类公务接待（含外宾接待）费用。
	18	专用材料费	反映单位购买日常专用材料的支出。具体包括药品及医疗耗材，农用材料，兽医用品，实验室用品，专用服装，消耗性体育用品，专用工具和仪器，艺术部门专用材料和用品，广播电视台发射台发射机的电力、材料等方面的支出。
	19	装备购置费	反映军队（含武警）购置装备的支出。
	20	工程建设费	反映军队（含武警）工程建设方面的支出。
	21	作战费	反映军队（含武警）作战、防卫方面的支出。
	22	军用油料费	反映军队（含武警）军事装备的油料费支出。
	23	军队其他运行维护费	反映军队（含武警）的其他运行维护费。
	24	被装购置费	反映法院、检察院、政府各部门以及军队（含武警）的被装购置支出。
	25	专用燃料费	反映用作业务工作设备的车、船设施等的油料支出。
	26	劳务费	反映支付给单位和个人的劳务费用，如临时聘用人员、钟点工工资，稿费、翻译费，评审费等。
	27	委托业务费	反映因委托外单位办理业务而支付的委托业务费。
	28	工会经费	反映单位按规定提取的工会经费。
	29	福利费	反映单位按规定提取的福利费。
	31	公务用车运行维护费	反映公务用车租用费、燃料费、维修费、过桥过路费、保险费、安全奖励费用等支出。
	39	其他交通费用	反映单位除公务用车运行维护费以外的其他交通费用。如飞机、船舶等的燃料费、维修费、过桥过路费、保险费、出租车费用等。
	40	税金及附加费用★	反映单位提供劳务或销售产品应负担的税金及附加费用。包括营业税、消费税、城市维护建设税、资源税和教育费附加等。
	99	其他商品和服务支出	反映上述科目未包括的日常公用支出。如行政赔偿费和诉讼费、国内组织的会员费、来访费、广告宣传、其他劳务费及离休人员特需费、公用经费等。
303		对个人和家庭的补助	反映政府用于对个人和家庭的补助支出。
	01	离休费	反映行政事业单位和军队移交政府安置的离休人员的离休费、护理费和其他补贴。
	02	退休费	反映行政事业单位和军队移交政府安置的退休人员的退休费和其他补贴。

续表

科目编码		科目名称	说　明
类	款		
	03	退职（役）费	反映行政事业单位退职人员的生活补贴，一次性支付给职工或军官、军队无军籍退职职工、运动员的退职补助，一次性支付给军官、文职干部、士兵、义务兵的退役费，按月支付给自主择业的军队转业干部的退役金。
	04	抚恤金	反映按规定开支的烈士遗属、牺牲病故人员遗属的一次性和定期抚恤金，伤残人员的抚恤金，离退休人员等其他人员的各项抚恤金。
	05	生活补助	反映按规定开支的优抚对象定期定量生活补助费，退役军人生活补助费，行政事业单位职工和遗属生活补助，因公负伤等住院治疗、住疗养院期间的伙食补助费，长期赡养人员补助费，由于国家实行退耕还林禁牧舍饲政策补偿给农牧民的现金、粮食支出，对农村党员、复员军人以及村干部的补助支出，看守人员和犯人的伙食费、药费等。
	06	救济费	反映按规定开支的城乡贫困人员、灾民、归侨、外侨及其他人员的生活救济费，包括城市居民的最低生活保障费，随同资源枯竭矿山破产但未参加养老保险统筹的矿山所属集体企业退休人员按最低生活保障标准发放的生活费，农村五保供养对象、贫困户、麻风病人的生活救济费，精简退职老弱残职工救济费，福利、救助机构发生的收养费以及救助支出等。实物形式的救济也在此科目反映。
	07	医疗费★	反映行政事业单位在职职工、离退休人员的医疗费，军队移交政府安置的离退休人员的医疗费，学生医疗费，优抚对象医疗补助，以及按国家规定资助农民参加新型农村合作医疗和城镇居民参加城镇居民基本医疗保险的支出和对城乡贫困家庭的医疗救助支出。
	08	助学金	反映各类学校学生助学金、奖学金、学生贷款、出国留学（实习）人员生活费，青少年业余体校学员伙食补助费和生活费补贴，按照协议由我方负担或享受我方奖学金的来华留学生、进修生生活费等。
	09	奖励金	反映政府各部门的奖励支出，如对个体私营经济的奖励、计划生育目标责任奖励、独生子女父母奖励等。
	10	生产补贴	反映各种对个人发放的生产补贴支出，如国家对农民发放的农机具购置补贴、良种补贴、粮食直补以及发放给残疾人的各种生产经营补贴等。
	11	住房公积金	反映行政事业单位按人事部和财政部规定的基本工资和津贴补贴以及规定比例为职工缴纳的住房公积金。
	12	提租补贴	反映按房改政策规定的标准，行政事业单位向职工（含离退休人员）发放的租金补贴。

续表

科目编码 类 款		科目名称	说　明
	13	购房补贴	反映按房改政策规定,行政事业单位向符合条件职工（含离退休人员）、军队（含武警）向转役复员离退休人员发放的用于购买住房的补贴。
	99	其他对个人和家庭的补助支出	反映未包括在上述科目的对个人和家庭的补助支出，如婴幼儿补贴、职工探亲旅费、退职人员及随任家属路费、符合条件的退役回乡义务兵一次性建房补助、符合安置条件的城镇退役士兵自谋职业的一次性经济补助费、对农户的生产经营补贴等。
304		对企事业单位的补贴	反映政府对各类企业、事业单位及民间非营利组织的补贴。
	01	企业政策性补贴	反映对企业的政策性补贴。
	02	事业单位补贴	反映对事业单位的补贴支出。
	03	财政贴息	反映国家财政对国家重点支持的企业和项目给予的贷款利息补助。
	04	国有资本经营预算费用性支出	反映用国有资本经营预算弥补国有企业改革成本等方面的费用性支出。
	99	其他对企事业单位的补贴支出	反映除上述项目以外其他对企事业单位的补贴支出。
305		转移性支出	反映政府的转移性支出。
	01	不同级政府间转移性支出	反映不同级政府间的转移性支出。
	02	同级政府间转移性支出	反映同级政府间的转移性支出。
306		赠与	反映对国内、外政府、组织等提供的援助、捐赠以及交纳国际组织会费等方面的支出。
	01	对国内的赠与	反映对国内组织、政府等提供的捐赠支出。
	02	对国外的赠与	反映对国际组织、国外政府等提供的双边援助，交纳的会费以及有关捐赠方面的支出。
307		债务利息支出	反映政府和单位的债务利息支出。
	01	国内债务付息	反映当年用于偿还国内债务利息的支出。
	02	向国家银行借款付息	反映向国家银行借款的付息支出。
	03	其他国内借款付息	反映向其他国内借款的付息支出。
	04	向外国政府借款付息	反映当年用于偿还向外国政府借款的利息支出。
	05	向国际组织借款付息	反映当年用于偿还向国际组织借款的利息支出。
	06	其他国外借款付息	反映当年用于偿还其他国外借款的利息支出。
308		债务还本支出	反映政府和单位归还各类借款本金方面的支出。债务利息列入"债务利息支出"，不在此科目反映。
	01	国内债务还本	反映归还各类国内借款本金方面的支出。

续表

科目编码 类	科目编码 款	科目名称	说明
	02	国外债务还本	反映归还各类国外借款本金方面的支出。
309		基本建设支出	反映各级发展与改革部门集中安排的一般预算财政拨款（不包括政府性基金、预算外资金以及各类拼盘自筹资金等）用于购置固定资产、战略性和应急性储备、土地和无形资产，以及购建基础设施、大型修缮所发生的支出。
	01	房屋建筑物购建	反映用于购买、自行建造办公用房、仓库、职工生活用房、教学科研用房、学生宿舍、食堂等建筑物（含附属设施，如电梯、通信线路、水气管道等）的支出。
	02	办公设备购置	反映用于购置并按财务会计制度规定纳入固定资产核算范围的办公家具和办公设备的支出。
	03	专用设备购置	反映用于购置具有专门用途、并按财务会计制度规定纳入固定资产核算范围的各类专用设备的支出。如通信设备、发电设备、交通监控设备、卫星转发器、气象设备、进出口监管设备等。
	05	基础设施建设	反映用于农田设施、道路、铁路、桥梁、水坝和机场、车站、码头等公共基础设施建设方面的支出。
	06	大型修缮	反映按财务会计制度规定允许资本化的各类设备、建筑物、公共基础设施等大型修缮的支出。
	07	信息网络及软件购置更新	反映政府用于信息网络方面的支出。如计算机硬件、软件购置、开发、应用支出等，如果购建的计算机硬件、软件等不符合财务会计制度规定的固定资产确认标准的，不在此科目反映。
	08	物资储备	反映政府、军队为应付战争、自然灾害或意料不到的突发事件而提前购置的具有特殊重要性的军事用品、石油、医药、粮食等战略性和应急性物质储备支出。
	13	公务用车购置	反映公务用车车辆购置支出（含车辆购置税）。
	19	其他交通工具购置	反映单位除公务用车外的其他各类交通工具（如船舶、飞机等）购置支出（含车辆购置税）。
	99	其他基本建设支出	反映著作权、商标权、专利权等无形资产购置支出，以及其他上述科目中未包括的资本性支出。如娱乐、文化和艺术原作的使用权、购买国内外影片播映权、购置图书等。
310		其他资本性支出	反映非各级发展与改革部门集中安排的用于购置固定资产、战略性和应急性储备、土地和无形资产，以及购建基础设施、大型修缮和财政支持企业更新改造所发生的支出。
	01	房屋建筑物购建	反映用于购买、自行建造办公用房、仓库、职工生活用房、教学科研用房、学生宿舍、食堂等建筑物（含附属设施，如电梯、通信线路、水气管道等）的支出。
	02	办公设备购置	反映用于购置并按财务会计制度规定纳入固定资产核算范围的办公家具和办公设备的支出。

续表

科目编码		科目名称	说　明
类	款		
	03	专用设备购置	反映用于购置具有专门用途、并按财务会计制度规定纳入固定资产核算范围的各类专用设备的支出。如通信设备、发电设备、交通监控设备、卫星转发器、气象设备、进出口监管设备等。
	05	基础设施建设	反映用于农田设施、道路、铁路、桥梁、水坝和机场、车站、码头等公共基础设施建设方面的支出。
	06	大型修缮	反映按财务会计制度规定允许资本化的各类设备、建筑物、公共基础设施等大型修缮的支出。
	07	信息网络及软件购置更新	反映政府用于信息网络方面的支出。如计算机硬件、软件购置、开发、应用支出等，如果购建的计算机硬件、软件等不符合财务会计制度规定的固定资产确认标准的，不在此科目反映。
	08	物资储备	反映政府、军队为应付战争、自然灾害或意料不到的突发事件而提前购置的具有特殊重要性的军事用品、石油、医药、粮食等战略性和应急性物质储备支出。
	09	土地补偿	反映地方人民政府在征地和收购土地过程中支付的土地补偿费。
	10	安置补助	反映地方人民政府在征地和收购土地过程中支付的安置补助费。
	11	地上附着物和青苗补偿	反映地方人民政府在征地和收购土地过程中支付的地上附着物和青苗补偿费。
	12	拆迁补偿	反映地方人民政府在征地和收购土地过程中支付的拆迁补偿费。
	13	公务用车购置	反映公务用车车辆购置支出（含车辆购置税）。
	19	其他交通工具购置	反映单位除公务用车外的其他各类交通工具(如船舶、飞机等)购置支出（含车辆购置税）。
	99	其他资本性支出	反映著作权、商标权、专利权等无形资产购置支出，以及其他上述科目中未包括的资本性支出。如娱乐、文化和艺术原作的使用权、购买国内外影片播映权、购置图书等。
311		**贷款转贷及产权参股**	反映政府部门发放的贷款和向企业参股投资方面的支出。
	01	国内贷款	反映政府部门向国内有关单位发放的贷款（如农业开发资金中有偿使用部分在此科目反映）。
	02	国外贷款	反映政府部门向国际组织和国外政府提供的贷款（如援外支出中的有偿使用部分在此科目反映）。
	03	国内转贷	中央与地方共用科目。反映政府部门向外国政府、国外金融机构或上级政府借款转贷给下级政府、相关部门和企业的款项。
	04	国外转贷	反映政府部门向外国政府、国内金融机构借款转贷给国外有关机构和企业的款项。

续表

科目编码		科目名称	说明
类	款		
	05	产权参股	反映政府购买国际组织股权和对企业投资参股的支出。由于政策性原因对其给予补贴，不在此科目反映。
	06	国有资本经营预算资本性支出	反映用国有资本经营预算向新设企业注入国有资本、向现有企业补充国有资本和认购有限责任公司、股份有限公司股权(股份)等资本性支出。
	99	其他贷款转贷及产权参股支出	反映除上述项目以外其他用于贷款转贷及产权参股方面的支出。
399		其他支出	财政部门或有预算分配权的部门专用科目。反映不能划分到上述经济科目的其他支出。
	01	预备费	财政部门专用。
	02	预留	有预算分配权的部门专用。
	03	补充全国社会保障基金	反映由国有股减持收入和其他财政资金补充全国社会保障基金的支出。
	04	未划分的项目支出	反映未按上述科目细分的项目支出。
	05	国有资本经营预算其他支出	反映用国有资本经营预算收入安排的除资本性支出和费用性支出以外的支出。
	99	其他支出	反映除上述项目以外的其他支出。

对比表 4-14 与 4-15 可以看出，我国支出经济分类同 GSF 推荐的支出经济分类不完全一致，这与我国政府职能的转变、财政收支管理的历史沿革以及现实管理需要有极大相关性。例如，基本建设支出本身并不属于对政府交易的分类，因此，在 GFS 中没有基本建设支出的对应项，我国设置该科目，仅是出于管理需要的考虑，同时，在现阶段单独反映，也有利于统计分析。再如，我国的政府收支分类把债务还本支出、贷款转贷及产权参股也纳入了政府支出的经济分类中，而 GFS 则是在"政府的债务操作"中予以反映。此外，我国支出经济分类中不含有固定资本消耗这一分类。

（二）现行经济分类在我国支出分类中的演变

我国传统支出分类体系是一种管理部门、功能分类和经济分类相互混杂的分类体系。科目主要根据经费性质将政府支出划分为类、款、项三级，而在行政事业费支出类、款、项科目之后设置支出目级科目，如基本工资、办公费、福利费等，反映各项行政事业经费的具体开支用途。各行政事业单位则在国家统一规定的目级科目下，再分节级科目，分析考核各项费用开支的具体用途。这类科目相当于新的支出经济分类，但它涵盖的范围偏窄，财政预算中大多数资本性项目支出，以及用于转移支付和债务等方面的支出都没有经济分类科目反映。另外，原有目级科目也不够明细、规范和完整。这些对细化预算编制、加强预算单位财务会计核算，以及提高财政信息化水平都有不利影响。

与原支出目级科目相比，新的支出经济分类主要有三个方面的变化：

（1）体系更加完整。将原来一个粗略反映政府部门支出性质的附属科目表，转变成一个可按支出具体用途独立反映全部政府支出活动的分类系统。现行的支出经济分类除将原目级科目的人员支出、公用支出两大部分进一步充实、细化为工资福利、商品和服务支出、对个人和家庭的补助三大类外，还补充了资本性支出、债务支出等内容。

（2）科目充分细化。按预算管理要求分设90多个款级科目，更好地满足细化预算和强化经济分析的要求。

（3）适用范围扩大。原支出目级科目只能反映预算单位行政事业经费的开支情况，而新的经济分类可以明晰地反映包括基本建设在内的所有政府支出情况。

（三）支出经济分类在财政管理中的应用

政府收支分类在财政管理中主要应用于以下几个方面：

（1）编制和汇总预决算。各地区、各部门、各单位的预决算收支，都要按照政府收支分类统一规定的科目填报汇总；

（2）办理预算缴、拨款。各单位和个人都要按照政府收支分类科目填制专用凭证，办理缴、拨款，进行对账和结算；

（3）组织会计核算。各级财政总会计、各单位预算会计的收支明细账，都要按政府收支分类科目进行核算；

（4）报告预算执行情况。各地区、各部门、各单位都要按照政府收支分类科目，定期汇编总预算和单位预算收支执行情况表，以便各级人大、政府、社会公众及时了解预算收支执行情况；

（5）进行财务考核分析。行政事业单位可以综合运用支出功能分类和经济分类，对既定的行政事业计划任务和单位预算进行分析比较、绩效考核；

（6）进行财政收支统计。政府财政收支数据只有按统一的政府收支分类科目进行归集、整理，才可与有关历史数据、国际数据进行合理的对比分析。

值得注意的是，按支出经济分类编制、审批预算尚未完全实现。目前，财政部给全国人大提交的预算草案，是收入按类别、支出按功能编制的预算，而非按经济分类编制的预算。

从部门预算看，支出预算由基本支出预算和项目支出预算构成。基本支出定额项目由支出经济分类款级科目进行合理调整、归并而形成。基本支出定额项目包括人员经费和日常公用经费两部分。人员经费包括政府收支分类的支出经济分类科目中的"工资福利支出"和"对个人和家庭的补助"。具体定额项目包括：基本工资、津补贴及奖金、社会保障缴费、离退休费、医疗费、助学金、住房补贴和其他人员经费等。日常公用经费包括政府收支分类的支出经济分类科目中的"商品和服务支出"和"其他资本性支出"中属于基本支出内容的支出。具体定额项目包括：办公及印刷费、水电费、邮电费、取暖费、物业管理费、交通费、差旅费、日常维修费、会议费、专用材料费、一般购置费（包括一般办公设备购置费、一般专用设备购置费、一般交通工具购置费、一般装备购置费等）、福利费和其他公用经费等。

但就项目支出预算而言，目前尚未实现全部部门按照支出经济分类编制、审批，而是处于试点阶段，中央本级以及各地方推进情况不一。例如，《中央本级项目支出预算管理办法》（财预〔2007〕38号）文件中指出，按支出经济分类编制项目预算的试点部门，其项目申报要根据财政部有关规定要求，同时按照政府收支分类科目功能分类和经济分类编制预算，财政部批复试点中央部门年初项目支出预算时，仅批复项目支出功能分类预算，暂不批复项目支出经济分类预算；绝大多数地方政府对项目支出预算编制的支出经济分类没有做出明确规定；而《北京市市级项目支出预算管理办法》明确指出，项目支出预算编制要明细到政府收支分类科目中支出经济分类的"款"级科目（部分到"项"级科目）。

附表4.1 2013年全国公共财政支出预、决算表（单位：亿元）

项　　目	预算数	决算数	决算数为预算数的%	决算数为上年决算数的%
一、一般公共服务	13269.95	13755.13	103.7	108.3
其中：人大事务	263.70	258.54	98.0	100.4
政协事务	187.87	187.64	99.9	102.4
政府办公厅（室）及相关机构事务	3890.44	3991.06	102.6	107.2
发展与改革事务	366.15	395.56	108.0	111.7
统计信息事务	150.86	183.12	121.4	125.0
财政事务	669.54	675.63	100.9	101.0
税收事务	1550.45	1585.19	102.2	104.1
审计事务	151.72	163.48	107.8	108.8
海关事务	128.80	118.78	92.2	82.7
人力资源事务	333.96	316.50	94.8	97.5
人口与计划生育事务	843.74	907.53	107.6	111.6
商贸事务	439.44	479.52	109.1	111.3
知识产权事务	55.69	58.68	105.4	113.5

续表

项　　目	预算数	决算数	决算数为预算数的%	决算数为上年决算数的%
工商行政管理事务	493.71	503.52	102.0	104.0
质量技术监督与检验检疫事务	423.79	446.73	105.4	104.0
民族事务	35.80	43.94	122.7	128.1
档案事务	74.90	82.92	110.7	113.4
群众团体事务	208.45	222.23	106.6	107.5
其他一般公共服务支出（款）	1331.88	1412.09	106.0	133.6
二、外交	358.87	355.76	99.1	106.6
其中：外交管理事务	6.76	38.20	565.1	428.3
三、国防	7406.22	7410.62	100.1	110.7
四、公共安全	7690.80	7786.78	101.2	109.5
其中：武装警察	1361.73	1393.60	102.3	111.8
公安	3969.98	3938.72	99.2	109.1
检察	494.95	513.57	103.8	110.6
法院	720.90	741.45	102.9	111.1
司法	224.74	229.16	102.0	108.2
缉私警察	22.28	17.19	77.2	97.8
其他公共安全支出	159.12	163.95	103.0	113.6
五、教育	23034.74	22001.76	95.5	103.6
其中：教育管理事务	502.99	409.69	81.5	105.6
普通教育	17492.65	16579.70	94.8	102.4
职业教育	1851.79	1841.58	99.4	108.1
成人教育	43.65	43.07	98.7	107.2
广播电视教育	38.72	38.40	99.2	123.8
留学教育	52.25	52.17	99.8	192.2
特殊教育	75.78	71.15	93.9	103.3
教师进修及干部继续教育	304.85	284.26	93.2	103.7
教育费附加安排的支出	1528.82	1443.10	94.4	106.4
其他教育支出（款）	1143.25	1238.64	108.3	107.3
六、科学技术	4906.53	5084.30	103.6	114.2
其中：科学技术管理事务		111.49		116.6
基础研究	402.94	406.66	100.9	112.4
应用研究	1513.17	1463.93	96.7	113.0
技术研究与开发		1220.02		112.0
科技条件与服务	174.10	183.68	105.5	113.5
社会科学	65.45	68.10	104.0	117.8
科学技术普及	90.02	98.47	109.4	120.1
科技交流与合作	26.96	25.48	94.5	85.4
七、文化体育与传媒	2504.43	2544.39	101.6	112.2
其中：文化	819.29	858.59	104.8	113.4
文物	258.54	314.14	121.5	121.0
体育	292.26	299.08	102.3	109.8

续表

项　目	预算数	决算数	决算数为预算数的%	决算数为上年决算数的%
广播影视	598.78	549.87	91.8	102.3
新闻出版	134.02	112.27	83.8	88.8
八、社会保障和就业	14281.67	14490.54	101.5	115.1
其中：人力资源和社会保障管理事务	530.12	537.89	101.5	109.3
民政管理事务	444.60	492.37	110.7	121.8
财政对社会保险基金的补助	4054.98	4403.14	108.6	115.0
行政事业单位离退休	3458.83	3208.43	92.8	112.6
企业改革补助	238.20	214.26	89.9	119.8
就业补助	859.83	822.56	95.7	111.7
抚恤	578.49	680.59	117.6	123.0
退役安置	381.68	427.22	111.9	117.4
社会福利	300.43	337.61	112.4	111.8
残疾人事业	111.33	121.06	108.7	119.4
其他城市生活救助	81.51	78.32	96.1	107.9
自然灾害生活救助	295.84	240.91	81.4	88.6
红十字事业	15.70	15.50	98.7	106.8
农村最低生活保障	856.72	861.04	100.5	123.2
其他农村生活救助	238.47	232.30	97.4	118.3
补充道路交通事故社会救助基金		6.40		185.5
其他社会保障和就业支出（款）	767.33	847.56	110.5	130.0
九、医疗卫生	8145.73	8279.90	101.6	114.3
其中：医疗卫生管理事务	198.96	195.58	98.3	112.6
公立医院	1131.17	1156.84	102.3	114.1
基层医疗卫生机构	969.34	918.13	94.7	106.4
公共卫生	1260.13	1205.74	95.7	109.4
医疗保障	4022.08	4294.11	106.8	117.4
中医药	18.19	23.06	126.8	144.4
食品和药品监督管理事务	170.32	170.05	99.8	112.0
其他医疗卫生支出（款）	375.55	316.39	84.2	118.1
十、节能环保	3286.47	3435.15	104.5	115.9
其中：环境保护管理事务	152.50	165.96	108.8	115.1
环境监测与监察	41.24	43.85	106.3	118.2
污染防治	895.34	904.79	101.1	110.2
自然生态保护	186.29	224.63	120.6	132.1
天然林保护	182.45	175.22	96.0	109.4
退耕还林	332.62	284.53	85.5	97.8
风沙荒漠治理	43.01	38.99	90.7	96.7
退牧还草	25.00	24.37	97.5	120.3
已垦草原退耕还草（款）		0.04		400.0
能源节约利用（款）	590.43	682.04	115.5	126.6
污染减排	379.81	327.41	86.2	91.8

续表

项目	预算数	决算数	决算数为预算数的%	决算数为上年决算数的%
可再生能源（款）	161.97	197.06	121.7	133.6
资源综合利用（款）	93.36	87.82	94.1	99.7
能源管理事务	6.98	6.72	96.3	103.7
其他节能环保支出（款）	195.47	271.72	139.0	190.6
十一、城乡社区事务	9702.39	11165.57	115.1	123.0
其中：城乡社区管理事务	1413.85	1550.60	109.7	120.7
城乡社区规划与管理（款）	219.45	238.11	108.5	126.2
城乡社区公共设施	4784.02	5524.49	115.5	120.0
城乡社区环境卫生（款）	1051.35	1163.80	110.7	118.7
建设市场管理与监督（款）	31.18	32.42	104.0	110.0
其他城乡社区事务支出（款）	2202.54	2656.15	120.6	133.3
十二、农林水事务	13289.10	13349.55	100.5	110.7
其中：农业	5648.11	5561.57	98.5	109.5
林业	1128.08	1204.34	106.8	118.2
水利	3459.66	3338.93	96.5	102.1
南水北调	63.39	95.61	150.8	208.3
扶贫	725.67	841.00	115.9	121.7
农业综合开发	520.16	521.14	100.2	112.7
农村综合改革	1187.90	1148.03	96.6	116.3
引导金融机构支农补助		68.22		84.3
其他农林水事务支出（款）	556.14	570.71	102.6	136.0
十三、交通运输	8396.41	9348.82	111.3	114.1
其中：公路水路运输	3671.47	4327.77	117.9	124.7
铁路运输	551.05	788.89	143.2	89.3
民用航空运输		254.55		148.5
石油价格改革对交通运输的补贴	808.83	637.36	78.8	85.7
邮政业支出	80.15	78.78	98.3	78.4
车辆购置税支出	2418.00	2505.33	103.6	116.3
其他交通运输支出（款）	700.31	756.14	108.0	112.5
十四、资源勘探电力信息等事务	4483.47	4899.06	109.3	111.1
其中：资源勘探开发和服务支出	208.24	245.25	117.8	120.8
制造业		682.64		106.9
建筑业	32.10	23.74	74.0	77.2
电力监管支出	185.04	221.59	119.8	107.9
工业和信息产业监管支出	289.20	338.95	117.2	117.4
安全生产监管	209.11	224.63	107.4	112.1
国有资产监管	130.03	144.13	110.8	120.2
支持中小企业发展和管理支出	1613.41	1856.24	115.1	118.4
其他资源勘探电力信息等事务支出（款）	1181.74	1161.89	98.3	100.7
十五、商业服务业等事务	1427.05	1362.06	95.4	99.3
其中：商业流通事务	692.12	524.82	75.8	78.7

续表

项　目	预算数	决算数	决算数为预算数的%	决算数为上年决算数的%
旅游业管理与服务支出	251.24	278.22	110.7	118.1
涉外发展服务支出	225.52	263.73	116.9	118.7
其他商业服务业等事务支出（款）	258.17	295.29	114.4	119.5
十六、金融监管等事务支出	388.63	377.29	97.1	99.7
其中：金融部门行政支出		56.39		101.8
金融部门监管支出		13.46		98.9
金融发展支出	98.77	124.85	126.4	133.9
金融调控支出		0.21		
十七、地震灾后恢复重建支出	10.00	42.79	427.9	41.2
其中：倒塌毁损民房恢复重建		0.67		40.4
基础设施恢复重建		2.25		7.5
公益服务设施恢复重建		2.43		99.2
农业林业恢复生产和重建		0.11		32.4
党政机关恢复重建		2.18		121.1
军队武警恢复重建支出		0.03		42.9
其他恢复重建支出（款）		34.87		53.6
十八、援助其他地区支出		158.54		125.3
其中：一般公共服务		13.22		114.0
十九、国土资源气象等事务	1672.00	1906.12	114.0	114.4
其中：国土资源事务	1327.42	1503.75	113.3	116.8
海洋管理事务	130.07	173.60	133.5	100.4
测绘事务	37.00	42.42	114.6	121.9
地震事务	39.96	42.50	106.4	111.8
气象事务	125.84	132.80	105.5	104.5
其他国土资源气象等事务支出		11.05		195.6
二十、住房保障支出	4683.89	4480.55	95.7	100.0
其中：保障性安居工程支出	3321.50	3013.27	90.7	95.7
住房改革支出	1237.12	1318.17	106.6	108.6
城乡社区住宅	125.27	149.11	119.0	127.5
二十一、粮油物资储备事务	1644.09	1649.42	100.3	119.8
其中：粮油事务	782.19	723.43	92.5	99.4
物资事务		20.25		93.7
粮油储备	499.82	544.03	108.8	139.7
二十二、政府债务付息支出	2980.33	3056.21	102.5	116.0
其中：国内债务付息	2421.06	2464.33	101.8	113.1
国内外债务发行	32.24	29.96	92.9	131.9
补充还贷准备金	359.11	377.09	105.0	127.1
地方政府债券付息		162.39		141.3
二十三、其他支出	3233.23	3271.79	101.2	131.8
其中：汶川地震捐赠支出		-0.04		-23.5
其他支出（款）		3271.83		133.9

续表

项　目	预算数	决算数	决算数为预算数的%	决算数为上年决算数的%
二十四、预备费	1450.00			
全国公共财政支出	138246.00	140212.10	101.4	111.3
补充中央预算稳定调节基金		1206.80		484.8
地方政府债券还本支出	1384.00	1384.00	100.0	69.2

注：本表中全国公共财政支出预算数为中央本级支出预算数、中央预备费、中央代编的地方财政支出预算数三项之和。本表中部分预算科目决算数与预算数有较大差异的主要原因：一是中央代编的地方财政支出预算不尽准确；二是2013年预算执行中压减了一部分财政支出。

练习题

一、名词解释

1. 政府收支分类改革
2. 财政支出功能分类
3. 财政支出经济分类

二、判断题

1. 根据 GSF 的论述，政府有两大经济责任：一是以市场基础向社会提供部分商品和服务；二是通过转移支付对收入和财富进行再分配。（　　）

2. 支出功能分类是按照政府提供公共物品与服务的产出性质进行的分类，反映政府的职能活动；支出的经济分类是按照政府生产公共物品的成本投入进行分类，反映政府支出的经济性质和具体用途。（　　）

3. 2013 年政府收支分类科目中，外交类下分设 8 款：外交管理事务、驻外机构、对外援助、国际组织、对外合作与交流、对外宣传、边界勘界联检、其他外交支出。（　　）

4. 商品和服务的使用（22）包括为生产商品和服务而使用的商品和服务，未被广义政府单位在生产过程中使用的商品和服务划作转移支付。（　　）

5. 根据 GSF 标准，补贴不仅可以向生产者支付，还可以支付给最终消费者；补贴只是经常性转移不是资本性转移。（　　）

6. 所有的社会福利都是资本性转移；没有一种社会福利是经常性转移。（　　）

7. 我国现行支出经济分类科目设类、款两级，类级科目包括 12 类，款

级科目是对类级科目的细化，主要体现部门预算编制和单位财务管理等有关方面的要求。（　　）

三、不定项选择题

1. 政府收支分类体系是建立在（　　）基础上的。
   A. 明确的政府收支范围
   B. 政府职能
   C. 管理需要
   D. 财政收支规模

2. 下面哪一项不是文化体育与传媒类中的款（　　）。
   A. 文化　　B. 文物　　C. 体育　　D. 媒体

3. 经济分类是对政府单位（　　）活动产生的开支的类型进行识别。
   A. 直接投资
   B. 自己生产商品和服务并予以分配
   C. 从第三方购买商品和服务并予以分配
   D. 将资金转移给住户以便他们直接购买商品和服务

4. 按国际货币基金组织最新政府财政统计标准，政府财政支出功能分类包括（　　）。
   A. 一般公共服务　　　　B. 国防
   C. 雇员补偿　　　　　　D. 商品和服务的使用

5. 支出经济分类主要内容中，（　　）与政府自身所从事的生产的直接成本有关。
   A. 雇员补偿
   B. 社会福利
   C. 商品和服务的使用
   D. 赠与
   E. 固定资本消耗

6. 拖延支付税收而产生的利息，或与违反税收管理规定有关的利息，视为得到税收的政府单位的（　　）。如果这一利息由广义政府单位支付，那么它被划作税收支付，应记入（　　）。
   A. 税收收入
   B. 罚没收入
   C. 向其他广义政府单位支付的利息（243）
   D. 其他杂项开支（282）

7. 政府单位直接向作为消费者的住户进行的转移以及向为住户服务的非营利性机构进行的多数转移视为（　　），具体取决于支付的原因。

　　A. 补贴（25）
　　B. 社会福利（27）
　　C. 其他杂项开支（282）
　　D. 商品和服务的使用（22）

8. 赠与是一个政府单位向另一政府单位或国际组织进行的非强制性的（　　）或（　　）转移。

　　A. 经常性　　　　　　　　B. 现金形式
　　C. 资本性　　　　　　　　D. 实物形式

9. 社会救济福利（272）是为满足与社会保障福利相同的需要而对住户支付的转移，但这种支付不通过社会保障计划。社会救济福利可能在下述情况下支付：（　　）。

　　A. 在社会保险计划覆盖范围之内
　　B. 覆盖有关情况的社会保障计划不存在
　　C. 社会保障福利不能充分满足某些特定需要
　　D. 某些住户没有参加现有的社会保障计划

10. 利息（24）开支在负债存在的期间内连续累计，累计的速度可以表示为（　　）。

　　A. 每一期间内利息占未偿还本金的百分比
　　B. 一个事先确定的货币数额
　　C. 某一给定指标变动的货币数额
　　D. 这些方法的某种结合

四、思考题

1. 简述我国 2007 年预算收支分类改革的主要内容。
2. 简述预算收支分类的含义及改革的重要意义。
3. 国际货币基金组织对政府支出的功能分类有哪些？
4. 支出经济分类在财政管理中有哪些应用？

第五章 公共投资项目评估

在政府财政支出中有许多开支项目具有投资性质,属于公共投资,如修建公共设施、经营公用事业、主持公共工程等。很显然,公共投资项目和私人投资项目一样,不可能不考虑该投资项目的成本与收益的权衡问题,即政府也无力经营许多长久亏损的项目。另外,政府还要发挥国民经济管理者、调节者的作用,履行着促进整个社会经济发展的多种重要职能,那么政府管理的公共投资项目就不仅要符合国民的整体利益,并且要在这个基础上,尽量做到最经济地使用财政资源。

至于政府如何实现公共投资项目的收益最大化(或者成本最小化)目标,这要靠一套科学的项目评估方法和经营管理手段来予以保证。本章内容主要涉及诸如港口、码头、道路、桥梁、机场等公共基础设施建设为主的公共投资项目的评估活动,重点研究公共投资项目评估的基本原则、一般方法和需要注意的事项。这些原则、方法等也适用于政府投资兴建或扩建的经营性组织(如国有企业、公用事业等),或者为实现某种政策目标,在国民教育、公共卫生、计划生育等领域实施的投资项目的评估活动。不过,此类公共投资项目往往更多地强调社会收益,因而其评估理论和评估方法就变得更复杂一些。

第一节 公共投资项目评估概述

第二次世界大战之后,各西方国家相继把"保障就业"作为政府各项活动的最重要的政策目标。为此,政府干预经济的范围进一步扩大,干预能力也进一步加强,而这些都集中反映在政府不断增长的公共投资(公共投资项目)上。事实上,这样做也的确取得了改善经济社会投资环境,带动私人投资,增加劳动就业,提高公共福利水平和稳定宏观经济的效果。与此同时,公共投资计划和公共投资项目增多，也提高了经济社会与政府自身对项目评估工作重要性的认识。政府投资不同项目、方案，就要对其成本、收益状况进行衡量、比较。为此，与之适应的专门的分析方法逐渐产生，并得到迅速发展，最后形成了系统化的公共投资项目评估方法。这样，公共投资项目评估就逐步成为政府主持的公共投资活动全过程中的一个重要环节，受到社会各界的高度重视。

一、公共投资项目评估的基本概念

"投资就是做出一个决定，把可投用的资源进行特定的配置，并为既定的经济目标，在不同方案中做出选择，以合理使用给定数额的资金。""一个项目就是在给定的时间和地点内，服务于社会或国民经济建设的一个新建或扩建方案。""投资项目是在技术上、经济上和组织上的独立的投资单位。项目评估是为了确定一个项目的价值、质量和可取性所做的研究。"[1]无论对于私人主持的投资项目，抑或对于政府主持的投资项目，以上几个主要概念都是适用的。

由于政府主持的投资项目大多数属于公共投资项目，因此，通常可以把公共投资项目评估定义为，对一个公共投资项目净收益的审定，即按照给定的目标，衡量该项目的利害得失，并与其他可替代方案比较，做出确切的结论。换言之，对政府主持的公共工程投资项目进行评估，是为了按照给定的目标，在对这些政府投资的工程项目组织研究的基础上就其可取性做出判断。公共投资项目评估的主要内容包括：承建某一项目的得失比较，各替代方案的优劣比较，以及对该项目的综合审定。

一般情况下，对公共投资项目进行评估就要研究有关该项目的一系列问题。例如，项目有何种成本？何种收益？如何衡量各类成本和各类收益的大小？如何对总成本与总收益进行比较并计算净收益？成本由谁负担？收益又归谁所有？该项目与其他可替代项目之间的成本与收益比较（或净收益之比），是否有更好的方案？如此等等，这些都是公共投资项目评估所要研究的关键问题。

二、项目评估的作用与基本步骤

对一个公共投资项目进行评估，主要是为了使该项目科学化、合理化、

---

[1] 桑恒康：《投资项目评估》，北京：经济科学出版社，1988年，第1-2页。

最优化。具体来说，项目评估工作在公共工程建设中能够发挥以下几种重要作用：第一，提供必要的项目信息。对于公共投资项目的决策层和参与者来说，为了做出正确的决定，必须对该项目的内部条件、外部条件、项目设计的合理性以及可能产生的各种后果与影响等等，有一个全面而清晰的认识。按照特定程序、方法进行的项目评估工作可以有效地提供这些信息，成为项目决策者据以做出正确判断、结论的基本依据。

第二，对落实项目的各种方案进行择优汰劣。一般而言，为了实现某一社会经济目标，人们通常可以在多种项目中进行选择以寻求最优者；同样，为了落实某一确定的公共投资项目，人们也可以在多种实现方案中进行选择以寻求最优者。由于这些项目或方案的净收益可能并不相同，需要通过评估程序将可供选择的项目、方案排序，按照成本最小化收益最大化原则择优汰劣，最后确定最优项目或方案。

第三，评定项目的财务赢利性。在当代市场经济中，任何一个项目在经济上都应当有所赢利，政府主持的公共投资项目也是如此。除非在非经济方面可以做有力补偿，否则，一个长期亏损的公共投资项目将无法被接受；即使非赢利项目有非经济利得予以补偿，也应该尽量降低此类项目的亏损程度。所以，可以说任何项目都有必要按照财务赢利性标准进行检验。

第四，合理分配、使用各种资源。项目评估是在市场经济条件下，通过赢利性分析方法，最终把经济社会稀缺性资源配置到相对获利最高的经济活动方面。作为社会整体利益的代表，政府必须更加注重公共投资项目给国民带来的经济收益和社会收益，更为重视这些项目的扩展效应和外部经济效应。所以，项目评估有助于政府在主持公共工程建设时，既强调项目自身的经济赢利性，也充分考虑项目安排对社会经济资源有效配置的影响，以便兼顾二者取得最佳效果。

一般情况下，公共投资项目评估是在商业、财政、经济和福利分配四个水平上进行的。商业评估重点考察以货币表示的项目的赢利性，而财政评估则从政府财政预算角度出发，分析项目对国家财政收支状况的影响。经济评估主要考虑项目对经济社会的生产和消费产生的总体影响，而福利分配评估则注重估计项目在不同社会阶层、不同地区和时间上的社会福利分配效应。商业和财政评价属于微观经济研究范畴，其余二者则属于宏观经济研究范畴。

上述四个层面的评估构成公共投资项目评估的基本步骤。公共投资项目评估一般首先从微观评估开始，强调其商业潜力；其次，从国家角度考虑，分析项目的财政影响；再次，则集中考察项目对于社会生产和资源利用的影响；最后，主要分析项目对社会福利分配的影响。这四个步骤相辅相成，组成政府公共投资项目综合评估的全过程。

第二节 项目评估中的成本与收益

本节阐释的常规的项目评估方法，即"成本—效益分析法"，最初主要用于私人投资项目的评估，后来被引入政府主持的公共投资活动领域。无论对于私人投资，还是对于公共投资，"从一种意义上说，项目评估就是以资金平衡表的形式，总计项目的成本和收益，旨在决定项目的净值。"[①] 具体来说，就是通过计算、比较某一投资（支出）项目可能发生的成本与收益，进而决定此项目是否具有经济合理性，这是项目评估工作的主要内容和基本目标。

一般情况下，项目评估强调利用所有可得的信息和技巧，对该项目进行定性和定量的整体评估。但是，和私人项目的评估活动相比，公共项目的评估工作远为复杂，这是因为就一个公共投资项目而言，对它的评估就不能仅仅限于可以计算的、财务、会计意义上的成本与收益，而且必须包括该项目在宏观层面与微观层面上所产生的各类收益与各类成本，即还要识别、判断、界定它可能给国民带来的社会收益、社会成本。而在比较社会收益与社会成本方面，通常还会遇到更多的困难，评估者不仅要按照经济理论的发展及时调整评估理念，而且还要努力寻找新方法，开发新技术，以不断提高公共项目评估活动的质量，并降低其成本。

一、成本、收益的国民福利标准

在任何类型的项目评估中，项目的成本和收益必须以有经济意义的标准表示出来。例如，私人投资项目的成本和收益可以通过（反映市场价格变化的）货币单位予以体现。然而，政府主持的公共项目不同于私人项目，前者谋求的是全社会的利益，而不是少数人的私利。因此，如果出现市场价格严重背离社会价值的情况，上述用于私人成本与收益计算的市场价格方法，对于政府主持的公共投资项目来说便不适用。而且在许多场合，社会成本和社会收益也无法直接用市场价格予以表示。为此，在各国实践中，可供公共投

[①] 桑恒康：《投资项目评估》，北京：经济科学出版社，1988 年，第 34 页。

资项目评估活动采用的社会福利标准，除了市场标准，即"帕雷托准则"外，又补充了另外两种：一是"希克斯—卡多尔准则"，二是"政府标准"。

帕累托准则，又称国民福利准则，是 19 世纪意大利经济学家 V. 帕累托提出的资源配置最优准则。按照该准则，一国国民经济发生某种变化，只要做到至少有一人有所得，而同时无任何其他人有所失，便意味着该国国民福利状态获得改进。[①] 该准则还有多种表述方式，如现行经济社会的资源安排已经达到了无法再使所有各方的福利境况变得更好的地步，进一步改变资源配置不可能使某一方福利境况变好而又不使另一方福利境况变坏，任何可以从经济交易中能够得到的所有收益都已为交易各方获取以至无法进一步做互利的交易，如此等等，其含义都是一样的。作为市场经济条件下的效率概念，该准则在理论表述上无懈可击。但是，该准则在具体运用上则会遇到诸多技术上的困难。特别是在某种经济资源配置方式发生变化，的确使某些社会成员获益，也使某些社会成员受损，但损益不相当的情况下，该原则似乎失去了指导资源配置的意义。

为了弥补帕累托准则的缺陷，在公共项目评估实践中，政府往往倾向于采用"希克斯—卡尔多准则"，亦称"改进的帕累托准则"。依照此标准，在经济社会资源配置发生变动时，如果受益者的福利受益总量足以弥补受损者的福利受损总量而有余，就可以认为总体的社会福利得到了改善。由于把社会成员的收益总量与受损总量的差额作为评价社会福利水平变化的尺度，而受益、受损程度通常可以以市场商品、劳务价格变化予以表示，这样改进的帕雷托标准就有了市场价格依据。所以，该标准可以比较好地运用于公共投资项目的成本、收益之评估活动。

至于"政府标准"是指政府按照国民经济发展目标的要求，就公共投资项目对经济增长、社会福利、公平分配等方面的影响所提出项目评估的标准。任何国家政府都要为本国在未来一段时期内社会经济发展制定一系列政策目标，那么对某个公共投资项目优劣的评估，就可以和相应的政府政策对比，分析其是否有利于当期政策目标的实现。不过，这种评估标准主观随意性较大，也比较粗略，主要被用于经济发展初期的公共投资项目评估活动。

二、成本、收益类型

一个公共投资项目的成本与收益可以按照其基本性质划分为真实成本

[①] 上一章解释的公共产品最优供给理论就是在此原则基础上建立的。

与收益、货币成本与收益,前者又可以进一步划分为直接成本与收益、间接成本与收益。直接成本与收益和间接成本与收益都可以再划分为有形成本与收益、无形成本与收益。

(一)真实成本与收益、货币成本与收益

公共投资项目的真实成本,是指为了筹建此项目而从社会成员那里,以税收形式转移的经济资源,而该项目的总收益则是指社会成员在消费这一公共投资项目提供的公共产品中所得到的全部利益。总收益减去真实成本后的剩余就是该项目给经济生活带来的真实收益,真实收益反映社会福利的净增长。

但是,政府主持的公共投资项目必然对现行社会资源配置状况发生影响,进而导致市场相对价格体系的变动,使得某些社会成员的个人福利增加,同时也使得另外一些社会成员的个人福利下降。前者成为公共投资项目的货币收益,后者则成为该公共投资项目的货币成本。由于一部分社会成员的福利增加是以另一部分社会成员的福利减少为代价,二者有相互抵消的可能,故货币收益可能并不反映社会福利的净增长。例如,政府通过公共投资建设的公路系统改善了交通状况,增加就人们对私人汽车的需求。对私人汽车需求的增加,使得较多的经济资源转移到汽车及其相关的行业,提高了这些行业工人的个人货币收入水平,等于给这些工人增加了一种货币收益。但是这种资源转移导致其他行业中的资源变得相对稀缺,人们在购买这些资源流失行业生产的产品时就要支付较高的价格,等于给购买者增加了一种货币成本。虽然政府的此公共投资项目增加了汽车等行业的收入,但从整个社会角度看,实际上被其他社会成员的货币成本所抵消。

所以,政府的公共投资项目应该以尽量获得其真实收益为长期目标,而以获得其货币收益为短期目标。虽然货币收益未必代表社会福利的净增加,但是货币收益的取得可以在经济结构调整过程中发挥重要影响作用,对国民经济的发展也有一定的积极意义。

(二)直接成本与收益、间接成本与收益

直接成本与收益是指与公共投资项目开支直接相关的成本与收益,而间接成本与收益则为这一项目所引起的作为"副产品"的成本与收益。

例如,与公共教育有关的公共投资项目明显地改善了国民教育的质量,提高了国民的就业选择能力,进而提高了他们在经济活动中获取更高收入的能力,这些都属于该公共投资项目获得的直接收益;但是国民教育质量的改善也提高了国民的道德水准、法制观念,从而减少了各种犯罪行为,减少了政府用于维持公共治安方面的开支，这些则属于该公共投资项目获得的间接收益。

又如，作为公共投资项目的军事工程开支就是该项目的直接成本，而有些军事工程项目，尤其是化学武器的研制项目，往往给经济社会带来明显的环境污染问题，这些就应该看作该项目的间接成本。可以说，大多数公共投资项目都有间接成本发生问题。

（三）有形成本与收益、无形成本与收益

凡是可以通过市场价格予以计算的成本、收益都属于有形成本与收益，反之，则属于无形成本与收益。此类成本、收益通常还具有直接、间接的属性，以及长期、短期的属性。所以，在项目评估中就有"直接的有形成本"、"间接的有形成本"、"直接的无形收益"、"间接的无形收益"等更为严格的成本、收益概念。应该指出的是，在项目评估中，无形成本与收益的计算比较困难，往往会渗透评估人员的许多主观的价值判断成分。此外，有些无形成本与收益在短期内也可能不易觉察出来。因此，在分析无形成本、收益时要格外慎重。

例如，一个公共灌溉工程项目的真实成本，可以包括直接有形成本和间接有形成本。前者就是该项目用于管道、施工设备，以及人力投入等方面的各项货币支付。但是如果因为该项目的实施减少了灌区的可耕地面积，那么所发生的间接有形成本就是因此而减少的作物产量（农民收入）。该灌溉项目的真实收益主要有：（1）直接有形收益，如灌溉设施的改善所增加的单位耕地的作物产量以及农民收入的提高；（2）直接的无形收益，如该灌溉项目可能对当地环境产生的美化作用；（3）间接有形收益，如该灌溉项目对当地水土保持产生了积极影响，减少了政府在这方面的有关开支；（4）间接的无形收益，主要表现在生产条件的改善、生态环境的改善，不仅增加了农民的社会福利，而且对稳定当地农业社会起到了长期作用。

上述成本、收益类型大体上构成了公共投资项目的成本、收益分析体系，不仅适用于任何类型的公共投资项目的评估活动，而且，严格地讲，也适用于所有的政府财政开支项目的经济性评估工作。

三、非商品化物品的定价

在公共投资项目评估实践中，人们发现存在着许多其成本和收益属于无法直接商品化、市场化的事项。因此，只好采取间接量化办法对这些事项的成本、收益进行大体估算。这些事项主要包括公共投资项目对环境的影响、时间价值的确定、生命价值的确定。

（一）公共投资项目对生态环境的影响

任何公共投资项目都会对生态环境产生影响，包括有利影响和不利影响。如果项目的实施改善了人们的生活状况，减少了各种经济活动对环境的破坏，美化了社区等，该项目便对生态环境产生了有利影响；反之，如果项目的实施破坏了自然风光，降低了生态环境质量，危害了人们健康等，则该项目便对生态环境产生了不利影响。虽然人们很难对这些影响所产生的经济福利、经济损失做出准确的定量分析，但是在项目评估中，却不能因此而忽视对涉及生态环境影响问题的研究。

目前，在项目评估中，对生态环境损害问题的评估原则是：如果无法直接以货币计量方法评估损害程度，也可以通过推理方法、定性分析方法求得符合逻辑的评估，以便确定生态环境损害的性质、程度和范围。

关于公共投资项目的生态环境损害及其影响的评估，较为简单且实用的方法是，通过对福利损失进行补偿来计算环境成本。例如，某些社会成员的福利由于某一公共工程项目对环境产生的有害影响（如空气污染）而下降，就应该对这些社会成员给予相应的货币补偿，以使其福利恢复到原有的水平。这种经济补偿便可以视为该项目的环境成本，即为恢复原先环境质量所必须支付的成本。同样，如果某些社会成员的福利由于某一公共工程项目对环境产生的有利影响（如空气质量改善）而提高，就应该要求这些社会成员做出相应的货币支付，或者考虑对他们额外课税，以使其福利恢复到原有的水平。于是，这种经济补偿则可以视为该公共项目产生的额外的社会收益。总之，这是一种间接的对项目的环境影响进行损益评估的方法，其特点是试图通过货币补偿项目实施后所造成的经济变化后果，以使受到项目影响的社会成员的福利水平保持不变。该法也称"补偿变化原则"。不难看出，应用"补偿变化"原则处理投资项目的环境影响以及类似问题，尽管存在着某些不尽如人意之处，但仍不失为一种较好的方法。

（二）时间价值的确定

时间，对任何人而言都是一种资源，对某些人来说甚至是十分宝贵的。政府公共投资项目如果影响到人们对自己时间的分配，就会产生一定的效果，这一效果在项目评估中必须加以考虑。例如，完善的公共交通系统明显地降低了人们出行的时间，而额外节约的时间价值则应该视为政府公共交通项目的一种重要的社会收益。因此，科学的项目评估就要有效解决时间价值计算问题。

通常，可以利用人们的"闲暇—劳动"替代选择来估计时间价值。假定个人可以控制他的工作量（劳动量），他将会工作到这样一个临界点上停止下来。在该点，其闲暇的主观价值评价正好等于他如果再劳动一个小时可能拿到的额外收入，该收入代表单位闲暇的机会成本，即一个小时闲暇的价值。据此，经济学家们常常利用税后小时工资收入表示单位时间的价值。

另一种测定时间价值的办法是比较人们对交通工具的选择。例如，从甲地到乙地，人们可以乘坐汽车，也可以乘坐飞机，汽车速度慢，飞机速度快，但是汽车票价大大低于飞机票价。由于人们在旅行或乘车中所能节约的时间，经常与其选定的交通工具的票价呈正相关关系，据此就可以大体推算出时间节约的货币价值。例如，人们乘坐飞机旅行比较乘坐火车旅行节约了3个小时，但却为此多支付了180美元，那么，据此推算出的时间价值为60美元/小时。

此外，鉴于商品或劳务在不同时限内对个人、对社会产生的效用也不相等，如果某一公共投资项目影响了某种商品或劳务在使用时间上的分配，同样也必须在项目评估中予以考虑。这种情况的一个最典型的例子就是财务信贷。金融市场上信贷资金的利息计算中，时间是一个基本因素，即贷款资金占用的时间越长，其贷款利息支付就越大。在这方面，如果某一公共投资项目使人们节约了时间，也就意味着该项目的社会收益增加。在此种情形下，时间的价值就是单位时间内节约的利息费用。

（三）生命价值的确定

经济学家在进行项目评估时常常需要计算生命的价值，才能估算出政府涉及人身安全的公共投资项目、改善救死扶伤条件的公共投资项目的收益和成本。如果人人都认为生命无价，那么用于这方面的政府支出无论多高也不算过分，进而有关的成本—收益分析也就失去了任何意义。但是，在现实生活中，理性的经济社会从来不会仅仅为了实现一个救死扶伤的目标，而动用其全部经济资源。

估算生命价值的最简单办法，是用个人一生中可以获得的收入的现值作为其个人生命的价值，或用意外死亡造成的对未来个人收入的损失来估算生命价值。厂商通常使用这种办法来对因工死亡人员的家属进行赔偿。例如，某人30岁时因工死亡，假定（到他60岁时退休时）未来30年内其所获得的全部收入的现值是90万美元，那么赔偿其家属的钱就不应该低于这一数值。这90万美元代表了死者30年寿命的基本价值。

另一种办法是用死亡概率来衡量生命价值，即用个人对变动的死亡概率所愿意支付的钱来间接衡量个人对生命价值的评价。例如，A 种汽车价格为 6000 美元，B 种汽车价格为 10000 美元，虽然使用 A 车比使用 B 车节约 4000 美元，但是与使用 B 车相比，使用 A 车发生交通事故导致死亡的概率会增加 1%。那么，如果某人为降低 1% 的死亡概率而愿意购买 B 车，客观上就表示他人对其变动的死亡概率 1% 的评价是 4000 美元。据此，人们可以大体估计个人的生命价值。又如，两个同样背景（同年龄、同性别、同学历等）的人甲和乙。甲从事政府公务员工作，年收入是 30000 美元，乙从事室外高空作业工作，年收入是 55000 美元。假设乙在其所选择的工作岗位上面临的死亡概率比甲高 2%，那么个人乙何以愿意从事高空作业工作，原因在于较高的工资对此做了相应的补偿。据美国的一项调查表明，某一职业的死亡概率每增加 1%，其工资收入会相应地增加 6700 美元。由此看来，如果政府的公共投资项目开支用于降低社会成员死亡概率所花的钱，小于个人为降低同样的死亡概率所愿意支付的钱，这项开支就应视为收益大于成本。

第三节 成本—收益分析法（CBA）

一般情况下，公共财政预算管理部门要在尽可能准确识别、辨认、界定公共项目的成本与收益基础上，利用本节下面阐释的成本、收益比较原理和一些重要计算方法，就可以对作为研究对象的公共项目之各种投资方案的社会经济合理性、有效性、效率性等问题做出大体判断。然后，预算管理部门还要根据财政支出规模的约束和（第一节阐述过的）公共项目选择的社会福利标准，才能最后做出合适的预算决策。

一、关于项目成本、收益的现值概念

投资常识告诉人们，单位货币在不同时间，其内在价值并不相同。理性的个人通常认为，现在获得的单位货币（如一美元）的价值要大于未来获得的同一单位货币的价值，即在市场上远期货币价值要小于同样数量的现期货币价值。这就是所谓的货币时间价值。但是，考虑到时间价值，如果对未来获得的货币按照时间长短予以一定的利息补偿，那么未来获得的货币就能够与现在获得的货币之间建立一种稳定的等值关系，即

$$S = P(1+r) \tag{5-1}$$

这里：S 为本利和（未来获得的货币数量）；P 为本金（现在获得的货币

数量); r 为利率。

因为 $S = P(1+r)$ 可以改写为

$$P = S(1+r)^{-1} \tag{5-2}$$

运用公式（5-2），人们就可以方便地对不同时期的货币价值，转换为其现在的价值进行比较。这就是所谓的"折现法"。根据公式（5-2），不难看出，未来收入或收益的"现值"（Present Value），就是个人为换得此项收入权或收益权，而在现在愿意支付的最大现金量。

利用储蓄原理，可以更直观地说明现值概念和折现原理。假设个人 A 把一笔收入 10000 美元，按照年利率 10% 在某银行储蓄 5 年，那么在（单利计算情况下）5 年后他将得到 15000 美元，即 10000×（1+10%×5）=15000 美元。这里，10000 美元被定义为本金（以 P 表示），10% 被定义为年利率（以 r 表示），15000 美元被定义为本利和（以 S 表示），其中超过本金的部分 5000 美元被定义为存款利息（以 I 表示），储蓄的时间单位为年（以 t 表示）。这样，银行存款的本利和计算公式为：

$$I = P \cdot r \cdot t \tag{5-3}$$

$$S = P + I \tag{5-4}$$

$$S = P(1 + r \cdot t) \tag{5-5}$$

这里 $S = P(1 + r \cdot t)$

可以改写为 $P = S(1 + r \cdot t)^{-1}$

或改写为
$$P = \frac{S}{(1 + r \cdot t)} \tag{5-6}$$

通过储蓄原理，可以发现，对"折现"（discounting）的最通俗的解释，就是按照事先约定的比率（如银行利率）把未来收入的货币价值转换为现期货币收入的价值。于是，这里的"现值"概念等同于前面用标准经济学语言表述的现值概念——人们为换得此项收入权而在现在愿意支付的最大的现金量。

任何投资项目的成本与收益，或者不同投资项目的成本与收益，往往不是在相同时间或期限内发生的，它们各有各自的时间序列。因此，某一投资项目的成本与收益状况，不同投资项目的成本与收益状况之间便无法进行直接对比。但是，人们只要借助上述"折现"技术，把不同时间上发生的成本与不同时间上获得的收益一一转化为对应的现值后,就能够对它们进行比较。于是，"现值"概念、"折现"技术就被广泛地用于私人部门、公共部门的投资项目评估活动。不过，在投资项目评估中，通常采取的是复利计算公式。

在复利计算中，第一年的利息为 $P \cdot r$，本利和为 $P + P \cdot r = P(1+r)$

第二年的利息为 $(P + P \cdot r) \cdot r = [P(1+r)] \cdot r$，

本利和为 $P(1+r) + [P(1+r)] \cdot r = P(1+r)^2$

依次类推，复利计算公式为：

$$S = P(1+r)^t \tag{5-7}$$

那么，在复利计算中，现值计算公式就可以改写为：

$$P = \frac{S}{(1+r)^t} \tag{5-8}$$

例如，假设某一项目今后第 n 年的成本与收益分别为 C_n、B_n，那么把 C_n、B_n 折成现值（用 PV 表示）的公式是：

$$PV_C = C_n / (1+r)^n \tag{5-9}$$

和

$$PV_B = B_n / (1+r)^n \tag{5-10}$$

在上述成本、收益折现中，原先作为利率的 r 在此便作为折现率（Discounting rate）使用，其大小客观上反映了社会成员对于货币现在价值的偏好程度，或对货币未来价值的贬低程度。在一般投资项目评估活动中，人们通常采用普通资本市场基础利率，作为折现率，计算某一投资活动所发生的"收益现值"和"成本现值"（PV_B、PV_C），给项目评估者提供最基本的有关项目优劣的判断依据。

认真观察以上现值公式，就会发现折现率的高低直接影响着未来成本、未来收益的现值：折现率越高，现值就越低，而折现率越低，现值就越高。因此，在折现时，选择合理的折现率对于正确比较项目的成本、收益具有极其重要的意义。一般情况下，最低投资收益率不应低于资本市场的基础利率，所以在无特殊折现率可供使用时，人们往往以现行资本市场利率作为项目评估的折现率。即使使用那些不涉及成本、收益折现的最简单的项目成本、收益比较方法，资本市场的基础利率也是项目成本、收益评估的最重要的参照指标。

二、成本、收益比较方法与评价指标

公共投资项目评估过程中常规使用的成本、收益比较方法主要有净现值法、成本收益率法和内在收益率法。这些方法为项目评估提供了十分有用的评价指标，后者成为项目决策者据以进行有关方案选择的基本依据。

（一）净现值法

按照现值原理，首先计算公共投资项目的成本现值与收益现值，然后从收益现值中减去成本现值，求得净现值（NPV）。如果净现值大于零，该公共投资项目就是可取的。如果为实现某一公共投资项目可以选择不同的方案，就要计算这些不同方案的净现值，然后进行比较，选出净现值最大的方案，作为项目评估的最优结果。净现值的计算公式为：

$$NPV = \sum_{t=0}^{n} NCF_t / (1+r)^t \qquad (5-11)$$

NCF_t 为该项目各年度净现金值；r 为折现率。

例如，某个公共投资项目的寿命期是 10 年，它每年的净收益是 100 万美元，假定现行资本市场利率为 7%，以此作为项目评估的折现率，那么，该公共工程项目的净现值为：

$NPV = 100/（1+7\%）+100/（1+7\%）^2 + \cdots +100/（1+7\%）^{10} = 702.358$ 万美元。

由于该项目的净现值大于 0，说明该项目至少在经济上是可取的。

上述计算公式也可以表示如下：

$$NPV = \sum_{t=0}^{n} (CIF_t - COF_t) / (1+r)^t \qquad (5-12)$$

CIF_t 为该项目各年度的现金流入值；

COF_t 为该项目各年度的现金流出值；

r 为折现率。

这里，以各年度的"现金流入值"代表公共投资项目各年度的收益状况，以各年度的"现金流出值"代表公共投资项目各年度的成本状况。

（二）收益—成本率法

收益—成本率法是通过求公共投资项目的收益现值与成本现值的比，即收益—成本率来确定公共投资项目在经济上是否可取。如果收益—成本率大于 1，表示该项目可以接受；如果收益—成本率小于 1，表示该项目不可以接受。

收益—成本率的计算公式为：

$$B/C = NPV_B / NPV_C \qquad (5-13)$$

这里，B/C 为收益—成本率，NPV_B 为项目的收益现值，NPV_C 为项目的成本现值。

不难发现，收益—成本率是一个无量纲的指标，它可以用来比较不同投资规模的项目的相对优越性。

例如，经过评估了解到，公共项目 A 的成本现值为 100 万美元，收益现值为 200 万美元，公共项目 B 的成本现值为 150 万美元，收益现值为 450 万美元，它们的 B/C 值分别为 2 和 3。比较这两个项目，显然项目 B 有在经济收益上优于项目 A。

（三）内在收益率法

内在收益率（IRR——Internal Rate of Return）是指，能够使得项目的所有成本的现值等于其所有收益现值的折现率。换言之，是能够使项目的净现值为 0 的折现率。

其数学表达式是：

$$0 = \sum_{t=0}^{n}(CIF_t - COF_t)/(1+R)^t \qquad (5-14)$$

其中，$t = 0, 1, 2, \cdots, n$，R 为内部收益率，CIF_t 和 COF_t 分别是第 t 年的现金流入和流出量。

在项目评估中，只要将各已知的数据带入以上公式，就可以计算出该项目的内在收益率 R。然后，将它和现行的资本市场利率 r 进行比较，如果 R 大于 r，表示该项目的实际收益率大于利率，该项目是可以接受；如果 R 小于 r，表示该项目的实际收益率小于利率，该项目是不可以接受的。

在项目评估中，当折现率没有给出或无法确定，从而 NPV 无法计算时，内在收益率方法是非常有用的。在这种情况下，项目评估人员可以通过比较内在收益率和市场利率，或者比较内在收益率与给定的投资最低收益率，做出可选与否的基本判断。另外，内在收益率是一个无量纲的纯数字，因而可使不同规模的项目放在一起进行比较。它的不足之处在于计算起来十分麻烦，未知数 R 在解 n 次方程时，会出现 n 个结果，这给项目评估带来一些麻烦。此外，就 IRR 法公式本身看，在解这个高次方程时会产生许多不同的解（n 次方程有 n 个根），而且并不排除负数解。这一事实意味着投资的净收益流处于上下波动状态，也表示同一投资项目的内在收益率不止有一个。那么，在评估者须选用合适的内在收益率时，实难免于主观判断的影响。所以，在常用的收益—成本比较方法中，内在收益率法是最少使用的一种。

（四）内在收益率法与净现值法的比较

在投资项目评估中运用 IRR 法与 NPV 法，有时会得出不同的结论，所以在选择能够最大化社会福利项目时，究竟是采用哪种方法为好，决策者往往也难以判定。

例如，设有 A、B 两个项目，投资成本分别为 20000 元和 9000 元；项目 A 投资后连续二年的净收入为 11800 元、13240 元，而第三年为 0 收入，项目 B 投资后连续三年的净收入为 1200 元、6000 元和 6000 元。如果按照净现值法计算（假定折现率为 10%），项目 A 的净现值为 1669 元[①]，项目 B 的净现值为 1557 元[②]。如果以内在收益率法计算，项目 A 和项目 B 的内在收益率分别为 16.04%、17.88%。[③] 如果按照收益—成本率法计算，项目 A 和项目 B 的收益—成本率则分别为 1.08 和 1.17。[④]

从以上计算结果可以看出，若以 IRR 法作为决策的依据，人们应该选择项目 B，因为项目 B 的内在报酬率为 17.88%，大于 A 项目的内在报酬率（16.04%）；但若以 NPV 法计算，人们则应该选择项目 A，因为它的净现值大于项目 B。

产生这种情况的主要原因在于折现率的选择问题上。通过计算，可以得出一个使项目 A 的净现值与项目 B 的净现值相等的折现率，在本例中为 11.53%。就是说，在运用 NPV 法时，如果选择了等于 11.53% 的折现率，对两个项目的评估会得出一致的结论。但如果选择了不等于 11.53% 的折现率，两个项目评估中采用不同方法，就会产生相悖的结果。因此，人们为解决 NPV 法与 IRR 法的矛盾，通常要为 NPV 法寻找一个"通过折现率"，即能够使可比项目净收益现值相等的折现率，如本例中的 11.53% 折现率。然后，再根据这个被认为是"恰当的折现率"，做进一步的投资决策分析。

综上所述，可以为政府主持的公共投资项目决策制定一般原则：

（1）如果某一项目为可接收的，其净现值必须是正值，或其收益—成本率必须大于 1，或其内在收益率必须大于市场利率。

（2）如果有两个以上的项目都是可接收的，那么应该选择其中净现值较大者，或收益—成本率较大者，或内在收益率较大者。

（3）在公共投资项目评估、决策中，政府既定的财政开支是一个硬约束，即所有投资项目的累计支出额不能超过政府用于公共投资的预算支出额。

---

① $[-20000+11800/(1+10\%)+13240/(1+10\%)^2]=1669$。

② $[-9000+1200/(1+10\%)+6000/(1+10\%)^2+6000/(1+10)^3]=1557$。

③ 项目(A)，$0=-20000+11800/(1+IRR)+13240/(1+IRR)^2$，IRR(A)=16.04%；项目(B)，$0=-9000+1200/(1+IRR)+6000/(1+IRR)^2+6000/(1+IRR)^3$，IRR(B)=17.88%。

④ 项目(A)，$[11800/(1+10\%)+13240/(1+10\%)^2]/20000=1.08$；项目(B)，$[1200/(1+10\%)+6000/(1+10\%)^2+6000/(1+10\%)^3]/9000=1.17$。

三、关于项目评估的折现率选择

对于政府主持的公共投资项目而言,正确判断项目的优劣还与折现率选择有关。西方国家政府对公共投资项目未来成本、收益进行折现时,通常选用两种折现率:私人投资的税前收益率和私人投资的税后收益率。

假定私人投资 1000 美元,年净收益为 160 美元,表示私人税前收益率是 16%。如果政府将这笔钱从私人手中拿来(如发行国债向私人借款)进行公共投资,那么这一投资的收益率也不应该低于私人投资的收益率,否则不如让私人进行投资反而对社会经济更有利。就是说,由于政府的公共投资挤掉了私人投资 1000 美元,减少了社会收益 160 美元,该 160 美元必须视为政府投资的社会机会成本,即政府项目开支的机会成本是 160 美元,或机会成本率为 16%。以此机会成本率作为政府公共投资项目的折现率就是合理的。另一种情况是,如果个人投资 1000 美元,获利 160 美元,在 50%的个人所得税率的作用下,其中的 80 美元用于交纳政府的税收,于是私人投资的税后投资收益率变为 8%。相比之下,政府用其税收收入进行的公共投资的最低收益率也就不应该低于 8%。因为,由于政府课税使私人消费减少了 80 美元,该 80 美元必须视为政府投资的社会机会成本,或机会成本率为 8%。以此机会成本率作为政府公共投资项目的折现率也是合理的。

这样,在给政府公共投资项目进行评估时,折现率选择的一般规则是:

(1)如果政府公共投资开支是通过向社会发行公债筹集的,因其挤掉的是私人投资,则公共投资项目评估的适用折现率就应该是私人投资的税前收益率。

(2)如果政府公共投资开支是利用其税收收入筹集的,因其挤掉的是私人消费,则公共投资项目评估的适用折现率就应该是私人投资的税后收益率。

(3)鉴于政府公共投资开支往往来源于财政借款和政府税收,所以具体到某一公共投资项目的评估来说,其适用折现率的选择可以是加权平均的私人投资税前、税后收益率。[①]

四、风险与不确定性

从前面的分析中,可以看出,在公共投资项目评估中,大多数类型的成

---

① 例如,当年政府全部公共项目开支中有 25%是发行债券的收入,75%是税收收入,那么加权的私人投资税前、税后收益率是 10%,即 25%×16%+75%×8%=10%。

本和收益都是根据理论、根据经验估算出来的，这实际上假定了未来发生的成本、收益是确定的，但事实却并非如此。现实生活是一个充满不确定因素或未知因素的随机环境，人们在进行许多选择的时候都要考虑到这些不确定因素或未知因素对预期结果的影响。具体到公共投资项目评估来说，一个项目到底会产生什么样的结果，以及这种结果在未来是如何分布的，评估人员也难有准确判断，这就是公共投资项目所具有的风险和不确定性。因此，在公共投资项目评估过程中还要采取特殊办法分析拟实施项目的风险程度以及不确定性对预期结果的影响。根据著名经济学家弗兰克·内特的区分，公共投资项目所涉及的风险可以分为两种情形：一种是在带有风险情况下，人们了解项目的各种可能结果，尽管各种可能结果在未来时间上的分布是随机的，但人们却能计算出不同结果分布的概率，这是典型意义上的风险。另一种是在带有风险情况下，人们无法计算公共投资项目的各种可能结果的概率分布，即各种结果的概率分布具有相当的不确定性；甚至会出现这样的情况，项目结果本身具有不确定性，只能通过各种明确的假设条件予以推知，进而了解假设条件改变时，结果会有多大程度的改变。于是，人们把这种概率难以确定的风险称为"不确定性"。

在公共投资项目评估中，要把各类可能的风险进行量化，以便在不同的项目之间，或在同一项目的不同结果之间进行最优化选择。量化风险，就是将公共投资项目的成本、收益的不同结果用分布的概率折现成确定的结果。

概率分析的主要方法就是计算出结果的期望值和方差。期望值是对有风险的各种可能结果的一个加权平均，反映预期的总体变动趋势。例如，某一公共工程在某年度的收益（经计算确定）分别为 B_1、B_2、B_3、B_4，而对应于 B_1、B_2、B_3、B_4 发生的概率则分别为 p_1、p_2、p_3、p_4，那么就可以求出本年度的收益期望值为：

$$E(B)=p_1B_1+p_2B_2+p_3B_3+p_4B_4=\sum P_iB_i \quad (\sum P_i=1)$$

上式中，每个可能的结果都以它发生的概率为权数加以折算，该项目该年度的期望值就是加权后的结果之和。人们可以计算出不同项目收益的期望值，然后进行比较。如果计算出来的不同项目的期望值是相同的，或接近的，就要进一步计算不同项目的风险程度，以便对项目的取舍作出选择。"方差"和"标准差"是两个相关但性质有别的用以衡量不同风险程度的统计指标：方差是各种可能结果与期望值之差的平方的加权平均值，标准差是方差的平方根。较大的方差和标准差反映更高的风险和较大收益的离散程度。[①]

五、成本—收益分析法的发展

（一）成本—收益分析法的某些缺陷

数十年来，虽然常规的"成本—收益分析法"，作为一种评估技术，在项目评估方面发挥了巨大作用，但是一直存在着实践上与逻辑上的某些缺陷。

第一，常规方法采用"影子价格"来解决市场价格偏离社会实际价值的问题，而"影子价格"概念则是在古典经济学完全竞争市场结构理论基础上建立起来的。由于当代社会，无论是发展中国家，还是发达国家，完全竞争的市场结构可以说从未有过，即使是近似于完全竞争的市场也很少见。那么，什么样的价格才能真正反映产品的价值？什么样的价格才是真正的"影子价格"？这在实践上始终是一个难于解释清楚的问题。

第二，常规方法按照新古典主义福利经济学原理确定项目的国民福利标准，广泛使用"帕累托最优准则"、"希克斯—卡尔多准则"。但是，考虑到公共投资项目对个人会产生多种影响，使其福利有得有失，那么在需要对每个人的不同福利影响进行全面衡量情况下，"帕累托准则"可能就难以适用。相比之下，虽然"希克斯—卡尔多准则"，即"修订的帕累托准则"较之有更广泛的适用性，但是试图通过对个人福利的简单加总来说明项目的可取性与否，也缺乏足够的可信性，这是它自身的缺陷。实质上，两个准则都仅仅注意了项目对国民净福利增加的影响，至于项目对国民收入分配是否产生了一定的影响？如果产生影响，是否需要进行相应的得失补偿？以及如何进行这种补偿等问题，则很少论及。

第三，常规的"成本—收益分析法"运用"消费者剩余"和"生产者剩余"概念，对项目引起的价格变动导致的福利效应进行估算。这样做在理论上是合理的，但在实践上却是行不通的。因为"生产者剩余"、"消费者剩余"如果是可以确定的话，那就意味着有关的供给函数、需求函数都是已知的。然而，现实生活中确定这样的函数极其困难。

（二）公共投资项目综合评估法

为了克服常规方法存在的缺点，长期以来，人们在对常规"成本—收益

[①] 值得注意的是，概率分布的运用前提是已知收益和成本的随机分布，在某些情况下，这个假定是合理的。但在另外一些情况下，甚至确定概率分布也是困难的，因为在整个项目的生命周期内，有许多不确定性因素会对项目的成本、收益产生影响。考虑到不确定因素的影响，运用敏感度分析方法可能有助于问题的解决。关于敏感度分析方法的原理和使用，读者可参看相关书籍。

分析法"进行改进和扩展的基础上,提出了"公共项目综合评估法"。鉴于这些评估方法有一定的复杂性,在此仅作简要介绍。

对公共投资项目进行综合评估,是对其广义成本效益的核算,即对工程项目总体绩效的全面评估,而非局限于其实际成本及收益。定量分析方法和定性分析方法在公共投资项目评估领域都有应用,两者互为补充。[①]

1. 定量类综合评估方法

定量类综合评估方法为项目评估提供了实用、直观的评估过程,通过量化使评估结果更加清晰、确定。现实中,主要应用的定量类综合评估方法有模糊综合评估法、层次分析法、主成分分析法、人工神经网络评估法、DEA评估法、灰色关联度评估法等。基于模糊综合评估法、层次分析法、主成分分析法等基本综合评估方法,人工神经网络评估法、DEA评估法、灰色关联度评估法等更为复杂的评估方法逐渐更多地应用到实践中。

（1）模糊综合评估法

该方法是数学建模思想在国民经济和工农业生产领域的一项应用,以模糊数学为基础,全面合理地考虑影响评估对象的因素,在统一的数学模型下采取计算的形式综合出评估结果。在公共项目绩效评估实践中,其大体步骤如下：确定评估因素、评估等级；构造评判矩阵和确定权重；进行模糊合成和做出评估[②]。模糊综合评价法已经在高速公路施工工程等公共工程管理方面有所应用,主要用于反映公共工程的综合绩效管理效果。

模糊综合评估方法能够用于解决公共投资项目评估中不易量化的因素。该方法利用隶属函数作为桥梁,将不确定性（非量化因素）在形式上转化为确定性（量化结果）。模糊综合评估方法的最新发展趋势是将该方法与其他综合评估方法进行综合,形成新的综合评估方法。该方法的不足之处是,由于加入了主观因素,当因素较多时,权重的分配极难确定。对于评估指标间的相关性造成的评估信息重复问题,该方法未能有效解决。

（2）层次分析法

层次分析法（AHP-Analytical Hierarchy Process）是面向决策的系统分析方法,是一种将定性与定量有效结合起来的拟定量方法,特别适用于解决社会经济系统中难于完全定量的问题。该方法简便、灵活、实用,已应用于工程项目评估中,尤其在工程评标中应用较多。

---

① 关于各类评估方法的详细介绍和使用方法,请读者参阅其他相关书籍。
② 具体步骤可参见杜栋、庞庆华：《现代综合评价方法与案例精选》,北京：清华大学出版社,2005年。

该方法也具有一定局限性，即：只能从已知的方案和因素中选优，不能产生新的方案；在专家及研究人员参与的环节，人的主观判断对结果的影响不可忽视。

用层次分析法确定权重在公共工程评估中得到了广泛应用。层次分析法确定各指标权重的过程大致分为以下三个阶段[①]：

第一步，建立阶梯层次结构，按照评价指标体系的基本关系将评价指标层次化。每一个上层指标包含若干个下一层次的指标。同一层中各指标相互独立，从而形成一个"树状"的层次结构。

第二步，构造两两比较判断矩阵。指标层次结构建立后，上下层次指标间的隶属关系就确定了，通过采用专家咨询或根据研究人员经验判断对同一层次指标进行两两比较，构建出若干个判断矩阵。

最后，计算各层指标相对权重。可以用和积法计算各指标的权数。

(3) 人工神经网络评估

人工神经网络是模仿人脑神经进行学习、判断、推理的一种数学方法，运用由多个神经元组成的神经网络来处理具有多个节点和多个输出点的实际问题，该方法的突出优点为可以系统、清晰地处理复杂问题。人工神经网络的使用步骤大致如下：初始化网络及其参数提供训练模型及训练网络；前向传播过程；反向传播过程[②]。人工神经网络已经初步应用于公共工程建设评估领域，主要有城市投资环境评估、高技术项目投资风险综合评估、企业技术创新能力评估及农业经济预测等。

人工神经网络评估法通过模拟人脑建立神经网络模型，将公共工程评估所需各项指标纳入模型，在工程项目实施过程中，项目端的信息系统会针对不同的指标定期地采集指标数据，从而积累大量的指标监测值。在这些指标监测值的基础上，运用类似于人脑的联想记忆技术，当对神经网络输入外界信号刺激时，该模型将从已储存的信息中自动寻找出与该输入最为匹配的信息结果，因此能够实现动态、全面地监测项目的运行状况。通过相关技术建立模型之后，只需输入动态信息值，即可得出相关评估结果，操作快捷、简便。因此，该方法较为适用于公共投资项目综合评估过程。

(4) DEA 评估法

数据包络分析（Data Envelopment Analysis，DEA）是一种非参数的客观

[①] 参见上海财经大学课题组：《公共支出评价》，北京：经济科学出版社，2006。
[②] 具体步骤可参见杜栋、庞庆华：《现代综合评价方法与案例精选》，北京：清华大学出版社，2005。

评价方法。该方法属于运筹学研究领域，主要运用数学规划方法，利用观察到的有效样本数据信息，对具有相同类型的多投入、多产出的决策单元进行生产有效性评估或处理其他多目标决策问题。应用 DEA 方法的一般步骤如下：确定评估目标；建立评估指标体系；收集和整理数据，进行计算；分析评估结果并提出决策建议[①]。

DEA 模型中决策单元的投入与产出权重由模型根据最优性原则计算得出，并非由人为因素决定，操作性较强；DEA 方法对数据进行无量纲化，不受计量单位的影响，因而更客观。该模型在公共工程建设方案选择、公共支出绩效评估方面已有较多应用。当然，DEA 模型需要在满足其适用条件下才能更好地发挥作用，即一致的评估对象、科学的指标体系等。比如，当指标体系构建存在问题时，可能会出现无解或无穷多个解的情况。

（5）灰色关联评估法

灰色关联评估法是一种新的多因素分析方法，针对信息不完全、不确定的系统所作的因子间的量化和序化，从而实现对系统的评估分析。该分析方法的理论工具是灰色关联度，即对两个因素之间关联性大小的量度，如果两个因素的相对发展态势基本一致，则两者的灰色关联度大；反之，灰色关联度较小。

基本思路为：首先确定最优样本序列，以此为参考序列，计算各样本序列与该最优样本序列的灰色关联度，通过关联度对项目进行综合评价。灰色关联综合评估方法的基本计算步骤为：确定参考序列；指标值的规范化处理即无量纲化；计算关联系数；计算综合评判结果[②]。

2. 定性类综合评估方法

定性类的综合评估方法同样不可忽视，综合运用定性评估方法和定量评估方法，能够更为全面、准确地把握用于公共投资项目的财政资金的使用效率。

（1）评分法

设有 M 个评估项目对象系统，N 个评估指标，每个评估指标规定评估的标值可以是分数（百分制或五分制）、序号或评语（如优秀、良好、中等、及格、不及格或是极重要、很重要、重要、一般、不重要）对于第 i 个项目评估对象在第 j 个指标得到标值（具体分数、序号或评语）为 S_{ij}，则评分结果

[①] 具体步骤可参见秦寿康：《综合评价原理与应用》，北京：电子工业出版社，2003。
[②] 杜栋、庞庆华：《现代综合评价方法与案例精选》，北京：清华大学出版社，2005。

为 $\{S_{ij}\}$，其中 $i=1, 2, \cdots, M$；$j=1, 2, \cdots, N$。在此基础上，可以采用不同形式表示多项目方案的得分结果，从中选取得分最高的项目作为优选项目方案。

（2）优序法

按照一定方法将所有项目评估方案的每一个目标（指标）各自排出优劣次序后，计算任一个方案比其他方案优的个数，然后对同一方案在所有的目标中得到优的个数总和起来，称之为优序数，最后看哪个方案的优序数大即选哪个项目方案。

练习题

一、判断题

1. 投资项目是在技术上、经济上和组织上的独立的投资单位。项目评估是为了确定一个项目的价值、质量和可取性所做的研究。（　　）

2. 公共投资项目评估就是对一个公共投资项目是否符合政府主管官员的要求所做的审定，即按照他给定的目标，测定该项目的开支规模。（　　）

3. 可供公共投资项目评估活动采用的"政府标准"，是指政府按照国民经济发展目标的要求，就公共投资项目对经济增长、社会福利、公平分配等方面的影响所提出项目评估的标准。不过，这种评估标准主观随意性较大，也比较粗略。（　　）

4. 公共投资项目的直接成本，是指为了筹建此项目而从社会成员那里，以税收形式转移的经济资源，而社会成员消费这一公共投资项目提供的公共产品所得到的全部利益就是该项目给经济生活带来的直接收益。（　　）

5. 关于公共投资项目给生态环境造成的影响，在评估过程中通常采取"补偿变化"原则。该原则假设，对遭项目实施损害的生态环境进行一定的货币补偿，可以使受该项目实施影响的社会成员的福利水平保持不变，则这一货币补偿就可以视为对该项目的环境影响所进行的福利损失评估的依据。（　　）

6. 未来收入或收益的"现值"，就是个人为换得此项收入权或收益权，而在现在愿意支付的最小现金量。（　　）

7. 证明它所负责的重大公共支出项目（包括所有的各国投资项目）是有效的，不是政府预算活动的一个重要任务。政府没有义务按照合适的方法检

验自己预算项目的有效性或绩效程度。（　　）

二、选择题

1. 从甲地到乙地，人们乘坐火车须用 4 小时，乘坐飞机须用 1 小时，火车票价为 150 元，飞机票价为 380 元。据此，人们可以推算出单位时间价值为（　　）。

　　A. 76.66 元

　　B. 57.50 元

　　C. 95.00 元

　　D. 230 元

2. 某个地方政府拟贷款建设一个垃圾处理中心，现有两个备选方案。方案甲的年利率为 17%，每年计算复利一次；方案乙的年利率为 16%，每月计算复利一次，哪一个方案的实际利率更高？（　　）

　　A. 甲方案高

　　B. 乙方案高

　　C. 两个方案相同

　　D. 资料不足，不能确定

3. 公共项目 A 的成本现值为 100 万美元，收益现值为 200 万美元，公共项目 B 的成本现值为 150 万美元，收益现值为 450 万美元，它们的收益—成本率分别为（　　）。

　　A. 0.5 和 0.33

　　B. 2 和 3

　　C. 1 和 2

　　D. 1.5 和 1.33

4. 简单回收率法是用公共投资项目每年的净收益与该项目的原始投资额（包括规定资本与流动资本投资）进行对比，求出总投资回收比率，（　　）一般可以认为该投资项目是有赢利的。

　　A. 总投资回收比率小于资本市场利率

　　B. 总投资回收比率等于资本市场利率

　　C. 总投资回收比率大于资本市场利率

　　D. 总投资回收比率大于 20%

5. 在公共项目评估中，计算出来的某项目的内在收益率为 R，当时的资本市场利率为 r，该项目可以接受的一般标准是（　　）。

　　A. R 大于 r

B. R 小于 r

C. R 等于 r

6. 对政府公共投资项目进行评估时,折现率选择的一般规则是(　　)。

A. 如果投资开支通过公债筹集,适用的折现率应等于私人投资税前收益率

B. 如果投资开支通过税收筹集,适用的折现率应等于私人投资税后收益率

C. 如果投资开支通过公债与税收共同筹集,适用的折现率应该等于私人投资税前收益率与税后收益率的加权平均数

D. 由项目主管官员个人决定

7. 项目 A 的初始投资成本为 1000 万元,估计未来 5 年的年净收益均为 350 万元;项目 B 的初始投资成本也为 1000 万元,估计未来 5 年的年净收益分别为 450 万元、400 万元、350 万元、300 万元和 250 万元。如果采取净现值法进行成本—收益评估,假设折现率为 10%,应该首选哪个项目?(　　)

A. 应该首选项目 A

B. 应该首选项目 B

C. A 与 B 的净现值相等,选 A 或选 B 无差别

D. A 与 B 的净现值均为负值,选 A 或选 B 均无经济意义

8. 如果一个公共灌溉工程项目除了起到增加水浇地面积外,同时对当地环境产生了某种美化作用,后者可以称为该项目的(　　)。

A. 直接的有形收益

B. 直接的无形收益

C. 间接的无形收益

D. 间接的有形收益

三、名词解释

1. 内在收益率

2. 现值

3. 机会成本

四、思考题

1. 何谓"现值"? "折现"的含义是什么?

2. 在公共投资项目的"成本—收益分析"方法中,"净现值法"与"内在收益率法"的基本区别是什么?哪种方法更常用于公共投资项目的评估活动?

3. 在公共投资项目评估活动中，确定折现率的一些原则是什么？

4. 在公共项目评估过程中，应如何衡量时间价值？

5. 在公共项目评估过程中，应如何衡量生命价值？

五、计算题

1. 某项基本建设项目投资可有 A、B 两个方案，根据预测的结果，这两个方案的经济效益资料如下表所示：

盈利性投资项目经济效益比较 （单位：万元）

年份		0	1	2	3	4	5
A方案	年净收入		105	160	250	260	270
	资本投入	1000					
B方案	年净收入		350	300	180	150	120
	资本投入	1000					

假设项目的资本金贴现率为 10%。

计算各自的净现值，并说明哪个方案较好。

2. 某项基本建设项目投资可有 A、B 两个方案，根据预测的结果，这两个方案的经济效益资料如下表所示：

盈利性投资项目经济效益比较 （单位：万元）

年份		0	1	2	3	4	5
A方案	年净收入		105	160	250	260	270
	资本投入	1000					
B方案	年净收入		350	300	180	150	120
	资本投入	1000					

使用内在收益率法，计算各自的内在收益率，并说明哪个方案较好。

第三篇 财政收入

第六章 税收理论

英国著名思想家弗兰西斯·培根把国家财政与宗教、法律和议会视为政府的"四大柱石",而税收则是国家财政的基础。虽然没有一定规模的税收收入政府便不能正常运转,但是如果既定税收制度缺乏民众的支持,或者由于不适当的变更而失去民众的支持,则往往会成为导致经济秩序混乱、社会生活动荡的重要原因。正是税收在经济生活中所占据的这种特殊地位,使得围绕税收发生的社会现象、司法联系、经济事物等,往往会受到各类学者和民众更为广泛的关注。

长期以来,经众多的哲学家、政治学家、法律学家、经济学家、社会学家的积极探索和深入研究,一套相对完整的税收理论体系逐步被建立起来。在这方面,他们的主要贡献包括:提出了公平分配政府支出负担(税收负担)的标准,规定了有助于稳定政府收入并兼顾各类社会经济目标实现的税制建设原则,解释了税收与社会收入分配、宏观经济调控、国民经济发展的一般关系,确立了协调国家间税收管辖权的指导原则与理顺国家间税收关系的基本途径。可以说,相比之下,有关政府税收问题的研究,尤其是关于税收之经济效应的研究,远远超过了对政府支出问题的研究。[1]不过,应该注意的是,虽然税收理论的发展丰富了政府官员有关政策思考的分析方法,但是现实生活中许多税收政策问题仍处于积极探讨之中,有待认真解决。

本章主要研究国家税收的基本理论,研究重点包括税收的基本概念、税收原则、税收负担公平分配的一般标准、税收的经济福利损失、税收负担转嫁与税收归宿,以及相关的其他问题。关于税收理论的研究及其分析方法对

---

[1] 这是因为国家税收的经济影响更多地反映在微观经济领域,它更直接地影响个人的福利状况,进而改变与要素供给有关的经济行为,最后必然影响到经济资源在国内外的有效配置。

政府合理化税收制度，科学地制定各类税收政策具有重要的指导意义。在本章研究基础上，第七章、第八章将专门研究国家税收制度设计、各主要税种设计等问题。

第一节 税收、税制要素和税收分类

一般来说，经济社会之所以需要税收，就是为了从私人方面向公共方面转移经济资源。当然，之所以需要资源的这种转移，是因为政府为了给国民提供必要的公共产品。由于人类社会不能在严重缺乏公共产品情况下获得顺利发展，在现代文明社会尤其如此，那么，也可以认为，税收就是文明生活的代价。

本节首先阐释现代税收的一般概念；然后，研究政府应该按照怎样的原则设计国家的税收制度；最后，在此基础上研究税收理论的核心问题，即国民最为关心的税收负担公平分配问题。

一、税收的基本概念

现代税收（Taxation）可以简单定义为，政府出于提供特定公共产品和公共劳务的需要，通过法律形式对其社会成员规定的强制性的、不付等价物的货币支付。[1] 税收是随着国家的产生而出现的，历史上的国家财政收入有官产收入、债务收入、专卖收入、利润收入等多种形式，但税收一直扮演着最主要的收入角色。在市场经济下，税收是人们为享受公共产品所支付的价格，进而形成了税收概念中的"公共产品价格论"。向社会全体成员提供公共产品，就成为市场经济下国家的基本职能。税收满足政府提供公共产品的需要，也就是满足国家实现职能的需要。

亚当·斯密曾经指出，一国每年支出的费用，一般有两个来源：一是与人民收入无重要联系的资源；二是人民的收入。前者是指政府经营的企业的收入，如国营企业的利润、国家银行的利息等等。但是，斯密观察到，由于各种经济的、非经济的原因，第一种收入来源具有相当的不稳定性、不确定

---

[1] 应该注意，税收与直接征用（Direct Appropriation）不同，后者属于一次性的政府行为，即政府出于某种需要，通过法令，有偿地或无偿地占用并使用原来属于私人的资源。如果是无偿征用，其负担绝对地落在原资源所有者身上。

性。① 所以，他认为："能够维持政府的安全与尊严的，只有确实的、稳定的、恒久的收入，至于不确实的、不经久的资本与信用，决不可把它当作政府的主要收入来源。"② 进而，他指出，政府开支费用的大部分，必须取自于这样或那样的税收。换言之，"人民须拿出自己一部分私的收入，给君主或国家，作为一笔公共收入。"③所以，税收无论形式上，抑或本质上，都是（个人、家庭、企业等创造的）国民收入或国民财富的转移。

任何形式的税收必须具有以下三个基本特征：（1）目的性，税收是政府安排大部分公共开支的最重要的资金来源，全部税收收入都要用于实现各种社会、经济目标；（2）合法性，只有政府，并且依据有关法律，才能获得对其社会成员征税的权力，其他任何个人、机构则无此权力；（3）强制性，无论人们愿意与否，依法纳税被规定为社会成员的一种义务，这是每个法定纳税人必须承担的现代生活的代价。

政府活动的有效性取决于一定的税收规模，而政府能够取得怎样规模的税收收入则取决于国民的纳税意愿及其程度。所以，税收本质上还意味着一种交换，即国民向政府让渡他们个人对自己占有的经济资源、经济成果的部分控制权，借以换取政府予以的各种形式的保护和享受政府提供的各项公共服务。至于在现实经济生活中政府如何能够做到最好地维护国民的纳税意愿，关键在于其所从事的全部税收活动的有效性，包括制定合适的税收政策、采取最经济的税收征管方式，以及最重要的是，不断降低国民的实际税收负担。为此，政府在进行税收活动时，必须遵循一套科学、合理、可行的税收原则。

二、税制要素

税制要素，即税收制度的基本要素，包括对什么征税、向谁征税、征多少税和如何征税等税法的基本内容。税制要素一般包括纳税人、税基、税率、纳税环节、纳税期限、减税免税和违章处理等。纳税人、税基和税率是税制的三个基本要素。

---

① 在亚当·斯密看来，靠国有企业维持政府收入的不确定性主要缘于其经营问题："一种业务，让君主（指政府——笔者注）经营，往往不免流于浪费，浪费就使得他们的成功变为不可能了。君主的代理人（指政府委派的企业管理者——笔者注），往往以为主人有无尽的财富；货物以何种价格买来，以何种价格售去，由一地运往他地，花多少费用，他们都是草率从事，不去精打细算。他们往往与君主过着一样浪费的生活；并且，有时就是浪费了，仍能以适当的方法捏造假账，而积蓄有君主那样大的财产。"见《国富论》（下卷），北京：商务印书馆，1997年，第378页。

② 亚当·斯密：《国富论》（下卷），北京：商务印书馆，1997年，第383页。

③ 亚当·斯密：《国富论》（下卷），北京：商务印书馆，1997年，第379页。

税基（Tax Base），是指政府可以据以征税的对象。虽然理论上讲政府可以对任何经济行为、经济事物征税，但在市场经济条件下，政府事实上无法任意选择征税对象。因为，在现实生活中客观上存在着虚幻的税基，政府据以征税实际上是无效的。税基一般可以划分为两个大类：经济税基（Economic Tax Base）和非经济税基（Non-economic Tax Base）。

"经济税基"是指和个人、企业经济行为有关的征税对象，如对商品、财产、收入以及市场交易等进行征税。对经济税基征税，势必会影响人们的经济活动和经济决策，改变人们在可以替代的经济行为之间的选择，即发生替代效应。例如，对利息收入课征较高的税，就会影响人们对储蓄的积极性，改变人们在现在消费与将来消费之间的选择；对劳动收入课征较高的税，就会影响人们对劳动、发明和创造的积极性，改变人们在劳动与休闲之间的选择；对某些商品课征较高的税，就会引起人们减少对税重商品的消费，转而消费可以替代的税轻商品，从而影响税重商品的生产与销售。不难理解，对经济税基课税，一般会导致人们调整经济行为以尽量减少纳税，所以政府从这种税基取得的税收收入会随着税基规模的变动而变动。至于"非经济税基"，则是指和人们的经济行为无关的征税对象。最典型的是一些国家早期政府对其国民征收的人头税，即对所有的法定纳税人征收一种总额税。这种税是以人的存在作为征收的对象（税基），而不问纳税人的收入、消费、财产以及所从事的经济活动的具体情况。因而，对非经济税基征税，一般不会影响人们的经济决策，也不会改变人们的经济行为；同样，人们也不大可能通过调整自己经济行为的方式而减少纳税。不过，无论政府据以征税的对象属于经济税基，抑或属于非经济税基，都会改变纳税人的实际收入状况，或者改变其他经济资源的占有状况。

政府得自于某种税收的收入等于特定税基乘以规定的税率，那么税率（Tax Rates）就表示为税收收入对税基的比率。一般情况下，税率的规定有两种方法：一种是按照税基价值确定一个百分比，据以征税，称为从价征收；另一种则是按照税基的数量单位，据以征收一定的金额，称为从量征收。由于所得税、财产税、销售税等均是按照相应税基的百分比征税，属于从价税（Ad Valorem），而货物税当中的汽油税、酒税等往往按照消费单位（加仑、瓶等）征收固定金额，属于从量税（Unit Tax）。

按照纳税人所交纳的税款与特定税基的对比关系，人们还可以计算出某一税收的平均税率（Average Tax Rate—ATR）及其边际税率（Marginal Tax Rate—MTR）。平均税率计算方法是，总纳税款额除以税基规模，即总纳税款额对税基规模的比例。边际税率的计算方法是，额外交纳的税款除以增加的税基规模，即额外支付的税款对增加的税基的比例。

三、税收分类

特定税收的平均税率和边际税率反映了该税收税基变动对税率变动的主要影响及一般关系，构成该税收的税率结构。根据不同的税率结构，人们可以把税收划分为三个大类：比例税（Proportional Tax）、累进税（Progressive Tax）和累退税（Regressive Tax）。比例税是税率不与税基规模的变动而发生变动的税收（如货物税、财产税等），其特点是平均税率等于边际税率。累进税是税率伴随税基规模扩大而相应提高的税收（如个人所得税、公司所得税），其特点是平均税率随边际税率提高而提高，但边际税率总是高于平均税率。累退税是税率伴随税基规模扩大而相应下降的税收，其特点是平均税率随边际税率下降而下降，但边际税率总是低于平均税率。现实生活中，虽然没有任何税收在名义上属于累退税，但是有些税收实质上具有一定的累退性，如盐税、汽油税等货物税。在高收入者与低收入者消费大体相同数量的上述商品情况下，他们的税收负担也基本相同。但是，由于他们之间存在着明显的收入差别，该税收负担对各自收入的比例显然是不同的，实际情况是高收入者承担了相对较低的税收负担，而低收入者则承担了相对较高的税收负担。这就是说，有些名义上为比例税的税收，实质上是累退税。税收理论上提出累退税概念，其主要意义在于强调税收对社会收入再分配的影响。

除了以税率计算方法和税率结构对政府税收进行分类外，还可以按照具体的课税方式把税收划分为：全面税（General Tax）与特定范围税（Specific Tax），直接税（Direct Tax）与间接税（Indirect Tax），对人税（Personal Tax）与对物税（Real Tax）。全面税是把全部税基作为计税基数看待，不允许给予任何扣除、减免的税收。例如，全面的所得税就要对一切来源的收入，包括实物收入在内，按照统一的税率课税。相比之下，特定范围税则允许对全部税基的某些组成部分进行扣除、减免处理后，而将余下部分作为计税基数，再按照适用税率进行课税。实际上，现在各国的大部分税收都属于特定范围税，真正的全面税是不存在的。允许纳税人按照税法规定对税基进行排除、扣除、减免等，都可以视为政府给予纳税人的一种税收优惠（Tax Preference），这些优惠往往是出于多种原因而设计的。不言而喻，税收优惠相应减少了政府的税收收入，由此导致的财政收入损失被称为税式开支（Tax Expenditure）。所以，过多、过于宽泛的税收优惠往往为国家税收的漏洞，对此政府要予以必要的重视。

一切税收，无论以所得为税基，还是以货物或财产为税基，其税收负担最后都要由个人予以承担，即最终表现为减少个人的可支配收入。但是，由于税收的征收方式不同，有些税收可以直接地减少个人可支配收入，而另外一些税收则是间接地减少个人可支配收入。前者称为直接税，后者称为间接税。直接税的特点是，直接对某一税收的负担者征收税款，该税收的起征点就是该税收负担的着落点，或者说该税收的交纳者就是该税收的负担者。间接税的特点是，通过一些征收点间接地对某一税收的负担者征收税款，该税的征收点并不是税收负担的着落点，也就是说，该税的交纳者可以在日后将税收负担转嫁给该税收的负担者，或者其他人。税收理论中区分直接税和间接税，主要是为了更好地对于分析、研究政府税收负担的转嫁、税收归宿等问题，这些问题的研究对于政府制定更为合理的税收政策具有重要意义。

对人税主要包括对个人或家庭的收入课征的税（如个人所得税），其特点是纳税人交纳的税款可以依据纳税人的实际支付能力进行调节，即可以按照税收负担者的具体情况区别对待。对物税主要包括对规定的货物征收的货物税，对市场交易征收的销售税，以及对规定的财产征收的财产税等，其特点是纳税人交纳的税款与个人的支付能力不相关联，即不能按照税收负担者的具体情况区别对待。税收理论中区分对人税与对物税，主要是为了分析、研究特定课税对象与其纳税人的关系，研究这些关系有助于政府在税收政策制定上更好地解决税收负担合理分配问题。

第二节　税收原则

国家税收的职能作用，是为政府有效提供公共产品筹集必要的资金。此外，政府通常还要利用税收机制发挥其调节社会收入、个人经济行为的作用，以实现各种经济的、政治的、社会文化的目标。但是，政府在使税收发挥上述各种作用的同时，也要充分考虑到不合理的税收负担分配，不适宜的税收负担转嫁可能对经济生活带来的负面影响。即使在现代国家，因为不适当的税收政策导致国民经济衰退，甚至社会动乱的事件也是很多的。为了使税收的运用更加符合经济规律的内在要求，不断地适合社会经济生活所要实现的各种目标，政府从事的税收活动就要遵循一定的原则进行。事实上，人们是把判断政府税收活动，尤其是税收政策的有效性与否的标准称为税收的基本原则。

一、亚当·斯密的税收原则

较早系统阐述税收基本原则的是英国古典经济学家亚当·斯密，他在《国富论》一书中提出了著名的"赋税四原则"。直到现在，这些原则仍然被认为是政府的税收活动所必须遵循的基本原则。

第一，平等原则。斯密认为，"一国国民，都须在可能的范围内，按照各自能力的比例，即按照各自在国家保护下享得的收入的比例，缴纳国赋，维持政府。……所谓赋税的平等或不平等，就看对这种原则是尊重还是忽视。"[1]在这里，平等首先是指所有的收入来源（地租、利润、工资等）都应该照章纳税，其次是指个人所承担的税收负担应该按照统一标准进行分配。所以，税收的平等原则就是税收负担平等分配原则，是税收哲学的基础。

第二，确定原则。斯密指出，"各国民应当完纳的赋税，必须是确定的，不得随意变更。完纳的日期，完纳的方法，完纳的额数，都应当让一切的纳税者及其他人了解得十分清楚明白。"他进而强调，"据一切国家的经验，我相信，赋税是再不平等，其害民尚小，赋税稍不确定，其害民实大。"[2]在斯密看来，政府的税法、税收征管规定等必须是确定的，否则无法杜绝税政官员徇私枉法、盘剥国民、中饱私囊行为。如果这种行为任其发展下去，最终会导致国家经济秩序的混乱，甚至发生普遍的逃税、抗税活动。

第三，方便原则。在斯密看来，方便是指"各种赋税完纳的日期及完纳的方法，须予纳税人以最大便利"。[3]纳税便利主要涉及两种问题，一是尽量减少纳税人的纳税成本，二是尽量减少政府的税收征管成本。如果税法、征管条例定得过于复杂、烦琐，纳税人和政府都要为此耗费大量时间和资材，这既增加个人的、政府的税收成本，也还会带来许多不必要的麻烦。尽管有些国家制定较为严密的税收征管条例，较为复杂的税收征管程序是为了最大限度地减少税源流失，但是在大多数情况下往往事与愿违。例如，美国所得税税法中规定的各种减免、优惠条款十分繁琐，为此纳税人必须填写各种报表，提供税法要求的各项记录和申请减免的各种材料。这使得一半以上的纳税人不得不雇用专门的职业报税者处理税收申报事宜。据估计，美国纳税人用于办理纳税和雇用职业报税者的费用大约相当于政府所得税收入的 5%到

---

[1] 亚当·斯密：《国富论》（下卷），北京：商务印书馆，1997 年，第 384 页。
[2] 亚当·斯密：《国富论》（下卷），北京：商务印书馆，1997 年，第 385 页。
[3] 亚当·斯密：《国富论》（下卷），北京：商务印书馆，1997 年，第 385 页。

7%。另外,由于税制复杂,不仅增加了稽征费用,而且对于繁多的申报纳税材料,税务当局也无法进行全面的审核。因此,在这种复杂的税制下,尽管经济社会中纳税和征税的费用都在增加,而依法纳税人对法定纳税人的比率却有可能下降。

第四,效率原则。按照斯密的观点,政府税收活动的经济效率集中体现为"一切赋税的征收,须设法使人民所付出的,尽可能等于国家所收入的"。①斯密发现,政府不适当的税收活动,往往导致经济社会发生人民因税收所付出的多于国家所收入的现象。用现代经济语言表述,就是国民因税收减少的经济福利大于以政府税收表示的经济福利,即在正常的税收负担以外又产生了一种非正常的"超额税负担"(Excess Burden of Tax)。政府税收活动之所以会产生"超额税负担",斯密认为主要是由以下问题造成的:(1)国家使用了大批官吏以征税,浪费了大量税收收入,加之税吏贪污腐化,苛索人民,增加了人民的负担。(2)税收妨碍了人民的勤劳,使人民对某些能够提供更多人就业的事业裹足不前。(3)不适当的赋税造成逃税现象大增,而处罚过重导致许多生产性资源变成国家税收。(4)税吏的频繁的稽查,常使纳税人遭到极不必要的麻烦、苦恼与压迫。经验说明,上述导致"超额税负担"发生的(1)、(2)、(3)问题,可以通过改善政府的税收征管行为,或者通过调整政府的有关税收政策来予以解决,而在任何情况下解决(2)问题都比较困难。这是因为,理论上讲,任何形式的税收都属于政府行为,都会对人们的经济决策、经济行为产生非市场化的影响,而随后发生的个人对其经济决策、经济行为的调整,即使从个人角度看是理性的,也必然意味着对市场机制的某种程度的扭曲,导致经济社会的效率下降。另外,政府税收政策造成的对市场机制的扭曲还具有相当的不确定性,政府只能在事后予以纠正,成为税收导致经济社会效率下降并且难于改善的重要原因。那么,经济社会强调税收的效率原则,就是要求政府尽量减少有关税收政策对市场经济的扭曲效应。

二、瓦格纳的税收原则

阿道夫·瓦格纳是德国社会政策学派的代表人物。他的代表著作《财政学》提出了社会政策的财政理论。他明确反对自由主义经济政策,承认国家对经济活动具有积极的干预作用,同时还谋求改正收入分配的不公平现象以解决社会问题,他提出的课税四项九目原则是继斯密之后最为完备的税收

---

① 亚当·斯密:《国富论》(下卷),北京:商务印书馆,1997年,第385页。

原则。

第一，财政政策原则。所谓财政政策原则即课税能充足而灵活地保证国家经费开支需要的原则，故也称之为财政收入原则。财政政策原则可具体分解为充分原则和弹性原则两个方面来理解。瓦格纳认为，税收的主要目的是为以政府为代表的国家筹集经费，因此，必须有充分的税收收入来保证这些支出的需要，这就是充分原则；同时，如果政府的支出需要增加（各种原因）或者政府除赋税以为的收入减少时，赋税应能依据法律或自然增加，即要有一定的弹性，以适应政府的收支变化，这就是弹性原则。这条原则要求在税收制度设计时，必须体现出来。

第二，国民经济原则。国民经济原则即是国家征税应该考虑对国民经济的影响，应尽可能有利于资本的形成，培养税源，促进国民经济的发展。为此，他提出了税源选择与税种选择两项原则。税源选择原则，就是选择有利于保护税本的税源，以发展经济。一般来说，可以作为税源的有所得、资本和财产三种。从整个经济方面考虑，选择所得作为税源最好，如若以资本和财产作为税源，将损害税本。但又不能以所得作为唯一的税源，如果出于国家的经济、财政或社会的政策需要，也可以适当地选择某些资本或财产作为税源。税种选择原则，就是税种的选择主要考虑税收的最终负担问题。因为他关系到国民经济的分配和税收负担是否公平。瓦格纳认为，税法预先规定税收的负担者，事实上是不可能的，因为在经济交易中将发生税负转嫁的情况。所以必须充分考虑到税收的转嫁变化规律，最好选择难以转嫁或转嫁方向明确的税种。但也不排除在必要时，对转嫁方向不明确的税种，也可适当地采用，以实现税负的公平。

第三，社会公平原则。社会公平原则指税收负担分配于纳税人时，应遵循普遍和平等的原则。具体内容包括：（1）普遍征税。瓦格纳认为，社会上的人都必须纳税（都有纳税义务），不能因为身份不同，地位特殊而例外。（2）税负平等。瓦格纳认为，税收的负担应力求公平合理。所谓平等，并非指每个人应缴纳一样多的税，而是应该按照各个人的能力大小来缴税，并实行累进税制，做到收入多的多缴税，收入少的少缴税，对处于最低收入以下的免税，这样才符合社会正义，亦即公平原则。瓦格纳是从社会政策的观点来研究税收的，他的社会政策的核心是利用税收来调节各阶级、阶层的关系，缓和阶级矛盾。税收的社会正义原则的理论意义在于矫正私有制下的财富分配不公的现象。对以后的公平税负的理论和所得税制度的发展，起到了一定的积极作用。

第四,税务行政原则。在税收制度设计时,有关税务行政方面应体现的原则。这其中包括确定、便利和最少征收费用原则。实际上是瓦格纳将亚当·斯密的四原则中的三条归纳为税务行政原则。只不过瓦格纳的最少征收费用原则不仅要求税务部门的稽征费用要小,而且纳税人因服从税法,履行纳税义务所发生的费用也应尽可能的小。

三、现代税收原则

20世纪80年代中后期,西方主要发达国家相继进行了大规模的税制改革,这不仅是西方国家历史上的一次重大的税制变革,同时也是对半个世纪以来税制赖以建立的原则(即税收原则)的一次重新确认。1974年,诺贝尔经济学奖获得者弗里希·奥古斯特·冯·哈耶克的宏篇巨著《自由宪章》的发表对西方这次税制改革起到了催化作用。

第一,税收效率原则。现代税收理论一般把税收效率原则概括为3个方面:(1)从资源配置角度,税收分配要有利于资源有效配置,使社会从可利用的资源中获得最大利益;(2)从经济运行角度,税收分配要有利于经济运行,促进国民经济稳定增长和微观经济效益的提高。政府征税是将私人经济部门占有和使用的资源转移给政府部门的过程,如果税收分配不当,就会造成对市场经济的扭曲,影响生产者和消费者的正确决策,给社会带来福利损失,形成所谓税收超额负担,因此,征税要遵循效率原则,使社会承受的超额负担最小,并形成较小的税收成本换取较大的所得(即效率);(3)从税务行政角度,在征税过程中,征税主体支出的费用占收入的比例要尽可能地最小。美国经济学界认为,减少税收对经济活动的干预,利于加强市场机制和减少企业之间在纳税上的竞争。在税收效率原则的贯彻上,由注重经济效率转向经济与税收自身效率并重。美国1986年的税制改革一反常规,体现出力求使经济效率同税收本身效率并重的趋向。主要表现在:由繁杂税制向简化税制过渡;应税所得的计算由复杂转变为简单。

第二,税收公平原则。公平税负原则曾被亚当·斯密列于税收四大原则之首,它是关于税收负担公平地分配于各纳税人的原则,即国家征税要使每个纳税人的负担与其经济状况相适应,并使各纳税人之间的负担水平保持平衡,包含横向公平和纵向公平。但是,现代税收公平强调在税收公平原则的贯彻上,由偏重纵向公平转向追求横向公平。美国1986年的税制改革虽仍将公平作为目标之一,但体现公平的重点却由纵向转向了横向。主要表现在:中等收入阶层的税率降低幅度与高收入阶层相比要小得多;新税法削减了主要用于照顾低收入者的各种优惠规定；由多级累进税制向比例税制靠拢。

第三，税收稳定原则。指通过税收加强对宏观经济的干预，减少经济波动，实现经济稳定的原则。这一税收原则的理论依据是税收有负乘数作用，是一种平抑经济周期的自动稳定器，在对个人征收累进所得的前提下，经济繁荣时期会自动增加税收，从而抑制经济的过度扩张；经济萧条时期会自动减少税收，从而能阻止经济的进一步衰退。为了发挥税收的这种稳定作用，应当加强税收对宏观经济的干预。在西方发达国家，作为税收的原则之一，税收稳定经济作用的发挥是十分有限的。在中国，有一些学者也提出，社会主义税收也应遵循稳定的原则，即通过税收来调节社会生产的总供给和总需求、调节积累和消费的比例关系等，从而保证经济总量和结构的平衡，促进国民经济的持续、高速、稳定发展。

第四，税收法定主义原则。是指由立法者决定全部税收问题的税法基本原则，即如果没有相应法律作前提，国家则不能征税，公民也没有纳税的义务。这一意义上的税收法定主义正是现代法治主义在课税、征税上的体现，它要求税法的规定应当确定和明确。该原则的作用在于：一方面使经济生活具有法的稳定性，另一方面使经济生活具有法的可预见性，以充分保障公民的财产权益。

四、税收哲学

税收是国家财政收入的基本来源，国家依靠强制性的税收把私人手中的一部分收入集中到政府手中，用来支付政府的各项费用。但是，税收负担如何分配，亦即政府支出的负担如何公平分配，作为税收哲学，则是在西方财政理论、税收理论中不断引起争论的问题。这个问题的社会经济意义重大，因为税收负担集中表现为私人实际收入的减少，进一步表现为私人实际支出的减少。那么，税收负担的分配既影响个人和家庭的收入分配，也影响个人和家庭的支出分配，在这两类分配中，必须体现出来的社会公平具有无可置疑的重要性。因此，税收哲学（Tax Philosophy）实际上成为如何制定合理分配税收负担的标准以及解释此标准合理性的理论，是全部税收理论的基础。

英国古典经济学家亚当·斯密较早提出了税收负担分配的基本准则，他认为，"每一个国家的人民对支出政府的交纳，应当尽可能地和他们各自的能力成比例，亦即和他们在政府的保护下各自享有的收益成比例。"[1]这就是著

---

[1] Adam Smith: The Wealth of Nations, Vol. 2, edited by E·Cannan, 1904, P. 310.

名的"税收第一准则"(First Canon of Taxation)。亚当·斯密的这句话有两重含义：一重含义是税收负担的分配应该比照各自的能力，另一重含义是税收负担的分配应该比照各自享有的收益。这两重含义是统一的，即从政府的保护中获得的利益指的是收入，因此收入也就成为承受税收负担能力的一个最重要的衡量指标。现代税收理论，依据上述亚当·斯密的基本观点，提出了税收负担分配的两个公平原则：利益原则（Benefit Principle）和支付能力原则（Ability-to-pay Principle）。

按照利益原则，税收负担的分配应当和纳税人从这种税收的使用中得到的利益联系起来。由于政府的税收是用来提供公共产品与劳务，因而应当按照个人或家庭享用公共产品与劳务所获得的利益来确定税收负担的份额。从一定意义上说，利益原则是税收负担分配的一项公平原则。但是在实际生活中，利益原则只能适用于有限的范围。这是因为，政府提供的公共产品与劳务具有非排他性消费性质，一些人的使用并不影响另一些人的使用，也不能拒绝某些人的使用，所以难以在个人之间准确划分从公共产品与劳务的消费中获得的利益，从而无法准确地分配政府支出的负担，即一般意义上的税收负担。利益原则更不能适合政府用于再分配性质的支出，例如政府用于贫困救济的支出就不能要求受救济者按照个人所得到的利益来分担这一支出的份额。

按照利益原则分配税收负担，普遍适用于那些在政府提供的公共产品与劳务中，能够大致地确定个人所得到的利益的场合，如实行"指定用途税"的场合。"指定用途税"是专门向特定公共产品与劳务的受益者征收的一种税收，用于筹措为提供这些公共产品与劳务所需要的资金。"指定用途税"一般能够较好地把政府提供公共产品与劳务的支出负担同个人从中得到的利益联系起来。[①]然而，尽管"指定用途税"可以把个人从政府支出中得到的利益和分配政府支出的负担联系起来，符合利益原则的基本要求，但是过多地采用"指定用途税"往往造成政府财政支出的僵化，而不利于使政府把财政收入在各种需要的用途之间进行适当的支配。所以，利益原则作为政府税收负担分配的公平原则，在税收实践中只能适用于有限的范围。于是，在实际生活中，支付能力原则成为被广泛运用的税收负担之公平分配原则，该原则在

---

① 例如，使用公路的利益和汽油与汽车部件的消费直接相关，因此征收汽油税与汽车部件税来筹措公路建设资金，就把使用公路的利益和分配政府公路建设支出的负担直接联系起来。美国政府就是采取这样的做法，把对汽油、卡车和汽车部件征收的产品税纳入指定的公路信托基金，然后将这笔收入再用于公路建设的各项开支。

税收负担分配上是把个人或家庭的支付能力与政府支出负担联系起来。

由于支付能力原则要求按照个人的经济能力来分配政府支出的负担，而同个人从政府支出中得到的利益没有直接联系，那么在实际税收负担分配中运用该原则就要受到一定的条件限制，即只有在能够确定税收负担者及其支付能力大小的情况下，该原则才是适用的。而在不能确定税收负担者及其支付能力大小情况下，则难以对纳税人的税收负担分配进行调整。在现代税收理论中，对于支付能力的衡量标准主要有三个：（1）以个人收入水平作为衡量其支付能力的课税基础。收入水平表示个人在一定时期内取得的对经济资源的支配权，客观地反映了个人的现实的支付能力。（2）以个人消费水平作为衡量其支付能力的课税基础。消费支出表明个人在一定时期内实际上使用的经济资源，客观地反映了个人真实的支付能力。（3）以个人财产存量作为衡量其支付能力的课税基础。财产存量表示个人已经拥有的对经济资源的支配权，客观地反映了个人潜在的支付能力。应该说，无论是收入，还是消费或者财产，都可以作为衡量个人支付能力的标准。但是在税收实践中，各国往往选择以收入作为衡量个人支付能力的标准。大多数经济学家认为，收入包含的内容比消费更为广泛，收入不仅反映了个人现实的消费能力，而且代表着其潜在的消费能力，以此衡量个人支付能力既是客观的，也是比较公平的。因为如果个人的部分消费是靠借债维持的，那么把这部分消费也视为支付能力的表现显然不妥。[①]至于就衡量支付能力的课税基础来说，财产标准是否优于收入标准，多数经济学家认为，财产是个人收入的资本化价值，如果对全部的收入已经课税，那么对收入的资本化价值就不需要再课税。不过，也有人认为，对收入的课税实际上并不是按照全面的、完整的收入概念进行的，而有些收入并未包括在课税范围之内。[②]所以，在衡量个人支付能力的时候，财产标准至少可以作为收入标准的补充。

按照支付能力原则分配税收负担包含了两种公平概念：横向公平（Horizontal Equity）和纵向公平（Vertical Equity），也称横向公平原则与纵向

---

① 当然，一些经济学家认为，就衡量支付能力的课税基础来说，消费优于收入。因为对消费课税可以避免对储蓄收入课税，有利于鼓励私人储蓄和刺激私人投资的增长，有助于加速社会资本的形成，有助于提高生产力并加速经济增长。近年来，一些经济学家提出以个人支出税（该税以个人消费支出为税基）替代个人所得税，主要的理论依据也在于此。

② 全面的收入应该包括各种来源与各种形式的收入，不仅是货币收入，还应包括不经过市场交易取得的实物收入或者推算出来的收入，以及未实现的资本增益（如股票、债券、房地产等价格的上涨）。但是，实际上人们难以对那些不经过市场交易的和未实现的收入进行全面的计算，从而只以个人货币收入作为支付能力的衡量标准就不可能是全面的。同样，对消费水平的计算，对财产存量的计算也有类似的问题。

公平原则。横向公平原则要求支付能力相等的纳税人应当交纳相等的税款，纵向公平原则要求支付能力不相等的纳税人应当交纳不相等的税款，即支付能力较高者应当按照公平观念交纳较多的税款。在科学地规定衡量个人支付能力的标准，即政府有了明确的据以课税的基础情况下，税收实践中同时贯彻横向公平原则和纵向公平原则就是可能的。不过，相比之下，在税收负担分配方面努力贯彻纵向公平原则更为重要。因为实行纵向公平原则，特别适合于政府分配那些具有收入再分配性质的支出的负担。换言之，实行纵向公平原则能够更为合理地为政府那些分配性支出（如扶贫支出、社会保障支出等）筹集所需的税款。

在税收负担分配中贯彻纵向公平原则，政府不仅需要确定衡量支付能力的标准，而且更重要的是，需要确定纵向公平的标准。按照纵向公平原则的要求，不相等的支付能力者应当交纳不相等的税款，那么在税收负担的分配上，怎样的不相等才能符合纵向公平原则的内在要求呢？一般认为，只有实行累进税率的税收（如所得税）能够比较方便地贯彻纵向公平原则，这种税收随着税基的增加，使纳税人承担的税负也相应有更大幅度的增加。例如，目前各国政府在对所得课税时普遍实行累进税率，随着个人收入（税基）的扩大，边际税率有更大幅度的上升，使得相对高收入者交纳更多的税款。至于怎样的累进程度才能切实地实现税收负担分配的纵向公平原则，则是因国而异，取决于具体国情与经济发展水平。通常的情况是：税率累进程度越高，似乎越有利于社会收入分配的平等化，但同时高收入者的较多收入被征税，也可能不利于社会投资的增长，最终还有可能导致整个税基的萎缩。因此，只有适度的累进税率才能兼顾经济社会的平等与效率的改善。

第三节　税收的福利损失与超额税负担

现实生活中人们对政府经济政策的关注，大部分集中在税收政策上，因为税收政策的变动直接涉及个人、家庭、厂商的福利水平。税收虽然为政府财政活动的正常进行提供必要的物质条件，但是它也对个人、家庭、厂商的经济决策产生各种影响，后者进而影响经济社会的整体福利。因此，经济学家特别注意研究税收对经济社会产生的各种影响，其研究成果往往成为政府制定税收政策的主要依据。本节主要分析税收的福利损失问题和税收负担分配问题，第三节重点分析税收与国民产出、政府财政收入的一般关系。

一、收入效应和替代效应

普通经济学中的"收入效应"（Income Effect）和"替代效应"（Substitution Effect）概念，通常用于解释市场价格变化对人们需求行为变化的作用机制。在税收经济学里，各种形式的税收通常也会对人们需求行为产生类似的影响。税收的"收入效应"，是指税收引起人们收入的变动，即政府税收政策变化直接导致人们可支配的实际收入随之发生变化——典型的情况是政府增税使人们收入相对提高，而减税使人们的收入相对下降。

"替代效应"是指税收引起人们对经济行为的调整，即人们为了减少纳税负担而改变在可供替代的经济行为之间的选择。例如，政府对商品课税可能改变人们在可供替代的商品之间的选择，对企业课税可能改变人们在可供替代的投资之间的选择，如此等等。当然，这种税收引起的人们对经济行为的调整，反过来又造成经济税基的变动，进而导致个人收入、企业收入，以及政府财政收入的变化。政府的税收政策及其调整给经济社会带来的上述两种效应，可以通过图6-1给予较为直观的说明。

图 6-1 中假设经济社会某成员，在（受其既定收入决定的）预算约束下消费两种商品，Y（如DVD）和 X（如CD），它们的价格比就是图中最高一条预算约束线（NM）的斜率。在没有税收情况下，其对两种产品的消费组合如图中最高的无差异曲线（U_1）所示，该无差异曲线与预算约束线相切于 E_0 点，表示在既定的相对价格和预算约束下，该社会成员消费相当于 Y_0 与 X_0 的两种产品并使其效用达到最大。当对商品 X 征税后，相当于 X 的价格上升，则该社会成员的预算线由原来的 NM 变为 NM'，消费者均衡的点由 E_0 变为 E_1，这意味着消费者的满足水平降低了（即由无差异曲线 U_1 下降到无差异曲线 U_2）。由于商品 X 的价格上升，对商品 X 的需求量由 OX_0 减少到 OX_1，$OX_0 - OX_1 = X_1X_0$ 即为价格变动的总效应。

可以把预算线的这种转动分成两步：第一步是预算线按相对价格不变时向内平行移动并经过新的需求束 (X_1, Y_1)，第二步是预算线围绕着新的需求束转动直至通过 Y 轴上的原截距点 $(0, N)$，此时预算线与无差异曲线的切点为 E_2。这种"移动－转动"步骤能方便地把需求变动分成两部分：第一步是斜率不变而购买力发生变化的一种变动，而第二步则是斜率发生变化而购买力保持不变的一种变动。

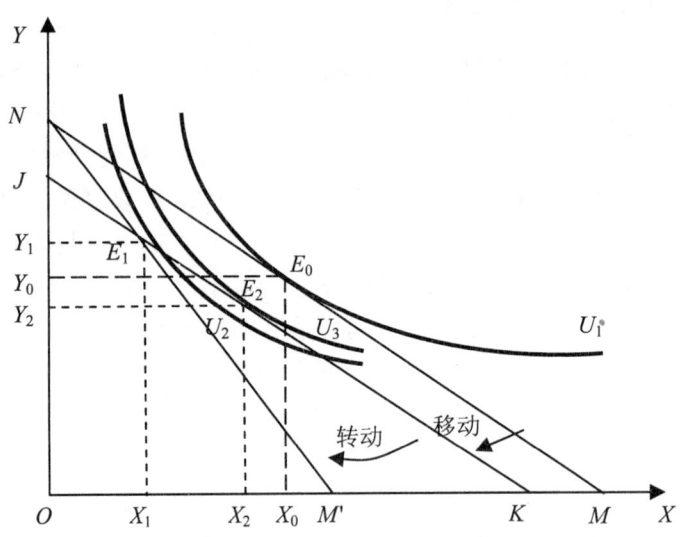

图 6-1 税收引发的两种效应

假定在价格上升后使消费者的货币收入适当地减少，从而使他与价格上升后的消费束一致，即通过价格上升后的消费束 (X_1,Y_1)，这意味着一条平行于 NM 的预算线与无差异曲线 U_3 相切，这一假想的预算线即图 6-1 中的 JK。所谓替代效应是指从价格变化后的均衡点 E_1 到与假想的预算线对应的均衡点 E_2 的移动，或者说，当购买力保持不变时，由价格变化引起的商品 X 的需求量的变化，即为替代效应。在图 6-1 中，替代效应为 $OX_2-OX_1=X_1X_2$。

由原预算线 NM 向 JK 移动，标志着消费者实际收入的减少，由此而引起的从原均衡点 E_0 到假想的均衡点 E_2 的移动，就是所谓的收入效应，或者说，收入效应是指在所有商品价格保持不变时，完全由于实际收入的变动所引起的商品 X 的需求量的变动。在图 6-1 中，收入效应为 $OX_0-OX_2=X_2X_0$。显然，对商品 X 征税所产生的总效应等于替代效应与收入效应之和，即 $X_1X_2+X_2X_0=X_1X_0$。

一般来说，几乎所有的税收都会对现行市场经济的相对价格体系发生扰动作用，进而对人们的经济行为、经济活动带来收入效应与替代效应。可能的例外是对人们征收一次性总额税（Lump-sum Taxes），即对每一社会成员课征一笔相同的税款，这类税收只会引起收入效应，而不发生替代效应。这种不会产生替代效应的税收通常称为中性税收（Neutral Tax），喻其为"中性"，是因为一次性总额税仅仅造成人们实际收入的减少，如图 6-1 中对个人收入课税导致其预算约束线下移至 JK，但不改变市场的相对价格。而在相对价格不变的情况下，人们只改变消费数量，而不大会改变他们生产、消费、储蓄、投资等决策行为。

理论上认为，所有非中性税收都属于扭曲性税收（Distorting Taxes），均导致人们在经济资源使用方面产生福利损失，即效率损失。这是因为，税收改变了原先经济社会所处的（商品的）相对价格体系稳定状态，于是人们会按照相对价格的变动调节自己的经济行为。但是，此时经济社会相对价格的变动并不代表经济资源之相对稀缺程度的真实变化，人们的行为调整实际上就带有相当的盲目性。这不仅无助于经济社会实现资源的有效配置，反而可能给其带来更多的效率损失。换言之，税收意味着国民福利对政府的转移，政府因此获得了一定规模的财政收入，但是如果这种福利转移规模实际上大于国民福利的损失，便意味着国民要承担额外的税收负担。这种额外的税收负担，称超额税负担，被认为是税收造成的国民福利的净损失。图 6-1 中，无论政府对收入课税，抑或仅对 CD 课税，政府的财政收入是一样的。但是，政府对 CD 课税造成无差异曲线 U_2 低于无差异曲线 U_3，其差额便代表这种扭曲性税收给国民造成的超额税负担。

当然，假设市场经济一开始就处于非帕累托效率状态，即属于次优经济状态时，那么政府通过精心设计的扭曲性税收，使之在经济生活中产生某种负超额税负担（Negative Excess Burden of Tax），往往可以起到改善市场经济效率、优化资源配置的作用。此时，税收产生的替代效应实际上发挥了某种纠偏性功能（Corrective Function），这类税收被称为纠偏税（Corrective Tax）。例如，政府对香烟、烈性酒等商品课税，有助于诱使人们改变社会公认的有害消费行为，实质上就是借助了税收的上述纠偏功能。

二、税收的超额税负担

如前所述，税收的超额税负担是指因为税收的作用，给经济社会在资源使用上带来的效率损失，即国民福利损失。以下，以从量税为例解释税收带来的这种福利损失。如图 6-2 所示，先假设税前汽油市场的供求均衡在点 E，此时的均衡产量为 Q，均衡的价格为 P。在点 E 上，由于均衡价格等于消费者在此价格时获得的边际收益，也等于生产者在此价格时面临的边际成本，即 $P=MB=MC$，这一条件既保证了消费者的效用最大化（以消费者剩余表示），也保证了生产者的利润最大化（以生产者剩余表示）。

假设政府对汽油商品征收从量税，每加仑汽油征课相当于某一固定货币价值（如 T）的税收。政府税收造成汽油供给曲线上移，从 SS 平行上移至 SS_T。于是，税后汽油市场的供求均衡点在 E_1，表示税后汽油产量从 Q 下降到 Q_T，而消费者支付的价格为 P_d，生产者的边际成本为 P_s。从图上可知，此时 $P_d=MB$，而 $P_s=MC$，$P=MB=MC$ 这一效率最大化条件被破坏。在点 E，消费者剩余为 APE，生产者剩余为 BPE（生产者利润），但是在 E_1 点，消费者剩余下降为 AP_dE_1，生产者剩余下降为 BP_sK，相比之下，二者合计减少的经济福利为 $P_sP_dE_1EK$。在该图中，政府因税收得到的财政收入为 $P_dP_sKE_1$，但 $P_dP_sKE_1$ 小于 $P_sP_dE_1EK$，说明该税收造成的国民福利的减少大于以政府财政收入表示的国民福利，其差额为 KE_1E。KE_1E 就是该税收给国民带来的超额税负担，表示既非政府，也非国民可以利用的国民福利，是一种（税收造成的）国民福利的净损失。这里，产生超额税负担的原因不难理解，政府征收汽油税使得汽油与其他可替代商品的相对价格发生了变化，诱使人们减少对价格相对较高的汽油的消费，转而增加对其他替代能源的消费，即发生了替代效应。由于汽油税及其产生的替代效应，破坏了汽油商品市场上消费者剩余和生产者剩余（国民福利）最大化的基本条件，导致额外的国民福利损失。

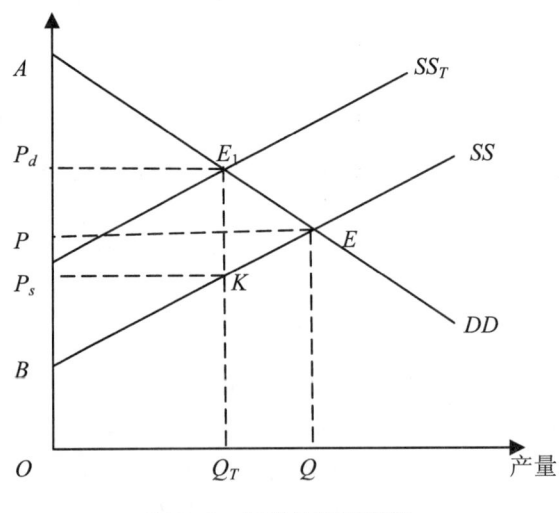

图 6-2　征税的福利变化

根据图 6-2 所示，可以计算出从量税的超额税负担，其公式为：

$$W = 1/2 \cdot T^2 \cdot (Q/P) \cdot [E_s E_d/(E_s+E_d)]$$ [1]。

这里，W 为超额税负担，相当于图中的 KE_1E；T 为政府对单位商品征收的从量税，相当于图中的 $P_d - P_s$；Q 为税前产量，P 为税前价格；E_s、E_d 分别表示商品供给的价格弹性和商品需求的价格弹性。

根据从量税超额税负担计算公式，可以推导出从价税超额税负担计算公式。假设政府按照每加仑汽油价格征收从价税，并且使每加仑的从价税收入等于从量税收入，就有 $T=tP$（t 为从价税税率），把 $T=tP$ 代入上式，整理后得到

$$W = 1/2 \cdot (t^2 QP) \cdot [E_s E_d/(E_s+E_d)],$$

该式即为从价税超额税负担计算公式。

从上面两个公式可以看出，无论在从量税，还是在从价税情况下，只有当需求的价格弹性为零（无弹性），或供给的价格弹性为零（无弹性）时，税收的超额税负担便为零。说明政府只有对那些需求弹性极小，或供给弹性极小的商品征税，经济社会才不会发生明显的国民福利损失。但是，现实生活中，除了食盐、粮食等生活必需品外，供求无弹性的商品实在是太少。所以，在大多数情况下，政府税收带来经济效率（国民福利）损失是不可避免的。

虽然税收在增加政府财政收入的同时不可避免地造成一定的经济效率损失，但是不同税种所产生的相对效率损失却是不同的，甚至有较大差异。不同税收的相效率损失，可以通过"税收的效率损失率"进行比较。税收的效率损失率（Efficiency Loss Ratio，ELR），是指特定税收的超额税负担对政府得自于该税收的财政收入的比率，即 ELR=EB/R（EB 为超额税负担，R 为政府税收收入）[2]。该指标的经济意义在于，政府在制定可选择的税收方案时，应该认真研究，比较各种税收方案的效率损失程度，尽量选择那些效率

---

[1] 因为，$W=1/2 \cdot T \cdot \Delta Q(T=P_d-P_s,\ \Delta Q=Q-QT)$，
需求的价格弹性为 $E_d=(\Delta Q/Q)/(\Delta P_d/P)$，得到 $\Delta P_d=\Delta QP/QE_d(\Delta P_d=P_d-P)$，
整理后得到 $P_d=(\Delta QP/QE_d)+P$。
供给的价格弹性为 $E_s=(\Delta Q/Q)/(\Delta P_s/P)$，得到 $\Delta P_s=\Delta QP/QE_s(\Delta P_s=P-P_s)$，
整理后得到 $P_s=(-\Delta QP/QE_s)+P$。
然后，把 $P_d=(\Delta QP/QE_d)+P$ 和 $P_s=(-\Delta QP/QE_s)+P$ 代入 $T=P_d-P_s$，解出 ΔQ。
最后将 ΔQ 代入 $W=1/2 \cdot T \cdot \Delta Q$，得到 $W = 1/2 \cdot T_2 \cdot (Q/P) \cdot [E_s E_d/(E_s+E_d)]$。

[2] 今假设某种商品的供给具有不变成本性质（即供给曲线为一条水平线），其需求函数为 $P=10-0.001Q$。税前供求均衡时的价格为 4.8 美元/个，产量为 5200 个。在政府征收从价税且税率为 20%时，该商品税后价格上升为 6 美元，即 4.8/(1-20%)美元。在税后物价上升为 6 美元时，需求量相应下降为 4000 个。经计算可知，该税造成的超额税负担为 720[$W=1.2\times(5200-4000)/2$]美元，为政府带来的财政收入为 4800 美元（1.2×4000）。那么，该税的效率损失率则为 15%（720/4800）。

损失最低的税收方案予以实施,以最大限度地减少国民福利的损失。

第四节 税收对国民收入、政府财政收入的影响

政府在制定税收方案时,除了考虑税收对经济效率的影响,对国民收入再分配的影响外,往往更多地是考虑不同税收方案对政府财政收入的影响。由于税收产生两种不同但有联系的经济效应,一般情况下,不同税收方案对税基变动的影响不同,而同一税收方案的任何调整,如税率变动,也会给税基变动带来相应的影响。这些影响最终反映在国民收入(国民产出)和政府财政收入的变化上。所以,在税收理论中,研究税收与国民产出、政府财政收入的一般关系,研究税收方案的调整对国民产出、政府财政收入可能产生的一般影响等问题,对于政府税收政策制定、调整来说,具有重要的指导意义。

一、税基弹性

税基弹性是指在其他不变条件下,税基变动对税率变动的反应程度。该反应程度可以通过计算税率变动百分比与税基变动百分比的比值予以确定,其计算公式为:

$E_t^B = (\Delta B/B) / (\Delta t/t) = (t\Delta B) / (B\Delta t)$。

其中,E_t^B 为税基弹性,B 为税基(以货币额表示),ΔB 为税基变动,t 为税率(以百分数表示),Δt 为税率变动。在税收理论中,税基弹性概念非常重要,如果把国民收入抽象为税基,把政府税收政策的调整抽象为税率调整,那么通过测定税基弹性就能够大致地了解税收政策调整对国民收入、对政府财政收入的影响方向和影响程度。

当 E_t^B 为正值时,表示税基与税率呈相同方向变动,即税率提高,税基扩大,或者税率下降,税基缩小。当 E_t^B 为负值时,表示税基与税率呈相反方向变动,即税率提高,税基缩小,或者税率下降,税基扩大。造成税基与税率或者按照相同方向变动,或者按照相反方向变动的主要原因,是税率变动(税收政策调整)对个人经济行为产生的影响具有不确定性,进而对税基变动的影响也就变得不确定。例如,政府对劳动所得征税,或者提高所得税率,就会造成单位小时劳动实际所得减少。单位小时劳动实际所得减少意味着劳动对闲暇的比价发生了变化,即闲暇变得相对便宜。在这种情况下,一

些社会成员会认为减少劳动时间，相应增加对闲暇的消费可以保持自己的效用不变，甚至提高效用。于是，他们减少了劳动供给，导致经济社会中（作为税基的）劳动收入规模下降，结果出现税基与税率朝相反方向变动的趋势（视为税收对国民收入产生了某种消极影响）。但是，在税收导致单位小时劳动实际所得下降情况下，另外有些社会成员却可能出于种种考虑而会延长劳动时间，以便对（因税收造成的）收入下降进行必要的补偿。于是，他们增加劳动供给，导致经济社会中（作为税基的）劳动收入规模扩大，结果出现税基与税率朝相同方向变动的趋势（视为税收对国民收入产生了某种积极影响）。至于劳动收入总体变化，即税基总体变化如何，则取决于上述两种趋势的对比。如果该税收对劳动收入变动产生的消极影响超过了其积极影响，经济社会的总和劳动收入就要下降，该税收的税基弹性必然是负值，表示政府实际上是面临着一种趋于恶化的税收环境。相反，如果该税收对劳动收入变动产生的积极影响超过了其消极影响，经济社会的总和劳动收入就会提高，该税收的税基弹性必然是正值，表示政府实际上是面临着一种趋于改善的税收环境。

就经验观察，一般经济社会中，在大多数情况下，税基弹性通常为负值，即税基变动通常与税率变动呈相反方向。这是因为，在任何情况下，税收都会在不等程度上挫伤人们从事特定经济活动的积极性，造成相应的经济效率（国民福利）损失。那么，符合逻辑的推理是：在其他不变的情况下，政府降低平均税率（以政府税收收入对国民收入的比率表示）通常可以提高人们从事经济活动的积极性，对扩大税基，即增加国民收入有利；而在其他不变的情况下，政府提高平均税率通常会降低人们从事经济活动的积极性，对税基变动产生不利影响，即减少国民收入。因此，政府制定的各种税收政策之合理性与否，就要以这些政策能否对税基产生积极影响为标准。

值得注意的是，在税基弹性为正值的情况下，政府税收收入变动与税率变动也是同方向的，即税率提高，税收收入增加，税率下降，税收收入减少。但是在税基弹性为负值的情况下，政府税收收入变动与税率变动却是不确定的，即税率变动或是提高税收收入，或是减少税收收入，或是使之保持不变。这是因为在税基弹性为负值的情况下，特定的税率变动对政府税收收入变动产生了两种不同的影响作用：税率提高通常起到增加政府税收收入的作用，而税率提高同时缩小税基，对增加税收收入又产生抵消作用；同样，税率下降通常起到减少政府税收收入的作用，而税率下降却同时扩大税基，对减少税收收入又产生抑制作用。正是通过这两种相反作用的对比，税率变动才对政府税收收入产生了增加、减少或不变的影响。反映在税基弹性上，就出现了 $E_t^B>-1$，$E_t^B<-1$ 和 $E_t^B=-1$ 的三种情况。$E_t^B>-1$，表示税率变动的幅度大于税基相反变动的幅度；$E_t^B<-1$，表示税率变动的幅度小于税基相反变动的幅度；而 $E_t^B=-1$，表示税率变动的幅度等于税基相反变动的幅度。表 6-1 汇总了在税基弹性为负值的情况下，税率变动对政府税收收入的各种影响。在税基弹性为负值的情况下，政府尤其应该注意税率提高、税收收入反而明显减少的问题。一般情况下，导致发生这种问题的主要原因有二：一是不合理的税率（税收政策）产生了较大的替代效应，人们对个人经济行为的盲目调整导致经济社会整体的效率损失，使经济税基趋于萎缩；二是不合理的税率（税收政策）诱使人们更多地采取避税、逃税[①]手段以减轻税收负担，使实际税基不断受到侵蚀。解决这个问题，就要求政府对现行税收政策进行再调整，通常的做法是降低税率，同时加强税收征管工作。

表 6-1 税基弹性为负值条件下税率变动与政府税收收入变动的关系

税基弹性	税率变动	税收收入变动
$E_t^B>-1$	税率提高	税收收入增加
	税率下降	税收收入减少
$E_t^B<-1$	税率提高	税收收入减少
	税率下降	税收收入增加
$E_t^B=-1$	税率提高、下降	税收收入不变

二、税收、经济产出和财政收入的关系

虽然税收对经济社会产生的不利影响通常只具有相对性质，但是不合理的税收政策，如过高的税率则会严重挫伤国民从事经济活动的积极性，造成产出下降（税基萎缩），政府财政收入下降，国民经济增长趋于停滞。按照供给学派经济学家的看法，出现这些问题说明政府的税收行为已经进入它的禁区——税收禁区。各国经验表明，在极低税率条件下，政府提高税率或者使税基扩大（$E_t^B>0$），或者仅使税基发生相对较小的缩减（$E_t^B>-1$），都可以提高政府的税收收入。但是继续提高税率，超过某一临界点，就会出现相反的结果，即提高税率造成税基明显萎缩（$E_t^B<-1$）只会降低税收收入。于是，人们把超过临界点的税率调整余地称为政府的税收禁区，因其继续提高税率

---

① 避税是纳税人在不违反税法的条件下，利用税法的某些漏洞和解释不明之处，做到尽量减少纳税义务的行为；而逃税则是在税法规定的应税范围之内，采取各种非法手段达到逃脱纳税义务的行为。从税法角度来看，避税与逃税的性质不同，但是两者都使税基受到大量侵蚀。

只能导致政府税收收入持续下降。著名的拉弗曲线（Laffer Curve）[①] 对税率与税收收入的这种关系做了非常直观的说明，见图 6-3。

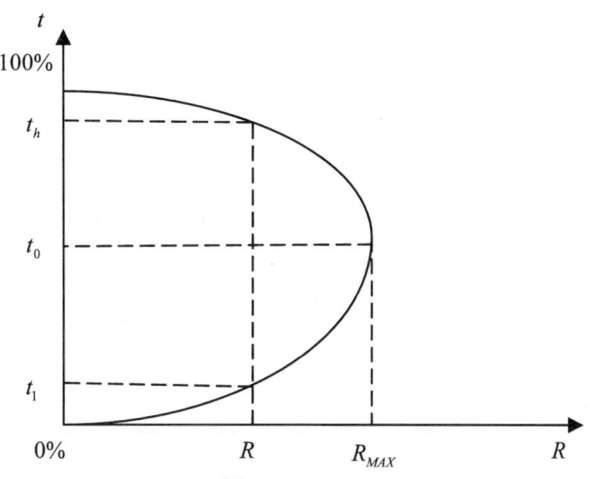

图 6-3　拉弗曲线

拉弗曲线对政府税收政策的制定与调整具有一定的指导意义：（1）在税率低于 t_0 时，政府提高税率会起到增加税收收入的效果，而在税率已经超过 t_0 时，继续提高税率，只会起到降低税收收入的效果。所以，t_0 时的税率为政府所可选择的最佳税率，因其可以使政府的税收收入规模达到最大（R_{MAX}）。换言之，能够使政府税收收入达到最大化的最佳税率只有一个，应该成为政府税收政策的重要依据之一。（2）从 t_0 到 100% 的税率调整区间均属于政府的税收禁区，在此区间，政府只有采取降低税率的办法，即实行减税政策，才能有助于经济社会的税基扩大，才能增加政府的税收收入。（3）除了在 t_0 时的最大税收收入外，政府任何规模的税收收入（如 R）都可以通过两种税率取得，一个是高税率（t_h），一个是低税率（t_1）。那么，为了取得特定规模的税收收入，政府最好是采取较低的税率。因为，相比之下，低税率对经济活动的扭曲作用相对较小。（4）实际上，拉弗曲线更为重要的意义在于说明，"任何单一生产要素的课税率发生变动，将影响其市场活动参与能力。这进而

[①] 这一曲线是美国经济学家阿瑟·B. 拉弗在 20 世纪 70 年代解释税收政策、国民产出和政府收入关系时首先使用的，故名"拉弗曲线"。拉弗的经济理论曾经为 80 年代美国政府的税制改革提供了重要依据。

会依次影响经济产出和税收基础"。[①]

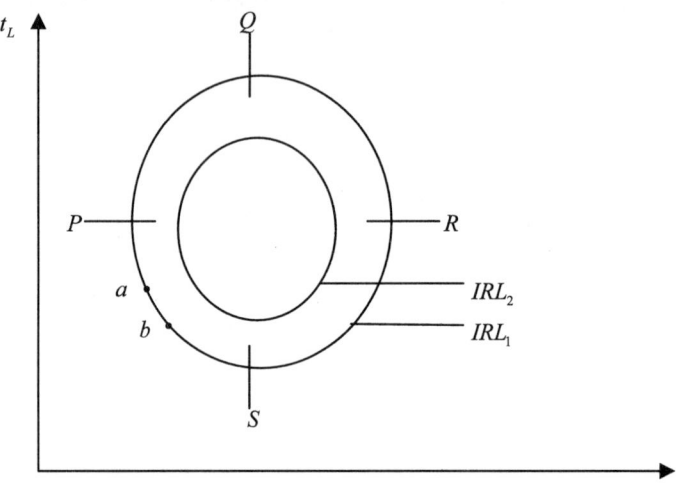

图 6-4 拉弗椭圆

由于政府要对多种税基征税,如既对劳动收入征税,也对资本收入征税,那么有关税收政策的协调就是重要的。通过"两要素模型",拉弗椭圆(拉弗曲线的扩展)解释了有助于提高,或稳定政府财政收入的有关税收政策协调问题,见图 6-4。

图中的各个椭圆代表政府财政收入的等收入线(Iso Revenue Line,IRL),从外向内表示政府收入的不断扩大,如从 IRL_1 到 IRL_2 表示政府收入增加。横轴表示对资本收入课税的税率(t_K),纵轴表示对劳动收入课税的税率(t_L)。图中的每个椭圆都可以分出四个区域,分别表示不同税率组合变动对政府收入变动的关系:第一,在 PS 区间,两个税率均在正常区间变动,其特点是固定其中一个税率而提高另一个税率,就可以提高政府的财政收入。例如,在 a 点提高资本税率,或在 b 点提高劳动税率,都可以使政府财政收入从 IRL_1 上升到 IRL_2。当然,无论在何种政府收入水平上,按相反方向变动两个税率(如在 IRL_1 上从 a 点到 b 点,降低了劳动税率,同时提高了资本税率)也可以保持该收入水平不变。

第二,在 PQ 区间,劳动税率进入了它的禁区,保持资本税率不变时,提高劳动税率,就会造成政府收入的下降,如在 IRL_2 上提高劳动税率,就会

[①] Arthur B. Laffer: The Ellipse: An Explication of the Laffer Curve in a Two-factor Model。原文载 S. T. Cook、P M. Lackson 主编的 Current Issues in Fiscal Policy,Martin Robertson & Co Ltd,1979。

使政府收入从 IRL_2 下降到 IRL_1。不过,保持劳动税率不变,提高资本税率则仍然可以提高政府收入。另外,无论在何种收入水平上,只有按相同方向变动两个税率,才能保持该政府收入水平不变。

第三,在 QR 区间,两个税率都进入了它们的禁区,无论固定哪一个税率而提高另一个税率都会造成政府收入下降。若保持政府收入水平不变,提高一个税率必须同时降低另一个税率才行。在这一区间里,只有固定一个税率,同时降低另一个税率才可以使政府收入提高。

第四,在 RS 区间,资本税率进入了禁区,保持劳动税率不变,提高资本税率必然造成政府收入下降;而保持资本税率不变,提高劳动税率则会使政府收入上升。如若保持政府收入水平不变,两个税率必须(在如 PQ 区间那样)按相同方向调整才行。

以上分析说明了政府税收政策协调的一般原则,主要是尽量避免政府的税收行为进入它的禁区。

如果把政府的等收入线和经济社会的等产出线结合在一起,可以进一步明确税收、经济产出和政府收入的关系,见图 6-5。

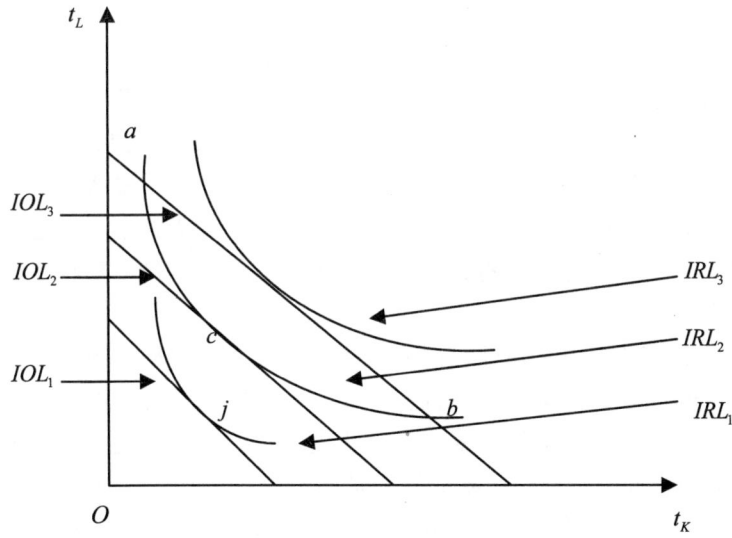

图 6-5 税收、经济产出与政府收入的一般关系

根据一般经验,税率越高,产出相对越低;税率越低,产出相对越高,图中以等产出线(Iso Output Line,IOL)表示税率和经济产出的关系,具有以下特点:在图上离原点越远的等产出线表示产出量越小,反映两个税率都

在提高；在同一条等产出线上，两个税率的关系是呈相反方向变化，即一个税率上升，另一个税率就相应下降；固定一个税率同时降低另一个税率会使产出增加，而固定一个税率同时提高另一个税率也会使产出下降。鉴于税基弹性的作用，经济社会实际上存在着这样的可能性，即特定税率组合可以使经济产出和政府收入同时达到相对最大化。

如图 6-5 所示，在 j 点上，IOL_1 与 IRL_1 相切，该点上对应的两个税率就是使经济产出和政府收入相对最大化的税率结合点。而在 b 点和 a 点上的两种税率结合，虽然也可以使政府财政收入不变，但是减少了经济产出。同样，在较低产出水平上，c 点表示 IOL_2 与 IRL_2 相切，该点上的税率组合则表示较高税率条件下经济产出下降，但政府财政收入还是提高的。c 点上对应的两个税率仍然是使经济产出和政府收入相对最大化的税率结合点。把 o 点、j 点、c 点等连接起来，就得到一条有效产出曲线（Output Efficiency Curve），表示政府能够在尽量不减少经济产出条件下提高政府财政收入的税率结合轨迹。

上述分析为政府税收政策调整提供了一般指导：在正常税率变动范围里（如在 PS 区间），政府可以通过提高税率的办法来增加其财政收入，对稳定财政收入通常有短期效果。但是税率变动直接影响经济产出水平，相对较低的税率往往会带来较大的产出规模，对财政收入的稳定增长有长期作用。税率变动还会直接影响生产要素的市场参与率，较高的税率会导致市场经济的要素供求格局发生剧烈变动，一般情况是降低经济产出，减少政府收入（如在 PS 以外的其他区间）。此外，较高的税率往往诱使人们敢于冒险从事各种逃税、避税活动，这种行为将进一步侵蚀国家的税收基础，对稳定政府财政收入显然不利。

应该指出的是，税基弹性、拉弗曲线等仅仅为政府税收政策的制定与调整提供了一般性理论依据，但在税收实践中，这些理论还存在着很多缺欠。例如，对于政府来说，最佳税率往往无法确定，因此，税收禁区也就无法确定。就不同国家而言，最佳税率的标准是不一样；而就一国而言，不同时期、不同经济环境，最佳税率的标准也会不同。所以，有助于确定最佳税率的仍然是经验，而不是理论。再如，理论上可以把税率变动视为税基变动的唯一因素，也可以把政府税收政策变动抽象为税率变动，但是在现实生活中，情况远非如此简单。税基变动通常会受到诸如经济衰退、通货膨胀等税率以外多种因素的影响，而税收政策的制定、调整通常也要考虑历史传统、社会公平、国际影响等诸如此类的（政治、文化、社会、经济）多种问题。又如，在拉弗曲线、拉弗椭圆中税率变化、税基变化与人们经济行为变化均表现为对称的关系，这也是不现实的。实践表明，人们对大多数经济变量的变动所做出的反应，对政府政策的变动所做出的反应都不是机械的，而且对这些变动所做出的反应也不可能具有广泛的一致性。因此，政府在具体政策制定中，对"变动—反应"所做的逻辑判断，必须辅之以经验修正。

第五节 税收对劳动供给的影响

一、对劳动供给的两种效用

假定个人效用函数 $U(Y, L_0-L)$ 拟凹（即无差异曲线凸向原点），连续可导，对个人的净收入 Y 严格递增，对工作时数 L 严格递减。这里闲暇被定义为 L_0-L，L 是工作时数，L_0 是总可得时数。在没有税收的情况下，个人预算约束为：

$$Y = wL + I \tag{6-1}$$

个人的选择可用几何方法表示。图 6-6 中的 P 是税前均衡点。劳动时数的选择因人而异，随工资 w、其他收入 I 和 U 代表的偏好而变化。

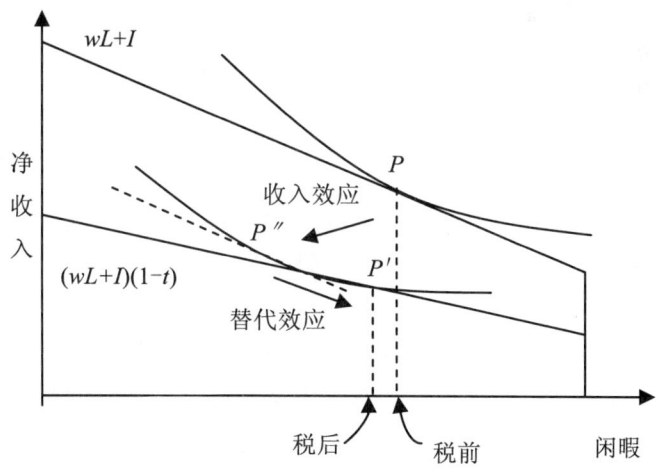

图 6-6 比例所得税对工作时数的影响

税率为 t 的比例所得税使预算约束变为：

$$Y = (wL + L)(1-t_t) \equiv \omega L + M \tag{6-2}$$

这里，ω 代表税后工资率，M 代表税后其他收入。所得税效应可分两步考虑。首先考虑对其他收入 I 的税收，它使预算约束线下降。根据传统的假设，闲暇属正常品（$\partial L/\partial M<0$），因而预算线下降使劳动供给增加。其次考虑工资收入税收效应。该效应通常按照斯卢斯基等式分解为两个部分，即替代效应和收入效应。

我们考虑效用函数：

$$U(Y,L)=u_1(Y)+u_2(L_0-L) \quad (6\text{-}3)$$

代入预算约束（6-2），个人使下列等式最大化：

$$x(L)\equiv u_1(\omega L+M)+u_2(L_0-L)$$

一阶条件是：

$$x'=\omega u_1'(Y)-u_2'=0 \quad (6\text{-}4)$$

这里，u' 表示 u 的一阶导数（u'' 表示 u 的二阶导数）。将等式（6-4）对 ω 再次求导，得：

$$(\omega^2 u_1''+u_2'')\frac{\partial L}{\partial \omega}=-u_1'-\omega L u_1''$$

通过整理，得：

$$(\omega u_1''L+u_2''L/\omega)\frac{\omega}{L}\cdot\frac{\partial L}{\partial \omega}=-u_1'[1-(\frac{\omega L}{Y})(\frac{-u_1''Y}{u_1'})] \quad (6\text{-}5)$$

二阶条件保证等式左边括号内的式子为负（即 x''）。等式右边的式子

$$\frac{-u_1''Y}{u_1'}\equiv \varepsilon_1 \quad (6\text{-}6)$$

这是收入的边际效用弹性。

税后工资的劳动供给弹性是正还是负，取决于 ε_1 和劳动收入在总收入中的比重之积低于还是高于 1。如果 $\varepsilon_1=1$（即 u_1 为对数形式），那么劳动供给曲线在其他收入为正时（$\omega L<Y$），斜率为正。由此引出柯布—道格拉斯效用函数：

$$U=a\log Y+(1-a)\log(L_0-L) \quad (6\text{-}7)$$

该式在劳动供给上有很特殊的含义，也会是一个引人误解的例子。税率为 t 的所得税的效应从等式（6-4）可知。（6-4）式完整地可写成：

$$w(1-t)u_1'[(1-t)(wL+I)]-u_2'=0 \quad (6\text{-}4')$$

对 t 求导，得：

$$(\omega^2 u_1''+u_2'')\frac{\partial L}{\partial t}=wu_1'[1-(\frac{-u_1''Y}{u_1'})] \quad (6\text{-}8)$$

等式左边括号内的式子仍然为负。当边际效用弹性(ε)大于 1 时，比例税导致劳动供给增加。而在柯布—道格拉斯效用函数形式的例子中，则没有效应。

二、税收比较

最简单的累进所得税——线性所得税有如下形式：
$$Y = Z - T = (1-t)(WL + I) + G$$

其中，Z 表示税前收入，T 表示家庭的所得税支出，G 是有保证的最小收入。通过这个式子的变形，我们可以得到我们学过的其他几个税种：

$\begin{cases} \text{当 } t>0, G=0 \text{ 时，上式表示比例税；} \\ \text{当 } t=0, G<0 \text{ 时，上式表示一次总付税。} \end{cases}$

当我们进行税制比较时，按照比较基础的不同，可以分为两类：

（1）相同的税收收入下，比较对个人效用的影响。这类方法比较常用。

（2）将给个人效用带来相同影响的不同税制的税收收入进行比较。

现在考虑征收相同数量的比例税和一次总付税对个人效用的影响。

①现在就在相等的税收收入这一基础上，比较比例税和一次总付税对个人效用的影响。如图 6-7 所示：

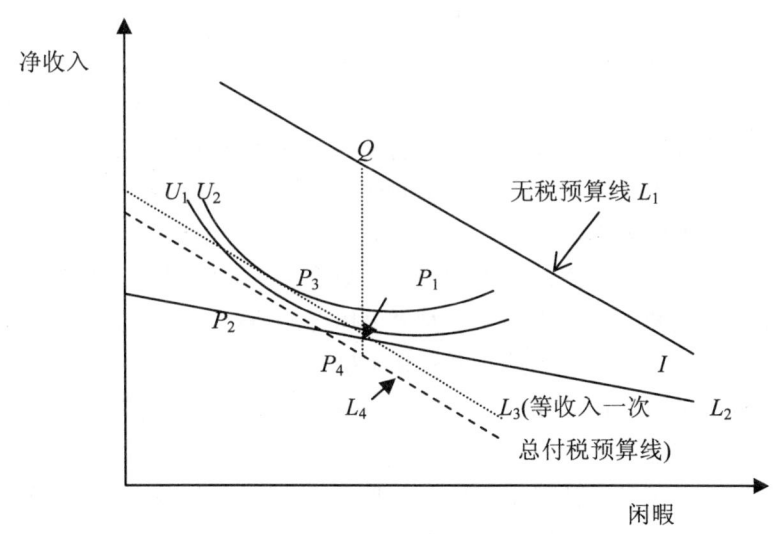

图 6-7　比例税与一次总付税的效应比较

政府的税收收入由无税预算线和征税预算线之间的距离给出，因而上图中的 P_1Q 就表示了比例税在 P_1 点取得均衡时的税收收入。与 L_2 相切的 U_1

表示征收比例税时，消费者（个人）的效用水平。我们知道，在一次总付税下，税后工资率不发生改变，因而预算线的斜率也不改变，因此，具有等量一次总付税收入的个人预算约束线就是通过点 P_1 平行于 L_1（IQ）的直线 L_3。从而，我们可以得出这么一个结论：征收一次总付税与等量税收收入的比例税相比，其导致的劳动供给量和劳动收入都较高。

② 在给消费者带来相同效用水平的条件下，我们比较征收比例税和一次总付税的税收收入区别。仍从上图看，征收 P_1Q 这一数量的比例所得税可以使消费者的效用达到 U_1 的水平。那么征收多少数量的一次总付税也可以使消费者达到 U_1 的效用水平呢？我们可以作一条平行于 L_1 且同 U_1 相切的直线（即图中的虚线 L_4）来求解。从图中可以看出，要想达到 U_1 的效用水平，政府需要征收 QP_4 数量的一次总付税，显然 $QP_4>QP_1$。因此，我们得出结论：在给消费者带来相同效用水平的条件下，一次总付税所导致的劳动供给量和劳动收入都比等效用的比例税为高。还可以从图形中直接来理解：在给个人带来同等效用的前提下，一次总付税比比例税给政府带来的税收收入更高。

三、税收对家庭次要工作者的决策影响

前面我们的讨论仅限于工作时数的决策。但是在许多情况下，个人对工作时数的控制是有限的，个人的决策主要是决定是否工作，这类决策会受到税收、社会保障以及擅长的融资方法等诸多因素的影响。

我们可以用前面分析过的劳动——闲暇模型来分析工作与退休。如果将个人选择简化为工作与退休两者的选择，退休时得到退休金，而这种退休金需要纳税。那么，所得税的实施同样会带来收入效应和替代效应。一方面，源于工作的收入会减少，从而人们会倾向于选择退休，减少工作，这是税收的替代效应；另一方面，人们的收入减少，从而感到无力支付"退休"这种正常品，因此选择工作，减少对"退休"的消费，这是税收的收入效应。综合以上两种影响，总的结果同样是不确定的。

这种是否参加劳动的决策对家庭中的次要劳动者更为重要，因而产生了家庭决策问题。

先假定家庭选择的原则是使下面这种形式的福利函数达到最大：
$$U = U_1(Y) + U_2(L_0 - L_1) + U_3(L_0 - L_2)$$

这里，L_1 和 L_2 分别代表家庭主要工作者和次要工作者的工作时间，Y 是家庭总收入。

在没有其他收入而征收比例税的情况下，有

$$Y=(1-t)\cdot(W_1L_1+W_2L_2)$$

因为我们要考察家庭次要劳动者的劳动参与问题，因此需要对 L_2 求一阶导数条件。次要劳动者 L_2 不参加劳动的一阶导数条件为：

$$\frac{\partial Y}{\partial L_2}=0$$

该式说明家庭总福利水平 U 随 L_2 的增加而减少，因而在该式严格不等时，家庭选择应使 $L_2=0$，即当时，L_2 的最优决策是不参加劳动。

假定在无税收的情况下，只有家庭主要劳动者参加工作，工作时数假设为固定。那么税收对（6-9）式左边的效应可以通过对 t 求导得出。等式左边随 t 增长的条件是：

$$-W_2U_1'+(1-t)\cdot W_2\cdot U_1''\cdot(-1)\cdot(W_1L_1+W_2L_2)>0$$

因为假设只有家庭主要劳动力参加劳动，因而 $W_2L_2=0$，所以上式又可以写成如下形式：

$$-W_2U_1'-(1-t)\cdot W_2\cdot U_1''\cdot W_1L_1>0$$

两边同时除以（$W_2\cdot U_1'$），得：

$$-1-\frac{(1-t)\cdot U_1''\cdot W_1\cdot L_1}{U_1'}>0$$

因为在只有主要劳动力工作的情况下，有 $Y=(1-t)\cdot W_1L_1$，所以上式又可以写成

$$-\frac{U_1''\cdot Y}{U_1'}>1$$

显然，该不等式的左边就是前面讲到的"收入的边际效用弹性"。如果该弹性大于1，税收会使原来不工作的人加入劳动力队伍；如果弹性小于1，则会导致不工作的人推迟参加劳动。

练习题

一、名词解释

税基　税率　比例税　累进税　从价税　拉弗曲线　拉弗椭圆　税基弹性　收入效应　替代效应

二、判断题

1. 亚当·斯密曾经指出，一国每年支出的费用，一般有两个来源：一是

与人民收入无重要联系的资源；二是人民的收入。前者是指政府经营的企业的收入，如国营企业的利润、国家银行的利息等。根据斯密的观点，由于各种经济的、非经济的原因，第一种收入来源具有相当的稳定性与确定性。（　　）

2. 非经济税基是指和个人、企业经济行为有关的征税对象，如对商品、财产、收入以及市场交易等进行征税。对非经济税基征税，不会影响人们的经济活动和经济决策。（　　）

3. 无论政府据以征税的对象属于经济税基，抑或属于非经济税基，都改变纳税人实际收入或改变其对经济资源的占有状况，这就是税收的收入效应。（　　）

4. 允许纳税人按照税法规定对税基进行排除、扣除、减免等，都可以视为政府给予纳税人的一种税收优惠，这些优惠往往是出于多种原因而设计的，但不会相应减少政府的税收收入。（　　）

5. 按照"利益原则"，税收负担的分配应当和纳税人从这种税收的使用中得到的利益联系起来。不过，在实际生活中，利益原则只能适用于有限的范围。（　　）

6. 支付能力原则要求按照个人的经济能力来分配政府支出的负担，而同个人从政府支出中得到的利益没有直接联系。该原则只有在能够确定税收人支付能力大小的情况下才是适用的。（　　）

7. 纵向公平原则要求支付能力相等的纳税人应当交纳相等的税款，横向公平原则要求支付能力不相等的纳税人应当交纳不相等的税款。（　　）

8. 税收哲学是如何制定合理分配税收负担的标准以及解释此标准合理性的理论，是全部税收理论的基础。（　　）

9. 绝大部分税收对私人经济行为都会同时产生收入效应和替代效应。替代效应是指税收引起人们对可供替代的经济行为之间的选择的改变，也就是用一种经济行为替代另一种经济行为以避免或减少纳税负担。人们通过在可以替代的经济行为之间进行决策调整仅仅是为了尽量减少个人的纳税负担，不会因此对整个经济社会资源配置产生什么影响，更不会对其产生扭曲作用。（　　）

10. 向垄断产品征税，向垄断厂商征税一定会对经济社会总体带来较大影响。（　　）

三、选择题

1. 一般情况下，国家税收通常具有（　　）基本特征。

A. 目的性
B. 自愿性
C. 合法性
D. 强制性

2. 具有（　　）特征的税收被称为累进税。
   A. 平均税率总是等于边际税率
   B. 平均税率随边际税率提高而提高
   C. 平均税率与边际税率无关
   D. 平均税率随边际税率下降而下降

3. 英国古典经济学家亚当·斯密首先提出"赋税原则"，即政府税收活动所必须遵循的基本原则。这些原则是（　　）。
   A. 平等原则
   B. 确定原则
   C. 公开原则
   D. 便利原则

4. 政府税收活动之所以会产生"超额税负担"，斯密认为主要是由以下问题造成的（　　）。
   A. 国家使用了大批官吏以征税，浪费了大量税收收入，加之税吏贪污腐化，苛索人民，增加了人民的负担
   B. 税收妨碍了人民的勤劳，使人民对某些能够提供更多人就业的事业裹足不前
   C. 不适当的赋税造成逃税现象大增，而处罚过重导致许多生产性资源变成国家税收
   D. 税吏的频繁的稽查，常使纳税人遭到极不必要的麻烦、苦恼与压迫

5. 衡量纳税人支付能力的标准主要有（　　）。
   A. 以个人收入水平衡量其支付能力
   B. 以个人消费水平衡量其支付能力
   C. 以个人学历高低衡量其支付能力
   D. 以个人财产存量衡量其支付能力

6. 假设 DD 的函数为 $P=12-0.923Q$，SS 的函数为 $P=3+0.423Q$；那么在政府征收从量税的情况下（如对每个商品课征 1 单位税收），税收负担分配的结果是（　　）。

A. 生产者与消费者承担了相同的税收负担
B. 生产者比消费者承担了更大的税收负担
C. 生产者比消费者承担了更小的税收负担
D. 不确定

7. 超额税收负担只有在（　　）情况下为零。
A. 需求的价格弹性为无限大
B. 供给的价格弹性为无限大
C. 需求的价格弹性为零
D. 供给的价格弹性为零

8. 市场经济中税收负担分配与转嫁的一般规则是（　　）。
A. 供求双方弹性较大者，相应承担较小的税收负担
B. 供求双方弹性较大者，相应承担较大的税收负担
C. 供求双方如有一方为无弹性，则无弹性的一方将承担全部税收负担
D. 供求双方如有一方为无弹性，则另一方将承担全部税收负担

9. 税基弹性为负值时，会出现 E_t^B>-1，E_t^B<-1 和 E_t^B=-1 的三种情况。其中，E_t^B>-1，表示（　　）。
A. 税率变动的幅度小于税基相反变动的幅度
B. 税率变动的幅度大于税基相反变动的幅度
C. 税率变动的幅度等于税基相反变动的幅度
D. 税基变动与税率变动无关

10. 拉弗曲线反映了税率变动与政府税收收入变动的函数关系。该曲线对政府税收政策的制定与调整具有以下的指导意义（　　）。
A. 存在着唯一的政府所可选择的最佳税率，该税率使政府收入规模达到最大
B. 高于最佳税率的税率调整区间均属于政府的税收禁区
C. 除最佳税率使政府税收收入为最大外，其他任何规模的税收收入都可以或高或低的两种税率取得
D. 拉弗曲线更为重要的意义是税率越低，对政府增加税收收入越有利

四、思考题

1. 何谓"税收"？税收的基本特点是什么？
2. 经济税基与非经济税基的基本区别是什么？

3. 何谓税收的"超额税负担"？产生超额税负担的主要原因是什么？

4. 试分析，在竞争市场和垄断市场中，税收转嫁和税收归宿的情况有什么不同？

5. 税收归宿研究中，采取一般均衡分析方法和采取局部均衡分析法，各有何种意义？

6. 简要解释亚当·斯密的"税收原则"。

7. 简要解释公平分配税负担的主要标准。

8. 图示"拉弗曲线"，解释该曲线主要说明了哪些问题。

9. 简要分析政府税收政策对经济产出和政府收入的影响。

10. 简要分析对劳动和资本收入征税所产生的经济影响。

第七章 税收归宿

税收负担的多轮转嫁和财政支出利益归宿的不确定性增加了分析财政分配职能的难度，正如诺贝尔经济学奖得主斯蒂格里茨所说："财政经济分析得出的最有价值的见解之一，乃是实际纳税者不一定是被征税者。确定一种税收或公共项目的真实归宿是公共经济学最困难也是最重要的任务之一。"[1]

税收归宿（Tax Incidence）就是研究由纳税人承担的税负转由负税人来承担的问题。研究这个问题的目的在于说明特定税收负担最终是由哪些社会群体承担的。纳税人（Tax Payer）是指税法上规定的直接负有纳税义务的单位和个人。负税人（Tax Bearer）是指实际承担税负的单位和个人。纳税人是法律上的纳税主体，负税人是经济上的纳税主体。纳税人在市场交易过程中通过改变价格的方式将一部分或全部税收负担转移给负税人，这个过程称为税负转嫁（Tax Shifting）。由于大部分税收的税负担具有可转移性，这就使得最后负税人在很大程度上不是或者不单单是直接纳税人。税收负担的税法归宿与其经济归宿存在着巨大差异，名义上的公平税收实际上可能有失公平，经济效率损失可能会进一步扩大。研究税收归宿通常采取两种方法：局部均衡分析法和一般均衡分析法。

第一节 税收归宿的局部均衡分析

局部均衡分析是在假定其他市场不变的情况下，就税收对单一市场的影响进行分析。相比之下，这种方法通常能够更方便地研究税负担转嫁、税收归宿的基本原理，和更明确地阐释税负担转嫁、税收归宿的主要规则。

---

[1] Anthony B. Atkinson, Joseph E. Stiglitz：《Lectures On Public Economics》, McGraw-Hill Book Company, New York .1987.P160.

一、税收归宿的组别划分

研究税收归宿问题，组别划分至关重要，没有科学的组别划分，很容易出现混乱。研究税收归宿一般采用以下几种划分方法。

1. 按社会成员在经济生活中的角色划分，可以研究一种税收对生产者、消费者和要素供给者所产生的影响。考虑节约征收成本，大部分税收面向生产者征收。生产者可以通过提高商品的销售价格将自己应纳的税款转嫁给消费者，也可以通过压低要素价格将税负转嫁给要素供给者。在对一种商品的生产征税时，我们能够区分税收对生产者利润的效应，对要素或中间产品供给者收入的效应，以及对该产品消费者的效应。如果产品价格上升，我们说税负向前转嫁给消费者，因为在其他因素相同的情况下，他们的实际收入下降了。如果要素（中间产品）价格由于需求减少而下降，我们则说税负向后转嫁。按生产者、消费者和要素供给者划分组别，是研究税负归宿惯用的一种方法，尤其是在局部均衡分析中。但它对于课税商品的"生产者"究竟是谁的问题没有给予足够的注意。事实上，"生产者"可能是企业家、资本家和工人的复合体。在许多情况下，税负在这些团体之间的划分有一定的重要性。[①]

2. 按生产要素划分。一种税收对劳动和资本这两种主要生产要素收益的影响是很多经济学家关注的问题。可以通过研究税收对资本和劳动相对需求的效应，在考虑了供给方面的反应后，研讨税收对工资和资本收益率（租金价格）的效应。

3. 按收入水平划分。经济学家在思考整体税负担的社会分布或某一税种的税负转嫁时，经常采用这种划分方法。一个经济体中是高收入阶层承受较重的税负担还是低收入阶层的税负担较重？初衷本想照顾低收入者的一种税制改革结果又会如何？税收效应可按税收对不同收入水平群体的影响来讨论。

4. 按地域划分。一种税收可能会对不同地区产生不同的效应。如农业价格支持政策会使农业生产地区受惠，使农产品消费地区受损。在更广泛的关于国际影响的范围内，这一问题同样存在。例如：如果美国改变对外投资的税收处理方式，一些国家将因此而受益，而另一些国家则会遭受损失。

[①] [美]哈维·S.罗森，平新乔译：《财政学》（第四版），北京：中国人民大学出版社，2000年，第265页。

5. 跨代影响。税收对不同代人有不同影响。一种税制改革可能使 20 世纪 80 年代的人付出而使 21 世纪的人受益。

二、从要素收益角度分析税收归宿

（一）产品税的归宿

现在考虑对农产品葡萄征税。假设葡萄的生产只需要两种要素——土地和劳动（没有考虑资本）。假设土地的供给弹性（相对于种植葡萄）为零。劳动使用量为 L，在工资率 w 上劳动供给有完全弹性。如果以 $F(L)$ 作为生产函数（$F'>0$，$F''<0$）产出是劳动的增函数且劳动的边际收益递减。那么，在竞争均衡时，劳动的均衡价格等于劳动的边际产品收益：$PF'=w$。

上式中的 P 是税前产品的价格。在图 7-1 中，供给曲线和市场价格之间的阴影部分代表土地所有者得到的地租。假设现在对葡萄消费征税，税后均衡由生产者价格 P_1 给出。注意土地租金减少了，部分税负由土地所有者承担。由于工人在工资 w 下可以选择在其他地方工作，因此工资不会下降。于是税负由土地所有者和消费者分担，其分割取决于需求和供给的弹性。

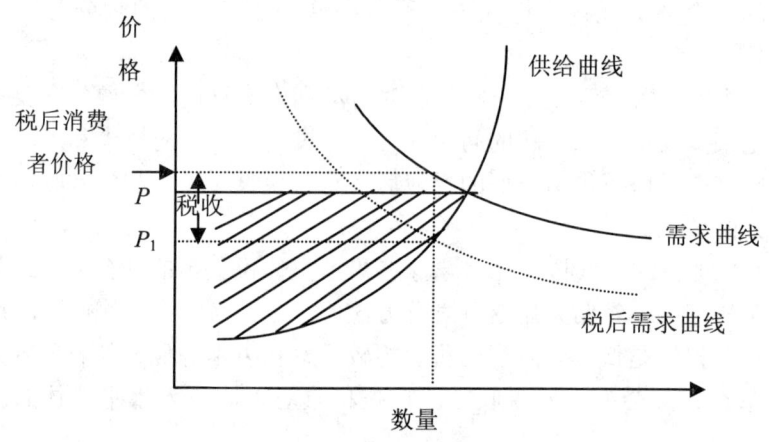

图 7-1　税收归宿的局部均衡分析

这里假定劳动要素供给有无限弹性、而土地的供给弹性（相对于种植葡萄）为零，这种极端假定对于许多税收是不合适的。由于征税，葡萄的需求减少，生产葡萄需求的劳动也相应减少。在消费者预算约束不变的情况下，人们会增加其他消费——比如苹果。如果苹果生产的劳动密集程度更高的话，苹果生产对劳动需求的增加超过了葡萄生产对劳动需求的减少，总劳动需求会增加。最后，必须考虑供给和需求因素的交错。也就是说，从葡萄处转移出的需求对其他部门产生效应，转而引致要素需求的变化，进而影响要素收入。要素收入的改变又会导致需求的第二轮转换，因而葡萄需求可能是土地所有者和工人收入的一个函数——这在局部均衡结构中是得不到明确考虑的。

（二）要素税

以上讨论了对商品课税的情况，同样的分析方法亦可用于要素税的归宿。根据美国税法规定：为了给社会保障制度提供资金，雇主和工人各支付相当于工人收入 7.65%的工薪税——合计 15.3%。表面上看，雇主和雇工分担相等的工薪税份额，但工薪税在劳动和资本之间的法定划分和最后的真实归宿是相距甚远的。如图 7-2 所示，D_L 是劳动力需求，S_L 是劳动力供给。为了说明问题，假设 S_L 完全无弹性，S_L 是一条垂直直线。税前工资为 w_0。现在对劳动征收从价税，税后有效需求线移至 D'_L。D_L 与 D'_L 的距离是劳动要素的实际所得与资本支付的劳动成本的差额。征税后，工人所得工资降至 w_n。另一方面，雇主所支付工资 w_g 仍为 w_0。由此可见，尽管税法规定雇主和雇工分担相等的工薪税份额，但由于 S_L 完全无弹性，工人所得工资率的降低正好为税收数额——即工人承担全部税负。相反，如果劳动供给弹性无限大，S_L 是一条水平直线，这时资本将承担全部税负担。这里的关键点是：若不知道有关劳动供需的弹性就不能了解税收的归宿。事实上，证据表明，在美国工时的总供给弹性基本为零，尽管关于税负的"公平"分配问题在国会进行了激烈的争论，但是至少在短期，工人仍然可能承担大部分的工薪税。[1]

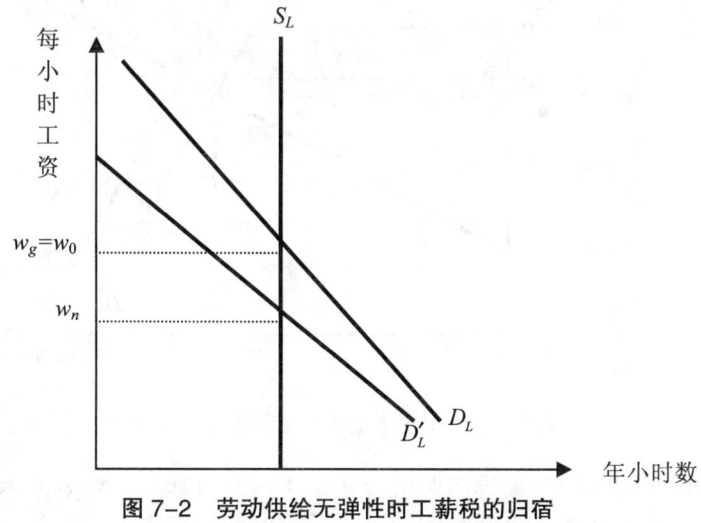

图 7-2　劳动供给无弹性时工薪税的归宿

---

[1] 见 Harvey. S.Rosen：《财政学》（第四版中译本）的分析。

三、从生产者、消费者和要素供给者角度分析税收归宿

关于税负归宿的局部均衡分析,可以通过单个商品市场和政府对其征收从量税的例子予以说明。以美国的香槟酒市场为例,如图 7-3 所示,在完全竞争的市场,香槟酒的价格和数量是由供给(Sc)和需求(Dc)竞争决定的。征税前,均衡需求量和价格分别为 Q_0 和 P_0。假设美国联邦政府对香槟酒每加仑课征 u 美元消费税(消费者是法定纳税人),就会得出一条新的需求曲线 Dc',它正好位于原需求曲线 u 美元以下的地方。生产者面对的税后需求曲线是 Dc',课征从量税后,香槟酒的均衡量由 Dc' 和 Sc 决定于 Q_1 处。税后均衡价格有两个:生产者得到的价格和消费者支付的价格。生产者得到的价格在有效需求曲线和供给曲线的交点,即 P_n 处。消费者所支付的价格为 P_n 加从量税 u,即 P_g。从几何上看,该价格为 P_n 垂直向上升 u 的距离。消费者支付的价格比税前上升了(P_g-P_0),生产者得到的价格减少了(P_0-P_n)。税收收入为交易量 Q_1 与每单位税收 u 的乘积,即长方形 $knhf$ 的面积。生产者和消费者承担税负的比例为(P_0-P_n/P_g-P_0)。

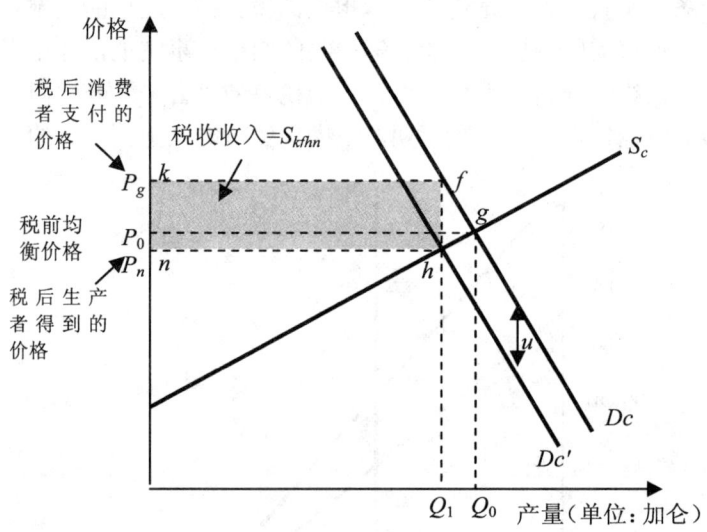

图 7-3 对消费者征收从量税的税收归宿

需要说明的是,从量税的归宿与它征于消费者还是生产者无关。假设对生产者而不是对消费者课征相同的税 u。这时,消费者面对的供给曲线将由 Sc 向上移动到 Sc'。税后均衡产量由 Sc' 与 Dc 的交点决定于 Q_1',税后均衡价

格有两个：消费者支付的价格为 P'_g。生产者所得价格为 P'_g 减去 u，即 P'_n。容易看出，只要供给和需求弹性给定，有 $Q'_1 = Q_1$，$P'_g = P_g$，$P'_n = P'_n$。从量税的归宿与它课于市场的哪一方无关。收税者可以（象征性地）守在消费者身边，每次当他支付一加仑香槟酒费用时从中收取 u 美元，也可以守在生产者身边，每售出一加仑香槟酒从中收取 u 美元，这一点与税负归宿无关。重要的是供给和需求弹性的差别。这再次说明税收的法定归宿与税收的经济归宿的不同。税收引起的消费者支付的价格和生产者得到的价格之间的差额称为税楔（Tax Wedge）。

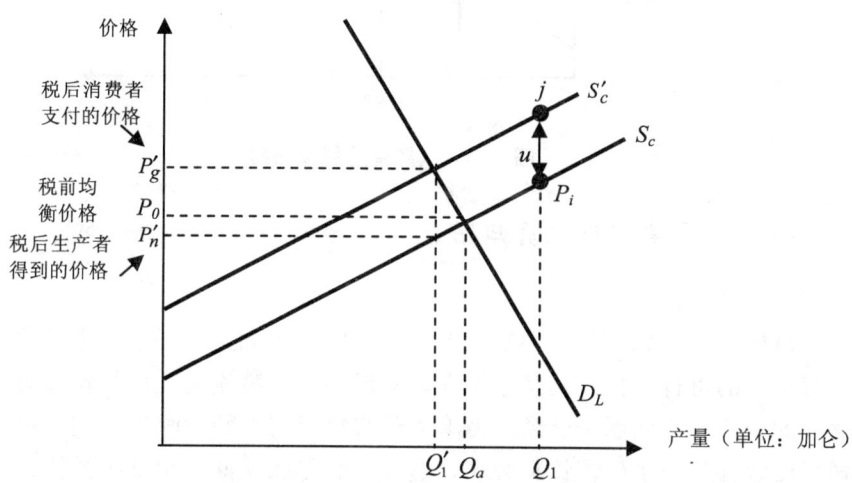

图 7-4 对生产者征收从量税的税收归宿

为了更确切地说明问题，我们做以下计算：假设某商品市场的需求函数（DD）为 $P=12-0.923Q$，供给函数（SS）为 $P=3+0.423Q$，该商品的均衡价格为 $P_0=5.829$ 美元，均衡产量为 $Q_0=6.686$（万个）。在政府对该商品征收从量税（1 美元/个）后，新的供给函数（SS_T）为 $P=4+0.423Q$，那么税后均衡价格为 $P_1=6.514$ 美元，均衡产量为 $Q_1=5.944$（万个），如图 7-5 所示。

从图 7-5 可以看出，政府对供给商征收的 1 美元从量税是由消费者和生产者共同分担的，在新均衡点（E'），1 美元的税负担由消费者承担了 0.685 美元（6.514-5.829），生产者承担了 0.315 美元（5.829-5.514）。在本例，供给的价格弹性为 2.06，需求的价格弹性为 0.945，供给弹性大于需求弹性，所以，生产者承担的税负担会大大小于消费者。

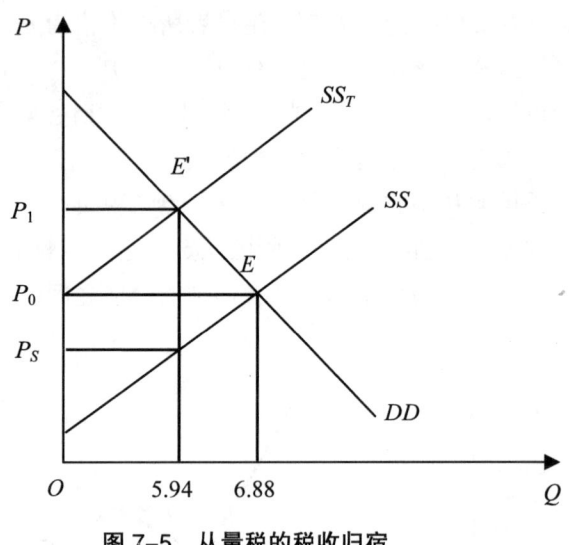

图 7-5 从量税的税收归宿

四、市场结构与税负归宿

(一)市场结构

市场结构的划分是件很复杂的事情,因为表面上属于不同市场的产品之间有很大的可替代性。这是人们在现实世界中,特别是在反托拉斯时经常会遇到的一个棘手问题。已经占美国可乐饮料市场份额50%以上的可口可乐公司想要兼并另一个碳酸饮料公司,这会不会导致垄断?单从碳酸饮料市场的角度思考,人们会得出一种结论,但是如果考虑到整个饮料市场,它的市场份额还不到2%,因此,不能认为兼并会引起垄断。公路运输、铁路运输和航空运输应被划为同一市场还是不同的市场?碳酸饮料、啤酒和矿泉水是一个市场还是三个不同的市场?从这些例子可以看出,给市场下个定义不是件容易的事。尽管这样,经济学一般还是将市场分为完全竞争(Complete Competition)、垄断(Monopoly)、寡头(Oligopoly)和垄断竞争(Monopolistic Competition)。

人们可以根据勒纳指数(Lerner Index)来定义市场结构。设企业 i 面对的需求函数为 $p_i(q_1, \cdots, q_n)$,它的成本函数为 $c_i(q_i)$,其中 p_i 是它面临的价格,q_i 是其产量。该企业利润最大化条件:

$$\max \pi_i = p_i(q_1, \cdots, q_n) q_i - c_i(q_i)$$

对 q_i 求一阶导数,令其等于零:

$$\frac{\partial p_i}{\partial q_i}q_i + p_i(q_1, \cdots, q_n) - c'_i(q_i) = 0$$

等式两边同时除以 p_i，并定义 $\varepsilon_i = -\dfrac{\partial q_i p_i}{\partial p_i q_i}$，

容易得到：$\dfrac{p_i - c'_i}{p_i} = \dfrac{1}{\varepsilon_i}$。

该等式被称为勒纳指数（Lerner Index）。我们可以根据每个企业面对的 ε_i 来定义市场结构如下：$p_i(q_1, \cdots, q_n) \Leftrightarrow p(\sum q_i)$。在完全竞争市场中，$\varepsilon_i = \varepsilon_{-i} = \infty$；在垄断市场中，$\varepsilon_i \equiv \varepsilon$，$\varepsilon \in (1, \infty)$；在对称寡头竞争市场中，$\varepsilon_i \equiv n\varepsilon$；在垄断竞争市场中 $\varepsilon_i < \infty$。

（二）垄断条件下的税收归宿

此前我们对税负担转嫁、税收归宿的分析，是在充分竞争市场条件下进行的，下面我们分析垄断条件下的税收归宿。

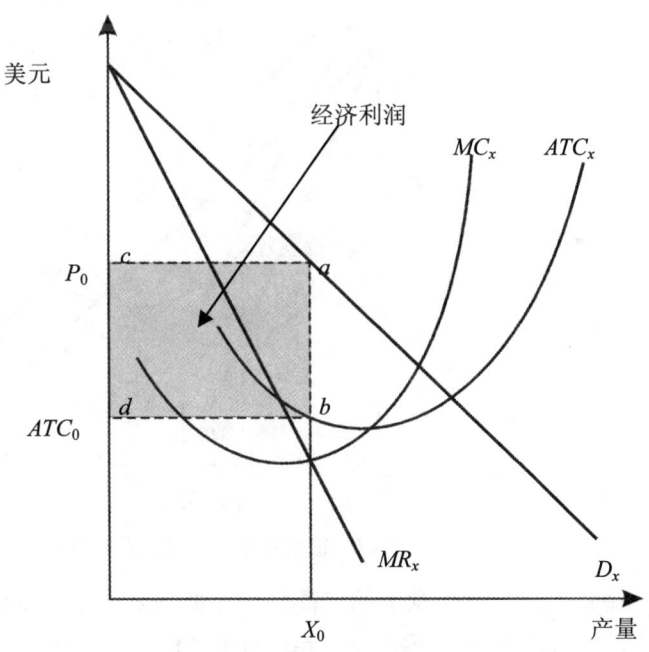

图 7-6　没有税收情况下的垄断者均衡

如图 7-6 所示。征税前，垄断者所面临的需求线是 Dx，MRx 为边际收入曲线。生产 X 的边际成本曲线是 MC，平均总成本曲线为 $ATCx$。按照惯例，边际收入等于边际成本决定了均衡产量为 X_0，此时价格为 P_0。总利润此时

达到极大值——即长方形 $abdc$ 的面积。现在假设对 X 征从量税 u。生产者面对的税后有效需求线向下垂直移动距离 u。如图 7-7 所示，此需求曲线用 D'_x 标出。同时，厂商面临的边际收益曲线也下移距离 u，新的有效边际收益曲线用 MR'_x 标出。税后均衡点（此时税后利润达到最大）为 MR'_x 与 MC 的交点。税后均衡产量在 X_1 点上，垄断者所获得的价格为 P_n。消费者所支付的价格为 P_g。此时垄断者所得税后利润达到最大——长方形 $fghi$ 的面积。值得注意的是：尽管垄断者有控制市场的力量，在征税情况下垄断利润还是降低了——图 7-7 中的面积 $fghi$ 比图 7-6 中的面积 $abdc$ 小。垄断者一般会由于课于他所售产品的从量税而受损。这里的分析表明，即使是极其贪得无厌的垄断者也必须承担一部分税负。如前所述，由消费者承担的税负的精确份额依赖于需求曲线的弹性。

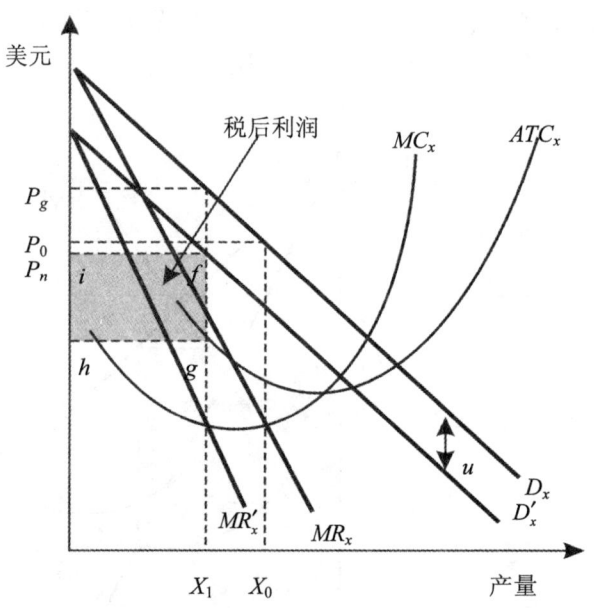

图 7-7　征收从量税收后的垄断者均衡

垄断厂商和自由竞争的厂商相比，他们之间在（税前、税后的）产量与价格决定方面具有如下一些差异。如图 7-8 所示：垄断厂商的税前供给量 Q_m 远低于非垄断厂商的税前供给量 Q_0，税前价格 P_m 却远高于非垄断商品的税前价格 P_0。垄断厂商的税后供给量从 Q_m 减少到 Q_m^T，相应的税后价格从 P_m 上升到 P_m^T，而非垄断厂商的税后供给量则从 Q_0 减少到 Q_0^T，相应的税后价格也从 P_0 上升到 P_0^T，前者税后减产的幅度和税后价格上升的幅度均远低于后者。相比之下，非垄断厂商通常能够比垄断厂商更容易地把税负担转嫁给消费者，因此承担了相对较小的税负担，而垄断厂商则要承担较大的税负担。但是，人们不能据此认为在有税收情况下，垄断的市场结构对消费者有利。[①] 其实在可比条件下，垄断商品的税前价格（P_m）通常可能也会高于非垄断商品的税后价格（P_0^T），即早在税收发生前，垄断厂商便已经通过垄断生产方式占有了较大的商业利润（垄断带来的超额利润）。税后如果垄断厂商进一步提高价格，通常会带来两种可能的结果，一是迫使更多的消费者退出该商品市场（或减少对垄断商品的消费），二是引诱其他生产者进入该商品市场参与竞争，结果只能导致垄断利润的减少。

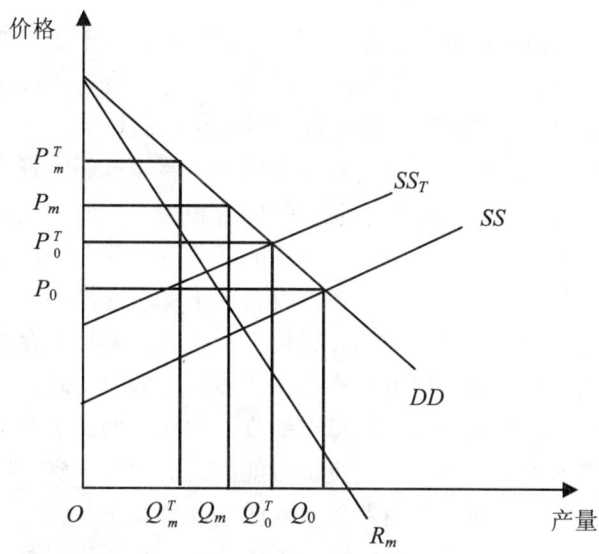

图 7-8 不同市场结构的税负担转嫁比较

注：重线表示非垄断厂商税前、税后的产量和价格的变化情况。

五、局部均衡分析的结论与欠缺

以上我们考察了税负担转嫁、税收归宿的基本原理、过程和机制，税负转嫁是通过税收影响市场供需对比而使税前和税后的均衡价格发生变化。通过局部均衡分析，可以发现在市场经济中税负担分配与转嫁的一般性结论。

（1）在对商品征税的情况下，商品生产者和消费者共同分担税收负担，

---

① 张志超：《现代财政学原理》，天津：南开大学出版社，2011年第四版。

分担比例取决于供需弹性，弹性较大者，相应承担较小的税收负担。供求双方如有一方为无弹性，则无弹性的一方将承担全部税收负担。供求双方如有一方为无限弹性，则另一方将承担全部税收负担。

（2）在征收要素税的情况下，要素供需双方共同分担税收负担，分担比例取决于该要素的供需弹性，弹性较大者，相应承担较小的税收负担。供求双方如有一方为无弹性，则无弹性的一方将承担全部税收负担。供求双方如有一方为无限弹性，则另一方将承担全部税收负担。

（3）生产者进行税收负担转嫁的难易程度，往往还取决于市场结构，一般来说，在垄断的市场条件下，生产者税收负担转嫁比在自由竞争市场条件下更加困难。

局部均衡分析的不足在于：它是在假定其他市场不变的条件下，就税收对单一市场的影响进行分析的，即仅仅探讨税收对该市场供求双方的经济影响，并做出基本判断。忽略税收对其他市场的影响及其反作用会导致税负归宿分析的不完全性。例如，假设对用于房屋建筑业的资本课税。税收的局部均衡分析只涉及该领域资本要素的供给和需求。如果税收使投资建筑业的资本收益率下降，原投资于房屋建筑的部分资本就会转向制造业部门。随着制造业部门新资本的流入，其资本收益率下降。这样，制造业部门的资本可能最终也要承担建筑部门的部分税负。增税或提高税率存在这种归宿"多轮"效应，减税的利益归宿也同样存在"多轮"效应问题。一国政府减轻农业劳动力的税负，农民因为税后可支配收入的提高增加了对电视机的购买，电视机厂的资本收益和劳动者工资都可能因此而上升，资本所有者和工人分享农民减税的好处，他们的消费随收入的提高会发生变化，其后的扩散范围会更广。而这些都超出了局部均衡分析的范围。只要我们跳出局部均衡分析的限制，这种归宿"多轮"效应的例子比比皆是。

第二节　税收归宿的一般均衡分析

哈伯格（Harberger）是将一般均衡模式运用于财政学的先导者。一般均衡分析法认为，市场经济是各类商品市场和要素市场组成的综合体，只要税收使任何一个单一市场的均衡受到扰动，其影响就要扩散到其他市场，使其他市场供求状况（价格、产量）发生"连锁"反应。如果这些反应进一步对初始变动的市场发生"反馈"影响，则会继续对其他市场发生第二轮、第三轮等"连锁反应"。在简单的"2×2×2"模型中，六个基本方程给出了一般均衡体系的完整描述。这里有 6 个未知数（X, Y, P_X, P_Y, r 和 w）和 6 个方程，由瓦尔拉斯法则，有一个方程是多余的，只能通过对比商品和要素价格相对解来考察税收的影响。

一、静态两部门模型

（一）假定
（1）完全竞争的市场结构；
（2）规模收益不变；
（3）L、K 的供给既定，为 L_0, K_0；
（4）要素在部门间可自由流动；
（5）不存在失业和闲置资本；
（6）需求通过齐型效用函数产生。
（二）基本方程式的求解

$$X = X(p_X, p_Y, M) \tag{7-1}$$

$$Y = Y(p_X, p_Y, M) \tag{7-2}$$

这里 M 表示整个经济的收入 (wL_0+rK_0)，

$$p_X = c_X(r, w) \tag{7-3}$$

$$p_Y = c_Y(r, w) \tag{7-4}$$

$$c_{LX}X + c_{LY}Y = L_0 \tag{7-5}$$

$$c_{KX}X + c_{KY}Y = K_0 \tag{7-6}$$

上面六个方程给出了一般均衡体系的完整描述。这里有 6 个未知数（X, Y, p_X, p_Y, r 和 w）和 6 个方程，一个方程是多余的。显然只能对相对价格求解 p_X/p_Y。

其中：

$$\left. \begin{aligned} c_{LX} \cdot X &= \frac{\partial c_X(r,w)}{\partial w} \cdot X = L_X \\ c_{LY} \cdot Y &= \frac{\partial c_Y(r,w)}{\partial w} \cdot X = L_X \\ c_{KX} \cdot X &= \frac{\partial c_X(r,w)}{\partial r} \cdot X = K_X \\ c_{KY} \cdot Y &= \frac{\partial c_r(r,w)}{\partial r} \cdot Y = K_Y \end{aligned} \right\} \tag{7-7}$$

在需求方面，可以证明：

$$\eta_Y \cdot \hat{X} - \eta_X \cdot \hat{Y} = (\eta_Y \varepsilon_{XX} - \eta_X \cdot \varepsilon_{YX}) \cdot \hat{P}_X - (\eta_X \varepsilon_{YY} - \eta_Y \cdot \varepsilon_{XY}) \cdot \hat{P}_Y \qquad (7\text{-}8)$$

其中：η_Y、η_X 代表收入弹性

$$\eta_X = \frac{\frac{\partial X}{X}}{\frac{\partial M}{M}} \qquad \eta_Y = \frac{\frac{\partial Y}{Y}}{\frac{\partial M}{M}}$$

$$\hat{X} = \frac{\mathrm{d}X}{X} \qquad \hat{Y} = \frac{\mathrm{d}Y}{Y}$$

$$\hat{P}_X = \frac{\mathrm{d}p_X}{p_X} \qquad \hat{P}_Y = \frac{\mathrm{d}p_Y}{p_Y}$$

$$\varepsilon_{XX} = \frac{\frac{\partial X}{X}}{\frac{\partial p_X}{X}} \qquad \varepsilon_{YX} = \frac{\frac{\partial Y}{Y}}{\frac{\partial p_X}{X}}$$

$$\varepsilon_{XY} = \frac{\frac{\partial X}{X}}{\frac{\partial p_Y}{Y}} \qquad \varepsilon_{YY} = \frac{\frac{\partial Y}{Y}}{\frac{\partial p_Y}{Y}}$$

应用 $\varepsilon_{XY} = -\varepsilon_{XX}$

$\varepsilon_{YX} = -\varepsilon_{YY}$

式（7-8）变为

$$\eta_Y \cdot \hat{X} - \eta_X \cdot \hat{Y} = (\eta_Y \cdot \varepsilon_{XX} + \eta_X \cdot \varepsilon_{YY}) \cdot (\hat{P}_X - \hat{P}_Y) = -\sigma_D (\hat{P}_X - \hat{P}_Y) \qquad (7\text{-}9)$$

$\sigma_D > 0$，说明两种商品都不是低档商品。

下面分析供给方面：

由（7-3）、（7-4）式对价格方程求导，得到：

$$\hat{P}_X = \frac{wc_{LX}}{c_X}\hat{w} + \frac{rc_{KX}}{c_X}\hat{r} \qquad (7\text{-}10\mathrm{a})$$

$$\hat{P}_Y = \frac{wc_{LX}}{c_X}\hat{w} + \frac{rc_{KY}}{c_Y}\hat{r} \qquad (7\text{-}10\mathrm{b})$$

现在使用以下记号：

$\theta_{Li} = \dfrac{wc_{Li}}{c_i}$ 产业 i 中劳动要素的份额,

$\theta_{Ki} = \dfrac{rc_{Ki}}{c_i}$ 产业 i 中资本要素的份额。

(由此可知 $\theta_{Li} + \theta_{Ki} = 1$)。相对价格变化为:

$$\hat{P}_X - \hat{P}_Y = (\theta_{LX} - \theta_{LY})\hat{w} - (\theta_{KY} - \theta_{KX})\hat{r} \tag{7-11}$$

$$= \theta^*(\hat{w} - \hat{r})$$

这里

$$\theta^* \equiv \theta_{LX} - \theta_{LY} = \theta_{KY} - \theta_{KX} \tag{7-12a}$$

$$\theta^* = \begin{vmatrix} \theta_{LX} & \theta_{KX} \\ \theta_{LY} & \theta_{KY} \end{vmatrix} = \theta_{LX}(1 - \theta_{LY}) - \theta_{LY}(1 - \theta_{LX}) = \theta_{LX} - \theta_{LY}$$

同理 $\theta^* = \begin{vmatrix} \theta_{LX} & \theta_{KX} \\ \theta_{LY} & \theta_{KY} \end{vmatrix} = (1 - \theta_{KX})\theta_{KY} - (1 - \theta_{KY})\theta_{KX} = \theta_{KY} - \theta_{KX}$

θ^* 是以增加值份额为依据,对要素密集度的一种衡量。如果 X 为相对劳动密集($\theta_{LX} > \theta_{LY}$),那么,$w/r$ 的上升造成相对价格(p_X/p_Y)的上升。

由

$$\hat{c}_{LX} = \dfrac{w \cdot c_{LLX}}{c_{LX}}\hat{w} + \dfrac{r \cdot c_{LKY}}{c_{LX}}\hat{r} \tag{7-13}$$

可推得
$$\hat{c}_{LX} = -\theta_{KX}\sigma_X(\hat{w} - \hat{r}) \tag{7-14a}$$

其中,$\sigma_X = -\dfrac{\mathrm{d}\log(K/L)}{\mathrm{d}\log(r/w)}$ 指替代弹性

$$\hat{c}_{LY} = -\theta_{KY}\sigma_Y(\hat{w} - \hat{r}) \tag{7-14b}$$

$$\hat{c}_{KX} = -\theta_{LX}\sigma_X(\hat{w} - \hat{r}) \tag{7-14c}$$

$$\hat{c}_{KY} = -\theta_{LY}\sigma_Y(\hat{w} - \hat{r}) \tag{7-14d}$$

应用要素供给固定这一条件,对(7-5)、(7-6)式求导,在劳动方面得出:

$$c_{LX}X(\hat{c}_{LX} + \hat{X}) + c_{LY}Y(\hat{c}_{LY} + \hat{Y}) = 0$$

用 λ_{LX} 和 λ_{LY} 分别表示劳动力在 X 和 Y 中的份额(故 $\lambda_{LX} = c_{LX}X/L_0$),应用上式,我们得到:

$$\lambda_{LX}\hat{X} + \lambda_{LY}\hat{Y} = (\hat{w}-\hat{r})(\lambda_{LX}\theta_{KX}\sigma_X + \lambda_{LY}\theta_{KY}\sigma_Y) \qquad (7\text{-}15a)$$

对于资本市场，相应的方程为：

$$\lambda_{KX}\hat{X} + \lambda_{KY}\hat{Y} = -(\hat{w}-\hat{r})(\lambda_{KX}\theta_{LX}\sigma_X + \lambda_{KY}\theta_{LY}\sigma_Y) \qquad (7\text{-}15b)$$

用（7-15a）式减（7-15b）式的差为：

$$\lambda^*(\hat{X}-\hat{Y}) = (\hat{w}-\hat{r})[\sigma_X(\theta_{KX}\lambda_{LX} + \theta_{LX}\lambda_{KX}) + \sigma_Y(\theta_{KY}\lambda_{LY} + \theta_{LY}\lambda_{KY})]$$

$$\equiv (\hat{w}-\hat{r})(a_X\sigma_X + a_Y\sigma_Y) \qquad (7\text{-}16)$$

其中　　$\lambda^* \equiv \lambda_{LX} - \lambda_{KX} = \lambda_{KY} - \lambda_{LY}$ $\qquad\qquad\qquad$ (7-12b)

λ^* 是用物质投入反映相对要素密集度。如果 X 是相对劳动密集的（$\lambda^* > 0$），那么产出 X 相对 Y 的增加与工资相对于利润率的增加是紧密相联的。

二、公司税的归宿

假设两部门分为公司部门和非公司部门，现在考虑对公司部门的利润征税，征税使公司部门 X 的资本成本由 r 改为 rT_{KX}。我们的讨论限于一种无穷小量的税收，从而所有导数在 $T_{KX}=1$ 时都有值。关于收入使用的假定意味着需求方面不受影响，在 $T_{KX}=1$ 时，收入效应为税收收入一次总付归还所抵消。在齐型假定下：

$$\hat{X} - \hat{Y} = -\sigma_D(\hat{p}_X - \hat{p}_Y) \qquad (7\text{-}9')$$

在供给方面，

$$\hat{c}_{LX} = -\theta_{KX}\sigma_X(\hat{w}-\hat{r}) + \theta_{KX}\sigma_X\hat{T}_{KX} \qquad (7\text{-}14a')$$

$$\hat{c}_{KX} = \theta_{LX}\sigma_X(\hat{w}-\hat{r}) - \theta_{LX}\sigma_X\hat{T}_{KX} \qquad (7\text{-}14c')$$

（部门 Y 的条件不变）。由此，我们在方程（7-15a）的右边得到了一个附加项：

$$-\lambda_{LX}\theta_{KX}\sigma_X\hat{T}_{KX}$$

在方程（7-15b）的右边，得到了如下的项：

$$\lambda_{KX}\theta_{LX}\sigma_X\hat{T}_{KX}$$

于是所导出的方程（7-16）修正为：

$$\lambda^*(\hat{X}-\hat{Y})=(\hat{w}-\hat{r})(a_X\sigma_X+a_Y\sigma_Y)-a_X\sigma_X\hat{T}_{KX} \quad (7\text{-}16')$$

最后，价格方程变为

$$\hat{P}_X-\hat{P}_Y=\theta^*(\hat{w}-\hat{r})+\theta_{KX}\hat{T}_{KX} \quad (7\text{-}11')$$

这表明，在 w/r 不变的情况下，公司部门产品的相对价格上升，其程度取决于增加值中的资本份额。

假设所有人的需求曲线相同，税收归宿可用要素价格比率（w/r）衡量。如果将（7-9′）式与（7-11′）式结合起来，则得到：

$$\hat{X}-\hat{Y}=-\sigma_D\theta^*(\hat{w}-\hat{r})-\sigma_D\theta_{KX}\hat{T}_{KX}$$

因此，由（7-16）式可得：

$$(\hat{w}-\hat{r})(\sigma_D\theta^*\lambda^*+a_X\sigma_X+a_Y\sigma_Y)$$

$$=a_X\sigma_X\hat{T}_{KX}-\sigma_D\lambda^*\theta_{KX}\hat{T}_{KX} \quad (7\text{-}17)$$

方程（7-17）右边包括两项。第一项是要素替代项（注意它取决于 σ_X）；第二项是产出效应，即决于需求弹性（σ_D）和要素密集条件（$\lambda^*\geq 0$ 还是 $\lambda^*\leq 0$）。下面列出关于公司税对两要素相对收益效应的某些确定结论：

（1）资本净利润率相对于工资下降的充分条件是公司部门属资本密集型（$\lambda^*<0$）。

（2）净利润率相对于工资上升是可能的，它发生的充分条件是公司部门属劳动密集型（$\lambda^*>0$）以及生产系数固定（$\sigma_X=0$）。

（3）在其他条件相同的情况下，若（a）公司部门替代弹性较小，（b）需求弹性（σ_D）较大，（c）要素密集度的差异较大，劳动密集型的公司部门的利润率相对于工资倾向上升。

三、税收等价关系

（一）两部门中的税收等价关系

Charles E.Mclure 以表格的形式给出了两部门模型中税后的等价关系。假设一个社会生产两种商品：食物（F）和工业品（M），使用两种生产要素为资本（K）和劳动（L）。在这样一个模型中，有九种可能课征的从价税：① t_{KF} 代表课于食物生产中使用的资本的税收。② t_{KM} 代表课于工业品生产中使用的资本的税收。③t_{LF}代表课于食物生产中使用的劳动的税收。④t_{LM}代表课于工业品生产中使用的劳动的税收。⑤t_F代表课于食物消费的税收。⑥t_M代表课于工业品消费的税收。⑦t_K代表课于两个部门的资本的税收。⑧t_L代表课于两个部门的劳动的税收。⑨t代表一般所得税。有下列的等价关系表。

表 7-1 税收等价关系

t_{KF}	+		=	t_F
+		+		+
		+	=	t_M
=		=		=
t_K	+	t_L	=	t

等价关系中的第一行表示：对食物部门的资本和劳动以相同的税率（t_{KF}=）课征局部税与以同一税率课征食物税相当。第三列表示：同一税率的食物税（t_F）和工业品税（t_M）的总和与所得税相当。其他各行和各列表示的等价关系类似。

（二）消费者预算约束中的税收等价关系

1．基本跨时模型

假设个人确信预期生命期为 T 年，在年龄为 i 时的工资收入为 w_i，消费为 C_i。他在出生时，获得现值为 I 的遗产，死后留下的遗产为 B，则有：

$$\sum_{i=1}^{T}\frac{w_i}{(1+r)^{i-1}}+I=\sum_{i=1}^{T}\frac{C_i}{(1+r)^{i-1}}+\frac{B}{(1+r)^T} \tag{7-18}$$

等式意味着个人的消费预算应该满足消费贴现值加上遗产 B 贴现等于工资贴现值加上继承的遗产。

等式隐含假定资本市场是完善的。如果资本市场不完善，且消费者在年龄 K 时继承遗产，那么附加的约束为：

$$\sum_{i=1}^{T}\frac{w_i}{(1+r)^{i-1}}+I\geqslant\sum_{i=1}^{J}\frac{C_i}{(1+r)^{i-1}}, \text{对于所有} J\geqslant K (J\leqslant T)$$

$$\sum_{i=1}^{J}\frac{w_i}{(1+r)^{i-1}}\geqslant\sum_{i=1}^{J}\frac{C_i}{(1+r)^{i-1}}, \text{对所有} J<K \tag{7-19a}$$

因此（7-19a）式适用于预期继承者按照现期收入而不是未来继承的遗产来约束消费的情形。

2. 等价关系

（1）对工资和继承的遗产征收比例税 t，对消费和死后留下的遗产征收比例税 t'，如果 $(1-t) = \dfrac{1}{1+t'}$，两种征税方案对消费者的预算约束等价。如果对工资和继承的遗产征收比例税 t，对预算约束的效应是：

$$[\sum_{l}^{T} \frac{w_i}{(1+r)^{i-1}} + I](1-t) = \sum_{l}^{T} \frac{C_i}{(1+r)^{i-1}} + \frac{B}{(1+r)^T} \quad (7\text{-}20a)$$

对消费和死后留下的遗产征收比例税 t'，对预算约束的效应是：

$$\sum_{l}^{T} \frac{w_i}{(1+r)^{i-1}} + I = [\sum_{l}^{T} \frac{C_i}{(1+r)^{i-1}} + \frac{B}{(1+r)^T}](1+t') \quad (7\text{-}20b)$$

比较（7-20a）和（7-20b）式，显然，对预算约束的效应是相同的，这里

$$(1-t) = \frac{1}{1+t'}$$

由此，征收 1/3 的工资税等价于征收 50%的消费税。这一等价关系有几个特点值得注意。第一，尽管就对预算约束的效应而言，不同税收是等价的，但它们对私人储蓄的效应并不相同，原因是税收的时间路径不同。第二，工资税或等价的消费税，不影响个人对不同时期消费的权衡，它仅造成财富效应，即对储蓄的效应只是预算约束统一内移的结果。

（2）对利息收入征收比例税 t_i，对财富征收比例税（t_w），如果 $1 - t_w = \dfrac{1 + r(1-t_i)}{1+r}$，两种税收有等价的效应。

设个人在 j 阶段初持有财富为 A_j（根据定义 $A_1=0$），持有财富量的变化取决于：

$$A_{j+1} = (1+r)[A_j + (w_j - C_j) + I_j], \quad j = 1, \cdots, T-1 \quad (7\text{-}21a)$$

$$A_{T+1} = (1+r)[A_T + (w_T - C_T) + I_T] = B \quad (7\text{-}21b)$$

这里，I_j 指在 j 阶段获得的遗产。由此明显可见，对利息收入的比例税 t_i（对纳税人而言）等价于比例财富税（t_w），其税率满足：

$$1 - t_w = \frac{1 + r(1-t_i)}{1+r} \quad (7\text{-}22)$$

推导：

①对财富 A_j 征收比例税 t_w，税后财富余额为 $A_j(1-t_w)$ （a）

②对利息征收比例税 t_i 后,财富余额的现值为 $\dfrac{A_j(1+r)-A_j\cdot r\cdot t_i}{1+r}$ (b)

令(a)=(b),即得(7-22)式。

该等式当然只对简化的单一资产市场成立。同样要注意的是,若所付利息可扣除,则等式要求对于 A<0 存在一个"负"财富税。

第三节 税收归宿一般均衡分析的另一表述

如前所述,用一般均衡分析方法来研究税收归宿问题,主要是为了考察特定税收对某一市场发生"扰动"后,该税收对其他市场产生的"连锁反应",即分析特定税收对整个经济社会福利变动的各种效应。正如《公共经济学》的两位作者所说:"一般均衡分析的重要性产生于经济体系中变量之间错综复杂的联系。迅速到来的第一轮效应常常为随后而至的调整所抵消。若要知道一种税收的完整影响,则需要找到它的所有结果。"由于税收对整个经济社会福利变动的影响是多角度,多层面的,就税收归宿进行一般均衡分析往往有助于确定税收对生产者的利润、消费者的效用,以及要素供给者收入的影响,对各种要素供给,特别是对资本与劳动供给的影响,对不同区域的经济发展的影响,对不同收入水平的各社会群体的福利分配的影响,对不同代人的福利分配的影响,以及对上述各方面的综合影响。但是,"……这不是一件轻而易举的事情。不仅需要建立整个经济的模型,而且必须能计算出某个参数如税率变化对整个体系的效应。"[1]长期以来,对税收归宿进行一般均衡分析既是税收理论研究的最重要任务之一,也是最困难的工作之一。

下面在一般均衡理论框架中分析政府征税可能引致的税收转嫁和实际税收归宿。理论假设主要有:(1)经济体系共存在两个产业:劳动密集型产业(X)、资本密集型产业(Y),其中劳动密集型产业使用的劳动要素多于资本要素,资本密集型产业使用的资本要素多于劳动要素,但两个产业都是完全竞争产业,资源可以在两个产业间自由流动。(2)经济体系使用两种生产要素进行生产:资本(K)、劳动(L),其中劳动要素和资本要素分别可以按工资率 w 和租金率 r 获取。由于市场是完全竞争的,任何一种生产要素

---

[1] 安东尼·B. 阿特金森,约瑟夫·E. 斯蒂格里茨:《公共经济学》,上海:上海三联书店出版社,上海人民出版社,1998年,第245页。

在两类市场的价格是相等的，否则资源将重新流动到使价格相等为止。(3)每个行业的生产技术具有规模报酬不变特征。这意味着在沿原点出发的射线上，其同等产量线交点处的斜率（即资本与劳动要素的边际替代率和要素价格比率）是固定不变的。

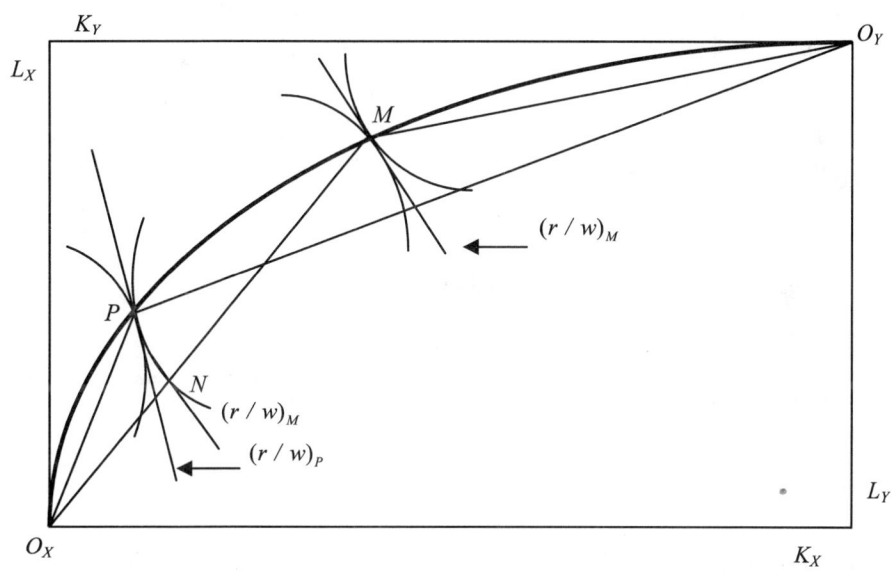

图 7-9　税收归宿的一般均衡分析

下面分析政府对劳动密集型产品征收商品税的税收归宿。如图 7-9 所示，在生产契约线上，X 产业的劳动—资本要素比率始终高于 Y 产业，从而 X 产业同 Y 产业相比，更加偏向劳动密集型。假定在征税前，经济体系只征收一种中性税收，对资源配置不产生扭曲效应，从而经济体能够在 M 点实现资源配置的帕累托最优效率，满足 $MRS_{XY} = MRT_{XY}$。经过 M 点的公切线斜率反映出两个产业具有相等的边际技术替代率 $MRTS_{KL}$，即 $(r/w)_M$。

当政府选择对 X 产业课税后，由于 X 产业税后利润下降，资本和劳动要素将从劳动密集型产业 X 流向资本密集型产业 Y，最终使两个产业的劳动—资本比率均上升。随着两个行业的劳动—资本比率上升，资本要素相对劳动要素的价格比率 r/w 也会提高，这将促使企业节约资本，更多使用劳动要素。

做一条连接 O_X 和 M 点的射线，同经过 P 点的无差异曲线交于 N 点。根据假设(3)，X 产业具有规模报酬不变特征，从而 M 点和 N 点的边际技术替代率相等，均为 $(r/w)_M$。由于经济体系新的均衡点 P 同 N 点在同一条无差异曲线上，并且位于 N 点的左上方，P 点的边际技术替代率必然高于 M 点，即 $(r/w)_P > (r/w)_M$。这说明，如果 X 是劳动密集型产业，对 X 产业征收商品税将导致劳动要素价格下降、资本要素价格上升，从而 X 产业的税收不仅通过将产品加价向前转嫁给消费者，也通过压低劳动生产要素的价格，将一部分税收向后转嫁给劳动者。因此同局部均衡分析的结果不同，在一般均衡分析框架中，税收归宿成为消费者、生产者和劳动者三方，如果 X 产业提供的是一种生活必需品，低收入群体和低端劳动力将在征税中显著受损。值得注意的是，由于资本要素价格上升，从资本密集型行业中获取大量收入的厂商反而获益于劳动密集型产业的课税。

练习题

一、名词解释
1. 税收归宿
2. 一般均衡分析
3. 税契
4. 税负转嫁

二、判断题
1. 法律上的纳税主体，就是经济上的纳税主体。（　　）

2. 税收负担的税法归宿与其经济归宿存在着巨大差异，名义上的公平税收实际上可能有失公平，经济效率损失可能会进一步扩大。研究税收归宿通常采取两种方法：局部均衡分析法和一般均衡分析法。（　　）

3. 在对商品征税的情况下，商品生产者和消费者共同分担税负担，分担比例取决于供需弹性，弹性较大者，相应承担较小的税负担。（　　）

4. 由于税收对整个经济社会福利变动的影响是多角度，多层面的，就税收归宿进行一般均衡分析往往有助于确定税收对生产者的利润、消费者的效用，以及要素供给者收入的影响，对各种要素供给，特别是对资本与劳动供给的影响，对不同区域的经济发展的影响，对不同收入水平的各社会群体的福利分配的影响，对不同代人的福利分配的影响，以及对上述各方面的综合影响。（　　）

5. 向垄断厂商征税一定会对经济社会总体带来较大影响。（　　）

三、选择题

1. 假设 DD 的函数为 $P=12-0.923Q$,SS 的函数为 $P=3+0.423Q$;那么在政府征收从量税的情况下(如对每个商品课征 1 单位税收),税负担分配的结果是(　　)。

    A. 生产者与消费者承担了相同的税负担

    B. 生产者比消费者承担了更大的税负担

    C. 生产者比消费者承担了更小的税负担

    D. 不确定

2. 市场经济中税负担分配与转嫁的一般规则是(　　)。

    A. 供求双方弹性较大者,相应承担较小的税负担

    B. 供求双方弹性较大者,相应承担较大的税负担

    C. 供求双方如有一方为无弹性,则无弹性的一方将承担全部税负担

    D. 供求双方如有一方为无弹性,则另一方将承担全部税负担

3. 两部门中的税收等价关系有(　　)。

    A. $t_{KF}+t_{LF}=t_F$

    B. $t_{KM}+t_{LM}=t_M$

    C. $t_K+t_L=t$

    D. $t_F+t_M=t$

4. 研究税收归宿问题,组别划分至关重要,没有科学的组别划分,很容易出现混乱。研究税收归宿一般采用以下哪几种划分方法(　　)。

    A. 按社会成员在经济生活中的角色划分

    B. 按生产要素划分

    C. 按收入水平划分

    D. 按地域划分

5. 下列陈述为局部均衡分析的结论的是(　　)。

    A. 在对商品征税的情况下,商品生产者和消费者共同分担税负担,分担比例取决于供需弹性,弹性较大者,相应承担较小的税负担

    B. 在征收要素税的情况下,要素供需双方共同分担税负担,分担比例取决于该要素的供需弹性,弹性较大者,相应承担较小的税负担

    C. 生产者进行税负担转嫁的难易程度,往往还取决于市场结构,一般来说,在垄断的市场条件下,生产者税负担转嫁比在自由竞争市场条件下更加困难

    D. 经济体系中变量之间的联系错综复杂,若要知道一种税收的完整

影响，则需要找到它的所有结果

6. 以下的说法正确的是（　　　）。

　　A. 一般均衡分析的重要性产生于经济体系中变量之间错综复杂的联系。迅速到来的第一轮效应常常为随后而至的调整所抵消。若要知道一种税收的完整影响，则需要找到它的所有结果

　　B. 增税或提高税率存在归宿"多轮"效应，减税的利益归宿也同样存在"多轮"效应问题

　　C. 市场结构的划分是件很复杂的事情，因为表面上属于不同市场的产品之间有很大的可替代性，人们可以根据勒纳指数（Lerner Index）来定义市场结构

　　D. 在有税收的情况下，垄断的市场结构对消费者有利

四、简答题

1. 试分析，在竞争市场和垄断市场中，税收转嫁和税收归宿的情况有什么不同？

2. 税收归宿研究中，采取一般均衡分析方法和采取局部均衡分析法，各有何种意义？

3. 简要分析对劳动和资本收入征税所产生的经济影响。

第八章 税收制度

税收是为了适应人类社会经济发展需要而进行的一种特殊的经济活动，也是市场经济条件下政府发挥其经济职能的一个重要杠杆。因此，现代各国政府均要遵循一定的政策原则，妥善建立自己的税收制度。税收制度的建设通常涉及选择主体税种，制定税收法规，确定税收征管程序与方法，以及与此相关的各种重大活动。所以，税收制度既可以视为国家按照经济发展水平与国内政治力量对比，演进形成的既定的税收体系，也可以视为相对稳定的各种税收法规和征管办法的总和。

现代各国税收制度都不是固定不变的，其变化主要包括两个方面：一是各个税种的自身变化，一些旧的税种消亡了，随之一些新的税种产生并发展起来；二是国家税收制度为适应变化了的经济形势而进行的各种改革，一些旧的法规、程序、征管手段被废除，取而代之的则是一些更合理的法规、程序，更先进的征管手段等。两个方面的变化相互影响、相互作用，以使政府能够及时通过税收制度的调整来达到其调节社会经济的目的。

本章和下一章主要分析现代国家税收制度的一般特点，现代国家广泛使用的一些重要税种，以及国际税收问题。

第一节 现代国家税制基本情况与变化趋势

虽然一国一定时期的税制安排主要取决于当时的社会经济发展状况、发展水平、市场性质以及政府的行政管理能力，但是也受经济理论、公共财政理论，尤其是税收理论指导的税制设计能力对其是否优化产生的重要影响。税制及其优化的理论与政策研究通常要涉及许多方面的问题，如多种扭曲性税收共同存在情况下各单一税种税率结构的选择，对税基、课征范围的确定，对纳税环节、税务征管的法律法规的设计等。此外，税制优化目标还在公平与效率之间进行权衡与协调。本节重点阐释税制建设、税制改革的理论知识。至于各主要税种设计及有关问题，则在随后的各章节里做展开分析。

一、主要税种

就税制组成方法而言，当代世界上大多数国家普遍实行复合税制[①]，即由多种税系的多个税种组成国家的税收体系。复合税制由于税种多样，各司其职，主税、副税相互配合，通常能够充分发挥国家税收应该具有的各种功能，如筹集资金、收入分配、宏观调节、经济控制等。复合税制的形成，与社会经济发展和政府财政开支不断扩大有直接关系。

OECD国家税收分类和编号大体如下：

1000——对产品、劳务的课税，进一步划分为两类：

（1100）——对商品生产、出售、转移、租赁、运输和劳务提供的课税。

（1200）——涉及商品、服务所有权或使用权的课税。

2000——所得、利润、资本增益税，划分为两类：

（2100）——家庭、机构缴纳的所得税、利润税、资本增益税。

（2200）——公司企业缴纳的所得税、利润税、资本增益税。

3000——社会保险缴纳。可以划分为雇员缴纳、雇主缴纳以及独立职业者三种缴纳。

4000——基于工资支出或人力资本支出的雇主缴纳。

5000——对净财产与不动产的课税分为三类：

（5100）——家庭、公司企业缴纳的（经常、一般）净财产税。

（5200）——家庭、公司企业、机构等缴纳的不动产税。

（5300）——非经常净财产与不动产的课税。

6000——赠与、遗产，资本、金融交易课税。

7000——其他税种。

按照经济合作与发展组织（简称"经合组织"）依据不同税基对税收进行分类的方法，目前各国的税收体系，即形成各国政府财政收入主体的税收结构，可以大致地划分为四个大系，即所得税系、货物税系、财产税系和社会保险税系。所得税系主要包括个人所得税和公司所得税。个人所得税以法定纳税人个人的工资、利息、租金、股息等收入为税基，公司所得税以公司

[①] 与复合税制相对应的是单一税制，其特点是以一种税系，或少量税种组成国家税收体系。单一税制虽然在税收征管上比较简单，征管成本亦较低，但是这种税制功能单一并且缺乏弹性，往往难以在为政府筹集税收收入的同时发挥更多的其他经济调节作用。

组织形式的企业利润为税基。两种所得税均允许在计算应税所得时，按照税法规定对一些特殊项目进行扣除、减免，然后再乘以适用税率，求出应交税款。所得税通常实行累进税率，这在税负担分配上，符合支付能力原则。所得税属于直接税，短期内税收负担转嫁比较困难，但公司也有可能为了保持利润水平而抬高产品价格，从而将税负担转嫁给消费者承担。

货物税系主要包括零售销售税、增值税、关税和特种货物税。这一类税收均以生产和销售的货物为税基，可以在生产或销售的单一环节征收，也可以在生产和销售过程中的各个环节均征收。对货物征税实际上是对消费行为征税，由于对消费支出直接征税在税务征管上有诸多困难，所以采取了对消费的货物进行征税的替代方法。货物税属于间接税，一般采取比例税率，税金由销售货物的厂商交纳，但纳税的厂商最终会通过调整商品价格的办法而把交纳的税金转嫁给消费者承担。

财产税系主要包括一般财产税、遗产税和赠与税。一般财产税是对已占有的财产进行征收，通常按照应税财产的市场价值估价，以比例税率征收。由于对一般财产的估价往往低于其现行市场价格，因而一般财产税的有效税率往往低于它的名义税率。遗产税和赠与税都以转移的财产为税基，前者是对死亡转移的财产征税，后者是对赠与转移的财产征税。为了防止遗产人在死亡前以赠与方式转移财产而逃避纳税，各国税务当局总是把两税结合在一起征收，合称财产转移税。财产转移税一般实行统一的累进税率，但各国税法都对该税规定有大量的减免项目，所以财产转移税的有效税率也比其名义税率要低得多。

社会保险税系各主要税种均以企业雇员工资的一定部分为税基征课，可以视为一种变相的所得税。但社会保险税更具有社会保险的交费性质，对规定在社会保险范围内的雇员实行强制性征收，所征税款纳入统筹的社会保险基金，以备用于未来对纳税人养老金、伤残补助、医疗补助、失业补助的支付，故被划分为一个单独税系。社会保险税主要包括三个税种：用于老年和伤残保险的社会保险税，一般是由雇员和雇主共同交纳；用于医疗保险的社会保险税，也是由雇员和雇主共同交纳；用于失业保险的社会保险税，一般由雇主交纳。

世界银行在其有关的统计中，也是采取"经合组织"的税收分类方法，如把中央政府的财政收入来源划分为 6 类：所得税（含利得税和资本收益税）、社会保险缴费、国内货物和劳务税、国际贸易税、其他税以及非税收收入。当然，有些税收在分类上存在着不易确定到底应该属于哪个税系的问题，如资本增益税,即对房地产、古玩、艺术品、股票和其他有价证券源于市场价格上涨带来的额外收益的征税,既可划归所得税系,也可以划归财产税系。所以说对税收的分类只能是大致的,通过这种大致划分,人们能够对税收体系的结构进行分析和进行国际比较。

二、税制结构

税收体系的结构,简称税制结构,是指税收体系中各类税收的组合以及各类税收在组合中的相对地位。不同国家的税制结构大致反映该国一个时期的经济发展水平与国内政治力量的对比,因此随着政治与经济情况的变化,税制结构也在发生变化。

从发达国家的税收体系的演变过程来看,在经济发展初期,税收体系以货物税和财产税为主体,因其税源比较稳定,征管比较简便。随着市场经济的发展,人们的货币收入不断增加且来源日益多样化,这便为政府逐步将个人收入,即所得作为稳定而庞大的税基创造了条件。20世纪以来,所得税在发达国家税收体系中的重要性逐步超过货物税与财产税,最终成为这些国家政府财政收入的基本来源。第二次世界大战以后,各发达国家相继建立并完善了各自的社会保险制度,作为社会保险基金来源的社会保险税,也逐步发展成为这些国家税收体系中的一个重要税种。可以说,目前发达国家基本上完成了从传统税制结构向现代税制结构的转化。其税制结构的特点是,已经由财产税、货物税密集型转化为所得税、社会保险税密集型。但是,相比之下,大多数发展中国家的税制结构则仍然属于货物税密集型,只有少数东欧国家、拉美国家等的税制结构20世纪90年代以来表现出类似发达国家的那些变化,见表8-1。

当然,各国税制结构的形成与演变不单纯受经济发展的影响,在相当程度上还要受到本国历史的、传统的、政治的、文化的等许多因素的影响,所以不同类型国家的税制结构仍然多少保留着各自的特点。例如,在发达国家中,政府税收收入大部分来自于所得税和社会保险税,这两类税收在美国、日本、意大利的政府税收总额中占60%以上。但是在西欧国家,政府得自货物税的收入比重则高于美国、日本等。又如,在南非、印尼、以色列、委内瑞拉等发展中国家,其所得税收入占政府财政收入总额的比重通常达到40%~50%,但是社会保险税收入的比重则不足10%或更低。

表 8-1 例选的发达国家与发展中国家的税制结构比较

（占财政收入总额的百分比）

国家	所得税与社会保险税			国内货物与劳务税，国际贸易税		
	1981—1990	1991—1999	2000—2009	1981—1990	1991—1999	2000—2009
印度	16	21.4	33.5	64	53.15	42.3
菲律宾	23.6	33.1	N/A	60.4	50.75	N/A
委内瑞拉	63.9	44.05	N/A	18.1	29.35	N/A
韩国	29.1	37.85	42	55.1	40.15	30.1
英国	56.1	53.8	58.9	29.8	32.05	29.3
意大利	70	66.4	68.1	25.6	26.45	21.7
法国	59.7	56.55	68.7	29.4	28.05	22
美国	83.8	86.5	91.5	5.9	4.95	4.1

资料来源：（1）世界银行：《1997年世界发展报告》，北京：中国财政经济出版社，1997年，统计表，表A1。（2）朱之鑫：《国际统计年鉴（2000）》，北京：中国统计出版社，2000。（3）李德水：《国际统计年鉴（2005）》，北京：中国统计出版社，2005。（4）马建堂：《国际统计年鉴（2010）》，北京：中国统计出版社，2010。

研究税制结构可以用来分析不同国家总体税收负担分配的基本特征，即反映在税负担总体分配上是否更符合社会公平原则。一般情况是，以直接税为主且累进性较强的税制结构，通常比以间接税为主且累退性较强的税制结构，社会公平程度较高。首先，货物税属于间接税，对货物征税实际上是对消费支出征税，其税负担归根到底要由最终消费者承担。由于消费支出占人们收入总额的比例随着收入增长而呈逐步下降趋势，因而对货物征税，尤其对生活必需品征税，其税负担对个人收入的比例也就变得越来越低。显然，货物税具有明显的累退性。其次，所得税属于直接税，各国政府对所得征税通常采取累进税率，随着应税所得的增加，其边际税率也在提高。不过，自20世纪80年代以来，许多发达国家连续几次下调所得税的累进税率，在这些国家所得税的累进性已经明显下降。再次，实行比例税率的社会保险税在税收负担分配上比较复杂。从社会保险税征管办法来看，雇员交纳部分具有直接税性质，即要由雇主本人承担税负担，但是雇主交纳部分往往可以通过压低工资支付的办法和提高产品价格的办法转移给他人（雇员与消费者）承担，则具有间接税性质。于是，社会保险税的税负担分配实际上也表现出某种程度的累退性。最后，对一般财产征税虽然采用比例税率，但是由于财产价值评估中掺有大量的主观随意性，估价往往低于现行市价，导致一般财产税的税负担分配也就有了很大的累退性。尽管遗产税采用累进税率，但税法上有较多减免规定，使得应税遗产数额大为减少，加之各种逃税手段，实际上大部分遗产也是很少纳税的。

根据以上分析，可以得出一般性结论：和货物税、财产税密集型的税制结构相比，所得税、社会保险税密集型的税制结构具有较高的累进性。另外，鉴于直接税税负担转嫁常较间接税困难，所得税、社会保险税密集型的税制结构也比货物税、财产税密集型的税制结构在税负担总体分配上更符合社会公平原则。

三、税收负担轻重的比较

观察一国税负担的轻重，可以采取以某国的情况和其他国家相比较的办法。此种对比可以采用两种指标：一是税率的高低，二是税收占 GNP（或 GDP）的百分比。

进行税率的国际比较有些实际的困难，因为名义税率的高低不能完全反映真实的纳税负担。纳税负担决定于税基和税率两个因素，即纳税额＝税基×税率。对于纳税负担的研究来说，既要区别全面税基与非全面税基，也要区别名义税率与有效税率。名义税率是税法规定的税率，有效税率是纳税人实际负担的税率。由于按照税法征税的税基一般都不是全面税基，在诸多减免规定的作用下，使得应税的税基远远小于实际的税基，因而导致税法规定的名义税率与实际负担的有效税率并不相同，甚至相差甚远。[①]

对政府税收占 GNP 或 GDP 的比例进行有关的国际比较时，必须采取完全相同的计算口径，因为 GNP 与 GDP 的计算方法不同。GNP 与 GDP 的差额在于国外净要素收入，由于发达国家的国外净要素收入一般为正值，这些国家的 GNP 一般地会大于 GDP，因而按 GNP 计算的税收所占的比例就小于按 GDP 计算的这种比例。相反，许多发展中国家的国外净要素收入一般为负值，这些国家的 GNP 一般地会小于 GDP，因而按 GNP 计算的税收所占的比例就大于按 GDP 计算的这种比例。表 8-2 提供了部分国家政府税收占各自国家 GDP 百分比的统计资料。就时期比较来看，例选国家的税负担几乎都有不断提高的现象，其中某些国家（如南非、意大利及日本）的这种情况最为明显。税收收入的持续增加，从另一个侧面说明了各国政府经济干预能力的不

---

① 例如所得税，假定某人的实际所得为 20 万美元，按照税法进行各项减免处理后，应税所得下降为 12 万美元。如果按照税法规定的税率计算，此人应当交纳税款 2.4 万美元。那么，按照名义税率计算的平均税率（纳税额/应税所得）为 20%（=2.4/12），但是纳税人实际负担的有效税率（纳税额/实际所得）则仅为 12%（=2.4/20）。

断提高。就国际比较来看，发达国家的税收负担在两个可比时期都重于发展中国家。统计资料大致上说明，在现代经济发达国家，国民承受的税收负担普遍不轻，这是这些国家长期推行福利国家政策，从而不断提高社会保险缴费和其他税收的结果。

表 8-2　例选国家政府税收占各自国家 GDP 百分比统计（%）

国家	税收收入					非税收入				
	2008	2009	2010	2011	2012	2008	2009	2010	2011	2012
印度	10.8	9.6	10.2	8.8	10.7	1.7	1.6	2.7	2.4	1.7
菲律宾	13.6	12.2	12.1	12.4	12.9	1.6	1.8	1.3	1.6	1.6
泰国	16.4	15.2	16	17.6	16.5	3.7	3.5	4.3	3.7	4
南非	28.2	25.4	25.7	26	26.5	2.9	3.2	3.2	3.4	2.9
韩国	15.1	14.3	14	14.4	-	7.2	7	7	7.1	-
英国	28.4	25.6	26.4	27.1	26.9	9.6	9.7	9.4	9.4	11.4
意大利	22.4	22.9	22.6	22.4	23.2	15.1	15.4	15.2	15.1	15.3
法国	21.7	19.8	21.3	21.2	22	20.7	21.3	21.6	21.4	21.6
美国	10	8.2	8.8	9.7	10.2	7.2	7.5	7.3	6.7	6.4

资料来源：世界银行数据库。非税收入此处是指除税收外，社会贡献和其他收入（例如，罚款、收费、租赁、源自财产或销售的收入）的现金。捐赠也被视作收入，但此处并不包括。

四、税制改革

在近现代国家，税制改革的社会、经济意义特别重大，甚至成为国家独立（如美国）、国会抑制王权（如英国）的政治契机。促使政府进行税制改革的具体方式很多，从个体的逃税、避税、抗税活动，到有组织的修宪活动，都有可能实现某种税改目标。例如，18 世纪英国人曾使用封堵自家窗户的办法达到逃避"窗户税"的目的，最终迫使英王无奈地取消了此税种。但是，当代各国的税制改革则表现出一个明显特征，即重大改革多是在现行税制难以适应已发生变化的新经济形势情况下，经过经济学家与社会各界广泛论证后推动的政府行为，或出于同样条件下的政府的自觉活动。

第二次世界大战结束后，西方各国相继采用了凯恩斯经济学派的政策主张，为加强政府对市场经济的干预——旨在实现充分就业的经济增长目标，尤其重视税收这个财政杠杆的作用。20 世纪 70 年代以来，发达国家普遍陷入劳动就业增长缓慢、通货膨胀日益严重、经济发展趋于停滞的所谓"滞胀"状态。按当时流行的供给学派经济学理论分析，这些经济问题都与国家的税制结构，特别是所得税结构不尽合理有关。供给经济学认为，通过降低税率、改革税制的途径，就能够比较有效地促进经济增长。发达国家政府为了尽快摆脱经济上的被动局面，相继接受了供给学派的理论，希望通过税收制度、税收政策的改革与调整来实现对宏观经济的有效调控。这样，20世纪80年代后发达国家的税制改革活动一直未中断过；特别是在1986年美国政府提出了在其历史上堪称最重要的一个税制改革方案后，西方各国纷纷效仿，形成了以"低税率、宽税基、简税制、严征管"为特征的全球性税制改革浪潮。此次税制改革是半个世纪以来税制原则的一次重大调整，在税收的经济效率原则上，由全面干预转向适度干预；在税收公平与效率原则的权衡上，由偏向公平转向突出效率；在税收公平原则的贯彻上，由偏重纵向公平转向追求横向公平；在税收效率原则的贯彻上，由注重经济效率转向经济与税制效率并重。

最近十几年来，西方发达国家税收制度的最新发展状况，概括起来，大致有以下几个方面：第一，各国宏观税负出现下降趋势。发达国家20世纪80年代中期开始的税制改革的主旋律是减税，然而减税减的只是所得税的名义税率或边际税率。税改开始阶段，各国在降低税率的同时，将所得税的税基却相应拓宽了。这样，发达国家初期税改的减税，实际上并没有影响税收收入的规模。相反，各国税收收入的水平还普遍出现不降反升的现象。从20世纪90年代末到21世纪初，随着西方各国财政状况的逐步好转，一些国家在税制改革中相应加大了对税收优惠措施的运用，不再一味追求"宽税基"的原则，这自然造成了税收收入规模的下降。统计数字表明，2003年，美国的宏观税率已经由3年前的29.9%下降到了25.4%；同期其他一些国家也出现了类似的现象，荷兰从41.2%下降到38.8%，英国从37.4%下降到35.3%，瑞典从53.8%下降到50.8%。

第二，资本的税收负担开始减轻。一般情况下，政府课税的税基主要包括劳动力、资本和消费，而政府无论对哪种税基课税，都会给经济带来一定的负面影响。正如大卫·李嘉图所指出的，各种税收都是流弊和流弊之间的选择。例如，如果一国对劳动力课征较重的税收，那么，其就业形势很可能会恶化：一方面，雇主会因劳动力成本提高而"用机器手替代人手"；另一方面，工人会因缴税过多而自愿失业。因此，各国税制改革的任务之一，就是要结合本国的实际情况，调整税收的总体负担在各种税基之间的分布。发达国家长期以来劳动力的税负是比较重的，表现在劳动力的有效税率（即税额与应税税基之比）一般都高于资本和消费的有效税率。由于劳动力的税负已经很高，加之对消费的课税具有累退性，以及人们担心提高对消费的课税会引发通货膨胀，很多西方国家过去进行税制改革时，往往把保证税收收入的着眼点放在增加资本的税负上。例如，1995—2000 年，欧盟国家资本的有效税率就从 24%提高到了 31%。特别是劳动力税负较高的国家，更是把增税的重点放在了资本这个税基之上。然而，资本的税负高并不利于增加储蓄和投资，特别是在全球经济一体化的今天，如果一国对资本和经营所得课征高税，就会导致或加剧本国资本以及所得税税基的外流。因此，近几年越来越多的西方国家开始重视降低资本的税负。例如，2000—2009 年，欧盟原有的 15 个成员国中，有 11 个国家降低了公司所得税税率。到 2009 年，很多发达国家的公司税税率（含中央和地方政府）都低于 30%，如芬兰为 29%，瑞典、丹麦和挪威为 28%等。

第三，税制结构的变化日益显著。从 20 世纪 80 年代中期起，发达国家出于经济效率的考虑，纷纷对税制结构进行调整，出现了所得税（尤其是个人所得税）比重下降，社会保险税（缴费）和一般商品税（主要是增值税）比重上升的趋势。进入 21 世纪以后，税制结构的这种变化在一些国家呈加快趋势。例如，德国在 1990—2000 年，所得税在税收收入中的占比平均每年下降 0.7%，但在 2000—2008 年，所得税的占比平均每年下降 3.1%；社会保险税的占比在前 10 年中平均每年只增长 0.4%，而 2000—2008 年平均每年增长 1.5%；商品税在税收收入中的占比前 10 年平均每年只增长 0.52%，而后 3 年平均每年提高 14%。目前，在许多西方发达国家，间接税在税制中所占的比重已经达到或超过了 30%。

第四，税制理论和方法上的创新。一是跳出了供给学派"单向"减税以刺激总供给的框架，强调应该通过减税与增税"双向"调节社会经济活动。这在美国克林顿的新税收政策中表现得尤为明显，增税主要包括对最富有阶层增收所得税，扩大针对有关医疗保险的工薪税税基，提高联邦汽油税等，而减税则主要针对中低收入家庭与小企业，并扩大对劳动所得税额扣抵的范围。其他 OECD 国家也有类似情况。二是在效率与公平原则及其他政府目标的结合与轻重权衡上，普遍调整了片面追求效率、忽视公平及其他政府目标的做法，努力促进各原则目标的协调。三是不片面强调追求"理想优化状态"和使用绝对中性的"扭曲性"税收工具，强调对各种约束限制条件的研究，注重"次优状态"的获取。四是更注重改革的循序渐进，注重经济行为主体的反馈信息，并没有刻意追求一步到位。

第五，现代税制改革所追求的目标比以往更为多样化，除了尽可能地实现减轻国民税收负担、坚持税负平等、大力降低税收成本等传统目标外，还要求努力实现诸如改善经济效率，追求税制民主，保护生态环境，推动社会经济可持续发展等现代目标。可以说，人们追求的税制改革的最终目的在于寻找至少在当前和未来一段较长时期看属于"不断优化"的那种税制。

总之，20世纪80年代后逐步形成的世界性税制改革具有一个非常明显的特点，即涉及范围的广泛性和改革方向的一致性都是空前的。各国税收制度、征税方法的趋同，不仅说明全球经济的相互依赖性在日益加强，而且也反映出国家之间彼此借鉴经济管理经验的重要性，日益受到重视。

第二节　个人所得税

所得税[①]具体可以划分为个人所得税和公司所得税，后者又称法人税。由于两税在税务征管上存在着诸多相似之处，本节主要分析个人所得税的税务征管方式和经济影响。在此基础上，第三节简要介绍典型公司税的一些重要的制度安排与征管方式。

个人所得税于1799年首创于英国，由于具有以下优点，20世纪以来，被世界各国广泛采用。这些优点是：(1) 个人所得税直接变动个人可支配的收入，影响个人劳动的积极性，进而影响消费、储蓄和投资的规模。(2) 通过税基减免和累进税率的作用，可以在个人之间调整社会收入的分配，有助于经济社会实现收入平等化目标。(3) 在宏观经济调控方面，它发挥着内在稳定器（Built-in Stabilizer）的作用，根据经济形势的变化（过冷或过热），自动地调节人们的税收负担，以缓和经济社会中有效需求的波动。

目前，世界上有140多个国家和地区政府征收所得税，而在包括全部经济发达国家在内的39个国家里，所得税收入构成其政府财政收入的第一位，也是最重要的来源。所得税虽然产生于英国，但在当今世界上，美国的个人所得税制度则发展得相对最为完善，并对其他各国所得税建设产生了较大的影响。以下以美国和中国为例，对个人所得税制度的基本安排作一简要分析。

一、收入的经济学定义与税法规定的所得范围的确定

原则上，个人所得税要以个人的各类收入（亦称收益、所得）作为计算

[①] 关于对这方面情况所作的更为详细的分析，参见陶继侃、张志超主编的《当代政府国家税收》一书（太原：山西经济出版社，1998年），第四章。

纳税负担的基础。大多数经济学家主张采用全面所得的定义，全面所得的定义一般称为海格－西蒙斯定义（Haig-Simons Definition）。

按照海格－西蒙斯的定义，所得是以货币价值体现的，在某一规定时期中个人消费能力的净增加，这等于本时期中的实际消费数额加上财富的净增加额。因为财富的净增加额（即储蓄额）代表着潜在消费能力的增加，所以必须包括在所得之内。这个定义要求在所得中包括可能增加现期的，或者未来的任何形式消费的一切收入来源。其中不仅包括那些按照惯例认为是所得的项目（如工资和薪金收入、企业利润、租金和特许权使用费、股息和利息收入等），而且包括某些"非惯例"的项目（如失业补助、贫困救济、退休补助等转移支付）；此外，还要包括发生而尚未实现的资本增益（如正在持有的，或并未出售的股票、债券、房地产、黄金等市场价格上涨带来的收益），各类形式的实物收入，即现金交易以外的物品和劳务形式的收入（如农民食用的自产农产品，公司对雇员提供补助的午餐），以及自用耐用资产的推算租金（又称归属性收入）。以该定义作为计算所得税全面税基之标准主要有两个好处：一是该定义符合公平的要求。按照税负担分配的横向公平要求，具有相等收入的人应当交纳相等的税收，而要做到这一点，就须将纳税人的所有收入来源包括在其税基中，否则两个实际上有着相同支付能力的人将会由于所得记录上的某些遗漏而承受不同的纳税负担。二是该定义符合效率的要求。在这个定义中对所有形式、来源的收入同等看待，不致对经济社会中个人经济决策行为发生干扰性的影响。

但是，海格－西蒙斯的所得定义应用在所得税的税务征管上，却有一些不易克服的困难。按照这个定义，资本增益不论是否实现都应同样计入所得。然而，对尚未进行市场交易的资产计算其增益价值，通常只能采取评价办法。由于估价过程中掺有大量的主观随意性，不同评估者可能会做出不同的估价，结果可能会使全部的所得计算失去了其应有的严肃性。类似的情况还表现在对耐用资产的市场租金的估算，这种估算实际上也不可能做到客观、准确。此外，实物收入在具体形式上千差万别，如何估算其相应的市场交易价值，不仅难以找到客观的标准，而且即使找到客观标准，极高的估算成本可能也会使这种估算活动本身失去经济意义。

为克服上述困难，各国税务当局出于实际需要，就要对海格－西蒙斯的"全面所得"概念进行必要的调整，以适应税法规定的用于税收目的的所得计算。这些调整主要源于三种考虑：（1）出于计算方便考虑而进行的调整。一般情况下，各国税务当局征税所依据的所得概念通常较窄。例如，美国所得税法规定，只对以现金为基础的市场交易上获得的所得征税，而源于非市场（非现金）经济活动的所得均不包括在征税所得范围内。①税务当局认为，在不存在着市场交易情况下，勉强计算某些收入价值往往会带来诸多争议，对正常征税反而不利。(2) 基于公平考虑而进行的各种调整。各国所得税法通常允许纳税人从个人所得计算中按照规定进行一些特殊项目的排除、扣除、免除或减除（如美国税法允许把大额医药费用和灾害损失的一部分从个人所得中扣除），不作应税所得对待。这样做主要是出于社会公平考虑的，因为发生特殊性支出（如灾难损失）的这些人和那些取得相同收入而没有这种支出的人相比，在纳税能力方面实际上存在着明显的差异。税务当局对此应该进行区别对待，否则规定这两类纳税人同等纳税反而会使税负担分配变得不符合社会公平原则。(3) 基于激励目的考虑而进行的各种调整。为了鼓励社会成员从事某些有益于公众的经济活动（如对慈善事业的捐款和公益性投资），有些国家允许纳税人把这类支出不计入应税所得，或者允许他们把这类支出从应税所得中扣除，或者允许他们把部分支出从应纳税款中抵扣。这种规定虽然相应缩小了对这些人进行所得征税的税基规模，但在一定程度上也减少了政府财政的某些支出。

二、个人所得税的基本征管方法

美国联邦个人所得税征管上，具有如下一些特点：第一，属于"综合制所得税"，即对纳税人在一定时期（一般为一年）内获得的各种所得（综合所得）减去各项法定扣除之后的净额征税。和其他类型② 所得税相比，"综合制所得税"具有税基最宽，最能体现税负担分配的"支付能力"原则的优点。

第二，按照家庭的年度收入计征所得税，这样做的明显好处是，能够有效避免对相同名义收入的个人课税而不问其各自家庭负担所造成的税负担分

---

① 例如，按照美国个人所得税税法，如果个人拥有一幢房屋并且出租出去，房租所得就应当课税；但如果此人自己居住这幢房屋，就无须对推算的租金所得（归属性收入）课税。另外，美国税务当局也只对发生并实现的资本增益价值课税，而对发生的并未实现的资本增益价值则不课税。

② 其他形式的所得税还有"分类制所得税"和"混合制所得税"。"分类制所得税"的依据是，对不同性质的所得项目应采取不同的征税率，以使各类所得的税负轻重有别。例如，勤劳所得，应课以较轻的税；投资所得（营业利润利息、租金等）则应课以较重的税。此外，对不同性质的所得分类课征还有一个好处，就是便于采取源头一次征收的方法，税源容易控制。英国是采用这种所得税的主要国家之一。"混合制所得税"体现了综合制与分类制的结合，它即坚持了税负担分配遵循支付能力的原则，主张不同来源的个人收入要综合计征，又坚持了课税应对不同性质的收入予以区别对待的原则，主张例举特定的收入项目按特定的办法和税率课征。日本就是实行这种制度的众多国家之一。

配实际不平等问题。

第三，采取代扣代缴和年度纳税申报制度，即要求支付收入的源头（如雇主）为纳税人（如雇员）代扣代缴税款并解缴给政府，与此相对应，纳税人在年末进行纳税申报时，可以对代扣代缴税款进行抵免。这种制度安排的好处有二：一是如果让纳税人年末一次交纳全部税款，可能给其带来巨大的财务压力，相比之下，源头代扣代缴税款则有助于缓解这种压力。二是代扣代缴和年度纳税申报相结合，有助于刺激纳税人认真地对待纳税申报活动。通常代扣代缴税款可能与纳税申报的实际应缴税款有一定的出入，为此，在前者大于后者的情况下，政府要向纳税人退税，而在前者小于后者情况下，纳税人要向政府补税。

联邦个人所得税征管规定，应该按照以下步骤计算纳税人的"应税所得"和"应纳税款"。首先，计算纳税人的总所得（Gross Income）。总所得包括各种来源的所得，如工资、薪金、股利、利息、营业收入净额、出租财产的租金净额、失业补助金、赡养费收入、赌博净收入等。

其次，从总所得中减去一些规定的特殊项目（如投资于州和地方政府债券所获得的利息、未实现的资本增益、用于退休金方案的储蓄及所获利息，以及雇主付给雇员的小额补贴等）和某些开支项目（如迁移支出、某些免税储蓄计划的支出、赡养费支出等）——统称为排除项目（Exclusion），就是纳税人的"调整后总所得"（Adjusted Gross Income）。

再次，从"调整后总所得"中减去税法规定的扣除项目（Deductions，亦称减除项目）[①]和个人免税额（Exemptions），便可以计算出纳税人的"应税所得"（Taxable Income）。

最后，根据税率表（Tax Schedules），以适用税率去乘"应税所得"，即可算出纳税人的"应纳税额"（Payable Tax）。

当然，有时政府税务管理当局，还允许纳税人可以从其"应纳税额"中减除税法规定的某些纳税抵免项目（Tax Credits，又称税收宽减）。经此税务处理后，余额就是纳税人在过去的一个会计年度里必须交纳给政府的全部税款，即"总纳税款额"（Total Tax，TT）。

如果纳税人预先已经提交的税款（Prepaid Tax，PT）大于其应该交纳的总纳税款额(即 PT－TT＞0)，便会产生一个退税款额(The Amount Refundable

---

① 计算扣除项目有两种办法：分项扣除（Itemized Deductions），纳税人可以把税法规定允许减除的各个项目逐项从调整后总所得中减掉；标准扣除（Standard Deduction），纳税人可以从调整后总所得中减去由税法规定的一个固定数额。

to Tax-payer），税务当局就要将多收的税款退还给纳税人。如果纳税人预先提交的税款小于其应该交纳的总纳税款额（即 PT－TT＜0），便会产生一个补交款额（The Amount Tax-payer Owe），纳税人就要将所欠税款补交给税务当局。

个人所得税一般采用超额累进税率结构，税率随着应税所得的上升而提高。税法把纳税人的应税所得划分为若干所得段，分别规定适用于该段的税率，称为边际税率，边际税率随着各段所得的增加而逐步提高。美国 1986 年税制改革前，边际税率分为 14 个档次，由 11% 累进到 50%。1986 年税制改革后对税率结构进行了大幅度调整，正式税率保留 15% 和 28% 两档[①]。美国于 1991 年再次调整税率表，开始实行三档税率，由 15% 累进到 31%，1997 年又再次调整税率，实行五档税率。2001 年布什政府的减税法案又一次调整了边际税率，实行 10% 到 35% 的 6 级累进税率。见表 8-3。

表 8-3 美国 2001 年个人所得税新税率表

已婚夫妇联合申报的应税所得（美元）	单身纳税人应税所得（美元）	边际税率
0—16750	0—8375	10%
16750—68000	8375—34000	15%
68000—137300	34000—82400	25%
137300—209250	82400—171850	28%
209250—373650	171850—373650	33%
373650 以上	373650 以上	35%

不难看出，美国个人所得税虽然采用累进的税率结构，但经 1986 年税制改革后，名义税率的累进程度已经发生大幅度下降。另外，由于应税所得与全部所得之间的差异，名义税率的调整进一步减轻了美国个人所得税的有效累进程度。例如，某一单身纳税人的实际全部所得为 100000 美元，减去排除项目、减除项目和个人免税额以后，如果其应税所得为 65000 美元，按照美国 2001 年实行的税率表，他应纳税 12431.25 美元。[②]将计算结果与其实际的全部所得相比较，该纳税人的有效税率约为 12.4%（=12431.25/100000）。

---

① 美国 1988 年的个人所得税法还规定了一个征收附加税的所得段，该所得段对已婚共同纳税人划定为 71900～149250 美元，对单身纳税人划定为 43150～89650 美元，在附加税所得段的实际适用税率为 33%。超过这个附加税率为 5% 的所得段以后，余下的应税所得，不论规模如何，适用的边际税率仍然回到 28%。

② 计算方法：8375×10%+(34000-8375)×15%+(65000-34000)×25%=12431.25。

中国现行的个人所得税制有如下特点,可与上述美国的个人所得税制度做一比较:第一,属于"分类所得制度"。与美国的"综合所得制度"相比,"分类所得制度"是中国个人所得税的一大特点,即中国现行个人所得税制度将应税所得分为 11 项①,纳税人应按照应税所得的分类分别计算不同种类收入的应纳税额,然后将各项税额汇总缴税。

第二,对纳税人做出了居民纳税人和非居民纳税人的规定。居民纳税义务人是指在中国境内有住所,或者无住所而在境内居住满一年的个人,其从中国境内和境外取得的所得,均应依法缴纳个人所得税;非居民纳税义务人是指在中国境内无住所又不居住或者无住所而在境内居住不满一年的个人,其从中国境内取得的所得,应依法缴纳个人所得税。

第三,与美国一样实行代扣代缴和自行申报纳税两种征税方式。对工资薪金、劳务报酬、稿酬、利息、股息、红利等各项所得,实行代扣代缴。对年所得 12 万元以上、从中国境内两处或者两处以上取得工资、薪金所得、从中国境外取得所得、取得应税所得没有扣缴义务人以及国务院规定的其他情形五种情形的纳税义务人,要求其自行申报。

第四,针对不同应税收入规定了不同的税率标准。其中,工资、薪金所得适用 3%~45%的七级超额累进税率(2011 年 9 月 1 日前实行的 5%~45%的九级超额累进税率);个体工商户的生产经营所得,对企事业单位的承包、承租经营所得,个人独资企业和合伙企业投资者的生产经营所得,适用 5%~35%的五级超额累进税率;劳务报酬所得,稿酬所得,特许权使用费所得,利息、股息、红利所得,财产租赁所得,财产转让所得,偶然所得和其他所得等均适用 20%的比例税率。

第五,按照个人的年度收入计征所得税。这区别于美国的按家庭年度收入计征所得税。

三、关于排除项目、扣除项目和个人免税额的主要规定

在个人所得税征管方面,排除项目、扣除项目和个人免税额都是对个人经济所得,即海格-西蒙斯的"全面所得",进行的必要调整,调整后所得被称为税收所得,或应税所得,即为了适应税法规定的用于税收目的的所得计算。如前所述,这种调整既是出于税负担分配的社会公平与增加经济激励的

---

① 具体包括工资、薪金所得;个体工商户的生产、经营所得;对企事业单位的承包经营、承租经营所得;劳务报酬所得;稿酬所得;特许权使用费所得;利息、股息、红利所得;财产租赁所得;财产转让所得;偶然所得;经国务院财政部门确定征税的其他所得等。

考虑，也是出于税收征管上计征方便的考虑。不过，个人所得税税法上的这些应税收入调整项目客观上导致了税收征管的复杂性，成为税收征管工作的核心内容。

1. 排除项目

排除项目是指美国个人所得税法中规定的可以不计入征收范围的某些来源的收入项目，在计算总所得时应予以排除。这些项目主要是包括州政府和地方政府债券的利息、发生但未实现的资本（资产）增益、退休金储蓄项目等等。以下择其重要者做简要说明：第一，州政府和地方政府债券的利息。由于美国宪法规定一级政府不能向另一级政府发行的债券征税，州与地方政府债券利息免交联邦政府所得税也就顺理成章地形成一种惯例。不过，除了这个立法限制外，联邦政府免除对纳税人所购买的州和地方政府债券利息的课税，还可以视为联邦政府帮助州和地方政府筹集它们财政收入的一种措施。因为，如果投资者对州和地方政府债券的利息可以不交联邦所得税，他们就会愿意购买比应税债券（联邦政府债券、大公司债券等）利率更低一些的但可以免税的州与地方政府债券，从而节约了州与地方政府筹集地方财政收入的成本。[①] 可见，这项规定使得州和地方政府能够以比市场利率较低的利率发行地方公债，增加地方政府的财政能力，而联邦政府由于对这类债券实行免税政策而放弃的联邦所得税，实际上也就成为对州和地方政府借债的补贴。

第二，未实现的资本增益。未实现的资本增益是指，某些资本资产（如股票、不动产、固定资产等）的现行市场交易价格已经超过其历史成本，即资本增益已经发生，但是由于这些资本（资产）尚未出售，其资本（资产）持有者实际上没有获得的交易利益。美国现行税法规定，已发生但未实现的资本（资产）增益可以作为计算总所得的排除项目，不包括在应税所得的课税范围之内。这项规定实际上是允许纳税人将资本（资产）增益的纳税义务

[①] 例如，假设某人额外增加的收入的所得税适用税率（边际税率）为30%，应税联邦政府债券的利率为15%。那么，只要州和地方政府发行的债券的利率水平不低于10.5%，在其他条件相同时，他就宁愿购买这种州和地方政府债券而不去购买利率较高，但需纳税的债券。一般来说，以 t 代表个人额外增加的收入的边际税率，i 代表应税债券的利率，只要免税债券的利率水平超过 $(1-t) \cdot i$，就能吸引投资者购买免税的债券。

推迟到未来实现,即允许纳税人合法地获得某种延期纳税的利益。[①] 对未实现的资本增益免除课税,有助于刺激私人储蓄和承担风险的积极性,但对资本增益规定只在其实现时课税,又会对市场经济中的私人经济决策发生某种扭曲性影响。例如,一个人持有某种证券,在其市场价格明显上涨的情况下,原本应该出售而不是继续持有。不过,他知道如果出售这些证券就必须按增益额交纳税款,而继续持有之就可以推迟到以后纳税,于是在经济决策上选择了后者。这就是所谓的"锁住效应"(Locked-in Effect)。可见,锁住效应的发生源于税法规定只对已实现的资本增益课税。这使得投资者在转换资本组合时必然要考虑到税收负担的轻重。在很多情况下,投资者可能不愿意主动变动现有的投资组合,也就是说,税收制度把这种投资组合锁住在原有的状态中。这种锁住效应往往不利于鼓励投资者为适应经济情况的变动来重新安排投资组合,以使其达到就整个经济社会而言的最优状态。

第三,退休金储蓄项目及其利息。退休金储蓄项目是指人们把现时收入的一部分提出来所进行的专项储蓄,这种储蓄的本金与利息可供个人将来退休后使用。它和其他储蓄方式的税收处理不同之处是,美国所得税法规定,这类储蓄的本金与利息在被原储蓄者使用之前,可以作为排除项目对待,直到原储蓄者退休后真正使用时,再按照规定计入应税所得。本质上,这与允许个人资本增益在真正实现后再予以课税的规定是一样的,这一规定使纳税人进一步享受了延期纳税的好处。

在美国,退休金项目包括多种类型,有些属于社会保障性质,有些属于公司福利性质,还有些属于个人储蓄性质。属于社会保障性质的老年保险,其投保费用要求雇主与雇员分担。税法规定,雇主为雇员的交纳部分可以不计入雇员的所得。但是,税法还规定,在雇员退休后实际领取退休养老金(补

---

① 例如,假设某人额外收入(如已实现的资本增益)所适用的边际税率为30%,现持有A公司股票,市场价格为1,000,000美元,该种股票价格每年上涨12%(即资本增益率为12%)这样20年后,该股票价值就会上升到9,646,290美元,即$1,000,000\times(1+0.12)^{20}=9,646,290$。此时,他如果卖出这种资产,就可实现资本增益8,646,290美元($=9,646,290-1,000,000$),并应交纳个人所得税2,593,887美元($=8,646,290\times 30\%$),其税后所得(按20年后的货币计算)为6,052,403美元($=8,646,290-2,593,887$)。如果规定资本增益,不论其实现与否均须课税的话,在同样假定情况下,其所持有的1,000,000美元股票,一年后市场交易价格上升为1,120,000美元,发生资本增益120,000,对此增益额课税30%,税后资本下降为84,000。这样,其每年的资本增益率实际上只为8.4%[$=12\%\times(1-33.3\%)$]。20年后,该股票持有人的股票税后价值就仅仅达到5,018,635美元,即$1,000,000\times(1+0.084)^{20}=5,018,635$,其20年间累计起来的税后净资本增益总额为4,018,635美元($=5,018,635-1,000,000$)。这与未实现资本增益免除课税的情况相比,他的税后资本增益减少2,033,768美元(6,052,403$-$4,018,635)。不难看出,这种延期纳税实际上是政府给予投资者的无息贷款。无怪乎西方的税收会计师们常说:"延期纳税就是减少纳税"。

助金）时，如果领取人的调整后总所得超过规定的数额（如 1986 年对已婚共同纳税人规定为 32000 美元，对单身纳税人规定为 25000 美元），这种补助金的半数需要纳税，半数则不计入应税收入的范围。只有符合规定的低收入纳税人，这种来源于老年保险项目的退休养老金（补助金）才可以完全不包括在应税收入之内。

属于公司提供的退休金方案，其雇主对雇员退休基金的支付，可以不作为雇员的收入看待，连同此退休基金的利息一起，均可以从总收入中予以排除。但是，雇员退休后领取公司提供的退休金时，则须按照税法的有关规定依法纳税。这个项目在税收处理上具有完全的延期纳税的特点。

为了鼓励人们建立个人退休账户为自己积累退休养老资金，美国个人所得税规定：对于没有雇主提供退休金方案的纳税人，其每年可以在按规定开立的个人退休储蓄账户中，存入税法允许的款额（如 2000 美元），这种存款及其利息均可以在个人退休前不计入个人的应税收入，只有在退休后收取这笔款项时，才要求列入应税所得范围。至于在有雇主提供退休金方案条件下，纳税人再开立个人退休储蓄账户时，其退休储蓄则须按照有关规定进行税务处理。例如，按照 20 世纪 90 年代的税法，纳税人只有在其"调整后总收入"小于 25000 美元时，这种个人退休账户的储蓄和利息才可以全部从总收入中予以排除；如果其"调整后总收入"由 25000 美元增加到 35000 美元时，排除纳税的储蓄部分（不包括其利息部分）则按比例逐渐减少；超过 35000 美元后，这种退休储蓄则须全部计入应税收入范围；不过，在任何情况下，这种个人退休账户的储蓄利息都可以不列入应税收入范围，直到纳税人最后实际提取退休账户的储蓄及利息时才予以课税。

按道理，所有退休金储蓄及其利息，作为收入，当属于课税范围之内，美国个人所得税把这类储蓄及其利息，作为排除项目，不列入课税范围，则是出于多种考虑，如减轻纳税人负担，推行福利国家政策，鼓励人们储蓄，激励人们利用税收优惠建立个人退休基金等等。

2. 扣除项目

美国个人所得税在计算出"调整后总所得"以后，还允许纳税人作一些扣除。税法规定了两种减除方式：分项减除法和标准减除法，由纳税人任选其一。分项减除是税法规定的允许减除的个人支出项目，由纳税人逐项计算，把（支出）总额从调整后总所得中扣除，不再计入应税所得。这种减除项目主要包括巨额医疗费用、住宅抵押贷款利息、州与地方政府征收的所得税和财产税、对非营利组织的捐款、巨额灾害损失。这里择其重要者做简要说明：

第一，巨额医疗费用。美国现行税法规定，对于未受补偿的医疗费用超过本人"调整后总所得"7.5%的部分，可以从纳税人的所得中减除，不列入应税所得。按照美国私人的保险方式，医疗费用开支的第一部分完全由患者本人支付，超过一定数额以后，保险公司根据投保协定按照一定比例为患者支付（通常为）较大部分的开支，而其余的开支则仍然要由患者个人支付。个人所得税把某些医疗费用作为减除项目，意味着完全由个人支付的医疗费用部分最高达到占其调整后总所得的7.5%的水平。超过这一水平的医疗费用开支，政府负担的份额相当于这种允许扣除的所得数额按照边际税率计算应交的税额。例如，某纳税人的医疗费用按照以上规定可以从"调整后总所得"中扣除1000美元，如果该纳税人处于20%的边际税率档次，扣除计税所得1000美元，可以减少实际纳税200美元，意味着政府负担其医疗费用的200美元。从"调整后总所得"中扣除巨额医疗费用符合税负担分配的"支付能力原则"，因为一个人因疾病而付出大量的医疗费用就相应减少了其支付能力，理应减轻税负。但是，从"调整后总所得"中扣除医疗费用的办法也会造成另一种不公平，即扣除同样的医疗费用支出，对高收入纳税人来说，其应纳税额的实际减少一定会大于低收入纳税人的应纳税额的实际减少。例如，纳税人A的边际税率为30%，从其"调整后总所得"中扣除医疗费用1000美元，其应纳税额即可减少300美元；而纳税人B的边际税率为15%，从其"调整后总所得"中扣除医疗费用1000美元，其应纳税额实际只减少了150美元。所以，把医疗费用作为扣除项目的规定，使高收入纳税人所得到的利益一般会大于低收入纳税人所得到的利益。其他类型的扣除项目也同样存在这种不公平问题。

针对这个问题，有些经济学家认为：诸如大额医疗费用的扣除，采取纳税抵免办法（即从应交税款中减去一定数额），通常优于将其列为扣除项目的办法（即从调整后总所得中减去一定数额）。如果采取纳税抵免的办法，则对于1000美元的医疗费用，不论是高收入纳税人，还是低收入纳税人，其应纳税额均可减少同样的数额，从而解决了大额医疗费用扣除导致的高收入纳税人比低收入纳税人获益较大的问题。

第二，住宅抵押贷款利息。美国税法规定，纳税人可以把购买住宅（最多两所住宅）的抵押贷款的利息支出从"调整后总所得"中扣除，不计入应税所得。这个扣除项目还包括，为了购买其他物品，如购买汽车，对以自己住宅作担保而获得的贷款的利息支付。这实际上是允许住宅所有者把消费信贷的利息支出作为个人所得税的一个扣除项目，但是对各具体项目的利息支出的扣除,税法上则有不同限制。不过,有的学者指出,允许贷款利息的扣除规定可能会给某些投机者以牟利的机会。例如,某人额外收入的适用税率为 30%,并且他能够从银行以 15%的利率借到资金,在符合利息扣除规定的情况下,对每一美元利息支出,他可以减少纳税 30 美分,因此他的实际借款利率仅略高于 10%。如果他用这笔银行贷款去购买利率为 12%的州或地方政府发行的免税债券,那么他实际上可以通过这种办法获得大约 2%的利差收入。一般把利用这种机会的过程称为"税收套利"(Tax Arbitrage)。为了防治人们利用"税收套利"方式牟取利益,美国税务部门对此曾经做出过规定,指出纳税人扣除用于购买免税债券的借款利息属于不合法行为。

第三,州与地方政府征收的所得税和财产税。联邦政府税务当局规定,纳税人向州和地方政府交纳的地方所得税和财产税,作为一个扣除项目,可以不计入联邦个人所得税的应税所得。这项规定主要是为了帮助州和地方政府筹措财政收入,因为这种扣除可以在一定程度上减轻了州和地方政府增加税收的压力,并容易获得选民对扩大地方政府财政支出的支持。另外,把纳税人向州和地方政府交纳的所得税和财产税作为扣除项目,使得美国联邦政府个人所得税的税基随之减小,造成联邦税收一定规模的损失。在美国的多次税收改革中,财政部曾提出过取消这项规定的建议,但是均遭到州和地方政府的坚决反对。可见,这个扣除项目涉及到联邦政府与州、地方政府之间的利益平衡问题。

第四,对非营利组织的捐款。按照美国现行税法,个人所得税可以从调整后总所得中扣除对宗教、慈善、教育、科学、文化等组织的捐款,不作为应税所得,但这种扣除的总额不得超过个人的"调整后总所得"的 50%。这项税务处理规定表明政府鼓励这种捐款。尽管对非营利组织、慈善事业的捐款,相应减小了联邦政府的个人所得税税基,但是这种捐款对于捐款人来说,他个人的损失也相应减少了一些。例如,某人向某基金会捐款 10 万美元,就可以相应地在计算个人应税所得时减少 10 万美元;如果适用的边际税率为30%,则 10 万美元的捐款即可减少纳税 3 万美元。所以,他给基金会 10 万美元的捐款,自己实际上仅损失了 7 万美元。不过,他有可能通过这笔捐款获得更多的其他利益,特别是对政府政策研究机构、舆论机构的捐款,甚至可以使某些捐款人对政府内外政策形成与实施发生明显的影响作用。

第五,巨额灾害损失。美国现行税法规定,纳税人可以把由于火灾、被盗及其他意外事故造成的损失超过调整后总所得10%以上的部分从调整后总所得中减除,不计入应税所得。设立这个减除项目的理由是由于灾害损失减少了一个人的经济支付能力。和大额医疗费用的扣除一样，这种扣除实际上是政府负担了纳税人的一部分灾害损失，政府负担部分的大小，取决于纳税人适用的边际税率的高低。假定可以减除的灾害损失为1000美元，如果纳税人所适用的边际税率为15%，即可以减少纳税150美元；如果纳税人所适用的边际税率为30%，则可减少纳税300美元。所以，从减少纳税这方面来看，该扣除项目也使高收入纳税人比低收入纳税人得到更多的利益。

以上是美国个人所得税关于分项减除方式的几个主要的扣除项目。采取分项扣除的方式，需要纳税人在申报单上分别逐项列出，并要求同时提出能够证明所列项目已经实际支付的材料，其手续繁杂，不仅花费时间，而且增加征税的成本开支。对此，为了简化手续，联邦政府税务当局在1944年提出了标准扣除方式。按照标准扣除，纳税人可以直接把税法规定的一个固定货币数额从其"调整后总所得"中扣减，不计入应税所得。纳税人可以在分项减除和标准减除两种方式中任选其一，认为哪种减除方式对他有较大利益，就可以采取哪种减除方式。美国在1986年税收改革后提高了标准减除的规定数额，按照2010年的有关规定，已婚共同纳税人的标准减除额为11400美元，单身纳税人的标准减除额为5700美元。税法还规定，这种标准减除额每年可以按照通货膨胀率进行调整。据统计资料显示，美国个人所得税的纳税人中约有60%采用标准扣除方式。

3. 个人免税额

美国常规个人所得税的免征额随纳税人申报状态、家庭结构及个人情况的不同而不同，没有统一的标准。美国常规个人所得税共有5种申报状态，即单身申报、夫妻联合申报、丧偶家庭申报、夫妻单独申报及户主申报。当以家庭为课税单位，考虑到纳税人为了赡养未成年子女，客观上需要一定的货币支出，理应允许纳税人按照实际的家庭负担对其应税所得进行相应的调整。因此，联邦个人所得税法规定，纳税人及其赡养的未成年子女享有一定数额的税收减免，称为个人免税额。这样，纳税人便不论是采取分项减除，抑或标准减除，都可以从所得中再减去一份或多份的个人免税额。

标准扣除因纳税申报状态不同而不同，2010年单身申报的标准扣除为5700美元，夫妻联合申报或丧偶家庭申报的标准扣除为11400美元，夫妻单独申报为每人5700美元。在标准扣除中也体现人性化，如有赡养人口，则每名赡养人口扣除950美元。当然，个人免税额并不完全等于增加一个家庭成员所需要增加的生活费用，通常条件下，一个人一年的生活费用普遍高于税法规定的个人免税数额。不过，在美国，个人免税额加上标准减除额通常可以使最贫困的家庭——经济收入在贫困线以下的家庭,免于交纳个人所得税。例如,按照 2010 年税法,一对美国夫妇与两个儿童组成的四口之家,两个儿童的免税额合计为 1900 美元,连同夫妇二人的标准减除额 11400 美元,总计为 13300 美元。如果这一家庭的年收入在 13300 美元以下,实际上便不用再承担任何纳税义务。

中国个人所得税的费用扣除采用定额扣除和定率扣除两种方法,无针对不同情况、不同人群的差异化政策。减免税政策主要针对特定纳税人或照顾部分特殊人群,主要包括:省、部和军级以上单位以及外国组织和国际组织颁发的科学、教育、文化等方面的奖金;国债利息;单位和个人按规定缴纳的住房公积金、基本养老保险费,基本医疗保险费、失业保险费;个人转让自用 5 年以上、并且是唯一的家庭生活用房取得的所得;城镇居民按照国家规定标准取得的拆迁补偿款;经国务院财政部门批准免税的其他所得等。

从中美个人所得税制度的对比中,我们可以看出,中国的个人所得税制度仍有改进的空间。近年来,随着我国社会主义市场经济改革的不断深入,人民的物质生活水平取得了显著的提升,居民收入差距的持续扩大已经成为不争的事实。据来自国家统计局的数据显示,从 2000 年开始,我国的基尼系数已越过 0.4 的警戒线,2006 年升至 0.49。[①]由于在现行税制中,个人所得税发挥着调节收入分配的重要作用,社会大众对贫富差距的聚焦自然而然把有关个人所得税改革的讨论推向了社会舆论的风口浪尖。

在"十二五"期间,个人所得税的改革将面临战略性的调整,个人所得税的综合改革将取代以调整费用扣除标准为重点的单项改革。个人所得税的综合改革将面临两种选择:一是将个人所得税的税基继续向薪酬收入以外的领域扩展,并通过强化对非薪酬收入的调节,达到"均贫富"的终极目标。二是在"均薪酬"的范围内,通过费用扣除标准和税收层级的调整,降低低薪酬人群的税负,增加高薪酬人群的税负。两种方案的选择实际上涉及个人所得税的调节边界到底是扩展还是收缩的问题,即是选择向资本所得领域继续延伸,还是收缩到劳动所得范畴。如果选择前者,意味着个人所得税在当下的历史时期将承担资本利得税或是财产税的职能,个人所得税调节居民收入分配的历史使命将更为艰巨,个人所得税的改革将更加扑朔迷离;而如果选择后者,实际上是让个人所得税走下"均贫富"的神台,走向能充分发挥

---

① 根据世界银行的报告,20 世纪 60 年代,我国基尼系数大约为 0.17~0.18,80 年代为 0.21~0.27,从 2000 年开始,我国基尼系数已超过 0.4 的警戒线,并逐年上升,2007 年达到 0.48。

自身作用的舞台，更好地发挥其调节薪酬差距的职能，同时通过与其他调节非薪酬收入差距的税制（如资本利得税、财产税）协调配合，综合缓解居民收入的"马太效应"。

无论选择哪种方案，个人所得税的综合改革必须正确处理好以家庭为单位征收与以个人为单位征收、分类征收与综合征收、向劳动收入征收与向财产收入征收、代扣代缴与自行申报四种关系，各个关系中的对应因素无论是"两者选一"还是"相互折中"，可行的道路仍然是政策的权衡。

四、个人所得税对储蓄供给的影响

套用前面的分析方法，也可以解释个人所得税对个人储蓄行为的一般影响，见图 8-1。今设个人 A 本期收入为 I_1，本期消费为 C_1；未来收入为 I_2，未来消费为 C_2；他可以通过借款增加现期消费，也可以通过储蓄增加未来消费，储蓄利率为 i，视为现期消费的机会成本。在储蓄利率为 i 时，可以得到两个预算约束点：N 点为 $(1+i)\cdot C_1+C_2=(1+i)\cdot I_1+I_2$，$M$ 点为 $C_1+C_2/(1+i)=I_1+I_2/(1+i)$。$N$ 点是以未来值表示的消费与收入的关系，M 点是以现值表示的消费与收入的关系。连接该两点画出 NM 直线，表示未来消费——现期消费的预算约束，其斜率绝对值为 $(1+i)$。在 a 点上，个人 A 既无借债，也无储蓄，即现期收入（I_1）支持现期消费，未来收入（I_2）支持未来消费。在 f 点，个人 A 有负储蓄，以 B（债务）表示，其现期消费扩大为 I_1+B，未来消费变成 $I_2-(1+i)\cdot B$。但是在 j 点，A 有正储蓄，以 S（储蓄收入）表示，其现期消费下降为 I_1-S，而未来消费上升为 $I_2+(1+i)\cdot S$。

假设在没有个人所得税时，个人 A 有一条无差异曲线（U_1）与 NM 线相切于 j 点，表示在 j 点个人 A 的现期消费与未来消费的结合满足了其福利最大化要求。如果现在政府开始宣布对个人的储蓄收入征税，税率为 t，于是税后储蓄的实际收益率就由 i 下降为 $(1-t)i$，新的预算约束线以 nm 直线表示（NM 线固定于 a 点向右旋转后形成），其斜率的绝对值为 $1+(1-t)i$。在政府对储蓄收入征税情况下，个人 A 对自己经济行为的调整同样也面临着两种选择。

第一，由于税后储蓄收入率明显下降，表示现期消费的相对价格（机会成本）下降，如果个人 A 把现期消费视为正常商品，其相对价格下降就会增加对其需求，具体表现为逐步减少个人储蓄而增加现期消费。如果个人 A 在 a 点重新安排现期消费与未来消费（U_2），他将不再有储蓄行为；而如果个人 A 在 f 点重新安排现期消费与未来消费（U_4），他将产生负储蓄行为，即借债增加现期消费[①]。这就是个人所得税产生的（以消费替代储蓄的）替代效应，即和税前相比，个人的实际储蓄规模是下降的。以此推论，对于整个经济社会来说，这种效应先是导致社会的储蓄供给下降，进而造成投资增长趋于缓慢，最后对国民经济发展产生抑制作用。从经济增长、经济发展角度看，这是税收给经济社会带来的消极影响。

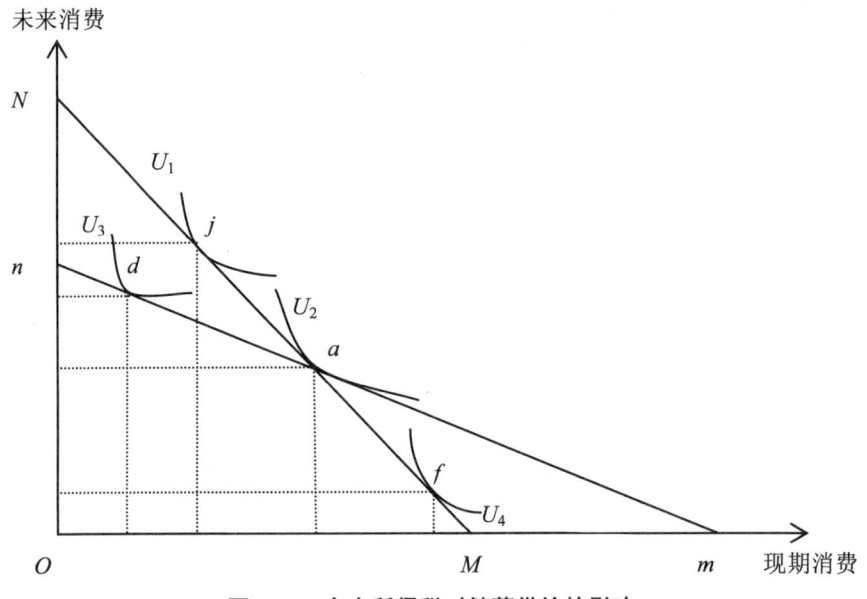

图 8-1　个人所得税对储蓄供给的影响

第二，由于税收的作用，税前的储蓄规模（j 点所示）不可能使个人 A 在未来某一时点使其个人储蓄量达到目标水平（假设他有目标消费计划）。那么，为了达到他的目标消费水平，个人 A 就要在 d 点重新安排他的现期消费与未来消费（U_3），他必须进一步削减现期消费，相应增加储蓄，以对税收造成储蓄收入减少做出必要的补偿。由此推论，税收不仅没有减少经济社会的储蓄供给，反而使税基扩大，在政府财政收入增加的同时，社会投资规模也能够继续提高。从经济增长、经济发展角度看，这是税收给经济社会带来的积极影响。

分析表明，个人所得税对储蓄供给既有积极影响，也有消极影响，至于

[①] 个人 A 在此点安排现期消费和未来消费虽然要支付借款成本，其借款成本率以名义利率（i）表示，但是由于税法往往允许借款人把借款成本从应税收入中扣除，这就导致其实际借款成本率下降为 $i(1-t)$。税法的这种规定通常会对人们的借款消费行为产生刺激作用。

哪种影响较大，在经济理论界存在着争议。按供给学派经济学家的看法，20世纪80年代以前，美国社会公众储蓄率之所以较低，投资增长长期缓慢的原因之一，就是个人所得税税率过高，产生了较强的替代效应，刺激人们热衷于现期消费，挤掉了用于增加未来消费的投资基金。不过，在许多发展中国家，政府也对储蓄收入进行征税，但是并未发现其明显的替代效应。对此，一些经济学家指出，很多因素影响经济社会的总储蓄，除了税收作用外，其他重要因素还有市场经济条件下各种资产收益率的对比，通货膨胀条件下名义利率与实际利率的对比，以及政府主持的公共储蓄的规模等等。所以，尽管在分析复杂问题时理论模型能够提供明确的思路，但是在任何场合下，如无经验观察证据加以论证，很难说所有理论结论都是符合实际的。

第三节 公司所得税

公司所得税，是对公司组织一定时期内的利润所得征收的一种税收。它和个人所得税一样，在许多国家，特别是在经济发达国家，也已经成为政府财政收入的重要来源之一。不过近年来，由于社会保险税等其他税种的发展，它的重要性相对有所下降。公司所得税原理与征税程序与个人所得税基本相似，但其税法规定与税务征管则比个人所得税更复杂一些。大多数国家的公司所得税制度，在纳税对象、征收范围、应税所得计算等方面一般没有明显差异，但在税率设计、政策性调整，以及与个人所得税协调方面存在着某些不同之处。

一、课征公司所得税的经济意义

征收公司所得税是否合理？其经济意义如何？一直是税收理论中颇有争议的问题。反对征收公司所得税的学者认为，公司所得中用于股息分配的部分是投资者个人收入的重要来源，征收公司所得税，就必然导致对这部分收入的重复征税问题，因而会挫伤人们对公司企业投资，或再投资的热情。

支持征收公司所得税的学者则认为，单凭重复征税问题不足以否定政府对公司所得征税的合理性，对公司所得征税的基本经济意义在于：第一，公司是一个独立的经济实体,其所有权的可交易性与股东的有限责任性[1],应该视为公司组织在社会经济中享有的特殊权利,并且这种权利通常使其能够在市场经济竞争中获得较大优势。所以,公司所得税可以作为公司组织对使用特殊权利并从中获取经济利益的一项付费,即使人们很难准确测定公司交纳的所得税在何种程度上相当于它所得到的特殊经济利益。

第二,公司所得税可以作为对个人所得税的补充,它解决了以公司保留利润形式来逃避个人所得税的问题。如果把应该作为股东股息的那部分公司利润以保留利润的形式留在公司并免除纳税义务,增加的保留利润扩大了公司资产,对提高公司股票市值产生有利影响,这在一般情况下会使股东获得较为可观的股票资本增益(从股票市场价格上涨取得的收益)。虽然政府对实现的股票资本增益和股息一样进行征税,但是事实上,许多国家政府在税务管理上将资本增益和普通所得实行区别对待,通常把前者的适用税率订得较低并给予一定的税收优惠[2]。这样,如果不对公司所得征税,就会形成公司股东可以利用的一个避税漏洞,使其借以达到减轻个人所得税税负的目的。所以,公司所得税客观上起到了保持个人所得税完整性的作用。

第三,在国民经济中,公司、企业整体的经济实力相对雄厚,其产值通常在国民收入总值中占有较大份额(如美国的非金融公司产值就相当于全美GNP的60%左右),具有较强的纳税能力,而且公司企业有完善的会计制度,也便于政府的税务管理。因此,政府必然把征收公司所得税视为有效增加其财政收入的重要手段之一。

总之,公司所得税,作为国家整体所得税的一个组成部分,因其具有现代所得税的各种功能而在世界大多数国家得以广泛使用。即使在后来随着社会保险税的增长,公司所得税占政府税收总额的相对比重有所下降的情况下,该税也仍然在许多国家,特别是在发达国家的政府财政收入中占有相当重要

---

[1] 公司可以向社会公开发行股票和债券来筹集资本,股票与债券也可以在资本市场上流通和买卖,形成公司所有权的可转让性特点。公司股东仅以其投资额为限,对公司承担债务,即使公司破产,股东个人的其他财产也不会因此受到损失,形成公司股东的有限责任性特点。相比之下,个体企业和合伙企业,则是以业主或合伙人自有资金和保留利润为投资来源,其规模较小,而且企业一旦倒闭,业主或合伙人要对其债务承担无限责任,即要以全部个人财产为限,偿还债务。

[2] 各国在这方面的规定虽不一致,但总的情况是,短期资本增益的税收优惠一般不大,而长期资本增益的税收优惠较多,如给予已实现的资本增益以一定数额的税收减免、分类对待等等。

的地位。①

二、征税对象、课征范围及基本步骤

公司所得税的征税对象为居民公司和非居民公司。有些国家（如美国）规定，凡根据本国法律成立并在本国政府注册的公司，不论其管理机构设在国内或国外，也不论股权属于谁，都属于居民公司；凡是根据外国法律成立并向外国政府注册的公司，即使其管理机构设在本国，股权全部或一部分属于本国国民所有，都属于外国公司，即非居民公司。但是，也有些国家（如英国）以公司的管理控制中心是否在本国作为判定居民公司与非居民公司的标准，其主要依据是看公司董事会会议召开地、公司总账存放地、公司损益表编制地是否在本国境内。德国对两类公司的判定标准同英国，而日本的判定标准则同美国。一般情况下，各国还规定：居民公司负有无限纳税义务，它要对来源于国内外的全部所得缴纳公司所得税；非居民公司只负有限纳税义务，它仅须对来源于本国境内的所得部分向本国政府交纳公司所得税。

公司所得税应税所得计算的基本步骤是：首先，计算公司的总所得，总所得主要包括经营收入（销售收入减去销售成本之后的销售利润），已经实现的资本增益、股息收入、利息收入、劳务收入以及其他营业外收入等等。然后，从中减去可扣除费用，即在生产经营过程中所必须支付的正常和必要的费用开支。这些开支包括各种经营管理费用（如工资、租金、原材料费用、运输费用、销售费用、利息费用、保险费用等），各种固定资产的折旧，无形资产的摊销和资源折耗，经营中发生的各种损失（坏账损失、营业损失和意外损失），以及法律和会计事务费、研究和发展费用等等。从总所得中减去可扣除费用，就得到公司的调整后所得。接着，对调整后所得再进行一些项目减除，就可以算出公司的应税所得额。可以减除的开支项目与收入项目主要包括公司企业已经交纳地方政府的各项税金，购买地方政府发行的免税债券的利息收入，被退回的税款或滞纳金，以及回收的以往发生的坏账等。最后，根据公司企业当年的应税所得和相应的适用税率，计算出公司企业当年所需交纳的公司所得税税款。

---

① 值得注意的是，在一些国家进行税制改革时，为了保持政府税收收入总额不发生明显下降，政府在削减其他税种时，也不得不提高公司所得税。例如，1986年，美国政府为刺激经济回升，大幅度降低了个人所得税税率，以鼓励私人提高劳动供给、储蓄供给，以及发明创新的积极性。但同时为避免财政赤字的进一步扩大，该国政府只好变动公司所得税的某些规定以增加收入来保持政府税收总额基本不变。例如，取消了公司新设备投资的税收抵免规定，延长了公司固定资产折旧年限等。

应该指出的是，大多数国家的公司所得税规定，在计算应税所得时，公司支付的借用外部资本的利息可以从总所得中减除，但公司自有资本的隐含利息（即它的机会成本）则不允许从总所得中减除。公司所得税的这种规定往往鼓励公司借入外部资本进行经营活动，而不把自己的利润做再投资使用，因此对公司在借债筹资与股本筹资的选择上会发生一定的影响。

在许多国家，公司所得税通常采用超额累进税率，和个人所得税税率设计一样，它有助于在税负分配方面实现社会公平。公司规模不同，纳税能力也不同，利润规模低的公司按较低的边际税率纳税，而利润规模高的公司适用较高的边际税率，符合税负担分配的支付能力原则。根据已经计算出的公司应税所得，按照规定税级分别乘以对应的税率（边际税率），加总后即为该公司当年的应纳数额。在公司所得税税率设计上，也有不少国家采用比例税制，如英国、德国和日本。

公司企业交纳所得税后，即可向股东分配股息。如果股东是个人，其收到的股息，作为个人收入，还须交纳个人所得税；如果股东是另一家公司，则作为该公司的收入并入公司所得额，再交纳公司所得税。当然，如果公司将税后利润（税后纯所得）留在公司内部作扩大再生产投资之用，或作为公司股本投资于其他公司，则不再成为其他纳税人的征税对象；但是，如果公司对税后利润作延期分配，则待分配税后利润成为其他纳税人的征税对象。

三、公司所得税的主要经济影响

一般条件下，公司所得税至少在以下三个主要方面会对社会经济产生显著影响。第一，降低某些社会群体的经济福利。某些经济理论认为，在大多数情况下公司经营活动的目标利润率是既定的，为了消除税收带来的影响，公司企业往往会采取压低生产要素的供给价格，同时提高公司产品的销售价格这种办法来补偿税收造成的利润下降。但是，除非公司在经济上已经处于相对有力的垄断地位，否则在短期内进行这样的税负担转嫁是不可能的，即使在长期也会遇到这样那样的各种困难。所以，纵然公司在社会经济中占有某种优势，其进行大规模税负担转嫁实际上并不容易。按照局部均衡分析和经验观察，公司所得税的实际税负担是由生产要素供给者、产品消费者和公司股东共同承担的，三者的经济利益都受到了不同程度的损害。虽然从长期观察的现象来看，公司所得税通常不会造成公司股票的市场价格下降，但是与其说这是公司企业比较成功地转嫁了税负担的结果，不如说是公司生产效率不断改善的结果，或者说至少两种因素都发生了作用。

第二，导致全社会的资本收益下降。作为一种经济规律，经济资源总是由边际收益较低的地方流向边际收益相对较高的地方，并且最终使全部经济资源的边际收益均等化。假设在公司企业与非公司企业中，资本供求都处于平衡状态情况下，政府对公司企业的利润征税，必然造成已经投入公司企业中的资本的边际收益下降。公司企业中，资本边际收益下降导致部分资本流出，然后进入边际收益相对较高的非公司企业。这种资本流动造成两种相反的结果：在非公司企业是资本供给大于资本需求，在公司企业则是资本供给小于资本需求。于是，供求规律发生作用，使得非公司企业中所有资本的边际收益下降，同时也使留在公司企业中剩余资本的边际收益相对上升，但上升不到其税前水平。最后，在两类企业中，资本的边际收益再度被拉平。按照一般均衡分析，公司所得税实际上使全社会的资本供给者都承担了税负担，表现为在其他条件不变的情况下，资本这一生产要素的边际收益发生了下降的趋势。资本边际收益下降无疑会造成资本供给减少，而资本供给减少直接影响国民经济的增长速度。

第三，提高资本投资的边际成本。公司所得税不仅会造成资本的边际收益下降，而且还导致资本投资的边际成本提高，后者对社会资本形成的速度，社会资本形成的规模进一步产生不利影响。一般来说，在收益递减、成本递增规律作用下，公司企业也要按照边际成本等于边际收益原则来调整其投资决策，以使投资不断处于最佳规模并保证投资收益最大化。但是，在公司所得税作用下，公司企业的投资之边际成本被提高，因税收抬高的资本边际成本导致公司企业在其资本的边际收益尚未降到如税前那种较低水平时，投资活动便告停止。不言而喻，在其他条件不变的情况下，受公司所得税影响，公司企业的实际资本投资规模必然要低于没有这种税收影响情况下的投资规模。另外，受公司所得税和投资边际成本提高的影响，公司企业还会改变其生产投入的要素结构，如更多地使用劳动，更多地使用非公司企业生产的资本品、中间产品等等。事实上，要素投入结构的改变可能会给社会经济带来更为复杂且难以预料的影响。

四、关于公司所得税与个人所得税的重复征税问题

公司交纳公司所得税后，税后利润作为股息分配给股东的部分，还要同股东的其他收入一道交纳个人所得税。这样，公司利润中用做股息分配的部分便经过两次征税，对同一税源基础进行重复征税，在税收理论上被认为是违背税收公正原则的。世界各国政府在解释、解决这个问题上既无统一说法，

也无一致做法,只是根据本国具体情况适时选择适当的处理方法,这些方法大致可以归纳为四种类型:第一,分别实体制(Separate Entity System),即把公司真正地被当作区别于公司股东的经济实体,政府不对所谓的重复课税进行调整,对公司所得和个人所得分别课税成为理所当然的事情。采用分别实体制的国家主要有美国、荷兰、瑞士、卢森堡等国。

第二,完全结合制(Full Integration System),与分别实体制恰恰相反,把公司不看作为分别的实体,而看作为股东的组合,因此可以将公司所得税当作股东个人所得税的预扣税对待,在股东交纳个人所得税时,股息收入则被允许进行全部扣除。完全结合制实际上是取消了公司所得税,到目前为止,虽然有些国家的政府部门提出过类似建议,但是还没有一个国家正式采用过。

第三,差别税率制(Split Rate System),差别税率制处于上述两个极端之间,具体做法是把公司应税所得(利润)划分为两部分,作为股息分配的那部分利润适用低税率,剩余的未分配利润则适用高税率。德国、日本等国采用这种方式。

第四,归属制(Imputation System),即政府对公司所得课税后,允许公司将股息连同所归属的所纳税款一起转移给股东,股东在计算个人所得税应纳税额后,可以将该笔已纳税款从其应交的个人所得税款中予以扣除,冲抵其所获股息的所得税义务。这实际上是把公司的一部分税款归属于股东,作为股息的预付所得税,从而减轻了对公司股息的重复课税。英国是采用这种归属制的国家之一,具体做法演示如下。假设某公司税前利润为 1000 英镑,税后利润全部用做股息分配给股东,公司税税率为 33%,个人所得税税率为 25%。在这一情况下,公司应该交纳的公司税税款为 330 英镑(1000×33%),税后利润(也是股东实收收入)为 670 英镑(1000-330)。可以将这 670 英镑视为股东按照个人所得税基本税率完税后的净所得额——不含税的股息收入,那么股东的税前所得额就应为 893 英镑[670÷(1-25%)]——含税的股息收入。含税的股息收入中的归属于股东个人应该交纳的个人所得税税款为 223 英镑(893-670),实际上已为公司代交。这样,股东在计算个人所得税应税收入时,就须加上这一含税的股息收入(893 磅),计算出应交税款后,再从中减去 223 磅。归属制在相当程度上减轻了对股东股息收入的重复课税。很明显,如果不实行这种归属制,对公司利润分别征课公司所得税和个人所得税,则公司须交纳税款 330 英镑(1000×33%),个人须交纳税款 167.5 英镑(670×25%),两税税款总额为 497.5 英镑,该税收总额至少比归属制情况下多出 167.5 英镑。

第四节 货物税

货物税，又称商品税，其征税对象为多种多样的商品或劳务的流转额。税收上所说的商品或劳务的流转额，通常是指（商品或劳务的销售者或购买者）销售或购买商品或劳务所发生的货币金额。如果税法规定卖方为纳税义务人，这个商品或劳务流转额就是销售收入的货币金额；如税法规定买方为纳税义务人，则这个商品或劳务流转额就是购入支付的货币金额。

在实行货物税情况下，应税商品或劳务的交易价值，在其实际被征税环节及该环节以后的各环节均要受到这一货物税的影响。又由于商品或劳务的生产、运输、分配与消费的参与者遍及各个行业、各个流通环节，因此，他们各自的经济利益必然受到商品或劳务征税的影响，即可能要普遍地承担货物税的税负担。货物税的这种税负普遍性，及其下面将要谈到的税负隐蔽性，都是由货物税本身所具有的间接税属性产生的。

一、货物税的基本性质

对商品或劳务征税，表面上看，其税负担是由商品（劳务）的生产者或销售者所承担，但实际上，厂商等可以将所纳税款部分或全部加到征税商品的卖价上，结果税负担便逐步转嫁给消费者承担。尽管税后商品（劳务）的价格提高了，然而消费者作为税负的实际承担者，却难以体验到如在直接税情况下发生的那样明显的收入转移，这充分反映了货物税税负的隐蔽性。货物税税负普遍而隐蔽这一性质使得政府在推行或改进货物税时，受到的社会阻力较小。这是货物税在大多数国家得以广泛应用，甚至在政府推行其某种财政政策时，往往成为首选政策工具之一的重要原因。

在货物税的税率结构安排上，目前各国普遍采取比例税率，即对流通环节中被纳入货物税范围的不同商品，或是按照其个数（数量）征收一个固定数额的税款，即从量征收，或是按照其单价征收一个固定比例的税款，即从价征收。但是，无论是从量征收，还是从价征收，都会造成不同消费者之间在所承担的货物税税负对其个人总收入的比例上出现较大的差异。这是因为在一般情况下，一个人的收入越高，其消费性开支占个人收入的比重就相对越低；反之，收入越低，所占比重就相对越高。消费性开支占个人收入的比重相对越高，该消费者所承担的税负担对其总收入的比例也就会变得越高；

反之，所占比重相对越低，该消费者所承担的税负担对其总收入的比例也就变得越低。因此，比较个人在一定时期中所承担的货物税税负与其在同样时期内所获得的总收入，人们很容易发现，货物税的税负担分配实际上呈明显的累退性。

另外，商品征税一般较多地偏重于生活资料，而生活资料又可以划分为生活必需品和非必需品两个大类。由于不同类型商品的需求价格弹性不同，纳税货物的税负担向前转移的程度，即税负担转移给消费者的程度，就会有所不同。一般来说，与生活非必需品相比，生活必需品的需求价格弹性较小，表示消费者对这类消费品价格上调不会做出大量削减需求数量的反应，这样，货物税的税负担向前转移就比较容易，消费者因此比生产者或原材料供给者，承担了较大的税负担。所以，对生活必需品广泛征税，就会导致税负担更多地落在那些将个人收入的大部分用于基本生活开支的广大低收入者身上。这在税负担分配上有违社会公平原则。为此，各国政府一般不对食品类的生活必需品课征货物税，对食品以外的生活必需品征税则采取较低税率，只是在对生活必需品以外的商品征税时，才采取较高税率。

对不同类型商品规定不同税率，或者对同一类型商品的不同品种规定不同税率，不仅有利于在一定程度上解决货物税税负分配不尽公平的问题，而且这种差别税率的实施还有利于贯彻政府制定的某些产业政策和加强某些社会经济政策的针对性。因为税率的调整实际上发挥着刺激某些商品生产或消费，同时抑制另外一些商品生产或消费的作用，进而改变人们的生产选择与消费行为。例如，规定对文教用品、宣传品适用较低的货物税税率，往往可以起到提高社会成员文化素养、劳动素质的作用；规定对大多数奢侈品适用较高税率，可以在某种程度上起到抑制社会奢侈浪费之风的作用；规定对诸如烟、酒等等有害消费品适用极高税率，可能起到减少某些恶习在社会成员中间蔓延的作用。因此，一个良好的货物税制度除了有助于增加政府财政收入外，还将有助于加强经济社会生产格局与消费格局的合理化，对社会经济的稳定发展有着不可低估的现实意义。

对商品征税，不论是对商品或劳务的流转总额进行征税，还是对商品或劳务的流转增值额进行征税，实际上，政府税务当局所面对的纳税人只是数量相对较少的商品经营者，即生产者、批发商、零售商等。相比其他一些以个人收入、财产为征税对象的税种来说，这在很大程度上简化了税收的征收工作，节约了征税成本，同时也便于税务部门对纳税人进行监督管理。可能正是因为货物税具有这种税务征管相对简单、有效的特点，导致西方各国政府在 20 世纪 90 年代的税制改革中，对曾经一度被忽视的间接税改革给予了极大的重视。

二、各国实行货物税的基本情况

在现实生活中，人们消费的商品和劳务种类繁多，而其生产、销售等流通渠道又是错综复杂的，这就为各国政府在选择、确定适宜于不同国家的货物税形式方面提供了可能性和可行性。当然，货物税在分类上也因此变得比其他税种更为复杂一些。

根据不同分类标准，各国货物税可以归类为以下 8 种：（1）流转税，又称周转税（Turnover Tax，TT），即对商品在生产、销售等各个环节上的商品流转额所课征的销售税；（2）增值税（Value-added Tax，VAT），即对商品的生产、销售等各个环节上发生的附加价值所课征的销售税；（3）生产销售税（Manufacturing Sales Tax，MST），即只对商品在生产环节上发生的流转额课征的销售税；（4）零售销售税（Retailed Sales Tax，RST），即仅对商品在零售环节上发生的流转额课征的销售税；（5）批发销售税（Wholesale Sales Tax，WST），即对商品在批发环节上发生的流转额课征的销售税；（6）消费税（Excise Tax，ET），即对有选择的特定消费性商品所课征的销售税；（7）关税（Custom Duties，CD），即对入境、出境的商品流转额课征的过境税；（8）劳务税（Service Tax，ST），即对提供劳务时所发生的流转额课征的税。

目前，各国实行的货物税，具有如下一些特点：第一，课征流转税虽然具有稽征管理方便、能够增加政府财政收入等方面的优越性，但是它带来重复征税的问题，即应税商品的税负水平随着该商品流转次数的增加而相应提高。在实行流转税的情况下，生产企业往往倾向于使大多数生产环节集中在企业联合体内部，以减轻纳税负担。因此，许多生产企业最终在企业内部搞成"大而全，小而全"的生产管理机制，这种生产管理机制的形成在相当程度上阻碍着现代化大生产所要求的分工与协作的不断深化。所以，流转税日益被视为一种不能适应商品经济发展的税种。

第二，在许多国家，特别是非洲大陆国家盛行产制销售税，这是一种政府在生产环节征课商品销售税的办法。这些国家之所以采用产制销售税，是因为较之其他货物税征税环节来说，生产环节的纳税人数量最少，也最容易建立健全现代会计制度，便于税收的稽查管理。

第三，只在批发环节课征商品销售税或只在零售环节课征商品销售税的国家都相对较少。澳大利亚、新西兰为典型的少数几个实施批发环节征收货物税的国家，其单一批发税的课征对象是批发销售收入。对零售环节商品征税的有美国、瑞士、巴拉圭和中国等少数几个国家。零售环节征税最靠近消费者，税基最为宽广，但零售商中小商小贩居多，税务稽征管理特别困难。美国的零售税由州和地方两级政府课征，税率不一。另外，虽然增值税的征税环节也可以延伸到零售商的增值部分，但是增值税在课征时的计税方法与全额课征零售税的计税方法是有质的区别的。

第四，出于以下三方面原因，世界上绝大多数国家均对有选择性的消费品课征消费税。其一出于财政方面的原因，长期以来，消费税因为税源广泛、而稳定成为各国财政收入的主要源泉之一；其二出于经济方面的原因，有选择地对某些消费品课征并实行差别税率，往往能起到社会收入再分配、调节社会消费结构的作用；其三出于社会发展方面的原因，对某些于人类发展有害的特定消费品，如烟、酒课以重税，可以起到"寓禁于征"的作用，对某些于人类发展有利的特定消费品，如书籍、医药等不征税或少征税，可以起到促进社会成员健康消费的作用。

第五，世界各国几乎都征收关税。关税属于销售税范畴，与国内销售税的主要不同点在于关税的征课环节放在商品进出国境时，分为进口税、出口税和转口税（过境税）。出于财政收入和贸易保护政策方面的考虑，关税也是各国商品征税制度中最为普遍的一个税种。

第六，增值税从创立以来，在短短的 40 多年的时间里，便从法国迅速推广到世界上 90 多个国家和地区。欧共体和欧盟各国在 20 世纪 60、70 年代不仅实行了增值税，而且正在向统一税率方向过渡。亚洲和非洲一些国家以及东欧和独联体国家在 20 世纪 80、90 年代也先后引进了增值税。目前，西方国家只有美国和澳大利亚等少数国家尚未实行增值税，但它们也都曾多次讨论实施增值税的必要性和可能性。在已经实行增值税的国家中，增值税收入占总体税收收入的比重越来越大。增值税的最大优点是可以改变流转税制下因重复征税产生的单位货物税负不均现象，从而有利于推动商品生产的专业化与协作向纵深发展，对优化资源配置和发展社会生产力都产生积极的影响。

在货物税系的多个税种中，增值税、关税、销售税和消费税为其中最重要的四个税种，销售税代表了商品征税的传统形式，关税属于国际贸易中商品征税的特殊类型，消费税体现了货物税独到的调节功能，而增值税却代表着货物税的总的改革方向。当前，增值税已经成为各国税收理论和税收实践中的研究重点，受到各国的普遍重视。有的经济学家预言，增值税将成为 21

世纪最大的单一税种。

三、增值税

增值税,又称多阶增值税(Multi-stage Value-added Tax),是以产品自生产到消费的每一交易环节上发生的增加价值为税基的征税。增值税之所以迅速成为国际性税种而得以广泛实施,在于它区别于其他流转税的一些重要特点及其带来的优越性。

第一,对企业来说,增值税只对其销售收入额中属于本企业创造的、没有征税的那部分销售额征税,而总体销售额中由其他企业转移过来的、已征税的那部分销售额则不再征税。这种仅就商品或劳务的各个流通环节上的增值额征税体现了增值税"税不重征"的优点,也因而克服了其他流转税对已纳税销售额重复课税的问题。这样,在增值税制度下,应税商品的整体负担一旦由税率确定下来,无论流转环节如何变化,它始终保持不变。这就完全消除了其他流转税带来"流转环节越多,整体税负越重;流转环节越少,整体税负越轻"的不合理现象,从而有助于抑制企业在经营活动中搞"大而全,小而全"的倾向。就此而言,增值税适应了现代社会化大生产的不断深化分工与协作的内在要求,有利于现代商品经济的发展。

第二,增值税具有广泛的税基,可以遍及工业、农业、商业以及服务业中的各个行业和部门,并且适用于商品和劳务从生产、批发到零售的每一流通环节。就是说,只要某一流通环节有增值,政府就可以在该环节设置增值税,实行所谓的"道道征税"的原则。增值税这一特点至少给政府的经济活动带来了如下一些好处:(1)政府可以更充分发挥税收对生产经营的调节作用,例如,可以利用差别税率来鼓励或抑制不同商品或劳务的生产、销售与消费。(2)增值税征收的普遍性,作为某种税源充足的体现,使得政府财政收入可以不断增加,相应也加强了政府运用财政政策进行宏观经济调控的能力。(3)增值税以增值额为课征对象,只要增值额保持不变,政府得自于这一税源的财政收入可以不受企业经营成本、费用,商品或劳务的具体流通环节变化的影响,即政府可以获得稳定的增值税收入。另外,政府的增值税收入是生产、批发、零售各个环节上纳税人所纳增值税的总和,任何一个环节少纳的税款都必然会在下一个环节得到相应的弥补,这也成为政府增值税收入比较稳定的一个根本原因。

第三,增值税在某种程度上也体现了税收中性原则,对资源配置的扭曲作用被降到最低限度。这主要是因为增值税基本上避免重复课税问题,从而最大限度地减少了企业间进行的扭曲性竞争行为，进而也尽可能地减少了税收给经济社会资源配置带来负面效应。另外，相对于其他税种而言，增值税对不同类型的商品、劳务所使用的税率基本一致，因而不会对个人、企业的生产决策造成过多的影响，有利于企业按照市场经济的要求选择最佳的生产经营方式。

第四，增值税的计征是以商品销售额为依据，允许从计税环节的销项税款中扣除上一道环节已经交纳的进项税款。按照对固定资产已纳的增值税税金是否允许扣除，政策不一，在处理上不尽相同，由此产生了三种不同类型的增值税，即消费型增值税、收入型增值税和生产型增值税。消费型增值税，是指允许纳税人从本期销项税额中抵扣用于生产经营的固定资产的全部进项税额。收入型增值税，只允许纳税人从本期销项税额中抵扣用于生产经营固定资产的当期折旧价值额的进项税额。生产型增值税，不允许纳税人从本期销项税额中抵扣购入固定资产的进项税额。

理论上讲，增值税可以成为征课范围最广泛的税种之一，农业、工商业、服务业等各个经济活动领域的商品和劳务，都可以包括在增值税的影响范围之内。但由于各国的国情不同，征课范围大小的选择也是有差别的，所以，各国实行的增值税实际上可以大体上划分为"非全面增值税"与"全面增值税"两类。所谓"非全面增值税"，就是政府规定的只对某些行业和部门的商品与劳务课征的增值税，或是规定的只对生产、批发、零售环节中的某一环节或某几个环节上的商品与劳务课征的增值税。"全面增值税"则是指对各个行业和部门生产的商品与劳务，对商品流转过程的任何流通环节上的商品与劳务一律课征的增值税。①目前，只有经济发达的欧洲共同体国家实行了"全面增值税"，而大多数发展中国家则仍在实行着"非全面增值税"，即要对增值税征收范围做某些选择性安排。不过，应该看到，各国增值税课征范围一般是随着经济的不断发展，增值税的征管手段不断规范化而逐步扩大的。

目前世界上已有90多个国家与地区实行了增值税，其根本出发点是要充分利用增值税自身具备的税基宽，可以消除重复课税和有效的内部制约机制等优点，在保证经济自发调节功能充分发挥的同时，增加政府财政收入，

---

① 另外，也可以从横向和纵向的角度来观察不同国家的增值税的实施范围。横向比较是从国民经济的各个部门观察，是否将农林渔牧、采矿、制造、建筑、交通等等各个经济部门都纳入了增值税影响范围之内。纵向比较是从商品的原材料采购、固定资产投入、制造、批发、零售等所有的连续环节上观察，是否能把各个环节都纳入增值税的影响范围。从横向、纵向的比较也可以看出各国的增值税实施范围存在较大差异，但这并不与增值税原则相背离。

保障政府职能的有效实施。大多数西方国家所推行的增值税制度主要包括以下内容：（1）实行税款扣除制，目的在于有效解决传统流转税存在的重复课税问题。具体方法是，先按（某一计税环节的）商品或劳务的应税总金额和适用的税率计算出增值税总体税额，然后扣除上一计税环节已经交纳的增值税额，余额就是（该计税环节）应该交纳的实际增值税税额。这种计税方法称为"销项减进项法"，又称"扣除法"，在实际操作中，实行的是按照销货发票注明的税款进行扣税制度。在增值税实行按照销货发票注明的税款进行扣税情况下，某环节上纳税人的进项税额就是上一环节另一纳税人已经缴纳的税款，这就在具有购销关系的两个纳税人之间形成一种无形的相互牵制关系，这不但客观上简化了税务当局的征管工作，而且也使得税务当局可以通过对具有购销关系的纳税人进行交叉审计，及时发现某些纳税人的偷漏税行为。（2）一般采取多环节课税制，以便实现增值税征收的普遍性和连续性，充分发挥税收对生产经营活动的调节作用。（3）税率设计从简，以便于征管，多数国家实行的是二至三档的差别税率，另有少数国家实行单一税率。（4）对出口产品规定适用零税率，以使本国的商品和劳务更具国际竞争力。另外，在鼓励出口的同时，对进口物资则规定适用标准税率，以体现限制进口政策。（5）在税务处理上实行增值税发票监管制，凭有效发票所注明的税款办理进项税额扣除事宜。（6）实行增值税与消费税交叉征收制，即对征收增值税后还须进行特殊税收调节的商品，再征收一道消费税。这样做，一是为了减轻单纯使用增值税所造成的商品税税收负担分配上可能出现的较为严重的累退性，二是为了使增值税在设计上尽可能地简单一些。（7）普遍实行小规模纳税人制度。小规模纳税人是指年营业流转额较小、会计制度无法严格健全的小企业。税务机构通常采取估计增值税额的方法对小规模纳税人进行征税，即以纳税人开具的供货发票为依据，估计实际应交增值税税额。实行小规模纳税人制度可以扩大增值税的影响范围，提高增值税的可行性。

当然，增值税也有一些不尽如人意的地方。例如，增值税可能不鼓励企业间进行生产的横向、纵向联合，这对经济社会获得规模经济效益可能不利。又如，增值税的有效实施对完善的发票制度有很大程度的依赖性，而完善的发票制度的形成取决于通信、监管、控制手段的不断现代化，这对经济欠发达的国家来说，无疑是有效推行全面增值税的一大障碍。

练习题

一、名词解释

1. 全面所得
2. 税制结构
3. 综合制所得税

二、判断题

1. 税收体系的结构,是指税收体系中各类税收的组合以及各类税收在组合中的相对地位。不同国家的税制结构大致相同,并且一般不会发生变化。(　　)

2. 一般情况下,以间接税为主且累进性较强的税制结构,通常比以直接税为主且累退性较强的税制结构,社会公平程度更高一些。(　　)

3. 名义税率是税法规定的税率,有效税率是纳税人实际负担的税率。由于按照税法征税的税基一般不是全面税基,在诸多减免规定作用下,使应税税基远远小于实际税基,导致名义税率与有效税率并不相同。(　　)

4. 个人所得税仅对货币收入征税,那么其税率越高,非货币收入,特别是实物收入对劳动者的吸引力就会越大。(　　)

5. 对公司企业实行的各种形式的税收优惠政策在一定时期、一定经济环境下,确实对经济增长起到了某种积极的推动作用。但是过度的税收优惠,往往诱导某些公司企业在决定投资方向时,首先考虑如何获得更多的税收优惠,而不是考虑如何适应市场经济发展的要求进行合理资源配置,其结果是对经济增长反而产生消极影响。(　　)

6. 公司交纳公司所得税后,税后利润作为股息分配给股东的部分,通常还要与股东的其他收入一道交纳个人所得税。这在税收理论上不属于重复课税。(　　)

7. 就商品或劳务的各个流通环节上的增值额征税,体现了流转税的"税不重征"优点。(　　)

8. 增值税的计征是以商品销售额为依据,允许从计税环节的销项税款中扣除上一道环节已经交纳的进项税款,并且整个操作程序都是在一套严密的发票管理制度下进行的。这就在简化税务管理与防止偷漏税方面起到了积极作用。(　　)

9. 增值税在某种程度上体现了税收中性原则，对资源配置的扭曲作用被降到最低限度。（　　）

10. 在货物税系的多个税种中，增值税、关税、销售税和消费税为其中最重要的四个税种，销售税代表了商品征税的传统形式，关税属于国际贸易中商品征税的特殊类型，消费税体现了货物税独到的调节功能，而增值税却代表着货物税的总的改革方向。（　　）

三、选择题

1. 个人所得税具有以下优点（　　）。

　　A. 直接影响人们的经济行为
　　B. 有助于经济社会实现收入平等化目标
　　C. 发挥内在稳定器作用
　　D. 符合税负担分配的"利益原则"

2. 各国税务当局出于实际需要，通常要对"全面所得"概念进行必要的调整，以适应税法规定的用于税收目的的所得计算。这些调整主要出于以下考虑（　　）。

　　A. 出于计算方便考虑而进行的调整
　　B. 基于公平考虑而进行的各种调整
　　C. 出于增加政府财政收入考虑而进行的调整
　　D. 基于激励目的考虑而进行的各种调整

3. 世界上绝大多数国家均有选择性地对某些消费品课税，即特别消费税（或奢侈品税），主要原因是（　　）。

　　A. 税源广泛而稳定
　　B. 可以实行差别税率调节社会消费结构
　　C. 对某些特定消费品可以起到"寓禁于征"的作用
　　D. 可以替代增值税

4. 增值税具有广泛的税基，并且适用于商品和劳务从生产、批发到零售的每一流通环节。增值税这一特点给政府财政活动带来如下一些好处（　　）。

　　A. 政府可以更充分发挥税收对生产经营的调节作用
　　B. 有助于增加政府财政收入，相应也加强了政府宏观经济调控能力
　　C. 政府得自该税源的财政收入可以不受企业经营成本、费用，商品或劳务的具体流通环节变化的影响
　　D. 生产、批发、零售等任何一个环节少纳的税款都会在下一个环节

得到相应的弥补，保证政府增值税收入的稳定

5. 大多数西方国家所推行的增值税制度主要包括以下内容（　　）。

　　A. 实行税款扣除制

　　B. 一般采取多环节课税制

　　C. 在税务处理上实行增值税发票监管制

　　D. 实行增值税与消费税交叉征收制

6. 一般条件下，公司所得税至少在某些方面会对社会经济产生显著影响，主要表现在（　　）。

　　A. 降低某些社会群体的经济福利

　　B. 导致全社会的资本收益下降

　　C. 产生"锁住效应"

　　D. 提高公司企业资本投资的边际成本

7. 按照海格－西蒙斯的定义，所得是以货币价值体现的，在某一规定时期中，个人消费能力的净增加，等于本时期中的实际消费数额加上财富的净增加额。这个定义要求在所得中包括可能增加现期的，或者未来的任何形式消费的一切收入项目，即包括（　　）。

　　A. 按照惯例认为是所得的项目

　　B. 某些"非惯例"的项目

　　C. 预期可能实现的收入项目

　　D. 各类形式的实物收入

8. 在生产型增值税中，增值额可以分解为（　　）。

　　A. 固定资产折旧、工资、薪金、租金、利息、利润等

　　B. 工资、薪金、租金、利息、利润等

　　C. 工资、薪金、租金、利息、利润等加消费支出

　　D. 消费支出加资本支出

9. 如果税收制度客观上发挥了将经济社会投资组合维持在原有的状态中，就可以认为这种税制安排产生一种（　　）。

　　A. 替代效应

　　B. 收入效应

　　C. 锁住效应

　　D. 储蓄效应

10. 税务当局把公司应税所得（利润）划分为两部分，对作为股息分配的那部分利润，使用较低的公司所得税税率征税，而对于剩余的未分配利润，

则使用较高的公司所得税税率征税。这种处理公司所得税与个人所得税重复课税的方法称为（　　）

　　A. 分别实体制

　　B. 完全结合制

　　C. 分别税率制

　　D、归属制

四、思考题

1. 说明发达国家和发展中国家在税制结构上存在的主要差异。

2. 简述现代个人所得税有哪些重要优点？

3. 美国个人所得税中把医疗费用、巨额灾害损失等作为扣除项目的规定，为什么出现高收入纳税人所得到的利益一般会大于低收入纳税人所得到的利益这种现象？

4. 简述不同类型增值税的主要区别。

5. 简述增值税的主要优点。

第九章 中国现行财政收入结构

根据国际货币基金组织发行的《2001年政府财政统计手册》的定义,增加一般政府部门净值的所有交易都归为财政收入。政府通过财政运营获得3种主要类型的收入:税收、社会缴款和其他收入。对于许多政府,还有来自赠与的收入。根据我国政府收入[①]构成情况,结合国际通行分类方法,财政部制定了政府收支分类科目,将我国政府收入分为六类:税收收入、社会保险基金收入、非税收入、贷款转贷回收本金收入、债务收入和转移性收入。

第一节 政府收入分类科目

一、国际货币基金组织对政府收入的分类

国际货币基金组织在《2001年政府财政统计手册》中,将政府收入划分为税收、社会缴款、赠与、其他收入四类:

税收。税收是一般政府部门获得的强制性转移,包括与提供服务的成本完全没有比例关系的收费,但是不包括强制性的社会缴款、罚金和罚款。税收类下细分为:对所得、利润和资本收益征收的税收,对工资和劳动力征收的税收,对财产征收的税收,对商品和服务征收的税收,对国际贸易和交易征收的税收,其他税收等。

社会缴款。社会缴款包括可以提供福利(不同于退休金)的社会保障计划和雇主社会保险计划的收入。社会保障缴款可能是强制性的或自愿的,由雇员、代表雇员的雇主、个体经营者或失业人员缴纳。强制性社会保障缴款

[①] 在我国,政府收入与财政收入的口径并非完全一致,主要区别在于社会保险资金收入的归属上,伴随预算体制改革的深化,两者的口径会日趋重合。在本章中,没有刻意区分政府收入与财政收入。

与税收的不同之处在于，如果规定的事件（例如，疾病和年老）发生，缴款使缴纳人和其他受益人有资格获得一定的社会福利。社会缴款类下细分为：社会保障缴款和其他社会缴款。其中，社会保障缴款又按缴款人细分为雇员缴款、雇主缴款、自营职业者或无业人员缴款、不可分配的缴款。

赠与。赠与是从其他政府或国际组织那里得到的非强制性转移，是对一国政府自有来源收入的补充，可以是现金或实物的形式。赠与类下细分为：来自外国政府赠与、来自国际组织赠与和来自其他广义政府单位的赠与。

其他收入。其他没有归为税收、社会缴款和赠与的所有收入统称为其他收入。主要包括出售商品和服务的收入、利息和其他财产收入、除赠与外的其他现金或实物形式的自愿转移以及罚金和罚款。其他收入类下细分为：财产收入，出售商品和服务，罚金、罚款和罚没收入，除赠与外的其他自愿转移，杂项和未列明的收入等。

二、中国政府收入分类的演变

新中国成立以来，与预算管理体制改革以及国家重大经济政策调整相适应，我国预算收入分类在不同时期的主要演变情况如下：

新中国成立初期，我国预算收支科目表现出较强的统收统支色彩。比如，1953年，各级财政统一预算科目包括各项税收类、企业收入类、信贷保险收入类、其他收入类。其中，企业收入类包括企业利润收入、企业提缴折旧基金收入、企业固定资产变价收入、企业缴回流动资金收入；其他收入类包括事业收入、特种资金收入等。

1956年，收入分类适当简化。类级科目按收入性质划分为：税收收入、国营企事业单位收入、借款收入、其他收入、调拨收入。

1979年，由于合并税种，简化税制，收入科目划分更趋简单。类级科目主要包括：企业收入、企业上缴基本折旧基金、各项税收、其他收入、预算调拨收入。

1984年至1986年，经过国营企业第一步、第二步利改税，税收已成为我国预算收入的主要形式。同时，为体现新税制和加强财务管理的需要，国家预算收入分类体系有了较大的调整。主要收入大类包括：工商税收类、关税类、农业税类、国营企业所得税类、国营企业调节税类、国营企业上缴利润类、国营企业计划亏损补贴类、国家能源交通重点建设基金收入类、债务收入类、专款收入类、其他收入类、预算调拨收入类。

1994年及以后年度，由于国家进行分税制和工商税制改革，并将政府性基金逐步纳入预算管理，分设了一般预算收入科目和基金预算收入科目。其中，一般预算收入科目分类体系也有所调整。主要包括：增值税、消费税、营业税、企业所得税、企业所得税退税、个人所得税、资源税、国有资产经营收益、国有企业计划亏损补贴、行政性收费收入、罚没收入、海域场地矿区使用费收入、专项收入、其他收入、一般预算调拨收入等；基金预算收入科目包括：工业交通部门基金收入、商贸部门基金收入、文教部门基金收入等。直到2007年预算收支分类改革前，这个基本格局没有大的变化。

第二节　中国现行政府收入结构

政府收入分类主要反映政府收入的来源和性质。根据我国政府收入构成情况，结合国际通行分类方法，财政部制定了《政府收支分类改革方案》，并据此制定了《2007年政府收支分类科目》，将我国政府收入分为类、款、项、目四级。其中，类级科目包括六类：税收收入、社会保险基金收入、非税收入、贷款转贷回收本金收入、债务收入和转移性收入。新旧收入分类的主要区别表现在以下四点：第一，新的收入分类对所有政府收入按性质进行统一分类，使政府收入分类形式更趋规范。第二，新的收入分类拓宽了收入涵盖范围，将社会保险基金和预算外收入纳入政府收入分类范围，使收入分类更加完整。第三，新的收入分类对类款层次进行了调整，增加了一些汇总统计科目，如税收收入、非税收入，更便于财政收支统计和分析。第四，利用新的政府收入分类科目，我们不仅可以分别编制一般收入预算、政府基金收入预算、社会保险基金收入预算等，而且可以进行全部政府收入的汇总统计。

一、税收收入

税收收入类下分设20款："增值税""消费税""营业税""企业所得税""企业所得税退税""个人所得税""资源税""城市维护建设税""房产税""印花税""城镇土地使用税""土地增值税""车船税""船舶吨位税""车辆购置税""关税""耕地占用税""契税""烟叶税""其他税收"。以前预算收入科目中的农业税牧业税屠宰税等在新的预算收入科目中被取消。固定资产投资方向调节税2000年停征，2012年11月9日废止。

1. 增值税。增值税是对在我国境内销售货物或提供应税劳务，以及进口货物的单位和个人征收的一种流转税。1994年增值税改革的内容主要是：一是扩大征收范围，从生产环节扩大到商品批发零售环节，对生产经营的各个环节实行道道征税；二是避免重复征税，每一应税环节仅就销售或营业额的增值部分课征，其实质是对商品和应税劳务的增值额课税；三是简化税率，实行价外计征办法，突出税负转嫁，最终由消费者负担增值税；四是简化征收办法，实行发票注明税金，凭发票扣税制度。从 2012 年 1 月 1 日起，我国开始营业税改征增值税试点。目前试点行业包括：交通运输业、部分现代服务业、邮政服务业和电信业。2015 年"营改增"范围扩大到建筑业和不动产、金融保险业、生活服务业。"营改增"有利于减少营业税重复征税，有利于完善和延伸二、三产业增值税抵扣链条，有利于建立货物和劳务领域的增值税出口退税制度。增值税是中央和地方共享收入，增值税款级科目下设"国内增值税""进口货物增值税""出口货物退增值税""改征增值税""改征增值税出口退税"5 个项级科目。详见表 9-1。

表 9-1　增值税相关收入科目

科目编码				科目名称	说　明
类	款	项	目		
101				税收收入	
	01			增值税	反映按《中华人民共和国增值税暂行条例》征收的国内增值税、进口货物增值税和经审批退库的出口货物增值税。
		01		国内增值税	反映国家税务局征收的国内增值税和财政部、财政部驻各地财政监察专员办事机构、国家税务局按"先征后退"政策审批退库的国内增值税。
			01	国有企业增值税	中央与地方共用收入科目。反映对国有企业征收的国内增值税。
			02	集体企业增值税	中央与地方共用收入科目。反映对集体企业(含股份合作企业)征收的国内增值税。
			…	…	
			51	免抵调增值税	中央与地方共用收入科目。反映实行"免、抵、退"办法按免抵数额调整的增值税。
		02		进口货物增值税	反映海关征收的进口货物增值税和财政部按"先征后退"政策审批退库的进口货物增值税。
			…		
		03		出口货物退增值税	中央与地方共用科目。反映从中央国库办理的出口货物退增值税以及按"免、抵、退"办法调减的增值税额。
			…		

注："…"表示此处有被省略的相应级别科目，下同。

资料来源：根据中华人民共和国财政部制定的《2015 年政府收支分类科目》整理。

2. 消费税。消费税是对在我国境内从事生产、委托加工和进口国家规定的消费品的单位和个人征收的一种流转税。它是在增值税进行普遍调节以后，对特定消费品和消费行为进行的特殊调节，是1994年取消产品税，调整增值税征税范围后新设的税种。消费税款级科目下设"国内消费税"、"进口消费品消费税"、"出口消费品退消费税"3个项级科目，属中央固定收入科目。2006年4月，我国对消费税税基和税率进行了调整。

3. 营业税。营业税是对在我国境内提供应税劳务、转让无形资产或销售不动产的单位和个人就其营业额征收的一种税。1994年税制改革缩小了营业税征税范围，归并了有关税目，调整了税率。营业税具有税负低、按经营行业设置税目税率、计算征收简便的特点。营业税款级科目下设"铁路运输企业营业税""金融保险业营业税（中央）""金融保险业营业税（地方）""一般营业税""营业税税款滞纳金、罚款收入""营业税退税"等项级科目。

4. 企业所得税。企业所得税是对我国境内企业就其生产、经营所得和其他所得征收的一种收益税，是国家参与企业利润分配并调节其收入水平的重要工具。1983年实行利改税时开征国营企业所得税，1985年将工商所得税改名为集体企业所得税，1988年又开征了私营企业所得税，致使国内企业所得税税种不统一，税率各不相同，优惠各异，地区之间的政策存在差别，造成企业所得税税负不均，不能充分发挥税收的宏观调节作用。因此，1994年合并国营企业所得税、集体企业所得税和私营企业所得税，对国有企业、集体企业、联营企业、股份制企业及其他经济单位统一征收企业所得税；取消国营企业调节税；降低国有企业所得税税率，各类企业统一实行33%的比例税率；规范税前列支标准和扣除项目，使所得税税基稳定。统一企业所得税有利于理顺国家与企业的分配关系，为企业体制改革创造了条件。中华人民共和国第十届全国人民代表大会第五次会议于2007年3月16日通过《中华人民共和国企业所得税法》，自2008年1月1日起施行。同时1991年4月9日第七届全国人民代表大会第四次会议通过的《中华人民共和国外商投资企业和外国企业所得税法》和1993年12月13日国务院发布的《中华人民共和国企业所得税暂行条例》废止。新的企业所得税法将纳税人划分为"居民企业"和"非居民企业"，不再按内、外资分类，统一了内外资企业所得税。企业所得税款级科目下按企业所属部门或类型设立若干项级科目，其中，国有企业上缴的所得税按主管部门设项级科目；其他企业则按企业经济类型设项级科目。这里值得注意的两点是：一是企业所得税的目级科目已经十分具体、详细，大型企业单独设置所得税科目，十分必要。二是从2002年开始，对企

第九章 中国现行财政收入结构 273

业所得税实行中央和地方 6：4 分享，但是对于一些利润大户，企业所得税却 100%划入中央收入科目。详见表 9-2。

表 9-2 企业所得税相关收入科目

科目编码			科目名称	说　明
类	款	项目		
101	04		企业所得税	反映税务机关按《中华人民共和国企业所得税暂行条例》征收的企业所得税以及依照《中华人民共和国外商投资企业和外国企业所得税法》征收的外商投资企业和外国企业所得税。税务机关对港澳台商投资企业征收的企业所得税，也在本类有关科目反映。企业预算和财务与主管部门脱钩后缴纳的所得税，不单独设置科目，继续在原科目中反映。
		01	国有冶金工业所得税	中央与地方共用收入科目。反映对中央和地方冶金工业企业征收的企业所得税。
		01	攀钢集团所得税	中央与地方共用收入科目。反映对攀枝花钢铁集团公司征收的企业所得税。
		02	武钢集团所得税	中央与地方共用收入科目。反映对武汉钢铁集团公司征收的企业所得税。
		...		
		02	国有有色金属工业所得税	中央与地方共用收入科目。反映对中央和地方有色金属工业企业征收的企业所得税。
		03	国有煤炭工业所得税	中央与地方共用收入科目。反映对中央和地方煤炭工业企业征收的企业所得税。
		04	国有电力工业所得税	中央与地方共用收入科目。反映对中央和地方电力工业企业征收的企业所得税。
		05	国有石油和化学工业所得税	中央与地方共用收入科目。反映对中央和地方石油化学工业企业征收的企业所得税。
		...		
		23	国有银行所得税	反映对国有银行征收的企业所得税。
		01	中国工商银行所得税	中央收入科目。
		02	中国农业银行所得税	中央收入科目。
		...		
		24	国有非银行金融企业所得税	中央与地方共用收入科目。反映对国有非银行金融机构征收的企业所得税。
		25	国有保险企业所得税	中央与地方共用收入科目。反映对国有保险企业征收的企业所得税。
		...		
		33	股份制企业所得税	反映对有限责任公司、股份有限公司征收的企业所得税。

续表

科目编码			科目名称	说明
类	款	项		
		01	股份制铁路运输企业所得税	中央收入科目。
		02	股份制海洋石油天然气企业所得税	中央收入科目。
		03	中国石油天然气股份有限公司所得税	中央收入科目。
		04	中国石油化工股份有限公司所得税	中央收入科目。
		... 50 ...	企业所得税税款滞纳金、罚款、加收利息收入	中央与地方共用收入科目。

资料来源：根据中华人民共和国财政部制定的《2015年政府收支分类科目》整理。

5. 企业所得税退税。反映财政部门按"先征后退"政策审批退库的企业所得税。为了保证新旧税制的平稳过渡，维持政策的连续性，支持企业发展，1994年国务院确定在一定期限内对一些行业和项目享受减免税政策的企业实行先征税后退税的政策。该款级科目下按行业性质和归口部门设所得税各项级科目。

6. 个人所得税。个人所得税是对在我国境内有住所或者无住所而在境内居住满一年的个人，从中国境内和境外取得的所得，以及在我国境内无住所又不居住或者无住所而在境内居住不满一年的个人，从我国境内取得的所得征收的一种税。反映地方税务局按《中华人民共和国个人所得税法》征收的个人所得税和国家税务局按《对储蓄存款利息所得征收个人所得税的实施办法》征收的个人所得税。该款级科目下设"个人所得税"和"个人所得税款滞纳金、罚款收入"2个项级科目，属中央和地方共用科目。

7. 资源税。资源税是对在我国境内开采矿产品或者生产盐的单位和个人，就其自然资源和开发条件的差异形成的级差收入而对资源产品的销售和使用数量所征收的一种税，体现了受益原则、公平原则和效率原则。该款级科目下设"海洋石油资源税""其他资源税""资源税款滞纳金、罚款收入"三个项级科目，属于中央与地方共享收入，其中，"海洋石油资源税"属于中央预算收入，"其他资源税"属于地方预算收入。

8. 固定资产投资方向调节税。固定资产投资方向调节税是对在我国境内进行固定资产投资的单位和个人，就其固定资产投资项目的实际完成额征收的一种税。固定资产投资方向调节税款级科目下按企业性质和经济类型等设若干项级科目，属地方固定收入科目。

9. 城市维护建设税。城市维护建设税是国家为筹措城市维护和建设资金，按照享用市政设施与纳税义务相对应的原则，对缴纳增值税、消费税、营业税的单位和个人，以其实缴的增值税、消费税和营业税税额为计税依据而附加征收的一种税，所征税额专门用于城镇公用事业和公共设施的维护与建设。铁道部门、各银行总行、各保险总公司等集中缴纳的城市维护建设税为中央固定收入项目，其他企业缴纳的城市维护建设税为地方固定收入项目。该款级科目下按企业经济性质等设项级科目。

10. 房产税。房产税是就城镇、工矿区的房产向其产权所有人和承典人按其房产的价值或房租收入计征的一种税。反映地方税务局按《中华人民共和国房产税暂行条例》征收的房产税以及依照《城市房地产税暂行条例》征收的城市房地产税。该款级科目下，按企业的性质或经济类型分设若干项级科目，属地方预算固定收入科目。

11. 印花税。印花税是对经济活动和经济交往中书立、领受的应税凭证所征收的一种税。该税采用在凭证上粘贴印花税票的办法征税，故称印花税。该款级科目下设"证券交易印花税""其他印花税""印花税税款滞纳金、罚款收入"3个项级科目。其中，"其他印花税"是地方预算固定收入科目，"证券交易印花税"为中央预算与地方预算共用收入科目。

12. 城镇土地使用税。城镇土地使用税是为了合理地利用城镇土地，调节土地级差收入，提高土地使用效益，而对我国城乡、工矿区范围内使用土地的单位和个人就其实际占用的土地征收的一种税。该款级科目下，按土地使用单位和个人所属的经济类型、经济成分或性质设立若干项级科目，属地方预算固定收入科目。

13. 土地增值税。土地增值税是对转让国有土地使用权、地上建筑物及其附着物所取得的增值额征收的一种税。该款级科目下按转让房地产并取得收入的单位或个人所属经济类型设项级科目，属地方预算固定收入科目。

14. 车船税。这是根据2012年施行的《中华人民共和国车船税法》对我国境内规定的船舶、车辆的所有人或管理人所征收的一种财产税。该款级科目下设"车船税"和"车船税税款滞纳金、罚款收入"2个项级科目，属地方固定收入科目。

15. 船舶吨税。反映按照《中华人民共和国船舶吨税暂行条例》征收的船舶吨税及其税款滞纳金、罚款收入。

16. 车辆购置税。反映按《中华人民共和国车辆购置税暂行条例》征收的车辆购置税。该款级科目下设"车辆购置税""车辆购置税税款滞纳金、罚款收入"2个项级科目。

17. 关税。关税是对进出我国国境或关境的货物或物品征收的一种税。该款级科目下设"关税""特定区域进口自用物资关税""特别关税"等6个项级科目,属中央固定收入科目。

18. 耕地占用税。耕地占用税是国家为了合理利用土地资源,加强土地管理,保护农用耕地,对占用耕地建房或从事其他非农业建设的单位和个人征收的一种税,耕地占用税按占用耕地的面积一次性定额征收。该款级科目下设"耕地占用税""耕地占用税退税""耕地占用税款滞纳金、罚款收入"3个项级科目,属地方预算固定收入科目。

19. 契税。契税是指在房屋所有权转移登记时,向不动产取得人征收的一种税,即在房屋买卖、典当、赠与、交换订立契约时向承受人征收的一种税。该款级科目下设"契税"和"契税税款滞纳金、罚款收入"2个项级科目,属地方预算固定收入科目。

20. 烟叶税。烟叶税是根据《中华人民共和国烟叶税暂行条例》对我国境内收购烟叶的单位所征收的一种税。该款级科目下设"烟叶税""烟叶税税款滞纳金、罚款收入"2个项级科目,属地方预算固定收入科目。

21. 其他税收收入。反映除上述项目以外其他税收收入,包括征收的农业税、牧业税尾欠等。

二、社会保险基金收入

社会保险基金收入类下分设9款:"基本养老保险基金收入""失业保险基金收入""基本医疗保险基金收入""工伤保险基金收入""生育保险基金收入""新型农村合作医疗基金收入""城镇居民基本医疗保险基金收入""城乡居民基本养老保险基金收入""其他社会保险基金收入"。详见表9-3。

表9-3 社会保险基金相关收入科目

科目编码			科目名称	说明
类	款	项		
102			社会保险基金收入	中央与地方共用收入科目。
	01		基本养老保险基金收入	中央与地方共用收入科目。
		01	基本养老保险费收入	中央与地方共用收入科目。反映参加基本养老保险的单位和个人缴纳的基本养老保险费。

续表

科目编码			科目名称	说　明
类	款	项		
		02	基本养老保险基金财政补贴收入	中央与地方共用收入科目。反映基本养老保险基金财政补贴收入
		99	其他基本养老保险基金收入	中央与地方共用收入科目。反映基本养老保险基金的利息收入、滞纳金收入及其他收入。
	02		失业保险基金收入	中央与地方共用收入科目。
	03		基本医疗保险基金收入	中央与地方共用收入科目。
	04		工伤保险基金收入	中央与地方共用收入科目。
	05		生育保险基金收入	中央与地方共用收入科目。
	0…		…	…
	99		其他社会保险基金收入	中央与地方共用科目。反映其他社会保险基金收入。

资料来源：根据中华人民共和国财政部制定的《2015年政府收支分类科目》整理。

三、非税收入

非税收入是指除税收以外，由各级政府、国家机关、事业单位、代行政府职能的社会团体及其他组织依法利用政府权力、政府信誉、国家资源、国有资产或提供特定公共服务、准公共服务取得的财政性资金。非税收入类下分设7款："政府性基金收入""专项收入""行政事业性收费收入""罚没收入""国有资本经营收入""国有资源（资产）有偿使用收入""其他收入"。

1. 政府性基金收入。反映各级政府及其所属部门根据法律、行政法规以及中共中央、国务院有关文件规定，向公民、法人和其他组织无偿征收的，具有专项用途的财政资金（包括基金、资金、附加和专项收费），属中央与地方共用收入科目。详见表9-4。

表9-4　政府性基金相关收入科目

科目编码			科目名称	说　明
类	款	项		
103			**非税收入**	
	01		政府性基金收入	
		02	农网还贷资金收入	中央与地方共用收入科目。反映按《农网还贷资金征收使用管理办法》征收的农网还贷资金收入。
		03	山西省煤炭可持续发展基金收入	地方收入科目。反映山西省按规定收取的能源基地建设基金、电源基地建设基金收入。

续表

科目编码 类 款 项 目	科目名称	说　明
…	…	…
33	新增建设用地土地有偿使用费收入	中央与地方共用收入科目。反映按《中华人民共和国土地管理法》征收的新增建设用地土地有偿使用费。
35	育林基金收入	中央与地方共用收入科目。反映林业部门从木材、竹材销售收入中按规定收取的育林专项资金。
36	森林植被恢复费	中央与地方共用收入科目。反映林业部门按《森林植被恢复费征收使用管理暂行办法》征收的森林植被恢复费。
37	中央水利建设基金收入	中央收入科目。
38	地方水利建设基金收入	地方收入科目。
39	南水北调工程建设基金收入	中央与地方共用收入科目。
42	残疾人就业保障金收入	地方收入科目。反映地方按照《残疾人就业保障金管理暂行规定》征收的残疾人就业保障金。
43	政府住房基金收入	中央与地方共用收入科目。
44	城市公用事业附加收入	地方收入科目。反映按《关于征收城市公用事业附加的几项规定》征收的公用事业附加收入。
…	…	…
99	其他政府性基金收入	中央与地方共用收入科目。

资料来源：根据中华人民共和国财政部制定的《2015年政府收支分类科目》整理。

2. 专项收入。专项收入款级科目下分设11个项级科目，属中央与地方共用收入科目。详见表9-5。

表9-5　专项收入相关收入科目

科目编码 类 款 项 目	科目名称	说　明
103　02	专项收入	中央与地方共用收入科目。
01	排污费收入	中央与地方共用收入科目。
01	排污费收入	中央与地方共用收入科目。反映环保部门按《排污费征收使用管理条例》规定征收的排污费。
02	海洋工程排污费收入	中央与地方共用收入科目。反映海洋部门按《排污费征收使用管理条例》规定征收的排污费。
02	水资源费收入	地方收入专用科目。反映有关部门按规定征收的水资源费收入。

续表

科目编码 类 款 项 目	科目名称	说 明
03	教育费附加收入	中央与地方共用收入科目。反映税务部门以增值税、消费税、营业税为计征依据征收的教育费附加收入。
05	铀产品出售收入	中央收入科目。
10	三峡库区移民专项收入	中央收入科目。反映中国长江三峡工程开发总公司和中国长江电力股份有限公司缴纳的三峡库区移民专项收入。
…	…	…
99	其他专项收入	中央与地方共用收入科目。

资料来源：根据中华人民共和国财政部制定的《2015年政府收支分类科目》整理。

3. **行政事业性收费收入。**反映依据法律、行政法规、国务院有关规定、国务院财政部门与计划部门共同发布的规章或者规定以及省、自治区、直辖市的地方性法规、政府规章或者规定，省、自治区、直辖市人民政府财政部门与计划（物价）部门共同发布的规定所收取的各项收费收入。目级科目编码 01 至 50 为缴入国库行政事业性收费收入，51 至 99 为缴入财政专户的行政事业性收费收入。目前，缴入财政专户的行政事业性收费没有设置科目的，地方在增设科目时，可从科目编码 51 开始，按缴入财政专户的收费项目，逐一列目级科目反映，不宜列目的，统一在各部门行政事业性收费项级科目下的 99 项"其他缴入财政专户的行政事业性收费"中反映。行政事业性收费涉及公安、法院、司法、外交、工商等几十个项级科目，属中央与地方共用收入科目。这里只列出 1030401 项公安行政事业性收费收入。详见表 9-6。

表 9-6 公安行政事业性收费相关收入科目

科目编码 类 款 项 目				科目名称	说 明
103	04			行政事业性收费收入	
		01		公安行政事业性收费收入	中央与地方共用收入科目。
			01	外国人签证费	反映公安部门收取的外国人签证费。
			02	外国人证件费	反映公安部门收取的外国人证件费。
			03	公民出入境证件费	反映公安部门收取的公民出入境证件费。
			04	中国国籍申请手续费	反映公安部门收取的中国国籍申请手续费（含证书费）。
			06	口岸以外边防检查监护费	反映公安部门收取的口岸以外边防检查监护费。
			09	户籍管理证件工本费	反映公安部门收取的户籍管理证件工本费。

续表

科目编码				科目名称	说明
类	款	项	目		
			10	居民身份证工本费	反映公安部门收取的居民身份证工本费（含加急费）。
			11	机动车辆号牌工本费	反映公安部门收取的机动车辆号牌工本费。
			12	机动车辆行驶证工本费	反映公安部门收取的机动车辆行驶证工本费（含临时机动车驾驶证工本费）。
			13	机动车登记证书工本费	反映公安部门收取的机动车登记证书工本费。
			14	机动车抵押登记费	反映公安部门收取的机动车抵押登记费。
			…	…	…
			50	其他缴入国库的公安行政事业性收费	反映除上述项目以外其他缴入国库的公安行政事业性收费收入。

资料来源：根据中华人民共和国财政部制定的《2015年政府收支分类科目》整理。

4. 罚没收入。反映执法机关依法收缴的罚款（罚金）、没收款、赃款，没收物资、赃物的变价款收入，罚没收入款级科目下分设"一般罚没收入""缉私罚没收入""缉毒罚没收入"和"罚没收入退库"4个项级科目，属中央与地方共用收入科目。详见表9-7。

表9-7 罚没收入相关收入科目

科目编码				科目名称	说明
类	款	项	目		
103	05			罚没收入	中央与地方共用收入科目。反映执法机关依法收缴的罚款（罚金）、没收款、赃款，没收物资、赃物的变价款收入。
		01		一般罚没收入	中央与地方共用收入科目。反映除缉私、缉毒罚没收入以外的其他罚没收入。
			01	公安罚没收入	中央与地方共用收入科目。
			02	检察院罚没收入	中央与地方共用收入科目。
			…	…	…
			16	审计罚没收入	中央与地方共用收入科目。
			17	渔政罚没收入	中央与地方共用收入科目。
			…	…	…
			99	其他一般罚没收入	中央与地方共用收入科目。
		02		缉私罚没收入	中央收入科目。反映海关、公安（含武警边防）、工商行政管理等部门查处的缉私罚没收入。
			01	公安缉私罚没收入	中央收入科目。
			02	工商缉私罚没收入	中央收入科目。

续表

科目编码			科目名称	说明
类	款	项 目		
		03	海关缉私罚没收入	中央收入科目。
		04	边防武警缉私罚没收入	中央收入科目。
		99	其他部门缉私罚没收入	中央收入科目。
	03		缉毒罚没收入	中央与地方共用收入科目。反映公安（含武警边防）、海关等部门查处的缉毒罚没入。
	04		罚没收入退库	反映退库的代收罚款手续费。

资料来源：根据中华人民共和国财政部制定的《2015年政府收支分类科目》整理。

5. 国有资本经营收入。反映经营、使用国有财产等取得的收入，国有资本经营收入款级科目下分设"利润收入""股利股息收入""产权转让收入""清算收入""国有资本经营收入退库""国有企业计划亏损补贴""其他国有资本经营预算收入""其他国有资本经营收入"8个项级科目，属中央与地方共用收入科目。详见表9-8。

表9-8 国有资本经营相关收入科目

科目编码			科目名称	说明
类	款	项 目		
103	06		国有资本经营收入	中央与地方共用收入科目。反映经营、使用国有财产等取得的收入。
		01	利润收入	中央与地方共用收入科目。反映企业上缴的利润。
		02	股利、利息收入	中央与地方共用收入科目。反映企业上缴的股利、股息。
		03	产权转让收入	中央与地方共用收入科目。反映国有资产（含国有股权）转让或出售收入。
		…	…	…
		06	国有企业计划亏损补贴	中央与地方共用收入科目。反映按规定由预算收入退库安排的国有企业计划亏损补贴。
		…	…	

资料来源：根据中华人民共和国财政部制定的《2015年政府收支分类科目》整理。

6. 国有资源（资产）有偿使用收入。反映有偿转让国有资源（资产）使用权而取得的收入，属中央与地方共用收入科目。详见表9-9。

表 9-9 国有资源（资产）有偿使用相关收入科目

科目编码			科目名称	说明
类	款	项目		
103	07		国有资源（资产）有偿使用收入	中央与地方共用收入科目。反映有偿转让国有资源（资产）使用权而取得的收入。
		01	海域使用金收入	中央与地方共用收入科目。反映按《中华人民共和国海域使用管理法》征收的海域使用金。
		02	场地和矿区使用费收入	中央与地方共用收入科目。反映按《开采海洋石油资源缴纳矿区使用费的规定》《中外合作开采陆上石油资源缴纳矿区使用费暂行规定》《财政部、国家土地管理局关于加强外商投资企业场地使用费征收管理工作的通知》等征收的矿区使用费、场地使用费。
		03	特种矿产品出售收入	中央收入科目。反映特种矿产品的出售收入。
		04	专项储备物资销售收入	中央与地方共用收入科目。反映专项储备物资的销售收入。
		05	利息收入	中央与地方共用收入科目。反映国库存款利息、有价证券利息及其他利息收入。
		01	国库存款利息收入	中央与地方共用收入科目。
		02	财政专户存款利息收入	中央与地方共用收入科目。
		03	有价证券利息收入	中央与地方共用收入科目。
		99	其他利息收入	中央与地方共用收入科目。
		06	非经营性国有资产收入	中央与地方共用收入科目。反映行政事业单位上缴的非经营性国有资产出租收入。
		07	出租车经营权有偿出让和转让收入	地方收入科目。
		08	无居民海岛使用金收入	中央与地方共用收入科目。
		99	其他国有资源（资产）有偿使用收入	中央与地方共用收入科目。

资料来源：根据中华人民共和国财政部制定的《2015年政府收支分类科目》整理。

7. 其他收入。其他收入款级科目下分设"捐赠收入""动用国储棉、糖、油上交财政收入""动用国家储备粮油上交差价收入""主管部门集中收入"等14个项级科目，属中央与地方共用收入科目。详见表9-10。

表 9-10　其他收入款下相关收入科目

科目编码			科目名称	说明
类	款	项 目		
103	99		其他收入	中央与地方共用收入科目。
		01	捐赠收入	中央与地方共用收入科目。
		01	国外捐赠收入	中央与地方共用收入科目。反映来自外国政府和非政府机构的捐赠收入。
		02	国内捐赠收入	中央与地方共用收入科目。反映来自国内单位、个人的捐赠收入。
		02	动用国储棉、糖、油上交财政收入	中央收入科目。
		03	动用国家储备粮油上交差价收入	中央收入科目。反映中央和地方粮食企业动用国家储备粮油上交中央财政的差价收入。
		04	主管部门集中收入	中央与地方共用收入科目。反映政府主管部门从下属单位集中的收入。
		05	国际赠款有偿使用费收入	中央收入科目。反映财政部等部门收取的国际赠款有偿使用费收入。
		06	乡镇自筹和统筹收入	地方收入科目。反映乡镇政府的自筹和统筹收入。
		07	免税商品特许经营费收入	中央收入科目。反映免税商品经营企业上缴的免税商品特许经营费收入。
		…	…	…
		99	其他收入	中央与地方共用收入科目。

资料来源：根据中华人民共和国财政部制定的《2015年政府收支分类科目》整理。

四、贷款转贷回收本金收入

贷款转贷回收本金收入类下分设 4 款："国内贷款回收本金收入""国外贷款回收本金收入""国内转贷回收本金收入""国外转贷回收本金收入"。详见表 9-11。

表 9-11　贷款转贷回收本金类下相关收入科目

科目编码			科目名称	说明
类	款	项 目		
104			**贷款转贷回收本金收入**	中央与地方共用收入科目。
	01		国内贷款回收本金收入	中央与地方共用收入科目。反映收回的技改贷款及其他财政贷款本金收入等。
	02		国外贷款回收本金收入	中央与地方共用收入科目。
		01	外国政府贷款回收本金收入	中央与地方共用收入科目。反映收回的我国政府向外国政府贷款的本金收入。

续表

科目编码			科目名称	说　明
类	款	项		
		02	国际组织贷款回收本金收入	中央与地方共用收入科目。反映收回的我国政府向国际组织贷款的本金收入。
		99	其他国外贷款回收本金收入	中央与地方共用收入科目。
	03		国内转贷回收本金收入	中央与地方共用收入科目。反映收回的政府部门向外国政府、国内金融机构借款转贷给地方政府和企业的款项。
	04		国外转贷回收本金收入	中央收入科目。反映收回的中央政府部门向外国政府、国内金融机构借款转贷给国外有关机构和企业的款项。

资料来源：根据中华人民共和国财政部制定的《2015年政府收支分类科目》整理。

五、债务收入

债务收入类下分设2款："国内债务收入""国外债务收入"。详见表9-12。

表9-12　债务收入类下相关收入科目

科目编码			科目名称	说　明
类	款	项		
105			债务收入	中央与地方共用收入科目。
	01		国内债务收入	中央收入科目。反映从国内取得的债务收入。
		01	国债发行收入	中央收入科目。
		04	地方政府债券收入	中央收入科目。
	02		国外债务收入	中央与地方共用收入科目。反映从国外取得的债务收入。
		01	向外国政府借款收入	中央收入科目。反映我国政府向外国政府借款的收入。
		02	向国际组织借款收入	中央收入科目。反映我国政府向国际金融组织和联合国各基金组织借款的收入。
		03	其他国外借款收入	中央收入科目。反映除上述项目以外中央政府向国外借款取得的收入。
			01　对外发行债券收入	中央收入科目。
			99　其他国外借款收入	中央收入科目。
		04	地方向国外借款收入	反映地方政府通过中央政府转贷形式向国外借款的收入。

资料来源：根据中华人民共和国财政部制定的《2015年政府收支分类科目》整理。

六、转移性收入

转移性收入类下分设 9 款:"返还性收入""一般性转移支付收入""专项转移支付收入""政府性基金转移收入""上年结余收入""调入资金""债券转贷收入""接受其他地区援助收入"等。详见表 9-13。

表 9-13 转移性收入类下相关收入科目

科目编码			科目名称	说明
类	款	项		
110			**转移性收入**	中央与地方共用收入科目。
	01		返还性收入	中央与地方共用收入科目。反映下级政府收到上级政府的返还性收入。
		01	增值税和消费税税收返还收入	反映下级政府收到的上级政府的税收返还收入。
		02	所得税基数返还收入	反映下级政府收到的上级政府的所得税基数返还收入。
		…	…	…
	02		一般性转移支付收入	反映政府间财力性转移支付收入。
		01	体制补助收入	反映分税制改革前延续下来的下级政府收到的上级政府的补助收入。
		…	…	…
		07	县级基本财力保障机制奖补资金收入	反映下级政府收到的上级政府的缓解县乡财政困难转移支付奖补收入。
		08	结算补助收入	反映下级政府收到的上级政府的结算补助收入。
		…	…	…
	03		专项转移支付收入	反映政府间专项转移支付收入。
	…		…	…
	08		上年结余收入	反映各类资金的上年结余。
		01	公共财政预算上年结余收入	反映一般预算资金的上年结余。
		02	政府性基金预算上年结余收入	反映政府性基金的上年结余。
		03	社会保险基金预算上年结余收入	反映社会保险基金的上年结余。
		99	其他上年结余收入	反映除上述项目以外其他资金结余。
	09		调入资金	反映不同性质资金之间的调入收入。
		01	公共财政预算调入资金	反映由一般预算资金调入的收入。
		02	政府性基金预算调入资金	反映由政府性基金调入的收入。
		99	其他调入资金	反映除上述项目以外,由其他资金调入的收入。
	…		…	…

资料来源:根据中华人民共和国财政部制定的《2015 年政府收支分类科目》整理。

练习题

一、名词解释
政府收入　税收　非税收入

二、判断题
1. 税收是一般政府部门获得的强制性转移，包括与提供服务的成本完全没有比例关系的收费。（　　）
2. 政府收入分类主要反映政府收入的来源和性质。（　　）
3. 我国政府收入分为税收收入、社会保险基金收入、非税收入、预算外收入和债务收入五大类。（　　）
4. 消费税属中央收入科目。（　　）
5. 营业税属地方收入科目。（　　）
6. 新的企业所得税法将纳税人划分为"居民企业"和"非居民企业"，统一了内外资企业所得税。（　　）
7. 个人所得税属地方收入科目。（　　）
8. 罚没收入属地方收入科目。（　　）
9. 政府性基金收入反映各级政府及其所属部门根据法律、行政法规以及中共中央、国务院有关文件规定，向公民、法人和其他组织有偿征收的具有专项用途的财政资金。（　　）
10. 行政事业性收费收入属中央与地方共用收入科目。（　　）

三、选择题
1. 我国政府收入的科目分（　　）。
   A. 类　　　　B. 款　　　　C. 项　　　　D. 目
2. 国际货币基金组织在《2001年政府财政统计手册》中，将政府其他收入细分为（　　）。
   A. 财产收入　　　　　　B. 出售商品和服务收入
   C. 罚金、罚款和罚没收入　　D. 杂项和未列明的收入
3. 我国政府收入分类包括（　　）。
   A. 税收收入　　　　　　B. 社会保险基金收入
   C. 非税收入　　　　　　D. 预算外收入
4. 增值税款下分设的项级科目有（　　）。

A. 国内增值税 B. 进口货物增值税
C. 出口货物退增值税 D. 出口货物增值税
5. 消费税款下分设的项级科目有（   ）。
A. 国内消费税 B. 进口消费品消费税
C. 出口消费品退消费税 D. 地方消费税
6. 国有资本经营收入款下，分设的项级科目有（   ）。
A. 国有资本经营收入 B. 国有企业计划亏损补贴
C. 产权转让收入 D. 国有股减持收入
7. 债务收入类下分设的款级科目有（   ）。
A. 国内债务收入 B. 国外债务收入
C. 中央债务收入 D. 地方债务收入
8. 转移性收入类下分设的款级科目有（   ）。
A. 返还性收入 B. 财力性转移支付收入
C. 调入资金 D. 上年结余收入

四、思考题

1. 税收和社会缴款的区别是什么？
2. 简述我国政府收入分类的演变过程。
3. 我国政府收入新旧分类的主要区别有哪些？
4. 1994年增值税改革的主要内容是什么？
5. 税收收入类下分设哪几款？
6. 社会保险基金收入类下分设哪几款？

第十章 债务收入与政府债务风险

近年来,伴随经济的飞速发展,债务收入与政府债务风险已成为经济生活中不可避免的热点,业界对此问题日渐关注。本章主要内容安排如下:通过介绍财政赤字相关知识,引入公债这一弥补赤字、获取债务收入的重要工具,然后重点阐释公债理论与公债市场,最后,对政府的债务风险特别是我国的地方债务风险进行了分析。

第一节 财政赤字与公债收入

一、财政平衡与财政赤字

财政收支矛盾是财政分配的基本矛盾。任何国家在任何经济发展阶段的财政都面临财政收支总量关系的处理问题。如果一个国家在一定时期(通常为一年)财政收支大致相等,我们就说这个国家的财政是平衡的。不过,现实经济生活中,各个国家经常面对的是财政收入小于财政支出的赤字状态。

(一)财政平衡的含义

通常,财政平衡是指在一定时期内(通常为一个财政年度)财政收入与财政支出之间的等量对比关系,即指预算年度收支在量上的对比关系。现实中,财政实现平衡是相对的,财政不平衡是绝对的。财政赤字即预算赤字,指一国政府在每一财政年度开始之初,在编制预算时在收支安排上就有的赤字。当然,若实际执行结果收入大于支出,则出现财政盈余。

具体来说,通过财政收支对比,财政平衡有三种形式:一是财政收入大于支出,略有盈余。一般认为,略有结余的数量界限,以财政盈余数占财政总收入的 3%左右为度。二是财政收入小于支出,略有赤字。一般认为,略有赤字的数量界限,以财政赤字数占财政总收入的 3%左右为度。三是财政收入与支出相等。由于财政收支绝对相等是不存在的,一般认为,财政盈余(或财政赤字)占财政总收入的2%以下可视为财政收支完全平衡。当今世界各国年年有盈余的国家为数很少,预算逆差倒是收支对比的常态。就现代市场经济国家而言,财政赤字已是一种世界性的经济现象。

要理解财政平衡,可以从以下几个方面来分析:

(1)从周期平衡的角度来理解财政平衡。财政周期平衡是指在一个经济周期内,财政收支由经济繁荣时的盈余来抵补经济衰退时的赤字,以实现收支平衡。由于经济波动的周期通常超过一年,财政收支平衡的实现过程通常也是长期的。

要实现财政收支的周期平衡,需要两个方面的条件。第一,由于保持经济的稳定增长是政府的职能目标之一,因而以政府为主体的财政分配不可能选择年度平衡,只能是在发挥财政调节作用的过程中实现财政收支的周期平衡。第二,由于经济波动往往表现为经济过热和经济衰退的交替,事实上存在由经济过热时的财政盈余来抵补经济衰退时的财政赤字的可能性,从而实现周期平衡。

(2)从动态平衡的角度来理解财政平衡。财政是政府促进经济发展的重要手段,在经济发展早期,财政为促进经济发展而产生的赤字,通过经济发展进入中期和成熟期后的盈余来弥补,就可实现财政收支的动态平衡。马斯格雷夫和罗斯托认为,在经济发展的早期阶段,政府投资在社会总投资中占有较高的比重。因为公共部门要为经济发展提供社会基础设施以及其他用于人力资本的投资等。即使在发展的中期阶段,政府投资还应继续进行,但这时的政府投资只是对私人投资的补充。到了经济发展成熟期,政府投资可逐步退出。

原因在于,经济发展的早期,财政收入量较少,而财政却必须安排相当数量的投资,因而财政收不抵支是必然的。而在经济发展进入中期乃至成熟期后,私人经济得到了发展,政府投资支出压力减小,尽管支出总量仍呈扩张趋势,但收入增长速度会更快,财政收支相抵会有盈余,因而经济发展早期阶段的赤字可由经济发展步入中期阶段以后的盈余来弥补。这就实现了财政收支的动态平衡。

(3)从综合平衡的角度理解财政平衡。财政平衡是社会总供求平衡的一个组成部分,有必要从国民经济综合平衡的角度来研究财政平衡。国民经济综合平衡的目标是社会总供求平衡,因此相对于社会总供求平衡,财政平衡本身不是目的,而是手段。财政收支的综合平衡是指财政收支的安排应该有利于实现经济的综合平衡，而不是仅仅局限于实现财政收支本身的平衡。

实现财政收支的综合平衡实质就是在国民经济综合平衡中实现财政收支平衡。脱离国民经济的综合平衡，将财政孤立出来，即便能实现单独平衡，也只能是一种消极平衡。当然，有时为实现国民经济综合平衡，要付出财政收支失衡的代价，但这是暂时的。从长远看，国民经济综合平衡的实现有利于财政收支平衡的实现，因而从根本上讲，二者是一致的。这说明实现财政收支的综合平衡具有必要性。

（二）财政赤字的计算口径和分类

1. 财政赤字的计算口径

按照债务的收入是否计入经常收入，以及债务的清偿是否计入经常支出，存在两种计算口径。

口径1：财政赤字或盈余 = 经常收入－经常支出

口径2：财政赤字或盈余=（经常收入+债务收入）－（经常支出+债务支出）

通常，根据口径1计算所得财政赤字称为软赤字。这里，经常性收入只包括税收收入和非税收入，而经常支出中也只包括经常性国防支出、行政管理支出、社会保障支出、文教科卫支出以及投资性支出和债务利息支出。其特点是债务收入不计入收入，计算出来的赤字往往要比较大。不过，其优点在于能够较为真实地反映财政赤字的状况及财政收支对国民经济活动的影响。当前，世界上绝大多数国家特别是主要资本主义国家均采用这种口径计算财政赤字或盈余。

按照口径2计算得到的财政赤字则称为硬赤字，政府把债务收入计入当年正常的财政收入，而债务的还本支出也计入当年的正常财政支出。特点在于将债务收入视为正常的财政收入，这样，从账面来看，财政收支永远保持平衡。不过，硬赤字计算方法存在不少问题：（1）它掩盖了财政赤字的真实情况。因为按这种口径计算，只有财政向中央银行透支时才有赤字，否则，即使财政发生了较大赤字，只要不向银行透支，从账面上看，收支都是平衡的，有时甚至出现盈余。（2）这种口径大大缩小了赤字的数额，使得人们对财政困难认识不足，可能导致政府支出的扩张。（3）由于财政赤字数额不能得到真实的反映，难以准确分析财政支出对经济运行所产生的影响。

虽然债务收入可视同当年的经常收入使用，但毕竟不同于当年的经常收入；债务收入迟早要偿还的，会相应地减少以后年度可支配的资金。因此，把债务视同当年的经常收入是不够严密的。所以，按照第二种口径计算的财政赤字或盈余应当是不够科学的。我国 1994 年以前采用第二种口径，1994 年之后开始采用第一种口径，但债务利息也不列入经常支出，不过从 2000 年开始，债务利息支出列入经常支出，本金列入债务基金预算。

2. 财政赤字的分类

（1）预算赤字和决算赤字

预算赤字是指在编制预算时，就存在收不抵支的情况，预算列有赤字，当然这不代表执行的结果也一定会有赤字。因为在执行过程中，政府部门可能通过采取增收节支的措施，来实现收支平衡。

决算赤字指预算年度终结时，财政支出数大于财政收入数，出现了差额，在会计处理上，习惯用红字表示，所以称"赤字"。通常所说的财政赤字就是指"决算赤字"。决算有赤字，可能是因为预算编制时就有赤字，也可能是预算执行过程中出现新的减收增支的因素而导致赤字。

（2）财政赤字与赤字财政

财政赤字，是指一国政府在每一财政年度开始之初，制定一个当年的财政预算方案，若实际执行结果收入大于支出，为财政盈余，支出大于收入的经济现象，就叫做财政赤字。政府在编制预算时，收支一般是平衡的，但在预算的执行过程中，如果出现了事先未预料到的短收或超支因素，使收入计划未能完成，而支出计划又突破的情况下，预算执行的结果就出现了赤字。理论上说，财政收支平衡是财政的最佳情况。但是，在现实中，国家经常需要大量的财富解决大批的问题，会出现入不敷出的局面。

赤字财政，是指政府在编制预算时，有意安排了一个入不敷出、列有赤字的年度收支计划，并实行赤字财政计划。它是政府有意识地运用财政赤字对国民经济进行调节的一种政策，即通过赤字扩大政府支出的规模，刺激社会有效需求的增长。因而实行赤字财政不是个别年度或少数年度存在赤字，主要标志是连年的巨额赤字。赤字预算起源于凯恩斯的政府干预论，通过赤字刺激有效需求不足，以达到政府的宏观目标，属于扩张性财政政策的一种。

（3）结构性赤字与周期性赤字

这是根据财政赤字与经济运行的关系，即按产生赤字的经济背景和原因的分类：

结构性赤字是指发生在已给定充分就业水平（如失业率不超过 4%~5%）条件下的赤字，也称为充分就业赤字。它是预算赤字与实际赤字之间的最大差值，通常表现为那些非政策性或常规的税收调整和支出变动引起的赤字。这是一种外生变量引起的，体现了政府财政政策变量对经济的影响。

周期性赤字是指由经济周期波动而自动产生和增减所决定的赤字。它是发生在结构性赤字之上的财政赤字,表现为全部财政赤字减去结构性赤字之后的余额。这部分赤字增减变化是一种内生变量的反映,受到经济周期的波动决定,这部分赤字体现了经济运行对财政平衡的决定作用。

将财政赤字分为结构性与周期性赤字两部分,对判断财政赤字产生的主要原因以及对政府的财政政策具有重要的指导意义。首先,采取何种财政政策取决于对经济形势和当前财政赤字性质的正确判断。其次,财政政策既改变结构性赤字又改变周期性赤字,在增加(减少)结构性赤字的同时可能减少(增加)周期性赤字。

二、财政赤字与社会总供求平衡

在社会主义市场经济体制下,财政是国家宏观调控体系的重要组成部分,而宏观调控的目标就是维持社会总供给和社会总需求在总量上的大体平衡,因此财政赤字政策的实施对实现社会总供求平衡有重要意义。

(一)社会总供给与社会总需求的平衡

社会总供给和社会总需求是国民经济运行的两个相互联系的方面。其中,总供给是以货币表示的一国在一定时期内生产的所有最终产品的价值总和;总需求则是以货币表示的一国在一定时期内的总支出。市场经济体制下国民经济的顺利运行必然要求社会总供给与社会总需求之间保持相对的均衡,保持二者之间的相对均衡是保证国民经济稳定运行的关键。

然而,现实经济生活中时常会出现总供求失衡状态。总供求失衡通常表现为两种形式:总量失衡和结构失衡。其中,总量失衡有两种情况:一是总需求过度低于总供给,即供给过剩,需求不足;二是总需求过度高于总供给,即需求过旺,供给短缺。而结构失衡则主要表现为产业结构、企业结构、资产结构和产品结构的失衡。

宏观调控的主要任务是通过经常性的"微调"保持总供求的大体平衡。一旦发生较为严重的失衡,则要进行集中的、较大规模的经济调整。与总供求失衡相对应,这种通过宏观调控实现的调整包括两方面:总量调控和结构调控。总量调控是通过压缩财政支出规模和银行贷款规模,压缩总需求,同时增加有效供给,缩小总需求与总供给的差额。结构调控包括流量调整和存量调整。流量调控是指不改变资产存量的条件下,对经济中的"瓶颈"部门和短线产品实行倾斜政策,增加有效供给。存量调控主要依靠市场的竞争机制来进行。如有的企业被兼并、被淘汰而破产,有的可以转产等。不过,对发展中国家而言，在产业结构调整中，结构失衡是长期形成的，其调控是一种深层次的调整，难度较大。

（二）国民经济总量平衡中的财政赤字

财政收支平衡是社会总需求和总供给总量及其结构平衡的重要构成部分。在国民经济总量平衡中，一般存在着如下的变量平衡关系：

$$C+S+T+M \equiv C+I+G+X \tag{10-1}$$

这里，C 为消费，S 为社会储蓄，T 为政府收入，M 为进口，I 为投资，G 为政府支出，X 为出口。

由公式（10-1）可以看出，财政平衡是社会总供给与总需求平衡的重要组成部分，财政收入形成了社会总收入流量的组成部分，而财政支出则形成了社会总支出流量的组成部分。

$$G-T \equiv (S-I)+(M-X) \tag{10-2}$$

公式（10-2）左侧实际上表现了政府收入 T 与政府支出 G 之间的差额，也就是财政收支的平衡情况。而等式右侧分为两个部分，第一部分为社会储蓄 S 和投资 I 之间的差额，第二部分则为进口 M 和出口 X 之间的差额，储蓄 S 与投资 I 之间的差额表现为国内非政府部门的收支差额，如果 $S>I$，说明国内非政府部门有结余资金。如果 $S<I$，则说明国内非政府部门出现了赤字。进口 M 和出口 X 之间的差额则表示为对外贸易经常账户的收支差额，如果 $M<X$，说明对外贸易有结余，反之，如果 $M>X$，则说明对外贸易出现赤字。

$$G-T \equiv S-I \tag{10-3}$$

如果我们将对外贸易的影响暂且抽掉，即假定 $M-X=0$，从国内社会再生产进程看，则有公式（10-3）。财政收支平衡与国民经济总量平衡之间的关系，即政府部门的收支差额可以由非政府部门的收支差额来弥补。如果政府部门表现为财政赤字，则可以用非政府部门的储蓄余额弥补，政府部门由于财政赤字而多支出的部分正是非政府部门少支出的部分。在这种情况下，财政赤字的增加并不影响社会需求的总量。

通过以上财政平衡和社会总供给关系分析，可以得出三点结论：（1）财政平衡是社会总供求平衡的一个组成部分，必须从国民经济的整体平衡研究财政平衡；就财政本身研究财政平衡，是难以得出全面的、正确的结论。（2）国民经济整体平衡的目标是社会总需求的大体平衡，财政平衡不过是其中的一个局部平衡；就社会总供求平衡而言，财政平衡本身不是目的，而是一种手段。(3) 公式中消费、储蓄、投资以及进出口属于个人和企业的经济行为，是通过市场实现的；而财政收支属于政府行为。财政收支平衡是掌握在政府手中进行宏观调控的手段。财政平衡可以直接调节社会总需求，间接调节社会总供给。

三、财政赤字的弥补与公债收入

财政赤字和政府债务是关系到经济健康发展的重大议题。通常，不同方式的财政赤字弥补会影响政府债务和社会福利。特别是，公债收入作为弥补财政赤字的主要方式之一，由此形成了政府债务收入的重要来源。

（一）财政赤字的弥补

财政赤字出现后，必须解决赤字的弥补问题，否则大于收入的支出将无法安排。通常有以下几种弥补赤字的方法：

(1) 增收减支。能够通过增加收入或削减支出来解决赤字问题当然是理想的选择。但是，通常增加收入会遭到纳税人的抵制，而且要经过复杂的法律程序才能变动税法，所需的时间也较长，不能迅速解决问题，与此同时，削减支出也会受到支出刚性的制约。因此，这种方法的使用通常没有多大的余地。另外，对于财政部门主动减收增支所形成的赤字，这种方法显然是不能用的。

(2) 动用历年滚动结余。用以前年度财政收大于支而形成的结余来弥补当前的赤字也是十分理想的方法。但前提条件是财政必须有结余才存在动用的可能。这对于连年赤字的财政显然是不适用的。另外，由于中央银行往往代理国家金库业务，所以财政结余通常会作为信贷资金来源加以运用，因而动用财政结余弥补赤字还必须考虑财政、信贷的综合平衡问题，否则可能影响货币正常流通而导致通货膨胀。

(3) 向中央银行透支或借款。由于中央银行通常代理国家金库业务，所以向中央银行透支对财政部门来说是操作起来非常简单的一种弥补赤字的方法，但是这种方法实际相当于通过货币发行，凭空创造购买力来弥补赤字，因而对货币流通的影响很大，有可能产生信用膨胀。因为中央银行吐出的货币为基础货币或称高能货币，通过货币乘数的作用会数倍于发行额来增加流通中的货币量。所以一般情况下，政府不会采用这种方法来弥补赤字。不少国家甚至通过有关法律直接规定，财政不能通过向中央银行透支或借款来弥补赤字。

（4）发行公债。发行公债来弥补赤字通常只是购买力的转移，不会凭空增加购买力，所以一般认为是最为理想的弥补财政赤字的方法。从中央公债（即国债）产生的历史看，它是财政收不抵支的产物，是弥补赤字的资金来源。从比较赤字的各种手段看，发行公债通常只是引起购买力的转移，并不增加流通中的货币量，因此是比较可靠的方法，一般情况下，不会对经济造成不利影响。

（二）财政赤字、公债与债务收入

公债最基本的功能之一是弥补财政赤字，发行公债是世界各国政府弥补财政赤字最主要的方法。因此，公债是财政赤字的影子。发行公债不仅能节省下大量国库存款，为财政部门在未来两年留下更多现金储备，还能公开透明地体现出政府在刺激经济过程中发挥的作用，特别是在公布了大额财政赤字后，提升政府的公众形象。另外，从债务人的角度来看，公债具有自愿性、有偿性和灵活性的特点；从债权人的角度来看，公债具有安全性、收益性和流动性的特点。因此，从某种程度上来说，发行公债无论是对政府还是对认购者都有好处，通过发行公债来弥补财政赤字也最易于为社会公众所接受。

但是，任何事情都不是绝对的，公债因为认购者的不同，也会对货币流通，进而对社会总供求关系产生不同的影响，因而认为公债弥补赤字是绝对安全的主张是靠不住的。大多数经济学家认为在货币供给不变的情况下，公债发行会对私人部门产生"挤出效应"，且当中央银行和商业银行持有公债时，通过货币乘数会产生通货膨胀效应。

与此相关的一个界定是政府债务收入，相对于公债收入，它是一个内涵更为宽泛的概念。具体来说，它是国家通过借贷的方式，从国内外取得的收入。国家财政部门在国内外发行债券、向外国或国际金融机构取得借款，都形成债务收入。这部分以政府的名义，通过信用手段获得的收入，通常包括国内债务收入和国外债务收入。国内债务收入是指国家通过在国内借款或发行的各种政府债券所获得的收入；国外债务收入是指国家向外国政府或金融机构组织的借款收入、在国外发行的债券收入，以及各种官方或非官方的借款收入。国内债务收入通常被中央政府或地方政府用来弥补财政赤字，也有的用于投资等其他目的。国外债务收入除了解决本国建设资金不足之外，也用于平衡一国的国际收支等其他方面。需要指出的是，在现代西方发达国家，公债收入通常构成政府债务收入的主体。

第二节 公债理论

一、公债概述

公债作为一国政府的债务,既是为一种财政筹集的资金,也是具有一般债券的三个特征:流动性、安全性和收益性,现已成为现实经济的热点。深入考察公债的概念、产生和发展,功能及公债的演变等内容很有必要。

(一) 公债的含义、特征及其产生

1. 公债的含义

公债是政府为筹措财政资金,以国家信用方式,向国内外投资者所举借的债务。公债是一个特殊的财政范畴。公债的发行,是政府运用信用方式将一部分已作分配、并已有归属的国民收入集中起来,作为政府收入的必要补充;公债资金的运用,是政府将集中起来的公债资金,通过财政支出的形式进行再分配。因此,从这个意义上讲,公债是对国民收入的一种再分配。

与公债相对应的概念是"私债"。私债是指私人和企业举借的债务。公债与私债之间的区别在于,除举债主体不同外,两者发行的依据或担保物也有所不同。私债一般以私人和企业的财产或收益为担保,而公债则是以政府的信誉作担保。

公债是一个统称,它包括中央政府发行的国家公债(简称"国债")和地方政府发行的地方公债。在我国,地方政府是指中央政府以下的省、市、县、乡等各级地方政府。我国1994年颁布的《中华人民共和国预算法》中规定:地方各级预算按照量入为出、收支平衡的原则编制,不列赤字;除法律和国务院文件另有规定外,地方政府不得发行地方政府债券。不过,2015年1月1日新预算法正式实施,首度明确了地方政府举债的权责;经国务院批准的省、自治区、直辖市的预算中必需的建设投资的部分资金,可以在国务院确定的限额内,通过发行地方政府债券举借债务的方式筹措。我国地方公债最早在2009年出现,为实施好积极的财政政策,增强地方安排配套资金和扩大政府投资的能力,2009年国务院同意地方政府发行2000亿元债券,由财政部代理发行,列入省级预算管理。

2. 公债的特征

公债作为政府财政收入的一种重要形式,与政府的税收相比较,具有如下特点：

（1）自愿性。自愿性是指公债的发行或认购建立在认购者自愿承购的基础上。认购者买与不买，购买多少，完全由认购者自主决定，国家不能指派具体的承购人。公债的自愿性特点与税收的强制性相区别。

（2）有偿性。有偿性是指对政府而言，通过发行公债筹集的财政资金是一种负债，必须按期偿还，除此之外，还要按事先规定的认购条件向债权人支付一定数额的暂时让渡资金使用权的报酬，即利息。因此，公债的有偿性特点与税收的无偿性相区别。

（3）灵活性。灵活性是指公债发行与否以及发行量的多少，一般由政府根据财政资金的余缺状况和社会承受能力灵活地加以确定，而非通过法律形式预先规定。公债的这一灵活性特点与税收的固定性相区别。

3. 公债的产生与发展

根据苏联大百科全书《国家公债》一书记载，公元前四世纪，古希腊和古罗马出现了国家向商人、高利贷者和寺院借债的情况，这是有关国家债券的最早记载。[①] 不过，古代社会的公债是少量的，偶然的，并非经常性的现象。马克思指出：公共信用制度即国债制度，在中世纪的热那亚和威尼斯就已产生，到手工业时期流行于整个欧洲。12世纪末期，在当时经济最为发达的意大利城市佛罗伦萨，政府曾向金融业者募集公债，其后热那亚和威尼斯等城市相继仿效。在14世纪和15世纪期间，意大利各城市几乎都发行了公债。

现代意义上的公债制度是在封建社会末期，随着资本主义生产关系的产生和发展而建立起来的。因为公债作为一个财政范畴出现，其发展要有两个必要条件：一是经济方面，商品货币经济要发展到一定水平，社会存在比较充裕的闲置资金和信用制度比较健全。二是财政方面，国家财力不充裕，存在财政困难，有资金和经济上的需要。15世纪末16世纪初，随着美洲新大陆的发现和欧洲去往印度航路的开通，资本主义生产关系有了很大发展，公债也发展起来。16世纪和17世纪上半叶，欧洲各国面临严重的金融问题和财政困难，政府举债此时已成为一种经常现象。以后，随着资本主义自由发展和垄断资本主义的确立，国家公债获得了快速发展。以美国为例，到2011年，美国联邦政府公债达14.29万亿美元。

[①] 邓子基，张馨，王开国：《公债经济学——公债历史、现状与理论分析》，北京：中国财政经济出版社，1990年版，第4-6页。

我国公债在近代走过了一个曲折的历程。旧中国的国家公债首先由外债组成，从1853年到1949年的近百年，旧中国的历届政府共借外债大约有62.5亿元，其次，国内举债历经了清政府时期、北洋军阀政府时期和国民党政府时期，总的看来，除清政府三次国内发债失败以外，以后的二者均进行了资本主义方式的举债。这些举债行为主要应用于战争费用、军政开支和官僚资本的建立，变相掠夺和吸纳了广大人民的大量财富。

建国以来，我国对公债政策的认识与运用也经历了一个曲折的过程。第一阶段：改革开放以前，总体上看，公债政策的作用没有得到充分发挥。在这一阶段，我国共筹集中央公债资金92.77亿元，这些国债资金都是20世纪50年代筹集的，为国民经济恢复和国家重点建设发挥了作用。但1958年停止了内债和外债的发行，并于1968年偿清了全部债务。第二，从改革开放之初年到1985年，公债政策处于探索试用阶段。1979年开始利用外资，1981年恢复发行国库券。但由于国债流通市场尚未建立，国债变现难导致发行难，只能依靠行政摊派发行国债。第三，1986年到1995年，利用国债筹集建设资金的功能正式确立和运用。提出发行国库券是筹集资金的主要方式，并自1988年4月21日起，在哈尔滨等七大城市进行了建立国债流通市场的首批试点，标志着我国国债市场初步形成。第四，从1996年至今，国债政策的宏观调控功能正式确立。这一阶段，在继续发挥国债政策筹资功能的基础上，开始发挥国债政策的宏观调控功能，以1996年4月9日，中国人民银行首次向14家商业银行总行买进219亿元面值的国债，使公开市场业务正式启动为标志，我国国债政策作为宏观调控重要手段的功能正式确定。随着东南亚金融危机与美国次债危机的出现，我国公债为积极财政政策的核心，规模逐步扩大，到2013年，我国中央公债余额达91200亿元。

（二）公债的功能

1. 弥补财政赤字

用发行公债的方式弥补财政赤字，是公债产生的主要原因之一，也是现代国家普遍的经常的作法。弥补财政赤字一般有三种途径：增加税收、通过中央银行增发货币和举借公债。用增加税收的方式弥补财政赤字，一方面要受到立法程序的限制，无法在短期内迅速筹集资金以应急需，并且容易招致纳税人的反对；另一方面，增加税收客观上要受经济发展状况的制约，如果强行提高税率或开征新税种会对经济发展产生抑制性影响。用增加货币发行的方式弥补财政赤字的缺点是会使流通中货币量凭空放大，从而产生通货膨胀的风险。而用发行公债的方式弥补财政赤字具有以下三个优点：一是由于公债吸收的是社会再生产过程中游离出来的闲置资金，一般不会对经济发展产生抑制性影响；二是公债的发行建立在自愿认购的基础之上，有借有还，并由政府信誉做担保，安全性好，容易被公众所接受；三是公债的发行只是部分社会资金使用权的暂时转移，不会无端增加流通中的货币量，一般不会引起通货膨胀。因此，发行公债成为各国政府弥补财政赤字的首选方式。

2. 筹集建设资金

在现代市场经济条件下，公债不仅仅是弥补财政赤字的重要手段，而且也是国家财政投资的重要资金来源。根据马斯·格雷夫和罗斯托的经济发展阶段论，在经济发展的早期，政府要为经济发展"铺路搭桥"，即进行社会基础设施方面的建设，政府投资起促进经济发展的先导作用。对于发展中国家，社会基础设施还有待完善，一些投资大、建设周期长、见效慢的项目，如能源、交通等重点建设，往往需要政府的积极介入，而这些方面的投资单纯依靠税收等经常性的财政收入是不够的，需要用发行公债的方式筹集资金。我国于20世纪80年代开始发行重点建设债券和重点企业债券（包括电力债券、钢铁债券、石油化工债券和有色金属债券等），用以筹集国家重点建设资金。20世纪90年代末以来实施积极财政政策的过程中，也发行了大量的长期建设国债，重点用于基础设施、技术进步和经济结构调整等方面的支出，对经济增长和经济结构的优化起到了有力的推动作用。

3. 宏观经济调控

公债是政府调控经济的重要政策工具，公债的宏观经济调控功能主要表现在以下几个方面：

第一，发行公债，政府集中了社会上暂时闲置或沉淀下来的资金通过公共支出的方式投资到公共工程建设中去，这本身就构成社会总需求的一部分，有利于经济发展，同时通过公共工程的辐射作用，引导相关行业和配套产业的发展。这不仅带动了这些行业和产业的投资需求，而且这些行业和产业的发展促使与之相关人员的收入水平提高，会增加消费支出和投资支出，又引起其他相关行业和产业的发展，这就是公共支出的辐射作用。它使社会总需求扩展和社会产出提高，而公共工程建设的完成又可以创造出新的生产力，为社会提供产品和创造新的财富，大大提高了社会总供给水平。有利于缩小供需矛盾，促进供需平衡，为经济持续、快速发展创造条件。

第二，通过公债认购主体的不同，调节货币供给和流通，优化资源配置和调节收入分配。高收入者认购国债的累进程度大于低收入者时，国债资金通过公共支出和转移支付，将导致高收入者收入向低收入者转移，这有利于收入公平。国家集中国债资金配置到私人不愿涉足的公共领域，这不仅有利于公共事业的发展，而且也是一种资源优化配置的手段。居民、银行和政府三者之间的公债认购、流通转手使货币供给时而收缩，时而扩张，有利于经济的平衡发展。

第三，公债集中社会闲散资金，集中投入到经济方发展最需要的地方去，这不仅提高了资金的使用效率，加速资本的周转和资本市场的发展，而且由于国债建设项目的社会效益进一步加强了资本的边际效率，这将有利于生产率的提高。

第四，政府举借公债，再把资金使用出去，通过资金来源和使用的方式不同，可促进投资和消费的相互转化。如果公债认购资金来源于非银行部门的投资资金，当政府将此资金用于消费性支出时，则会出现投资基金向消费基金的转化，此时对扩大消费需求引导消费结构优化、层次升级有极为重要的意义。当然，如果政府将此资金用于投资性支出时，则有助于调整投资结构，从而改变国家的产业结构。因为政府投资往往具有计划性、规模性和公有性，它一方面可以消除经济发展过程中的瓶颈，另一方面还可以通过政府投资对私人投资的带动作用，使投资规模扩张，有利于启动需求，促进经济增长。如果公债认购资金来源于非银行部门的消费资金，当公债资金用于投资时就有助于消费基金向投资基金转化。当公债资金用于消费时，由于出现非银行部门的消费需求向政府部门的转移，进而改变消费基金的使用结构。

不过，至于公债资金何时用于投资，何时用于消费，多少用于投资，多少用于消费，要视宏观经济的具体情况确定。当投资疲软、预期利润率下降时，可增加政府投资，增加人们对未来的信心，带动私人部门积极投资，使经济早日走出困境。当商品积压，失业严重时，这时政府可增加消费支出，促进消费需求上升，同样可以使经济走向繁荣。

第五，国家公债是连接财政政策和货币政策的最佳结合点。国家为达到特定的宏观调控目标，往往需要财政政策和货币政策进行松紧配合，而国家公债作为财政政策的一种手段和货币政策公开市场操作的一种工具，是连接两种政策的桥梁，很自然能够使其有效地相互配合。通常，中央银行往往通过公开市场操作，买卖国家公债，吞吐基础货币，从而达到提高或降低利率，由于利率又是投资决策的一个重要因素，利率高低决定了投资或少或多，最终致使经济或松或紧，达到政府调控经济的预期目标。

(三) 公债的种类与结构

1. 公债的种类

(1) 按政府举债的形式，可分为国家借款和发行债券。国家借款是最早出现的公债形式，具有手续简便、成本费用低的优点，但只适用于应债主体较少的情况下使用，如向外国政府借款或向本国金融机构借款。发行债券以发达的信用制度和金融市场为依托，应用范围较广，面向公众和企业借款主要采用这种形式，但缺点是发行费用较高。

(2) 按照公债的发行地域，可分为国内公债和国外公债。国内公债简称"内债"，是政府以债务人身份向本国境内的居民或单位发行的公债。内债是一国公债的主要组成部分。国外公债简称"外债"，是政府在国外举借的债务。从世界各国经济发展的历史看，往往因本国游资有限，内债不敷需要，而向外国借债。外债是一国公债总额中不可或缺的组成部分，但所占比例要低于内债。

(3) 按公债偿还期限的长短，可分为短期公债、中期公债和长期公债。一般认为，偿还期限在 1 年以内的公债称为短期公债；偿还期限在 1 年以上 10 年以内的公债称为中期公债；偿还期限在 10 年或 10 年以上的公债称为长期公债。

(4) 按照公债的流动性，可分为可转让公债和不可转让公债。可转让公债是指可在金融市场上自由流通买卖的公债。认购者在购入这种公债后，可随时根据本身的资金需求状况和金融市场的行情，将债券拿到市场上出售。不可转让公债是指不能在金融市场上自由流通买卖的公债。认购者在购入这种公债后，即使急需资金，也不能将其拿到金融市场上转让，兑付现金。目前在我国，记账式国债可以流通转让，储蓄国债不可流通转让。记账式国债是面向全社会各类投资者发行的、可以上市和流通转让的、以电子记账手段登记债权的国债，其期限包括短期（1 年以内，不含 1 年）、中期（1 年至 10 年，不含 10 年）和长期（10 年及以上期限）。储蓄国债是主要面向广大居民个人发行的、不可流通转让的、但是可以提前兑取的国债，其期限通常为 3 年或 5 年。

此外，公债还有其他多种分类形式。如按照公债的计量单位，可分为实物公债和货币公债。按债券形态分类，分为附息债（剪息债）和贴现债。附息债指债券面上附有息票，在规定的时期以息票兑换的形式支付利息的债券；贴现债券面上不附有息票，而是采用低于面额的价格发行，发行价格与偿还金额之差即为利息。按募集方式分类，有公募债券和非公募债券。前者指以不特定的多数投资者为对象广泛募集的债券；后者指发行时不面向一般投资者，而仅向与发行人有特定关系的投资者募集。根据公债利率在偿还期内是否变化，可将公债区分为固定利率公债和浮动利率公债。固定利率公债指在发行时规定利率在整个偿还期内不变的公债；浮动利率公债是指发行时规定公债利率随市场利率定期浮动，也就是说，公债利率在偿还期内可以进行变动和调整。

2. 公债结构

公债结构指的是不同种类或不同性质的公债间的相互搭配，以及各类公债收入来源的有机组合。

（1）公债期限结构——不同期限的公债在公债总额中的构成比例。较为合理的公债期限结构，应是短期、中期、长期公债并存的结构，避免某一期限的债务过于集中。

（2）公债持有者结构——即"公债资金来源结构"，指在公债中不同性质的承购主体持有公债的构成比例。公债的持有者主体，可以是居民个人、企事业单位、各金融机构和政府部门等。在不同的经济条件下，应根据国家宏观政策调控的需要，适当考虑公债发行成本和对流动性的影响，来选择适当的公债持有者结构。

（3）公债利率结构——不同利率水平的公债在公债总额中的构成比例。应根据资金供求状况、市场利率水平、公债的使用方向和公债发行的需要与偿还的可能等因素，来综合确定合理的利率水平和利率结构。在不同的经济条件下，应根据国家宏观调控的政策需要，适当考虑公债发行成本和对利息率的影响，来选择适当的公债利息结构。

二、公债的经济效应

（一）李嘉图等价定理(Ricardian Equivalence Theorem)

1. 基本思想

英国著名古典经济学家大卫·李嘉图于19世纪在其代表作《政治经济学及赋税原理》的第十七章中，写下了这样一段话："如果为了一年的战费支出而以发行公债的方式征集2000万镑，这就是从国家的生产资本中取去了2000万镑，每年为偿付这种公债利息而征课的100万镑，只不过由付这100万镑的人手中转移到收这100万镑的人手中，也就是由纳税人手中转移到公债债权人手中。实际的开支是那2000万镑，而不是为那2000万镑必须支付的利息。付不付利息都不会使国家增富或变穷。政府可以通过赋税的方式一次征收 2000 万镑；在这种情形下，就不必每年征课 100 万镑。但这样做，并不会改变这一问题的性质。"这是"李嘉图等价定理"初始思想的来源。

这里表达出了三层含义：第一，在政府筹措财政经费时，课征 2000 万镑税收和举借 2000 万镑公债，都会使一国的生产资本减少 2000 万镑（李嘉图假定的是政府为战争费用而筹款）；第二，在发行公债的情况下，每年由政府偿付的利息，只不过是将一部分人的收入转付给另一部分人而已，并不会改变一国的财富总量；第三，无论是征税还是举债，都减少了居民的消费支出。因为发行公债与课税一样会使该国劳动者的收入下降，造成一国纯损失 2000 万镑，所以个人消费支出也会随之下降，并且这种消费行为的变化与征税条件下个人消费支出的下降是相同的。这段话的中心思想是：无论政府是以征税来增加收入，还是以借款的方式来增加收入，从效应上看，赋税和债券融资是等价的。

美国经济学家巴罗 1974 年在《政府债券是净财富吗?》一文中重提这一问题，认为通过发行公债的政府融资仅仅是延迟了征税，即虽然政府以公债形式融资支持部分财政支出，从而减少了当期的征税，但由于债务终究是由未来的增税偿还，因而它与现时税收在某种程度上是相似的（即等价）。并进一步分析，得出结论：在政府财政开支不被削减的情况下，预算赤字的增加应会导致正好与赤字相配合的储蓄的增加。通过建立一个世代交替模型，巴罗提出，在一个跨时新古典增长模型中，在特定假设（例如完备的资本市场、一次总付税、代际利他和债券增长不能超越经济增长等）下，如果公众是理性预期的，那么不管是债券融资还是税收融资，政府所采用的融资方式并不会影响经济中的消费、投资、产出和利率水平。这也就是后来被称为"李嘉图—巴罗等价定理"的核心内容。

2. 对"李嘉图等价定理"的质疑

诺贝尔经济学奖获得者詹姆斯·托宾认为，李嘉图等价定理的理论前提过于严格，与现实经济生活相背离，致使该定理必然失效。他在其著作《财产积累与经济活动》指出，第一，李嘉图等价定理不但要求各代的消费者都是利他的，而且要求在利他动机支配下的各代消费者所遗留给子孙的财产不能是负值。而这在现实生活中往往不能成立，因为有的消费者可能为后代留下负值的遗产。第二，李嘉图等价定理还暗含政府以举债替代课税不会产生再分配效应，并且各个消费者具有相同的边际消费倾向，这同现实生活的距离就更远了。第三，李嘉图等价定理实质上假定税收只是总额税（即一次性总付税），因而举债对课税的替代只会造成税收总额的变化。但是，在现实经济生活中,大多数税种都是有针对性而设立的,以举债替代税收而导致的税收上的变化,肯定会引起人们经济行为的相应调整,而经济行为的变化就意味着李嘉图等价定理不能成立。

近年来,经济学家曼昆则从消费者的短视、借债约束和代际财富再分配三个角度分析了李嘉图等价定理不成立的原因。第一,短视。"李嘉图等价定理"认为,人们在做出消费和储蓄决策时是理性的。理性的消费者能够预见到现在政府举债意味着将来要增加税收。而曼昆认为,人的理性是有限的,甚至人们在做出消费和储蓄决策时是短视的。人们往往是依据将来税收与现在税收相同的假设采取行动,而不会考虑现在的财政政策会引起将来税收的变化。因此,债务融资导致的减税将使得人们误以为永久收入增加了,从而导致其增加消费。

第二,借债约束。"李嘉图等价定理"的观点是建立在永久收入假说基础上的,认为消费不仅取决于当前收入,更重要的是取决于永久收入(包括当前收入和预期收入)。因此债务融资的减税会增加当前收入,但永久收入不变,从而消费不变。曼昆认为,永久收入假说是靠不住的,因为某些消费者面临着借债约束,只能消费其当前的收入,是当前收入而不是永久收入决定其消费。债务融资的减税会增加其当前收入,从而使其增加消费。

第三,代际财富再分配。曼昆认为,人们所具有的是普遍的利己主义行为动机。举债代表一种财富的转移,举债导致将来税收的增加会落在下一代人身上。债务融资的减税实质上会刺激消费,当代人会以下一代人消费减少为代价而增加自己的消费。

(二)公债的经济效应

1. 公债的资产效应

公债的资产效应是指公债作为持有者的一种能增加财富的资产,公债余额的累积将影响持有者的消费行为。公债的资产效应与"公债错觉"的概念相联系。"公债错觉"是指消费者在持有公债时,认为自己的资产(财富)增加了,可能会增加消费。依据传统的宏观经济理论,总消费函数在国民收入决定中起着重要的作用,而且总消费被认为取决于当期可支配收入和总财富。问题是人们所持有的公债是否被视为总财富的一部分。如果消费者将全部公债当做未来的纳税义务,这些债券就不能作为总财富的一部分;如果消费者没有意识到,或者因某些原因并不去关心这些债券所含未来纳税义务的真实涵义,这些债券就可作为总财富的一部分。而正如李嘉图等价定理的反对者们所指出的那样,由于将来的不确定性,每个人未必能有负担将来税负的预期。这样,当以"公债错觉"的存在为前提时,公债就具有了资产效应。以公债的资产效应为理论依据,公债被认为可以作为对付经济萧条的手段。由于公债的增加比税收的增加能增加民间资产,这样,一方面,人们因感到富有了而可能会增加消费支出;另一方面,人们的劳动意愿可能随之下降而减少储蓄。因此,发行公债在经济萧条时具有扩大消费需求而稳定经济的作用。

2. 公债的排挤效应

公债的排挤效应是指公债的发行会引起非政府部门投资的相应减少,即发行公债而增加的政府支出挤出了非政府部门的部分投资。公债挤出效应的发生,一方面是当政府公债发行收入中有来自于民间准备用于投资的资金时,形成了对民间投资的直接"排挤";另一方面,在整个经济运行的货币供应量不变的条件下,政府的公债发行实质上是增加了市场上对货币的需求量,因而导致市场利率水平的提高,相应地抑制了民间对资金的需求,从而进一步导致民间投资的减少。这就是公债发行通过利率的上升间接排挤民间投资的情形。

图 10-1 利用产品市场和货币市场同时达到均衡的 IS—IM 曲线模型来说明公债的排挤效应。E_0 是利率不变时,产品市场和货币市场均达到均衡的初始点,对应国民收入为 Y_0;此时如果政府进行公债投资,可发现 E_1 成为两个市场新的均衡点,而在 E_1 点,均衡国民收入 Y_1 明显小于在 E_2 点的国民收入 Y_2。这是因为利率的上升使总需求下降,从而减少了国民收入的增加,扩张性财政政策所引起的利率上升,从而投资下降、总需求减少的作用,即为财政政策的"挤出"效应。

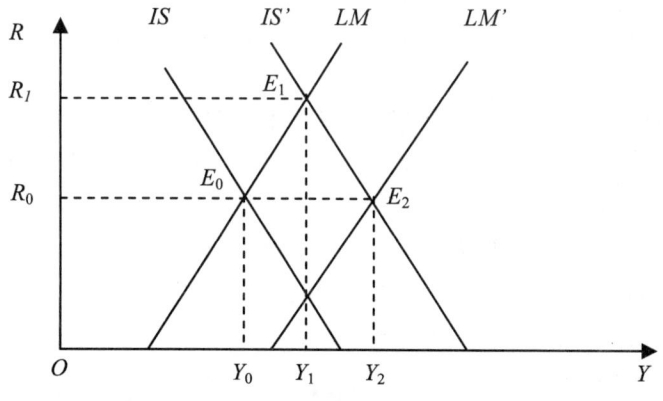

图 10-1 公债的排挤效应

当然，公债的排挤效应是否发生及效应的大小，要取决于一个国家的整体经济环境，包括民间投资经济能力、资本市场的发育状况和投资对市场利率反映的敏感程度等。一般认为，当经济已经处于或接近充分就业状态时，政府发行公债会导致利率水平上升从而产生对私人投资的"排挤效应"。反之，当经济处于非充分就业状态，特别是在经济处于衰退或不景气时，公债的发行可以启动闲置的生产能力，则不容易发生公债的"排挤效应"。

3. 公债的货币效应

公债的货币效应是指公债发行对货币供给量产生的影响，公债的货币效应因认购者的不同而有所区别。

(1) 以居民或企业为公债发行对象。居民或企业认购公债时，意味着货币由商业银行账户向中央银行账户转移；而当财政部门将发行公债所得收入用于支出时，则意味着货币由中央银行账户向商业银行账户转移。前者表现为货币供给量的收缩，后者表现为货币供给的总量扩张。两相抵消，不会增加或减少经济中的货币供给量。因此一般认为，在向居民或企业发行公债时，对货币供给量的影响是中性的。

(2) 以商业银行作为公债发行对象。当商业银行用超额准备金购买公债时，意味着货币资金由商业银行账户向中央银行账户转移，由于购买公债的超额准备金系商业银行原未动用的准备金，所以这一过程不会带来货币供给的总量收缩；而当财政部门将发行公债所筹集的货币资金使用出去的时候，货币资金又由中央银行账户向商业银行账户转移。在这一过程中，则会带来货币供给的总量扩张。总的来看，商业银行用超额准备金购买公债会对货币供给量产生扩张性影响。而当商业银行用已收回的贷款或投资所得资金认购公债时，对货币供给量的影响与向居民或企业发行公债无异，不会影响货币供给量。

(3) 以中央银行作为公债发行对象。中央银行认购公债时，无论是从财政部门直接购买，还是间接从公开市场上买进，都会使财政部门的存款账户或商业银行存款账户上加记一笔数额相等的货币量，这意味着相应数额的基础货币被创造出来，并通过财政部门支用该笔货币或商业银行开展资产负债业务等活动而进入货币供给量倍数扩张的过程。因此一般认为，由中央银行认购公债，对货币供给量会有扩张性影响。

三、公债的负担分析

（一）衡量公债负担的指标分析

目前，衡量公债负担主要可通过以下几个指标加以判断：

（1）公债负担率。公债负担率指政府债务余额占当年 GDP 的比重，它反映了一国经济总量对未偿还债务的负担能力。公债负担率是国际上通用的政府债务规模的衡量指标。根据国际经验，发达国家公认的警戒线是政府债务余额最多不超过当年 GDP 的 45%。这是由于发达国家财政收入占 GDP 的比重一般为 45% 左右，所以，债务累积额大体相当于当年的财政收入总额。

我国近年的债务负担率随政府公债余额的不断扩大表现出较快增长，2007 年已达到 19.6%（见表 10-1），不过，由于我国经济快速增长，到 2012 年，又下降为 14.9%。虽然远低于发达国家，但应注意的是，发达国家的公债累积规模是上百年时间积累下来的，而且经济实力雄厚，国家财力集中程度高，债务承受能力强。因此，不能将我国的公债负担率简单地和西方发达国家相比。

表 10-1 我国公债负担的指标分析

年度	中央债务余额（亿元）	公债负担率（%）	公债依存度（%）		公债偿债率（%）	
			全国	中央	全国	中央
2003	22603.6	16.6	13.0	43.1	4.4	8.1
2004	25777.6	16.1	11.3	40.6	2.9	5.2
2005	32614.2	17.6	8.8	34.2	2.6	4.9
2006	35015.3	16.2	9.4	37.9	2.0	3.7
2007	52074.7	19.6	18.2	79.4	2.1	3.6
2008	53271.5	17	5.1	24.0	2.1	3.8
2009	60237.7	17.7	9.1	45.6	2.2	3.7
2010	67548.1	16.8	8.1	45.7	2.2	3.6
2011	72044.5	15.2	4.1	27.5	2.3	3.5
2012	77565.7	14.9	4.4	29.4	2.2	3.7

资料来源：根据《中国统计年鉴（2003—2013）》《中央财政预算 2003—2013》《全国财政决算 2003—2013》等相关数据计算整理。

公债负担率 = 当年公债余额/当年 GDP；

全国公债依存度 =（当年公债发行额 - 还本数）/当年全国财政支出；

中央债务依存度 =（当年国债发行额 - 还本数）/当年中央财政支出；

全国公债偿债率 = 当年公债付息额/当年全国财政收入；

中央债务偿债率 = 当年国债付息额/当年中央财政收入。

（2）公债依存度。公债依存度指当年的公债发行额与财政支出的比例，它反映了政府财政支出对债务收入的依赖程度。关于债务依存度的国际公认标准是：政府总债务依存度的警戒线是15%～20%，中央财政债务依存度的警戒线是25%～30%。需要说明的是，当年的公债发行收入并非全部用于弥补当年的财政赤字，还有用于债务的还本支出，因此应从当年发行额中扣除还本支出，公式应调整为：

公债依存度＝（当年公债发行额−还本数）/当年财政支出

有关统计数据显示，我国近年来的中央公债依存度偏高，这说明中央财政支出有相当一部分是靠举债维持的。

（3）公债偿债率。公债偿债率指当年债务付息额占当年财政收入的比例。债务收入的有偿性，决定了债务规模必然受到国家财政资金状况的制约，因此要把债务规模控制在与财政收入相适应的水平上。在"借新债偿还旧债"的情况下，对财政而言，当年的债务负担只是支付到期利息，因此用当年公债付息额占当年财政收入的比例反映财政的债务利息清偿能力。我国近年的公债偿债率指标尚在国际警戒线（10%）以内。

（二）影响公债发行规模的因素

（1）经济发展水平与速度。经济发展水平是政府债务规模大小的决定性因素。一般而言，当一国经济发展水平较高、速度较快时，伴随着闲置资金的增加和个人收入水平的提高，整个国民经济对公债的承受能力会增强，公债规模可适当提高；反之，如经济发展水平较低、速度较慢，社会闲置资金和个人所得很少，社会的应债能力较弱，则应限制公债规模的过快增长，以免债务负担过重对国民经济和社会产生不利影响。

（2）财政的承受力。如果政府财政状况运行良好，筹资能力强，公债资金的运用合理，则可为公债的按期还本付息提供资金保障，并可以提高政府的信誉度，从而有利于公债发行规模的扩大；否则，财政运行状况欠佳，债台高筑，偿债能力低，不能按期还本付息，政府的信誉会受损，政府公债的发行规模也就很难扩大。

（3）公债管理水平。如果政府的债务管理水平很高，做到筹资成本低、债务资金使用效果好，公债就能产生较高的经济效益和社会效益，形成政府举债与经济社会发展之间的良性循环，会提高认购者的应债能力和政府的偿债能力，则有利于公债规模的扩大；反之，政府债务管理水平低下，债务资金使用效果不佳，则不应过分扩大政府的公债规模，以免背上沉重的债务包袱。

（4）财政政策选择。一个国家在特定时期实行何种财政政策也会在一定程度上影响公债的规模。财政政策通常包括扩张性财政政策和紧缩性财政政策。如果实行紧缩性财政政策,财政赤字规模缩小,公债规模也应相对减小;但若实行扩张性财政政策,拉动总需求必然以增加政府支出、扩大公债发行为条件,则公债规模必然扩大。因此,一定时期的公债发行规模应考虑当期政府宏观经济调控政策的需要,以发挥公债对经济稳定的积极影响。

(5)金融市场状况。公债是有价证券的一种,也是金融市场上不可缺少的金融商品。发达的金融市场,可以活跃投资者的公债交易活动,增强公债的流动性,提高公债的资信,从而会增加投资者对公债的需求,有利于公债发行规模的扩大;反之,则会对公债规模产生限制性影响。

三、公债市场

(一)公债市场

公债市场是政府通过证券市场发行和买卖公债的场所。公债市场一般具有两个方面的功能:一是实现公债的发行和偿还。政府可以采用承购包销方式和公开招标方式在公债市场完成公债的发行,也可以通过市场购销偿还法来偿还公债。二是调节社会资金的运行。在公债市场中,政府的公债发行与购回活动,公债承销机构和公债认购者以及公债持有者与证券经纪人之间从事的直接交易,公债持有者与公债认购者之间从事的间接交易等,都是社会资金的再分配过程,可以使资金需要者和公债的需要者满足各自的需求,使社会资金的配置趋向合理。

1. 公债发行市场

公债市场按照公债交易的层次或阶段可分为公债发行市场和公债流通市场。公债发行市场指公债发行场所,又称公债一级市场或初级市场,是公债交易的初始环节。在狭义上,是指公债发行者将新公债销售给投资者的场所;在广义上,则是泛指实现公债销售的完整过程。公债发行市场的功能是完成公债发行任务,使政府筹集到所需资金,同时也为社会上的投资者提供投资渠道和获取收益的机会。公债发行市场的组成要素有市场主体、市场客体和市场运作形式。市场主体,即市场的参与者,包括发行者、投资者、中介机构等。市场客体指发行市场买卖的对象,即新发行的公债券。市场运作形式即公债的发行程序。通常情况下,公债的发行者与公债的投资者之间并不发生直接联系,一般是通过公债发行的中介机构来完成公债的发行和认购。公债发行的中介机构主要包括银行、证券公司和经纪人等。由他们首先承购公债,然后再向投资者出售。

2. 公债流通市场

公债流通市场又称公债二级市场，是公债交易的第二阶段。狭义上是指公债持有者将其持有的已发行、未到期的公债转让给新投资者的场所；广义上，公债流通市场不仅仅指转让公债的有形柜台，而且泛指完成公债转让的整个过程。运行良好的公债流通市场，一是有利于公债发行的顺畅有效；二是有利于发挥公债的筹资、投资、融资等功能；三是便于中央银行开展公开市场业务，进行金融宏观调控。

按照公债流通市场的组织形式可划分为场内市场和场外市场两类。场内市场专指证券交易所内的公债交易。交易主体主要有证券经纪商和交易商等。经纪商代理客户买卖债券，赚取手续费，不承担交易风险；交易商为自己买卖债券，赚取差价，承担交易风险。公债的转让价格是通过竞争形成的，交易原则是"价格优先"和"时间优先"。场内市场交易的特点包括：一是有集中、固定的交易场所和交易时间；二是有较严密的组织和管理规则，包括自律性的管理机构和管理制度及从业人员；三是采用公开竞价交易方式，是持续性的双向拍卖市场；四是有完善的交易设施和较高的操作效率。我国目前场内交易市场由上海证券交易所和深圳证券交易所组成，参与者主要是证券公司和信托机构。

场外市场是相对于场内市场而言的，泛指在证券交易所以外的市场进行债券交易。场外交易是不固定交易场地和交易时间的无形市场，投资人之间直接或间接（通过经纪人）采用协商议价的方式进行交易。场外市场的优点有：一是交易规则灵活，手续简便，为个人投资者投资于公债流通市场提供更方便的条件，可以吸引更多的个人投资者；二是场外交易的覆盖面和价格形成机制不受限制，方便中央银行进行公开市场操作；三是有利于商业银行低成本、大规模地买卖公债；四是有利于促进各市场之间的价格、收益率趋于一致。

3. 公债发行市场与流通市场之间的关系

公债发行市场与流通市场是紧密联系，相互依存，互相作用的。一方面，公债发行市场是流通市场的基础和前提。任何种类的公债，都必须在发行市场上发行，否则政府就无法实现预定的筹资计划，投资者也就无处认购公债。同时，发行市场上公债的发行要素，如发行方式、发行时间、发行价格、发行利率等，对流通市场上公债的价格及流动性都会发生重大影响。

另一方面，公债流通市场的交易又能促进发行市场的发展。首先，公债流动性的高低，直接影响和制约着公债的发行。流动性是人们选择投资工具的重要衡量标准之一，如果一种债券的流动性好、变现性强，投资者认购的热情就高。流通市场使债券的流动性有了实现的可能，有利于债券的发行；其次，流通市场上形成的债券价格以及流动性的强弱，是决定发行市场上新发行债券的发行规模、条件、期限的重要因素。公债在流通过程中的转让价格、收益率及其变化，对新公债的发行起反作用。如在发行条件一定的情况下，流通中的公债价格高、收益率低，新债发行比较容易；反之，发行就相对困难，这时要保证新券发行顺利，其利率应相对提高。理想的公债市场体系应既有利于政府降低发行成本，又有助于投资者降低变现成本，这就要求公债的发行与流通市场有机地衔接起来，实现发行与交易一体化。

（二）公债市场的功能

市场经济国家的公债市场，不仅能够满足政府的融资需求，而且能够促进金融市场的发展，与货币政策的配合还能够调控宏观经济运行[1]。

（1）满足政府融资需求。公债市场能够向政府提供期限结构丰富的债券以满足政府的融资需求。首先，如果从公债还本付息的成本来看，最佳的选择是发行短期公债，但还本付息的频率会对政府预算设计带来不确定性，因此从预算角度来看，中长期债券符合政府预算的编制需要。其次，在发达国家的公债市场中，由于市场体系建设比较完善，各种期限结构的公债均有大量的投资者进行投资，从而在降低债券发行频率的同时满足解决政府赤字问题的需要。第三，发达的公债市场会通过规模经济降低公债交易过程中的交易成本，包括结算、转让、注册甚至是经纪人费用等。成本的降低会刺激更多的投资者进入公债市场并分担相应风险，投资者愿意接受的收益率也会降低，从而对公债产生较低的流动性溢价。第四，发达的国债市场还能够满足政府在应急情况下的快速融资需求，例如美国政府在金融危机时实施大量发行公债的策略。在自然灾害时期及商业银行发生金融危机的时期，政府可以通过公债市场向私人机构发行国债以较低的成本进行快速的融资。

（2）促进金融市场的发展。公债市场对金融市场的促进首先来自于市场竞争。作为一种金融投资工具，公债市场与其他金融市场也存在一定的竞争关系，如投行、证券等资本市场。这种竞争能够有效降低投资者的投资成本，从而促进金融市场的发展。其次，公债市场的发展使国家公债成为金融市场产品的定价基准。一般情况下，国家公债被认为没有违约风险，因此可为银行等金融机构金融产品的定价提供金融市场的基准收益率。第三，公债市场

---

[1] 王亚男：《我国国债市场功能分析及发展策略》，《学术交流》，2011年第2期，第104-105页。

为提高金融市场的流动性提供了必要的工具,特别是短期国家公债,已经成为众多金融机构满足其流动性需求的重要工具。最后,公债市场的发展还能培育衍生品市场的发展,从而对整个金融市场的风险管理提供重要的支持。基于国家公债的无违约风险的特点,最先发展出的金融衍生品大多是以国家公债为标的包括利率期权、期货等资产。

(3) 配合货币政策调控宏观经济运行。发达的国家公债市场能够促使央行制定有效的货币政策,通过平滑政府债券的发行,减少政府直接通过央行进行融资的动机,通过国家公债市场对公债的直接买卖及通过银行内部的回购市场进行货币操作,从而为央行政策的独立性提供制度性保证,并且有利于货币政策的执行。例如,我国特别国债的发行就体现了我国国债政策与货币政策的良好协调。另外,发达国家的国家公债市场中,投资者对财政政策、货币政策的预期能够快速地反映在公债的收益率曲线上,这对提高货币政策的透明度具有重要意义。反过来,公债收益率又为投资者提供了未来利率和通胀的期望信息,通过将未来短期利率的期望和当前长期利率联系起来,加强了政策的传导,则又对相关宏观经济政策的制定提供了重要依据。

(三) 我国公债市场的发展完善

1. 我国公债市场的发展

我国自 1981 年恢复发行国债之初,主要采取行政摊派方式,由财政部门直接向认购人(主要是企业和居民个人)出售国债,带有半摊派的性质。中国真正意义上的国债发行市场始于 1991 年。该年 4 月,财政部第一次组织了国债承销团,有 70 多家国债中介机构参加了国债承销。1993 年建立了一级自营商制度,当时有 19 家金融机构参加,承销了 1993 年第三期记账式国债。

当前,我国国债发行市场经过发展已基本形成型。其基本结构是:以差额招标方式向国债一级承销商出售可上市国债;以承销方式向承销商,如商业银行和财政部门所属国债经营机构,销售不上市的储蓄国债(凭证式国债);以定向招募方式向社会保障机构和保险公司出售定向国债。这种发行市场结构,是一种多种发行方式搭配使用,适应我国当前实际的一种发行市场结构。

我国国债流通市场始于 1988 年,国家首先允许 7 个城市随后又批准了 54 个城市进行国库券流通转让的试点工作。允许 1985 年和 1986 年的国库券上市,试点地区的财政部门和银行部门设立了证券公司参与流通转让工作。中国国债流通市场始于场外交易,但场外交易存在先天弱点:管理不规范,信誉差,拖欠现象严重,容易出现清算与交割危机;场外市场统一性差,地区牌价差价大，买卖差价大；不少场外市场有行无市，流动性差，等等。这些因素导致场外市场交易不断萎缩。与此同时，存在着国债品种结构、期限结构单一，流动性差等问题。场内交易市场虽然起步较晚，但由于自身优势却获得稳步发展。目前场内交易主要集中在四家场所：上海证券交易所、深圳证券交易所、武汉国债交易中心（1992年建立，专营国债转让）、全国证券交易自动报价中心。

2. 国债市场的完善

一个健全的、高效率的国债市场必然是能够充分发挥筹资功能与调节功能这两大功能的市场。当前，我国国债市场在调节功能的发展上是相当滞后的，这将影响我国宏观经济调控体系的效能。要完善其功能，可从以下几个方面入手：

（1）完善国债发行机制。首先，进一步规范滚动发行机制。扩大基准国债期限品种范围，进一步健全滚动发行机制，使一级市场国债发行形成更加持续的发行利率曲线，也使一级市场国债招标价格更好地发挥对国债定价与估值的参考作用。其次，可尝试推出国债预发行机制。为建立发行前债券价格揭示机制，规范一级市场债券分销行为，借鉴国际成熟债券市场预发行的做法，在中国国债市场尝试进行国债的预发行操作。

（2）建立统一的国债二级市场，实现场内交易与场外交易的相互配合。证券交易所债券市场和银行间债券市场都是发展国债流通市场所必需的，两者应是互补的关系。债券在两个市场之间能够自由转托管，通过不受阻止的套利来均衡两市场价差，从而共同确保整个国债市场具有较高的流动性和效率。要做到这一点，其一，应取消市场参与主体的市场进入限制。其二，应改革国债托管体制，建设统一高效的国债托管结算系统。

（3）丰富国债品种，增加短期国债发行量，增强市场流动性。当前我国国债品种中，短期国债相对缺乏。财政发行的国债大部分的期限为7~10年的长期国债，然而最适于作为货币政策操作工具的乃是短期国债。国债品种结构应进一步丰富，以满足投资者多样化的投资需求。同时，应增加可上市流通的短期国债的发行，创造合理安排国债期限结构的体制条件，实现短期国债滚动发行。以利于商业银行的流动性管理与中央银行的公开市场业务相结合。

（4）完善国债经纪人制度。建立完善的国债一级自营商制度，是公债市场走向规范化和现代化的重要标志。应充分发挥国债一级自营商在国债流通市场上的做市商作用，使之既能支持财政部的国债发行，又能配合中国人民银行的公开市场业务,从而更好地实现国债一级自营商权利和义务的统一。

(5)积极发展国债期货市场。目前我国债券市场没有衍生金融工具,在现有的交易体系和交易手段下,投资者无法有效地解决利率波动带来的巨大风险,使得机构投资者难以进行避险与对冲操作,阻碍了其对债券市场的进一步参与。市场上投资者追涨杀跌,不利于债券市场的稳定。发展国债期货等衍生金融工具市场,可以为投资者提供规避风险的有效手段,促进市场价格发现,对于长期进行大量债券投资的商业银行、保险公司、信用社、基金等机构投资者来说,十分重要。

第三节 政府债务风险管理

一、对政府债务及其风险的认识

（一）对政府债务的基本认识

通常,政府债务被认为是一种有偿性公共收入。政府在组织公共财政收入时,一方面可以凭借政治权利,采取无偿的形式来进行,如征税;另一方面还可以依据信用原则,采取有偿的形式来进行,如借债。这就是说,政府债务是政府取得公共收入的一种有偿形式。国际会计师联合会建议的政府国际会计准则将负债定义为政府由于获得某种经济利益而承担的,产生于过去的某种事项并且在将来导致政府资源流失的现有责任。

因此,可以看出,我国政府债务应是"公共债务"的简称,是政府履行其职能的需要,依据信用原则有偿、灵活地取得公共收入的一种形式,是各级政府部门债务的总称。它应包括由中央政府发行的国债、地方各级政府发行的公债,以及从上级或其他组织所借债务、政府所属行政机构或独资机构的债务。

（二）政府债务的分类

20世纪90年代,世界银行专家哈娜·波拉克科娃（Hana Polackova）运用财政风险矩阵的分类方法,将政府债务分为四种类型,即直接显性负债、直接隐性负债、或有显性负债、或有隐性负债。其中,直接债务是指政府在任何条件下都无法回避的责任和应当履行的义务,是后果可以预见的负债。或有债务是指在特定条件下政府需要承担和履行的责任及义务,其出现与否取决于特定事件是否发生。

（1）政府直接显性负债。政府直接显性负债是指由特定法律或合同确认的政府债务。主要指签订合同的政府借款和政府发行的债券、国家《预算法》规定的支出，以及具有法律效力的公务员的工资和公务员的养老金。

（2）政府直接隐性负债。政府直接隐性负债是指政府道义上的责任，虽然没有直接承担的义务，但是由于公众的预期和利益集团的压力，使得政府最终会负担的债务。主要包括公共设施未来的使用和维护的费用、没有法定责任的医疗保险、法律上未规定的未来的公共养老金、没有法定责任的社会保障计划。目前，我国对此类隐性负债，并未进行核算。

（3）政府或有显性负债。政府或有显性负债是指以法律、合约等形式加以记载和规定的，基于某一特定事项发生时，政府所承担的责任，而必须支付的债务。主要指政府为非主权借款、地方政府以及公共部门和私人部门提供的债务担保、为小企业抵押贷款提供的贷款担保、为对外贸易和私人投资提供的担保、国家保险计划方面的担保。

表10-2 政府负债类型

债务	直接负债 （在任何条件下存在的债务）	或有负债 （在特定事件发生情况下的债务）
显性的 （由法律和合约确认的政府负债）	1. 国家债务（中央政府借款和发行的债务） 2. 预算涵盖的开支（非随意性支出） 3. 法律规定的长期性支出（公务员工资和养老金）	1. 国家对非主权借款、地方政府、公共部门和私人部门实体（发展银行）的债务担保 2. 国家对各种贷款（抵押贷款、学生贷款、农业贷款和小企业贷款）的保护性担保 3. 国家对贸易和汇率的承诺担保 4. 国家对私人投资的担保 5. 国家保险体系（存款保险、私人养老基金收入、农作物保险、洪灾保险、战争风险保险）
隐性的 （反映公众和利益集团压力的政府道义责任）	1. 未来公共养老金（与公务员养老金相对的） 2. 社会保障计划，如果不是由法律做出硬性规定 3. 未来保健融资计划，如果不是由法律做出硬性规定 4. 公共投资项目的未来日常维护成本	1. 地方政府或公共实体、私营实体非担保债务（义务）的违约 2. 银行破产（超出政府保险以外的救助） 3. 实行私有化的实体债务的清偿 4. 非担保养老基金、就业基金或社会保障基金（对小投资者的保护）的破产 5. 中央银行可能的负净值或对所承担义务（外汇合约、货币保护、国际收支差额）不能履行 6. 其他紧急财政援助（如在私人资本外逃的情况下） 7. 改善环境、灾害救济、军事拨款

(4) 政府或有隐性负债。政府或有隐性负债是指未经法律确认，但某些事件一旦发生，政府会出于公众的预期、政治的压力和道义上的责任，而承担的债务。主要包括地方政府对未担保的负债以及其他负债的违约、银行的破产、社会保障基金的破产、中央银行未能履行的责任、其他紧急财政救助、环境灾害的改善等。

就我国实际情况看，政府负债既应包括已经列入预算的直接显性负债即公债、外国政府与国际金融组织的贷款、公债转贷资金、农业综合开发有偿资金等，还应包括目前尚未列入预算的直接隐性负债和或有负债，如政府欠发工资、政府采购应付未付货款、社会保障支出的缺口、国有粮食企业的亏损挂账、政府提供的各种担保贷款、国有企业的潜亏、国有银行的不良资产坏账、农村信用社和供销社系统以及农村合作基金的坏账等。这些负债或是因政府过去为取得所需资金、货物或劳务而形成的现时存在的债务责任，例如，政府借款和政府债券、政府采购应付未付货款、政府欠发工资、社会保障支出的缺口等；或是因特定事件发生而形成的现时可能存在的债务责任，例如，国有企业的潜亏、政府提供的各种担保贷款、国有银行的不良资产坏账、农村信用社和供销社系统以及农村合作基金的坏账等；既有能够以货币确切地计量的政府债券、政府借款、欠发工资、应付未付货款等负债，又包括即使没有确切偿付金额，也能够合理地估计的社会保障支出的缺口、国有粮食企业的亏损挂账、国有银行的不良资产坏账等负债，还包括目前无法合理估计的负债，比如政府提供的各种担保贷款等。

(三) 政府债务风险的特征

"风险"一词的字面意思是可能发生的危险。在现代经济学中，风险指人们现在的决策对未来可能产生的不良影响以及执行这些决策可能会出现的不良后果。顾名思义，政府债务风险是伴随政府负债而产生的一种财政风险，表现为政府无力支付到期债务的可能性。其特征主要表现为以下几个方面：

(1) 风险主体的政府性。由于政府债务是财政的重要组成部分，而财政的主体是政府，这就决定了政府债务风险是国家和政府的风险。政府债务风险的第一承担者是政府，一旦财政风险增大到一定程度，不能向社会有关机构提供足够的财力时，国家机器的正常运转就会遭受严重损害。这是它与以企业、家庭为主体的非政府债务风险本质的区别。

(2) 风险范围的社会性。政府负债风险无论最终是造成损失，还是带来收益，其影响范围都是社会性的，即风险要由全体社会成员来承担，只不过由于社会成员在社会分工体系中所处的地位不同、拥有的生产要素的种类、数量不同，有的承担的多一些，有的承担的少一些而已。而企业、家庭风险一般不会产生社会性的影响。

（3）风险是各种社会风险的综合。由于财政是社会经济、政治的综合反映，而社会各方面都与财政有着直接或间接的联系，各方面也必然是政府负债的承担者，政府债务风险对社会各方面都会产生巨大的影响。总之，政府债务风险不仅仅是财政部门的风险，也不仅仅是政府的风险，而是整个社会的风险，是其他各种社会风险在财政中的反映。与此同时，现实生活中经常采用的"财政兜底"的政策，实际上把政府债务风险视为社会其他风险的承担者,在一定程度上是缓解甚至化解其他社会风险的手段。

（4）风险过程的长期性。在现代社会，由于政府公共经济部门活动是以国家政权为依托的，可以凭借国家的政治权力强制地扩大收入来源，只有经过相当长的时间，这种强制性超出整个国民经济承受能力的条件下，政府负债风险才会变成现实的财政危机。这样一方面为政府实现结局的逆转提供了充分的时间，即便政府行为出现了失误，蕴涵了较大风险，但只要损失尚未成为现实，政府就有可能通过采取相应措施来化解风险；另一方面，也使债务风险在一定程度上具有了隐蔽性，使人们对其缺乏足够的警惕，极易忽视债务风险，从而加大债务危机出现的可能性。

二、政府债务风险管理理论

（一）古典学派的政府债务理论——债务有害论

18世纪以后，西欧各国纷纷进入自由资本主义时期，亚当·斯密、大卫·李嘉图、大卫·休谟及萨伊等古典经济学家信奉反对国家干预经济、主张自由竞争、关注经济效益的自由主义哲学思想。由于这种立场的确立，他们大多认为，对于政府来说，税收要比债务融资更有效。因此，这些古典经济学家主张在和平时期和战争时期应该恪守预算平衡的原则，认为平衡预算原则是政府应该必须遵守的道德规范。而对于政府负债，他们认为，不断增加的政府债务将资本从私人生产领域转移到消费性的非生产领域，从而使得日益庞大的国家债务最终会出现挤出私人投资和减慢经济增长的后果。

古典经济学家债务理论的主要观点有：第一，从本质上讲，国家公债是延迟的政府税收，政府发债会助长政府靠举债度日，会使政府形成一种奢侈而不知节俭的风气；第二，政府通过举借公债所筹资金用于非生产性支出，会促使私人增加消费和减少储蓄，这样就把私人生产性资本用于政府非生产性支出，妨碍工商业的发展，损害了经济长期的增长能力。第三，会造成不合理的收入分配结果。国家公债的大量增长，会造成国家每年所得生产的大部分公共收入，不得不用来抵充公债费用。从而，人民的土地和劳动养肥了金融界和高利贷者，并没有用于维持政府。

（二）正统学派的政府债务理论——债务未必有害论

随着自由资本主义向垄断资本主义的逐渐过渡，对公债的认识逐渐出现了从否定发行到肯定发行，由负债有害发展到负债有益的转变。20 世纪 30 年代出现的"凯恩斯革命"是这一重要转变的标志。1929—1933 年资本主义爆发了历史上最严重、最持久、最广泛的经济危机，史称"大衰退"，1936 年凯恩斯（John Maynard Keynes，1883—1946）出版了他的《就业、利息和货币通论》，指出大衰退的原因是由于有效需求不足，克服有效需求不足就需要政府增加政府支出，降低税率，削减税收，实行赤字财政，而赤字财政必然导致政府大量借债。他认为"举债支出虽然浪费，结果倒可以使社会致富"。政府债务对经济的正面效应超过其带来的风险，因此鼓励适当举借债务。

以后，正统学派的阿尔文·汉森、勒纳、萨缪尔逊等著名经济学家进一步发展了凯恩斯的公债理论。他们通过分析政府债务的生产效应、消费效应、就业效应，把政府债务作为调节经济发展的政策性手段，从而将研究的视角放在经济增长上，从经济层次上分析政府债务风险。由此，政府债务风险需要根据整个经济体系中的不确定性因素以及政府债务效应是否达到预期的结果来确定。

（三）现代政府债务理论的辩证发展——政府债务益害论

20 世纪 70 年代后，西方主要发达国家出现了经济滞胀的困境。此时主流学派倾向于维护凯恩斯主义的公债观，对公债有益性一面的探讨也有了更深的认识。而非主流学派则倾向于否定凯恩斯主义的政府债务观，对公债有害性的一面揭示较多。两派争论的焦点主要在于公债政策是否有效，如何才能有效。

后凯恩斯主义、新凯恩斯主义等主流经济学派坚持认为积极的政府负债政策是有效的。当经济面临有效需求不足的衰退时，举债扩大支出可刺激需求，对经济产生积极影响。但在反对学派的挑战之下，他们更加注重债务政策适用的经济条件（有效需求不足）、债务支出的投向（主要是投资性支出）、债务还本付息负担的安全性与公平性（债务规模与结构、债务转移问题）等的研究，从而深化了对政府债务的认识。

而非主流学派认为政府债务政策无效或基本无效。理性预期学派的罗伯特·巴罗认为在理性预期下，政府以课税或举债筹资的实际效果相等，其对消费和投资的影响是无差别的，不会引起人们经济行为的调整，负债政策最终是无效的。货币主义学派的弗里德曼认为中央银行的货币供应量政策将最终决定政府负债政策的有效性，公债政策自身无法单独有效。

公共选择学派的布坎南认为政府因内部效应，导致依靠政府负责来扩大公共消费，结果势必会摧毁一个民族、一个国家或一个社会的资本或资产。这种政策实际上不仅无效，而且有害。

（四）政府债务理论新论

20 世纪 90 年代以来，经济学家约瑟夫·斯蒂格利茨教授针对 80 年代美国高额财政赤字和贸易赤字（所谓"双赤字"）同时出现的现象，提出以政府债务资金的不同用途去分析政府债务负担的观点。他提出，如果政府是为供多年使用的道路、学校、研究与开发活动或工业项目融资举债，尽管对私人投资也是一种"挤出"，但这并不影响"未来的经济产出水平"，也不影响人们的整体生活水平。但如果政府将债务收入用于诸如支付政府人员工资或用于没有效益的支出，其结果不仅将"减少经济中的人力资本和物质资本"，影响未来产出和缩减人们应有的工资水平，降低人们应有的生活水平，而且随着时间的推延，政府债务的累计将会超过其正常的偿债能力，必将损害其"未来借债能力"。

同时，他引进了开放经济条件和资本市场要素来分析政府债务的影响机制，认为由于政府债务举借"挤入外来资本"而支撑了私人部门的投资，以及高利率使进口商品量增加但却比较廉价，从而得出的现象是：政府债务增加并没有冲击供给能力和水平，因而就不会引发通胀。

这一阶段的西方政府债务理论，另外一个重大发现就是政府"隐性债务"概念的提出。1992 年普林斯顿大学经济系的哈维·罗森教授谈及论政府的有形资产和政府隐性债务问题时，提出隐性债务是由于政府承诺未来支付一定数额款项而产生，进而提出根据经济分析的目的来界定政府债务，同时应将财务管理的相关理论运用到政府债务管理上来。

三、我国地方政府债务风险治理

（一）我国地方政府债务风险形成机制

地方政府债务风险是政府整体债务风险的重要组成部分，是地方财政风险的集中表现。近年来，随着经济快速增长，财政收入保持高速增长的同时，我国地方债务的急剧累积和快速增长，地方债务风险已经成为威胁我国经济安全与社会稳定的重要因素。根据国家审计署测算①，截止到 2013 年，地方总负债为 17.9 万亿，已成了我国财政的一个重要隐患，严重制约着地方经济社会持续、健康、和谐发展，并潜伏着巨大的债务风险和诚信危机。其形成的原因大体如下②：

（1）财政体制改革不彻底，导致的财权与事权不对称。1994 年实行分税制时，虽然对这两级政府之间的事权进行过调整，但总的趋势是事权向地方下放。与此同时，为了增强中央政府的宏观调控能力，中央将消费税、关税等大税种划归中央，将增值税、企业所得税等税种实行中央与地方共享。这样一来，留给地方政府的收入主要是大税种的小部分、小税种的大部分以及税源零散、稳定性差的税种，并且省以下出现越往下越"无税可分"的局面。虽然中央政府近年来不断增加对地方转移支付的力度，但是均衡性转移支付比例不高，大量采用的是专项转移支付，存在资金分配方法不科学、资金使用效率不高、大量挤占挪用等问题。有限的财政收入和巨大的支出需求相比矛盾突出，地方政府不得不靠举债度日。

（2）现行行政管理体制导致的考核弊端。由于地方政府考核体系的不科学、不健全，片面强调发展观和政绩观，导致地方政府性债务的扩大。相对于经济体制改革而言，我国行政管理体制改革相对滞后，"越位"与"缺位"问题并存，考核弊端突出。通常是，政府官员将个人政治前途放在首位，为了应付上级考核和显示工作业绩，实现自身利益最大化，在有限的任期内捞取政治资本，超越地方现有财力和经济实力，大规模上马建设项目，盲目追求 GDP 高增长，不惜举债融资，使得地方政府性债务规模不断增大，同时千方百计隐瞒债务，债务风险不断加剧。特别是官员一届任期只有几年，更倾向于长期负债，使得现任政府在享受债务带来现实好处的同时将偿债压力后移。

（3）投融资体制导致的政府投资冲动。当前，我国仍处于经济体制转轨时期，计划经济体制下的政府投融资体制虽然已经打破，但是，适应市场经济的新型政府投融资体制还未完全建立。地方政府投资范围仍然过宽，不仅

---

① 2013 年 12 月 30 日，审计署发布了《全国政府性债务审计结果》，截止到 2013 年 6 月，中国政府债务（政府有偿还责任的债务）总计 20.7 万亿，其中中央政府 9.8 万亿，地方政府 10.9 万亿。除此而外，政府还有总计 9.6 万亿的或有债务（政府有担保或救助责任的债务），其中中央和地方政府分别为 2.6 万亿和 7 万亿。

② 黄国桥、徐永胜：《地方政府性债务风险的传导机制与生成机理分析》，《财政研究》，2011 年第 9 期，第 3 页。

大量涵盖公共产品和服务领域，在赢利性和竞争性领域也没有完全退出，一些地方在保运转的"吃饭财政"下，仍然进行大规模基础设施建设和其他领域投资。而且融资主体分散，管理薄弱，决策主体、偿还主体和责任主体并不统一，偿债意识也很淡薄。由于政府投融资体制的上述缺陷，形成了大量低效或无效投资，有些地方甚至出现了超前建设，依靠投资项目本身收益根本无法还款，形成巨额地方政府性债务。

（4）现行预算管理体制导致的预算软约束。长期以来，我国明确规定地方政府不允许举债，上级政府并不对下级政府举债承担责任。但是，地方政府知道一旦地方财政破产，上级政府绝不可能不管，软约束的预算管理体制必然促使上级政府全力救助下级政府。具体来说，如果在赋予地方政府决策者以决策权力的同时，却不明确与履行该职责相对称的责任义务，会导致地方决策者在投资决策时难以控制扩张的冲动，造成举债规模过度扩张的局面。到了债务累计到地方财政无法归还债务时，地方政府则把希望寄托在中央政府的最终救助上，而现有预算管理体制下，中央政府救助也是大概率事件，这样就形成了地方政府决策在预算上的软约束。一直到2014年10月，《国务院关于加强地方政府性债务管理的意见》发文明确规定：地方债务自偿，中央不救助。这种情况从制度设计上，才有所改观。

（5）积极财政政策的影响。1998年以来，为了应对经济危机，中央政府大量发行国家公债，实施积极财政政策。国家公债资金大量投入地方，对加快地方基础设施建设和拉动地方经济增长发挥了积极的作用。不过，国家公债投入通常需要银行和地方政府的配套资金。由于国家公债在地方主要投向社会效益明显而经济效益甚微的基础设施，因此，银行的配套资金实际上成了地方政府担保的贷款，最终偿债责任会落到地方政府的头上。地方政府配套的资金，大多也通过投资公司之类的经济实体从多渠道融资，地方财政投入很少，这也形成了地方政府的债务。另外，国家公债转贷给地方部分，地方政府还必须还本付息。

（6）经济风险和社会风险的转嫁。在我国经济体制转轨中，由于政府职能转变滞后，政府对经济、社会微观领域事务干预过多，产权不清，导致经济、社会主体缺乏自我风险约束；由于市场化程度不高、市场准入的限制，保险、担保、期货等民间风险经营机构难以快速发展。这两个方面的因素结合在一起导致分散、化解经济、社会风险的市场机制难以形成，许多经济、社会风险直接转嫁给地方政府，形成地方政府债务风险。

（二）防范和化解我国地方政府债务风险的对策[①]

（1）清查存量债务，建立地方政府债务风险预警机制。组织大规模的全国地方政府债务清查，按照直接显性、直接隐性、或有显性和或有隐性的债务分类方法对地方政府债务进行分类登记，摸清地方政府债务的总量和结构。中央负责制定包括直接显性、直接隐性、或有显性和或有隐性债务在内的完整的地方政府债务统计指标体系，并结合财政、经济、社会发展相关指标，建立地方政府债务风险预警机制，让政府性债务在阳光下运行，对可能出现的地方政府债务风险及早预警。另外，还要建立和完善地方债务风险监管体系，把内部控制和外部监督，责任考核和审计监督结合起来，化解债务风险于未然。

具体来说，对直接显性债务，各级地方政府应根据债务的数量和期限，制定中长期偿还计划，并建立相应的偿债基金；对直接隐性债务，应预测未来各年度的支出缺口，制定弥补支出缺口计划；对或有显性债务，应坚持"谁借谁还"的原则，清偿债务，必要时可用法律手段进行追讨；对或有隐性债务，应加强管理，尽可能在经济、社会领域"就地"化解；对无法追讨的或有显性债务和无法"就地"化解的或有隐性债务，应纳入直接显性债务进行清偿。地方政府化解存量债务的资金可从预算内资金、预算外资金、国有资产变现收入中筹集，中央财政也应给予一定的债务豁免或资金援助。

（2）实施行政层级改革，完善分税制财政体制。①减少政府层次。分税制财政体制要求一级政府一级事权一级财权，我国目前 20 多个税种分到 5 级政府并形成与各级政府事权相对应的稳定的财权，是非常困难的。因此，建议实行三级加两个半级政府，即中央、省、县三级政府和地（市）、乡（镇）分别作为省、县政府的派出机构，为完善我国分税制财政体制奠定良好的前提。②在减少政府层次的基础上，以公共产品受益范围为标准，科学合理地划分各级政府之间的事权。对诸如基础教育等属于全国受益范围的公共产品应由中央政府来提供，这也是发达国家通行的做法。属于地方受益的公共产品，应按受益范围的大小由相应级次的政府来提供。各级政府之间事权划分后，应用法律的形式确定下来，坚决抵制上级政府随意变更下级政府事权的做法。③合理划分各级政府之间的财权。根据事权和财权相对应的原则，发达国家的经验以及我国目前的税制，中央政府的税收应以增值税、消费税和关税为主，省级政府税收应以营业税为主，县级政府税收应以财产税为主。

[①] 呼显岗：《地方政府债务风险的特点、成因和对策》，《财政研究》，2004 年第 8 期，第 43-44 页。

同时，还应扩大地方政府的税种选择权、税率调整权。④规范和加大转移支付。按照全国公共产品供给均等化原则，中央应缩小、取消专项转移支付，加大对事权大于财权的地区的一般转移支付，坚决杜绝上级政府"创租"、下级政府向上级政府"寻租"的恶性循环，实现地方政府事权与财权的相对称。

（3）加快地方政府投融资体制改革。①规范政府投资范围。按照市场经济要求，政府投资应尽快从一般竞争性领域退出，投向交通、能源、市场基础设施、农业基础设施、环境保护、公共卫生、基础科研、教育等公共产品领域。②建立政府投资项目库。凡是政府投资范围内的项目，都应组织专家进行投资与收益分析，确保项目投资建立在科学、可行的基础上。所有经过专家可行性论证的项目都应进入政府项目库。③统一政府融资管理。政府投资项目所需资金，无论是对外债务，还是国内金融机构借款、国家公债、地方公债等，财政部门应根据政府投资计划编制财政融资的预、决算，加强对政府债务借、用、还的全程管理和监督。④建立两种不同的偿债机制。对主要体现社会效益而经济效益低下的公益性项目，财政部门应以税收和其他经常性收入作为资金来源建立偿债专项基金，清偿债务。对道路、桥梁、机场、码头等具有可见经济效益的项目，应坚持"谁借谁还"的原则，用项目收益偿还债务。⑤制定包括政府投融资决策条件、债务偿还条例和项目决策失误责任追究条例在内的一系列法律法规，实现政府投融资管理的规范化和制度化。

（4）转变政府职能，深化行政管理体制改革。在市场经济条件下，要想从根本上解决地方政府的举债投资冲动，必须依靠政府职能的转变，找准政府定位。当前，要扭转以 GDP 为核心的政绩指标考核机制，真正把政府由"全能型"转为"服务型"，由"无限型"转为"有限型"，加强政府的社会管理和公共服务职能，更加注重和改善民生。树立正确的发展观和政绩观。防止党政领导行为短期化，摒弃过去考核"重资金投入、轻效益评价，重硬件形象、轻成本考核"的倾向，充分发挥绩效评估的激励约束作用，将减债纳入党政领导干部考核指标，树立"减负就是增收、减债也是政绩"的理念，从源头上防范政府性债务风险的产生。

（5）建立经济、社会风险的分散和化解机制。①强化经济、社会利益主体的风险自我约束。加快地方政府职能转变，减少政府对经济、社会微观事务的过多干预，充分发挥产权的激励和约束作用，实现经济、社会利益主体责、权、利相统一，强化利益主体的风险自我约束，形成分散、化解经济、社会风险的第一道防线。当前最为迫切的是要规范地方政府行为，减少地方政府对商业银行等金融机构借贷业务的干预；加快国有企业改革步伐，实现国有经济从竞争性领域的有序退出；放开粮食市场，实现市场对粮食生产的调节；认真贯彻《担保法》，禁止政府为竞争性领域的一切企业融资提供担保。②大力发展民间风险经营机构。放宽市场准入，提供政策支持，大力发展保险、担保、期货等民间风险经营机构，分散和化解经济、社会利益主体自身无法抗拒的风险，形成防范、化解经济社会风险的第二道防线，减少经济、社会风险向最后防线——财政的转嫁。③政府应加强对国有公益性事业单位的融资管理。对融资项目应组织专家进行可行性论证，对融资数量应进行偿债能力分析，既要满足事业发展的需要，又要防止公有产权形成的融资冲动，避免不良债务的形成。

（三）为解决地方政府债务的新举措

1. 针对地方政府债务增量的解决方案

根据2015年1月1日开始实施的新《预算法》第三十五条的规定：（1）经国务院批准的省、自治区、直辖市的预算中必需的建设投资的部分资金，可以在国务院确定的限额内，通过发行地方政府债券举借债务的方式筹措。举借债务的规模，由国务院报全国人民代表大会或者全国人民代表大会常务委员会批准。省、自治区、直辖市依照国务院下达的限额举借的债务，列入本级预算调整方案，报本级人民代表大会常务委员会批准。举借的债务应当有偿还计划和稳定的偿还资金来源，只能用于公益性资本支出，不得用于经常性支出；（2）除前款规定外，地方政府及其所属部门不得以任何方式举借债务；（3）除法律另有规定外，地方政府及其所属部门不得为任何单位和个人的债务以任何方式提供担保；（4）国务院建立地方政府债务风险评估和预警机制、应急处置机制以及责任追究制度，国务院财政部门对地方政府债务实施监督。这将使地方债的发行、筹集资金的使用，以及债务的偿还和监管都必须依法进行，将有助于地方政府债务增量问题的解决。

2. 针对地方政府债务存量的解决方案

根据新《预算法》《国务院关于加强地方政府性债务管理的意见》及地方政府债券发行管理的有关规定，财政部、中国人民银行、银监会联合印发了《关于2015年采用定向承销方式发行地方政府债券有关事宜的通知》，明确2015年省、自治区、直辖市（含经省政府批准自办债券发行的计划单列市）人民政府在财政部下达的置换债券限额内采用定向承销方式发行一定额度地方债，用于置换地方存量债务。采用定向承销方式发行地方债，是指省级政府面向地方政府存量债务中特定债权人，采取簿记建档方式发行地方债，用以置换本地区地方政府相应的存量债务。这将丰富地方债的发行方式，有利于推动地方政府高效、便捷地开展存量债务置换。

财政赤字和政府债务是关系到经济健康发展的重大议题。政府负债能够缓解财政危机，保证和实现经济的可持续发展；政府负债又是引发债务风险的主要原因，威胁到国家的财政安全。本章通过对政府举债作为弥补财政赤字、获取预算收入的基本方式的阐述，指出公债是形成政府债务的主要来源，并详细介绍了公债理论与公债市场内容。当政府主要通过举债为公共部门赤字融资时，可能会产生债务风险，政府无法按时偿还债务，甚至会由于政府债务负担过重，造成财政危机。因此，本章在对西方政府债务风险管理理论演进过程介绍的基础上，提出了我国地方政府债务风险治理策略。

练习题

思考题

1. 如何理解财政平衡与财政赤字的关系？
2. 比较财政赤字的两种计算口径。
3. 公债收入在财政赤字中的弥补作用。
4. 简述公债的涵义、特征与种类。
5. 公债具有哪些功能？
6. 理解分析公债的经济效应。
7. 试述我国公债市场的现状与完善。
8. 简述政府债务风险的特征。
9. 试述政府债务风险管理理论的演进过程。
10. 分析防范和化解我国地方政府债务风险的对策。

第四篇 财政政策与中国财政改革

第十一章 财政政策及其效果分析

　　现代政府所推行的财政政策往往是为了实现社会的、政治的、经济的、文化的等多重目标，所以政策内容、政策制定与执行活动变得异常复杂，而政策效果及其验证问题也愈益带来更多的争议。为此，财政理论研究与财政政策研究的界限被逐渐模糊化，这种模糊化的好处有二：一是经济学家介入财政政策的制定过程，可以直接了解理论的适用性、实用性，克服理论脱离实践的弊病，提高他们对公共政策的影响力；二是经济学家能够直接对财政政策进行系统的实证研究，建立政府能力与私人能力的比较优势理论，以确定不同政策的性质及其潜在效率。

　　但是，经济学家广泛介入政府财政政策的制定过程，通常会使他们中的一些人自觉地或不自觉地成为政府既定政策的直接鼓吹者、说教者，这对于国民正确判断政府政策的目标及其作用性质可能会产生不利影响。因此，美国经济学家施蒂格勒曾经指出，只有通过实证研究，经济学家才能判断政府的某项经济干预、经济政策是否是有效的，否则无从说明是否应该在特定场合求助于政府政策的力量。他说："无论你持何种立场，在弄清楚人们求助于医生会增加还是减少死亡率之前，你都不应该支持强迫或禁止人们去找医生的建议。"[①]

　　由于政府财政政策的其他目标，如资源配置、收入分配等，在前面的有关内容中已经涉及，本章则着重研究现代财政政策对宏观经济稳定化的重要影响，研究重点包括现代财政政策的基本性质，对宏观经济发生稳定作用的机制，以及财政政策效果等问题。

---

① G.J. 施蒂格勒：《经济学家和说教者》，北京：生活·读书·新知三联书店，172页。

第一节 财政政策的基本性质

如果说财政理论是对经济社会财政现象所进行的高度抽象化的概括,是对其内在联系与规律的高度系统化的描述,那么财政政策就是对财政理论运用的具体化。依据特定的财政理论制定与贯彻特定的财政政策,既是前者对后者的指导过程,也是后者对前者的检验过程。作为人类社会的思想产品,理论与政策相辅相成,相互推动,共同发展。

本节从财政政策的一般定义出发,简要阐释现代财政政策在社会经济过程中所能发挥的功能作用,以及现代财政政策制定的理论依据。

一、财政政策及其分类

按照美国经济政策学家 K. E. 包尔丁的定义,政策就是支配为既定目标而采取行动的各项原则。一般来说,政策总是意味着行动的计划或方针。那么,财政政策就是指政府在使公共财政所有不同要素完成其基本任务(如税收,作为公共财政的一个要素,其首要任务就是筹措收入)的情况下,共同地用于实现各种经济政策目标的方式、方法。这些目标通常包括在高水平就业基础上保持经济稳定,和稳步提高生产率以在可用资源约束下实现最大化经济增长。[1]简言之,现代政府在不同时期制定、推行不同财政政策的基本意图在于:为了实现国家既定的社会经济发展目标,或者为了适应国家社会经济发展的要求,更好地协调政府的有关财政经济活动以充分发挥现代财政的那些重要职能。

从财政政策对国民经济活动的不同影响作用来看,现代财政政策通常可以按照不同标准划分为以下各种类型。按照财政政策是否能够直接对个人、集团、社区、地区经济利益、经济福利的分配产生重大影响,有关财政政策可以划分为分配性财政政策、调节性财政政策与再分配性财政政策。这种类型的财政政策以发挥其协调经济利益的作用为主,一般情况下政府制定的税收政策、补贴财政、转移支付政策、社会救济与保障政策均有较高程度的分配、再分配性质。

---

[1] 参见厄休拉·K. 希克斯(Ursula K. Hicks)1968 年发表的《公共财政》(Public Finance 3rd ed, Cambridge at the University Press)。

按照财政政策是否能够对商业周期产生重要影响作用，有关财政政策可以划分为自调节财政政策（Self-regulating Fiscal Policy）和审慎财政政策（Discretionary Fiscal Policy，或称"自由裁定财政政策"）。自调节财政政策是指能够依据国家宏观经济状况的变化，而自动做出适当反应并产生稳定作用的财政政策，这种财政政策实际上是政府精心设计的一套规范化的财政活动安排。例如，在政府实行累进的所得税制度，同时推行全社会共享的社会保障制度，这些制度安排自发地产生某种调节功能，在一定程度上起到及时稳定经济社会总需求的作用，[①] 而无须政府经常改变财政收支政策以取得同样效果。不过，自调节财政政策在稳定宏观经济运行方面的作用是有限的，宏观经济波动超过一定限度，该财政政策即趋于失效。此时，政府就要根据国家宏观经济发展趋势采取相应的、调整力度更大的财政措施，以便在自动性财政政策失效情况下取而代之，继续发挥稳定宏观经济的作用。这样的财政政策在制定与贯彻上均要求政府对现行的财政活动（预算安排）进行必要的调整，表现为政府对宏观经济运行进行有意识的干预。这种财政政策之所以被称为审慎财政政策，源于其政策效果如何，其中大部分取决于政府对宏观经济变动性质所做的判断是否准确、所采取的具体调控措施是否合适、干预的时间选择是否及时等多种因素。由于推行审慎财政政策可以给政府官员在稳定宏观经济过程中以更大的灵活性与自由度，这种财政政策具有最为明显的"逆商业周期而动"的作用。不过，也应该看到，如果政府官员在政策制定与贯彻上，带有较大的主观随意性，其可能产生的政策偏差、政策失误、政策失灵也会给经济社会带来巨大损失。

根据财政政策对宏观经济总量变动（在方向及力度方面）所发生的不同影响，还可以进一步划分为扩张性财政政策、紧缩性财政政策和中性财政政策。在经济社会总供给大于总需求，国民经济出现衰退的情况下，政府往往实行扩张性财政政策。通过诸如提高政府开支、扩大转移支付、降低税率或调整税收结构等特定财政活动，来刺激、增加经济社会的总需求以弥补其与总供给的缺口，从而推动国民经济摆脱"过冷"状态。在相反的情况下，即经济社会总需求趋向大于总供给，通货膨胀压力明显提高的情况下，政府往

[①] 按照现代宏观经济学理论，有效需求不足常常引发经济社会的就业不足（即经济发展过冷），形成经济衰退，而有效需求过度又常常导致经济发展过热，形成通货膨胀。累进性所得税制度与社会保障制度的有机结合会在经济过冷时产生刺激经济社会总需求的作用，而在经济过热时产生抑制经济社会总需求的作用。所以，自动性财政政策无须借助外力即可发挥某种程度的"逆商业周期而动"的政策效果，该财政政策通常被称为经济社会的"自动稳定器（Built-in Stabilizer）"。

往要实行紧缩性财政政策,通过诸如降低政府开支、减少转移支付、提高税率或调整税收结构等特定的财政活动,来抑制经济社会的总需求以恢复其与总供给的平衡,最后使国民经济摆脱"过热"状态。这两种财政政策实际上均是审慎财政政策的具体实施,是现代政府财政政策的核心内容。卓有成效地制定、推行这种财政政策,也是现代政府经济领导能力不断提高的集中表现。

所谓中性财政政策是指政府财政活动对经济社会总需求变动既不发生扩张效应,也不发生紧缩效应,而保持中性性质。中性财政政策和非中性财政政策(如扩张性财政政策与紧缩性财政政策)在外在表现上的区别是,前者通常与政府年度预算平衡相一致,而后者则允许年度预算不平衡,甚至发生较大规模的预算盈余或负盈余(赤字)。现代西方经济理论认为,中性的财政政策不仅不能发挥"逆商业周期而动"的作用,而且带有加剧商业周期波动的负作用。所以,现代政府只要把保持充分就业和稳定物价视为压倒一切的重要任务,就很少有可能去积极推行中性财政政策。

在此应该指出,不同类型的财政政策所追求的社会经济目标在时限上是有区别的。分配性、调节性、再分配性财政政策往往追求的是社会公平、经济效率等长期目标,而审慎财政政策(非中性财政政策)则既追求经济增长这样的长期目标,也追求宏观经济稳定(维持国民经济平稳运行)这样的短期目标,但经常以实现短期目标为主。因此,财政政策就有了长期政策、短期政策之分。与长期政策相比,短期政策在制定上更为复杂,在贯彻上也更为困难,并且政府还会承担较大的政治风险。

二、财政政策的功能作用

财政政策与财政活动不同,后者是政府从事经济性活动的外在表现,而前者则是政府对其经济性活动实行有效管理的集中体现。在这方面财政政策通常可以发挥它的导向作用、协调作用和控制作用。

导向作用是指特定财政政策及其改变,往往影响经济社会中从事不同经济活动的个人(或集团)的经济利益,从而直接地或间接地改变(或左右)人们的经济行为。例如,政府某一税收政策的调整会改变经济社会中原来商品与劳务的相对价格比例,于是诱导人们改变消费行为,进而促使厂商改变市场行为。

协调作用是指政府针对经济社会中的某些失衡问题而制定、推行某种财政政策,以按照公平、合理与效率原则来平衡有关经济活动者(集团、地区)

的经济利益。例如,中央政府的各项财政补贴政策(或收入分享政策)既有助于解决各地方政府之间由于经济条件差异造成的经济发展不平衡问题,也有助于合理解决上下级政府之间在财政活动中(集中反映在事权与财权分配上)发生的"集权"和"分权"问题。

至于控制作用则是指政府通过目标较窄的财政政策对个人(或集团)的经济行为,对宏观经济的运行实行不同程度的制约与刺激,以实现有利于国民经济长期平衡发展的国家经济总体目标。例如,按照特定方向调整政府开支与税收政策就会起到刺激(或抑制)经济社会总需求的作用,从而稳定了国家宏观经济发展的基础环境。

上述财政政策的三种作用仅是理论上的划分,而在财政实践中则有时不易区分开来,通常的情况是各类财政政策或是兼有导向作用与控制作用,或是兼有协调作用与控制作用。换言之,三种功能作用中,控制作用最为重要,否则政府实施任何财政政策都会处于较为被动的状态。

三、现代财政政策形成的理论依据

近代各国政府的财政政策一般都是在某种主流经济理论影响下形成的,这是因为各种财政政策均是针对解决国家经济发展不同时期的特定经济问题而制定的,而作为财政政策制定的基础,即对特定经济问题之发生原因、特殊性质、变化特点、政府采取行动与否(以及采取不同行动)可能造成的预期后果等等的认识则是大量经济理论研究的结果。就是说,有效财政政策的制定与实施,同其他各类经济政策一样,虽然有时可能与制定者的经验或灵感有关,但是归根结底都要以有价值的(或当时被认为是正确的)经济思想、经济理论为依据。正如 M. 凯恩斯在其划时代的著作《就业、利息和货币通论》里所云:"……经济学家以及政治哲学家之思想,其力量之大,往往出乎常人意料。事实上统治世界者,就只是这些思想而已。"[1]理解这一点是非常重要的,既有助于人们,特别是政府行政官员摆正经济政策与经济理论的基本关系,也有助于说明当代各国财政政策演变,及其日益呈相似性特点的一般原因。

20 世纪 30 年代爆发在所有西方国家的"经济大危机"使资本主义经济陷入了长期萧条之中,同时也使经济学发生了一场"革命",凯恩斯主义经济

---

[1] M. 凯恩斯:《就业、利息和货币通论》(中文版),北京:商务印书馆,1996 年,第 330 页。紧接着,凯恩斯讲道:"许多实行家自以为不受任何学理之影响,却往往当了某个已故经济学家之奴隶。狂人执政,自以为得天启示,实则其狂想之来,乃得自若干年以前的某个学人"。

学应运而生。该经济理论从资本主义式的商业循环所产生的周期性经济危机之实际情况出发,解释了现代经济社会因有效需求不足导致失业增加,从而难于使其经常保持在"准繁荣状态"的逻辑关系。按照凯恩斯经济理论,现代政府的主要经济作用之一,就是根据商业循环的特点,利用经济运行规律去补充市场,用特定的政策手段来熨平商业周期、减缓经济波动,实现宏观经济的长期稳定。就政府财政活动而言,该理论实际上为政府在必要时利用财政手段稳定经济增长和实现充分就业,即放弃"不干预主义"并转而推行审慎财政政策找到了依据。后经众多经济学家的补充与完善,该理论最终形成了一套完整反映凯恩斯经济思想的经济学说,并对现代国家政府制定宏观经济政策与从事宏观经济调控活动产生了深远影响。事实上,在二战后的各个经济时期中,市场经济国家所推行的、明显取得了一定政策效果的宏观经济政策,特别是现代财政政策,尽管表述形式上有所不同,但大体上都是在凯恩斯主义经济理论的政治影响下形成的。①

第二节 财政政策

现代财政政策原理实质上是以普通经济学的"需求管理理论"为基础发展起来的,该理论论证了政府各财政要素——税收、支出、国债等,作为政策工具发挥总需求调整作用的可能性、可行性、适用性,操作技术以及可能产生的一般结果。由于商业循环的作用,经济社会有时会出现总需求小于总供给现象,有时会出现总需求大于总供给现象。在总需求小于总供给情况下,国民经济便会日益陷入以商品供过于求、工厂减产停产、大批工人失业为基本特点的经济萧条状态。相反的情况是,由于经济社会的工艺技术水平、设备数量和质量、工人的劳动技能、原材料供给等在短期内难以发生较大改变,如果总需求持续增长过快,超出了经济社会供给能力的支持程度,国民经济便会陷入以物价上涨为主要特点的通货膨胀状态。② 凯恩斯主义经济理论指

---

① 凯恩斯在其《就业、利息和货币通论》一书中,对他提出的"……消费倾向与投资引诱二者,必须由中央统制,……"即必须扩大政府机能的主张做过如下的辩解:"然而我为之辩护,认为这是唯一的切实办法,可以避免现行经济形态之全部毁灭;……"参见该书(中文版,北京:商务印书馆,1996年),第 326、328 页。

② 现代经济社会发生通货膨胀,其原因是极其复杂的,除了总需求大于总供给的压力外,其他许多因素,特别是与货币有关的因素,都会在不同程度上造成经济社会物价总水平的上升。

出,无论是总需求大于总供给,还是总供给大于总需求,都属供求失衡问题,这个问题单凭市场经济机制自身的作用是难以解决的,即使能够解决,也要拖延很长时间。对此,政府是负有责任的,政府应该通过必要的政策手段对市场经济进行干预,以使其能够经常性地维持供求总量基本平衡状态。

经济学家通常用"IS—LM 模型"来阐述凯恩斯主义的宏观经济理论。这个被称为"宏观经济学历史上最为成功的教科书模型",① 把产品市场与货币市场结合起来,二者相互作用,共同决定经济社会的一定时期的产出水平与利率水平。由于就业水平取决于受总需求变动影响的产出水平,而利率高低又对投资水平,进而对产出水平发生重要影响,因此政府就可以借助财政政策、货币政策的调整来对经济社会的总需求和市场利率施加影响,使它们发生合理的变化,实现稳定劳动就业,稳定物价的政策目标。②

一、财政政策目标

财政政策的目标是多重的,总体上可以分为微观目标和宏观目标。

(一)微观目标

微观目标着重考虑在经济总量既定的前提之下的结构问题,从资源配置和收入分配两个不同的方面对经济状态进行评价。

财政政策会影响社会资源的使用方式和产品结构,因此财政具有资源配置职能。资源配置是指社会使用现有资源的方式。一个社会能够使用的资源在某一时点上总是有限的,包括自然资源、生产手段,以及具有一定知识和技能的生产者。如何使用这些资源是社会面临的一个重要问题,例如用这些资源生产哪些产品,各生产多少以及生产出来的产品如何分配和使用。资源配置反映了人与自然的关系,关系到一个社会的产品结构。财政政策会影响社会资源的使用方式和产品结构,因此财政具有资源配置职能。规范分析的任务在于阐明资源配置的最佳状态,为财政的资源配置职能确定目标。

财政政策会影响收入分配状况,因此财政具有收入分配职能。收入分配指社会产品在不同的社会成员以及各经济实体之间的归属。在产品的种类以及各类产品的数量给定的条件下,产品归谁所有可以有各种不同的状态。收入分配反映了社会经济中人与人之间的关系,它关注在社会收入总量既定的

---

① 詹姆斯·K. 加尔布雷斯、小威廉·戴瑞提:《宏观经济学》,北京:经济科学出版社,1997年,第134页。
② 鉴于有关该模型的全部理论根据和构建方法,读者可以在任何一部宏观经济学教科书中找到,本书不再赘述。

条件下各人的收入份额。财政政策会影响收入分配状况,因此财政具有收入分配职能。规范分析需要阐明怎样的收入分配状态被认为是合理的,为财政的收入分配职能确定目标。

(二)宏观目标

宏观目标主要考虑社会经济总量。从静态上看,人们希望现有的资源能够得到充分的利用,物价总水平稳定;从动态上来看,人们希望经济总量能够不断增长。财政政策对宏观经济有重要影响,因此财政具有宏观调控职能。

我们用资源配置和收入分配两个方面对整个国民经济状态进行评价。从某个局部来看,例如,农业产品,多生产一些总比少生产要好。但从全局来看,某种产品多生产可能意味着其他产品的生产要减少。资源配置状态的好坏,需要从国民经济中所有不同产品的比例关系来判断。同理,对个人来说,收入多些比收入少些要好,但从整个社会来看,这个人收入多了可能会使其他人的收入减少。收入分配状态的好坏必须从全社会不同个人之间的相互关系中来做出判断。

财政政策之宏观经济调控目标是十分明确的——在保持充分就业与物价稳定状态下实现国民经济的长期增长。为实现这一基本目标,政府在财政活动方面就要针对不同经济形势,相应地对其财政收支进行必要的总量调整与结构调整以取得"逆商业周期而动"的效果。据此可以认为,财政政策就是政府在其宏观经济调控过程中,针对不同时期经济发展变化,按照既定的目标,对税收、支出、公债等财政工具的协调运用所做出的选择性安排。

宏观经济调控的短期目标是"充分就业"与"物价稳定",连续的短期目标的实现就意味着创造了促使"国民经济稳定发展"(长期经济目标)的基本条件。所谓充分就业,就是指这样的一种经济状态,在现行劳动市场确定的工资水平下,每个愿意工作的人都能够找到工作岗位。但是,在实际生活中,作为政府经济目标的充分就业则是指维持经济社会的失业率不超过社会可能接受的水平。例如,20世纪60年代美国政府把失业率不超过4%的国内就业状况就看作为达到了充分就业目标,后来这个指标有所放宽,80年代上升为5.5%。所谓物价稳定,并不是指商品间的相对价格水平不变,而是指物价总水平的变动应该与工资水平的变动保持一定的幅度,即随着物价上调,工资水平也要上升。然而,在大多数国家很难保持二者同步上升,更多的情况是物价上涨幅度超过工资水平上升的幅度。作为政府的经济目标之一就是要保持二者之间的差距不能过大,否则国民经济便会处于严重通货膨胀状态。一般来说,政府如能保持物价总水平每年仅出现轻微上涨,如年通货膨胀率为 2%或 3%，就可以视为实现了物价稳定的目标。

为了达到充分就业和物价稳定目标，政府通常要根据市场经济固有的商业循环变动而交替使用不同性质的财政政策——扩张性财政政策或紧缩性财政政策。理论上，通常以特定的税收调整方式与特定的支出调整方式作为判断不同性质财政政策的主要依据。一般情况下，政府在经济社会出现严重经济衰退时，通常倾向于选择使用扩张性财政政策，而在经济社会出现严重通货膨胀时，则往往要选择使用紧缩性财政政策，并且在两种情况下都可以配合使用相同性质的货币政策。

二、反经济衰退的财政、货币政策

作为经济危机的先兆，经济衰退的主要表现是生产连续数月下降、私人投资大幅度减少、劳动失业剧增、进出口发生萎缩等。[①] 针对这类经济衰退，政府在宏观经济调控政策的选择方面，主要是采用以降低税收（减税、退税、免税等）与扩大开支（增加政府采购与转移支付）为特点的扩张性财政政策。减税可以相应地提高个人、家庭、企业的消费与投资能力，进而促进社会总需求的上升。只要总需求上升，生产形势就会发生好转，失业问题就能得以解决。另外，政府通过扩大公共工程的开支，有利于减轻社会失业的压力；扩大政府采购规模，则有利于解决一部分社会产品的实现问题；而增加转移支付，可以直接提高低收入者和失业者的消费能力；所有这些措施都在不同程度上对恢复经济社会的供求平衡发挥着积极的作用。实践说明，在经济衰退期间，政府的减税和扩大开支政策的确能够取得刺激私人、提高消费与投资的效果，即扩大总需求，进而提高国民收入水平的效果。[②]

上述扩张性财政政策的运用，反映在 IS—LM 模型上，就是政府降低税收与扩大开支直接、间接地刺激了经济社会总需求增加，使得 IS 曲线发生右

---

① 例如，典型的美国 1959 年经济危机，从 1957 年 3 月开始，该国工业生产持续下降了 24 个月，下降幅度最大时达到 13.5%。在此期间，私人固定资产投资减少了 15.6%，而制造业中新厂房与设备投资则下降了 36%；全国失业人数到 1958 年高达 508 万，失业率为 7.5%；对外贸易也发生严重逆差。西方经济理论往往把造成这种经济萎缩的主要原因归结为社会的总需求小于总供给，这在前面已经论述过。

② 例如，20 世纪 60 年代初美国出现经济衰退以后，政府于 1962 年通过了投资减税优惠法案，于 1964 年又宣布了降低个人所得税 20%，公司所得税 8%的规定，同时加大政府采购，特别是军事采购的规模。这种以减税为主的经济政策在整个 60 年代都发挥了明显的经济扩张作用：公司利润从 1961 年的 272 亿美元提高到 1968 年的 478 亿美元；1961 年到 1968 年的固定资产投资持续上升，累计完成投资 5391 亿美元。在此期间，美国工业发展较快，与军事有关的产业发展得更快；失业率大为下降，劳动就业几乎接近了官方认定的充分就业水平；与此同时，通货膨胀率却只有轻微上升，在 60 年代末期才接近 5%。

移（从 IS 到 IS'，见图 11-1）。其结果是（在其他不变情况下）收入扩大、利率上升。利率上升会在一定程度上降低私人投资欲望，即产生所谓的"挤出效应"，进而可能部分地抵消财政政策的扩张总需求的效果，这是政府在使用扩张性财政政策时所必须考虑到的问题。于是客观上提出这样的要求，在财政扩张同时，政府应该推行程度不同的扩张性货币政策，以使市场利率维持在一个与财政政策目标相适宜的水平上。为此，政府可以同时采取诸如降低法定准备金率，在公开市场业务中买入更多的政府债券，或者下调再贴现率等办法，放松银根，增加货币供给。扩张性货币政策造成 LM 曲线发生右向移动（从 LM 到 LM'，见图 11-1），其政策效果是扩大货币供给数量，把市场利率维持在一个较低的水平上，较低的利率水平不仅可以刺激私人投资的增长，进一步扩大国民收入水平，而且也（为弥补财政赤字）降低了政府财政融资的成本。

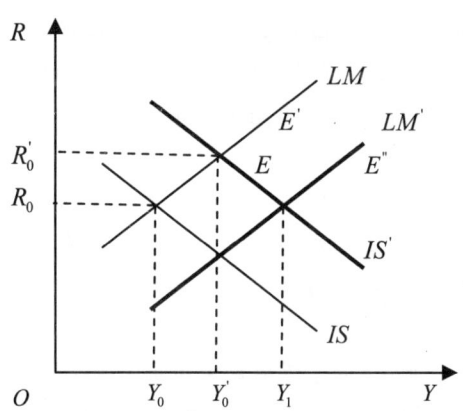

图 11-1　扩张性财政政策与货币政策

图 11-1 描述了财政扩张与货币扩张的政策效果。在经济扩张过程中，如果政府仅仅使用财政政策，则国民收入只能从 Y_0 扩大到 Y_0' 的水平，而无法使其扩大到 Y_1 的水平。原因在于货币政策不变条件下，扩张性财政政策会从两个方面给市场利率带来上调的压力：一是扩大的国民产出造成交易性货币需求扩大，二是为了弥补财政赤字，政府增加了公债发行，于是（扩张性财政政策）使经济社会进入货币需求大于货币供给状态，市场利率自然提高。市场利率提高（从 R_0 提高到 R_0'），诱使私人相对减少投资，进而国民产出相对减少，国民收入便只能扩张到 Y_0' 水平上停止下来。在上述过程中，如果政府同时运用扩张性货币政策，货币供给扩大就会相应地减轻扩张性财政政策

给市场利率带来的上调压力。由于扩张性货币政策使市场利率维持在与原先大体相同的水平，私人投资不受影响，国民收入会继续扩大，直到 Y_1 水平时止。Y_1 表示的国民收入水平，通常被认为是扩张性财政政策所应该发挥出来的最好的政策效果。

三、反通货膨胀的财政、货币政策

产生通货膨胀的原因虽然多种多样，但是最主要的原因在于经济社会中的总需求大于总供给，使得产出在短期内不能有效满足需求的情况下，经济社会只能靠物价上涨的办法来平抑过度需求。然而经济社会中通货膨胀一旦失去控制，就会反过来抑制投资、抑制储蓄，进一步加剧经济社会供求关系的紧张程度。此外，严重的通货膨胀本身就是经济社会的不稳定因素。

一般来说，通货膨胀是一种货币现象，政府注意力应该主要地放在它的货币政策方面，各国政府也的确是这样做的。但是单凭货币政策治理通货膨胀，其效果往往不佳，因此还必须使用相同性质的财政政策。在通货膨胀期间，如果政府适度地提高税率，加强税收征管，减少军事订货，削减转移支付等等，即推行紧缩性财政政策，就能够直接地作用于个人、家庭、企业和政府部门，减少各自的消费、投资、采购开支，进而降低经济社会的总需求增长过快的压力。西方国家的实践表明，在治理通货膨胀方面，政府实施以增税减支为特点的紧缩性财政政策可以在相当程度上防止通货膨胀的恶化，加快对它的治理过程。

图 11-2 描述了财政紧缩与货币紧缩的政策效果。在治理通货膨胀过程中，政府可以采取紧缩性货币政策，如提高法定准备金率，在公开市场业务中卖出更多的政府债券，或者上调再贴现率等，借助这些手段减少经济社会的货币供给数量。紧缩性货币政策造成 LM 曲线发生左移（从 LM 到 LM'），这种政策的作用效果是政府减少货币供给数量，使市场利率得以维持在一个较高的水平上。较高的利率水平不仅可以抑制私人投资的增长，减少对总需求的压力，而且紧缩货币供给特别有助于降低经济社会的总体物价水平。虽然紧缩性货币政策可以使利率提高，起到抑制私人投资的作用，导致国民收入相应减少，但这样做也只能使国民收入从 Y_0 减少到 Y_0' 的水平，而无法使其减少到 Y_1 的水平。要达到使国民收入降到 Y_1 水平的目标，政府只能同时采取紧缩性财政政策，即削减财政开支（造成 IS 曲线发生左移，从 IS 到 IS'），以直接地作用于经济社会总需求并使其明显下降，经济社会总需求下降会诱使私人减少投资，进而降低国民产出，最后国民收入便被削减至 Y_1 水平上。

在上述过程中，如果政府先是运用紧缩性财政政策，虽然也能够减少总需求，但是 IS 曲线左移导致市场利率下降，市场利率下降有刺激私人投资增加的作用，这样紧缩性财政政策的效果就会被部分地抵消了，国民收入只能从 Y_0 下降到 Y_0' 水平。此时，政府减少货币供给，就能削减紧缩性财政政策给市场利率带来的下调压力。由于同样紧缩性货币政策使经济社会处于货币供给小于货币需求状态，市场利率便会逐步上升，最终维持在与原先大体相同的水平上。在此过程中，私人投资不会扩大，国民收入却会继续下降，直到 Y_1 水平时止。Y_1 表示的国民收入水平，通常被认为是紧缩性财政政策所应该发挥出来的最好的政策效果。

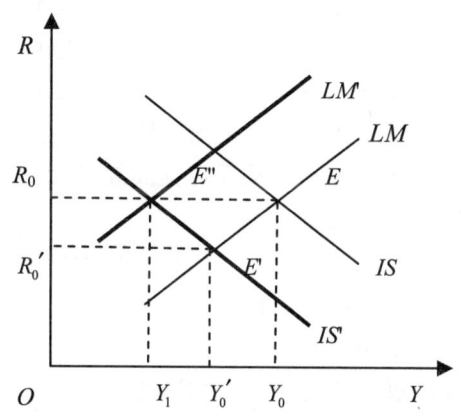

图 11-2 紧缩性财政政策与货币政策

有关国家的实践说明：反通货膨胀的财政、货币政策不仅可以取得普遍降低经济社会物价总水平的效果，而且如果政策使用及时、合理，通常还会起到保护经济社会免于发生总需求过度膨胀的问题。

四、自调节财政政策（内在稳定器）

现代国家在实行个人所得税、公司所得税的同时，也普遍建立了包括政府转移支付在内的社会保障制度。这种"税收—转移支付机制"本身具有自动调节经济社会总需求的作用，可以自发地配合政府"审慎财政政策"的实施。人们通常把所得税、社会保险与政府转移支付称为经济社会的"内在稳定器"（Build-in Stabilizer），它与政府扩张性，或紧缩性财政政策的作用方向保持一致。

从整个经济社会来看，在经济出现繁荣、增长过快时，个人收入就会大幅度上升，但在累进制的所得税作用下，连续增加的个人收入中有越来越大的部分转化为政府的税收，从而抑制了社会购买力过快、过猛地上升。这有助于抑制需求膨胀，使国民经济不至于短期内过热，引发通货膨胀问题。同样，在经济出现衰退、增长缓慢时，个人收入就会下降，但在累进制的所得税作用下，连续减少的个人收入中只有越来越小的部分转化为政府的税收，从而抑制了社会购买力过快、过猛地下降。这有助于使社会购买力在经济不景气的情况下依然可以保持在某种相对较高的水平上，从而有利于经济在较短时期得以恢复。

政府的转移支付主要用于对失业者的失业补助和对低收入者的生活开支补贴，只有符合规定条件的国民才能享受这一制度的"好处"。从整个社会范围来看，在经济繁荣时，人们收入普遍提高，领取政府补助的社会成员大为减少，政府转移支付开支便也会减少，从而减少了对经济社会总需求扩大的压力；而在经济衰退时，人们收入普遍下降，领取政府补助的社会成员大为增加，政府转移支付便也增加，从而对提高经济社会总需求有利，在某种程度上也有力地促进了经济恢复。

不难看出，在没有政府对市场经济进行主动干预的情况下，内在稳定器自动起到了稳定经济社会总需求的作用。这一作用使政府在经济社会出现过热或过冷的初期阶段，不用急于马上对其财政政策、货币政策进行调整，即不必马上介入市场经济进行主动干预。内在稳定器也为政府对市场经济进行主动干预的时间选择作了规定：只有在市场经济运行失常，而内在稳定器又不能有效发挥其稳定作用的情况下，政府的主动干预才是必要的。这是因为内在稳定器的作用只是缓和经济社会的供求矛盾，而不能改变供求趋势，所以只能在有限的范围内发挥作用，而较大的经济调整还要依靠政府实施（前面提到过的）那些具有"逆商业周期而动"性质的政策安排。

第三节 财政政策效果分析

上一节通过理论分析，阐释了政府财政政策（货币政策）的作用机制及其作用效果。但是，在现实生活中，财政政策（货币政策）的实际效果往往会受到更多因素的影响与制约，所以政府在推行特定财政政策（货币政策）时必须对这些影响因素、制约因素予以足够的注意。本节着重分析财政政策（货币政策）的相对效力，财政政策（货币政策）与物价水平相互作用，（开放条件下不同）汇率制度、不确定性、风险等对财政政策（货币政策）效果的一般影响。①

一、财政政策（货币政策）的相对效力

由 IS—LM 模型可知，财政政策与货币政策之间存在着一种相辅相成的关系，财政政策效果取决于货币市场性质，而货币政策效果也取决于产品市场性质。于是，研究两大经济政策相对效力的变化及其特点，对于政府在宏观经济调控过程中，具体选择、运用合适的政策手段具有重要意义。

（一）财政政策的相对效力

如果经济社会的货币需求完全不受市场利率变动的影响，则"IS—LM"模型中的 LM 成为一垂直线，如图 11-3a 所示。该图说明，在这种情况下国民收入水平仅仅取决于货币数量；换言之，财政政策调整只能使经济社会的利率水平发生变化，而完全失去了调节国民收入的作用。这一现象，理论上称之为财政政策的"完全的挤出效应"（Full Crowding-out Effect）。②那么，经济社会一旦进入这种状态，政府宏观经济调控的任务就只能由货币政策承担，即均衡的国民收入水平只取决于货币供给数量。

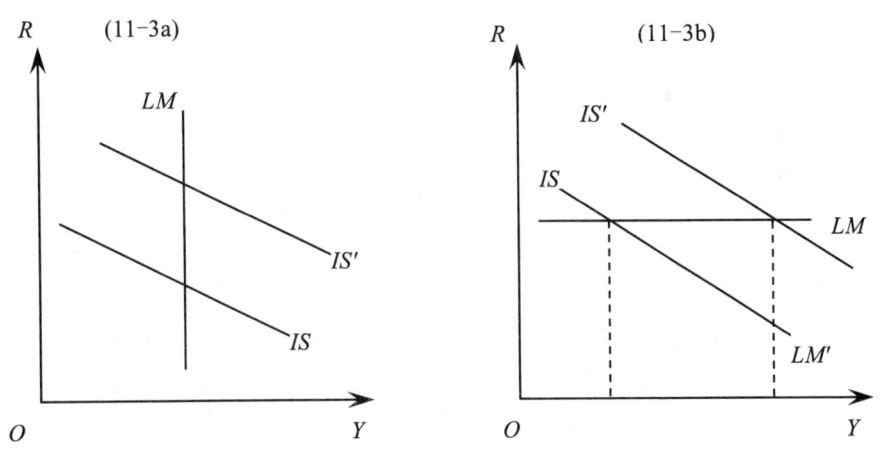

图 11-3　财政政策面临的两种极端情况

---

① 本节中，把政府财政政策、货币政策的作用效果仅仅限定在其改变国民收入规模方面，隐含着政府财政履行宏观经济稳定职能的基本目标选择，至于财政政策、货币政策的其他作用及其效果，本节不做专门分析。

② 完全挤出效应，是指如果政府财政支出增加导致利率水平上升，出现政府每增加 1 美元公共支出，私人便相应减少 1 美元投资的现象。在这种情况下，政府财政政策效果完全被私人相反的投资活动所抵消。为此，政府只好放弃财政政策，转而单一使用货币政策。

与上述状况相反，如果经济社会的货币需求对利率变动极为敏感，人们的货币资产与其他金融资产可以方便地进行转换，从而导致经济社会的利率水平难以发生明显变化，则在"IS—LM"模型上，LM曲线实际上成为水平状态，见图11-3b。图11-3b说明，此时政府的货币政策完全失效，而财政政策特别奏效。在这种情况下，IS曲线的移动只会造成产出水平的变动，而不会造成利率变动。实际上，这是财政政策效力得以完全发挥的唯一场合。

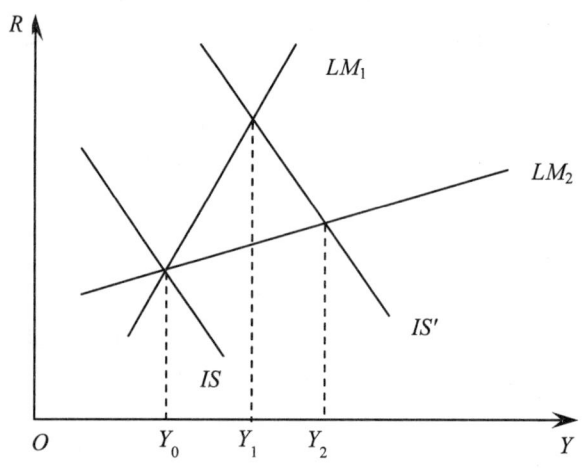

图11-4 财政政策的相对效力

比较上述两种情况，不难发现，财政政策的相对效力取决于LM曲线的斜率：在LM为垂直线时，财政政策完全失去了调节国民收入的作用；而在LM为水平线时，财政政策效果最佳。那么，在这两个极端之间，LM曲线越呈水平态，即LM曲线越平缓（如图11-4的LM_2），财政政策的相对效力就越大；反之，LM曲线越呈垂直态，即LM曲线越陡直（如图11-4的LM_1），财政政策的相对效力就越小。图11-4比较了不同货币政策环境下的财政政策的相对效力，同样扩张性的财政政策在LM_1条件下，仅能够使国民收入从Y_0水平提高到Y_1水平，而在LM_2条件下，则能够使国民收入从Y_0水平提高到Y_2水平。

（二）货币政策的相对效力

如果（包括私人投资在内）经济社会的总需求完全不受市场利率变动的影响，则"IS—LM"模型中，IS曲线为垂直态，如图11-5a所示。那么，货币政策的调整只能引发市场利率的变动，而对经济社会的产出则没有任何影响,即在这种情况下,政府的货币政策不能起到扩大国民收入的作用效果。

相反,如果(包括私人投资在内)经济社会的总需求对利率变动极为敏感,特别是在人们的投资活动与其他经济活动之间可以方便地进行替代的情况下,经济社会的利率水平不会发生明显变动。该状态反映在"IS—LM"模型中,就是 IS 曲线变成水平线,如图 11-5b 所示,说明财政政策失去了调节国民收入的作用;此时,政府的货币政策特别奏效,LM 曲线的移动只会造成产出水平的变动,而不会造成利率变动。实际上,这是货币政策效力得以完全发挥的唯一场合。

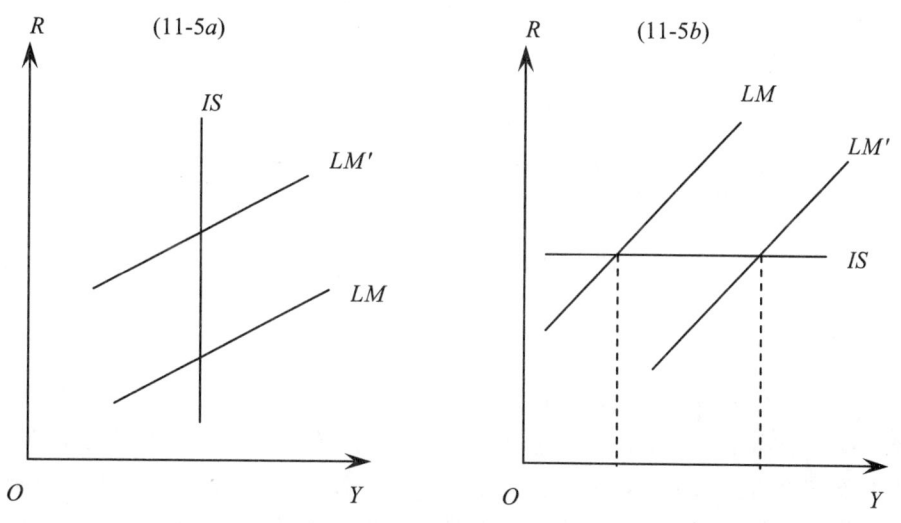

图 11-5 货币政策面临的两种极端情况

比较图 11-5a 与 11-5b,不难发现,货币政策的相对效力取决于 IS 曲线的斜率。即 IS 为垂直时,货币政策完全失去了调节国民收入的作用;而在 IS 为水平时,货币政策效果最好。那么,在这两个极端之间,IS 曲线越呈水平态,即 IS 曲线越平缓(如图 11-6 中的 IS_2),货币政策的相对效力就越大;反之,IS 曲线越呈垂直态,即 IS 曲线越陡直(如图 11-6 中的 IS_1),货币政策的相对效力就越小。图 11-6 比较了不同财政政策环境下的货币政策的相对效力:同样扩张性的货币政策在 IS_1 条件下,仅能够使国民收入从 Y_0 水平提高到 Y_1 水平,而在 IS_2 条件下,则能够使国民收入从 Y_0 水平提高到 Y_2 水平。

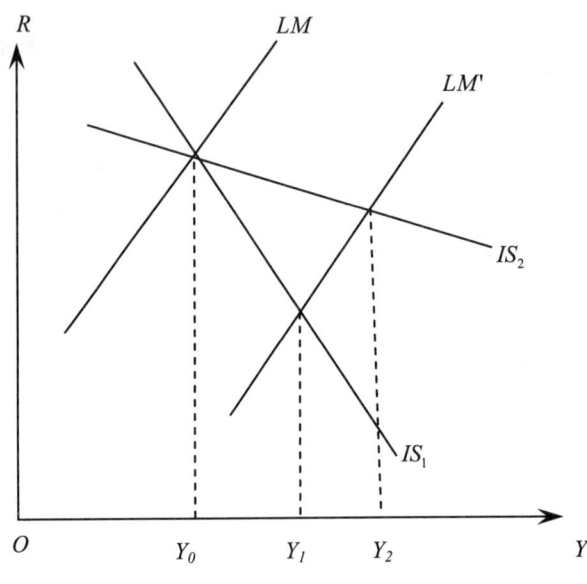

图 11-6 货币政策的相对效力

二、财政政策（货币政策）与物价水平的相互影响

在以上有关财政政策、货币政策的研究中，主要侧重分析了两大政策对经济社会总需求的影响，以及总需求对国民收入的影响。这些分析没有涉及两大政策对物价水平的影响，也没有考虑物价水平对总供给、总需求的影响，以及总供给对总需求的制约作用。但是，在现实生活中，政府实际上不可能在无视产品供求变动和物价变动的情况下，盲目推行其既定的财政政策、货币政策。由于单凭"需求管理"模型（即 IS—LM 模型）不能充分解释政府经济政策的效果，所以有必要结合"总供给—总需求模型"，即 AS—AD 模型[①]，来补充说明政府财政政策、货币政策的作用效果。把 IS—LM 模型与 AD—AS 模型结合起来，有助于说明财政政策、货币政策对经济社会物价水平的影响。由于物价水平变动会影响经济社会总供给与总需求的均衡，而这种均衡又会通过需求数量与供给数量的相反变动所进行的反复调整得以恢复，这对于进一步检验财政政策、货币政策对产出的实际影响，以及总供给变动对政策效果的制约，均是有益的。

---

① 关于 AD—AS 模型的建立，读者可以参考任何一种宏观经济学书籍。

（一）货币政策与物价水平

先以扩张性货币政策说明其对物价水平的影响及其政策效果。如图11-7所示，在物价等于 P_0 的情况下，产品市场与货币市场均衡在 A 点，均衡的利率为 R_0，均衡的国民收入为 Y_0。但是，如果此时政府认为 Y_0 不是令人满意的充分就业的国民收入水平 Y_F，即 $Y_0<Y_F$，那么政府可以使用扩张性货币政策，使 LM 曲线右移至 $LM(P_0)'$，新的均衡点位于 B 点。在该点，利率水平下降，私人投资增加，国民产出扩大，国民收入提高，即从 Y_0 上升到 Y_F 水平。

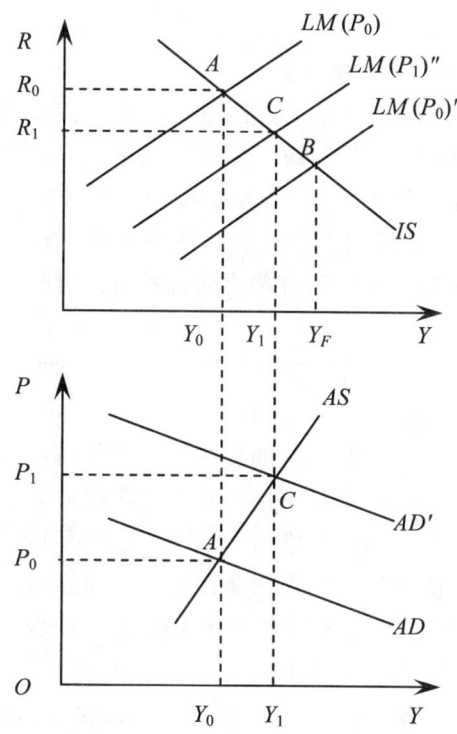

图 11-7 货币政策与物价水平的相互影响

虽然仅就 IS—LM 模型看，政府通过既定规模的扩张性货币政策可以使经济社会的国民收入水平达到 Y_F 水平，但是考虑到总供给的制约作用，实际是不能达到这个水平的，除非政府进一步扩大货币供给。这是因为，货币供给扩大和利率下调，刺激了私人消费与私人投资，总需求扩大造成 AD 曲线右移到 AD'，在原先物价水平（P_0）上出现需求大于供给的局面。于是，市场经济中物价调节开始，价格水平从 P_0 上升至 P_1，物价上升抑制了消费的扩张，最终使总供给与总需求均衡在点 C。与此同时，由于物价水平上升，右移后的 $LM(P_0)'$ 便开始朝左移动。当其移动到 $LM(P_1)''$ 位置时，市场利率上调，这在一定程度上抑制了私人投资的增长。最后，经济社会的利率水平、物价水平与国民收入水平均分别稳定在 R_1、P_1 与 Y_1 的水平。分析货币政策调整对经济社会的最终结果，可以得出基本结论：在其他不变条件下，扩张性货币政策对宏观经济至少发生三种主要作用，即降低利率、提高物价，和增加产出，而紧缩性货币政策则会产生提高利率、降低物价和减少产出的作用。不过，受物价变动影响和受总供给制约，政府不同性质的货币政策调节国民收入水平的相对效力也要受到不同的影响。

（二）财政政策与物价水平

同扩张性货币政策一样，扩张性财政政策也会对物价水平产生影响，其政策效果也要受到总供给的制约。今假设经济社会的物价水平为 P_0，产品市场与货币市场均衡在点 A，点 A 表示均衡的利率水平为 R_0，均衡的产出水平（收入水平）为 Y_0，见图 11-8。由于 Y_0 的收入水平低于政府理想的充分就业状态下的收入水平 Y_F，为此政府希望通过扩张性财政政策予以调整。由于使用了扩张性财政政策，使 IS 右移至 IS'，新的产品市场与货币市场的均衡在点 B。尽管此时市场利率有所提高，但是国民产出水平（国民收入水平）增长的幅度更大，达到或接近 Y_F 的水平。

然而，伴随收入与消费水平的提高，造成经济社会总需求扩张，AD 曲线右移至 AD'，在原先物价水平（P_0）上出现需求大于供给的局面。于是，市场经济中物价调节开始，价格水平从 P_0 上升至 P_1，物价上升抑制了消费的扩张，最终使总供给与总需求均衡在点 C。与此同时，物价水平的提高造成现行货币政策不变情况下的实际货币供给的减少，导致 $LM(P_0)$ 左移至 $LM(P_1)'$。于是，经济社会利率进一步上升，投资也会相应受到抑制。最后，经济社会的物价水平稳定在 P_1 上，利率与国民收入则分别稳定在 R_1 与 Y_1 的水平。

根据以上分析不难看出，财政政策调整对市场经济的影响具有如下特征：在其他不变条件下，扩张性财政政策对宏观经济至少发生三种主要作用，即提高利率、提高物价和增加产出，而紧缩性财政政策则会产生降低利率、降低物价和减少产出的作用。不过，受物价变动影响和受总供给制约，政府不同性质的财政政策之调节国民收入水平的相对效力也要受到不同的影响。

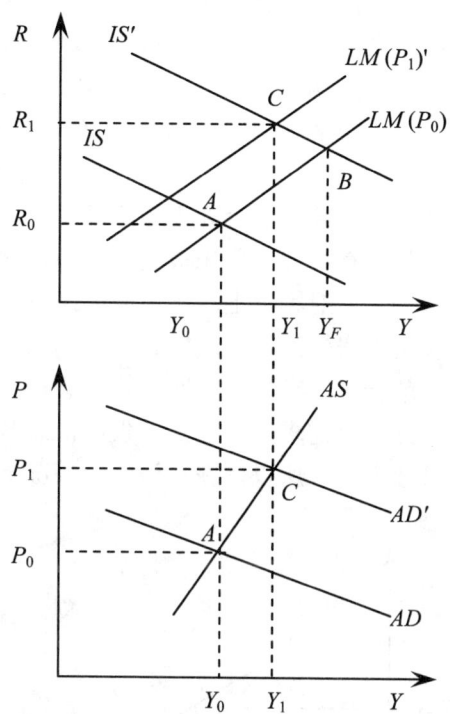

图 11-8 财政政策与物价水平的相互影响

（三）总供给对政策效果的制约作用

结合 AS—AD 模型对财政政策、货币政策效果所做的进一步分析说明，两种政策的相对效力还取决于总供给的基本性质。

一般情况下，AS 曲线越呈水平态，即 AS 曲线越平缓（如图 11-9 中的 AS_2），AD 的位移在明显改变国民产出（国民收入）水平的同时，对物价水平的影响较小。总需求变动对物价水平的影响越小，经济社会的实际货币供给状况就越稳定，政府财政政策、货币政策对国民收入水平的调节效果就越充分，表示财政政策、货币政策的相对效力就越大；反之，AS 曲线越呈垂直态，即 AS 曲线越陡直（如图 11-9 中的 AS_1），AD 的位移在明显改变物价水平的同时，对国民产出（国民收入）水平的影响较小。总需求变动对物价水平的影响越大，经济社会的实际货币供给状况就变得越不稳定，这对政府财政政策、货币政策的实施在很大程度上产生负面影响，通常是政策效果大减。因此，AS 曲线越陡直，财政政策、货币政策的相对效力就越小。

图 11-9 比较了不同性质总供给条件下的，总需求变动对物价水平和产出

水平的影响，其影响状况决定了财政政策、货币政策的相对效力。同样的总需求扩张（AD 右移至 AD'），在 AS_1 条件下，仅能够使国民收入从 Y_0 水平提高到 Y_0' 水平，同时却使物价从 P_0 水平上升到 P_0' 水平；而在 AS_2 条件下，则能够使国民收入从 Y_0 水平提高到 Y_1 水平，同时保持物价基本稳定（从 P_0 轻微上升到 P_1）。

宏观经济理论认为，在经济社会处于极度萧条状态时，总供给曲线就会呈水平态，表明经济社会存在着大量未被利用资源，此时总需求扩张通常能够有效地提高产出水平，而对物价上涨则无明显影响。所以，在经济过冷情况下，政府最适合使用扩张性的经济政策。但是，在经济社会处于过度繁荣状态时，总供给曲线就会呈垂直态，表明经济社会可用资源均已接近，或达到了充分利用程度，此时总需求继续扩张不仅不能刺激产出的增加，反而只会造成物价水平的持续上涨。所以，在经济过热情况下，政府最适合使用紧缩性的经济政策。

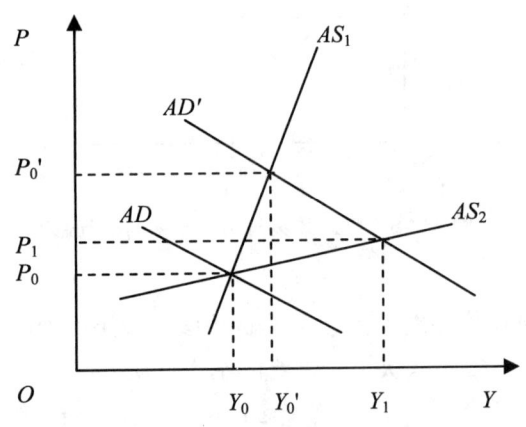

图 11-9　总需求变动对物价、产出的影响

除了上述两种极端情况外，正常的经济发展进程中，政府用于宏观调控的经济政策的实际效果往往与其预期效果可能并不吻合。这是很自然的，原因在于人们很难准确了解总供给曲线的性质，即 AS 的斜率及其位置。此外，AS 曲线的变动，一般不会受到政府政策的直接影响。不过，在经济社会中，资本投资规模、资本存量增长速度，以及技术进步速度等是改变 AS 曲线的重要因素。政府如能促使这些因素经常发生作用，从而使 AS 曲线不断向外扩张（右移），则可以在维持物价水平基本稳定条件下，保持或者提高政府经济政策的相对效力。理想的经济增长模式是：政府通过经济手段扩张总需求

（AD 曲线右移）的同时，经济社会要不断地扩大资本投资，或者持续地进行技术改造，以使总供给能力不断更新，不断扩张。这样，即使经济增长会导致物价水平有所提高，但相比之下，国民产出增长得更快。

三、开放条件下的财政政策（货币政策）

在一国对外开放条件下，国际收支状况不仅影响该国的汇率水平，并且汇率变动通过对外贸易，进而影响国内产出水平。此外，无论该国实行何种汇率制度，其国际收支的变化也不可避免地要对其货币政策产生种种影响。因此，与原先封闭条件下不同，在开放条件下政府特定经济政策的实际效果还要受到其他一些因素的影响或牵制。宏观经济学理论中的"三部门均衡模型"，即"IS—LM—BP 模型"，[①]揭示了不同汇率制度下政府财政政策的实施效果。

（一）浮动汇率制度下财政政策效果

图 11-10 阐释了在浮动汇率制度下，政府实施扩张性财政政策导致的内外均衡的变化及其调整过程。

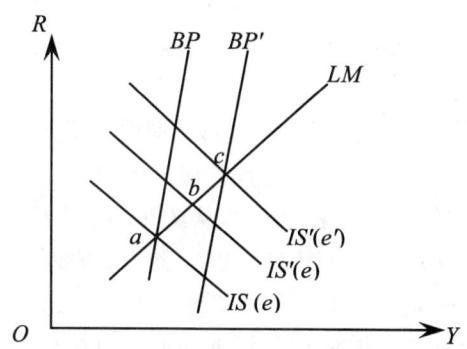

图 11-10a 浮动汇率制度下的财政政策效果

如果政府在初始的内外均衡条件下（点 a 所示）使用扩张性财政政策，$IS(e)$ 右移至 $IS'(e)$，国民收入扩大、利率提高，同时进口扩大（入超）导致国际收支逆差（点 b 所示）。经济入超表示外国厂商在本国卖出了更多的商品，其掌握了更多的本国货币，并且急于兑换成外国货币。于是，在本国外汇市场上，出现本币的供给大于本币的需求现象（或者外币的需求大于外币的供给现象）。在浮动汇率制度下本币必然发生贬值，即本币汇率从 e 下调为 e'

---

① 关于这个模型的理论推导和详细解释，读者可以参考任何一种宏观经济学教材。

（单位本币只能兑换较少的外币）。本币汇率贬值（e 的下调）使 BP 右移至 BP'，其效果是减少进口，增加出口。扩大的出口进一步使 IS 曲线右移，从 $IS'(e)$ 移到 $IS''(e')$，新的内外均衡得以恢复，如点 c 所示。点 c 表示政府财政政策扩张所引发的经济调整过程的完成。在这个调整过程中，IS 曲线的移动使利率持续提高，不断诱使外部资本流入，也在相当程度上起到了恢复国际收支平衡的作用。所以，在点 c，经济社会有较高的国民收入、较高的利率水平和较低的汇率水平。可见，在实行浮动汇率，且资本正常流动情况下，财政政策的相对效力是可以提高的。

在图 11-10a 中，BP 曲线斜率大于 LM 曲线斜率，即 BP 曲线比 LM 曲线更陡直，所以财政政策扩张一般会更有利于刺激总需求扩大，国民收入扩大，进而在进口增加影响下导致对外贸易出现逆差。此时，即使国内利率提高了，但国际资本流动实际上受到限制，贸易逆差很难得到相应补偿，故而国际收支也为逆差。[1]

如果 BP 曲线斜率小于 LM 曲线斜率（见图 11-10b），即 BP 曲线比 LM 曲线更平缓，那么在初始状态（点 a）政府使用扩张性财政政策使 $IS(e)$ 右移至 $IS'(e)$，在刺激收入扩大的同时也刺激利率上升。在利率上升情况下，外部资本大量流入[2]，致使补偿因收入扩大引发的贸易逆差而有余，最终会给国际收支带来顺差（点 b 所示）。在浮动汇率制度下，这会导致本币汇率从 e 上调为 e'（单位本币能够兑换较多的外币）。本币汇率升值（e 的上调）使 BP 左移至 BP'，其效果是减少出口，刺激进口。出口减少与进口扩大造成国内总需求下降，使 IS 曲线做反向移动，即从 $IS'(e)$ 移到 $IS''(e')$。这样，新的内外均衡得以恢复，如点 c 所示。图 11-10b 中的点 c 表示政府财政政策扩张所引发的经济调整过程的完成。在这个调整过程中，先右移然后左移的 IS 曲线使市场利率先上升后下降，诱使部分资本外流，也在相当程度上起到了恢复国际收支平衡的作用。所以，在点 c，经济社会有较高的国民收入、较高的利率水平和同样较高的汇率水平。但是，和图 11-10a 的情况相比，扩张性财政政策的相对效力是下降的，表现在其扩大国民收入的效果相对减弱。

---

[1] 可以假设政府对国际资本流动的限制越多，BP 曲线的斜率就较大。BP 曲线的斜率越大，其图形就越显陡直，表示国际资本流动对国内利率变动反应越不敏感，即较大的利率变动只会引发较小规模的国际资本流动。

[2] 可以假设政府对国际资本流动的限制越少，BP 曲线的斜率就较小。BP 曲线的斜率越小，其图形就越显平缓，表示国际资本流动对国内利率变动反应越敏感，即较小的利率变动会引发较大规模的国际资本流动。

比较图 11-10a 与图 11-10b 所演示的财政政策效果的差异，可以得出如下结论：在 BP 曲线斜率越是大于 LM 曲线斜率情况下，扩张性财政政策的作用效果就相对越好；即使在资本完全不允许流动的场合，即 BP 曲线为一垂直线时，扩张性财政政策也能够发挥出其基本作用。在 BP 曲线斜率越是小于 LM 曲线斜率情况下，扩张性财政政策的作用效果就相对越差；而在资本流动对利率变化极端敏感并允许其充分自由流动的场合，则 BP 曲线成为一水平线，此时扩张性财政政策就会失去任何作用效果。这是因为在 BP 曲线成为一水平线时，扩张性财政政策导致利率提高（IS 曲线右移的结果），资本大量流入，造成国际收支顺差，进而迫使本币升值，本币升值进一步刺激进口和抑制出口，完全抵消了扩张性财政政策的作用（将已经右移的 IS 曲线再次拖回到原先的位置）。

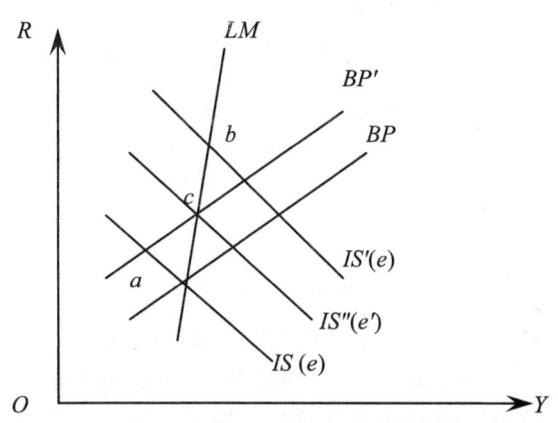

图 11-10b　浮动汇率制度下的财政政策效果

（二）固定汇率制度下财政政策效果

如图 11-11 所示，在一国取得了内部均衡与外部平衡的初始条件下（点 a），政府扩张性的财政政策在扩大国民收入的同时，也使国民经济处于外部不均衡状态（IS 曲线右移至 IS'，与 LM 曲线相交于点 b），即国民收入扩大，进口增加，有入超发生。于是掌握较多本国货币的外国厂商就有增加兑换外国货币的要求，使得该国外汇市场出现外币需求大于外币供给，或者本币供给大于本币需求的问题，产生迫使本币贬值的压力。但是，由于该国政府推行的是固定汇率制度，政府则有义务维持既定的汇率，使之保持不变。在这种情况下，该国央行就要不断地卖出外币，收回本币，其结果是导致越来越多的国家外汇转移到外国厂商手中。由于该国国内货币供给数量取决于政府的黄金储备和外汇储备的规模，外汇减少就使政府当局的货币政策性质发生变化，即越来越趋于紧缩性，表现为 LM 曲线的左移，从 LM 移到 LM'。最后，右移的 IS 曲线、左移的 LM 曲线与位置不变的 BP 曲线相交于点 c，新的内外均衡产生。在点 c，国民经济处于较高的利率水平和不变的汇率水平状态，尽管国民收入也有所增长，但与浮动汇率情况下相比，其增长幅度要小得多。

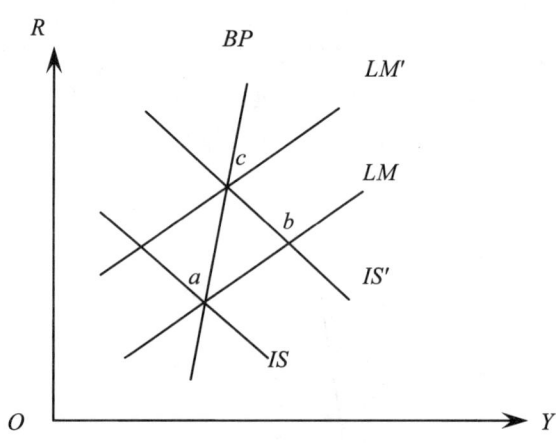

图 11-11a　固定汇率制度下的财政政策效果

在图 11-11a 中，由于 BP 曲线斜率大于 LM 曲线斜率，即 BP 曲线比 LM 曲线更陡直，所以财政政策扩张的最初作用效果是更多地刺激总需求扩大，国民收入扩大，导致出现对外贸易逆差。然而，如果 BP 曲线斜率小于 LM 曲线斜率（见图 11-11b），即 BP 曲线比 LM 曲线更平缓，那么在初始状态（点 a）政府使用扩张性财政政策使 $IS(e)$ 右移至 $IS'(e)$，其政策的作用效果可能更主要的是刺激利率上升，而不是国民收入扩大。伴随利率急剧上升，外部资本大量流入，通常会造成资本项目顺差，国际收支顺差（点 b 所示）。在外部资本流入增加对本币需求，而本币又不能升值的情况下，政府只能按照官定汇率来满足这种额外的货币需求，这实际上改变了国内货币政策的性质，使其具有了相当程度的扩张性。

由于国际收支顺差增加了政府的外汇储备，导致国内货币供给数量增加，扩张性货币政策造成 LM 曲线右移至 LM'，最后与右移的 IS 曲线、位置不变的 BP 曲线相交于点 c，新的内外均衡产生。在点 c，国民经济处于较低的利率水平和不变的汇率水平状态，国民收入明显增长。

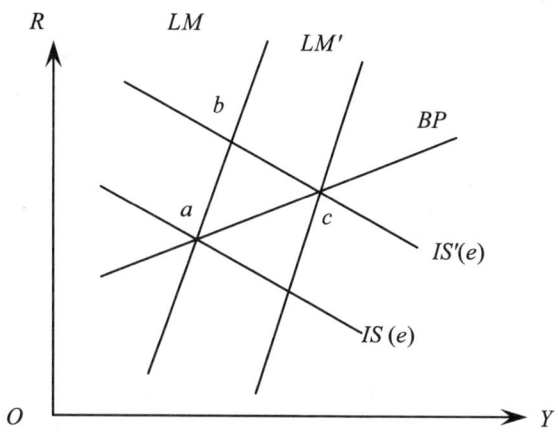

图 11-11b　固定汇率制度下的财政政策效果

比较图 11-11a 与图 11-11b 所演示的财政政策效果的差异,可以得出如下结论:在固定汇率制度下,BP 曲线斜率越是大于 LM 曲线斜率,扩张性财政政策的作用效果就相对越差,因为扩张性财政政策带来的本币贬值的压力,是依靠政府紧缩性货币政策予以平抑的,实际上发挥了"松财政—紧货币"的政策搭配效果。当然,在 BP 曲线斜率越是小于 LM 曲线斜率情况下,扩张性财政政策的作用效果就相对越好,因为扩张性财政政策带来的本币升值的压力,是依靠政府扩张性货币政策予以平抑的,便发挥了"松财政—松货币"的政策搭配效果。

四、不确定性、风险和时滞对政策效果的影响

除了以上分析的那些影响财政政策、货币政策相对效力的政策环境因素外,其他导致这些政府政策效果相对不稳定的因素还有:(1)经济社会中的各种不确定性——集中反映为人们在不同预期条件下对财政政策调整所做出的反应,(2)政府财政活动本身存在的风险,以及(3)政府政策过程里形成的各种时滞效应。就运用财政政策、货币政策进行宏观经济调控而言,政府也必须对这些问题予以足够的重视。

（一）不确定性对政策效果的影响

理论上,通过财政支出的调整,借助经济社会中的乘数效应,政府能够改变国民收入变动方向和变动规模,达到较强的"逆商业周期而动",即稳定国民经济的效果。但是,乘数效应有许多不确定性,所以既定的财政政策能

否获得理想效果也是相对不确定的。

首先，比较完整的国民收入决定方程式中的乘数包含着边际消费倾向（c）、政府规定的税率（t）、边际投资倾向（u）以及边际进口倾向（n）四个基本变量，即

$$a = \frac{1}{1-c(1-t)-u+n}$$

根据该方程式[①]可知，政府除了可以改变税率外，其他变量原则上不受政府直接控制。为了确定财政政策的剂量，政府必须在制定财政政策之前大体准确地把握上述乘数中的 c、u、n 三个变量，但这在实际上是难于做到的。一般情况下，这三个变量具有易变性特点，而且在多数场合，它们的变化几乎是不规则的。即使人们可以从统计数据中推导出它们的平均值，其在政策制定中充其量也仅仅具有参考价值。

其次，财政政策对国民收入调整的乘数效应既取决于乘数的大小，还取决于政府特定财政支出的变动是否充分地带动经济社会总需求的变动，这通常在很大程度上又取决于国民依据自己的预期，对政府政策调整所做出的具体反应。例如，在经济萧条时期，政府增加对社会成员的转移支付，如果这些转移支付在社会成员那里完全转化为消费开支，则其带动总需求的效果是充分的。然而，总有部分转移支付在社会成员那里转化为私人储蓄，这就在一定程度上抵消了政府扩大财政开支的乘数效应。同样，在经济繁荣时期，虽然政府减少财政转移支付，但也不能保证对经济社会总需求产生完全的紧缩作用。因为转移支付的减少可能并不等比例地降低社会成员的消费开支，他们可以释放出以前的储蓄来补偿转移支付的减少给其消费活动带来的不利影响。类似的情况还表现在政府税收政策的调整方面，通常政府提高税收的目的是为了减少经济社会的总需求，降低税收的目的则是为了刺激经济社会的总需求，从而达到"逆商业周期而动"的作用效果。但是如果公众在政府增税时释放出个人储蓄，或者在减税时增加个人储蓄，那么政府特定财政政策调整肯定无法取得理想效果。虽然类似的不确定性在财政政策运用过程中

[①] 该乘数的推导过程如下：
开放条件下的国民收入决定：$Y=C+I+G+X-M$，
其中：$C=a+c(Y-T)$，$T=tY$，$I=I_0+uY-bR$，$M=m+nY$。
代入 Y，得到：$Y=a+c(Y-tY)+I_0+uY-bR+G+X-m-nY$。
整理后，$Y=[A-bR]/a$。
其中：$A=a-m+I_0+G+X$，$a=1/[1-c(1-t)-u+n]$。

往往可以不予考虑，但是它们毕竟在不同程度上影响了财政政策的实际效果。

再次，如前所述，在大多数场合，政府特定财政支出的变动会导致利率水平的变化，从而对私人投资带来相反的影响，即产生所谓的正的或者负的"挤出效应"。认为政府投资产生"挤出效应"的经济学家指出，私人根据投资边际成本（以利率表示）变化改变个人投资、消费决策是理性的，所以政府开支变动，特别是增加公共投资开支就不可避免地发生某种程度的替代私人投资、私人消费的作用。当然，对此持有反对观点的经济学家则认为，公众理解到政府扩大开支是为了增加公共投资，而公共投资与私人投资一样，可以增加未来的消费流。所以在政府通过公债发行方式增加公共开支时，公众只会减少消费来认购政府债券，对私人投资影响甚微。这样，就不存在着私人投资与公共投资争夺社会资金的问题，也就不会产生明显的"挤出效应"。①但是，无论如何，政府开支变化产生"挤出效应"是可能的，因为私人投资行为不可能不受利率变动的影响。至于"挤出效应"的程度为何？理论上可以通过私人投资对利率变动的反应程度予以测定，但是作为变量，其与前面提及的 c、u、n 一样，具有易变性和变化不规则性，对此政府也很难把握。所以，"挤出效应"也给政府财政政策的乘数效应带来一定的不确定性影响。

最后，财政政策调整对国民收入变动的乘数效应还要受到经济社会物价水平的影响，后者则取决于各主要产品的价格需求弹性和各主要产品供给的边际成本。经济社会的产品价格需求弹性和产品供给的边际成本，原则上都不受政府行为影响，这也是政府财政政策之乘数效应不易把握的一个原因。

总之，在市场经济条件下，政府财政政策的有效运用与否，关键在于政府官员能否及时了解上述那些主要的不确定因素的变化情况，并且较好地把握它们之间的真实联系。

（二）财政风险对政策效果的抵消作用

所谓财政风险，或是指"财政风险是专指财政领域中因各种不确定因素的综合影响而导致财政资金遭受损失和财政运行遭到破坏的可能性"；②或是指政府不适当的财政活动或财政行为（作为事件）给政府本身，给政府进一步的财政活动以及给社会经济带来的各种潜在危害的可能性。据此，人们通常可以把财政风险划分为两个大类：内生性财政风险和外生性财政风险。

---

① 这种情况被称为经济社会的"超理性行为"（Ultra-rationality）。
② 高志立等：《财政风险及其构成内容的理论分析》，《财政研究》，2001年第2期。

不过，只有内生性财政风险才真正具有理论意义上的风险属性，而外生性财政风险实际上属于（前面分析过的）政府财政过程中客观存在的不确定性。值得指出的是，财政过程中对政府财政政策效果产生消极影响的，需要政府注意采取适当措施进行防范、化解的财政风险也就是内生性风险。[①]

财政风险，按照具体风险形成原因划分，可以划分为：政治风险、体制风险、制度风险、技术风险、经济管理风险等；按照具体财政活动类型划分，可以分为财政的收入风险、支出风险、赤字风险、债务风险、投资风险、政策风险等；按照风险识别难易程度划分，可以分为显性财政风险和隐性财政风险；此外，还可以按照政府层次标准，划分为中央政府财政风险、地方政府财政风险；按照影响范围标准，划分为全局风险和局部风险；按照时间标准，划分为长期风险和短期风险；如此等等。不管具体风险类型如何确定，内生性风险大部分是源于财政系统内部的各种不利因素引发的。这些因素主要包括：（1）政府职能界定不清导致政府与市场关系不协调，（2）财政立法滞后且有关法规制定不尽合理，（3）财政管理制度与专项管理制度不健全，（4）缺乏必要的公共决策过程，（5）事前、事后财政监督不力，（6）政府官员道德问题和职业技术问题。

肯定地讲，财政风险属于可能性范畴，这类风险不是必然要发生的。但是如果政府在财政活动过程中表现出较大的随意性，且长期置风险于不顾，那么财政风险就会真正的发生，并给政府财政活动与社会经济带来各种负面影响——导致财政资源浪费或财政政策效果下降。

例如，政府只要借债，实际就面临着不能按时偿还债务的风险。如果大量借债而不能按债务条件期偿还，或者不得不采取各种公开的、暗地的倒债手段以达到减轻债务负担的目的，就会造成政府信誉下降，进一步举债就会变得相当困难。又如，收入来源局限于少数税种情况下，政府必然面临着财政收入不稳定的风险。如果不适当的税收政策进一步扭曲了人们的经济行为，就会造成个别税基的严重萎缩，国民收入与政府收入都难以增长，甚至形成恶性循环。再如，国民只要把公共行政权交给政府官员，实际上就面临财政资源效率损失的风险。如果政府政策失误，或部分政府官员玩忽职守以致产生腐败行为，便将导致大量财政资源的浪费，这无疑会给社会经济生活带来难以弥补的后果。

不言而喻，任何财政风险，只要发生，国民都要承担程度不等的福利损

[①] 以下内容中所涉及的财政风险，主要是指内生性风险。

失。这意味着国民在消费政府提供的公共产品和公共劳务并获得正效用的同时,也要消费可能伴随而来的副产品——财政风险——所带来的负效用。作为一种规则,要求消费的公共产品与劳务越多,可能承担的因财政风险带来的负效用越多。另外,财政风险还具有公共福利再分配效应。在某些条件下,政府不适当的财政活动导致的财政风险,不仅把本应大多数国民享有的公共福利转移给包括政府官员在内的少数利益集团,而且还把财政风险造成的福利损失转移给大多数国民承担。①因此,国民和政府就要注意对风险的防范工作,以化解其对既定财政活动、财政政策的不良影响。

虽然一般财政风险是由于政府在处理财政事物时技术性手段(包括预测技术、了解国民偏好技术、纠偏技术、预警技术等)不完善造成的,但是严重的财政风险则主要是政府不负责任的行为造成的。此外,国民对公共决策过程的漠不关心也是放松对政府行为约束的一个原因。对此,制度建设、制度改革必然成为规避财政风险的首选办法。就制度建设来说,公共选择理论提出了两种基本对策:建立有效制止政府权力不断增长的制度,建立影响控制财政开支不断扩大的制度。关于如何制止政府权力不断增长问题,公共选择理论进一步提出:(1)创立新型的政治技术,以便更好地反映选民对公共产品的偏好,激励选民积极参与公共决策过程。(2)在公共部门中建立竞争机制,为充分发挥各级政府官员的积极性与创新性创造必要的条件。

(三)时滞效应对财政政策的影响

除了各种不确定因素在不同程度上影响政府财政政策作用效果外,政府财政政策运用与政策调整的时机选择,也会在相当程度上影响其作用效果,这就是所谓的"时滞"(Time Lags)效应。

一般来说,财政政策运用过程中,政府行为产生的"时滞"主要有:认识时滞,即市场经济发展本身需要进行必要的调整,与政府决策官员意识到这种调整的必要性之间产生的时间差距。这种时差通常可能长达数月之久。实践说明,如果政府能够有效缩短"认识时滞",对其政策制定与调整将大有裨益。缩短此类时滞的主要办法是搞好宏观经济预测,如不断提高经济计量模型分析的质量。

执行时滞,即从政府经济政策决策开始,到政策制定、落实、执行之间的时间差距。这种时滞一般也会长达数月之久,主要是政府既定的立法程序、

---

① 例如,政府对某些国营、私营企业的对外债务进行担保活动,如果后者到期不能偿还债务,政府就要替它们偿还。其结果无非是把这种风险带来的福利损失转嫁给其他国民。就这个意义上讲,大量因道德风险引发的财政风险具有公共福利再分配的性质,但是这种再分配实际上是极不公平的。

行政程序造成的。那么，克服这种时滞的办法就是简化有关立法、行政程序。不过，程序过度简化也会带来另外一些问题，如权力滥用，草率决策等。

效果时滞，即政府政策执行到实际可以观察到经济形势发生预期变化的时间长度。这种时滞至少要长达半年以上，因为政府财政收支的变化导致的乘数效应往往需要较长的时间才能反映出来。

货币政策时滞，即为了配合财政政策运用，政府调整货币政策所需要的时间，以及调整后货币政策实际与财政政策实现联合使用的时间。由于货币政策调整通常不须经过复杂的决策程序，所以货币政策时滞相对比较短，但是其与财政政策配合在时间上可能是不一致的，所以这种时滞往往也影响财政政策的实际效果。

各类时滞对政府财政政策运用产生的不利影响主要体现在三个方面：一是有关的政策调整制定出来以后，国民经济形势实际上已经发生了新的变化，致使推行调整后的政策失去意义。二是虽然国民经济形势实际上已经发生了新的变化，但是政府官员尚未有所察觉，致使继续推行调整后的经济政策，反而给经济发展带来负面影响。三是在缺乏微调系统情况下，国民经济形势的变化使得政府确定政策剂量变得更加困难。

本章所做的分析表明，在市场经济条件下，政府从事的宏观经济调控活动并非轻而易举之事。政府在制定与调整财政政策方面，不仅要以宏观经济理论的不断创新成果为依据，而且还要同时搞好信息分析、趋势预测、参数估计以及经验研究等重要工作。此外，在具体的政策运用方面，政府官员必须具备极其高超的操作技巧才能取得理想的政策效果。

所谓理想的政策效果也是相对的，因为商业周期是市场经济条件下的社会经济活动过程中必然发生的现象，无法依赖政府采取（包括财政政策在内的）各种经济政策使之消失。最好的经济政策至多也不过是相对延长商业周期的繁荣阶段（相对缩短商业周期的衰退阶段）而已。原因很简单，正如美国联邦储备局首脑格林斯潘于2001年6月的一次国会听证会上所说："在最为理想状态下，财政政策与货币政策能否消灭商业周期？依我个人判断能力之所及，回答是否定的，因为没有什么手段可资利用以改变人的本性。通常人们倾向于对乐观主义和悲观主义做重复较量，而正是乐观主义和悲观主义一次又一次地产生或终止投机性过度。"[①]

[①] 见2002年9月28日美国版《经济学家》杂志载文《未终结的衰退》。

练习题

一、判断题

1. 赤字政策是指国家有意识地应用赤字来调节经济的一种政策，亦即通过财政赤字扩大政府支出，实行扩张性财政政策，刺激社会有效需求的增长。因而赤字政策不是个别年度或少数年度存在赤字，它的主要标志是连续多年安排预算赤字，甚至是巨额赤字。（　　）

2. 结构性赤字是指发生在已经给定充分就业水平（如失业率不超过4%～5%）条件下的赤字，也称为充分就业赤字，是由政府财政政策的变量决定的，是一种内生变量，它体现财政政策变量对经济的影响。（　　）

3. 现实中的财政赤字是由结构性赤字和周期性赤字两部分组成，结构性赤字是充分就业水平下的赤字，是由政府的财政政策决定的；而周期性赤字是经济周期性波动的反映，是被动的，可以用现实赤字与结构赤字之差来表示。（　　）

4. 从长期的动态来看，增加结构性赤字虽然暂时扩大了现实赤字，但增加结构性赤字可以促进产出的恢复并进一步增长，从而税收也随着增长，最终不仅可能消除结构性赤字，而且有可能最终消除周期性赤字。（　　）

5. 财政平衡可以间接调节社会总需求，直接调节社会总供给。（　　）

6. 当政府通过出售国债为财政赤字融资时，利率一定会上升。如果中央银行为了维持利率的稳定，就会通过公开市场业务买进国债，也就是将赤字债务化转变为赤字货币化，导致基础货币增加，因此，举债弥补财政赤字的净效应将是货币供应量的增加。如果财政赤字持续不断，国债供应量不断增加，推动利率上升的压力在持续增强，于是中央银行不断购买国债，货币供应量也不断增加，最终导致通货膨胀。尽管发达国家具有发达的国债市场和金融市场，但巨额的财政赤字和国债也有可能导致通货膨胀。（　　）

7. 国债利息支出应计入经常性支出，只有利息率高于国民生产总值的增长速度，才有可能靠税收的自然增长来支付利息，否则也要靠借新债来偿还旧债的利息。（　　）

二、单项选择题

1. 下列不属于财政政策特征的是（　　）。
   A. 法制性　　B. 稳定性　　C. 概括性　　D. 系统性

2. 下列不是按目标性质划分的财政政策是（　　）。
   A. 供给管理型财政政策　　　B. 配置型财政政策
   C. 稳定型财政政策　　　　　D. 再分配型财政政策
3. 财政政策的内容构成不包括（　　）。
   A. 政策目标　B. 政策原则　C. 政策主体　D. 政策工具
4. 下列能刺激经济增长，扩大就业，但会带来通货膨胀的是（　　）。
   A. 双紧政策　　　　　　　　B. 双松政策
   C. 紧财政政策与松货币政策　D. 松财政政策与紧货币政策
5. 为了解决结构平衡问题，财政政策和货币政策的组合方式是（　　）。
   A. "双松"政策
   B. "一松一紧"的财政政策与货币政策
   C. "双紧"政策
   D. "一紧一松"的财政政策与货币政策
6. 当总供给>总需求，经济呈剧烈波动时，应采用（　　）。
   A. 双松政策　　　　　　　　B. 双紧政策
   C. 财政平衡政策　　　　　　D. 财政赤字政策
7. 当总需求>总供给，经济呈剧烈波动时，应采用（　　）。
   A. 双松政策　　　　　　　　B. 双紧政策
   C. 财政平衡政策　　　　　　D. 财政盈余政策

三、多项选择题

1. 财政政策的特征包括（　　）。
   A. 法制性　B. 稳定性　C. 概括性　D. 系统性
2. 财政政策按作用对象划分为（　　）。
   A. 微观财政政策　　　　　　B. 宏观财政政策
   C. 中观财政政策　　　　　　D. 客观财政政策
3. 积极财政政策特征有（　　）。
   A. 稳定性　B. 适应性　C. 时效性　D. 深刻性
4. 实行货币政策，调节货币供应量的政策工具为（　　）。
   A. 公开市场业务　　　　　　B. 贴现率政策
   C. 法定准备率　　　　　　　D. 汇率政策
   E. 控制利息率
5. 财政政策与货币政策的组合方式通常有（　　）。
   A. 松的财政政策和松的货币政策

B. 紧的财政政策和紧的货币政策

C. 紧的财政政策和松的货币政策

D. 松的财政政策和紧的货币政策

E. 中性的财政政策和中性的货币政策

四、名词解释

1. 财政政策
2. 财政政策工具
3. 扩张性财政政策
4. 紧缩性财政政策
5. 货币政策

五、思考题

1. 简述作为财政政策工具必须符合的条件。
2. 简述财政、货币政策搭配的方式。
3. 论述财政政策与货币政策的组合方式及其适用条件。

第十二章 预算理论与中国政府预算改革

第一节 现代政府预算的基本理论与制度框架

一、政府预算的起源和演进

（一）政府预算的字源考察

从历史上考察，政府预算（Budget）一词源于拉丁文"Bulga"，原意为"皮革袋子""钱袋"的意思。在西学东渐过程中，中、日等东方国家将"预算"一词界定为财政用语使用，以总括政府的岁出和岁入。政府预算是比税收、公债等都要年轻的一个财政范畴。预算在财政学上成为一个公认的名词，大约是在18世纪初期的英国。1733年，英国首相瓦尔坡尔（Wralpole）的财政提案，被一本叫做《提包打开了》（*The Budget Opened*）的小册子所讥讽。在该书中，将这位英国的第一任首相画成一个变戏法的，预算案就是他的技巧袋。①

由于当时英国财政大臣到议会提请审议预算法案时，总是携带一个装有财政收支账目的大皮包，久而久之，人们就将政府收支计划寓意为"皮包"。随着现代预算制度与预算管理理念在世界范围内的兴起，东方学者则将这一词汇意译为国家预算。直到20世纪90年代中期，我们仍旧将政府预算称为国家预算。近年来，随着多级政府理论的普遍认同，考虑到地方各级政府也在编制和执行着本级预算，经本级人民代表大会审议通过后，即具有法律效力，因此笼统称为国家预算不很准确，从而"政府预算"的称呼才逐渐普及。

政府预算，是指国家以社会经济管理者身份取得收入，并用于维持政府

---

① 巴克：《各国预算制度》，彭子明译，上海：商务印书馆，1936，第5页。

公共活动，保障国家安全和社会秩序，发展社会公益事业等各项支出的政府基本收支计划。

（二）现代政府预算制度在西方世界的兴起

现代预算制度是新兴资产阶级同封建君主进行斗争的过程中，作为一种经济斗争手段而出现的。这场斗争大体经历了三个阶段，最初表现在课税权上，对国王的课税权进行一定的限制，国王要开征新税或增加税负，必须经代表资产阶级利益的议会同意和批准；以后扩大到争夺财政资金支配权上；最后，要求取消封建统治阶级对财政的控制和在财政上享受的特权。政府预算产生后，皇室的个人财务收支与国家财政收支的界限得以严格划分清楚。

现代国家的预算制度最早出现在英国，其确立与发展，是英国社会公众与君主之间经济利益争夺的产物，它体现出各相关利益主体维护自身利益的现实要求。其思想渊源可以进一步上溯到1215年英国《大宪章》首次确认的"非赞同毋纳税"以及1295年英国"模范议会"所提出的"涉及所有人的问题，应当由所有人来批准"的基本预算与税收原则。

但作为一个较规范的现代预算制度，还是经过很长时间才建立起来的。1789年，英国首相威廉·配第在议会通过一项《联合王国总基金法案》，把全部财政收入统一在一个文件中，至此才有了正式的预算文件。至19世纪初，才确立了按年度编制和批准预算的制度，即政府财政大臣每年提出全部财政收支一览表，由议会审核批准，并且规定设立国库审计部和审计官员，对议会负责，监督政府按指定用途使用经费。

欧美其他资本主义国家的预算制度确立较晚，一般是在18、19世纪中建立了资产阶级政权之后才形成的。比如，法国在大革命时期的《人权宣言》中对预算也做了规定，到1817年规定立法机关有权分配政府经费，从而完全确立了预算制度。

在美国早期的宪法中没有关于预算制度的规定，直到1800年，才规定财政部要向国会报告其财政收支，但当时的报告仅仅是汇总性质。美国联邦预算制度的产生，除欧洲移民因素的影响外，几乎全部出自立宪制度。[1]在美国联邦预算制度形成的年代，是当时的财政部长汉密尔顿确保了对所有财政事务的强有力的行政领导。与英国政府预算制度是数百年英国社会自然演变的结果不同，美国联邦预算制度基本上是汉密尔顿个人天才的产物。[2]

---

[1] 《美国联邦宪法》第一条第九款规定："除根据法律规定的拨款外，不得从国库提取款项。一切公款收支的定期报告书和账目，应不时予以公布。"

[2] 于中一：《基层财政预算工作指导全书》，北京：经济科学出版社，2005，第15页。

美国南北战争后的 1865 年，国会成立了一个拨款委员会专门主管财政收支问题。1908 年和 1909 年，美国财政收支连续出现赤字，这才促使美国政府考虑建立联邦预算制度，1910 年，威廉·塔夫特总统责成研究建立美国联邦预算制度。第一次世界大战后，美国国会在 1921 年通过了《预算与会计法》，至此才正式规定总统每年要向国会提出预算报告。

（三）现代预算制度在中国

回顾 20 世纪初叶风云激荡的中国近代史，有许多事件当初仅是波澜壮阔岁月中的沧海一粟，却对此后的中国现代化进程产生了深远影响。从政府预算的角度来看，这一时期也同样发生了一系列开时代先河的重要事件。如果不过多地从意识形态的角度对当年的社会改良者加以苛求的话，20 世纪初现代政府预算萌芽在中国的产生，至少在某种程度上标志着封建皇室收支与政府财政收支的界限开始明确，政府预算也开始有可能成为以广大民众为代表的民权一方与封建王室贵族进行斗争的工具，这对于中国现代化进程所产生的影响是相当深远的。当时一些学者就已经对政府预算的重要性有了相当深刻的认识。有人就曾指出："监督会计及预算之制，其严重如此，是皆国会重要之职权，即立宪国所以建设责任政府唯一之武器也。"[①] 即使以现代的眼光来看，这些学者对政府预算重要性的认识，也是发人深省的。

在中国，现代预算制度在清朝末期才开始建立。清光绪三十四年（1908），清政府颁布《清理财政章程》，宣统二年（1910）起，由清理财政局主持编制预算工作，这是我国两千多年来的封建王朝第一次正式编制政府预算。该预算先由各省汇报，然后由度支部加以审核整理，资政院加以修正，奏请执行。但由于辛亥革命的爆发，这部我国历史上第一部现代意义的预算，只有预算而没有决算。

新中国的政府预算是随着中华人民共和国的诞生而建立的。新中国成立以后，依据《中国人民政治协商会议共同纲领》中"建立国家预算决算制度"的有关规定，着手编制 1950 年全国财政收支概算。1949 年 12 月在中央人民政府委员会第四次会议上，通过了《关于一九五〇年度全国财政收支概算草案编成的报告》[②]，这标志着新中国政府预算的诞生。1951 年 7 月，在统一

---

① 杨度：《金铁主义说》，《中国新报》第一至五号，1907 年 1 月 20 日至 5 月 20 日。
② 财政部办公厅：《中华人民共和国财政史料·第二辑·国家预算决算（1950—1981）》，北京：中国财政经济出版社，1983，第 1 页。

全国财政经济工作的基础上,政务院又发布了《预算决算暂行条例》[①],我国的政府预算管理制度从此建立起来。

二、政府预算的概念界定

(一)内涵界定

通过对国内外相关文献的考察,可以发现不同学者从不同的研究视角出发,对政府预算的含义有着不同的界定。概括起来,具有代表性的观点大致有以下几种:

(1)政府预算是政府的基本财政收支计划或政府收支的说明书

无论是在东方还是西方,这都是一种对政府预算内涵认识的相对主流观点。马克思曾在1853年指出,"预算只不过是国家本年度预期收入和支出的一览表,并以上年度的财政经验即平衡表为依据……每一个国家预算的基本问题就是预算之间的对比关系,是编制平衡表、盈余表或者赤字表,这是国家确定削减或增加税收的基本条件"[②]。循着这一指导思想,国内持这种观点的学者认为,政府预算是指由财政收支表为主的政府财政资金的基本收支计划(马国贤,2001)。它的功能首先是反映政府的财政收支状况(陈共,1999),由于预算内、外资金的同时并存,我国的政府预算虽然不是国家全部的年度财政收支计划,但却是国家的基本财政计划(王金秀、陈志勇,2001)。从内容上看,政府预算是将财政收支活动记载在收支分类表中,以反映政府活动的范围和方向,体现政府的政策意图(项怀诚,1999)。西方学者同样认为,预算是一定时期内,政府财政活动的数字估量表(井手文雄,1990),而这种政府收支说明书或估计表格的形成与完善经历了一个较为漫长的历史进程(埃克图斯坦,1979)。

(2)政府预算是一种解决公共资源配置问题的重要管理工具

预算管理在本质上是工具性的(Instrumental)(王雍君,2002),其实质在于配置稀缺资源,因而它意味着在潜在的支出项目之间进行选择(爱伦·鲁宾,2000)。政府预算作为一种国家干预经济的政策工具,是集政府行政、法律、经济为一体的特殊管理工具与调节手段,通过政府预算收支计划,参与社会产品与国民收入的分配与再分配,以实现政府职能,贯彻经济政策(邓力平,2001)。从这个意义上讲,政府预算是政府分配集中性财政资金、优化

---

① 中国社会科学院、中央档案馆:《中华人民共和国经济档案资料选编(1949—1952)·综合卷》,北京:中国城市经济社会出版社,1990,第301-307页。

②《马克思恩格斯全集》,第9卷,北京:人民出版社,1961,第69-70页。

资源配置的重要工具（胡乐亭，1998）。

（3）政府预算是具有较强政治性的活动

这主要是西方学者对政府预算的观点，他们强调政府预算的政治性，指出它的整个活动过程受到立法机构和政治程序根本制约和规定限制的特点。我国传统的政府预算概念则没有将政府不同组成部分之间的分权与制衡问题包括在内（张馨，1997）。西方学者认为，预算制度是关于民众赞同和监督国家财政活动的制度，立宪政治的历史可以说是现代预算制度的历史（井手文雄，1990）。在民主社会中，批复预算（"资金权力"）是立法部门对行政部门进行控制的主要形式，预算采取的形式必须使立法部门和公众能够对政府政策加以监督（萨尔瓦托雷·斯基亚沃—坎波、丹尼尔·托马西，1999）。预算将公民的偏好与政府产出联系起来，预算决策的制定描述了政府机构内部以及机构之间的预算行动者的相对权力，它也描述了处于一般利益集团和特定利益集团内的公民的重要性（爱伦·鲁宾，2000）。

（4）政府预算是一种法律性计划，法治性是政府预算的根本特性

这种观点源于对预算本质上是计划还是法律的争论。持这种观点的学者认为，在本质上，预算经立法机关批准公布后便成为法律，在计划经济下，预算作为一种财政计划，而在市场经济体制下，预算则是法律（焦建国，2001）。"计划"仅是政府预算的关键形式，唯有"法治性"才是政府预算的基本内容和活的灵魂，是政府预算区别于任何其他财政范畴的根本性质，是政府预算的精髓和要义所在。市场经济从根本上决定了政府预算所具有的法治性内容，市场和资本通过政府预算的法律权威，直接控制了政府的经济命脉，使得政府活动必须符合其根本利益。在市场取向的经济改革中，必须严肃政府预算的法治性，并用以约束政府的财政活动（张馨，1998）。

以上各种观点，大体上代表了国内外学者对政府预算含义问题的不同认识。在对各种观点加以综合比较的基础上，提出作为本书分析基点的"政府预算"概念，无疑是科学研究的通常思路。然而，通过对上述各种概念的比较考察，我们可以发现其中的差异很大，许多问题也远未取得总体上的共识。因而，我们对政府预算含义的诸多争议也只能存而不论。

然而，作为分析的起点，本书在概念内涵的取舍上，更倾向于将政府预算作为一种具有较强政治性的活动，认为政府预算作为一个政治决定程序，是政治家和公民（公共产品与服务的消费者）之间的"交易"过程。在市场经济中，政府预算是政府接受民众的委托，为实现本国政府在一定时期内的政治、经济和社会目标，筹集和使用集中性财政资金的具有法律效力的基本

财政收支计划。

政府预算也有广义与狭义的两种理解。狭义的政府预算单纯是指政府预算表格和报告书；而广义的政府预算则包括预算编制、执行、决算、审计结果的公布与评价等全部环节，也就是全部预算管理制度。本章中所指的政府预算主要是就广义的政府预算而言的。

（二）预算年度

1. 预算年度概述

预算年度（The Budget Year），又称"财政年度"，是政府预算（或公共预算）编制和执行的有效起止期限。预算年度的起止时间通常为1年，但也有一些例外。

2. 各国预算年度的执行状况

世界上多数国家的预算年度与公元纪年相吻合，即采用"历年制"，有些国家的预算年度与日历年度不一致，即采用"跨年制"。

采用历年制（从1月1日起至12月31日止）的国家主要有：中国、朝鲜、德国、法国、意大利、奥地利、比利时、丹麦、芬兰、希腊、爱尔兰、冰岛、卢森堡、荷兰、西班牙、葡萄牙、瑞士、挪威、俄罗斯、波兰、匈牙利、罗马尼亚、墨西哥、巴西等国。

采用跨年制的国家，主要的表现形式有：

（1）从当年4月1日起至次年3月31日止为一个预算年度的国家，包括英国、加拿大、日本、印度、印度尼西亚、新加坡、缅甸、新西兰、博茨瓦纳、莱索托、马拉维、南非、不丹、斯威士兰、牙买加、伯利兹等。

（2）从当年7月1日起至次年6月30日止为一个预算年度的国家，包括瑞典（自20世纪90年代财政危机以后，已改为实行"历年制"）、科威特、孟加拉、巴基斯坦、澳大利亚、塞拉利昂、津巴布韦、苏丹、埃及、喀麦隆、冈比亚、加纳、肯尼亚、毛里求斯、坦桑尼亚等。

（3）从当年10月1日起至次年9月30日止为一个预算年度的国家，包括美国、泰国、尼泊尔、海地等。

美国从1844年至1976年的预算年度为7月1日至次年6月30日。但在1976年实行了新的跨年制，根据《1974年至1976年国会预算及扣押款项控制法》规定，1976年7月1日至9月30日为过渡季，从1976年10月起采用从10月1日起至次年9月30日止为一个预算年度的做法。

但是，美国许多地方政府的预算年度开始于1月份。而在美国州一级政府层面上，除了亚拉巴马州、密歇根州、纽约州和得克萨斯州之外，所有其他州的预算年度都开始于 7 月份。亚拉巴马州和密歇根州的预算年度开始于 10 月份,纽约州的预算年度开始于 4 月份,得克萨斯州的预算年度开始于 9 月份。

3. 我国预算年度选型的历史沿革

当前,根据《中华人民共和国预算法》(以下简称《预算法》)规定,我国预算年度实行历年制,即自公历 1 月 1 日起至 12 月 31 日止。按照目前的惯例,全国人大在每年 3 月初至中旬开会,审议批准政府预算报告。预算报告获得批准后,如加上财政部和各部门审批过程所耗费的时间,中央各部门所属单位的预算最快要等到 4 月才能得到批准。由于历年制的预算年度与全国人大会期之间的脱节,直接造成了每年前几个月的政府预算的执行缺乏法律依据——存在预算先执行后批准的问题。

三、政府预算的主要管理模式及其演化

政府预算是公共治理的核心议题,预算管理制度的创新与演进也成为整个公共管理制度变革的关键。政府预算并非单纯体现了公共资源配置和使用的技术层面问题,而蕴涵了更为深刻的政治哲学命题。正如西方学者所指出的,"预算是政府的血液和生命。……如果我们不说'政府应该怎样做',而说'政府预算应该怎样做',就可以更清晰地看出预算在政府中所起的核心作用"[①]。

近年来,各市场经济国家的公共管理改革,都将政府预算改革作为重点之一,也反映了政府预算在当代公共治理中的战略地位。随着经济全球化进程的日益深化,尤其是我国加入 WTO 后,各国政府治理模式的演变,也是我国政府预算管理改革中不容忽视的重要参照系。虽然政府预算在更多意义上属于一国国内法的范畴,出于各国政体模式的不同,政府预算管理模式与运行机制受国际惯例的约束相对较小,但各国对程序法层面上的政府预算管理模式的研究,作为人类探索社会"善治"的共同努力,仍旧具有相当重要的参考价值。

在 20 世纪 30 年代以前,虽然各国的预算制度各有特点,但在预算的组织形式及编制、批准、执行与监督等程序方面则大体相同;而自 20 世纪 60 年代以来,美国逐渐成为世界上最为强大的经济体,美国政府预算制度的不

---

① Aaron Wildavsky, "Political Implications of Budget Reform: A Retrospective", *Public Administration Review*, 52(November/December, 1992), p.595.

断创新，也引起了世界各国的纷纷效仿①；我国始自 90 年代末期的部门预算改革，也参考了市场经济国家的通行做法。

在预算发展史上，以美国为代表的市场经济国家的政府预算管理大体经历了如下的发展变迁历程②：（1）以控制为目标的传统预算或逐项预算管理模式；（2）以管理为目标的绩效预算（Performance Budget）；（3）以经济计划为目标的计划—规划—预算管理模式（PPBS）；（4）强调个人自主性的目标管理预算（MBO）；（5）强调项目优先次序的零基预算（ZBB）；（6）带有中央集权和立法色彩的自上而下预算或目标基础预算；（7）融合重塑政府思想的结果预算。在此，我们从各国政府预算的主要管理模式演化过程，择其重点加以必要的介绍。

（一）逐项预算管理模式

逐项预算（Line-item Budget），也称传统预算、线性预算、项目预算、行政预算或分行排列预算，这是最基本、最传统的预算组织形式。逐项预算是根据每一开支对象的成本，来分配公共资源的一种预算制度。在预算发展史上，自古代埃及、巴比伦和中国的宫廷时代起，就有了以某种方式来逐项记录开支的做法。③但是，现代意义上的逐项预算直至 20 世纪初叶才基本成型，其标志是美国 1921 年开始实施的《预算与会计法》。

逐项预算的主要功能是控制政府预算开支。其主要控制措施包括：分项、详细地记录政府购买的商品或劳务；采用标准化的政府会计控制系统；利用统一的政府采购制度和竞争性招标制度，增强政府购买性支出的透明度，力求节约公共开支。除了控制功能以外，逐项预算还注重强调政府部门内部的增量决策、分散管理以及职责分工等内容，因此直至今日，该模式仍旧具有较为广泛的应用价值。

实际上，逐项预算的形成过程，可以概括为政府行政部门与财政部门的一场紧张的谈判过程。④各行政部门希望其预算能够尽可能多地被通过，而财政部门则试图实现支出总额的适当削减。但是，很多政府行政部门往往得到一些强有力的利益集团的支持，并且行政预算的测算过程，具有相当的技

---

① 姜维壮：《比较财政管理学》（修订本），北京：中国财政经济出版社，2000，第 317 页。
② Nicholas Henry, *Public Administration and Public Affairs*(7th ed.) Chapter 8, by Prentice-Hall, Inc., 1999.
③ 卢洪友：《政府预算学》，武汉：武汉大学出版社，2005，第 43 页。
④ 在本小节中，对于逐项预算的评价，主要根据[美]杰克·瑞宾、托马斯·D.林奇：《国家预算与财政管理》，丁学东等译，北京：中国财政经济出版社，1990，第 109-111 页的内容归纳整理而成。

术复杂性。

如果一个机构从事多项活动或项目规划，或者若干机构从事同一项活动或项目规划，就难以凭借逐项预算的形式来确定其预算支出。同时，逐项预算过于倾向于将预算决策的注意力集中于不断增长的人员经费和设备支出等项目，也容易诱使预算决策偏离对公共支出的根本目的——满足社会公共需要程度——的考察。

尽管如此，逐项预算仍旧是具有相当的生命力的。如果我们将美国1960年的预算框架与其1980年的各级政府的预算实践加以对比的话，可以发现二者之间有着极其相似之处。造成相似的原因有两条：首先，一些预算改革没有能够完全付诸实践；其次，近20年的预算改革没有带来多大的实质性变化。[1]根据对美国全国的一项市、县预算的调查，截止到20世纪90年代尚有80%的地方政府仍旧使用逐项预算管理制度，只不过其中某些是与绩效预算或其他预算管理模式相互结合使用而已。[2]

（二）计划—规划—预算管理模式

计划—规划—预算是根据国家的经济现状与发展趋势，以及国家当前所要达到的总体目标，利用系统分析以及成本效益考察等分析工具，评价公共计划的成本效益，协助政府拟定最有效的预算决策，以期实现公共经济资源合理配置的一种预算管理制度。[3]

计划—规划—预算制度（Planning/Program/Budget System, PPBS）的管理思想，萌生于美国的企业管理部门。早在1924年，福特汽车公司就已经运用类似的管理模式，以试图提高企业效率。第二次世界大战期间，美国战时委员会制订的物资控制计划也援引了该方法。20世纪50年代，美国空军的兰德公司开始在武器系统检测中使用系统分析方法，并提出在空军的计划工作中使用所谓的"方案包"（也称为"规划包"）作为预算决策单元，但被当时的空军高层拒绝。在兰德公司提出的"方案包"建议中，包含了为完成某一特定的公共目标，而拟采取的各种方案的集合。

1961年，麦克纳马拉就任美国国防部部长[4]，他认为"计划—规划—预

---

[1] [美]杰克·瑞宾、托马斯·D.林奇:《国家预算与财政管理》，丁学东等译，北京：中国财政经济出版社，1990，第109页。

[2] Glen Hahn Cope, "Budget for Performance in Local Government", *Municipal Year Book*, p.42, Washington, DC: International City Management Association, 1995.

[3] 陈纪瑜：《政府预算管理》，长沙：湖南大学出版社，2003，第28页。

[4] 麦克纳马拉曾经担任福特汽车公司的经理职务。

算制度"有助于控制国防开支,在征得当时的美国总统约翰逊认可后,于1965年开始在美国联邦政府各部门中全面推行计划—规划—预算制度。截至1967年,美国预算局[1]指导21个部门实行了计划—规划—预算制度,并准备最终推广到36个部门。[2]

计划—规划—预算制度实际上是一种以程序为重点,而非以组织为重点,来评价短期与长期需求的预算管理模式。采用计划—规划—预算制度的首要意图,是使行政部门的预算摆脱渐进主义决策体系,而改为一种合理的综合决策方法。

在具体操作上,计划—规划—预算主要体现为如下几个基本步骤[3]:

首先,各政府行政机构根据总体上的公共部门现有资源、经济状况以及未来的经济形势分析等资料,设计组织的长期目标,并制订达到长期目标的各种可行的计划方案,然后对这些计划进行评估筛选,进而形成优劣排序。

其次,根据上一阶段设计的计划方案,预测未来五年内某项计划可能产生的效果与相关成本,并根据计划进度在五年期间加以妥善安排。

最后,在长期计划设计与编制五年计划的基础上,编制支出经费预算,并安排筹措年度预算经费,从而汇编形成年度预算。

计划—规划—预算制度的主要缺陷在于,大部分采用这一管理模式的政府机构(例如美国,仅有其国防部是例外情况),都过于注重技术分析的作用。[4]

总体上看,计划—规划—预算制度对于地方政府层面上的影响要相对显著一些。根据对美国运用PPBS的情况调查,41%的州政府机构和35%以上的市、县,都在某种形式上采用了PPBS,60%的城市至少在某些部门使用了这一制度,在普遍使用这一制度的城市中,57%的城市认为它"非常有效"。[5]

---

[1] 1970年,美国预算局更名为管理和预算办公室(Office of Management and Budget,OMB),也译作"预算管理局"或"管理预算局"。

[2] [美]尼古拉斯·亨利:《公共行政与公共事务》(第7版),项龙译,北京:华夏出版社,2002,第210页。

[3] 陈纪瑜:《政府预算管理》,长沙:湖南大学出版社,2003,第28页。

[4] 当时的美国预算局局长斯塔茨在与美国农业部部长(农业部是当时实行PPBS较为成功的5个部门之一)谈话时,后者曾经对预算局长说:"斯塔茨,我的办公桌上有一摞约4英尺的PPBS报告,我该拿它怎么办?"资料来源:[美]尼古拉斯·亨利:《公共行政与公共事务》(第7版),项龙译,北京:华夏出版社,2002,第212页。

[5] 数据来源:[美]尼古拉斯·亨利:《公共行政与公共事务》(第7版),项龙译,北京:华夏出版社,2002,第212页。

（三）从"绩效预算"到"新绩效预算"：一个简要的演进脉络

1. 绩效预算的兴起

绩效预算（Performance Budgets）在市场经济国家的兴起，可以追溯到20世纪最初十年间的纽约市，其作为一个预算术语使用则形成于1949年美国胡佛委员会提出的一个概念[①]，它是公共预算管理的一种全新理念和方法，其基本含义是将"绩效水平与具体的预算数额联系起来"。此后美国又曾经尝试过"规划预算"（Program Budgeting System）、"计划—规划—预算"（Planning-Program-Budget, PPB）等方法，都取得了一定的成效。这些预算改革在西方世界产生了巨大的影响，以"成本—绩效"作为评价标准的预算管理理念日益深入人心。[②]

在绩效预算的概念中，包含了几项从传统逐项预算思维方式的转变：（1）预算信息要根据活动（例如，修路、种树、护理病人、教授学生和逮捕犯人等）而不只是单个项目来组织。（2）应当对活动进行度量，以确定其成本，并对从事这些活动的效率进行评估。（3）应当通过将每家政府机构的实际成本与执行情况同计划水平的对比，实现绩效管理。（4）尽管绩效指标一般都不是政府的"最终产品"，但是从理想的情况来看，应当将这些活动与受益结果或者产出联系起来。

2. 新绩效预算的演进

20世纪90年代后期以来，人们在尝试将预算过程的重点从投入转移到产出或者结果的过程中，形成了新绩效预算[③]。新绩效预算的思路是，与政府绩效相关的是社会目标与结果，而不是机构的直接产出或活动，并根据其结果对机构进行考核，应关注这些结果到底是如何实现的。

现代政府"再造"运动（"reinvention" movement）对新绩效预算的发展

[①] 1949年美国胡佛委员会的报告将这种预算管理模式的变革称为绩效预算。在此之前，绩效预算被称为功能预算或行动预算。其实，美国联邦预算此前就已经开始绩效导向与绩效评价管理的变革了。这在很大程度上归功于1939—1946年时任美国预算局局长并提出著名的现代预算管理原则的哈罗德·D.史密斯的领导。但是，胡佛委员会指出了政府实施逐项预算时所遇到的问题，更加强调绩效的价值。1950年，杜鲁门总统向国会递交了第一份完整的绩效预算。

[②] 政府行政机构组织委员会：《预算和会计》（*Budgeting and Accounting*），华盛顿特区：政府出版署，1949。

[③] 新绩效预算还有很多别的名字，如企业式预算（Entrepreneurial Budgeting）、结果导向预算（Result-oriented Budgeting）、任务预算（Mission Budgeting）和结果基础预算（Outcome-based Budgeting）等。

具有重大影响。正如奥斯本（Osborne）和盖伯勒（Gabler）所认为的那样①，新绩效预算会使政府对结果负责，而不用根据投入品来对政府机构拨款。也因为政府机构节约了成本或者努力为民众提供了服务（其中也包括如果私人生产公共服务合适的话，政府机构将公共服务让渡给私人部门的情况），会对政府机构给予奖励，从而在战略发展、成本分析和计划中，更注重长期性。通过实行以结果为核心的预算，政府应当对公众的利益变得更加负责；通过赋予政府更大的灵活性，在服务的提供过程中，政府可以变得更有效率、更富于企业家精神。

新绩效预算在美国地方政府中应用较为广泛。1998 年，在美国 50 个州中，有 47 个州以绩效为基础进行预算的要求。②美国联邦政府的步骤则显得相对缓慢，但也取得了一定的进展。1990 年的《财务总监法案》(The Chief Financial Officers Act of 1990, CFOA) 要求，联邦机构的财政官员要编制并报告自身部门的系统绩效指标；1993 年的《政府绩效与结果法案》(The Government Performance and Results Act of 1993, GPRA) 则进一步要求，每个政府机构要编制战略规划、年度绩效计划和年度绩效报告，而同年国家绩效评价委员会（National Performance Review，NPR）成立，专门负责 GPRA 的监督和实施，这也进一步推进了美国政府绩效评价和预算制度的重大改革；2002 年"评估与审议工具"（PART）的出台，GPRA 的目标进一步强化，其目标是每年审核联邦政府所有项目的 20%，最终每个项目在 5 年之内都会得到审核。

3. "绩效预算"与"新绩效预算"的关系

"新绩效预算"（或结果预算）与此前的"绩效预算"具有相当深的历史渊源，二者相同的地方极多，但新绩效预算也有一些自身新的特点。与绩效

---

① 奥斯本和盖伯勒称这个预算系统为"支出控制预算"（Expenditure Control Budgeting）：议会为各个运营单位制定支出限额；议会对政府部门的管理，依据的是绩效结果，而不是财政支出；议会放弃对政府部门运营活动的微观管理。政府部门可以收到"利润分成"（Profile Sharing），因为它们可以保留财政支出限额之内的结余。参阅：Osborne, D. and Gaebler, T., *Reinventing Government: How the Entrepreneurial Spirit is Transforming the Public Sector*, New York: Plume, 1992。

② 在这方面，加利福尼亚州的西尼维尔、俄亥俄州的丹顿和亚利桑那州的佛尼克思，都名列前茅。在州政府中，密苏里州、得克萨斯州、路易斯安那州和弗吉尼亚州较早充分利用绩效信息来影响预算办公室的决策和运营；许多其他州只是将绩效指标用于内部管理（预算的执行），却没有更广泛地运用这些指标。尽管关于单个政府机构的绩效指标见诸于美国一半以上的州和许多城市中，但是，与投入种类相比，这些指标对责任和控制的集中程度仍然是十分有限的。参阅：Mikesell, J. L., *Fiscal Administration: Analysis and Application for the Public Sector* (sixth edition), Wadsworth Publishers，2003。

预算一样，新绩效预算的基本思想也是强调管理。新绩效预算的决策方式也是渐增预算模式（Incremental Budgeting）。这一点在美国联邦政府执行《政府绩效和结果法案》时所采取的循序渐进的态度上也有所反映。与绩效预算不同的是，新绩效预算的决策方式不仅是渐增或增量式的，也是参与式和分权式的。美国联邦政府鼓励官员参与政府的改革，政府普通雇员对此也很积极。[1]

与绩效预算一样，新绩效预算的范围基本上也仅限于输入和输出，尽管后者对输出质量的重视要高于前者；同时，新绩效预算的范围也包括考虑现有方针之外的备选方案，但备选方案基本上仅限于市场外包抑或是直接经营。

同绩效预算一样，实施新绩效预算时，必须沟通的关键信息是各机构的活动情况，重点是机构的效率和职责的完成情况。制订计划是各机构与预算管理局的共同任务（在典型的绩效预算中，制订计划的任务分散在各机构之中，并未引起较多的关注）。预算管理当局的任务首先是保证职责的完成。在这一点上，新绩效预算与绩效预算有所不同，绩效预算关注的首要问题是预算机构的效率。

（四）零基预算

1. 昙花一现的预算改革：零基预算在市场经济国家的发展与演化

零基预算（Zero-base Budgeting，ZBB）最初始于 20 世纪 60 年代，由美国德州仪器公司开发的，它要求管理者重新论证他们的预算申请，而不管以前是否有过拨款。零基预算专门用来克服增量预算的缺点，即活动一旦开始就永远进行下去。零基预算过程包括三个步骤：第一，将每一个独立的部门活动作为一个决策包；第二，按照决策在预算期间给组织带来的效益对决策包进行排序；第三，按照优先次序将预算资源分配给各个决策包。零基预算适合于管理日益减少的资源，当组织面临紧缩和财政困难时，管理者急需有效的手段来分配优先的资源，而零基预算正是这种手段。决策包（Decision Package）是一个识别和描述特定活动的文件，通常由部门管理者负责制定。它包括对活动目的的陈述、活动的费用、人员需求、绩效考评标准、被择的行动方案，以及对直接效益和间接效益的评价。

同时，在实施零基预算时，还要就每一个决策单位编制四种不同资金水平的预算[2]：第一，最低水平（Minimum Level），即预算若低于此水准则无

---

[1] 本段主要参考了 Nicholas ,H., *Public Administration and Public Affairs*(7th ed.) Chapter 8, by Prentice-Hall, Inc., 1999.

[2] 黄世鑫、徐仁辉、张哲琛：《政府预算》，中国台北：国立空中大学，1995，第 163-167 页。

法施行；第二，现行或维持水平（Current or Maintenance Level），即维持现状而不做重大调整的预算金额水平；第三，中间水平（Intermediate Level），即介于最低和维持水平之间；第四，加强或改进水平（Enhancement or Improvement Level），即为了实现增加产出或改进服务，而需增加的资金需求水平。但是，在美国零基预算的实际运行中，这四种不同水平预算的实施效果却并不理想。每一项活动的维持性服务水平，仍旧是零基预算分析问题的起点，并以此为基础，各部门经常随意乘以不同的百分比，就轻易得出了上述四种不同资金水平下的预算方案。美国国会公共会计局（General Accounting Office）经调查发现，各机构在编制预算"决策包"时，并未进行适当的分析，大多是采用上述任意百分比的方式进行的。[①]

在零基预算制度下，预算过程不再只是单纯关注于新增的支出项目或计划，而是就所有的预算资源需求，不论是正在进行中的还是新增的，都要从其出发点开始审议（所谓"零基"）。由此，一些不必要或过时的预算活动，将有可能被终止。[②]有鉴于此，零基预算制度往往不受以前年度预算资源配置格局的约束，可以重新确立支出项目的优先顺序，将有限的预算资源配置到使用效率更高的项目中，从而使得预算决策更具弹性。

零基预算编制方法于20世纪70年代初期异军突起，尤其是1977年开始在美国联邦政府所有部门与机关推广，使得其名声大震[③]；但旋即如昙花一现，于20世纪80年代初期以后逐渐销声匿迹。根据西方学者对零基预算效果的调查，零基预算只有在很小的范围内和特定的情况下才是有效的。[④]

零基预算失败的主要原因在于，其增加的工作量远远超过可能带来的收益，因此只能适应政府支出结构调整的一时之需，而难以作为一种长期安排

[①] United States General Accounting Office, "Budget Formulation: Many Approaches Work But Some Improvement Are Needed", Washington D.C., Febreary 19,1980, pp.72-74.

[②] 一个相对典型的案例是，比利时政府在20世纪20年代曾经设立了一个"橡树项目"，政府每年安排一定数额的资金，以支持从国外引进橡树。由于每年安排预算都是以上年执行数为基础，因此"橡树项目"的资金每年都予以安排。直到20世纪90年代，人们突然发现，"橡树项目"早在几十年前就已结束了。这表明，以上年执行结果作为制定下一年度生产、销售计划和编制预算的基础，长期如此，往复循环，会不可避免地出现计划与实际相差甚远的情况。

资料来源：中华人民共和国财政部预算司：《零基预算》，北京：经济科学出版社，1997，第1-2页。

[③] 1980年，零基预算制度在美国实施满三年时，美国管理和预算办公室宣称，零基预算制度取得了满意的效果，节省了大量的联邦政府经费，零基预算关于决策单位的优先顺序的比较是相当有用的。在联邦政府的推动下，到1982年，美国已有大约18个州采用了零基预算制度。

[④] 尼古拉斯·享利：《公共行政与公共事务》（第7版），项龙译，北京：华夏出版社，2002，第215页。

上的预算决策方式。例如，一项研究显示，在对零基预算工作量负荷的检测中，某机构发现因使用零基预算增加了 300%的预算文件，共计准备了 90000 个文件，其中包含 478 个决策包，75 个决策单位；而在实施零基预算之前，大约只需要 22500 个文件就足够了。[①] 目前，各国的预算决策虽然在不同程度上体现了零基预算削减支出的思想，但总体上仍旧是以增量方式（我国所谓的"基数法"）编制下年度预算的。[②]

2. 中国的零基预算改革

在始于 20 世纪 90 年代的中国政府预算改革中，零基预算带有某些非常耀眼的色彩。早在 90 年代中期，安徽省（1994）、河南省（1996）、湖北省（1993）、云南省（1995）、深圳市（1995）等省市结合自身财政预算管理的现状，借鉴国外经验，突破了传统的采用"基数法"编制预算的框架，实行了零基预算改革。时至今日，在众多地方政府的预算编制指导原则中，实行零基预算仍旧具有非常突出的重要性。

需要指出的是，中国部分地区目前正在试行的零基预算的做法，与市场经济国家零基预算的典型经验，是不尽相同的。市场经济诸国实行的零基预算是以预算定编、定额、定标准等基础工作已经完成为起点，而中国各地区则是以预算定编、定额、定标准作为试行零基预算的起点。这表明，在中国试行零基预算，需要付出更大的努力。[③]

应该说，在我国社会经济转型的特殊历史时期，适度采用零基预算的管理模式，对于革除原有不合理的预算基数，重新确认政府各部门的职能，具有一定的积极作用。但当社会转型期基本结束时，为了避免采行零基预算所花费的巨额成本，则应适时将预算管理模式转换为采用"基数法"的"渐增预算"（也就是"渐进主义"预算模式）。

---

① United States General Accounting Office, "Streamlining Zero-base Budgeting Will Benefit Recisionmaking", Washington D.C., September 25,1979, p.31.

② 国内文献在介绍美国零基预算后来的命运时，存在着与国外学者有所不同的另外一种表述：1981 年，罗纳德·里根就任美国总统后，认为零基预算是降低费用的有效手段，在做了一些修改后，继续实行零基预算编制法。但出于政治上的考虑，里根摒弃了与其前任卡特总统有关的"零基预算"这个名称。可以说，零基预算制度在其发源地美国并没有消亡。其他国家在借鉴美国零基预算制度后，经过几年的实践，有的与美国的情况相同，已经不再实行，而有些国家则仍然继续使用（资料来源：中华人民共和国财政部预算司：《零基预算》，北京：经济科学出版社，1997，第 5 页）。国内文献的上述介绍，是确然如此，还是为了在中国推进零基预算改革而刻意为之，似乎已超越了本章的讨论范围，故只能存而不论，且留待有兴趣的读者加以进一步的考证与分析。

③ 中华人民共和国财政部预算司：《零基预算》，北京：经济科学出版社，1997，前言。

（五）一个简要的归纳

美国政府预算制度的不断创新，导致了世界各国的纷纷效仿。然而，通过对以美国为代表的市场经济国家政府预算管理制度变迁的考察，其预算管理模式看似纷繁复杂，其实仍旧呈现出某种规律性的色彩。概括起来，可以归纳为以下几个方面：

（1）各国预算管理模式的选型，呈现追求预算理性化的色彩

回顾 20 世纪以来的各种预算管理模式选择，大多是为了从预算理念和管理理论上，解释科依（Key）于 1940 年提出的重要预算命题："在什么基础上，决定将某一数量的拨款拨给活动 A 而不是活动 B？"[①] 自 20 世纪 30 年代至 80 年代，为了提高预算资源配置效率，以美国为代表的市场经济国家实施了一系列预算改革，并很快影响到其他国家的预算管理模式选型。

这些预算管理模式都希望找到一种科学的、理性的预算资金分配模式，从而一劳永逸地解决预算资金的分配问题。具体地说，也就是希望用理性的预算分析，来取代根据政治判断和预算基数来分配资金的传统预算模式，因而也被称为"理性预算模式"（Kettl，1992）[②]。

（2）预算管理模式体现了立法与行政机构之间的权力转移过程，并且随着最高行政首脑的更迭而不断变换

20 世纪以来，美国联邦预算过程在重要的方面改变了很多次[③]。1921 年，行政预算过程被采用；1974 年，国会《预算改革法案》通过，它限制了总统在预算方面的一些自由裁量权，并加强了国会检查行政机构收入计划和经济设想的能力；1985 年通过了《格拉姆—林德曼—霍林斯法案》，以设法减少和缩小赤字，经过多次反复后，该法案被 1990 年的《预算执行法案》代替，以进一步强化平衡标准。20 世纪 80 年代和 90 年代，国会与总统（加上政府）更平等的预算权常常沿政党路线分裂，导致国会和总统之间进行高峰预算协

[①] Key,V.O.,"The Lack of Budgetary Theory", *American Political Science Review*, Vol.34, No.12, pp.1137-1144.

[②] Kettl, Donald F., *Deficit Politics*, New York: Macmillan. 转引自马骏：《中国公共预算改革：理性化与民主化》，北京：中央编译出版社，2005，第 283-284 页。

[③] [美]爱伦·鲁宾：《公共预算中的政治：收入与支出，借贷与平衡》（第 4 版），马骏、叶娟丽译，北京：中国人民大学出版社，2001，第 116 页。

商,最后导致 OMB[①]和国会领导的更集中的控制,以达成和实施协议。可见,美国看似纷繁复杂的预算管理模式变迁,其实质是立法与行政机构之间的权力争夺与转移过程。

就形式而言,尽管自 20 世纪中期以来,以美国为代表的市场经济国家政府预算管理模式经历了六七个发展阶段,名目变换似有眼花缭乱之感,其实,美国预算模式的选择主要是随着其总统任职的更迭而变化的,并非完全如坊间所流行的观点,认为其主要是理性且审慎选择的产物。例如,计划—规划—预算实行于约翰逊任美国总统时期,自尼克松当选美国总统后,开始逐渐偏离了 PPBS 管理模式。目标管理预算(MBO)制度在福特任总统期间,于 1975 年由美国联邦政府的一些公共部门引入。零基预算实行于卡特入主美国白宫之后,但当里根继任总统后,美国管理和预算办公室于 1981 年正式取消了零基预算制度。

因此,中国政府预算管理制度的选型,未必需要严格遵循市场经济国家预算管理模式的演进路径,而应采用"拿来主义"的方式,结合具体国情加以审慎选择。

四、政府预算的利益相关方分析

(一)利益相关方的结构

在公共产品理论中,从公共产品的实体形态出发,往往以政府部门作为公共产品的供给方,而以居民和企业为代表的私人经济部门作为公共产品的需求方。在图 12-1 中,从政府预算资金运动的角度出发,我们将政府预算部门作为预算资金的供给方,而将运用资金的各利益团体作为资金需求方。由此,政府预算管理利益相关方之间的基本组织结构可以概括为:

[①] OMB,是美国总统行政办公室下属的管理和预算办公室(Office of Management and Budget)的简称。源自美国 1921 年制定的《预算和会计法案》。该法案在财政部内设立了预算局(Bureau of the Budget);同时也设立了一个独立于行政部门的审计署(General Accounting Office,GAO),GAO 近年来改名为"政府问责署"(Government Accounting Office),其首长仍旧是美国审计长(Comptroller General of the U.S.)。1921 年法案授权和要求总统代表整个行政部门提交预算给国会审批,并为其配备了上述的预算局,以行使其职责。这样一来,各行政机构就不能绕过总统直接向国会提交拨款申请了。作为行政首脑,美国总统终于获得了一个强有力的工具,不但由其制定和执行政策,也可协调各方的行动。富兰克林·罗斯福总统尤其意识到了预算局的价值,在 1939 年将其从财政部调移到白宫,成为总统行政办公室的一部分。30 年后,理查德·尼克松总统将其职责做了扩大,将其更名为"管理和预算办公室"。

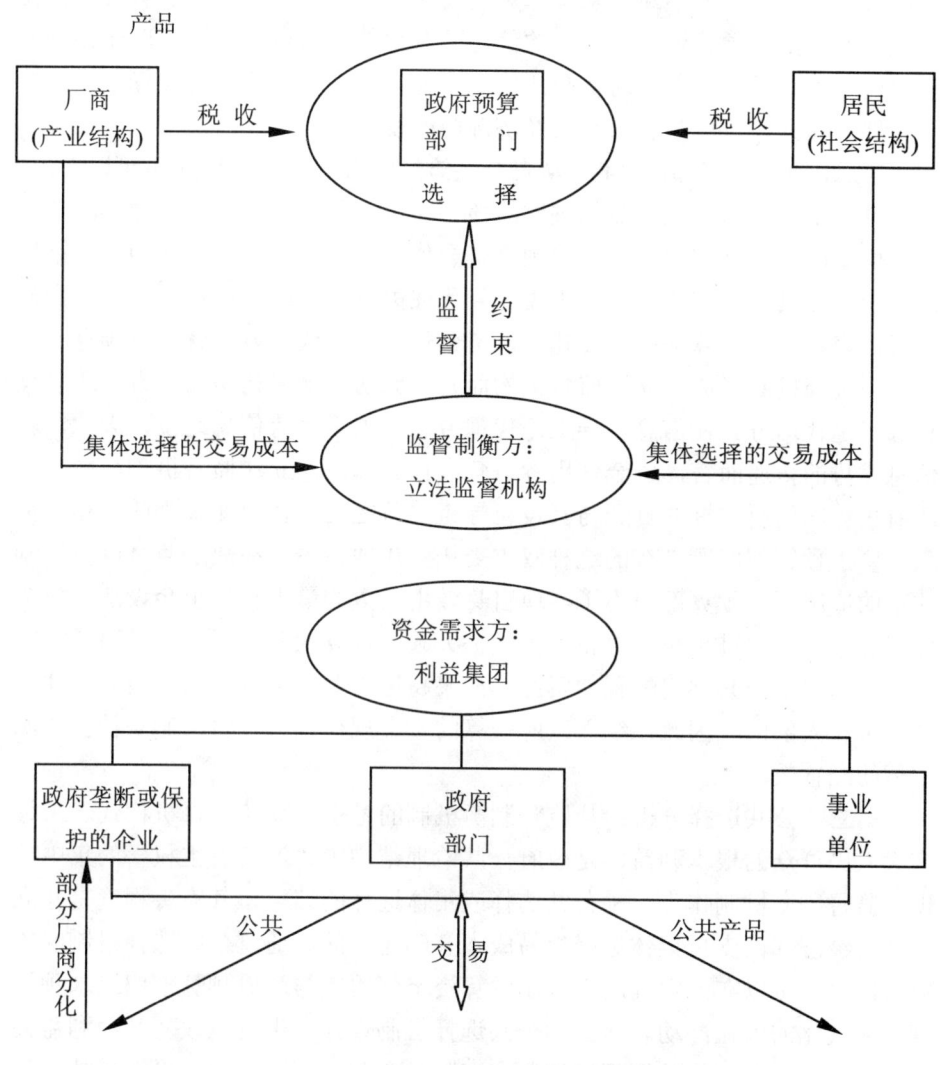

图 12-1 政府预算管理利益相关方的基本组织结构

第一,预算资金使用者分析:从资金需求方的考察。政府预算管理的资金需求方由各政府部门、财政拨款的事业单位和部分享受政府垄断管制或财政补贴的企业等组成。作为追求预算规模最大化的利益集团,这些资金使用者在向广大居民与企业提供公共产品与服务的同时,作为相应的交换,将从政府预算部门获得预算资金。虽然在市场经济的通常情况下,预算资金总体上是有限的,各利益集团之间存在着此消彼长的竞争关系;但如果没有强供给约束，资金使用者不断追求预算规模最大化的内在冲动，是极有可能转化为现实的。由于预算资金供求上的信息不对称性（Asymmetric Information），预算资金使用者掌握着相对优势的信息资源，也往往能够实现预算规模的持续扩展，其方式自然是加大私人经济部门的税收负担。

第二，政府预算部门分析：从资金供给方的考察。从图12-1中可以看出，政府预算部门作为联系利益相关方的核心角色，是各相关利益主体关注的焦点。由于政府预算部门处于承接预算资金使用者与立法监督机构的"桥梁"地位，因而具有比较典型的双重委托—代理关系。就政府预算部门与资金使用者而言，政府预算部门是委托方，资金使用者是代理方；就政府预算部门与公共选择机制形成的立法监督机构而言，立法监督机构是委托方，政府预算部门是代理方。在信息传导上，代理方总是处于优势信息地位，因此，就信息优势的传递而言，资金使用者＞政府预算部门＞立法监督机构。同时，政府预算部门所掌握的资金与其设租寻租收益之间，也存在较强的正相关关系。鉴于预算部门所具有的这种双重委托—代理关系，在缺乏监督制衡机制约束的情况下，预算部门为了实现自身效用函数的最大化，也会设法与资金使用者合谋，通过设租与寻租行为，扩大政府预算的总体规模。按照通常的理论，归属于公共部门配置的资源，如果超过必要的限度，其运用效率往往会低于私人部门。因此，纳入政府预算的资金规模过大，将会影响社会资源整体的配置效率。

第三，公共选择分析：从监督制衡机制的考察。立法监督机构代表了最广大人民群众的根本利益，是政府公共治理结构中"消费者主权"的集中体现。监督制衡机制作为一种公共选择或集体选择的结果，其完善程度是建立在私人经济部门支付集体选择交易成本基础之上的。通过公共选择机制的约束与监督，可以在一定程度上抑制预算资金使用者与政府预算部门追求预算规模最大化的内在冲动。适当的公共选择机制设计，也可以改变其他利益关系方的效用函数，将预算规模控制在有限且有效的范围之内，以实现社会资源配置的进一步优化，从而获得相应的资源配置节约收益。然而，公共选择机制的设计与运行，作为追求"一致同意"的过程，同样面临着个人效用加总为集体效用的困难，也是存在相当大的交易成本的。随着公共选择机制完备程度的提高，其交易成本将呈现加速递增态势，因而现实的监督制衡机制应在约束预算规模的节约收益与机制设计运行的交易成本之间寻求某种均衡。

（二）利益相关方的整合：共同治理

不论是预算资金供求双方，还是立法监督机构，受其自身行为特征的局限，在政府预算管理中，都或多或少地存在着某些缺陷与不足。如果仅仅通过约束与改善某一方的行为，往往难以达成提高预算资金使用效率的目的。现实的政府预算管理，需要在不同利益相关主体之间，实现某种程度的整合。通过构建某种共同治理（Co-governance）的政府预算管理框架，有望实现提升政府预算资金配置效率的目标。

同时，利益相关主体共同治理的模式，也体现了当代政府公共治理领域变革的发展潮流。政府治理所面临的复杂性、动态性与多元性的现实环境，使得政府的治理过程绝非政府单方面行使职权的过程，而是一个政府与整个社会的互动过程。[①]政府、社会、公民的共同治理已成为实现政府"善治"的客观要求。政府预算管理作为公共管理的重要内容之一，其治理模式的选型也应体现利益相关主体共同治理的发展方向。

政府预算管理利益相关方的共同治理结构涉及众多的利益相关主体，既包括预算资金使用者、政府预算部门、立法监督机构，还包括审计部门、新闻媒体、社会公众的舆论与评价等。所谓政府预算利益相关方的共同治理结构，就是要将这些利益相关主体之间的互动影响与相互制约关系，整合于一个彼此衔接、相互制衡、权责明确、激励兼容的框架之下，以期从机制设计上减少政府预算管理中的资源浪费现象，提升有限预算资源的使用效率。

各利益相关主体在预算管理中的相互影响与共同治理，是通过其在预算决策与执行系统中具有的不同职责划分与权能分布实现的，其基本影响结构如下：

（1）预算总额的确定。预算总额是由民众及其代表组成的立法监督机构，根据一定时期国民经济发展态势和社会公共需要变化趋势确定的，该总额一经确定，除经立法监督机构全体会议通过，执行中不得变更、突破。

（2）各资金使用者结构性预算规模的确定与执行。各资金使用者在既定预算总额中所占份额的确定以及预算的执行，大体经过以下三个步骤：首先，在政府预算部门和不同资金使用者之间通过初步交易谈判，提出总额控制下各资金使用者的预算规模预案；其次，立法监督机构对各资金使用者的结构性预算规模进行分部门表决；最后，政府预算部门监督资金使用者遵守各自预算规模的情况，并及时向立法监督机构报告。

（3）资金使用者内部预算资源配置结构的确定与执行。各资金使用者行政首长，在其预算规模范围内，拥有确定各自预算资源结构配置的最终决策

---

① 张成福、党秀云：《公共管理学》，北京：中国人民大学出版社，2001，第369-370页。

权，但其执行结果与绩效评价要接受审计部门的监督，并由审计机构向立法监督机构报告，以此作为考核下期预算规模和行政首长职务升迁的依据。

（4）社会监督体系对利益相关主体的控制与评价。社会公众与新闻媒体肩负着监督与考核立法监督机构及其他利益相关方的职能。对于立法监督机构调整预算总额，以及各资金使用者浪费预算资金的现象，予以披露和曝光；对于在预算决策中玩忽职守的代表予以撤换。

通过以上分析可以发现，在政府预算利益相关主体共同治理框架下，不同利益相关主体的权能分布与职责划分是不同的。立法监督机构的权能主要包括预算总规模和各资金使用者部门预算规模的确定、根据审计结果对资金使用者进行相应奖惩。政府预算部门的权能包括同资金使用者谈判并提出资金结构性分配的初步建议、监督资金使用者遵守预算规模的情况。资金使用者的权能包括确定其内部预算资金的具体分配方案。审计部门的权能包括监督资金使用者结构性预算安排的效率与效果。社会公众和新闻媒体则负责披露预算过程中的各种非效率行为、监督立法监督机构及其他利益相关方的行动。因此，在政府预算利益相关主体共同治理模式中，各利益相关方都被赋予了一定的预算管理权能，这些权能之间相互制约、相互激励，形成了一个相对完整有效的社会共同治理模式。

第二节 中国政府预算改革的典型特征

完善同市场经济相适应的公共预算体系，是经济市场化和财政公共化进程中的重要时代命题。就制度变迁的路径演化方向而言，中国公共预算改革需要朝着公开透明、完整统一、民主法治、科学高效的目标逐次推进。从这个意义上讲，将中国预算改革的进程用"公共化"来加以描述，是符合历史逻辑和改革实践的。

在典型市场经济国家中，其公共预算是在市场经济成熟的过程中逐步确立并完善的，大致遵循了一个自然演进的生成与发展轨迹。我国的财政预算制度最初构建在计划经济基础之上，而后在经济转型和政府职能转换过程中，逐步推行了以市场化为导向的预算管理制度变革。中外预算改革的背景差异，决定了中国预算公共化的演进过程具有独特的特征，而这些特征则构成了中国预算管理乃至整个政府治理结构转型中，中长期的现实约束条件和内生动力机制。

一、中国政府预算公共化是一个渐推渐进的动态过程

从制度变迁的策略选择来看,在计划经济向市场经济的转型路径上,与苏联和东欧国家的激进模式不同,我国采取了一条利用已有组织资源推进市场化进程的"渐进演化"模式。这种改革策略的选择,避免了激进改革容易导致的社会剧烈动荡。经过30多年改革开放的实践检验,其效果要显得相对优越一些。

基于我国政治、经济和社会的特点以及各地方和部门日趋固化的利益格局,考虑制度变迁的收益与成本对比,我国的预算公共化改革也同样选择了一条渐进式道路。其典型表现是,各项改革措施先在较小范围内进行试点,然后再将试点经验向全国推广。以2000年开始的部门预算改革为例,首先在中央本级选择四个部门(教育部、农业部、科技部以及劳动和社会保障部)作为改革试点,2001年又扩大到十个部门(国家计委、外经贸部、科技部等),此后在试点取得成功经验的基础上,逐渐扩大到全部中央部门。

然而,依据制度变迁的路径依赖理论,初始制度选择所形成的锁定效应,会在相当程度上,约束着新体制沿着原有路径惯性推进。沿着既定的路径,制度变迁可能进入良性循环的轨道,也可能锁定于既有的非效率路径之下。因此,为化解新旧体制转换过程中的"路径依赖"问题,有必要对公共预算诸环节进行系统化的流程再造。这不仅涉及预算编制与执行等技术层面,还触及立法机构和社会公众的预算决策权、知情权、参与权等民主政治层面的机制性问题。尤其是在当前的市场化进程中,财政公共化改革尚处于起步阶段,预算公共化改革向纵深推进的难度进一步加大,难以"毕其功于一役",中国预算管理的公共化呈现为渐推渐进的动态演进过程。

二、中国政府预算公共化是一个传统政治哲学与现实国情的融合过程

任何经济社会体制的转型与重塑过程,都将受到来自本国历史传承、风俗习惯、独特国情等各方面因素的约束。对于中国政府预算公共化这一触及政治、经济、法律、管理等诸多领域的改革来说,也难以摆脱传统政治哲学和独特国情的烙印。

我国具有漫长的高度中央集权和"官本位"传统,加之在较长的传统计划经济时代,各项权力过多掌控在政府手中。长期形成的"人治"传统和各

种政务活动中印刻的浓烈"人情"因素，形成了长期内生化的历史积淀。即使在改革开放30多年后的今天，也仍然会以种种新的形式显露出来。

政府预算公共化改革要求公共经济活动按照"法治"原则运行，这些难免会与"官本位"传统发生激烈的碰撞。但是，这种碰撞与否定只是表明在社会平稳转型过程中，预算管理的公共化进程需要就这些中国传统政治哲学加以审慎考量，而不能呈现为对传统政治哲学的根本性颠覆。

从我国预算演进的发展历程来看，与发达市场经济国家预算制度历经数百年的发展演进相比，即使从萌芽产生算起，现代政府预算在中国也仅有大约一百年的历史，真正意义上的预算改革也才十多年的时间。所以，中外政府预算在治理水平与技术手段上难免存在较大差距。而市场经济国家许多成熟且先进的预算管理技术，则是在其经济社会发展已进入相对稳定阶段、政府职能界定相对清晰的基础上成型的。这种相对稳定的经济发展构架，为政府预算管理技术改进和制度优化，提供了较为平稳的运行平台。而我国尚处于经济运行的市场化转型时期，这一现实决定了我国政府职能的调整，是一个相对较长的动态发展演进过程。在相对宽泛且不断调整的政府职能构架之下，预算管理各利益相关主体间的互动影响结构，也处于不断发展变化之中。因而，中国预算管理公共化的路径选择、具体制度设计与技术手段的选型，都不能盲目照搬市场经济国家先进的预算管理模式，更不能一味强求管理手段与技术的先进性。在借鉴任何成熟市场经济国家预算管理的成功经验时，都不应脱离对我国基本国情的考量。

三、中国政府预算公共化是一个"自上而下、自下而上"相结合的演进过程

在20世纪90年代末期之前，我国预算公共化改革的初期，有关预算方面的制度改革与管理创新，大都是由中央政府直接主导的。即由中央政府提供制度供给，采取的是"自上而下"的强制性制度变迁方式。

这一方面是由于长期计划经济体制下中央政府的高度集权，使得政府预算管理也是高度集权化的。即使进入市场经济环境，预算改革也沿着既有的路径运行。在各级政府中，中央政府占据着绝对主导地位，往往以命令颁布者身份强制地方各级政府和其他社会主体遵守。另一方面，在由计划经济向市场经济转轨过程中，各种矛盾与问题相继出现。而所有这些难免集中反映到公共财政体系中来，由政府财政承担相应的改革成本。加之改革初期一度

施行的"放权让利"政策导向,致使减收增支因素过于强烈,财政赤字和国债规模急剧上升,财政日益陷入困境之中。鉴于巨大的财政压力,政府财政体系被迫调整自身活动范围和内容,逐渐退出竞争性和生产性领域,转向满足社会公共需要的民生领域,进而启动了以公共化为导向的公共支出管理变革。

随着市场经济体制的逐步确立,公共财政体制框架的初步构建,单纯依靠"自上而下"的行政力量来推进政府预算改革,无疑是不够的。一方面,随着财政分权改革的推进,地方政府的利益主体意识逐渐复苏,以中央行政力量为主推进改革的实施效果逐步下降。另一方面,随着经济社会转型的日益深化,中央政府自上而下改革的成本也在不断加大。同时,地方政府因事权下移、财权上移而形成的财政资金压力日显突出,地方政府逐渐认识到,不能消极等待上级政府提供预算管理制度创新的总体框架。因此,在比较制度创新的边际收益与边际成本后,部分地方政府开始率先启动了"如何吃好财政蛋糕"的预算管理改革。在改革取得成效之后,自下而上被中央政府加以认可,然后再由中央政府自上而下将改革经验推广至全国。

四、中国政府预算公共化是一个实体公共化和程序公共化分别推进的非均衡过程

从法学角度看,政府预算是具有法律权威的,它能够直接规范、约束与控制政府活动的范围和方向,将其纳入法治化的轨道。在预算基本法的原则框架下,政府预算分别循着预算实体法和预算程序法两个维度加以展开。其中,实体法强调结果,而程序法强调过程(即为达成这一结果的程序与方式)。因此,政府预算公共化过程中的法治建设,也分别循着实体公共化和程序公共化两条线索加以展开。

然而,长期以来受法学领域"重实体轻程序"的现实影响,加之各级政府部门过分强调短期经济发展的现实政绩,而忽视长远发展的规则与程序,在政府预算实体公共化和程序公共化的关系问题上,理论界与实务部门往往更倾向于强调实体层面上的预算资金筹集与配置效率等技术路线问题,而对程序层面上"道路规则"的合规性认识不足。这也是造成当前政府预算公共化改革成效不甚明显、推进屡遇障碍的深层原因。

其实,就处于社会转型期预算公共化改革的长远发展而言,建立一个规范政府分配活动秩序的程序正义层面上的"道路规则"体系,远较单纯注重

结果的"实体"政绩重要得多。其原因在于：一旦确立了一种公平且各方均认可的预算决策、审批、执行、监督等程序的"道路规则"，制定了立法机构（人大）和社会公众能够真正当家理财的公共预算程序，即使良好的程序仍旧可能会形成未必满意的预算结果，但作为广为参与的公共选择过程，这种或许欠佳的结果，因其规则的公平，还是可以在相当程度上为社会公众所接受的。

当然，认识到完善程序规则重要性的同时，仍旧需要基于中国预算改革所面对的现实国情，认识到程序规则的确立，在更加深层次的意义上，还涉及宪政建设与完善责任政府等层面的改革，需要一个相对较长的历史进程。所以，在当前重点解决较为容易的"实体"层面问题、进行政府预算实体公共化改革的基础上，适时将改革引入更深层面的基本程序规则的确立，进行程序公共化改革，也是符合中国预算公共化改革现实的理性选择。

五、中国政府预算公共化是一个以"边角改革"推动"核心改革"的演化过程

在我国财政体制改革的初期，为与经济体制改革的渐进性相适应，减少改革的成本和阻力，财政改革集中在先解决那些难度相对较小或急需调整的制度和事项上，沿着"先收入改革、后支出改革"的路径展开。这种从先易后难的角度出发、率先启动"边角改革"，逐步深化到"核心改革"的策略，是符合我国财政改革的历史趋势与逻辑结果的。

政府预算的公共化改革，因偏重于政府支出方面的安排与管理，属于整个公共财政框架构架中深层次的核心问题。由于其更多涉及政府内部公共管理和政治民主化的进程，涉及包括立法机构、财政预算部门、资金使用部门、利益集团和社会公众等各项预算参与者间的利益调整，而成为整个财政改革的核心议题。

政府预算公共化改革要求政府依法规范使用资金，要求预算资金配置的决策、审批、使用过程公开透明，它使得预算决策和运作程序更加民主、公开、科学。这些难免会触动相关部门固化已久的既得利益，改变既有的资金配给"暗箱操作"格局，也将挑战政府部门拥有的非规范化的预算资金自由裁量权。可见，预算公共化改革作为牵涉社会各阶层与利益集团的动态博弈过程，直接且全面地牵掣多方的既得利益。

目前关键的问题是，如何选择可行的改革策略，使得改革的成本尽可能降低，将引发的利益格局振荡降至各方面可以接受的较低水平。市场经济体

制改革的"渐进式"演变和公共财政改革的"先易后难"策略，已经勾画了一条相对清晰的预算改革路径。政府预算公共化改革可先从较小范围的试点开始，从技术层面较为简单的措施入手，以"边角改革"逐渐延伸向涉及利益格局调整等"核心改革"领域，以"边角改革"推动"核心改革"，从而最终完成政府预算公共化改革的历史进程。

第三节 部门预算改革

一、部门预算概述

部门预算就是按照"一个部门一本预算"的基本要求，以部门作为预算编制的基本单元，将原来按支出功能分散在各类预算科目的资金，统一编制落实到各个具体使用部门和单位，并经财政部门审核后，由同级人大会议通过。其核心内容大体可以归纳为五个方面：

一是改革预算编制方法，实行零基预算，逐步建立项目预算滚动管理机制，预算分配方法逐步向"零基预算"转变。

二是实行综合预算管理，部门的全部收支都纳入预算，统一编制到使用这些资金的部门，部门预算内容完整，包括行政单位预算及下属事业单位预算；一般预算收支计划和基金预算收支计划；正常经费预算和专项支出预算；预算内拨款收支计划、预算外核拨资金收支计划和其他收支计划。

三是改革预算编制程序，提高预算管理的规范性，中央预算初步建立了"两上两下"的预算编制规程，某些地方预算进一步就此进行了发展和丰富。

四是取消中间管理环节，凡直接与本级财政发生经费领拨关系的一级预算会计单位均作为本级预算管理的直接对象，政府预算部门直接将预算编制并批复到这些单位。

五是完善预算周期管理，延长预算编制时间，为实现预算精细化管理提供了时间上的保障。

二、"两上两下"的部门预算编制规程——以中央预算为例

（一）预算编制总体流程

中央部门预算编制程序实行"二上二下"的基本流程。

"一上"：部门编报预算建议数。部门编制预算从基层预算单位编起，这

几年主要是按照每年预算编制通知的精神和要求编制项目预算建议数，并提供与预算需求相关的基础数据和相关资料，主要是涉及基本支出核定的编制人数和实有人数、增人增支的文件、必保项目的文件依据；然后层层审核汇总，由一级预算单位审核汇编成部门预算建议数，上报财政部。

"一下"：财政部下达预算控制数。对各部门上报的预算建议数，由财政部各业务主管机构进行初审，由预算司审核、平衡，在财政部内部按照规定的工作程序反复协商、沟通，最后由预算司汇总成中央本级预算初步方案报国务院，经批准后向各部门下达预算控制限额。涉及有预算分配权部门的指标确定，由财政部相关主体司对口联系，其分配方案并入"一下"预算控制数，统一由财政部向中央部门下达。

"二上"：部门上报预算。部门根据财政部门下达的预算控制限额，编制部门预算草案上报财政部，基本支出在"目"级科目由部门根据自身情况在现行相关财务制度规定内自主编制。

"二下"：财政部批复预算。财政部根据全国人民代表大会批准的中央预算草案批复部门预算。财政部门在对各部门上报的预算草案审核后，汇总成按功能编制的本级财政预算草案和部门预算，报国务院审批后，再报人大预工委和财经委审核，最后提交人代会审议，在人代会批准预算草案后一个月内，财政部预算司组织部内部门预算管理司统一向各部门批复预算，各部门应在财政部批复本部门预算之日起15日内，批复所属各单位的预算，并负责具体执行。预算编制总的流程如图12-2所示。

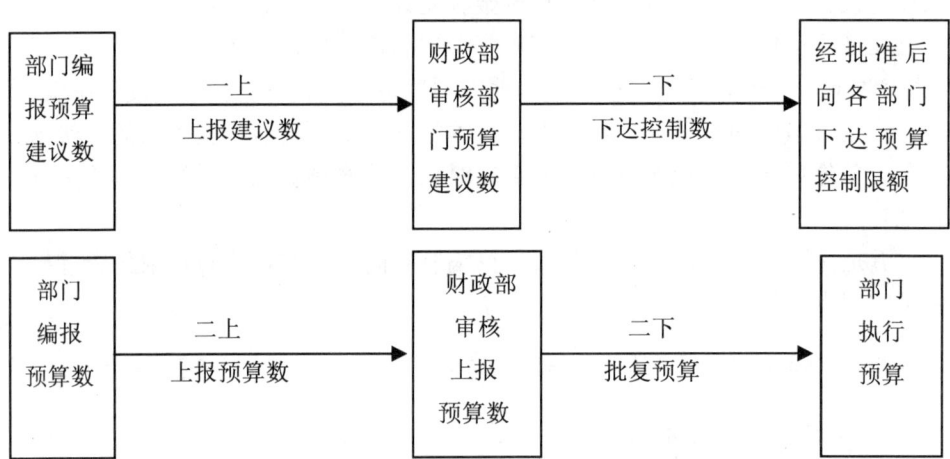

图12-2　中央部门预算流程图

实际操作过程中,结合预算改革的要求和深化程度,各财政年度对"上"和"下"的具体内容进行必要的调整。在"二上二下"的过程中,各部门与财政部可随时就预算问题进行协商、讨论,及时、充分地交流有关预算信息。

"三上三下":河北省的预算编审流程

河北省财政厅于每年 3 月份部署预算编制工作,11 月 20 日前向省人大常委会报送功能预算和部门预算草案。整个预算编制过程划分为六个阶段,并遵循"三上三下"的程序。六个阶段包括布置预算编制、编制预算建议计划、财政审核、征求意见和编制部门预算文本、编制并上报预算草案、批复预算。"三上三下"程序:"一上",预算部门于 8 月上旬向省财政厅报送部门预算收支建议计划和单位基本情况。"一下",省财政厅于 8 月底下达部门支出限额和预算建议计划初步审核意见。"二上",部门于 9 月 15 日前根据限额和省财政厅意见,编制部门预算文本,报省财政厅。"二下",省财政厅调整修改部门预算文本,于 10 月上旬下达部门征求意见。"三上",部门于 10 月 15 日前向省财政厅反馈部门预算文本意见。"三下",全省人民代表大会批准预算后,省财政厅在 30 日内批复省级部门预算(包括部门政府采购预算),各部门在省财政厅批复部门预算后 15 日内下达所属单位预算。

(二)支出部门和财政部的具体预算编制流程

部门编报预算的流程:部门或单位在编报预算的过程中通过利用"中央部门预算编报系统",编制和上报部门预算建议数,根据预算控制数编制和上报部门预算数。部门编报预算的流程如图 12-3 所示。

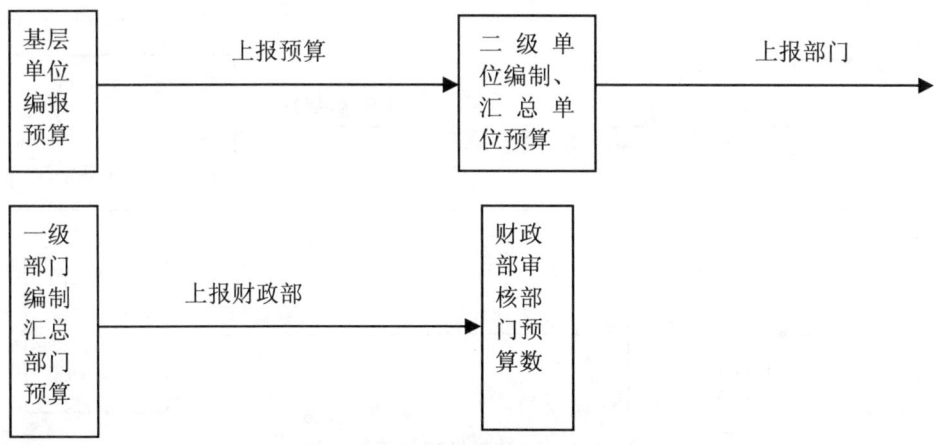

图 12-3 部门编报预算流程图

财政部审核和上报预算的流程：财政部在管理部门预算的过程中，根据现行管理职能将部门预算拆分给各部门预算管理司；各部门预算管理司通过预算专网在自己的权限范围内审核各部门的预算数据，向各部门下达部门预算控制限额；根据全国人大批准后的中央预算，预算司代表财政部统一向各部门批复预算。财政部审核部门预算和上报中央预算的流程如图12-4所示。

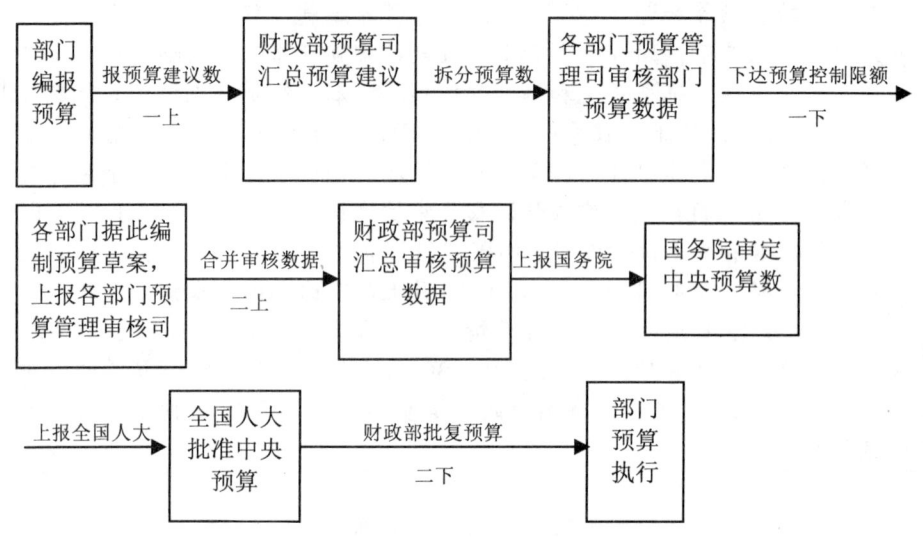

图 12-4　财政部审核和上报预算流程图

财政部批复预算的流程：全国人大批准中央预算后，财政部在一个月之内将预算批复到各部门。其流程如图12-5所示。

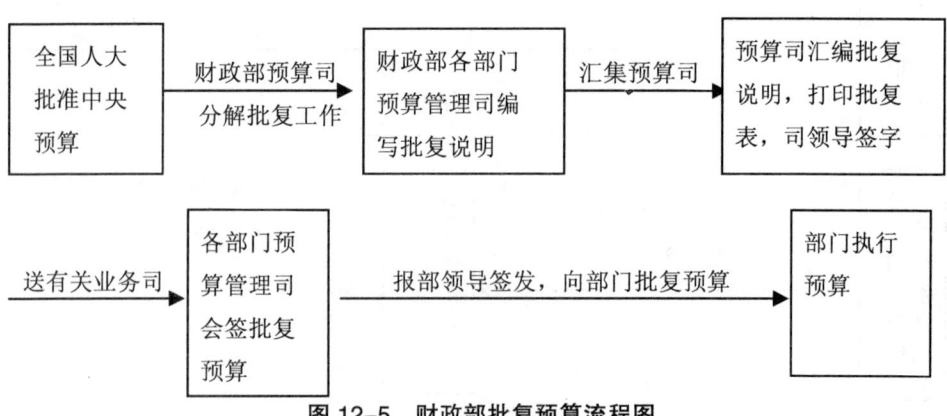

图 12-5　财政部批复预算流程图

三、中国部门预算改革的简要评价

部门预算,是由财政部门所推动的预算改革。由于这种"自上而下"推进部门预算改革的路径取向,加之预算资源配置权能向财政部门过度集中的趋势,对于各支出部门的利益触动较多,同时,在缺乏强有力的人大全体会议层面的预算审查监督机制介入的情况下,基本上形成了财政部门单兵推进预算改革的格局。

就基层政府层面的部门预算改革而言,由于近年来工商、地税、药监、质监等"强势"政府职能部门在行政管理体制上,先后纳入省以下垂直管理的治理框架之中,县级财政预算提供公共服务的完整性被严重肢解,县级政府面对渐呈"残破"的县属政府职能部门,在基本属于"吃饭财政"的窘境下,其推进部门预算改革的动力和财力均明显不足。因此,纵向政府治理结构中,部门预算改革的深化在县级财政层面上遇到了相当大的阻力。

另外,我国目前推进的部门预算改革,总体上是试图构建一种市场经济国家在 19 世纪就已建立的现代预算体制[①]。就技术层面而言,则主要是体现了传统预算程序中以行政部门为基础(Administrative-department Basis)的逐项预算(Line-item Budgets)管理理念,其关注的焦点是支出的控制和责任感。然而,在现代预算发展中,这种以部门为基本预算配置单元的传统模式,尽管时至今日仍旧具有广泛的应用价值,但其缺陷也日趋明显,现代预算管理已然逐渐呈现某种超越部门藩篱的资源整合趋势。部门预算等传统预算程序,未能以较为实用的方式提供相应的信息,预算的提交和拨款均以行政部门为基础,而行政上的分类对判断每一部门资源配置的恰当数量而言,则显得过于宽泛。针对上述部门预算管理模式的内生弊端,西方学者也曾指出,基于行政部门的预算活动,是很难迸射出有关资源配置的智慧火花的[②]。

第四节 国库管理改革

人们常说的国库,本意是一个存放具体实物、货币和黄金的库房。但现代意义上的国库,已经不单单是国家金库,每个国家的国库往往都担负着保

[①] 马骏:《中国公共预算:理性化与民主化》,北京:中央编译出版社,2005,第 88 页。

[②] [美]约翰·L. 米克塞尔《公共财政管理:分析与应用(第六版)》,白彦锋、马蔡琛译,北京:中国人民大学出版社,2005,第 199-200 页。

管、管理该国财政的资产和负债,以及反映该国预算执行情况的一系列国家财政职能。国库的职能已由传统的"库藏"管理发展成控制政府预算内、外资金,管理政府现金和债务等全面财政管理。

一、国库制度概述

(一)国库的主要功能

国库,系"国家金库"(National Treasury)的简称,是管理预算收入的收纳、划分、留解和库款支拨以及报告国家财政预算执行情况的专门机构。国库的功能主要体现为如下几个方面[1]:

第一,现金管理。在总额范围内控制支出,有效地完成预算,使政府筹资成本最小化。

第二,政府银行账户的管理。国库负责监督所有中央政府机构的银行账户(包括各种预算外资金)。当商业银行介入税款征收或支出支付时,国库则须与银行进行有关协商安排,以保证现金需求。

第三,财务计划及现金流量预测。财务计划包括编制年度现金计划、年度预算执行计划、月度现金计划和当月财务预测。通常,国库部门需按纯现金基础编制预算执行计划和全面现金计划。

第四,公共债务管理。在某些市场经济国家,国库还负责控制政府债务的发行与管理工作。例如,在英国,国库部门在其每个财政年度的公告中所涉及的年度债务管理方面,都要报告有关筹资需求、政府债务拍卖计划,以及已发行债券的到期情况。

第五,外国援助资金及来自国际援助机构相应基金的管理。根据国际货币基金组织的建议,对于实施复式预算制度的发展中国家而言,外援资金的管理应置于国库部门之下,外援的集中登记应由国库部门或国民经济计划部门负责。

第六,金融资产管理。国库部门负责记录并核算政府的金融资产[2],及时获取政府持股企业的财务信息,监督红利支付以及处理企业产权交易的财务问题。

概括起来,市场经济国家现代国库的职能定位大体具有这样的共性特点:一是国库是财政部门受政府委托、代表政府履行职能的一种体现;二是

---

[1] 本小节对于国库功能的分析,主要采用了国际货币基金组织的观点。进一步的分析参阅亚洲开发银行:《政府支出管理》,北京:人民出版社,2001,第8章的有关内容。

[2] 政府的金融资产包括企业股份、政府发放的贷款、债务人未承兑的担保付款等。

国库不是简单意义上的国库资金收支操作,而是一系列管理职能的集中体现;三是国库重在控制预算执行,要保证财政资金严格按照部门预算规定执行;四是国库部门要对政府资产和负债实施管理,提高政府资产和负债的管理效率。①其中,国库现金管理和债务管理的效率,以及能否及时准确地为财政管理和宏观经济决策提供完整的预算执行报告,是衡量一国国库管理水平的两个关键指标。②

在各国的国库管理实践中,国库的具体功能取向又体现出结合自身具体国情的差异性。某些国家国库部门的职能主要集中于现金管理和政府债务上,而少数国家的债务管理则由其他自治机构负责,在另一些国家,国库部门还负责预算执行的控制,以及(或者)会计核算和预算执行的报告等事务。

需要特别说明的是,在多数发展中国家,政府通常对现金管理问题缺乏足够的关注,预算执行过程和现金流量管理主要集中于程序遵从性问题,而忽视了公共筹资成本与国库资金的增值问题。而在新西兰、瑞典、澳大利亚等政府预算管理相对成熟的国家,对于国库现金管理中的激励措施,则进行了有益的探索与尝试。③

(二)国库制度的主要类型

每个国家都有自己的国库制度。日本的国库由财务省主管,但绝大部分具体业务委托中央银行——日本银行来实施。1993年,俄罗斯政府颁布了建立联邦国库的政府令,在俄财政部设立了联邦国库管理局,委托中央银行具体管理。美国的国库预算由财政部管理,但财政部主要是管理资金的使用,具体保管是由美国国库局来执行。美国国库局是财政部的下属单位,具体负责印制美元、铸造硬币、灌注金锭以及保管这些钱财,是美国政府真正的"钱袋子"。

从市场经济各国的主要情况看,国家金库制度大致可以分为独立国库制、委托国库制和银行制三种。

---

① 詹静涛:《现代财政国库管理制度理论与实践》,见廖晓军:《财政改革纵论:2006》,北京:经济科学出版社,2006,第812页。

② 阎坤、周雪飞:《发达国家国库管理制度的考察与借鉴》,见财政部财政科学研究所:《研究报告》,2002(33)。

③ 在新西兰,各个部门就其年度的现金支出计划数额与国库协商确定,之后如果这些部门超支了,则要支付给国库一笔利息作为惩罚;若有结余,则可以获得一笔利息收益。同时,专设机构每晚对各部门的银行账户进行平仓,将其余额投资于隔夜拆借市场。和过去各部门将剩余资金留在其银行账户的制度相比,新的制度安排每年可以节省大约 2000 万美元。转引自亚洲开发银行:《政府支出管理》,北京:人民出版社,2001,第201页。

独立国库制，是指国家特设机构，办理政府财政预算收支的保管出纳工作。其优点在于，便于财政部门的国库管理工作，严格体现了公共部门财务管理的分权与制衡原则，可以良好地控制和监督各项预算收支活动，以保证国库职能的有效实现。缺点在于，政府自行设立国库，需保持单独的人、财、物运行系统，其运行成本较为高昂，并且难以实现财政性资金的余缺调剂，在一定程度上影响了预算资金使用效果。目前，采行这种国库制度的国家相对较少[1]，较为典型的是芬兰的国库董事会制度[2]。

委托国库制，是指政府不单独设独立的国库机构，而是由财政部门委托中央银行直接经营或代理国库业务。其优点在于，由于银行系统网络广布，信息传递便捷，可以大量节省国库费用开支。同时，由于各国中央银行大多还负责本国货币政策的制定与实行，采用委托国库制也有利于财政政策与货币政策的综合协调运用。缺点在于，在中央银行系统内部，国库业务具有相当的派生性，往往难以得到足够的重视，增大了国库管理的难度[3]。目前，世界上大多数国家都采用了委托国库制，我国亦然。

银行制，是指国家不单独设立国库，也不委托中央银行代理国库，而是由财政部门在商业银行开立银行账户，办理预算收支业务，其账户性质视同于一般存款账户看待，实行存款有息、结算付费的管理方式（如蒙古国和美国的一些州及地方政府）。[4]虽然这一模式可以较大限度地节约国库运行成本，但因难以良好地履行国库的监督管理职能，而较少有国家采用。

日本国库制度之沿革，可以作为上述三种制度的典型范例。[5]日本自1869年（明治初年）至1890年，国库资金由大藏省金库局保管，这一阶段属于独立国库制。自1890年至1922年，日本政府于日本银行内设置金库，委托处理国库资金出纳事务，日本银行总裁担任政府出纳职务的首长，这一阶段属于委托国库制。自1922年至今，属于银行制国库时期，由日本银行处理国库出纳事务，其收入之财政资金，即作为国库在日本银行的存款。

---

[1] 美国曾经一度设立独立国库，后改为委托国库制。
[2] 卢洪友：《政府预算学》，武汉：武汉大学出版社，2005，第228页。
[3] 由于在委托国库制下，财政资金管理并非中央银行的应有之义和"分内事"，而仅仅是其一种辅业，加之在我国一些地方的人民银行中，国库人员配备不齐，业务素质较差，很难保证财政资金的管理质量，从而严重影响了国库资金管理的效率。参阅：阎坤、周雪飞：《发达国家国库管理制度的考察与借鉴》，见财政部财政科学研究所：《研究报告》，2002（33）。
[4] 陈工：《政府预算与管理》，北京：清华大学出版社，2004，第278页。
[5] 徐仁辉：《公共财务管理——公共预算与财务行政》，中国台北：智胜文化事业有限公司，2000，第295页。

（三）我国的国库制度

国库是随着政府财政收支规模的扩展而产生的。我国最早有文献记载的国库雏形，是公元前 11 世纪，周朝六官制中天官属下的专司府库和购物出纳的大府、玉府、内府和外府。历代国库制度及其称谓虽时有变化，但多采用以行政系统为基础的"银谷分藏制"。随着经济社会的演化，行政库藏制逐渐向银行代理制转变。1908 年大清银行成立，国库委托银行代理，并以货币为单位，统一折算征收的实物价值，至此由银行代理的无形国库形式得以确立。

我国 1950 年 3 月政务院颁布的《中央金库条例》和 1985 年 7 月国务院发布的《中华人民共和国国家金库条例》，均明确中国人民银行具体经理国库。

我国的国库分为中央国库和地方国库。国库机构按照国家财政管理体制设立，原则上是一级财政设一级国库。中央国库业务由中国人民银行代理。中央国库业务应当接受财政部的指导和监督，对中央财政负责。地方国库业务由中国人民银行分支机构代理。未设中国人民银行分支机构的地区，由上级中国人民银行分支机构与有关地方政府财政部门商定后，委托有关银行办理。地方国库业务应当接受本级政府财政部门的指导和监督，对地方政府负责。

根据《中华人民共和国国家金库条例》的规定，国库的基本职责主要包括：办理国家预算收入的收纳、划分和留解；办理国家预算支出的拨付；向上级国库和同级财政机关反映预算收支执行情况；协助财政、税务机关督促企业和其他有经济收入的单位及时向国家缴纳应缴款项，对于屡催不缴的，应依照税法协助扣收入库；组织管理和检查指导下级国库的工作；办理国家交办的同国库有关的其他工作。

国库的主要权限如下：督促检查各经收处和收入机关所收之款是否按规定全部缴入国库，发现违法不缴的，应及时查究处理；对擅自变更各级财政之间收入划分范围、分成留解比例，以及随意调整库款账户之间存款余额的，国库有权拒绝执行；对不符合国家规定要求办理退库的，国库有权拒绝办理；监督财政存款的开户和财政库款的支拨；任何单位和个人强令国库办理违反国家规定的事项，国库有权拒绝执行，并及时向上级报告；对不符合规定的凭证，国库有权拒绝受理。

二、我国国库集中收付制度改革的主要内容

在 20 世纪 90 年代末期以前，我国实行的是分散的委托国库制度。这种模式存在的主要弊端是：重复和分散设置账户，导致财政资金活动透明度不

高，不利于对其实施有效管理和全面监督；财政收支信息反馈迟缓，难以及时为预算编制、执行分析和宏观经济调控提供准确依据；财政资金入库时间延滞，收入退库不规范，大量资金经常滞留在预算单位，降低了使用效率；财政资金使用缺乏事前监督，截留、挤占、挪用等问题时有发生，甚至出现腐败现象。

同时，从国际经验看，发达市场经济国家普遍实行国库单一账户制度（我们称为国库集中收付制度）；一些发展中国家，也已陆续进行了财政国库管理制度改革。

自 2000 年以来，我国推行了以国库集中收付制度为核心的财政国库管理制度改革。截止到 2012 年 6 月底，中央 170 个部门及所属的 1.4 万多个基层预算单位，地方 36 个省本级、330 多个地市、2800 多个县区，超过 44 万个基层预算单位实施了国库集中支付制度改革。同时，中央 99 个部门，地方 36 个省本级、320 多个地市、2500 多个县区，超过 34 万个执收单位实施了非税收入收缴管理改革。①概括起来，中国的国库集中收付制度改革主要包括：

（一）国库集中收付制度改革的指导思想和原则

财政国库管理制度改革的指导思想是：按照市场经济体制下公共财政的发展要求，借鉴国际通行做法和成功经验，结合我国具体国情，建立和完善以国库单一账户体系为基础、资金缴拨以国库集中收付为主要形式的财政国库管理制度，进一步加强财政监督，提高资金使用效率，更好地发挥财政在宏观调控中的作用。

根据上述指导思想，财政国库管理制度改革遵循以下原则：

（1）有利于规范操作。合理确定财政部门、征收单位、预算单位、中国人民银行国库和代理银行的管理职责，不改变预算单位的资金使用权限，使所有财政性收支都按规范的程序在国库单一账户体系内运作。

（2）有利于管理监督。增强财政收支活动透明度，基本不改变预算单位财务管理和会计核算权限，使收入缴库和支出拨付的整个过程都处于有效的监督管理之下。

（3）有利于方便用款。减少资金申请和拨付环节，使预算单位用款更加及时和便利。

---

① 人民网：《国库集中收付制度改革今年完成》，2012 年 8 月 7 日，http://finance.people.com.cn/n/2012/0807/ c1004-18681092.html。

(4) 有利于分步实施。改革方案要体现系统性和前瞻性，使改革目标逐步得到实现。

(二) 国库集中收付制度改革的主要内容

按照财政国库管理制度的基本发展要求，建立国库单一账户体系，所有财政性资金都纳入国库单一账户体系管理，收入直接缴入国库或财政专户，支出通过国库单一账户体系支付到商品和劳务供应者或用款单位。

1. 建立国库单一账户体系

所谓国库单一账户体系，是由财政部门开设的，以国库存款账户为核心，全面反映财政资金收付的各类账户的总称。国库单一账户体系是财政国库管理制度改革的主要内容。现代国库管理制度以国库单一账户为基础，实行规范和高效的财政资金运作方式。

国库单一账户体系的构成主要包括：

——财政部门在中国人民银行开设国库单一账户，按收入和支出设置分类账，收入账按预算科目进行明细核算，支出账按资金使用性质设立分账册。

——财政部门按资金使用性质在商业银行开设零余额账户，在商业银行为预算单位开设零余额账户。

——财政部门在商业银行开设预算外资金财政专户，按收入和支出设置分类账。

——财政部门在商业银行为预算单位开设小额现金账户。

——经国务院和省级人民政府批准或授权财政部门开设特殊过渡性专户（以下简称特设专户）。

建立国库单一账户体系后，相应取消各类收入过渡性账户。预算单位的财政性资金逐步全部纳入国库单一账户管理。

国库单一账户体系中各类账户的功能主要包括：第一，国库单一账户为国库存款账户，用于记录、核算和反映纳入预算管理的财政收入和支出活动，并用于与财政部门在商业银行开设的零余额账户进行清算，实现支付。第二，财政部门的零余额账户，用于财政直接支付和与国库单一账户支出清算；预算单位的零余额账户用于财政授权支付和清算。第三，预算外资金财政专户，用于记录、核算和反映预算外资金的收入和支出活动，并用于预算外资金日常收支清算。第四，小额现金账户，用于记录、核算和反映预算单位的零星支出活动，并用于与国库单一账户清算。第五，特设专户，用于记录、核算和反映预算单位的特殊专项支出活动，并用于与国库单一账户清算。上述账户和专户要与财政部门及其支付执行机构、中国人民银行国库部门和预算单位的会计核算保持一致性,相互核对有关账务记录。

在建立健全现代化银行支付系统和财政管理信息系统的基础上,逐步实现由国库单一账户核算所有财政性资金的收入和支出,并通过各部门在商业银行的零余额账户处理日常支付和清算业务。

2. 规范收入收缴程序

(1) 收入类型。按政府收支分类标准,对财政收入实行分类。

(2) 收缴方式。适应财政国库管理制度的改革要求,将财政收入的收缴分为直接缴库和集中汇缴。

——直接缴库,是由缴款单位或缴款人按有关法律法规规定,直接将应缴收入缴入国库单一账户或预算外资金财政专户。

——集中汇缴,是由征收机关(有关法定单位)按有关法律法规规定,将所收的应缴收入汇总缴入国库单一账户或预算外资金财政专户。

(3) 收缴程序。

——直接缴库程序。直接缴库的税收收入,由纳税人或税务代理人提出纳税申报,经征收机关审核无误后,由纳税人通过开户银行将税款缴入国库单一账户。直接缴库的其他收入,比照上述程序缴入国库单一账户或预算外资金财政专户。

——集中汇缴程序。小额零散税收和法律另有规定的应缴收入,由征收机关于收缴收入的当日汇总缴入国库单一账户。非税收入中的现金缴款,比照本程序缴入国库单一账户或预算外资金财政专户。

规范收入退库管理。涉及从国库中退库的,依照法律、行政法规有关国库管理的规定执行。

3. 规范支出拨付程序

(1) 支出类型。财政支出总体上分为购买性支出和转移性支出。根据支付管理需要,具体分为:工资支出,即预算单位的工资性支出;购买支出,即预算单位除工资支出、零星支出之外购买服务、货物、工程项目等支出;零星支出,即预算单位购买支出中的日常小额部分,除《政府采购品目分类表》所列品目以外的支出,或列入《政府采购品目分类表》,但未达到规定数额的支出;转移支出,即拨付给预算单位或下级财政部门,未指明具体用途的支出,包括拨付企业补贴和未指明具体用途的资金、中央对地方的一般性转移支付等。

(2) 支付程序

①财政直接支付程序。预算单位按照批复的部门预算和资金使用计划,

向财政国库支付执行机构提出支付申请,财政国库支付执行机构根据批复的部门预算和资金使用计划及相关要求对支付申请审核无误后,向代理银行发出支付令,并通知中国人民银行国库部门,通过代理银行进入全国银行清算系统实时清算,财政资金从国库单一账户划拨到收款人的银行账户。

财政直接支付主要通过转账方式进行,也可以采取"国库支票"支付。财政国库支付执行机构根据预算单位的要求签发支票,并将签发给收款人的支票交给预算单位,由预算单位转给收款人。收款人持支票到其开户银行入账,收款人开户银行再与代理银行进行清算。每日营业终了前,由国库单一账户与代理银行进行清算。

工资性支付涉及的各预算单位人员编制、工资标准、开支数额等,分别由编制部门、人事部门和财政部门核定。

支付对象为预算单位和下级财政部门的支出,由财政部门按照预算执行进度将资金从国库单一账户直接拨付到预算单位或下级财政部门账户。

②财政授权支付程序。预算单位按照批复的部门预算和资金使用计划,向财政国库支付执行机构申请授权支付的月度用款限额,财政国库支付执行机构将批准后的限额通知代理银行和预算单位,并通知中国人民银行国库部门。预算单位在月度用款限额内,自行开具支付令,通过财政国库支付执行机构转由代理银行向收款人付款,并与国库单一账户清算。

三、国库现金流管理

自金融危机爆发以来,随着一些国家的政府财政陷于困境,国家破产也不再是天方夜谭。其实,这些国家的政府财政之所以出现严重问题,原因之一就是忽视了政府性资金的流动性管理。这也从另一个侧面印证了现实中"盈利企业为什么会破产"这一常话常新的命题。政府公共部门和私人企业部门一样,也会因资金流动性监管方面的疏忽而陷入困境。

(一)我国国库现金流管理存在的问题

第一,政府收入与支出在时间耦合上的流动性问题。

无论是政府收入还是支出,其流入和流出国库的速度都是非均匀的,同时收支在时空上的配比,也往往存在某些时滞效应。尽管这种状况在各国均不同程度存在,但在社会转型期的中国则更加显著。例如,就财政收入一翼而言,中国2010—2014年上半年税收收入占全年的50%左右(2011年接近60%);但就财政支出来说,受多种因素影响,通常是"时间过半,支出任务远未过半"。所谓"八月十五放光明"的"年终突击花钱"现象,也已屡见不鲜。

由于当前国税和地税两套机构分别为全国与省以下垂直的"条条管理",而承担财政支出主要责任的政府财政部门,则实行较为严格的属地"块块管理"。这种条块分割的现状,在短期内是难以改变的,因此,这种政府收支在时间耦合上的流动性差异,至少在可以预见的将来,或许会长期存在。

第二,各级国库资金的非正常沉淀,引致的流动性管理问题。

首先,财政专项支出的非正常资金沉淀。由于中国的预算管理总体上比较粗放,很多支出项目的前期论证不够充分严谨,在财政精细化管理的趋势下,出于资金安全的考虑,往往不允许以粗放的项目论证来拨付资金,这难免造成一定程度的国库资金非正常沉淀。

其次,预算稳定调节基金存在的问题。中央预算稳定调节基金主要是为优化预算超收资金治理结构而推行的一项改革举措,目前也正在向省级层面推广。以2008年为例,其基本做法是:2008年的预算超收,在2008和2009年原则上并不安排新增支出,而是于2010年预算中才支出。鉴于预算稳定调节基金自2007年3月提出后,迄今为止作为一项基金所必须的保值增值手段、基金管理模式等的基本管理办法,始终未能得到相应规范。这些沉睡在国库内的大量资金,在增值问题上,按照规定只能获得极低的银行活期存款利息,由此造成的资金闲置浪费,难免令人为之扼腕。

(二)优化国库现金流管理的对策

如果用一句话来概括当前中国公共预算改革最为动人心弦的成果,那就是,我们找到了一条推进预算科学化、规范化和法治化管理的新路。这条新路上最为醒目的路标就是——阳光财政。就优化政府性资金流动性管理而言,从阳光财政的视野中可以谋划的事情,至少有这样几个方面:

其一,尽快制定并完善预算稳定调节基金和社会保障基金的保值增值计划和管理办法。切实改善这些危难时刻"救命钱"的治理结构和管理水平,实现基金支用的决策机制、余额管理、保值增值计划的系统化全面公开。在此基础上,还可以进一步探讨对各级总预备费使用决策的阳光化管理,使得诸如总预备费之类的预算稳定性资金,不至于沦为个别高层决策者的"私房钱"。

其二,重视短期政府债券的发行和管理,有效提升政府性资金的流动性管理水平。长期以来,一年期以内的政府性债务往往是各级政府不甚感兴趣的话题,他们更加热衷于中长期债务。因为短期债务的发行与偿还通常在一个财政年度之内,到期偿还时,高层决策者往往尚未卸任,难以充分利用"新官不理旧账"的"潜规则"。从这个意义上讲，需要将短期政府性债务的流动性管理水平，逐步纳入地方政府治理结构的考核体系，并以之作为今后是否允许地方政府举债的重要评价指标。

其三，尝试采用诸如"预付税债券"等市场经济国家行之有效的税收征管手段，通过机动灵活的多种财政资金入库方式和提升预算支出项目论证的精细化管理水平，尽可能改善财政收入与支出之间的时间耦合程度，切实避免年终突击花钱现象的再现。

第五节　中国政府预算的法治化进程

按照历史事件的时间脉络，将研究的视野上溯到现代政府预算萌芽在中国产生以来的历史长河中加以考察，可以发现，政府预算的法治化是一个常话常新的时代主题。然而，当我们将目光重新投向中国政府预算管理的现状时，却不得不面对一些令人遗憾的现实。政府预算在中国从萌芽到成长，经历了百多年的艰辛历程，仍旧面临着诸多尚待解决的时代课题。长期以来，受计划经济的惯性影响，中国政府预算的理论研究与实践工作，往往或多或少地偏离了"涉及所有人的问题，应当由所有人来批准"这一看似浅显却又颇难实践的基本原则。也正是出于这种对现实问题的关注与思考，需要我们对中国政府预算管理的法治化进程做出某些基本性的研究与判断，剖析其存在的问题，阐明未来的可能发展路径。

一、中国政府预算法治化进程的基本判断

1. 立法监督机构对预算管理流程的全面介入，促使监督制衡机制的约束作用日益加强

1995 年，我国实施《预算法》，2004 年 3 月启动《预算法》的修订工作，2011 年 11 月 16 日召开的国务院常务会议，讨论并原则通过《中华人民共和国预算法修正案（草案）》，2012 年 6 月十一届全国人大常委会第二十七次会议对《预算法》修正草案进行了二审，2014 年 4 月，十二届全国人大常委会第八次会议启动对《预算法》修正案草案第三次审议程序，2014 年 8 月 31 日，《关于修改〈中华人民共和国预算法〉的决定》获得通过，修改后的《预算法》于 2015 年 1 月 1 日正式施行。回顾《预算法》颁布施行以来的二十多年间，中国政府预算管理改革的进程，始终是与立法监督机构密不可分的。

早在 1995 年，全国人大财经委就制定了《关于加强预决算审查及监督预算执行情况的意见》。1998 年 12 月，决定成立全国人大常委会预算工作委员会，作为常务委员会的工作机构，协助财经委审查预决算、审查预算调整方案和监督预算执行。1999 年 12 月，作为对《预算法》的完善，全国人大常委会通过了《关于加强中央预算审查监督的决定》，将《预算法》中有关预算审查方面的要求进一步具体化，对解决预算中的突出问题规定了有较强针对性和可操作性的办法[1]，并由此启动了中国新一轮政府预算管理改革的进程。十多年来，通过立法监督机构对预算管理流程的全方位介入，按照依法理财的原则，以预决算审查报告为制度平台，初步构建起了预算编制、执行、监督相互分离又相互制衡的适合中国具体国情的预算管理监督制衡机制。

2. 通过部门预算改革，大体完成了政府预算利益相关主体共同治理结构的组织准备

当我们考察 21 世纪中国公共预算管理乃至整个政府公共治理的发展与演化趋势的时候，不难发现这样的一种规律，那就是当代中国政府治理所面临的复杂性、动态性环境，以及公共问题所涉及利益主体之间的相互依赖性，使得政府的不可治理性逐渐增大[2]，政府的治理过程绝非政府单方面行使职权的过程，而是一个政府与整个社会的互动过程。政府、社会、公民的共同治理已成为实现政府"善治"的客观要求。政府预算管理作为公共管理的重要内容之一，其治理模式的选型也应体现利益相关主体共同治理的发展方向。

部门预算的核心内容，是一个部门只编一本预算，（就中央而言）由财政部的一个司、处具体管理。通过部门预算改革，将原来分散于不同预算收支科目的同一资金使用者的支出项目，整合于一本预算，完整体现了各资金使用者的部门利益，并在一定程度上勾勒出预算资金分配体系中不同部门之间利益分配的竞争与合作格局。这为政府预算利益相关主体互动影响机制的进一步构建完成了组织结构上的准备，也为今后逐步实现从规则层面的改革转向调节利益相关主体动态博弈关系的改革，提供了基础性制度平台。

3. 各级人大代表对预算管理法治化的重视程度日益提高

近年来，随着我国民主法治建设日臻成熟，按照"依法管好百姓钱"的客观要求，各级人大代表对政府预算管理更为关注。许多基层人大代表都在通过各种途径，提高预算报告的审议水平，以便更好地将广大人民的根本利

---

[1] 刘积斌：《在纪念"预算法"颁布十周年座谈会上的讲话》，2004。
[2] 张成福、党秀云：《公共管理学》，北京：中国人民大学出版社，2001。

益在政府财政收支中得到切实的反映。在注重预算管理法治化的同时，为了更好地推动中国"阳光财政"的进程，立法监督机构进一步提出了公开财政预算的要求。在2004年全国人大会议期间，广东团的几位人大代表提出了一份名为《推进预算公开、打造阳光财政》的议案，建议政府向社会公开财政预算。通过这一系列并非偶然的事件，我们似乎看到了一条重塑中国政府治理结构的重要线索，那就是，以政府预算管理的规范化为基础，推动政府财政行为的阳光化进程，进而提升政府治理的整体诚信水平，以最终完成中国政府公共治理结构的重塑过程。

4. 地方政府结合自身实际，尝试开展了一系列的预算管理制度创新

改革开放以来，我国财经改革的诸多成就中，有许多源自地方政府开拓性的探索。但迄今为止，传统的中外财政理论还缺乏对地方预算管理问题的系统研究。国外对于地方预算管理的研究，比较成熟的多是实行联邦制的大国（如美国），其地方预算受具体国情的影响，在职能与体制特点等方面都不可能与我国相同。而其他单一制的小国，其财政收支构架与我国省级财政大体相当，他们加强地方预算管理的基本思路虽有可供借鉴之处，但总体上，由于地方政府的职能和权限划分与我国迥异，其具体做法对我国地方预算管理改革的借鉴意义也是非常有限的。我国作为一个幅员辽阔的单一制大国，地方政府预算管理改革对于我国显得尤为重要，地方政府预算管理制度也需要在公共财政理论的指导下完成自我创新的过程。

当前的中国政府预算管理改革，首先是由以河北省、天津市等为代表的地方政府率先推动的。地方政府预算管理制度创新的成功经验，构成了当代中国政府预算管理所特有的"中间扩散型"[①]制度变迁方式。众多地方政府在示范效应的激励下，借鉴其他地区的成功经验，都先后开始探索适合本地特点的预算管理模式。

---

① "中间扩散型"制度变迁模式源自我国学者杨瑞龙（1998）提出的中国制度变迁方式转换的三阶段论。该理论通过考察具有独立利益目标与拥有资源配置权的地方政府在我国向市场经济体制过渡中的特殊作用，提出了"中间扩散型制度变迁方式"的理论假说，并做出了以下推断：一个中央集权型计划经济的国家有可能成功地向市场经济体制渐进过渡的现实路径是，由改革之初的供给主导型制度变迁方式逐步向中间扩散型制度变迁方式转变，并随着排他性产权的逐步确立，最终过渡到需求诱致型制度变迁方式，从而完成向市场经济体制的过渡。

二、中国政府预算法治化进程中存在的主要问题

1. 政府预算立法调整滞后于预算改革的具体实践

当前的中国政府预算管理改革是在1994年《预算法》基本框架下展开的。在《预算法》出台之际，我国的经济运行机制和预算管理模式还带有很多计划经济色彩，立法环境还没有完全市场化，《预算法》的某些环节也未能摆脱旧体制、旧模式的影响[①]。鉴于法律规则的局限，当前的中国公共预算管理改革也未能完全突破《预算法》的基本框架，这在某种程度上制约了改革推进的步伐。

不仅《预算法》自身难以适应公共预算管理发展的要求，相关配套法律的立法与修订工作也相对滞后。许多重要的预算管理法律法规，或者迟迟难以出台，或者沿用计划经济时代的规章。相关配套立法改革的滞后，使得许多改革举措往往难以找到相应的法律依据。例如，国库管理制度改革的法规依据，沿用的仍是1985年通过的《中华人民共和国国家金库条例》，时隔近30年，其中关于国库的职能、权限以及业务处理的规范，与市场经济的要求相比，都存在相当大的差距。

2. 预算管理实践与预算法的原则规定存在着某种制度性冲突

新一轮中国政府预算改革是在现行《预算法》的制度框架下展开的，并且在某些方面，改革的实践突破了《预算法》的规定与约束。虽然，这种制度创新所取得的"实体"性效率可能是相当之高的，但对于法律规则的程序性遵从的忽视，却可能诱使政府预算管理乃至整个政府治理结构偏离法治化这一任何经济体走向成熟所必须经历的成长过程。

例如，在《中华人民共和国预算法》及其实施条例中明文规定，"中央预算和地方各级政府预算按照复式预算编制"；"各级政府预算按照复式预算编制，分为政府公共预算、国有资产经营预算、社会保障预算和其他预算"。然而，目前公开公布的我国复式预算编制情况的最新文献是，2000年3月第九届全国人大第三次会议审议通过的"关于1999年中央和地方预算执行情况及2000年中央和地方预算草案的报告"。在该报告中，就2000年我国中央财政预算按复式预算编制的情况，进行了相对详尽的说明。有关复式预算的编制或执行情况，在此后的政府预算报告中始终没有出现。这就使得《预算法》中有关编制复式预算的法律规定形同虚设，在某种程度上损害了政府预算法

[①] 张弘力：《公共预算》，北京：中国财政经济出版社，2001。

律规定的权威性与严肃性。

三、推动中国政府预算法治化进程的政策建议与路径选择

1. 重申古典预算原则的宗旨，突出立法监督机构的作用

在市场经济国家，其预算管理原则大体经历过两个发展阶段：强调立法监督机构有效控制的古典预算原则、加强政府行政权为主导思想的现代预算原则，而现代预算原则代表了市场经济国家预算管理总体上的价值取向。市场经济国家预算管理原则的这种转变，是基于其具体国情的现实选择。既是政府职能扩张的现实需要，也与其利益相关主体相互影响结构渐趋稳定有关，更为重要的是，这些国家的政府预算部门具有相对较高的预算管理水平和成熟完备的技术支持保障体系。

在我国社会经济转型时期，虽然政府职能与公共财政的涵盖范围，似乎比通常的市场经济国家还要宽泛。但如果仅仅就由此得出，我国政府预算管理原则的选择，也应顺应从古典预算原则向现代预算原则转变的时代潮流，则未免显得过于武断。与任何改革决策一样，具体预算原则的选型，也同样不应脱离中外预算管理环境差异的认识。政府预算在中国发展的历史相对较短，在当前社会转型阶段，各利益相关主体的互动影响结构仍处于不断调整的动态过程之中。并且，我国政府预算管理的许多基础性技术手段和支持保障体系的建设还刚刚起步，政府预算部门的综合管理水平还有待于进一步提高。

因此，在中国政府预算管理的法治化改革进程中，不应盲目追求现代预算原则所倡导的行政部门自主权。重申古典预算原则的宗旨，突出立法监督机构对预算过程的控制，以最终实现"涉及所有人的问题，应当由所有人来批准"这一长远发展目标，似乎更能体现构建中国政府预算利益相关方共同治理结构的基本方向，也必将有助于实现人民群众参政议政和当家理财的理想与追求。

2. 加快构建完整统一的公共预算体系

中国公共财政框架的构建，无疑需要建立在全部政府收支纳入预算的基础之上。只有全部政府收支纳入预算，在建立完整统一的公共预算体系的前提下，人民代表大会以及广大人民群众才能谈得上对政府收支的监督。可以肯定的是，随着我国市场经济体制的完善和依法治国进程的加快，一部分政府收支游离于预算之外的状况，决不会继续下去。在规范的市场经济条件下，全部政府收支纳入预算统一管理是毋庸置疑的，自然也不允许有不受监督、

游离于预算之外的政府性收支。虽然由于历史原因,大量的预算外(乃至制度外)政府性收入作为一种过渡现象仍然存在。但在部门预算管理改革中,以综合预算的形式,统筹考虑预算资金使用者的各项资金,预算内拨款、财政专项核拨资金和其他收入统一作为资金使用者的预算收入;在支出序列上,首先由财政专户核拨资金和单位其他收入安排,不足部分再考虑财政预算内拨款。通过近年来政府预算管理改革,已为逐步取消预算外政府收支,实现政府预算的完整统一奠定了基础。随着改革的进一步深化与时机的日趋成熟,将逐步完成向公共预算涵盖全部政府收支的过渡。

所以,从现在起,应当把建立完整统一的全口径预算作为一项重要的改革议程。以着眼于规范政府收入行为及其机制的"费改税"为契机,尽快取消制度外政府收支,将预算外政府收支纳入预算内管理。在此基础上,形成一个覆盖政府所有收支、不存在任何游离于预算之外的政府收支项目的完整统一的公共预算体系。

3. 立法监督机构视野中具有可操作性的改革思路——"三部曲"式的预算规范化进程

任何制度创新的改革方案,都需要寻求某种具有可操作性的路径选择。就中国政府预算的法治化进程而言,这种改革思路也是同样的适用。当我们从立法监督机构的视野中,探求中国政府预算法治化进程的未来道路时,这样一种大体分作"三步走"的路径选择似乎是相对具有可操作性的。

首先,全面推广人大代表政府预算报告解读的知识普及,提升立法监督机构的预算管理权威。在我国,尤其是某些省以下人大代表的政府预算管理水平,相对于成熟市场经济国家而言,还是有一定差距的。针对这种现实,首先需要普及基层人大代表的预算管理与预算审查知识。从各级地方人大近年来在不同层面开展的预算法知识培训来看,人大代表预算管理知识的普及化进程,实际上已然启动。

今后可以考虑的思路是,由各级立法监督机构组织政府预算部门与有关专家学者,对各级人大代表开展政府预算管理知识讲座,推动政府预算审查与预算报告解读的普及读物的出版,以全面提高各级人大代表和社会公众的预算审查能力与预算管理知识,从而真正实现人民群众当家理财的改革目标。

其次,在人大系统内部,建立预算审议专家咨询机构,由具有丰富经验的预算管理专家和学者协助人大代表审查政府预算。即使人大代表对政府预算问题有一些了解,也还是不大可能拿出大量的时间去钻研每一年的财政预算报告。在市场经济国家,其议员也并非是预算管理的专家。但是,在其立法监督机构序列中，专门有一些研究公共预算的智囊机构。例如，美国国会的专业研究机构国会预算局（Congressional Budget Office）、国会研究服务处（Congressional Research Service）以及国会图书馆（Library of Congress）等专业团体，对于提高立法监督机构的政府预算审议水平都具有重要的作用。当议员需要了解预算法案的时候，可以从专家库中聘请专家进行系统阐释。这种做法对于我国的政府预算管理也是颇有启迪的。

因此，中国政府预算法治化进程的第二步应该是，在立法监督机构中，以各级人大常委会预算工作委员会为基础，吸收一些精通财政、审计、财务的专业人士，作为预算工委审议政府预算的参谋助手，尝试建立政府预算管理研究的专家咨询机构。这个专家库应该包括财政预算部门的专业人士，但主要还应由来自大专院校、科研院所等非官方色彩的专家组成，以避免带有过多的部门色彩，由这些专家学者协助预算工委来监督和管理政府预算。

最后，尝试推行政府预算报告的分部门审议与表决制度，全面提升政府预算的规范化和法治化水平。目前人大代表对预算的审查，采用的是总体表决的模式，是对预算报告的整体加以表决，这往往容易导致预算审议流于形式。在市场经济国家，较多的是采用分部门预算审议或预算修正案制度。[①] 我国的部门预算改革，已经具备了分部门预算审议表决的技术前提。因而，中国政府预算改革的第三步就是，实行人大代表听证会层面上对政府预算报告修正案的分部门表决制度，就某一部门的预算支出加以专门审议，逐一表决通过（2013年初，浙江省温岭市人代会的部门预算审议，就采用了与之类似的审议表决方式）。循着从整体审议到结构审议、分部门表决的预算管理改革路径，中国公共财政乃至整个政府公共治理结构，将会逐步完成提升政府诚信水平、打造阳光财政的变革历程。

练习题

一、名词解释

1. 政府预算
2. 预算年度

[①] 例如，澳大利亚议会对政府预算的审议过程中，需要由参议员个人通过听政和讨论，形成自己修改预算案的议案，向参议院全体会议提出，参议院办公室将每个议案浓缩成一页纸的文件散发给所有参议员，并由提案者在大会上发言，进行辩论，由大会通过，全部修正案通过后，再通过预算案。

3. 部门预算

4. 国库单一账户体系

二、判断题

1. 我国预算法规定，各级政府预算应当按照本级预算支出额的3%～5%设置预备费，用于当年预算执行中的自然灾害开支及其他难以预见的特殊开支。（   ）

2. 在多数发展中国家，政府通常对现金管理问题缺乏足够的关注，预算执行过程和现金流量管理主要集中于程序遵从性问题，而忽视了公共筹资成本与国库资金的增值问题。（   ）

3. 按照不同的支付主体，对不同类型的支出，国库集中收付制度分别实行财政间接支付和财政分散支付。（   ）

4. 20世纪20—30年代的政府预算管理研究，主要集中在预算管理过程的考察，其分析重点是政府财政预算部门和资金使用部门之间、行政和立法部门之间以及行政部门内部的相互关系。

5. 总预算是政府预算的基本组成部分，是各级政府的直属机关就其本级及所属行政、事业单位的年度经费收支所汇编的预算，另外还包括企业财务收支计划中与财政有关的部分，它是机关本身及其所属单位实现其职能或事业计划的财力保证，是各级单位预算构成的基本单元。（   ）

三、选择题

1. 现代意义上的政府预算最初产生于（   ）。

   A. 法国　　　B. 德国　　　C. 英国　　　D. 丹麦

2. 我国实行的预算年度是（   ）。

   A. 七月制　　B. 四月制　　C. 十月制　　D. 历年制

3. 我国现代意义上的政府预算产生于（   ）。

   A. 唐朝　　　B. 清朝末年　C. 北洋军阀时期　D. 国民政府时期

4. 以下部门中不属于我国政府预算资金需求方的是（   ）。

   A. 国家税务总局

   B. 中国社会科学院

   C. 世界银行

   D. 享受政府财政补贴的企业

5. 以下有关政府预算管理中委托—代理关系的叙述，正确的是（   ）。

   A. 预算资金使用者作为联系其他相关主体的核心角色，是各利益相关方关注的焦点，发挥着中介与桥梁的作用，具有相对典型的双

重委托—代理关系
B. 商务部作为联系政府预算其他相关主体的核心角色，是各利益相关方关注的焦点，发挥着中介与桥梁的作用，具有相对典型的双重委托—代理关系
C. 就信息优势的传递而言，立法监督机构＞政府预算部门＞资金使用者
D. 就信息优势的传递而言，资金使用者＞政府预算部门＞立法监督机构
6. 全国人民代表大会主要通过（   ）方式进行预算草案审查。
   A. 主席团会议
   B. 代表团会议
   C. 专门委员会会议
   D. 大会全体会议

四、思考题

1. 简要概括以美国为代表的市场经济国家政府预算管理经历的发展变迁历程。
2. 简要概括"绩效预算"与"新绩效预算"的异同点。
3. 国库的功能主要体现在哪些方面？
4. 试以中央部门预算为例，简要论述"两上两下"部门预算的编制流程。

第十三章 政府间财政关系

政府是一个复杂的政治组织体系,具有特定的管辖区域,从事内政、外交、军事等各种公共事务。政府可分为中央政府、地方政府,在大多数情况下,政府间关系是指中央与地方政府间关系。财政活动是一种有关公共资金筹集、计划、使用、评价的事务,具体表现为:针对居民收取税费、提供公共产品等。公共产品复杂多样,为促进各项公共产品供给效率提高,节约公共资金,政府内部需要进行分工,由此产生了政府间财政关系问题。在如何看待中央与地方政府之间的关系上,英国著名学者R.A.W.罗兹讲的一个故事可以恰当地描述此种关系,"在一个非常寒冷的冬天,两只豪猪走在一起相互取暖,没多久,它们身上的刺把对方刺伤了,所以它们又分开了。可是又冷得要命,两只可怜的豪猪在寒冷中来来回回地走着,直到它们发现了一个适当地距离,既可以相互取暖,又不至于太刺痛对方"。

第一节 政府间职责的分工

政府职责是指政府为纳税人提供各种公共产品的责任,如国防、外交、社会保障、道路维护等。公共产品数量繁多、特性各异,将公共产品供给职责分配给不同层级的政府负责,有利于节约财政资金,提高公共产品供给效率。

一、公共产品受益范围与政府间职责分工

公共产品具有非排他性与非竞争性,通过市场供给公共产品,会出现公共产品短缺问题,为此,政府须承担供给公共产品的责任。不同公共产品的受益范围具有明显差异。一些公共产品的受益范围涵盖全国,如国防、空气污染防治等,这些公共产品被称为全国性公共产品;也有一些公共产品收益

范围较小,如街道清扫、社区健身器材维护等,这些公共产品被称为地方性公共产品。

公共产品受益范围的划分具有重要意义,按照受益范围的大小,将不同的公共产品交由不同层级政府供给,能够获得较高的经济效率。一方面,当全国性公共产品由地方政府提供时,会出现效率损失,原因是:全国性公共产品的受益范围超出地方政府管辖范围,由地方政府供给此种公共产品,其社会效益会外溢到其他地区。其他地区居民无需承担全国性公共产品的成本,即可享受其带来的便利。在提供全国性公共产品的地区,居民承担了全部成本,却只能获得部分收益。作为理性人,没有居民愿意做这样的"亏本买卖"。因此,由地方政府承担全国性公共产品的结果是全国性公共产品的短缺。

另一方面,当中央政府提供地方性公共产品时,容易造成"一刀切"问题,即全国各地的地方性公共产品趋同化。地方性公共产品用于满足当地居民的公共需求,不同地区居民的公共需求可能存在较大差异,如中国北方居民对抗旱公共设施拥有较大需求,而南方居民对防洪公共设施拥有较大需求。相对于地方政府官员,中央政府官员距离地方居民较远,难以进行有效的地方性公共产品需求调查,不能依据不同居民的需求,供给地方性公共产品。

二、政府间职责划分的原则

中央与地方政府间职责划分的原则包括[①]:

第一,市场基础原则。在市场经济条件下,明确界定政府与市场的界限,解决政府的"越位"和"缺位"问题,清晰界定财政供给的范围。

第二,管辖范围原则。按照政府管辖范围确定事权归属,属于全国范围共同事务的事权,由中央政府承担;属于地方局部范围的事务,由地方政府承担。

第三,效率原则。若地方政府承担某公共事务的效率,高于中央政府承担此事务的效率,则地方政府应承担此事务。反之,则由中央政府承担此事务。

第四,分级管理原则。需由中央决策,且只能由中央承担的事务,由中央管理;需由中央决策,地方有能力承担的事务,由中央授权地方管理;地方能决策并有能力承担的事务,由地方管理。

[①] 项怀诚:《中国财政管理》,北京:中国财政经济出版社,2001年版,第63页。转引自:马海涛、姜爱华:《政府间财政转移支付制度》,北京:经济科学出版社,2010年版,第29-30页。

第五，法律规范原则。事权职责的划分和调整，都应依靠法律规定，保持相对稳定。

三、财政职能在中央与地方政府之间的划分

财政职能包括：资源再配置职能、收入再分配职能、经济稳定职能。资源再配置职能方面，应以地方政府为主，以中央政府为辅。收入再分配职能、经济稳定职能方面，应以中央政府为主，地方政府为辅。

资源再配置职能方面，此职能是相对于市场的资源初次配置而言的，市场初次配置的特点是：资源流向利润率高的领域。由于公共产品具有非排他性与非竞争性，供给公共产品成为低收益，甚至负收益的活动，因而出现了公共产品供给不足问题。同私人产品一样，公共产品是一国经济发展的必备要素，公共产品的短缺将成为制约经济发展的瓶颈。为此，政府须执行资源再配置职能，将一部分资源引入公共产品供给领域。公共产品中，大部分公共产品是地方性公共产品，具有明显的地域性特征，地方政府应成为资源再配置职能的主要执行者。原因有二：第一，地方政府有更多机会了解公共产品的需求。相对于中央政府，地方政府更贴近公共产品的消费者——居民，能够直接调查居民对公共产品的需求数量，以及公共产品的种类、特点等；第二，公共产品数量众多，分散于全国各地，适于地方政府管理维护。相对于中央政府，地方政府数量众多，人员也相对较多。因此，在管理维护公共产品方面，地方政府占据优势地位。

公共产品中，还有一部分公共产品的受益范围较广，属于全国性公共产品或跨区域公共产品，这两类公共产品的供给应由中央政府承担。但一般来说，全国性公共产品或跨区域公共产品的数量要少于地方性公共产品。因此，中央政府所执行的资源再配置职能要少于地方政府执行的资源再配置职能。

收入再分配职能方面，市场经济中，收入初次分配倾向于将高收入分配给资源配置能力较高的个人，或分配给拥有较多资源的个人，这导致收入差距不断拉大，甚至出现收入差距极化。为此，政府需要发挥其收入再分配职能。收入再分配，也称收入二次分配，是政府依靠税收，特别是累进所得税制，集中一部分社会总产品，通过社会保障制度分配给社会大众，主要是分配给弱势群体。因为同样一单位货币对于富人与穷人的作用是不同的，对于一个亿万富翁来讲，一万元人民币可能仅仅意味着银行账簿上一个微乎其微的数字；但一万元人民币对于工薪阶层则意味着几个月的收入。通过收入再分配，将一部分收入从富人转移至穷人，将减少富人的效用，增加穷人的效

应，只要前者小于后者，整个社会的效用总水平将提高。

收入再分配职能应该如何在中央与地方政府之间划分呢？答案是中央为主，地方为辅。政府行使收入再分配职能，需要在辖区内实行累进所得税制与最低生活保障政策，由于经济发展水平等因素，各地的收入不均等性会有较大差异。当地方政府行使收入再分配职能时，地方政府可自行决定所得税的最高边际税率与最低生活保障金。在收入差距较小的地区，地方政府只需要较低的所得税最高边际税率和较低的最低生活保障金，即可达到调节收入差距的目的。而在收入差距较大的地区，地方政府则需要较高的所得税最高边际税率和较高的最低生活保障金。在人口可流动的情况下，高收入者将逐渐迁出收入差距高的地区，迁入收入差距低的地区；低收入者则恰恰相反。最终的结果是，原收入差距高的地区成为高收入者聚集区，原收入差距低的地区成为低收入者聚集区。地区间收入差距问题逐渐凸显。

若中央政府行使收入再分配职能，居民的国内迁移不会引发地区间收入差距问题，但可能引发跨国移民。通常情况下，由于各国移民、签证政策的存在，跨国移民的难度远高于国内迁移的难度，因此，相对于地方政府，中央政府更适合行使收入再分配职能。当然，现实生活中，行使收入再分配职能的政府不仅包括中央政府，还会包括省、州等高层政府，原因在于：大区域间的迁移成本要高于小区域间的迁移成本。

经济稳定职能方面，此职能的目的是熨平经济周期，保持经济快速稳定发展。依据凯恩斯经济学，熨平经济周期需要综合运用财政政策、货币政策等，采取相机决策机制。简单讲，在经济处于通货膨胀阶段时，政府应采取紧缩性财政与货币政策，遏制经济过热势头；当经济处于高失业阶段时，政府应采取扩张性财政与货币政策，以增加消费、促进投资，使经济走出低谷。当地方政府行使财政政策、货币政策时，会出现低效问题。

当地方政府行使扩张性财政政策时，当地居民收入将提高，对商品的需求增多，但所需商品种类多样，并非全部产自本地，若产自外地，外地的商品生产厂家的收入将提高，这将刺激外地居民的收入提高，因此，地方政府行使扩张性财政政策，将产生外溢效应，其他地区的经济会同样受到刺激。反之，地方政府行使紧缩性财政政策时，也会对其他地区的经济产生萎缩效应。

通常情况下，一国只有一种货币，只有一国的中央银行可以出台货币政策，从而调控经济。假设地方政府都设立自己的央行，可自行出台货币政策。当某地方政府决定实行扩张性货币政策刺激经济增长时，当地居民收入水平将提高,消费水平随之提高,但商品存在流动性,外地产品的需求也会相应增加,外地经济也会受到增长刺激。反之,地方政府行使紧缩性货币政策时,也会对其他地区的经济产生负面影响。

由于国家进出口限制政策的存在,商品的国际流动要少于国内流动,中央政府采取财政、货币政策时,外溢效应较小。因此,地方政府不适合履行经济稳定职能,中央政府应承担经济稳定职能的责任。

四、政府间职责划分的国际比较

(一)两种常见模式

政府间职责划分的两种常见模式分别是单一制与联邦制。单一制是一种国家权力结构形式。实行单一制的国家很多,包括:中国、英国、意大利、韩国、朝鲜、日本等。单一制国家的中央与地方政府职责划分上,无论分权化程度有多高,中央政府都有权随时更改有关法律,变更地方政府的职责。单一制的主要特点包括[①]:(1)从法律关系看,国家只有一部宪法,由统一的中央立法机关根据宪法制定法律。(2)从国家机构组成来看,国家只有一个最高立法机关、一个中央政府、一套完整的司法体系。(3)从政府权力划分看,实行中央集权,地方接受中央统一领导,地方政府权力由中央政府授予,地方行政区域单位和自治单位没有脱离中央的独立权力。国家的大政方针由中央政府确定,整个政府体制实行层级控制,下级服从上级,各级服从中央。地方政府管辖的区域、权力的大小,官员的任免奖惩,由中央政府决定。对于地方政府不适当的行政行为,中央政府有权撤销。(4)在中央集权的同时,实行某种程度的地方自治或分级管理。(5)在对外关系上,单一制国家作为一个国际法主体出现。

联邦制也是一种国家权力结构形式,在世界上近200个国家中,实行联邦制的国家约有20个,包括美国、澳大利亚、加拿大、德国、俄罗斯、瑞士等。尽管在数量上联邦制国家不多,但这些国家的国土面积之和占地球陆地面积的一半以上,拥有世界上近半数的人口。联邦制国家的中央(联邦)与地方(州、省或共和国)政府职责划分上,宪法明确规定了两者的职责范围,在法律上,两者互不统属。联邦制的主要特点是[②]:(1)从国家法律体系看,除联邦宪法、法律外,各成员还有各自的宪法、法律。(2)从国家机构看,

---

① 马海涛、姜爱华:《政府间财政转移支付制度》,北京:经济科学出版社,2010年版,第24-25页。
② 马海涛、姜爱华:《政府间财政转移支付制度》,北京:经济科学出版社,2010年版,第26页。

除联邦立法机关、联邦政府和司法系统外,各成员还设有立法机关、政府和司法系统。(3)从联邦与各成员的权力划分看,宪法明确规定了各自的权力范围,各级政府都限制在各自的权力范围内,在此范围内自主行动。(4)从解决争议的角度看,联邦制国家设有仲裁机关,如最高法院或宪法法院,对联邦与成员就各自的宪法权力所发生的争议做出裁决。(5)在对外关系上,各成员都有一定的对外权力。

联邦制有着三种不同形式,下面以加拿大、德国和瑞士为例,加以说明[①]。加拿大将联邦体制与议会式政府结合起来。议会式政府拥有在有关"和平、秩序、善政"方面一切事物的立法权。该制度建立于1967年,在一定程度上是为了防止出现与美国内战时期各州之间的冲突相类似的矛盾。加拿大十个省中的各省副总督均根据首相的提名任命,该省的任何法律在生效之前必须由副总督批准。各省的立法权就这样受到限制。但各省还保留着其他方面的权力。与美国最高法院不同,加拿大的法官基于对本国多元文化社会的认识,一般都赞同分权。因此,与美国相比,加拿大的省拥有更大权力,国家政府权力则比较弱小。此外,由于说法语的魁北克省要求特殊地位,因而在集权与分权时期政府间的关系不断交替更迭。德意志联邦共和国被认为是合作式联邦制的典型。随着民主德国与联邦德国在1990年的统一,1949年的《基本法》就成为了德国宪法。德国的16个州可以行使许多权力,比美国的州所行使权力更多。中央政府由总统、两院制议会、联邦政府和联邦法院组成。中央政府拥有外交、货币、移民、通讯方面的特权,各州拥有剩余的其他所有权力,并在民法、刑法,以及教育、卫生、公共福利方面与中央政府共享权力。此外,如果不经联邦议会多数通过,国家法规不会成为法律。联邦议会的成员由各州立法机关选出,而不是由公众选举产生。瑞士在地方政府(州)的基础上建立了联邦。瑞士各州存在着种族差异和说德语、法语、意大利语的人口之间的语言差异。三种语言都是经中央政府正式承认的。在瑞士的22个州中,有18个州只有一种语言,3个州有两种语言,1个州有三种语言。瑞士各州可行使大部分的立法权,并派代表参与国民议会、两院制议会、州议会。

(二)各国政府间职责划分的共同特点

各国政府间职责划分各具特色,没有任何两个国家实行完全相同的职责

[①] 詹姆斯·麦格雷戈·伯恩斯等著、吴爱民等译:《民治政府——美国政府与政治》,北京:中国人民出版社2007年版,第70-71页。

划分方法。随着世界经济一体化和各国决策层接触的增多，各国的政府间职责划分方法产生了一定共性。

第一，中央政府负责提供事关国家整体利益、受益范围涵盖全国的公共事务。此类公共事务包括：国防、外交、国家宏观经济规划、国际贸易管理、货币政策管理、跨地区贸易服务、对外援助、环境污染防治法规的建立完善、全国性刺激内需计划、特大安全事件事故的督办等。

第二，中央与地方政府共同负责提供受益范围跨区域的公共产品。此类公共事务包括：跨区域经济一体化规划设计、跨区域公路交通体系建设、跨区域环境污染防治、跨区域医疗卫生网络建设等。

第三，地方政府负责提供关系地区利益、受益范围局限于较小区域的公共事务。此类公共事务包括：地方公路建设、自来水供应、下水道修建与维护、路灯的架设与维护、垃圾收集与处理、港口的修建与维护、消防服务、公园建设与服务、社会治安的维护、地区性广播电视网络建设等。

各国政府间职责划分的共同特点如表13-1所示。

表 13-1 中央政府与地方政府之间职责分工基本框架

内容	责任归属	理由
国防 外交 国际贸易 货币政策 跨地区贸易	中央	全国性公共产品
对个人的福利补贴 失业保险	中央和省级地方共同负责	收入再分配、地区性公共产品
全国性交通	中央、地方	全国性公共产品、具有外部性
地区性交通	地方	地区性公共产品
环境保护 对工业、农业、科研的支持	中央、地方	具有外部效应，属于地区性公共产品
教育	地方、中央	地区性公共产品
卫生	地方、中央	
保障性住房	地方、中央	
供水、下水道、垃圾处理 警察、消防 公园、休闲设施	地方	

资料来源：马海涛、姜爱华《政府间财政转移支付制度》北京：经济科学出版社，2010年版，第30-31页。

(三)政府间职责划分的国际差异

下面以美、加、德、日四国为例,探讨一下政府间职责划分的国际差异。美国的政府结构分为联邦、州和地方政府三级。各级政府的职责划分如下所述[①]。联邦政府的职责包括:第一,保持海陆军;第二,战争的决定权;第三,制定海陆军、民兵等武装力量的条例、办法和实行训练演练;第四,发行国债、以合众国信誉接受款项;第五,批准新州加入联邦;第六,管理外交事务和缔结条约;第七,铸造货币、统一度量衡;第八,设立邮局、开辟邮路;第九,发展科学文艺事业;第十,制定和调整货币政策,规范货币供应,稳定利率和汇率;第十一,促进就业,调节收入差距;第十二,保障市场有效供给,保持价格稳定,平衡贸易逆差;第十三,发展社会公共服务事业,完善社会保障系统;第十四,制定对各州的基本拨款和专项拨款计划。州政府的职责包括:第一,道路建设;第二,基础教育;第三,公共福利项目;第四,医疗和保健;第五,收入保险(对劳动能力缺陷或丧失者提供最低收入保障);第六,公用事业,如警察、消防、车站机场,居民生活供应设施(水电站)等;第七,州政府债务的还本付息。地方政府的职责包括:第一,管理土地;第二,公共安全,如警察、消防、治安等;第三,公共设施的建设和维修;第四,家庭和社区服务;第五,医疗服务;第六,基础教育。一些职责属于两级或三级政府的共有职责,包括:第一,基础教育;第二,公共卫生;第三,基础设施建设;第四,征收税收;第五,为公共事业而进行的财产征用。

加拿大的行政管理体制分为联邦、省和地方政府三级。省级政府包括10个省政府和3个地区政府;地方政府包括多种类型,如市政、学区、城镇、乡村政府等。加拿大宪法规定只有联邦和省政府是两个独立的行政主体,因此,前面提及的3个地区政府没有独立地位,要接受联邦政府制约;而地方政府则只是省政府的派出机构。联邦政府的职责包括:国防、社会保障、促进就业、全国性交通设施、公民和财产的保护、土著居民的教育医疗保障、国际援助等。省级政府的职责包括:医疗保健事业、教育培训事业、环保事业、农业保险、矿产资源勘探与开采权保护、海洋渔业管理、林业管理、区域产业扶持等。地方政府的职责包括:市政工程建设、消防设施建设、急救服务、水资源净化供应、污水回收处理、垃圾回收、图书馆修建与维护、地

[①] 刘丽、张彬:《美国政府间事权、税权的划分及法律平衡机制》,《湘潭大学学报(哲学社会科学版)》2012年6期。

区性交通等。地方政府负责供给以下供给产品：消防、警察、中小学教育、资源保护、交通通信、地方公路、公园、娱乐休闲与文化等[①]。

德国政府结构包括联邦、州、地方政府。各级政府的职责分工如下所述[②]。联邦政府的职责主要包括：国防、外交、联邦财政管理、国家水路与航路管理、空中交通行政管理、联邦铁路交通管理、邮政与电信、社会保险与其他社会补助、核能、内政紧急状况的管理。根据高效率、低成本的管理原则，联邦政府经立法机关批准，联邦公路、水道航运、空中交通和控制能源的研究利用等任务可委托州政府执行。州政府的职责包括：州政府行政事务财政管理、文化教育事业、卫生事业、体育事业、法律事务和司法管理、环境保护等。地方政府的职责包括：地方行政事务财政管理、地方公路建设和公共交通事务、水电和能源供应、科学文化和教育事业、社会住宅建设和城市发展规划、地方性公共秩序管理、健康和体育事业、医院管理、医疗保障和地区性社会救济等。

日本政府分为三级：中央、都道府县、市町村政府。各级政府间职责划分情况如下所述[③]。中央政府职责包括：司法、外交、国防、货币发行、全国交通、全国航空、全国性通信设施、邮政、国立教育及研究设施、国立医院及疗养设施、气象、国立博物馆及图书馆，以及需要高技术或者需要巨额财政资金的事务。都道府县政府负责处理以下事务：制定地方综合开发计划、山水治理事业、维持义务教育以及其他教育水平、警察管理、中央政府与市町村之间的联络事务、对市町村政府的行政工作的提议与指导、高中管理、医院管理、研究所和美术馆管理等。市町村是基层地方自治体，承担着与居民日常生活最直接相关的行政工作，其职责包括：办理户籍、居民登记、开具各种证明、消防服务、垃圾处理、自来水供应、下水道维护、公园修建、城市规划、道路修建、河川管理、各种设施的建设、管理事务（如公民会馆、市民会馆、保育所、中小学校、图书馆的建设与管理）。

如表 13-2 所示，有学者将美、加、德、日四国的中央与地方政府职责划分情况进行归类总结。四国政府间职责划分的主要差异表现在中央或联邦政府对地方性公共产品供给的作用上。在较为强调中央政府作用的国家，如日本，中央政府在供给地方性公共产品过程中发挥较大作用；而在分权较为明显的国家，如美国，地方性公共产品供给主要依靠地方政府。

[①] 田志刚：《加拿大政府间的事权与财政支出划分及启示》，《市场周刊（理论研究）》，2009 年 2 期。
[②] 许闲：《德国权力制衡模式下的政府间财政关系》，《经济社会体制比较》，2011 年 5 期。
[③] 魏加宁、李桂林：《日本政府间事权划分的考察报告》，《经济社会体制比较》，2007 年 2 期。

表 13-2　若干国家中央与地方政府间支出责任划分

内容	美国	加拿大	德国	日本
国防、外交、国际贸易、金融与银行制度、管制地区间贸易	F	F	F	F
立法与司法	F、S	F、S	F	F
对个人的福利补贴	F、S	F	F	F、S
失业保险	F、S	F、S	F	F
全国性交通	F、S	F、S	F	F
对农业、工业、科研的支持、环境保护、卫生	S	S	F、S	F、S
地区性规划、公园、娱乐设施	S	S	S	S
教育	F、S	S	F、S	F、S
公共建筑的住宅、供水、下水道、垃圾、警察、消防、地区性交通	S	S	S	F、S

注：F（Federation）代表联邦或中央政府，S（State）代表地方政府。
资料来源：寇铁军、周波：《政府间事权与支出划分：国际经验与借鉴》，载于河北大学预算管理研究所：《中国政府间财政关系研究》，北京：经济管理出版社，2007，第 103 页。

五、中国政府间的职责划分

表 13-3　2011 年中央和地方财政主要支出项目

项目	国家财政支出（亿元）	中央占比（%）	地方占比（%）
合计	109248	15.12	84.88
一般公共服务	10988	8.22	91.78
外交	310	99.11	0.89
国防	6028	96.71	3.29
公共安全	6304	16.45	83.55
教育	16497	6.06	93.94
科学技术	3828	50.73	49.27
文化体育与传媒	1893	9.97	90.03
社会保障和就业	11109	4.52	95.48
医疗卫生	6430	1.11	98.89
环境保护	2641	2.81	97.19
城乡社区事务	7621	0.15	99.85
农林水事务	9938	4.19	95.81
交通运输	7498	4.42	95.58
资源勘探电力信息等事务	4011	11.57	88.43
商业服务业等事务	1422	1.89	98.11
金融监管支出	649	63.75	36.25
地震灾后恢复重建支出	174	0.00	100.00
国土气象等事务	1521	15.22	84.78
住房保障支出	3821	8.61	91.39
粮油物资储备管理等事务	1270	42.54	57.46
国债付息支出	2384	76.34	23.66
其他支出	2911	2.58	97.42

数据来源：2012 年《中国统计年鉴》。

2011年，中国财政主要支出职责共有22项，地震灾后恢复重建事务属于地方政府专有职责，中央与地方政府共享着其他所有职责。在外交、国防、金融监管、国债付息支出事务中，中央政府支出占据主导地位。在社会保障和就业、交通运输、农林水事务、环境保护、医疗卫生等事务中，地方政府支出占据主导地位。

国防、外交支出中，中央政府支出占比都超过99%。国债付息支出、金融监管支出中，中央政府支出占比处于60%~80%之间。在大部分项目支出中，地方政府支出都高于中央政府支出。地方政府支出占比超过95%的项目包括：社会保障和就业、交通运输、农林水事务、环境保护、商业服务业等事务、医疗卫生、城乡社区事务、地震灾后恢复重建、其他支出方面。公共安全、国土气象、资源勘探电力信息、文化体育与传媒、住房保障、一般公共服务、教育方面，地方财政支出占比处于83%~94%之间。科学技术、粮油物资储备管理事务方面，中央与地方政府支出规模相差较小，两者之比分别是1∶0.97和1∶1.35。

第二节　政府间收入权限的划分

政府是多层次组织，各级政府都为纳税人提供大量公共产品，将财政收入在政府间合理配置，有利于各级政府顺利履行各自职责。政府财政收入包括税收、收费、公债等。发达市场经济国家中，税收收入占财政收入的比重通常超过90%，因此，政府间收入权限的划分以研究税权划分为主。税权是一组权力的统称，包括：税收立法权、税法解释权、税收征管权、税收使用权。税收立法权是通过立法开征新税种或废除旧税种的权力，开征新税种时，要确定纳税人、税率、缴税时限、免税条款等；废除旧税种时，要指明旧税种废除原因、废除时间等。税法解释权是有权机关对税收相关法规的具体应用所做的说明。税收征管权是指税收的征稽与管理，即落实税法相关规定，组织纳税义务人申报、缴纳税收，并对逾期未缴税的纳税义务人予以处罚，以保证税收足额及时上缴国库。税收使用权是指税收被用于安排财政支出，提供公共产品的权力。

一、税权划分的原则

(一) 马斯格雷夫的七原则[①]

美国财政学家马斯格雷夫(Richard A. Musgrave)提出了税权划分的七项原则：第一，以收入再分配为目标的所得税应划归中央，因为收入再分配应该由中央政府在全国范围内调节，实现公平目标应立足全国；第二，作为稳定经济手段的税收应划归中央，而具有周期性稳定特征，收入起伏不大的税收应划归地方，因为稳定经济应在全国范围内进行，应由中央政府履行；第三，地区间分布不均的税源划归中央，否则会引发地区间财力不平衡；第四，课征于流动性生产要素的税收最好划归中央，否则会引起资源在地区间流动，扭曲资源在地区间的优化配置；第五，依附于居住地的税收（如销售税和消费税）较适合划归地方；第六，课征于非流动性生产要素的税收最好划归地方，因为这不会引起资源在地区间的流动；第七，受益性税收及收费对各级政府都适用。

(二) 杰克·M. 明孜的五原则[②]

加拿大学者杰克·M. 明孜(Jack M. Mintz)也提出过税种划分的五条原则：第一，效率原则，税收划分要尽量减少对资源优化配置的影响；第二，简化原则，应使税制简化，便于公众理解和执行，提高税务行政效率；第三，灵活标准，有利于各级政府灵活地运用包括预算支出、税收补贴等措施在内的一系列政策工具，使税收与事权相适应；第四，责任标准，各级政府的支出与税收的责任关系应协调；第五，公平标准，要使全国各地区间的税种结构、税基税率大体上平衡，即各地居民的税负应平衡。

(三) 罗宾·鲍德威等人的六原则[③]

世界银行专家罗宾·鲍德威(Robin Boadway)等人在考察研究了世界各国的财税体制以后，提出了六条指导性建议：第一，所得税关系到全社会的公平，应划归中央；第二，为保证全国统一市场的形成和资源在全国范围内自由流动和优化配置，对与此相关的资本税、财产转移税等税种也划归中央；第三，对资源课税涉及公平与效率目标之间的权衡，应由中央与地方共享；第四，具有非流动性特征的税收是地方所辖市政府收入的理想来源；第五，作为受益性税收的社会保障税，可由中央与地方协同征收管理；第六，多环

---

① 钟晓敏：《地方财政学》，北京：中国人民大学出版社，2001年版，第37页。
② 钟晓敏：《地方财政学》，北京：中国人民大学出版社，2001年版，第37页。
③ 钟晓敏：《地方财政学》，北京：中国人民大学出版社，2001年版，第38页。

节征收的增值税、销售税应划归中央,单一销售税、零售税等较适宜于划归地方。

(四)塞力格曼的三原则[①]

美国财政学家塞力格曼(E. R. Seligman)对税收划分提出了效率、适应、恰当三项原则。

第一,效率原则,如果某种税由地方政府征收效率更高,更有利于及时足额地把税款征收入库,则就将这种税划归地方税,反之,应划归中央税;

第二,适应原则,税基较宽的税种划归中央税,税基窄的税种应划归地方税;

第三,恰当原则,税种的划分应有利于、至少不损害税收负担的公平,要求税源分布在全国范围的税种,应划归中央;若税源只存在于部分地区,应划归地方。

(五)大卫·金关于地方征税的"三不原则"[②]

英国学者大卫·金(David King)提出了关于地方征税的"三不原则"。第一,地方不宜征收流动性过大的税种,否则会导致税基迅速逃离。第二,地方不应将本地税负输往其他地区,否则会将本地区公共产品的成本转嫁给其他辖区的居民,违反公平原则,引发地区矛盾。这种观点反对地方征收公司税和销售税,因为这两种税会将部分税负转移给本辖区之外的居民。第三,地方不宜征收不易为本地居民觉察到的税种,以增加本地税种的透明度,鼓励本地居民参与地方事务。

(六)总结

第一,效率原则,即税收征管成本最小化,减少税收对资源配置的扰动,哪级政府征收管理某些税收的成本最小,就应该由哪级政府征收管理。流动税基的税收要划归中央,非流动税基的税收划归地方。此举将减少各地方政府为增加税收,从其他地区"抢税源",减少无谓的税收竞争,减少征管成本。非流动税源则划归地方,对于非流动税源,地方比中央更靠近税源,更了解税源大小,地方征缴会减少征管成本。

第二,公平原则,若某项税收会引起地方间财力差距拉大,则此税收应划归中央;反之,划归地方。地区间分布不均的税源划归中央,否则会引发地区间财力不平衡。反之,划归地方。

[①] 钟晓敏:《地方财政学》,北京:中国人民大学出版社,2001年版,第39页。
[②] 马海涛、姜爱华:《政府间财政转移支付制度》,北京:经济科学出版社,2010年版,第46页。

第三，中央优先原则，财政职能包括：资源再配置、收入再分配、稳定经济。收入再分配、稳定经济属于中央财政职能。对应这两项职能的税收包括个人所得税、公司所得税等。这些税收划归中央，有利于控制居民贫富差距、稳定经济增长。若由此两种税收划归地方，则会导致地区间居民贫富差距拉大，稳定经济的政策效力也将大减。

第四，受益原则，资源再配置职能属于地方财政职能，此职能表现为：贴近纳税人生活的公共产品或公共服务的供给。与此对应的税收需要专款专用，或将此种税收称为受益性税收，如社会保障税，应尽量采用"谁服务、谁收取"的形式，由为纳税人提供公共服务的政府收取相应的税费，与受益性税收对应的是针对纳税人的直接服务，由于纳税人分散于全国各地，因此，受益性税收主要归地方使用。

二、税权划分的国际比较

（一）美国的税权划分

美国实行联邦、州、地方（市、县）三级征税制度，三级政府各自行使属于本级政府的税收立法权、征收权；联邦与州拥有相互独立的税收立法权，州的税收立法权不得有悖于联邦利益和联邦税法，美国实行彻底的分税制。联邦、州、地方都有各自的税务管理机构，税务管理机构之间无组织上的联系。美国现行税制中的主要税种包括：公司所得税、个人所得税、销售税、使用税、遗产和赠与税、社会保障税、财产税、资产税、消费税等。[①] 全国税收中，联邦税收占据主体地位，州税收次之，地方税收最次。1975—2011年，全国税收中，联邦税收占比都超过20%，个别年份超过60%；州税收占比达到25%左右，从未超过30%；地方税收占比处于15%～22%之间。

表13-4 美国各级政府税收收入占全国税收收入的比重（%）

内容	1975	1980	1985	1990	1995	2000	2005	2010	2011
总税收（亿美元）	3303	5709	8008	11771	15367	22385	25771	26680	29107
联邦	57.0	60.8	56.3	55.5	55.9	59.8	54.7	50.8	53.0
州	24.5	24.1	26.9	26.3	26.5	24.5	26.6	27.5	26.8
地方	18.5	15.1	16.8	18.1	17.6	15.8	18.7	21.6	20.3

注：税收中扣除了社保基金。

数据来源：http://stats.oecd.org/Index.aspx。

[①] 国家税务总局税收科学研究所：《外国税制概览》北京：中国税务出版社，2009年版，第370页。

联邦税收以个人所得税、公司所得税、社会保障税、消费税为主，如表13-5所示，2014年，上述四税占联邦财政收入的比重分别是45.3%、11.2%、34.4%、3.1%，其他收入之和的占比不足7%。

表13-5　各收入占美国联邦预算收入的比重（单位：%）

内　容	2012	2013	2014
总收入（亿美元）	24500	27120	30000
个人所得税	46.2	45.5	45.3
公司所得税	9.9	10.6	11.2
社会保障税	34.5	35.1	34.4
消费税	3.2	3.1	3.1
遗产和赠与税	0.6	0.5	0.4
关税	1.2	1.3	1.3
利息收入	3.3	3.1	3.1
其他杂项收入	1.0	0.9	1.3

数据来源：http://www.whitehouse.gov/sites/default/files/omb/budget/fy2014/assets/budget.pdf。

表13-6　各收入占美国州与地方财政收入的比重（单位：%）

内　容	1990	1995	2000	2005	2006	2007	2008
总收入（亿美元）	7377	9902	13195	17228	18165	19084	19427
个人所得税	14.9	14.3	16.5	14.6	15.2	15.6	15.7
公司所得税	3.1	3.2	2.7	3.3	3.3	3.2	2.5
销售税	25.0	24.5	24.0	23.2	23.2	22.9	22.5
财产税	21.9	20.5	19.3	20.2	20.3	20.5	20.8
对政府社会保险的捐款	1.4	1.4	0.8	1.4	1.3	1.2	1.2
财产运作收入	9.3	6.9	7.0	5.0	5.2	5.3	5.3
联邦转移支付收入	15.1	18.6	18.7	20.9	19.7	19.7	20.0
其他收入	9.5	10.6	11.0	11.4	11.7	11.7	12.0

数据来源："Statistical Abstract of the United States 2010"。

州与地方财政收入方面如表13-6所示，2008年，州与地方财政收入共计19427亿美元。自有收入中，销售税、财产税、个人所得税的规模较大，三项税收占州与地方财政收入的比重分别是22.5%、20.8%、15.7%。

表 13-7 美国州级税收收入的构成（单位：%）

内容	1980	1985	1990	1995	2000	2005	2010	2011
州级税收收入（亿美元）	1376	2157	3097	4065	5476	6864	7347	7795
销售税	31.4	32.3	33.4	33.2	32.5	32.3	31.3	30.9
使用税	9.4	9.7	8.7	8.3	7.9	9.5	9.6	10.4
个人所得税	26.9	29.5	32.2	31.6	36.4	33.4	33.3	34.5
公司所得税	9.7	8.2	6.6	7.2	5.8	7.2	6.8	5.6
财产税	4.3	3.7	3.3	3.6	3.2	2.5	2.5	2.3
其他收入	18.3	16.7	15.9	16.1	14.2	15.2	16.5	16.3

注：税收中扣除了社保基金。
数据来源：http://stats.oecd.org/Index.aspx。

州级财政收入中，规模较大的税种包括：销售税、使用税、个人所得税、公司所得税。1980—2011 年，州级财政收入中，销售税占比都超过 30%，使用税占比约为 9%，个人所得税占比约为 30%，公司所得税占比约为 7%，财产税占比约为 3%（如表 13-7 所示）。

表 13-8 美国地方政府税收收入的构成（单位：%）

内容	1980	1985	1990	1995	2000	2005	2010	2011
地方政府税收收入（亿美元）	864	1345	2136	2707	3532	4820	5776	5895
财产税	75.9	74.2	74.2	72.9	70.6	70.8	73.4	72.8
个人所得税	5.0	4.8	4.7	4.9	5.1	4.7	3.8	4.1
公司所得税	0.7	1.1	0.9	0.9	1.0	1.2	1.4	1.3
销售税	9.4	10.9	10.4	10.8	12.3	11.2	10.5	10.7
其他收入	8.9	9.0	9.8	10.4	10.9	12.1	10.9	11.0

注：收入中扣除了社保基金。
数据来源：http://stats.oecd.org/Index.aspx。

1980—2011 年，地方政府税收收入中，财产税占比都超过 70%；销售税、个人所得税也具有一定规模，销售税占比约为 10%，个人所得税占比处于 3.8%~5.1% 之间；公司所得税规模较小，其占比约为 1%（如表 13-8 所示）。

美国的州与地方政府的个人所得税

美国的个人所得税比较复杂，联邦、州、地方政府都有权征收此税。联邦政府征收个人所得税时，许可纳税人在"单身申报、已婚联合申报、户主申报、已婚单独申报"四种方式中，选择其中一种作为申报方式，四种方式的标准扣除额分别是 5350、10700、7850、5350 美元。个人所得扣除标准扣除额后,经过一系列调整,可得到应纳税所得额。之后,采用 10%~35% 的六级累进税率,计算联邦个人所得税。

大多数州和一些市对在本州和本市居住或工作的个人征收州和市个人所得税。以加利福尼亚州、纽约州和纽约市为例。2005 年,加州的个人所得税实行 1%~9.3% 的累进税率,合并申报的已婚纳税人超过 82952 美元的应纳税所得,户主纳税人超过 56456 美元的应纳税所得,单身纳税人和分别申报的已婚纳税人超过 41476 美元的所得,适用 9.3% 的最高边际税率。2005 年,纽约州的个人所得税实行 4%~7.7% 的累进税率,当纳税人的应纳税所得超过 50 万美元时,纳税人全部的应纳税所得适用 7.7% 的比例税率。2005 年,纽约市的个人所得税实行 2.907%~4.45% 的累进税率。当纳税人的应纳税所得超过 50 万美元时,纳税人全部的应纳税所得适用 4.45% 的比例税率。

资料来源:国家税务总局税收科学研究所:《外国税制概览》,北京:中国税务出版社,2009:第 375-380 页、第 384-385 页。

(二)加拿大税权划分

1975—2011 年,加拿大税收总规模增速较快,年均增长 9%。三级政府税收收入占全国税收的比重也发生一定变化,联邦税收占比逐渐缩小,从 52.9% 减至 45.6%;州税收占比逐渐增加,从 36.1% 增至 43.3%;地方税收占比变化较小,除个别年份外,地方税收占比通常为 11% 左右。

表 13-9　加拿大三级政府税收收入占全国税收的比重(单位:%)

内容	1975	1980	1985	1990	1995	2000	2005	2010	2011
总税收(亿加元)	518	904	1390	2145	2493	3642	4251	4647	4889
联邦	52.9	48.4	47.6	47.4	45.5	50.6	48.6	45.4	45.6
州	36.1	40.6	41.7	41.6	43.1	40.7	41.5	43.3	43.3
地方	11.0	11.0	10.8	11.0	11.4	8.7	10.0	11.2	11.1

注:税收中扣除了社保基金。

加拿大实行联邦、省、地方三级征税制度,联邦和省拥有相互独立的税收立法权,地方的税收立法权由省赋予。省级税收立法权不能有悖于联邦税收立法权。加拿大现行税制的主要税种包括:企业所得税及附加税、个人所得税及附加税、货物劳务税(增值税)、社会保障税、资本税、销售税、关税、特别倾销税、矿产税、土地和财产税等。联邦一级以个人所得税为主,辅之以社会保障税和货物劳务税;省级以个人所得税和货物劳务税为主,辅之以社会保障税；地方税以财产税为主[①]。

（三）德国税权划分

表 13-10 德国三级政府税收收入占全国税收的比重（单位：%）

内容	1975	1980	1985	1990	1995	2000	2005	2010	2011
总税收（亿欧元）	1225	1853	2219	2802	4158	4639	4643	5443	5873
联邦	51.7	50.8	50.7	51.4	52.0	50.6	51.0	51.9	51.9
州	34.4	35.0	35.1	34.9	35.8	37.1	36.0	35.0	34.9
地方	13.9	14.2	14.2	13.7	12.2	12.3	13.0	13.1	13.2

注：税收中扣除了社保基金和上缴欧盟的税收。

1975—2011 年，德国的税收总规模增长较快，年均增长 6.2%；但三级政府税收收入占全国税收的比重没有发生显著变化，联邦税收占比都超过 50%，州税收占比约为 35%，地方税收占比都处于 12%~15% 之间。德国实行联邦、州、地方三级征税制度。德国税收立法采取了税收通则和单行税法相结合的立法方式。德国实行"专享税同共享税并存，以共享税为主"的分税制，按照适度集中、相对分散的原则，赋予各级政府一定的财权。联邦政府专享税包括：关税、消费税中属于联邦政府专享的部分（对石油、咖啡、盐、香槟酒等征收的消费税）、道路货物运输税、资本流通税、保险税、票据税、一次性财产税、为平衡负担而征收的平衡负担税、个人所得税和企业所得税的附加税等。州政府专享税包括：财产税、遗产和赠与税、机动车辆税、不属于联邦所有或者联邦和各州共享的流转税、啤酒税、赌场税等。地方政府专享税包括：地产税、工商业税、地方消费税、高档消费品税、根据州法律属于地方政府所有的其他税收。德国的共享税包括个人所得税、企业所得税、利息税、增值税等。个人所得税、企业所得税由联邦与州政府平分。利息税的联邦、州、地方政府分享比例分别是 44%、44%、12%。增值税的划分按照年度进行动态调整，以 2008 年为例，增值税的联邦、州、地方政府分享比例分别是 54.6%、43.4%、2%[②] [③]。

[①] 国家税务总局税收科学研究所：《外国税制概览》，北京：中国税务出版社，2009 年版，第 54 页。
[②] 许闲：《德国权力制衡模式下的政府间财政关系》，《经济社会体制比较》，2011 年 5 期。
[③] 国家税务总局税收科学研究所：《外国税制概览》，北京：中国税务出版社，2009 年版，第 106 页。

(四) 日本税权划分

表 13-11　日本中央与地方税占全国税收的比重（单位：%）

内 容	1975	1980	1985	1990	1995	2000	2005	2010	2011
总税收（亿日元）	226590	442630	624670	962302	886380	882673	870949	780237	783504
中央	64.0	64.1	62.7	65.2	62.0	59.7	60.0	56.0	56.6
地方	36.0	35.9	37.3	34.8	38.0	40.3	40.0	44.0	43.4

注：税收中扣除了社保基金。

日本是单一制国家，中央政府掌握着大量税收，从而控制地方政府行为。1975—2011年，日本中央税始终占据主体地位，中央税占全国税收的比重始终超过56%，地方税占全国税收的比重都低于44%。

在20世纪九十年代，日本泡沫经济破灭，经济长期低迷，人口老龄化进程加剧，为此，1999年日本国会通过《关于为推进地方分权构建相关法律体系的法律》（简称《地方分权法》），希望通过地方分权，将经济拉出低谷。与之对应，2000年后，中央税占比逐渐走低，从59.7%降至56.6%；地方税占比逐渐走高，从40.3%涨至43.4%。

日本在各级政府间实行分税制，在国税与地方税的划分方面，遵循三原则[①]：第一，税权和事权相适应，税源划分以事权为基础，各级政府事务所需经费原则上由本级财政负担；第二，方便税收征管，将便于全国统一税率征收的大宗税源划归中央政府，征收工作复杂的小宗税源划归地方政府；第三，将基于能力原则课征的税收划归中央政府，而基于利益原则课征的税收归地方政府。

国税共有26种税，包括个人所得税、企业所得税、遗产和赠与税、消费税、交易税、地方道路税等，其中个人所得税、企业所得税、消费税是主体税种。地方税包括都道府县税、市町村税，都是税基较窄、征收范围较小的税种。都道府县税共有15种，包括都道府县居民税、事业税、汽车税和餐馆饮食消费税等。市町村税共有17种，包括市町村居民税、固定资产税、卷烟消费税、电税和煤气税等[②]。

[①] 文红星：《日本政府间财政关系的演变及启示》，《亚太经济》，2011年3期。
[②] 文红星：《日本政府间财政关系的演变及启示》，《亚太经济》，2011年3期。

三、中国税权划分

表 13-12　2012 年中国税收收入的构成

项　目	税收收入（亿元）	国税占比（%）	地税占比（%）	项　目	税收收入（亿元）	国税占比（%）	地税占比（%）
合计	100614	53.0	47.0	城市维护建设税	3126	6.1	93.9
进口货物增值税与消费税	14802	100.0	0.0	资源税	904	5.4	94.6
出口货物退增值税与消费税	-10429	100.0	0.0	营业税	15748	1.3	98.7
国内消费税	7876	100.0	0.0	契税	2874	0.0	100.0
关税	2784	100.0	0.0	土地增值税	2719	0.0	100.0
车辆购置税	2229	100.0	0.0	耕地占用税	1621	0.0	100.0
船舶吨税	41	100.0	0.0	城镇土地使用税	1542	0.0	100.0
国内增值税	26416	74.5	25.5	房产税	1372	0.0	100.0
企业所得税	19655	61.5	38.5	车船税	393	0.0	100.0
个人所得税	5820	60.0	40.0	烟叶税	132	0.0	100.0
印花税	986	29.9	70.1	其他税收	5	0.005	99.995

数据来源：财政部《2012 年全国财政决算》。

中国税收包括国税与地税，国税由中央财政调拨，地税由地方财政调拨。2012 年，中国税收共计 100614 亿元，国税、地税的占比分别是 53.0%、47.0%。按照税收归属，税收可分为三类：中央独享税、中央与地方共享税、地方独享税。

中央独享税合计 17303 亿元，占全国税收的比重是 17.2%。中央独享税包括：进口货物增值税与消费税、出口货物退增值税与消费税、国内消费税、关税、车辆购置税、船舶吨税。2012 年，上述税收分别是 14802、-10429、7876、2784、2229、41 亿元，占全国税收的比重分别是 14.7%、-10.4%、7.8%、2.8%、2.2%、0.04%。

中央与地方共享税合计 72654 亿元，占全国税收的比重是 72.2%。中央与地方共享税包括：国内增值税、企业所得税、个人所得税、印花税、城市维护建设税、资源税、营业税。中国税收中，国内增值税的规模最大，2012 年，增值税占中国税收的比重是 26.3%；增值税的国地税之比是 3∶1。企业所得税是我国第二大税种，2012 年，企业所得税占中国税收的比重是 19.5%；企业所得税的国地税之比约是 6∶4。营业税是中国第三大税种，2012 年，占中国税收的比重是 16%；同增值税、企业所得税不同，地税是营业税的主要组成部分，占比高达 98.7%，国税占比仅为 1.3%。个人所得税也是一个重要税种，占中国税收的比重达到 5.8%，其国地税之比是 6∶4。上述四项共享税共计 67638 亿元，占全国税收的比重是 67.2%。印花税、城市维护建设税、资源税的规模较小，占全国税收的比重仅为 5%，三项税收的国地税之比分别是 1∶2.3，1∶15.4，1∶17.6。

地方独享税合计 10658 亿元，占全国税收的比重是 10.6%。地方独享税都是一些零星税种。地方独享税包括：契税、土地增值税、耕地占用税、城镇土地使用税、房产税、车船税、烟叶税、其他税收。2012 年，上述税收分别是 2874、2719、1621、1542、1372、393、132、5 亿元，占全国税收的比重是 2.9%、2.7%、1.6%、1.5%、1.4%、0.4%、0.1%、0.005%。

表 13-13　现行中央与地方税收划分情况简表

内　容	中央分享	地方分享	备注
增值税	75%	25%	海关代征部分归中央
出口退增值税	基数部分 100%，超基数部分 92.5%	超基数部分 7.5%	海关代征部分归中央
消费税	100%		
营业税	铁道部门、各银行总行、各保险公司总公司等集中交纳的部分	除中央分享部分之外的全部	
企业所得税	60%	40%	铁道部门、各银行总行、各保险公司总公司等集中交纳的部分归中央
个人所得税	60%	40%	
资源税	海洋石油资源税	除中央分享部分之外的全部	
固定资产投资方向调节税		100%	2000 年停征
城市维护建设税	铁道部门、各银行总行、各保险公司总公司等集中交纳的部分	除中央分享部分之外的全部	
房产税		100%	
印花税	证券交易印花税的 97%	证券交易印花税的 3%，以及其他印花税的全部	
城镇土地使用税		100%	
土地增值税		100%	
车船税		100%	
船舶吨位税	100%		
车辆购置税	100%		

续表

内容	中央分享	地方分享	备注
关税	100%		
耕地占用税		100%	
契税		100%	
烟叶税		100%	
其他税种			根据财政体制规定，属地方税的还包括筵席税、遗产和赠与税、农业税、牧业税、农业特产税、屠宰税。但筵席税、遗产和赠与税实际未开征，农业四项税收2001年以来均废除或停征。

资料来源：1.倪志良：《政府预算管理》，天津：南开大学出版社，2010，第289-290页。

2.马海涛、姜爱华：《政府间财政转移支付制度》北京：经济科学出版社，2010年版，第48页。

第三节 政府间转移支付

政府间转移支付，简称转移支付，是指一国内财政资金在不同层级政府、不同部门之间的无偿转移。按照资金流向的不同，转移支付可分为：纵向转移支付、横向转移支付。纵向转移支付是财政资金在上下级政府之间的流动，既包括上级财政对下级财政的资金下拨，也包括下级财政对上级财政的资金上解。横向转移支付是财政资金在不相统属的政府部门之间的流动，如某地区给另一地区的扶贫帮扶款项。按照资金用途的决定者不同，转移支付可分为：一般性转移支付、专项转移支付。一般性转移支付是指财政资金划拨方不规定用途，由财政资金接受方自行决定用途。专项转移支付是指资金用途由划拨方决定，强调专款专用，财政资金接收方不可随意改变用途。

转移支付的分配方法有两种：基数法、因素法。基数法，又称"基数加增长"，是指某地方政府获得的上级转移支付规模，等于上年度转移支付规模基础上，增加一个增量。使用基数法，地方获得的转移支付一般存在刚性，即转移支付规模只增不减。因素法是指，将"人口数"、"辖区面积数"等指标，作为决定地方获得转移支付规模的决定因素。相对于基数法，因素法减少上下级财政之间的谈判时间，降低交易成本，逐渐受到各国欢迎。

政府间转移支付存在"粘蝇纸效应"。美国经济学家爱德华·葛拉姆里契

(Edward M. Gramlich)指出,在长期内,中央政府的拨款比中央政府税收的削减对刺激受补政府支出的效应大得多,其研究表明,辖区成员的净收入增加1美元可以使地方政府支出增加0.05~0.1美元,而1美元的财政拨款将使地方政府支出增加 0.4~1 美元。人们将这种现象称为"粘蝇纸效应"(Flypaper Effect),即钱粘在了最初拨给的部门[1]。"粘蝇纸效应"成因是官员追求预算规模的最大化。通过增加预算,官僚能获取更多财政收入,用于公共设施建设,才能取得更多政绩;通过增加预算,腐败官员获取个人利益的可能性会更大。在追求预算规模最大化的过程中,官员不愿意让公民知道本级政府获得的上级转移支付资金的规模,通过隐瞒这种信息,官员可以诱使公民投票赞成比原来更高的预算水平[2]。

一、转移支付制度产生的原因

(一)解决跨区域公共产品的外部性问题

公共产品的受益范围有大有小,跨区域公共产品的受益范围介于全国范围、地方政府管辖范围之间,由中央政府供给此类公共产品是无效的,因为中央政府距离公共产品供给地点较远,不利于监督管理;由地方政府供给此类公共产品也是无效的,因为公共产品的收益会外溢出地方政府辖区,临近地方的居民无需支付公共产品供给成本,便可享用其收益,造成"免费搭车者"问题,因此,地方政府缺乏供给此类公共产品的积极性。为有效供给此类公共产品,应采取"地方供给、中央资助"的形式。钟晓敏在《地方财政学》中提出,如果 A 地区的某项公共产品对 B 地区产生了外部效应,那么对该项目的最佳提供量应满足以下条件:$MB_a+MB_b=MC$,其中:MB_a 代表 A 地区居民所获得的边际收益,MB_b 代表 B 地区居民所获得的边际收益,MC 代表该项目的边际成本。但是,如果没有考虑到该项目对 B 地区居民所产生的外溢收益,A 地区的决策者只有按照 $MB_a=MC$ 来提供该公共产品。在这种情况下,按 $MB_b/(MB_a+MB_b)$ 的比率提供一笔配套拨款就可使该项目的规模达到最佳规模。在这里,配套比例的大小要根据项目的外溢收益和地方收益的比较而定。外溢收益越大,上级政府拨款的配套比例越大,反之越小。"地方供给、中央资助"的形式有三点好处:第一,地方政府靠近跨区域公共产品的供给地点,便于监督管理;第二,不同区域居民的公共产品需求不同,

---

[1] 钟晓敏:《地方财政学》,北京:中国人民大学出版社,2001,第 75 页。
[2] 哈维·S. 罗森、特德·盖亚著,郭庆旺、赵志耘译:《财政学》,北京:中国人民大学出版社,2009,第 514 页。

地方政府贴近居民，能了解居民的公共需求；第三，将跨区域公共产品的收益内部化，中央政府可设立专项基金，针对受益居民收取费用，再将此基金通过转移支付，拨付给地方政府，用于跨区域公共产品的建设，避免出现"免费搭车者"问题。

（二）解决横向财力不均衡问题

各国实践表明，经济增长通常呈现"非均衡增长"的态势，如中国经济重心集中于东部地区，特别是长三角、珠三角、环渤海地区；美国的经济重心是五大湖区、纽约等大都市；韩国的经济重心是以首尔为核心的西北地区。非均衡增长造成地区间的经济总量差别，在经济总量较高的地区，税基较为丰富，财政收入的规模较大；而在经济总量较低的地区，税基较少，财政收入的规模较小。若没有转移支付制度，各地仅仅依据自身财政收入，安排财政支出并供给公共产品，则会造成各地的公共产品供给水平出现较大差距。但理论上，在享用公共产品方面，同一国家的公民拥有相同权利。为此，政府间转移支付制度必不可少，此制度有利于缩小地区间公共产品的供给水平差异，使得公共产品供给水平在全国范围内，尽量均等。当然在实际生活中，难以达到所有公共产品的供给水平完全均等的状态，但确定公共产品的最低供给水平，已成为各国的共识，如在教育、医疗、社会保障、失业保险等方面，一般都确定了公共产品的最低供应量。

（三）解决纵向财力不均衡问题

一个多级财政体制中，无论采取分税制或是其他收入划分制度，随着经济和社会的发展，在一些年份，某级政府会出现财政盈余，而同时其他层级政府会出现财政赤字。此种情况下，为维持财政赤字政府的正常运行，应将财政盈余政府的资金转移给财政赤字的政府。若财政资金流向是自上而下的，则称为"下拨"；若财政资金流向是自下而上的，则称为"上解"。通常情况下，转移支付资金的流向是自上而下的，自下而上的资金占比很少。主要市场经济国家的财政制度都体现出"强中央、弱地方"的特点。财政收入方面，中央或联邦政府都应注意集中财力，尤其是集中税权；财政支出方面，中央或联邦政府则通过法律规定，将大量事权分配给地方政府，为维持自身的正常运行，地方政府必须依靠中央或联邦政府的转移支付。"强中央、弱地方"的财政制度有利于保持国家统一，有学者提出[1]，苏联和俄罗斯的教训都表明，搞地方分裂前，地方一般都首先要求获得更大的经济独立性，然后逐步

---

[1] 文政：《中央与地方事权划分》，北京：中国经济出版社，2008年版，第101页。

减少中央财政的提成;接下来便将全部税收收入纳入地方财政,只把固定款项提成给中央财政;再后来就连这些提成款项也以种种借口缩减并很快被地方政府全部截留。因此,从国家整体利益出发,不宜给地方政府过多税权。

二、各国转移支付的类别与用途

(一) 各国转移支付的类别

表 13-14　2010 年一些国家地方财政的转移支付构成 (单位: %)

国家	政府层级	专项转移支付			一般性转移支付			转移支付合计
		小计	经常支付	临时支付	小计	经常支付	临时支付	
澳大利亚	中层	94.1	49.2	44.8	5.9	5.9	0	100
	基层	24.2	0	24.2	75.8	75.8	0	100
瑞士	中层	64.9	64.9	0	35.1	35.1	0	100
	基层	61.8	61.8	0	38.2	38.2	0	100
墨西哥	中层	51.3	51.3	0	48.7	48.7	0	100
	基层	46.9	46.9	0	53.1	53.1	0	100
西班牙	中层	19.1	13.4	5.6	80.9	80.9	0	100
	基层	58.9	58.9	0	41.1	41.1	0	100
捷克	地方	100	100	0	0	0	0	100
卢森堡	地方	100	100	0	0	0	0	100
斯洛文尼亚	地方	100	100	0	0	0	0	100
智利	地方	89	87.4	1.6	11	3.9	7.2	100
匈牙利	地方	87.3	57.7	29.6	12.7	11.7	1	100
土耳其	地方	58.5	0	58.5	41.5	0	41.5	100
日本	地方	55	48.5	6.5	45	45	0	100
丹麦	地方	52.6	52.6	0	47.4	47.4	0	100
挪威	地方	35.7	35.7	0	64.3	62.9	1.4	100
韩国	地方	33.5	0	33.5	66.5	66.5	0	100
瑞典	地方	25.9	0	25.9	74.1	74.1	0	100
芬兰	地方	7.1	3.4	3.7	92.9	92.7	0.3	100

数据来源: http://stats.oecd.org/。

如前文所述,各国转移支付可划分为:专项转移支付、一般性转移支付。下面以一些 OECD 国家的数据为依据加以分析,其中,澳大利亚、西班牙、墨西哥、瑞士的数据被划分为中层政府、基层政府两部分,其他国家的数据则没有进一步划分。数据显示,2010 年,各国的转移支付构成差异较大。转移支付中,捷克、卢森堡、斯洛文尼亚的专项转移支付占比达到 100%,一般性转移支付占比为 0;芬兰的专项转移支付占比最低,仅为 7.1%,一般性转移支付占比最高,达到 92.9%。在智利、匈牙利、土耳其、日本、丹麦、挪威、韩国、瑞典,专项转移支付的占比分别是 89%、87.3%、58.5%、55%、52.6%、35.7%、33.5%、25.9%;一般性转移支付的占比分别是 11%、12.7%、41.5%、45%、47.4%、64.3%、66.5%、74.1%。在墨西哥、瑞士,中层与基层财政的转移支付构成相似。瑞士中层与基层财政的转移支付中,专项、一般性转移支付的比例接近 1:0.67。墨西哥中层与基层财政的转移支付中,专项、一般性转移支付的比例接近 1:1。在澳大利亚、西班牙,中层与基层财政的转移支付构成差异较大。澳大利亚中层财政的转移支付中,专项、一般性转移支付的占比分别是 94.1%、5.9%;其基层财政的转移支付中,专项、一般性转移支付的占比分别是 24.2%、75.8%。西班牙中层财政的转移支付中,专项、一般性转移支付的占比分别是 19.1%、80.9%;其基层财政的转移支付中,专项、一般性转移支付的占比分别是 58.9%、41.1%。

按照申请条件、确定方式的不同,转移支付可划分为经常支付、临时支付。经常支付的规模和申请条件,依据法律或行政命令确定,不可随意变更。临时支付的规模和申请条件是临时决定的,如灾后重建转移支付、特定基建项目转移支付等。在瑞士、墨西哥、西班牙、捷克、卢森堡、斯洛文尼亚、智利、匈牙利、土耳其、日本、丹麦,转移支付全部由经常支付构成;在土耳其,转移支付全部由临时支付构成;在其他各国,转移支付则由经常支付与临时支付两部分构成。相对于一般性转移支付,临时支付出现在专项转移支付的概率更高。所列举的 16 个国家中,9 个国家的专项转移支付包含临时支付;5 个国家的一般性转移支付包含临时支付。相对于专项转移支付,经常支付出现在一般性转移支付的概率更高。捷克、卢森堡、斯洛文尼亚都没有一般性转移支付,将此 3 国剔除后,剩余 13 国。13 个国家中,9 个国家的专项转移支付包含经常支付;12 个国家的一般性转移支付包含经常支付。

(二)各国专项转移支付的用途

表 13-15 2010 年一些国家地方财政的专项转移支付构成(单位:%)

国家	社会保障	卫生保健	教育	一般公共服务	住房与社区设施	经济事务	环境保护	娱乐文化宗教	国防	公共秩序与安全	其他方面	合计
丹麦	95.7	4.3	0	0	0	0	0	0	0	0	0	100
卢森堡	72.06	0.73	2.97	16.81	0.02	1.3	0.21	5.28	0.44	0.18	0	100
挪威	52.99	12.1	4.34	12.79	17.59	0	0.09	0	0	0.09	0	100
瑞士	46.03	0.08	5.37	29.62	0	17.06	1.14	0.08	0.14	0.49	0	100
匈牙利	36.3	0.69	9.02	24.84	14.9	3.31	0.79	3.62	6.43	0.12	0	100
韩国	34.61	12.19	0.4	0.2	16.33	16.17	15.59	3.68	0.02	0.81	0	100

续表

国家	社会保障	卫生保健	教育	一般公共服务	住房与社区设施	经济事务	环境保护	娱乐文化宗教	国防	公共秩序与安全	其他方面	合计
瑞典	24.13	51.4	4.6	10.12	1.05	5.07	1.41	1.31	0.91	0	0	100
斯洛文尼亚	7.61	0.5	78.82	0.08	0.02	5.57	3.58	3.45	0	0.38	0	100
西班牙	2.68	3.38	13.36	60.97	2.64	16.36	0	0.49	0.13	0	0	100
墨西哥	1.55	13.42	72.83	10.46	0	0	0	0	0	1.75	0	100
日本	0	70.46	10.94	0	0	0	0	0	0	0	18.61	100
智利	0	0	87.93	0	11.99	0	0	0.07	0	0	0	100

数据来源：http://stats.oecd.org/Index.aspx。

OECD组织统计了一些国家的专项转移支付构成数据。2010年，有据可查的12个国家中，专项转移支付的构成存在显著差异。专项转移支付资金主要流向四个方面：社会保障、卫生保健、教育、一般公共服务。一些国家非常注重社会保障方面的转移支付，丹麦、卢森堡、挪威、瑞士、匈牙利、韩国的专项转移支付中，社会保障专项转移支付占比分别达到95.7%、72.06%、52.99%、46.03%、36.3%、34.61%。一些国家的专项转移支付资金中，卫生保健资金占比很高，如日本、瑞典、墨西哥、韩国、挪威的卫生保健资金占比分别是70.46%、51.4%、13.42%、12.19%、12.1%。一些国家的教育资金占专项转移支付资金的比重较高，在智利、斯洛文尼亚、墨西哥，教育资金占比分别是87.93%、78.82%、72.83%。一些国家的专项转移支付更倾向于一般公共服务，OECD认为一般公共服务包括：行政与立法组织服务、金融和财政事务、对外事务、对外经济援助、一般服务、基础研究、研究与开发、不同政府层级间的公债交易与转让等[1]。在西班牙、瑞士、匈牙利，一般公共服务资金占专项转移支付资金的比重分别是60.97%、29.62%、24.84%。在一些国家，还有少量专项转移支付资金流入下列领域：住房与社区设施、经济事务、环境保护、娱乐文化宗教、国防、公共秩序与安全、其他方面。

---

[1] http://www.oecd-ilibrary.org/sites/na_glance-2011-en/05/02/index.html;jsessionid=fmw46d9yzgp4.delta?contentType=&itemId=/content/chapter/na_glance-2011-19-en&containerItemId=/content/serial/22200444&accessItemIds=/content/book/na_glance-2011-en&mimeType=text/html.

三、外国转移支付实践

(一) 美国转移支付制度[①]

美国转移支付制度始于19世纪初联邦政府向州和地方政府的财政补助和拨款制度,目的是调剂联邦、州和地方政府之间财政资金的余缺。1929—1933年经济大危机后,联邦政府开始重视运用转移支付对州和地方政府进行经济干预。第二次世界大战后,美国财政转移支付的规模不断增加,转移支付已成为联邦财政支出的重要内容。美国财政转移支付包括三种类型:专项资助、总额资助、分类资助,具体内容如下。

专项资助分为三种形式:有限额配套补助、无限额配套补助、非配套补助,其中最常用的是有限额配套补助。配套补助是指,对于地方政府在指定项目上的支出,联邦政府按照一定比例给予配套拨款的一种转移支付形式。有些配套补助规定有支出限额,超过限额后,联邦政府不再给予地方配套资助,称之为有限额配套补助;而没有规定支出限额的称之为无限额配套补助。非配套拨款是对地方指定项目的拨款,而不管地方政府是否在该项目上进行了财政投入。接受专项资助的州或地方政府,应按照指定的用途和方式使用该笔资金,还必须向联邦主管部门提交关于各项资助计划执行情况的书面报告。

总额资助属于一般性转移支付,实质上是在各州和地方政府之间按照一定的方式划分部分联邦收入,因此又称为收入分享,其主要目的是对州和地方政府提供财力援助。总额资助制度始于1972年美国国会通过的《联邦政府对州和地方政府的财政资助法案》。这种转移支付方式可以帮助州和地方政府提高社会服务标准,而不必过多地增加其税收负担,可减少由于地区税收能力不同引起的公共服务水平差异,还可以增强州和地方政府自行确定本地区公共支出和项目开发的能力,因此是平衡各级政府税收能力和支出需求的重要手段。总额资助计算公式有两个,分别由众议院和参议院设立,主要按各地的总人口、人均收入、城镇人口、税收能力、个人所得税收入情况来决定总额资助金额。前者有利于人口多且城镇人口较多的地区,后者有利于人口少且城镇人口较少的地区。每个州都有权获得按照上述两个公式计算的总额资助拨款。

分类资助方面,美国政府间关系顾问委员会提出,分类资助是上级政府

[①] 尹磊:《财政转移支付:美国的做法及启示》,《财政监督》,2007,第23页。

依据法定公式对一些特定领域进行的资助，下级政府对这类补助的使用拥有相对较大的自主权，分类资助能简化项目管理，推动项目功能之间、政府之间的合作，可有效发挥地方政府的积极性与主动性。分类资助比专项资助的领域要宽，接受分类资助的州和地方政府，可在规定范围内自行确定项目支出计划，但项目必须达到特定标准，否则不能再获得分类资助。美国分类资助改革兴起于 1981 年，当时美国国会通过法案，将 57 个专项资助项目并入 9 个分类资助项目，分别是健康、犯罪控制、社区发展、社会服务、就业培训、城市交通、贫困救助、妇幼照顾和基础教育，1996 年又增加了对贫困母亲和孩子的长期资助项目。相比较而言，分类资助的范围广，而且限制条件比较少，对于州和地方政府政策选择的扭曲和影响也较小。

总体而言，美国财政转移支付的突出特点是专项转移支付和针对个人的转移支付规模非常大，主要原因在于美国所要解决的问题是同一地区内部的问题。在美国，低收入阶层往往聚居在一起，这些地区人均收入低、学生入学率低、失业率和犯罪率高。要解决这些问题，只有通过针对低收入人口、缺少受教育机会者的专项资助才能实现目标。

1960—2005 年，联邦对州和地方政府的转移支付项目，以卫生保健、收入保障、教育培训就业、交通为主，这些项目在整个财政转移支付中的比重都在 10% 以上，而卫生保健项目作为最大的联邦转移支付开支占整个转移支付的比重，近年来都超过 40%。其次是收入保障项目，占联邦转移支付的比重多年来超过 20%。而自然资源与环境、农业、地区发展等项目在转移支付中所占的比例比较低，这与美国区域间的发展水平相对比较平衡、农业的生产力水平比较高的特定国情是分不开的。

（二）加拿大转移支付制度[①]

加拿大的政府间转移支付主要有四种：健康转移支付、社会转移支付、均等化转移支付、地区常规转移支付。各项转移支付均由联邦政府财政部具体实施。在 2011 财政年度，联邦对省级政府转移支付的预算规模是 584.1 亿加元，人均 1695 加元。联邦政府支出中，政府间转移支付占比约为 37%。健康转移支付、社会转移支付属于专项转移支付，以提高地方政府提供一种或几种公共产品的能力为主，具有全民性、双渠道、限制性的共同特征。全民性是指，所有的省、市政府都可以得到该项资助，资助金额按人口数量计算，不涉及各省、市的财政实力。双渠道是指，转移支付的实现方式采取现

---

① 夏艳华《加拿大政府间转移支付制度及借鉴》，《中国财政》2012 年 12 期。

金转移支付和税收转移支付两种形式向省和地区政府提供资金，改变了以往单一的现金方式。其中，税收转移支付是重要组成部分，联邦个人所得税收入的 13.5%和企业所得税收入的 1%让渡给省级政府，用于健康和社会项目支出。现金转移支付由联邦政府直接拨付，其总量标准由联邦政府制定，以补充省级政府获得税收转移后的资金缺口。限制性是指，联邦政府向各省和地区提供长期可预测的医疗保障资金、继续教育资金、社会救助和社会福利资金、儿童早期保育和发展专项资金等，资金使用范围有具体规定。若省级政府没有按法定范围使用资金，联邦政府有权拒绝支付或将其收回。为获得健康转移支付、社会转移支付，省级政府还须遵守社会保险最低水准原则，为本地居民提供必要限度以上的社会救济服务。均等化转移支付和地区常规转移支付是为调剂各地区之间财政能力的差异，分别针对省和地区政府的无条件转移支付，省级政府具有完全的支配权。

第一，健康转移支付，是联邦政府支持实施健康行动计划、加强医疗卫生公共管理的一种转移支付，由联邦政府向各省和地区提供长期可预测的医疗健康保健基金。此转移支付具有较强普遍性、综合性、可及性，是规模最大、最主要的一种转移支付。

第二，社会转移支付，是联邦政府向各省和地区的专项转移支付，以加强中学后教育、幼儿早期教育、社会救济、社会福利，旨在使每一个加拿大公民享有平等的受教育权和社会公共服务，各省分别在 2000 年和 2003 年成功实施儿童早期发展项目和儿童保育项目，且项目运行良好。

第三，均等化转移支付，是一种无条件转移支付，目的是缩小各省之间收入差距，使所有的省政府收入都能达到规定的最低水平。凡财力低于全国标准的省份都有资格获得这种转移支付，但不适用于三个北部地区。支付数额等于该省税收能力与标准税收能力之差乘以该省人口数。联邦政府规定了均等化转移支付的上限和下限。上限是均等化转移支付的增长率不能超过同期经济增长率。下限由联邦政府与省级政府协商确定，以保障各省政府能应对突发经济大幅下滑。2011 年，安大略等六个省共获得 147 亿加元的均等化转移支付。

第四，地区常规转移支付，是联邦政府为育空、努勒维特和西北地区三个北方特别行政区设立的无条件转移支付。上述地区地处北部寒带，人烟稀少，经济总量小，生活成本高，尽管当地政府具有提高税收、收费、租金、出售资产的权力，但财政资源有限，政府支出在很大程度上依赖联邦政府。2011 年，三地区共获得地区常规转移支付 29 亿加元。

除上述四种转移支付外，联邦对省级政府的转移支付还包括其他一些具有特定目的的转移支付项目，但数量有限。接受此类转移支付的省份须将资金用于联邦政府指定项目。特定目的转移支付中，加拿大援助计划转移支付规模最大，将原有的盲人津贴、养老金、残疾人津贴和失业补助四项省政府与联邦政府共同承担的项目合并，形成一个范围更广泛的、对困难人群提供支持的项目。

（三）德国转移支付制度[①]

德国转移支付包括两种形式：水平转移支付、补充转移支付。水平转移支付发生于州之间。水平转移支付的确定过程中，需先用公式计算各州的财力指数，反映州财政资金的收入情况；还需计算平衡指数，反映州对财政资金的需求情况。若某州的财力指数低于平衡指数，则此州有权获得水平转移支付，最终，此州95%以上的财政资金需求量能得到资金支持；如果一州的财力指数高于平衡指数，则此州有义务提供水平转移支付，具体提供标准分为若干档次，如财力高于平均水平110%的部分中，需要贡献出80%用于水平转移支付。

水平转移支付中，存在一个特例，由于城市消费品价格较高、人们生活费用负担较重，针对汉堡、柏林和不来梅三个城市州，计算平衡指数时，对其居民人数要乘以一个135%的加权系数。州之间的分配结果一般是，汉堡等5州为贡献州，其余11州为接受州。2005年，5个贡献州共支付70亿欧元，占全国税收总额的比重不足1.5%。经过水平转移支付后，各州间的财力差距有所缩小，财力最低州的财力达到全国平均财力的95%以上，财力最高州的财力低于全国平均财力的110%。

补充转移支付是联邦政府对贫困州的转移支付，属于专项转移支付，拥有明确的资金使用方向。补充转移支付包括三部分。第一，针对原东德6州，为解决统一时相关问题而给予拨款，2006年拨款额是100亿欧元，此拨款制度将实施至2019年，2008—2019年，拨款额逐年递减。第二，为减少劳工改革对原东德6州的影响而给予拨款，拨款持续至2009年。第三，针对10个小州给予的政治领导费用拨款，每年拨款额低于10亿欧元。

进行上述两次转移支付前，德国还采用税收分享制度平抑区域间财力差异。在整个财力分配过程中，原东德6个低收入州可获得大量财政资金，而汉堡等高收入州则需支付大量款项。以汉堡市为例，2006年，其财政收入可

[①] 李卫民：《德国转移支付制度简介》，《人大研究》，2009年9期。

达到 400 亿欧元。通过税收分享，汉堡市财政收入减少 314 亿欧元；通过水平转移支付，减少 6 亿欧元；补充转移支付中，汉堡市得不到联邦政府的补贴。最后，汉堡市可支配财政收入只有 80 亿欧元，占财政收入的比重仅为 20%。为调动各地理财积极性，德国对转移支付制度进行改革。第一，规定高收入州用于财政平衡的资金，要低于其超出标准部分的 72.5%。第二，引进奖励制度，若某州的税收增收高于全国平均水平，则超出部分的 12% 划归此州财政，不再用于州之间财政平衡，以激励各州发展经济、增加税收的积极性。

（四）日本转移支付制度[①]

在日本，中央政府向地方政府的财政转移支付主要有四种方式：地方交付税、国库支出金、地方让与税和地方特例交付金。2008 年，地方财政收入中，地方交付税、国库支出金、地方让与税、地方特例交付金的占比分别是 16.7%、12.7%、0.7%、0.6%。

第一，地方交付税，原是地方税收收入，为缩小地区间财力差距，转由中央政府代征，并根据合理标准在地方政府间进行再分配。地方交付税制度是日本政府为调整地方政府间资金来源的差异性，制定的财政调节制度。

第二，国库支出金，又称国家财政拨款，是以实施中央政府的社会经济政策为目的而对地方政府进行的财政转移支付，是国家支付给地方团体具有特定用途资金的统称。设立国库支出金的目的如下。第一，确保公共服务的全国均等化水平。如义务教育等，具有巨大的正外部效应，部分经费由中央政府承担，有助于各地达到一致的公共服务水平。第二，促进财政资金有重点、有计划地投入。中央政府针对道路、河流、港湾等基础设施建设拨款，引导地方政府按照中央目标和规划有序发展。第三，援助遭受特殊困难的地方政府。如遭受自然灾害的地方政府，难以通过自身的平衡机制筹集重建经费，会影响当地政府财政的正常运转，中央通过专项财政补助，保证灾后重建工作的实施。第四，援助财力薄弱的地方政府。地方政府财力薄弱或面临特殊财政资金需求时，中央政府可通过提高补助率、利息补助等，对其进行财政援助。第五，奖励从事创新活动的地方政府。对地方政府致力于中央政府急于从事、却难以从事的活动，对其支出由中央财政给予一定奖励，以激励地方政府提供公共服务时的创新积极性。第六，中央委托地方承担特定事

[①] 李江涛：《日本政府间财政关系与转移支付制度及其对我国的借鉴意义》，《经济研究参考》2011 年 41 期。

务时,中央要给予补助。

第三,地方让与税,地方让与税原属地方税,因税制改革等原因而作为中央税加以课证,但为了维护地方利益,将该部分收入按照一定的标准返还给地方政府。目前,地方让与税主要包括地方道路税、石油天然气税、飞机燃料税、汽车重量税、特别吨位税和所得赠送税。除飞机燃料税、特别吨位税的使用范围限定在机场、港口所在地外,其他四种让与税由都道府县、市町村政府自行支配,地方让与税规模较小,在转移支付制度中只起辅助作用。

第四,地方特例交付金,1999年以来,地方税持续减少造成的交付税财源不足,为此设立地方特例交付金,其资金来源于中央政府税收。为弥补地方资金不足,地方政府还采取了其他措施,如增发地方债、增加转移支付税特别会计借款等。

四、中国转移支付的构成

中国转移支付包括:纵向转移支付、横向转移支付。其中,纵向转移支付占据主导地位,横向转移支付的规模很小,横向转移支付的具体表现是各种对口支援,如各地的"援疆"、"援藏"工程、"希望工程"对口支援项目等。纵向转移支付包括中央对地方转移支付与税收返还、省以下地方政府间转移支付,其中,中央对地方转移支付与税收返还的规模大,影响范围广。

(一)中央对地方转移支付与税收返还

表13-16 中央对地方转移支付与税收返还的构成

项 目	2013年预算数(亿元)	各项转移支付占比(%)
中央对地方转移支付与税收返还	48857	100
中央对地方转移支付	43804	89.66
其中:一般性转移支付	24538	50.22
专项转移支付	19266	39.43
中央对地方税收返还	5053	10.34

数据来源:财政部《2013年中央对地方税收返还和转移支付预算表》。

2013年,中央对地方转移支付与税收返还共计48857亿元,中央对地方转移支付、税收返还分别是43804、5053亿元,占比分别是89.66%、10.34%。中央对地方转移支付包括:一般性转移支付、专项转移支付,一般性转移支付的用途由地方自行决定;专项转移支付的用途由中央指定,地方不得擅自变更。2013年,一般性转移支付、专项转移支付分别是24538、19266亿元,占比分别是50.22%、39.43%。中央对地方税收返还产生的原因在于:中央将地方税费上划为中央税收，为保持地方发展经济积极性，将部分上划收入返还给地方。2013年，中央对地方税收返还是5053亿元，占比是10.34%。

（二）一般性转移支付的构成

表13-17　一般性转移支付的构成

项　目	2013年预算数（亿元）	各项转移支付占比（%）
一般性转移支付	24538	100
其中：均衡性转移支付	9812	39.99
基本养老保险和低保等转移支付	4343	17.70
调整工资转移支付	2451	9.99
义务教育等转移支付	1821	7.42
新型农村合作医疗等转移支付	1662	6.77
体制结算补助	1274	5.19
农村税费改革转移支付	753	3.07
成品油税费改革转移支付	714	2.91
革命老区、民族和边境地区转移支付	622	2.53
基层公检法司转移支付	495	2.02
村级公益事业奖补等转移支付	317	1.29
资源枯竭城市转移支付	194	0.79
工商部门停征两费转移支付	80	0.33

数据来源：财政部《2013年中央对地方税收返还和转移支付预算表》。

一般性转移支付包括13种，分别是：均衡性转移支付，基本养老保险和低保等转移支付，调整工资转移支付，义务教育等转移支付，新型农村合作医疗等转移支付，体制结算补助，农村税费改革转移支付，成品油税费改革转移支付，革命老区、民族和边境地区转移支付，基层公检法司转移支付，村级公益事业奖补等转移支付，资源枯竭城市转移支付，工商部门停征两费转移支付。具体内容如下所示[①]。

第一，均衡性转移支付规模最大，占比达到39.99%，目的是：加大对中西部地区、重点生态功能区和产粮大县的支持力度，同时增强基层政府履行职能的财力保障。

第二，基本养老保险和低保等转移支付规模也较大，占比达到17.70%。此项转移支付主要是巩固新型农村社会养老保险、城镇居民社会养老保险制度全覆盖成果，提高企业退休人员基本养老金水平，提高城乡居民最低生活保障标准，相应增加安排补助资金。

---

① 资料来源于《关于2013年中央对地方税收返还和转移支付预算的说明》。

第三，调整工资转移支付占比是 9.99%，用于提高艰苦边远地区津贴标准、发放高海拔折算工龄补贴等。

第四，义务教育等转移支付占比是 7.42%，用于发放国家助学金、奖学金、国家助学贷款贴息等，以及县镇高中教育化债奖补资金。

第五，新型农村合作医疗等转移支付占比是 6.77%，用于新型农村合作医疗、城镇居民基本医疗保险补助等。

第六，体制结算补助占比是 5.19%，根据企事业单位划转等情况，增加对地方体制结算补助。

第七，农村税费改革转移支付占比是 3.07%，《关于加强农村税费改革转移支付资金管理的通知》指出，此转移支付的目标是：确保农民负担得到明显减轻、不反弹，确保乡镇机构和村级组织正常运转，确保农村义务教育经费正常需要。

第八，成品油税费改革转移支付占比是 2.91%，《财政部关于印发中央对地方成品油价格和税费改革转移支付办法的通知》指出，此转移支付的目标是：对实施成品油税费改革形成的财政收入，除由中央本级安排的替代性等支出外，其余全部由中央财政通过规范的财政转移支付方式分配给地方，保证取消地方政府在原公路养路费、公路客货运附加费、公路运输管理费、航道养护费、水运客货运附加费和水路运输管理费后，通过科学规范、公开透明的资金分配获得相应资金来源，保障交通基础设施养护和建设等需要，逐步推进全国交通均衡发展。

第九，革命老区、民族和边境地区转移支付占比是 2.53%，用于革命老区和边境地区民生事业等。

第十，基层公检法司转移支付是对贫困地区政法机关的转移支付，占比是 2.02%。

第十一，村级公益事业奖补等转移支付占比是 1.29%，用于安排村级公益事业建设一事一议财政奖补资金、农村综合改革示范试点奖励资金，以及地方国有农场分离办社会职能奖补资金。

第十二，资源枯竭城市转移支付占比是 0.79%，《2012 年中央对地方资源枯竭城市转移支付管理办法》指出，中央对地方资源枯竭城市转移支付的补助对象为：经国务院批准的各批次资源枯竭城市，以及参照执行资源枯竭城市转移支付政策的城市。

第十三，工商部门停征两费转移支付占比是 0.33%。两费是指个体工商户管理费和集贸市场管理费。"两费"停征减少了工商部门行政经费，造成地方财政负担，为此设立此转移支付。

（三）专项转移支付的构成

表 13-18 专项转移支付的构成

项 目	2013年预算数（亿元）	各项转移支付占比（%）
专项转移支付	19265.86	100
其中：农林水事务	5406.7	28.06
交通运输	3487.42	18.10
节能环保	2007.57	10.42
住房保障支出	1859.68	9.65
社会保障和就业	1581.69	8.21
教育	1189.61	6.17
医疗卫生	858.92	4.46
资源勘探电力信息等事务	515.4	2.68
商业服务业等事务	474.91	2.47
粮油物资储备事务	380.99	1.98
文化体育与传媒	303.65	1.58
一般公共服务	259.5	1.35
公共安全	244.88	1.27
其他支出	233.04	1.21
城乡社区事务	188	0.98
国土资源气象等事务	181.36	0.94
科学技术	68.15	0.35
国防	24.39	0.13

数据来源：财政部《2013年中央对地方税收返还和转移支付预算表》。

2013年，专项转移支付的规模是19265.86亿元。专项转移支付包括18种：农林水事务、交通运输、节能环保、住房保障支出、社会保障和就业、教育、医疗卫生、资源勘探电力信息等事务、商业服务业等事务、粮油物资储备事务、文化体育与传媒、一般公共服务、公共安全、其他支出、城乡社区事务、国土资源气象等事务、科学技术、国防等专项转移支付，具体如下[①]：

第一，农林水事务专项转移支付的规模最大，占比达到28.06%，用于发放支持农民专业合作经济组织补助、现代农业发展资金、财政扶贫专项资金、农业综合开发补助、农业科技成果转化与技术推广经费等。

第二，交通运输专项转移支付占比是18.10%，用于公路等交通设施建设支出。

第三，节能环保专项转移支付占比是10.42%，用于安排节能减排专项资

---

① 资料来源于《关于2013年中央对地方税收返还和转移支付预算的说明》。

金、可再生能源专项资金等。

第四，住房保障支出专项转移支付占比是 9.65%，用于支付财政困难地区廉租住房保障对象的租赁补贴，发放城镇保障性安居工程和配套基础设施以及农村危房改造的补助。

第五，社会保障和就业专项转移支付占比是 8.21%，用于安排城乡困难群众元旦春节生活补贴、优抚对象补助经费等。

第六，教育专项转移支付占比是 6.17%，用于安排职业教育补助经费、农村义务教育薄弱学校改造计划资金、农村义务教育阶段教师特设岗位计划工资性补助资金，以及支持地方高校发展资金等。

第七，医疗卫生专项转移支付占比是 4.46%，用于公共卫生服务体系建设等。

第八，资源勘探电力信息等事务专项转移支付占比是 2.68%，用于安排战略性新兴产业发展资金和中小企业发展补助等。

第九，商业服务业等事务专项转移支付占比是 2.47%，用于安排商贸流通服务业发展资金和外经贸发展资金等。

第十，粮油物资储备事务专项转移支付占比是 1.98%，用于成品油应急储备贴息和基本建设支出等。

第十一，文化体育与传媒专项转移支付占比是 1.58%，用于安排国家文物保护专项资金，以及落实边远贫困地区、边疆民族地区和革命老区文化人才计划补助等。

第十二，其他支出专项转移支付占比是 1.21%，用于基本建设支出、向外国政府和国际金融组织统借统还借款安排的支出、国债转贷资金转拨款等。

第十三，国土资源气象等事务专项转移支付占比是 0.94%，用于特大型地质灾害防治经费、矿产资源补偿费支出、探矿权采矿权使用费及价款支出等。

第十四，科学技术专项转移支付占比是 0.35%，用于安排重大科技专项资金、现代农业产业技术体系建设专项资金、国家重点实验室补助经费等支出。

此外还有一般公共服务、公共安全、国防、城乡社区事务专项转移支付，占比分别是 1.35%、1.27%、0.13%、0.98%。

(四) 中央对地方税收返还的构成

表 13-19　中央对地方税收返还的构成

项　目	2013 年预算数（亿元）
中央对地方税收返还	5052.79
其中：增值税和消费税返还	3967
所得税基数返还	910.19
成品油税费改革税收返还	1531.1
地方上解	-1355.5

数据来源：财政部《2013 年中央对地方税收返还和转移支付预算表》。

中央对地方税收返还包括：增值税和消费税返还、所得税基数返还、成品油税费改革税收返还、地方上解。增值税和消费税返还额的确定方法是"基数加增长"，《国务院关于实行分税制财政管理体制的决定》规定：1994 年以后，税收返还额在 1993 年基数上逐年递增，递增率按全国增值税和消费税的平均增长率的 1∶0.3 系数确定，即上述两税全国平均增长 1%，中央财政对地方的税收返还增长 0.3%。2008—2013 年，所得税基数返还的规模一直是 910.19 亿元。2009—2013 年，成品油税费改革税收返还的规模一直是 1531.1 亿元。2013 年，地方上解是 1355.5 亿元，是地方向中央的财政资金转移，包括：第一，从 2013 年起，铁路运输企业营业税由中央收入改为地方收入，以 2011 年收入为基数上解中央；第二，地方负担的出口退税等。

阅读资料：毛泽东论中央和地方的关系

中央和地方的关系也是一个矛盾。解决这个矛盾，目前要注意的是，应当在巩固中央统一领导的前提下，扩大一点地方的权力，给地方更多的独立性，让地方办更多的事情。这对我们建设强大的社会主义国家比较有利。我们的国家这样大，人口这样多，情况这样复杂，有中央和地方两个积极性，比只有一个积极性好得多。我们不能像苏联那样，把什么都集中到中央，把地方卡得死死的，一点机动权也没有。

中央要发展工业，地方也要发展工业。就是中央直属的工业，也还是要靠地方协助。至于农业和商业，更需要依靠地方。总之，要发展社会主义建设，就必须发挥地方的积极性。中央要巩固，就要注意地方的利益。

现在几十只手插到地方，使地方的事情不好办。立了一个部就要革命，要革命就要下命令。各部不好向省委、省人民委员会下命令，就同省、市的厅局联成一线，天天给厅局下命令。这些命令虽然党中央不知道，国务院不知道，但都说是中央来的，给地方压力很大。表报之多，闹得泛滥成灾。这种情况，必须纠正。

我们要提倡同地方商量办事的作风。党中央办事，总是同地方商量，不同地方商量从来不冒下命令。在这方面，希望中央各部好好注意，凡是同地方有关的事情，都要先同地方商量，商量好了再下命令。

中央的部门可以分成两类。有一类，它们的领导可以一直管到企业，它们设在地方的管理机构和企业由地方进行监督；有一类，它们的任务是提出指导方针，制定工作规划，事情要靠地方办，要由地方去处理。

处理好中央和地方的关系，这对于我们这样的大国大党是一个十分重要的问题。这个问题，有些资本主义国家也是很注意的。它们的制度和我们的制度根本不同，但是它们发展的经验，还是值得我们研究。拿我们自己的经验说，我们建国初期实行的那种大区制度，当时有必要，但是也有缺点，后来的高饶反党联盟，就多少利用了这个缺点。以后决定取消大区，各省直属中央，这是正确的。但是由此走到取消地方的必要的独立性，结果也不那么好。我们的宪法规定，立法权集中在中央。但是在不违背中央方针的条件下，按照情况和工作需要，地方可以搞章程、条例、办法，宪法并没有约束。我们要统一，也要特殊。为了建设一个强大的社会主义国家，必须有中央的强有力的统一领导，必须有全国的统一计划和统一纪律，破坏这种必要的统一，是不允许的。同时，又必须充分发挥地方的积极性，各地都要有适合当地情况的特殊。这种特殊不是高岗的那种特殊，而是为了整体利益，为了加强全国统一所必要的特殊。

还有一个地方和地方的关系问题，这里说的主要是地方的上下级关系问题。省市对中央部门有意见，地、县、区、乡对省市就没有意见吗？中央要注意发挥省市的积极性，省市也要注意发挥地、县、区、乡的积极性，都不能够框得太死。当然，也要告诉下面的同志哪些事必须统一，不能乱来。总之，可以和应当统一的，必须统一，不可以和不应当统一的，不能强求统一。正当的独立性，正当的权利，省、市、地、县、区、乡都应当有，都应当争。这种从全国整体利益出发的争权，不是从本位利益出发的争权，不能叫做地方主义，不能叫做闹独立性。

省市和省市之间的关系，也是一种地方和地方的关系，也要处理得好。我们历来的原则，就是提倡顾全大局，互助互让。

在解决中央和地方、地方和地方的关系问题上，我们的经验还不多，还不成熟，希望你们好好研究讨论，并且每过一个时期就要总结经验，发扬成绩，克服缺点。

资料来源：毛泽东《论十大关系》。

小　结

本章包括三部分：政府间职责的分工、政府间收入权限的划分、政府间转移支付。

合理的政府间职责分工有利于节约财政资金，提高公共产品供给效率。理论上，应根据公共产品受益范围，确定各级政府间职责分工。政府间职责划分的原则包括：市场基础原则、管辖范围原则、效率原则、分级管理原则、法律规范原则。财政职能包括：资源再配置职能、收入再分配职能、经济稳定职能。资源再配置职能方面，应以地方政府为主，以中央政府为辅。收入再分配职能、经济稳定职能方面，应以中央政府为主，地方政府为辅。各国的政府间职责划分有两种常见模式：单一制与联邦制，单一制是集权型模式，联邦制是分权型模式。各国政府间职责划分的共同特点如下：第一，中央政府负责提供，事关国家整体利益、受益范围涵盖全国的公共事务；第二，中央与地方政府共同负责提供，受益范围跨区域的公共产品；第三，地方政府负责提供，关系地区利益、受益范围局限于较小区域的公共事务。美、加、德、日四国政府间职责划分的主要差异表现在中央或联邦政府对地方性公共产品供给的作用上。在较为强调中央政府作用的国家，如日本，中央政府在供给地方性公共产品过程中发挥较大作用；而在分权较为明显的国家，如美国，地方性公共产品供给主要依靠地方政府。2011年，中国财政主要支出职责共有22项，地震灾后恢复重建事务属于地方政府专有职责，中央与地方政府共享着其他所有职责。在外交、国防、金融监管、国债付息支出事务中，中央政府支出占据主导地位。在社会保障和就业、交通运输、农林水事务、环境保护、医疗卫生等事务中，地方政府支出占据主导地位。

将财政收入在政府间合理配置，有利于各级政府顺利履行各自职责。税收收入通常是财政收入的主要构成部分，政府间收入权限的划分以研究税权划分为主。税权划分的原则包括：效率原则、公平原则、中央优先原则、受益原则。比较各国的税权划分制度发现，美国实行彻底的分税制，联邦、州、地方都有各自的税务管理机构，税务管理机构之间无组织上的联系。在加拿大，联邦和省拥有相互独立的税收立法权，地方的税收立法权由省赋予。德国实行"专享税同共享税并存，以共享税为主"的分税制，按照适度集中、相对分散的原则，赋予各级政府一定的财权。日本是单一制国家，中央政府掌握着大量税收，从而控制地方政府行为。中国税权划分方面，中国的税收可分为三类：中央独享税、中央与地方共享税、地方独享税。中央独享税包括：进口货物增值税与消费税、出口货物退增值税与消费税、国内消费税、关税、车辆购置税、船舶吨税。中央与地方共享税包括：国内增值税、企业所得税、个人所得税、印花税、城市维护建设税、资源税、营业税。地方独享税都是一些零星税种。

  政府间转移支付，简称转移支付，是指一国内财政资金在不同层级政府、不同部门之间的无偿转移。按照资金流向的不同，转移支付可分为：纵向转移支付、横向转移支付。转移支付的分配方法有两种：基数法、因素法。政府间转移支付存在"粘蝇纸效应"。转移支付制度的产生原因包括：解决跨区域公共产品的外部性问题、解决横向财力不均衡问题、解决纵向财力不均衡问题。各国转移支付可划分为：专项转移支付、一般性转移支付，但各国的转移支付构成差异较大，一些国家的专项转移支付占据主导地位，但也有一些国家的一般性转移支付占据主导地位。各国专项转移支付的构成存在显著差异，一些国家非常注重社会保障方面的专项转移支付；一些国家的专项转移支付资金中，卫生保健资金占比很高；一些国家的教育资金占专项转移支付资金的比重较高；一些国家的专项转移支付更倾向于一般公共服务。外国转移支付实践方面，美国财政转移支付包括三种类型：专项资助、总额资助、分类资助。加拿大的政府间转移支付主要有四种：健康转移支付、社会转移支付、均等化转移支付、地区常规转移支付。德国转移支付包括两种形式：水平转移支付、补充转移支付。在日本，中央政府向地方政府的财政转移支付主要有四种方式：地方交付税、国库支出金、地方让与税和地方特例交付金。中国转移支付方面，中国转移支付包括：纵向转移支付、横向转移支付。其中，纵向转移支付占据主导地位，横向转移支付的规模很小，横向转移支付的具体表现是各种对口支援，如各地的"援疆""援藏"工程、"希望工程"对口支援项目等。纵向转移支付包括中央对地方转移支付与税收返还、省以下地方政府间转移支付，其中，中央对地方转移支付与税收返还的规模大，影响范围广。

练习题

一、名词解释
1. 政府间转移支付
2. 因素法
3. 粘蝇纸效应
4. 配套补助
5. 税权划分的效率原则

二、判断题
1. 政府职责是政府为纳税人提供全部公共产品的责任。（   ）
2. 联邦制国家的联邦与地方政府职责划分上，无论分权化程度有多高，联邦政府都有权随时更改有关法律，变更地方政府的职责。（   ）
3. 发达市场经济国家中，税收收入不是主要的财政收入来源。（   ）
4. 横向转移支付是财政资金在不相统属的政府部门之间的流动，如某地区给另一地区的扶贫帮扶款项。（   ）
5. 美国的非配套拨款是指，有些配套补助规定有支出限额，超过限额后联邦政府不再给予地方配套资助。（   ）
6. 德国实行"专享税同共享税并存，以共享税为主"的分税制。（   ）
7. 美国的州政府税收以个人所得税、公司所得税、社会保障税、消费税为主。（   ）
8. 收入再分配属于中央或联邦财政职能。（   ）
9. 全国性公共产品的受益范围超出地方政府管辖范围，由地方政府供给此种公共产品，其社会效益会外溢到其他地区。（   ）
10. 课征于流动性生产要素的税收最好划归中央或联邦，否则会引起资源在地区间流动，扭曲资源在地区间的优化配置。（   ）

三、不定项选择题
1. 中央与地方政府间职责划分的原则不包括（   ）。
    A. 市场基础原则
    B. 范围原则
    C. 效率原则
    D. 统一管理原则

2. 资源再配置职能如何在中央与地方政府之间划分？（　　）。
   A. 以地方政府为主，以中央政府为辅
   B. 以中央政府为主，以地方政府为辅
   C. 完全由中央政府承担
   D. 完全由地方政府承担
3. 美国现行税制的主要税种包括（　　）。
   A. 公司所得税
   B. 个人所得税
   C. 销售税
   D. 遗产和赠与税
4. 德国的共享税不包括（　　）。
   A. 个人所得税
   B. 企业所得税
   C. 财产税
   D. 增值税
5. 中国的中央与地方共享税包括（　　）。
   A. 国内增值税
   B. 企业所得税
   C. 个人所得税
   D. 印花税
6. 中国的一般性转移支付包括（　　）。
   A. 均衡性转移支付
   B. 基本养老保险和低保等转移支付
   C. 调整工资转移支付
   D. 义务教育等转移支付
7. 中央对地方税收返还不包括（　　）。
   A. 增值税和消费税返还
   B. 所得税基数返还
   C. 关税返还
   D. 地方上解
8. 中国转移支付的特点是（　　）。
   A. 全部由纵向转移支付构成
   B. 全部由横向转移支付构成

C. 纵向转移支付为主，横向转移支付为辅
D. 横向转移支付为主，纵向转移支付为辅
9. 日本的地方交付税属于（　　）。
   A. 专项转移支付
   B. 一般性转移支付
   C. 横向转移支付
   D. 纵向转移支付
10. 加拿大的地区常规转移支付属于（　　）。
    A. 专项转移支付
    B. 一般性转移支付
    C. 横向转移支付
    D. 纵向转移支付

四、思考题

1. 地方政府为什么应该作为资源再配置职能的主要执行者？
2. 世界银行专家罗宾·鲍德威（Robin Boadway）等人提出了哪些税权划分的建议？
3. 联邦制特点是什么？
4. 德国联邦政府专享税包括哪些内容？
5. 为什么跨区域公共产品应采取"地方供给、中央资助"的形式？
6. 各国政府间职责划分有哪些共同特点？

参考文献

英文部分

[1] Atkinson A. B., Stiglitz • J.E: Lectures on Public Economics. McGraw-Hill Book Company, New York. 1987.

[2] Ahmad E., Gao Qiang, Vito Tanzi: Reforming China's Public Finances. Washington, D. C.: International Monetary Fund. 1995.

[3] Alesina A., Roberto Perotti: Budget Deficits and Budget Institutions. Working Paper Series. National Bureau of Economic Research: Cambridge, Massachusetts. 1996.

[4] Allan William: Budget Structure and the Changing Role of the Government. New York: United Nations. 1998.

[5] Allan William: Toward a Framework for a Budget Law for Economics in Transition. Washington, D. C.: IMF. 1994.

[6] Allan William: Public Expenditure Management and Budget Law: Towards a Framework for a Budget law for Economics in Transition. Washington D. C.: International Monetary Fund. 1994.

[7] Bird Andrew, and Mike Stevents: 1991.Preparing a Public Investment Program. Washington D. C.: World Bank. 1991.

[8] Buchanan J. M., G. Tullock: The Calculus of Consent. Ann Arbor: University of Michigan Press, 1962.

[9] Caiden N., A. Wildavsky: Planning and Budgeting in Poor Countries. New York: Wiley – interscience. 1990.

[10] C.J.Edgardo, S. Pradhan: The Impact of Budgetary Institutions on Expenditure Outcomes: Binding Governments to Fiscal Performance. Washington: World Bank. 1996.

[11] Davis J.: Macroeconomic Adjustment: Policy Instruments and Issues.

Washington: International Monetary Fund. 1992.

[12] Doh J.: "Budget Management and Budgeting: The Singapore Approach," in Naomi Caiden, Public Expenditure and Financial Administration in Developing Countries. Jai Press. 1996.

[13] Dornbusch R., Fischer S.: Macroeconomics, McGraw-hill, Book Company, 1989.

[14] Heeks R.: "Information Age Reform of the Public Sector : The Potential and Problems of IT for India." Working Paper NO. 6 United Kingdom: Institute of Development Policy and Management. 1998.

[15] Musgrave R. A.: The Theory of Public Finance. McGraw - Hill, New York, 1959.

[16] Oates W. E.: An Essay on Federalism. Journal of Economic Literature, 1999 (Sept).

[17] OECD – SIGMA: Budgeting and Monitoring of Personnel Costs, Paris. 1997.

[18] OECD – SIGMA: "The Relevance of Western Public Management Reforms for Central and Eastern European Countries." Public Management forum, Vol. II No.4. Paris.1996.

[19] Organization for Economic Cooperation and Development (OECD): 1996. Budgeting and Policy Making. Paris.

[20] Organization for Economic Cooperation and Development (OECD): Budgeting and Monitoring of Personnel Costs. Paris. 1997.

[21] Organization for Economic Cooperation and Development (OECD): Budgeting for the Future. OECD Working Paper No.95. 1997.

[22] Organization for Economic Cooperation and Development (OECD): Tax Expenditures: Recent Experiences. Paris. 1996.

[23] Organization for Economic Cooperation and Development (OECD): User Charging for Government Services: Best Practice Guidelines and Case Studies. Paris. 1998.

[24] Pechman J. A.: Federal Tax Policy (5th ed.), The Brookings Institution, Washington, D. C., 1986.

[25] Petrei H.: Budget and Control: Reforming the Public Sector in Latin America. Washington: Johns Hopkins University Press, 1998.

[26] Potter B., Diamond J.: Guidance for Fiscal Economists. Washington: International Monetary Fund. 1998.

[27] Celec, S.E. etc.: Measuring Disparity in Government Procurement: Problems with Using Census Data in Estimating Availability, Public Administration Review, March/April 2000, Vol.60,No.2, pp.134-142.

[28] Collie, D.R. and M.Hviid,: International Procurement as a signal of Export Quality, The Economic Journal, 111,April 2001,pp.374-390.

[29] Duncombe, W. and Cynthia S.: Can the Use of Recommended Procurement Practices Save Money? Public Budgeting & Finance, 2007 Summer, pp.68-87.

[30] Husted, Thomas A. and Lawrence W. Kenny: Explanations for States Adopting Limits on Educational Spending, Public Finance Review,Volume 35 Number 5, September 2007,pp. 586-605.

[31] Lyonw, Thomas P.: Does Dual Sourcing Lower Procurement Costs? The Journal of Industrial Economics, Vol.LIV, June 2006, pp.223-252.

[32] McCrudden, C.: Using public Procurement to achieve social outcomes, Natural Resources Forum 28(2004), pp.257-267.

[33] Wardlow, P.S. and Shirley A.F.: Local Government procurement of CPA Audit Services: the Role of the States, Public Budgeting & Finance/Spring 1989, pp.92-106.

[34] Weber, C. E.: Government purchases, government transfers, and the post-1970 slowdown in U.S. economic growth, Contemporary Economic Policy, Vol.18, No.1, January 2000, pp.107-123.

[35] Roy. T. Meyers, Handbook of Government Budgeting, Jossey-Bass, Inc., 1999.

[36] Schick. Allen, The Federal Budget: Politics, Policy and Process, revised edition, Washington, D.C.: The Brookings Institution, 2000.

[37] Wildavsky, Aaron and Naomi Caiden, The New Politics of the Budgetary Process, 5th ed., New York: Longman, 2005.

[38] U.S. Office of Management and Budget, Budget of the United States Government, "The Budget System and Concepts", Fiscal Year 2008.

中文部分

[1] T.D.林奇著，苟燕楠等译：《美国公共预算》，北京：中国财政经济出版社，2001年1月第一版。

[2] P.A.马斯格雷夫等：《美国财政理论与实践》，北京：中国财政经济出版社，1987年第一版。

[3] S.S.坎波著，张通等译：《公共支出管理》，北京：中国财政经济出版社，2001年6月第一版。阿玛蒂亚·森：《伦理学与经济学》，北京：商务印书馆，2000年版。

[4] S.普拉丹著，蒋洪等译：《公共支出分析的基本方法》，北京：中国财政经济出版社，2000年4月第一版。阿玛蒂亚·森：《以自由看待发展》，北京：中国人民大学出版社，2002年版。

[5] 艾伦·鲁宾：《公共预算中的政治：收入与支出，借贷与平衡》，北京：中国人民大学出版社，2001年版。

[6] 彼德·M.杰克逊：《公共部门经济学前沿问题》，北京：中国税务出版社，2000年版。A.B.阿特金森，J.E.施蒂格利茨：《公共经济学》，上海：上海三联书店、上海人民出版社，1994年9月第一版。

[7] D.C.缪勒，杨春学译：《公共选择理论》，北京：中国社会科学出版社，1999年4月第一版。

[8] D.奥斯本：《改革政府》，上海：上海译文出版社，1996年版。

[9] H.S.罗森著，平新乔译：《财政学》（第四版），北京：中国人民大学出版社，2000年6月第一版，

[10] J.布坎南：《自由市场和国家》，北京：北京经济学院出版社，1989年3月第一版。

[11] K.柯武刚著，韩朝华译：《制度经济学》，北京：商务印书馆，2000年11月第一版。

[12] 布兰查德著，刘树成等译：《宏观经济学》（高级教程），北京：经济科学出版社，1998年3月第一版。

[13] S.詹姆斯等：《税收经济学》，北京：中国财政经济出版社，1989年版。

[14] 财政部财政制度国际比较课题组：《美国财政制度》，北京：中国财政经济出版社，1998年版。

[15] 张志超编著：《现代财政学原理》，天津：南开大学出版社，2007年第三版。

[16] 陈共：《财政学》，北京：中国人民大学出版社，1999年7月第一版。

[17] 丛树海：《公共支出分析》，上海：上海财经大学出版社，1999年第一版。
[18] 戴维·H. 罗森布鲁姆：《公共行政学：管理、政治和法律的途径》，北京：中国人民大学出版社，2002年版。
[19] 戴维·奥斯本，彼德·普拉斯特里克：摒弃官僚制：《政府再造的五项战略》，北京：中国人民大学出版社，2002年版。
[20] 王金秀，陈志勇：《国家预算管理》，北京：中国人民大学出版社，2001年8月版。
[21] 陈工：《政府预算管理》，北京：清华大学出版社，2004年9月第一版。
[22] 马海涛：《政府预算管理学》，上海：复旦大学出版社，2003年版。
[23] 马蔡琛：《政府预算》，大连：东北财经大学出版社，2007年版。
[24] 道格拉斯·C. 诺斯：《经济史中的结构与变迁》，北京：三联出版社，1994年版。
[25] 邓子基：《财政理论与财政实践》，北京：中国财政经济出版社，2002年第一版。
[26] 方福前著：《公共选择理论——政治的经济学》，北京：中国人民大学出版社，2000年。
[27] 詹姆斯·布坎南，理查德·马斯格雷夫著：《公共财政与公共选择：两种截然不同的国家观》，北京：中国财政经济出版社，2000年。
[28] 王绍光著：《美国进步时代的启示》，北京：中国财政经济出版社，2002年。
[29] 梁朋主编：《公共财政学》，北京：首都经济贸易出版社，2006年。
[30] 财政部财政科学研究所《绩效预算》课题组：《美国政府绩效评价体系》，北京：经济管理出版社，2004年。
[31] 李燕主编：《政府预算管理》，北京：中国财政经济出版社，2004年。
[32] 邓子基，邱华炳主编：《财政学》，北京：高等教育出版社，2000年。
[33] 王国清，马骁，程谦主编：《财政学》，北京：高等教育出版社，2006年。
[34] 孙克姆·霍姆斯主编：《公共支出管理手册》，北京：经济管理出版社，2002年。
[35] 国际货币基金组织编著：《财政透明度》，北京：人民出版社，2001年。
[36] 马骏著：《理性化与民主化》，北京：中央编译出版社，2005年。
[37] 倪志良：《公共收支归宿理论与优化我国财政收支的现实选择》，北京：中国财政经济出版社，2007年9月版。
[38] 李燕主编：《政府预算理论与实务》，北京：中国财政经济出版社，2004

年。
- [39] 朱志刚主编:《美国联邦政府预算管理——2001年财政年度》,北京:经济科学出版社,2001年。
- [40] 楼继伟主编:《政府预算与会计的未来》,北京:中国财政经济出版社,2002年。
- [41] 萨尔瓦托雷·斯基亚沃-坎波,丹尼尔·托马西著:《公共支出管理》,北京:中国财政经济出版社,2001年。
- [42] 罗伊·T.梅耶斯等著:《公共预算经典(第一卷)——面向绩效的新发展》,上海:上海财经大学出版社,2005年。
- [43] 爱伦·鲁宾著:《公共预算中的政治:收入与支出,借贷与平衡》,北京:中国人民大学出版社,2001年。
- [44] 程晓佳:《财政透明度与政府会计改革》,《会计研究》,2004年9月。
- [45] 张维平:《对中国实行绩效预算管理的思考》,《当代财经》,2005年第2期。
- [46] 肖育才,潘惠勇:《公共预算改革新方向:新绩效预算》,《科技创业月刊》,2004年第11期。
- [47] 王雍君:《全球视野中的财政透明度:中国的差距与努力方向》,《国际经济评论》,2003年7月。
- [48] 马骏,赵早早:《中国预算改革的目标选择》,《华中师范大学学报》(人文社会科学版),2005年第3期。
- [49] 倪志良:《引入公共产品后帕累托有效配置条件的转换及其政策含义》,《财政研究》,2001年第3期。
- [50] 倪志良:《整合要素市场和强化税收调控是解决我国收入分配不公的关键》,《税务研究》,2003年第2期。
- [51] 倪志良:《公共教育支出分配效应的实证研究》,《中央财大学报》,2004年第9期。
- [52] 倪志良:《跨代分配模型与我国财税分配职能的思考》,《税务研究》,2005年第2期。
- [53] 倪志良:《中美税制的比较与我国现行税制难以调节收入分配的原因思考》,《税务研究》,2006年第3期。
- [54] 马骏:《公共预算原则:挑战与重构》,《经济学家》,2003年3月。
- [55] 马骏,叶娟丽:《公共预算理论:现状与未来》,《武汉大学学报》(社会科学版),2003年第3期。

[56] 马骏：《新绩效预算》，《中央财经大学学报》，2004年第8期。
[57] 马骏：《中国公共预算改革的目标选择：近期目标与远期目标》，《中央财经大学学报》，2005年第10期。
[58] 斯蒂芬·贝利（Stephen J. Bailey）：《战略财政》（Strategic Public Finance），Macmillan出版公司，2004年。
[59] 陈共：《财政学》，北京：中国人民大学出版社，2012年2月第七版。
[60] 郭庆旺，赵志耘：《财政学》，北京：中国人民大学出版社，2002年7月第一版。
[61] 高培勇，宋永明：《公共债务管理》，北京：经济科学出版社，2004年10月第一版。
[62] 寇铁军：《财政学》，北京：中国人民大学出版社，2004年7月第一版。
[63] 刘怡：《财政学》，北京：北京大学出版社，2010年版。
[64] 张馨：《财政学》，北京：科学出版社，2006年5月第一版。
[65] 李红霞：《财政学》，北京：中国财政经济出版社，2010年第二版。
[66] 哈维·罗森著：《财政学（第七版）》，北京：中国人民大学出版社，2006年第一版。
[67] 平新乔：《财政原理与比较财政制度》，上海：上海三联书店，1992版。
[68] 陈工，林致远，杨志勇：《财政学》，武汉：武汉大学出版社，2005年版。
[69] 刘辉：《国债管理》，天津：南开大学出版社，2005年版。
[70] 史锦华：《公债学》，北京：中国财政经济出版社，2007年第1版。
[71] 财政部预算司：《中央部门预算编制指南（2012年）》，北京：中国财政经济出版社，2011。
[72] 陈工：《政府预算与管理》，北京：清华大学出版社，2004。
[73] 陈小悦、陈立齐：《政府预算与会计改革——中国与西方国家模式》，北京：中信出版社，2002。
[74] 方福前：《公共选择理论——政治的经济学》，北京：中国人民大学出版社，2000。
[75] 高培勇，马蔡琛：《中国政府预算的法治化进程：成就、问题与政策选择》，《财政研究》，2004年第10期。
[76] 苟燕楠，董静：《公共预算决策——现代观点》，北京：中国财政经济出版社，2004。
[77] 楼继伟，张弘力，李萍：《政府预算与会计的未来》，北京：中国财政经济出版社，2002。

[78] 马蔡琛：《论阳光财政视野中的公共预算绩效管理》，《现代财经》，2006年第3期。

[79] 马蔡琛：《如何吃好蛋糕的预算改革》，《新青年·权衡》，2006年第3期。

[80] 马蔡琛：《预算资金分配中的自由裁量权：阳光财政建设的制度性障碍》，《中国审计》，2005年第11期。

[81] 马蔡琛：《中国政府预算管理的环境特点及其改革取向》，《现代财经》，2004年第9期。

[82] 马蔡琛：《政府预算》，大连：东北财经大学出版社，2007。

[83] 马蔡琛：《变革世界中的政府预算管理——一种利益相关方视角的考察》，北京：中国社会科学出版社，2010。

[84] 马蔡琛：《让政府的钱"动"起来》，《新理财（政府理财）》，2009年第10期。

[85] 马蔡琛：《中国预算管理公共化进程的典型特征与路径选择》，《广东社会科学》，2009年第6期。

[86] 王金秀，陈志勇：《国家预算管理》，北京：中国人民大学出版社，2001。

[87] 王雍君：《公共预算管理》，北京：经济科学出版社，2002。

[88] 项怀诚，楼继伟：《中国政府预算改革五年（1998—2003）》，北京：中国财政经济出版社，2003。

[89] 徐仁辉：《公共财务管理——公共预算与财务行政》，中国台北：智胜文化事业有限公司，2000。

[90] 吴贯因：《中国预算制度刍议》，北京：文益印刷局，1918。

[91] 张康之，凌岚，马蔡琛，陈重延：《公共管理导论》，北京：经济科学出版社，2003。

[92] [美]约翰·L.米克塞尔：《公共财政管理：分析与应用》（第6版），白彦锋，马蔡琛译，北京：中国人民大学出版社，2005。

[93] [美]尼古拉斯·亨利：《公共行政与公共事务》（第7版），项龙译，北京：华夏出版社，2002。

[94] 巴克：《各国预算制度》，北京：商务印书馆，1936。

[95] 亚洲开发银行：《政府支出管理》，北京：人民出版社，2001。

[96] 国家税务总局税收科学研究所：《外国税制概览》，北京：中国税务出版社，2009年。

[97] 哈维·S.罗森、特德·盖亚著，郭庆旺、赵志耘译：《财政学》，北京：中国人民大学出版社，2009年。

[98] 李江涛:《日本政府间财政关系与转移支付制度及其对我国的借鉴意义》,《经济研究参考》,2011年第41期。

[99] 李卫民:《德国转移支付制度简介》,《人大研究》,2009年9期。

[100] 刘丽,张彬:《美国政府间事权、税权的划分及法律平衡机制》,《湘潭大学学报(哲学社会科学版)》,2012年6期。

[101] 马海涛,姜爱华:《政府间财政转移支付制度》,北京:经济科学出版社,2010年。

[102] 田志刚:《加拿大政府间的事权与财政支出划分及启示》,《市场周刊(理论研究)》,2009年2期。

[103] 魏加宁,李桂林:《日本政府间事权划分的考察报告》,《经济社会体制比较》,2007年2期。

[104] 文红星:《日本政府间财政关系的演变及启示》,《亚太经济》,2011年3期。

[105] 文政:《中央与地方事权划分》,北京:中国经济出版社,2008年。

[106] 项怀诚:《中国财政管理》,北京:中国财政经济出版社,2001年版。

[107] 许闲:《德国权力制衡模式下的政府间财政关系》,《经济社会体制比较》,2011年5期。

[108] 尹磊:《财政转移支付:美国的做法及启示》,《财政监督》,2007年第23期。

[109] 詹姆斯·麦格雷戈·伯恩斯等著,吴爱民等译:《民治政府——美国政府与政治》,北京:中国人民出版社,2007年。

[110] 钟晓敏:《地方财政学》,北京:中国人民大学出版社,2001年。

[111] 夏艳华:《加拿大政府间转移支付制度及借鉴》,《中国财政》,2012年第12期。

后 记

十八届三中全会关于全面深化改革的系统部署中，财政被赋予了前所未有的功能定位。《中共中央关于全面深化改革若干重大问题的决定》明确指出，财政是国家治理的基础和重要支柱，科学的财税体制是优化资源配置、维护市场统一、促进社会公平、实现国家长治久安的制度保障。在此大背景下，本着与时俱进的学术态度，对《现代财政学原理》进行了第五次全面修订。

本教材的修订由张志超、倪志良提出"修订原则"并确定"修订大纲"，南开大学财政学系全体教师参与了各章内容撰写与修订，具体分工安排说明如下：第一章、第二章（张志超），第三章（倪志良），第四章（李冬妍、倪志良），第五章（丁宏），第六章（张志超、丁宏），第七章（倪志良、郭玉清），第八章（邢天添），第九章（邹洋、倪志良），第十章（刘辉、郭玲），第十一章（张志超、丁宏），第十二章（马蔡琛），第十三章（胡华）。南开大学财政系博士生吴晓忠、孙正、冯振、殷金鹏、贾占标、陈博、成前，以及硕士生田甜、王子芃、陈永立、王茂森、李佳栋参与了本教科书初稿的校对、章后习题与答案的编写工作。此外，倪志良、丁宏还承担了本教科书修订稿的定稿与编纂工作。

本书的出版与发行得到了南开大学出版社有关同志的积极支持，特别是王乃合先生，多年来对我系的教材建设工作给予了多方面的帮助，在此一并表示感谢。

教材修订组
2015 年 7 月，于南开大学

南开大学出版社网址：http://www.nkup.com.cn

投稿电话及邮箱： 022-23504636　QQ：1760493289
　　　　　　　　　　　　　　　　QQ：2046170045(对外合作)
邮购部：　　　　022-23507092
发行部：　　　　022-23508339　Fax：022-23508542

南开教育云：http://www.nkcloud.org

App：南开书店 app

  南开教育云由南开大学出版社、国家数字出版基地、天津市多媒体教育技术研究会共同开发，主要包括数字出版、数字书店、数字图书馆、数字课堂及数字虚拟校园等内容平台。数字书店提供图书、电子音像产品的在线销售；虚拟校园提供 360 校园实景；数字课堂提供网络多媒体课程及课件、远程双向互动教室和网络会议系统。在线购书可免费使用学习平台，视频教室等扩展功能。